辩证的想象

法兰克福学派
与社会研究所的历史
1923—1950

THE DIALECTICAL IMAGINATION

*A History of the Frankfurt School and
the Institute of Social Research, 1923-1950*

MARTIN JAY

[美] 马丁·杰伊 著

孙一洲 译

上海文艺出版社
Shanghai Literature & Art Publishing House

eons
艺文志

献给我

目录

中文新版代序　/ i

1996 年再版序言　/ xliii

前言　/ lvii

导论　/ lix

鸣谢　/ lxv

第一章　社会研究所的成立及其第一段法兰克福岁月　/ 1

第二章　批判理论的起源　/ 51

第三章　整合精神分析　/ 107

第四章　对权威的首次研究　/ 143

第五章　社会研究所对纳粹的分析　/ 181

第六章　美学理论与大众文化批判　/ 219

第七章　四十年代的经验性工作　/ 279

第八章　走向历史哲学：启蒙的批判　/ 321

后记　/ 357

注释　/ 381

参考文献　/ 467

索引　/ 499

中文新版代序

《辩证的想象》出版五十年后：马丁·杰伊访谈

在《辩证的想象》出版五十年后，马丁·杰伊接受了本书译者孙一洲的采访，讨论了这本书、各个世代及全球化的批判理论，还有思想史的研究方法。这场采访进行于 2023 年，恰逢社会研究所成立一百周年，曾发布于播客栏目"新书网络"（New Books Network）。

孙一洲：杰伊教授，您好。

马丁·杰伊：谢谢，很荣幸能与读者交流。

孙一洲：可能有一些听众注意到了，今天之所以邀请杰伊教授，是因为恰逢社会研究所成立一百周年，该所从 1920 年代开始便是法兰克福学派的机构载体。为了纪念这个日子，各地学术界将展开多场活动。另外，杰伊教授这本记载了这一传奇学派坎坷起伏的专著出版也已经五十周年了。巧的是，该书的第二版中文译本也将由上海文艺出版社出版，由我翻译。杰伊教授，您在思想史上硕果累累的生涯始于这本开创性的著作。但在我们深入讨论细节之前，我必须问一个问题：当年您是否有意选择社会研究所成立五十年周年时出版这本专著，抑或这只是一个愉快的巧合？

马丁·杰伊：大概是天公作美吧。1971年，我完成了我的博士论文，然后将书稿提交给利特尔·布朗出版社，当时我完全没有意识到它将出版于社会研究所成立的五十周年，到现在又过了五十年之久，所以，这真的是一个愉快的巧合，对我来说是一种极大的幸运。除了在法兰克福的庆祝活动，我一个月后也要去的哈佛大学的庆祝活动，以及世界各地还有其他几个类似的活动，都让这本书以某种方式被吸纳到对社会研究所成立一百周年之重要性的更大的认知中。

孙一洲：我想首先问一下关于您学术贡献中独特的情境和视角。我在书中注意到了您多次提及您的老师斯图尔特·休斯（Stuart Hughes）。除了鸣谢部分，他的名字在正文中也出现了一次。据书中所写，在第二次世界大战期间，他曾在美国战略情报局与三位批判理论家共事。我之所以提起这个细节，是因为如今写批判理论似乎是一个常见的选择，但在1960年代之前，尽管批判理论家们在美国已经生活了近二十年，但他们仍然基本上不为美国读者所熟知。所以，在法兰克福学派于当代学术生活中奠定其经典地位之前，最初是什么吸引了你对这个主题感兴趣？休斯教授是否提供了他对其德国同事们的印象？

马丁·杰伊：常有人问我这个问题。我认为有两个基本的背景引发了我的兴趣。第一个是美国接收大量德国人移民的大背景。换句话说，在1960年代末，许多侨民还活着，但他们认识到他们的事业乃至他们的生命即将走到尽头。他们第一次作为一个群体成为历史关注的对象，他们中的一些人愿意接受采访，并可以分享一些他们许可的资料，所以那时候对移民有很大的兴趣。我的论文指导教师斯图尔特·休斯实际上正在写他以《意识与社会》(Consciousness and Society: The Reorientation of European Social Thought)开始的三部曲中的第三卷，就是关于移民本身，所以他对这个历史话题非常感兴趣。他写的那本书叫做《海变》(The Sea Change: The Migration of Social Thought, 1930-1965)，大约在我开始我的工作十年后出版。

第二个刺激因素在某种程度上是赫伯特·马尔库塞（Herbert Marcuse）的来源之谜。马尔库塞是新左派中一个非常重要的人物。他是我们的西方马克思主义者，他把我们和当时刚刚在英语世界被发现的一个传统联系了起来。我曾为由迪克·霍华德（Dick Howard）和卡尔·克莱尔（Karl Clare）主编的一本论文集《未知的维度》(The Unknown Dimension: European Marxism since Lenin)撰稿，这本书包括了关于卢卡奇（Georg Lukács）、萨特（Jean Pual-Sartre）、阿尔都塞（Louis Althusser）等其他马克思主义者的研究，这些人当时刚刚开始在美国被接受。马尔库塞是新左派中很重要的一个人物，他在政治上很活跃，既受赞扬也受攻击，在媒体上被视为新左派的大师。但没有人真正理解他从哪里来，没有人理解他在批判理论这种特别的黑格尔式马克思主义中的背景。

所以我在某种程度上对这两种刺激因素都感到好奇，即整体的移民和其中的法兰克福学派，以及赫伯特·马尔库塞的起源。很幸运的是，斯图尔特·休斯不仅写了这本关于移民的书，而且和马尔库塞私交甚笃。他们从1940年代就认识。马尔库塞曾在布兰迪斯大学长期授课，那个地方离哈佛大学很近，他们是朋友，也让我有了接触。斯图尔特也了解法兰克福学派历史上的其他重要人物。例如，保罗·拉扎斯菲尔德（Paul Lazarsfeld）在某种程度上是批判理论的对手，但也与他们合作。斯图尔特写信给拉扎斯菲尔德，为我打开了一扇重要的门。他也见过列奥·洛文塔尔（Leo Lowenthal）。所以，斯图尔特·休斯在某种程度上是一个很好的推动者，也对这个话题非常热情。这是真正能让我投身这个题目的幸运巧合。

与此同时，还有一些其他学者，比如意大利的吉安·鲁斯康（Gian Ruscon），美国的几位学者，还有一位在德国研究霍克海默遗产的人，都开始研究法兰克福学派。由于各种各样的原因，他们大都没有完成自己的项目，所以直到罗尔夫·魏格豪斯（Rolf Wiggershaus）关于法兰克福学派的大部头研究之前，我基本上是唯一一位试图把所有的东西都放在一起的历史学家，但是显然学派引起了更广泛的兴趣。最近新出了一本德语书，讲述法兰克福学派和批判理论在美国的接受情况，作者是罗伯特·茨瓦格（Robert Zwarg）。他是把这个主题放在几份期刊的背景中来讲述的，比如《泰洛斯》（Telos）、《新德意志批评》（New German Critique）——这些期刊在1960年代和70年代初非常热衷于探讨西方马克思主义的历史和法兰克福学派的历史，然后将其应用在美国的语境。虽然我不是那些团体的创始成员，但我和他们中的许多人都是朋友，我曾在《泰洛斯》上发表过一些文章，我们可以说，正是他们滋养和营造了我刚才说到的那种更广泛的兴趣，我这本书就落在这个兴趣的范围中。

孙一洲：对我来说，您的书至今仍然是对法兰克福学派最好的导论。对于那些不熟悉您这本书的听众，让我引用彼得·戈登

（Peter Gordon）教授在《何谓思想史？》（"What is Intellectual History?"）中的一段话来介绍这本书：

> 在对所谓"法兰克福学派"的研究上，这本书是一个里程碑。该学派于20世纪20年代初建立于德国的法兰克福。这本书主要是关于一小群社会哲学家——西奥多·阿多诺（Theodor Adorno）、马克斯·霍克海默（Max Horkheimer）、瓦尔特·本雅明（Walter Benjamin）、列奥·洛文塔尔和赫伯特·马尔库塞……书的大部分内容为批判理论本身提供了清晰的介绍。但是这些知识分子也是一个新机构的领军人物，这所名为"社会研究所"的机构正式成立于法兰克福。因此，杰伊的书花了大量的时间来讨论学派的机构史，例如其资金、成员、从德国到北美的迁移等。结果这本书同时结合了几种不同的方法：它是一部集体传记，一部机构历史，也是一项关于观念的阐述性研究。

鉴于思想传记常以个体视角为主，一开始您为什么选择以机构为对象展开您的研究，您又如何看待书中呈现的机构史部分？

马丁·杰伊：这个问题确实很难处理，显然必须在背景和观点之间找到某种平衡，一方面要把这些人物呈现为他们自己生活历史中的真实人物，另一方面也要严肃对待他们的观点，而不是仅仅将之视为他们个体有限经验的反映。我在这本书中试图做到公正对待我们可能称之为魏玛共和国的更大背景、马克思主义的危机、犹太知识分子在反犹太主义水涨船高时的角色。这就是更大的背景，然后才是1920年代初创建一个机构的更具体背景，这个机构与政党无关……也并不害怕与马克思主义联系在一起,并且创造了一项合作的事业,这项事业不仅仅是他们所遵循的路线,更是他们创造和改变的路线。要关注这些背景,但也试图理解作品是如何联结在一起的,作为一个团队项目有一定的连贯性,使我们能够谈论学派的观念。

"法兰克福学派"这个观念当然不是我的发明。这是在第二次世界大战后他们返回德国时出现的,但法兰克福学派的观点出现在社会研究所的更大背景中,这是我非常着迷的东西。我最初的野心是做一本贯穿古今的全史,但我很快意识到,我必须涵盖大量的材料,这让我只能写到1950年,然后将后续的历史留给其他人。我在后来的作品中也写了一些关于后续历史的内容。但我以一种成功的方式割舍了远远超过我能够咀嚼的内容。

回顾过去,关于这本书我必须说的一件事就是,我很幸运,有很多新的材料,很多之前没有人看过的材料,例如霍克海默和洛文塔尔之间的通信。我也能够和很多人交谈并得到他们对我问题的答复。但更幸运的是,我还没有看到如今研究法兰克福学派的学者可以看到的那么多材料,因为如果我被淹没,如果我陷入泥沼,如果我被所有的材料弄得不堪重负,那直到我今天还在写我的博士论文。所以那时是一个快乐的平衡点——知道很多以前不知道的事情,但还不知道我们现在可以接触到的东西,我们现在能接触到的绝对能让人喘不过气来,已经成了一个国际性的——如果你不喜欢的话,你可以说它已经成了一个国际性的产业,关于批判理论、关于法兰克福学派的产业,这个产业现在就学派历史上哪怕最微不足道的方面也可以生产出大量的研究作品。我刚刚读完了汉斯-彼得·格鲁伯(Hans-Peter Gruber)那本费利克斯·韦尔(Felix Weil)的出色传记,这部用德语写成的传记大约有六百页。你知道,在

1970年的时候，关于费利克斯·韦尔写那么多内容是不可能的。当我在做我的工作时，没有人知道关于费利克斯·韦尔的任何事情，他那时还没有写他自己的自传，诸如此类。现在的材料量是惊人的，我很幸运地做到了。我就做了一点微小的工作。

孙一洲：让我们从魏玛共和国开始讨论。魏玛共和国所处的1920年代充满创新和混乱，并与美国有着特殊的联系，包括您在内的不少美国学者都对此有大量研究。在您的书中，您把法兰克福学派描述为"魏玛文化的幸存者"，这让我感到有些矛盾。虽然学派的确起源于魏玛时期，但他们的文化态度中的具体内容完全可供商榷。虽然研究所许多工作人员积极参与了魏玛的政治，但内部圈子，尤其是霍克海默和弗里德里希·波洛克（Friedrich Pollock）都对这些斗争保持冷漠。埃里希·弗洛姆（Erich Fromm）和洛文塔尔早年曾参与犹太神学复兴，但他们为研究所写的文章与此关联甚少。瓦尔特·本雅明肯定是那个年代的批评家，但他只到了纳粹掌权后才与研究所展开合作。显然，阿多诺敬仰的第二维也纳乐派并不属于魏玛文化。精神分析运动可能是他们真正继承的唯一例外。最重要的是，随着后来他们对原始艺术、新即物主义和电影工业的批评，他们在某种意义上站在了魏玛文化时代精神的对立面。在魏玛思想和文化的更广泛范围内，您如何定位法兰克福学派？

马丁·杰伊：这是一个极好的问题。魏玛文化这个概念最初是由彼得·盖伊（Peter Guy）在1969年首次出版同名书籍时提出的。彼得·盖伊对他称之为"入局的局外人"感兴趣，这些人曾被边缘化，但现在有机会在德国文化中发挥更突出的作用。在威廉二世时期，他们被边缘化，也许因为他们是犹太人，也许因为他们是左翼人士,但无论出于什么原因,他们都不处在文化的中心。在威廉二世的政权垮台后,在新共和国建立之后,局外人获得了越来越显著的地位,法兰克福学派的成员当时还很年轻,是那种从边缘开始动员、在魏玛时期及以后成为重要角色的人才中的一部分。当然,前提是他们足够幸运,能在纳粹掌权后移民并存活下来。但是,正如你所指出的,魏玛文化作为一个整体,远没有我们把它当作一个单数来讨论时那样一致和统一,其内部存在许多不同的运动、潜流甚至逆流。比如其中有像海德格尔及他之前的胡塞尔这样的现象学家,以及那些在马克斯·韦伯(Max Weber)将经验研究应用于理论问题等方面的研究旨趣影响下、向着社会科学立场前进的人物。

法兰克福学派既是魏玛文化的一种发展,也如你所说,是与之进行竞争的产物。首先,它源于那个奇特的时刻,米歇尔·洛维(Michael Löwy)称之为乌托邦和救赎的时刻。在那个时刻,一方面,一种过热的政治可能性在魏玛共和国的早期年代,在俄国革命以及在德国革命(一定程度上)失败之后出现了;另一方面,一种启示性、弥赛亚式、宗教性的自由主义思想,给这种政治乌托邦主义注入了一种救赎的能量,这种能量在某种程度上是有问题的,但这至少意味着兹事体大。一提到政治神学,我们当然就会联想到像卡尔·施米特(Carl Schmitt)这样的右翼人物,而政治与神学之间的这种对话,意味着这是一个充满希望、张力和创造力的时期。一些法兰克福学派的成员与这种情况有更多的联系。比如费利克斯·韦尔显然就完全与此无关。你在弗朗茨·诺伊曼(Franz Neumann)这样的后期人物身上找不到这种联系,弗里德里希·波洛克身上则不甚明显,但放在本雅明身上就显然说得通,可能还有阿多诺和早期的洛文塔尔。显然,他们从那种氛围中获得的某种东西在发挥作用。

我们可以说，魏玛文化也意味着接受和试验新的审美形式，因此现代主义首先以表现主义、接着以新即物主义的方式进军。超现实主义的其他形式没那么重要，但也在现代主义的其他向度上发挥了作用。尽管第二维也纳乐派位于德国之外，严格来说，音乐在德国确实发挥了作用。阿多诺是那些辗转于法兰克福和维也纳之间的人物之一。

此外，还存在可以称之为对流行文化的新的迷恋和焦虑。魏玛文化并不仅仅是自上而下的精英主义。它也在与新电影和其他形式的技术增强的现代流行文化的对话中，像齐格弗里德·克拉考尔（Siegfried Kracauer）这样的人特别研究过这个问题，它既可以如《启蒙辩证法》中文化工业那一章指出的那样，被理解为在意识形态上可疑的，但也可能包含着解放的机会。有时候，也有像恩斯特·布洛赫（Ernst Bloch）这样的人强调解放会以这样的方式发生。所以我们可以说，魏玛文化宽泛地讲是实验性的，政治局势紧张，仍然具有某种神学能量，同时也充满了焦虑。这绝对是被证明了的，或者说，这在1933年得到了某种证实，现在回头来看，当时纳粹的阴影肯定是被人们感觉到了，魏玛共和国在最后三四年陷入混乱，经济大萧条和民主政府停摆导致了共和国的终结危机。

所以法兰克福学派就是在这个环境中诞生的，但是如你所说，它也对新即物主义之类的事物持批评态度，对大众文化的某些方面持批评态度，对某些哲学趋势如海德格尔或马丁·布伯（Martin Buber）或卡尔·雅斯贝尔斯（Karl Jaspers）的存在主义哲学持批评态度。学派肯定是魏玛文化的一部分，但不仅仅是魏玛文化的表达。

孙一洲：感谢您的回答。为了平衡来自之前的赞扬，我想重提一次方法论的辩论。在1980年代，您的书曾被多米尼克·拉卡普拉（Dominick LaCapra）引用，作为他所谓的"内容综述分析"的范例。尽管他的态度略显低估，但他对您的方法的描述在我看来似乎是恰当的，内容综述分析和思想评传是某些学科内博士论文的常见模式。您的工作在1970年代无疑是全面的，但如果今天还有人写论文，比如声称瓦尔特·本雅明是一个被低估的人物，我可能会和拉卡普拉一样感到不满。您在书的第二版序言中也提到，一些持有政治立场的读者对本书的"挽歌"论调感到不耐烦。这么多年过去了，您是否仍然坚持您的方法和立场？对本书的任何批评是否真的影响了您后来的写作？

马丁·杰伊：这个问题非常好。多米尼克和我是多年好友。他也是斯图尔特的学生，比我略早几年。他是美国较早采用后结构主义理论的学者，特别是在历史专业内。他所批评的所谓的老一套，就是斯图尔特·休斯训练我做的内容综述分析。我们没有使用这个术语，但我认为他在诸如《意识与社会》这些作品做的基本上也是同样的工作。其他许多思想史学家也参与了这个课程，比如乔治·莫西（George Mossey）和彼得·盖伊。多米尼克摆上台面的问题是，要意识到我们所说的文本复杂性，这种复杂性不能被简化为文本的内容，不能直接用更容易理解的语言来阐释，不能认为它就是连贯的，没有内在张力、矛盾和无意暗示，等等。

这是我后来非常严肃对待的事情。我曾经写过一篇题为《为阐释鼓掌两次》（"Two Cheers for Paraphrase"）的文章，试图回答多米尼克的观点，为阐释性重复作为一种沟通行为的价值辩护。你将一个思想家的思想传达给更广大的受众，并用你自己的话重新描述他们试图表达的内容，这是一次对话，你不仅仅是在重复他们的文本，你也在试图为你自己创造一种连贯性或秩序或意义。像《辩证的想象》这样的作品是我将我阅读的晦涩文本翻译成我自己的习语，而且其中很多文本都是用外语阅读的。德语不是我的母语，当时我用得还不流利。哪怕是现在，我使用德语有时候还很需要帮助。所以，它实际上是一个过程，一个理解那些常常高度困难、晦涩、在一定程度上无法理解的观念的过程。现在，多米尼克的立场是强调要使简单的思想复杂，而我在做的倒不是试图使复杂的思想简单，而是至少让这些思想容易理解。我相信，这两种努力都有其位置：有时你必须真的努力表明，看上去连贯的，事实上远不如你想要展现的那么连贯；有时你又必须努力去创造一种意义，然后后来的人可以解构这个意义。我认为多米尼克的立场与我自己的立场是辩证的，不是对立的。

至于说我这本书是挽歌，是事后回溯观念而非实际应用观念，确实有人这么指责过。我认为道格拉斯·凯尔纳（Douglas Kellner）提出过，《泰洛斯》圈子里的其他一些人也提出过，例如罗素·雅各比（Russell Jacoby）。他们认为，我对待法兰克福学派的态度，就好像这些观念在某种程度上已经不再拥有法兰克福学派成员处于巅峰时期时可能拥有的影响力，就好像我是从历史学家的角度，而不是行动者的角度写这本书的。然而长远来看，事实证明，应用这些观点比1960年代的一些新左派人士所希望的要困难得多。所以，这并不是说我被证明是正确的，而是说我们都认识到，有时候需要在某种意义上理解观念，理解它们可能已经不再拥有它们曾经可能拥有的那种影响力。但与此同时也要对未来的应用保持开放，我认为这是思想史的一项功能。思想史的一个奇特功能是作为批判观念的保存者，这些批判观念眼下可能没有实际的含义，但是后代可能会从中为自己的工作找到启发。比如说，精神分析就是这样，我指的是在 1960 年代和 70 年代，精神分析作为一种治疗实践已经失势，现在几乎消失了。虽然没有完全消失，但已经被边缘化了。在心理学系，没有人再教弗洛伊德，临床疗法已经走向了不同的方向；在实验室做的那类工作中，精神分析没有起任何作用。但对于思想史学家来说，弗洛伊德的观念仍然有一种力量，而卡尔·荣格（Carl Jung）或其他人的思想已经不再有了。所以，也许我们保持着这些观念的生命力，是为了它们有朝一日可能在其他语境下得到使用。所以，我认为挽歌并不意味着埋葬，用哈贝马斯（Jürgen Habermas）描述法兰克福学派政治的一个短语，这意味着一种冬眠，用阿多诺的著名比喻，则是一个抛入海中的漂流瓶，后代可能会打开它。

孙一洲：这本书出自您的博士论文，很多学者的第一本书都是这样。回头看来，我能看到您这项工程的潜力和难度。这本书的主要部分涵盖了他们在美国的时光，所以这与您的本土背景并非完全无关。您大约在事件发生二三十年后写了这部历史，所以您有机会访问书中大部分的主要人物，甚至接触第一手档案。除过所有这些要素之外，我最欣赏的一点是全书的结构。您的写作是按照时间顺序进行的，然而每一章都围绕着一个单一的主题。与魏格豪斯的同题作品的传记风格相比，或者与包括一些批判理论家在内的许多德国哲学家的那种松散风格相比，这一点尤其显著。您是如何在处理各种来源的同时，塑造出这样的结构的？您又是如何为了清晰和完整性平衡诸多材料的？

马丁·杰伊：这些年来我指导过许多博士论文，这是我不得不和学生们一起处理的实际问题。我不知道是否存在某种公式，这已经是五十年前写作的一本书了,我不记得我在当时如何决定组织书中的主题。例如,有一章是关于精神分析的接受,有一章是关于大众文化,还有一章是关于对纳粹主义的反应,等等。我不知道,也许这些是从书中人物自身作品的关注点中有机生发出来的。当然,正文开篇第一章是关于所谓批判理论的发展,这种理论从马克思主义中走出来,但并未完全放弃马克思主义。这一章就是为全书搭台。你知道,德国人有一个词"指尖触感"(Fingerspitzengefühl),意思是你的指尖具有一种敏感度,能感受到无法抽象为普遍规则的东西。

你必须提出一系列问题的链条,我一直用这个说法。一篇博士论文应该是对一个大问题的回答,其中包含许多小问题,这些问题有时会归入其中,有时又处在边缘。显然,在法兰克福学派这个案例中,问题是如何从你之前提到的机构背景中涌现出来,然后,批判理论的观念是什么。什么构成了与传统理论相对的批判理论,它如何从传统的马克思主义中发展出来,又如何与之区分开来,等等。它如何将自己应用到燃眉之急中,在当时显然是纳粹主义,显然是反犹太主义,显然是关于流亡的问题。所有这些都是他们自己提出的问题,然后我在与这些人物的对话中意识到了所谓的学派内部的敏感争议点。比如如何理解马克思和弗洛伊德之间的关系,埃里克·弗洛姆和阿多诺对此有着非常不同的立场,我如今仍在发掘其中的含义。

如果你正在写博士论文,你必须明白你的大问题是什么。你必须了解你可以用什么工具来回答它,然后还有你的小问题都是什么,最后得出并不完全成功的答案。因为一本书不应该是你或读者的思考过程的终点,而应该是一系列新问题,这些问题更加精细,阐述得更清楚,引导你走向新的方向,这些问题是后来的学者,也许也是你自己在以后的工作中会试图解答的问题。书是一系列探索的一部分，让你感到谦逊，意识到自己基本上只是某个事物的一部分，你可以为它作出贡献，但不要觉得它能在自己手里了结。没有什么比一本盖棺定论的历史书更糟糕的了，因为没有人愿意挑战它，从而终结了所有未来的历史。幸运的是，我的书虽然影响力很大，但并没有终结对话。相反，它刺激了对话。在过去的五十年里，它已经被许多不同的人的学术研究以千百种方式超越，这对我来说是一种极大的满足。如果它是关于法兰克福学派的最后一本书，那就太可怕了。

孙一洲：问题的链条，这听起来很像洛夫乔伊（Arthur Lovejoy）。法兰克福学派的另一个重要传统是西方马克思主义。在正文的第一章，您描述了西方左翼在温和社会主义者与莫斯科的领导之间的两难。公允地说，从诞生第一天起，西方马克思主义就是以东方马克思主义为前提，并处在其阴影下。尽管法兰克福学派的第一代批判理论家无疑属于西方马克思主义，但同样的从属关系可能并不适用于其后直到今天的发展。例如，关于种族或性别的批判理论并不一定源于马克思的遗产。您如何评价这三个范畴，马克思主义、西方马克思主义和批判理论？

马丁·杰伊：西方马克思主义这个词实际上是在第二次世界大战后才被莫里斯·梅洛-庞蒂发明的，然后出现了几本书，如佩里·安德森的《关于西方马克思主义的思考》（Considerations on Western Marxism），还有我自己的《马克思主义与总体性》（Marxism and Totality）这本书，这本书主要讲的是西方马克思主义。当时人们在争论，谁是西方马克思主义者？他们只是基本上源于卢卡奇和科尔施（Karl Korsch）、葛兰西（Antonio Gramsci）这些黑格尔马克思主义者的后裔，还是也包括意大利的德拉－沃尔佩（Galvano Della-Volpe）和科莱蒂（Lucio Colletti），或者法国的路易·阿尔都塞及其学派？我持有一种所谓广派教会（broad church）的立场，把反黑格尔主义者还有佩里·安德森（Perry Anderson）也算在内。但是在《泰洛斯》上有些人希望将西方马克思主义限制在一个较小的团体中，限于卢卡奇、科尔施、葛兰西、布洛赫和法兰克福学派。

基本上，西方马克思主义可以说是对于两种传统的自我生成的疏远，这两种传统在威廉时代末期或第一次世界大战前到魏玛时期是占主导地位的。一种是我们可能称之为社会民主主义马克思主义的正统传统，我们将其与卡尔·考茨基（Karl Kautsky）和爱德华·伯恩斯坦（Eduard Bernstein）等修正主义者联系在一起，或者甚至包括像罗莎·卢森堡（Rosa Luxemburg）这样更激进的人物。这是一方面。另一方面则是列宁主义或布尔什维主义的传统，当然在苏联是成功的，但在其他地方则有困难，这个传统一直到20世纪晚期都是一股强大的力量。所以西方马克思主义在某种程度上与这两者形成了对比，它与政党的联系较少，尽管其中一些成员以某种形式与共产党有关联。它重哲学、轻科学。它理解理论需要与实践相联系，却无法找出确切的联系方式。它更折中。它不认为马克思主义需要成为堡垒，而是认为马克思主义需要与其他传统进行对话。它还具有自我批评的能力，这是更教条的列宁主义从未具备的。但重要的是要认识到，它并不是一次激进的断裂，在1920年代初肯定不是。

如果你看一下社会研究所的历史，像费利克斯·韦尔这样的人周围都是共产党员，是早期的、尚未布尔什维化也尚未苏联化的德国共产党。在早先那些年，社会研究所周围的一些人与共产党成员关系密切。如魏复古（Karl August Wittfogel，魏复古为其汉名）、亨里克·格罗斯曼（Henryk Grossmann）或理查德·佐尔格（Richard Sorge）、爱德华·福克斯（Eduard Fuchs）。他们当然也与莫斯科的马克思恩格斯研究所和大卫·梁赞诺夫（David Ryazanov）有联系，他们在那里帮助编写或整理了著名的马恩全集，直到大约20年代中期或可能是20年代末，他们才意识到苏联并未完全按照他们希望的那样运转。不过他们还是没有从1917年之后的早期阶段那种不稳定的、更激进的马克思主义中脱离出来。

然而，到他们来到美国的时候，那种联系已经基本上断绝了。在1930年代，特别是在美国的流亡期间，东西马克思主义之间的鸿沟变得更加明显，然后1937年开始提批判理论的概念，有些人把它看作马克思主义的代号，基本上是在说"不，我们不仅仅是马克思主义者，我们正在做一些更广泛、更一般、更开放的事情"。然后当然法国、意大利，也许还有一些英国和美国的版本也开始出现。到了战后时期，已经可以谈论一个明确的传统了，这个传统既不同于考茨基的社会民主传统，也不同于斯大林主义布尔什维克那更正统的传统，我应该补充说，它也不同于托洛茨基主义。它真的很迷人很有趣。托派当时甚至在美国都扮演着非常重要的角色，有一些重要的托派人士。但是法兰克福学派与托洛茨基主义没有什么关系。所以当时有很多不同的传统，但他们都是以自己的方式、自己的方向与布洛赫、葛兰西当然还有卢卡奇甚至科尔施等其他西方马克思主义者进行对话，并不是完全附和对方。

孙一洲：这个问题与本书的中文版高度相关，请容我提供一些跨国家的背景信息。您在第二版的前言中提到，自首次出版以来，尽管随着时间的推移，人们对法兰克福学派的兴趣一直在加深，但西方马克思主义的重要性却已经减弱了。这反映了中国理论观点有着不同的时间线。改革开放之后，中国引进了大量的西方作品。中国是一个社会主义国家，"西方马克思主义"在其制度框架内属于相对主流的研究。因此，有左翼背景的学者，包括像您这样的历史学家，常常是在"西方马克思主义"的名义下引入中国和受到研究的。如果只是阅读中国学者的研究，就可能给人留下西方马克思主义一直长盛不衰的印象。这种错位可能也是批判理论，包括您这本导论，能在一些国家和地区被广泛传播的语境之一。在您的职业生涯中，您多次见证了学术兴趣的转变。您能分享一两件事情吗？您如何看待自己被视为西方马克思主义历史学家？

马丁·杰伊：西方马克思主义作为一个标签是在"旅行"的。爱德华·萨义德（Edward Said）谈到过一种所谓"理论旅行"的说法。这种旅行的重要性在于，在理论的旅途中，有翻译的过程，但也有我们可能称之为创造性误读的过程。此外，我们也可以说，有"后来者的优势"，也就是观念在某个语境中度过了它的生成期和繁荣期之后，又在一个不同的语境下被后来者捡起来，并在这个新语境中被赋予新的生命或至少被赋予新的兼收并蓄的意义，这使得这些观念能够发挥出最初开创这些观念的人所未曾预期的作用。所以，就我所知也如你所说，西方马克思主义在中国的语境中也扮演了一种比如说在美国或可能在欧洲不再扮演的角色；它在20世纪末以前的欧美发挥过巨大的作用，但到了1990年代，甚至早在80年代，它就已经开始被某种后马克思主义思想所挑战。这种思想借用了马克思主义的一些颠覆性能量，但结合了一种政治失败主义，在这种思想中，人们不再可能谈论革命的能动性，不再可能拥有像

1968 年那一代人那样的希望。

如今在中国的语境中，有太多新的结合机会。作为一个局外人，我不急于给出任何严肃的论断。不过在我看来，这是一个机会。我多次去过中国，最近一次我想是在 2019 年，我总是对官方的马克思主义理论和实际的变革之间的关系感到困惑，这些变革使中国过去的四十到五十年成了一个无比非凡的故事。在后毛泽东时代的中国，完全预见不到它会经历使其成为现在这样一个有影响力的世界大国的变革。所以，我很难真正理解中国的理论和实践景观，其中既有官方的观念，也有对官方观念的非官方挑战。有一些在其中起作用的方式经过了术语的加密，外人只能猜测。所以，西方马克思主义可能作为一些异见或者至少是与主流官方立场相对的立场之来源，并可能以一种在西方世界不再起作用的方式起作用，这对我来说似乎是完全正常的。也就是说，观念在旅行，在不同的语境中获得新的生命。

我希望中国的知识分子能够发现西方的观念，特别是西方马克思主义的观念，是有用的，并会以一种批判性的方式看待它们，而不是创造一个新的教条，或者推崇新的文本，或者把一个新的人物塑造成英雄，而是用创造性的方式，与中国的条件、与我们可以称之为解放或自由的可能实践进行对话。2019 年我访问中国的时候，是带着一种奇怪的感觉离开的：我感觉尽管这些观念得到了非常认真的对待，但是人们在将它们应用于现代中国的时候，好像有一点点不情愿。我写了一篇关于威权型人格的文章，我想知道是否有人认真尝试讨论它在中国是否适用，然后我回家后发现，实际上，有一篇文献研究了威权型人格论点的有效性，并在中式威权主义和西式威权主义之间做了一些非常重要的区别，并发掘了这一点。此前已经有一些工作被完成了，但显然，还可以有更多尝试。对大众文化或者文化产业的批评，这样的批评在中国起了什么作用，等等问题，都有更多的研究空间。所以，我希望西方马克思主义这几个字不仅仅是一种博物馆展品，只是给你一个在西方的参考点，现在已经不再适用了；我希望它让你在中国对以新的创新性方式使用马克思主义这个庞大且内涵丰富的传统持开放的态度，不是为了抑制，而是为了激发新的观念，帮助中国理解它在过去的半个世纪中经历的这场了不起的变化。

孙一洲：一个有趣的观察是，在彼得·戈登之前的评论中，他先提到阿多诺再提到霍克海默。然而，如果要在你的书中叙述的历史中选择一个中心人物，那一定是霍克海默，他不仅是社会研究所的所长，还在 1930 年代创造批判理论的理论范式时起到了核心作用。但是，自 1970 年代以来，他的声誉显然相对黯淡。相比之下，阿多诺的地位自战后以来扶摇直上，现在无疑已经被确立为最伟大的德国哲学家之一。不同的学者，关注度有增有减。您如何看待学术史写作及其对学者地位的影响？

马丁·杰伊：阿多诺的突出地位显然是非常现实的。阿多诺和本雅明是两位最受关注的人物，马尔库塞像霍克海默一样，有些靠边站。由于《欺骗的先知》（*Prophets of Deceit*）这本重要作品，洛文塔尔的热度有所回升，这本书似乎特别适合民粹主义政客大行其道的时代。法兰克福学派的其他成员也有过属于他们的时刻。人们研究过弗朗茨·诺伊曼或奥托·基希海默（Otto Kirchheimer），对所谓的"另一个法兰克福学派"（the other Frankfurt School）也有一些兴趣。所以，并非完全是阿多诺的独角戏。但无疑阿多诺已经成为海德格尔或维特根斯坦之类的大师思想家之一，他们在 21 世纪仍然有很大的力量，使我们从不同的角度思考问题。我必须说，我自己经常发现回去看阿多诺会有令人耳目一新的的刺激。也就是说，我总是找到一些新的、有挑战性的、我不理解的东西。这部分是因为他确实笔耕不辍，部分是因为他的作品集有二十多卷，我们也出版了很多讲座课程。其中经常涉及各种各样的主题：音乐、文学、社会学、政治、宗教。他基本上什么都写，而且是用一种要我说是浓缩的方式写作，最能体现这一点的是《最低限度的道德》（Minima Moralia）的格言。很多年前，我曾经在丹麦参加一个会议，我们被要求就《最低限度的道德》中的一篇格言写一篇文章。一本书，一百三十多篇格言，每个人都选了一句。我写的那篇格言是关于非本真性的含金量检验。每一篇格言都非常丰富，太神奇了。格言是浓缩的思想实验，它们经常有许多隐藏的假设或前提，你得一点点梳理出来。霍克海默也写过一些格言式的作品，但都没有这样的影响力。

很明显，尽管霍克海默在担任主任时是社会研究所的重心，但实际上他出版的作品相对阿多诺或本雅明在影响力上要小得多。这可能是一个永久性的事情，但你永远不知道人们何时会重新发现早期的人物，有时霍克海默的某些作品可能会重新受到关注。同样，例如埃里希·弗洛姆的影响力也在减小，他在美国的某个时刻非常重要，但现在已经被完全遗忘，或者肯定被边缘化了，没有受到像拉康派或其他分析家的严肃对待。人们必须意识到，名誉有起有落，很少有人能像阿多诺这样产生这样的影响——他去世已经五十四年了——在全世界范围内能有他那样的影响力，而且至今仍然在持续。

孙一洲：您刚才提到"另一个法兰克福学派"。我也对弗朗茨·诺伊曼和基希海默很感兴趣，因为法兰克福学派总是与政治批评联系起来，可这几位真正有过政治实践和法学训练的学者从未完全融入过学派的核心圈子。这一点很明显，尤其是在您这本书出版后，关于学派的历史叙事与日俱增，不少都比您的作品更强调政治，却对这些学者更少关注。2019年出版的论文集《政治批判理论》（*Kritische Theorie der Politik*）提到，"政治批判理论"这个表达其实很少被提及。这有些反直觉，与霍克海默和阿多诺厌恶政治优先性不无关系。我个人也不相信存在政治与社会的截然二分。不过要说政治或者其他问题完全从属于社会领域，可就是非常宏大的理论了。而且因为他们不喜欢概念分类，所以社会变成了一件百衲衣，容纳了一系列他们认为重要的主题和方法。您是否也这么想？我们真的能够像他们所说的那样，通过抛弃政治视点并拥抱社会哲学来实现更大的转变可能吗？

马丁·杰伊：我认为这是一个历史问题，而不仅仅是理论问题。我是说，有些时候，所谓救赎性、解放性或激进的政治变得更为困难，而那种认为唯一真正重要的政治是从根本上挑战体制的理论必须以某种方式承认，实现自己希望实现的政治很困难，然后这就像我前面提到的哈贝马斯所称的冬眠策略。它隐藏在哲学、艺术或其他领域，希望有一天能产生一种潜在的系统变革、挑战系统的政治，而不仅仅是一如既往的政治。我的个人观点是，我们生活在当下，即使政治并非救赎性的、激进的或者能变革体系，它也很重要。基希海默和诺伊曼这样的人物在某种程度上意识到了这一点，部分原因是他们在政治与合法性、政治与法律的关系上的研究。在当前关于比如说卡尔·施米特影响的辩论中，把诺伊曼、基希海默和其他对批判理论这个方面感兴趣的人考虑进来是有帮助的。他们是我们应该回头去看的有用的人物，像威廉·肖伊尔曼（William Scheuerman）和其他一些对他们的工作感兴趣的人已经在试图重新挖掘诺伊曼和基希海默的遗产了。

我们必须记住，法兰克福学派也有第二代，如今已经有第三代或第四代。第二代最杰出的代表当然是是于尔根·哈贝马斯。哈贝马斯在很多方面都是很了不起的，但最了不起的是他在战后德国重新提起了政治问题。他作为一名知识分子、理论家和哲学家，与现代史上的任何知识分子、理论家和哲学家一样，兢兢业业、不遗余力地投入了公共领域。他参与了许多许多不同的辩论。如今他九十多岁了，仍然积极写作，写乌克兰战争，写二十年前德国统一的影响，写欧盟，写当代问题。换句话说，他为批判理论重新注入了政治色彩。有人可能会发现他过于改良主义，不像阿多诺或马尔库塞那样激进。哈贝马斯那没什么"大拒绝"，但他至少证明了这是可能的，阿克塞尔·霍耐特（Axel Honneth）也是第三代的另一位人物。

我们可以同时思考政治问题和社会问题，政治问题和理论问题。政治并非只有变为革命性政治才会避免沦为卑贱的领域。政治是我们需要处理的事情，要解决世俗的问题，表达正被严重威胁的民主梦想。如果一个人不碰政治，就基本上为威权主义接管政治打开了道路。因此，政治行动有许多不同的形式，有时涉及占领运动，或者比如法国发生的"黄马甲运动"，或者"阿拉伯之春"，这些都不等同于去投票站为某人投票，或者试图在地方选举中当选。我不敢妄加评论中国的政治如何发展。从远处看，现在的中国似乎比以前更为自上而下，但我希望自下而上的政治能再次复兴，希望能有一个不同的政治行动光谱，法兰克福学派特别是第二代成员可以对此作出贡献。

孙一洲：我必须承认我就是那些把哈贝马斯对俄乌冲突的表态视为改良主义的人之一。既然提到了政治，让我们从历史中抽身一会儿。考虑到这是一次关于书的访谈，一般来说我要问如下问题："您认为您所研究的话题与读者是否还切身相关？"您一般也会回答："是的，他们的遗产与我们息息相关。"鉴于答案高度可预测，容我换个更具体的问法。在2020年的一次播客访谈中，您提到了基希海默的"勒索社会"理论，并联系到您对特朗普政权的评价。这让我再一次想到了彼得·戈登，他为2019年再版的阿多诺的《威权型人格》(The Authoritarian Personality)写了序言，也是直指特朗普。看起来美国学界出于政治目的动用了各种理论资源，包括批判理论。您觉得这样联系批判理论与当下时事是否中肯或有效呢？老实说，虽然我欣赏基希海默，但还是感觉到这样的尝试效果有限。

马丁·杰伊：这是一个非常紧迫的问题。我认为你是对的，考虑到煽动性的威权民粹主义不仅随着特朗普，而是在全世界兴起，包括像博尔索纳罗、奥尔班这样的人，或者你可以列举出其他的一些人，可能是以色列的内塔尼亚胡。威权的民粹主义需要被解释，因为它挑战了自由民主，并且与法西斯主义有一些相当麻烦且危险的相似性。现在我非常不愿意说它就是法西斯主义。特朗普在任何方面都明显不是法西斯分子，但是我确实认为有一些令人不安的相似性。而且在美国，尽管特朗普被击败了，但是支持他的力量依然保持着他们不该有的权力，我们仍然担心下次选举。

话虽如此，法兰克福学派给我们提供了一些工具，或许可以帮助我们理解，不是解释全部，但是可以帮助我们理解。其中一个就是某些性格容易感染威权主义，他们试图在"偏见研究"(《威权型人格》是研究的成果之一）中用所谓的法西斯量表来测量。彼得·戈登为新版的《威权型人格》写了导语。很明显，一些人发现像博尔索纳罗、特朗普或奥尔班的支持者有特定性格倾向，会去寻找一位具有魅力的领袖，让他们对批判性观念持怀疑态度，对阴谋论持开放态度，等等。现在我对此有些紧张，因为这意味着"我是理智的，你是疯狂的，我是理性的，你是非理性的，我是正常的，你是病态的，我在政治上是讲道理的，你是疯狂的边缘人"。一旦你开始妖魔化你的对手，一旦你开始将你的对手病理化，一旦你开始创建一种"我是正常的，你不是"的感觉，你就无法进行任何对话。你能做的只有尝试摧毁那些人，尝试边缘化他们，让他们远离政治，而不是去说服他们。

我身上的哈贝马斯成分仍然对对话、理性、沟通保留着一些希望。而认为人们应该拥有被倾听而不是被说教的尊严，意味着我们应该避免直接说"哦，他们是威权型人格"。希拉里·克林顿在2016年曾用"可悲之人"（deplorables）这个词来形容特朗普的支持者们，这个词意味着他们基本上是垃圾，他们基本上不应该被当作政治对手来尊重，基本上是被他们不能理解的事物所愚弄的人。他们中的一些人确实是这样，我们可能会说，这些人真的是极品。但也有人可能并非如此。我们必须认真对待他们的抱怨，不能直接把这些抱怨当作威权型人格功能失调的表现，它们可能是对精英的抱怨，对他们被边缘化的抱怨，抱怨他们感觉自己在某个历史叙事中被抛下了，他们是受害者。我们必须认真对待他们，把他们当作人看待，而不是"可悲之人"。

所以，我在写关于马丁·斯科塞斯（Martin Scorsese）的电影《爱尔兰人》（*The Irishman*）的文章中试图讨论过替代威权型人格分析的观念，也就是勒索社会的观念，这个观念法兰克福学派从未完全发展过。他们在 1940 年代摆弄过一阵，他们一度希望全面地论述这个观念，但从来没有成功写出来过。但它基本的论点是，不像在一个以规则和规范以及我们所说的程序性制度为主导的社会，我们在一个勒索社会中有的是保护者和服从的被保护者之间的个人关系。所以，这是一种完全交易的关系，不基于抽象的规则，不基于法律，而是一个其中存在一种权力关系的关系，勒索社会是在法律之外的，你认识的人给你帮忙基本上是为了换取你的忠诚。特朗普就是这样操作的，忠诚和恩惠，没有原则，没有规则感，没有法治，这是令人恐惧的，我认为是 1940 年代他们所看到的勒索社会的新表现。

我们在很多不同的语境中都可以找到。这不仅仅在政府中，也在腐败的机构中，例如天主教教会，如果一个人认真对待天主教教会在世界范围内对恋童癖牧师的保护，人们必须承认，在教会这个神圣的机构中，有一种正在进行的勒索活动，人们在做了可怕的事情后会得到保护，只有在很大的困难下才能揭示真相。在世界各地腐败的寡头政治中，寡头们获取权力，人民忠诚于他们，法治完全失落。因此，勒索社会让我们不仅对发生在特朗普的世界也对其他地方发生的事情有了一定理解。当内塔尼亚胡因为自己有被定罪的危险而试图暂时收回司法系统的法官的权力时，人们就看到了一种勒索社会的心态在起作用，我认为这是法兰克福学派的一个非常有趣的遗产，适用于今天。

孙一洲：是的，我记得在特朗普卸任后，比尔·马厄（Bill Maher）在他的节目中说了类似的事情。他说我们要拥抱对立阵营的公民而不是孤立他们，尽量保持相互沟通。学者们总是希望出色的研究不会被时代淘汰，但并不总是遂人意，比如书中第三章提到弗洛姆的某些理论。他相信异性恋的生殖器性交对应民主社会，而前生殖器性交对应多态性变态。我在精神分析上非常业余，如果我说错了请纠正我，但在今天的大环境下读这种类比就觉得很牵强。此外，他也推崇过母系文化，但作为历史学家，您一定知道这类理论早就被《人类婚姻史》（*The History of Human Marriage*）驳斥过了。与他同时代的法国人类学家也清楚证明了那些社会大部分是由母系舅权所统治。顺便一说，弗洛姆在1990年前后曾在大陆流行过一阵，但如今也无人问津了。您觉得我的感觉是否恰当？总体上说，批判理论的哪些假设被历史验证了，哪些却又没有？

马丁·杰伊：这是个大问题，我认为你绝对正确。过于雄心勃勃地试图讨论比如说母系社会与父权社会这样的问题，当我们对不同社会的复杂性进行实证研究时，是很难维持的。同样关键的是要认识到历史变迁的重要性。没有一个社会是冻结的。我们自己处于21世纪，这个世纪早在之前就开始了，但质疑传统的性别角色和性别身份的斗争仍在进行中。在现在的美国，关于那些试图以某种方式改变似乎是生物学设定的人们，我们有关于跨性别或性别认同的激烈争论。我们也对此很困惑。我认为每个人都在努力解决这个问题，这不是一个容易的问题，有许多不同的参数，宗教的、传统的、生物的，很难弄清楚所有的事情。所以，我认为这个问题的基本教训是谦卑，我们不应该假设有些东西是自然的，假设有些东西是经过了时间考验的就应该永远如此。

但另一方面，我们不应该过于急切地放弃那些已经滋养人类发展了很长一段时间的关系，比如家庭。家庭在发展，家庭在演变。但法兰克福学派一直都认识到，在保护和滋养个人抵抗社会中更大力量的影响这方面，家庭很重要。有时候它被称为无情世界中的避风港。尽管它有父权权威等病态的含义。家庭在很多方面仍然是一个绝对必要的体制，我不需要告诉一个来自中国的人这一点。所以我们要认识到体制的重要性，即使它们正在被考验，即使它们正在被挑战。

所以精神分析在很多方面试图解答这个问题，往往具有很大的洞察力，但往往也带有我们现在发现有问题的、非常可疑的假设，但答案仍有待发现。无论我的观点意味着什么，我只会建议宽容、耐心、愿意倾听其他人讲述关于他们自己的遭遇、自己的需求、自己的尊严的故事，维持这条底线很重要。不要对人们强加一种可能看起来是正常化、自然化、生物化的外部约束。但是让人们找到自己的方式来缓解那些显然没人应该受的痛苦，保持每个人都应得的尊严，这将是法兰克福学派哲学的更大教训，而不是一些过时的观念，诸如母系社会是优越的，我们应该找到回到那里的方式。

孙一洲：我能理解您的意思，不过我必须提出这个问题。我对国内的读者有所顾虑，有些读者可能过于严肃地对待这些理论。本雅明与阿多诺的文化批评自从 1970 年代以来变得愈发重要。这一潮流除了源自他们的天赋，可能也部分由于他们的领域契合 1968 年后西方去政治化的大环境。如果确实如此，那么类似的现象也能在当今中国看到。此外，他们行文风格中不必要的晦涩可能也助长了某些习惯于掌握话语权的知识分子的文化精英主义。这也是为什么他们在那些附庸风雅的团体内也很受欢迎，可以用神秘的概念维护所谓艺术品的"灵晕"。一些批判术语能被很轻易地用来攻击"稻草人"或者抽象概念，而不是直接面对更加紧迫的问题。比如"工具理性"已经被不堪重负的都市青年不加区别地使用，从最日常的单相思到最深层的结构不平等。形而上学的讨论和流行逐渐把批判理论变成了其成功的受害者。您是否曾经担心过批判理论会随着时间而失去其锋芒？

马丁·杰伊：毫无疑问这是一个长期的斗争，一方面要不断努力维持复杂性，保持微妙性，另一方面需要创造观念的可接近性和民主化。你知道，有时候我们过于复杂、过于细微、过于深奥的话语，只有少数具有精力、智慧和兴趣的人才能解读，而这就是洛夫乔伊曾经所说的"晦涩的感染力"——即如果某些东西难以理解就是深奥的观念，而事实上，它可能只是胡言乱语，可能毫无意义。我们无法真的知道（它是有意义的还是无意义的），直到我们解开它、重新描述它、使它属于我们自己。思想史一般感兴趣的是让观念变得可以接近，我们并不想为少数精英保持神圣的秘密，而是让它们变得可以接近。

另一方面，确实存在着可能被称为观念的庸俗化和轻浮化的危险，我认为你指出的也是这一点。在法兰克福学派的历史上，过去有些意想不到的事情，距今已经三十年了：法兰克福学派曾被右翼阴谋论者揪住，成了人们的靶子，他们认为学派是政治正确的来源，唤醒了右翼在当代文化中所有不喜欢的东西。这么做绝对是很疯狂的，甚至一度导致了挪威大规模杀人犯的暴力行为。安德斯·布雷维克（Anders Breivik）杀害了九十个人。他在宣言中攻击了法兰克福学派。他实际上大量引用了我的书作为他理解的来源。所以这种庸俗化的版本是非常危险的。

在我最近一本由 Verso 出版的文集中，我写了一篇关于法兰克福学派作为这种庸俗化目标的文章，疯狂的是这不仅见诸右派，而且菲德尔·卡斯特罗（Fidel Castro）在去世前也表达过。我的意思是，卡斯特罗实际上主张法兰克福学派要为阻碍革命负责，这绝对是胡言乱语。可这如今已经成为一种全球现象。在巴西，有一个对博索纳罗非常重要的人物，奥拉沃·德卡瓦略（Olavo de Carvalho）。他也是法兰克福学派阴谋论的信徒，甚至荒谬到声称阿多诺负责写了披头士的歌曲，这些歌曲在1960年代被用来传播文化的颓废。太疯狂了！我们可以说这是法兰克福学派思想的可接近性的一种情况，这种情况把它的思想庸俗化到了毫无意义的地步。

显然，这是一场持续的战斗：试图保持观念与时俱进，试图与思想进行辩论，使它们更微妙、更复杂，以一种富有成效的方式将其融入其他的思想体系，一方面，又试图使它们可接近，而不庸俗化。但这是一场持续的战斗。所以你说的那种以有问题的方式使用工具理性，几乎适用于任何观念。任何观念——这就是我之前提到的"理论旅行"——都可能被误读，可能被庸俗化，可能违背原本创造这个观念的人的意图。但有时这是好的，有时这是坏的，没有一个经验法则说这些观念可以被绝对地拥有，成为创造者的某种知识产权。它们获得了自己的生命。它们获得了与其他观念相融合的能力，没有人能预见到结果如何，这就是观念在世界上的运作方式。它们会旅行，它们有我们无法预见的冒险，它们会繁荣，它们也会凋零，我们对此无能为力。我们试图推动这个过程，但不可避免的是，我们只是一台大机器上的小齿轮。

孙一洲：我的担忧与对法兰克福学派最常见的批评相关，也就是中介理论和实践这个未完成的计划。在历史层面，您对学派的总体描述表明他们对根本改变之可能性的乐观主义在1940年代后转为悲观主义。然而，如果我们仔细考察学派核心圈子对1930年代前后具体抗争的态度，会发现他们一直倾向于拒绝行动主义，并在理论层面上批评行动主义。这让人不得不想他们的激进主义只停留在口头，而所谓态度转变也是象牙塔内的杯中风暴，与实践并无干系。比如，当霍克海默批评无政府主义时，他的说辞是"时机并未成熟"，可时机不正是实践的结果吗？

马丁·杰伊：这是一个经常被问到的问题，显然他们从未成功建立起理论与实践的联系。但坦率地说，其他人也没有。这就是有时被称为马克思主义理论中的组织问题：如何通过比如说特定的党派结构，从理论转向激进的实践？它应该是一个大党、一个小党、一个先锋党，还是一个大众党？它应该是一个党派，还是多个党派的联盟？总是有一个问题，那就是如何组织；可没有一个组织产生了解放人类的革命，结束了异化和物化。所以我们都在为此挣扎，并不是只有他们，他们也感到挫败。

话虽如此，我们也应该认识到，在第二次世界大战后，在他们返回德国后，霍克海默和阿多诺参与了一种更为温和的政治计划，试图在后纳粹时代的德国恢复或者首次建立一个可行的自由民主制度。他们为大众媒体撰写文章，他们做了在电台播放的讲座，他们参与了德国的重建工作，这意味着他们并不像一些人认为的那样，会成为那种激进的拒绝者、无政府主义者或反体制的人物。我们可能会说，哈贝马斯继承了那种激进的进步而非革命的立场。在政治上，他参与了宪政主义、合法性等问题，这些问题似乎比较平淡，但确实有潜在的进步含义。

在我们现在的气候中，在这个广义上的民主受到威权主义威胁的气候中，有时我们必须和可能的事物妥协，哪怕我们希望在未来有更激进的变化，因为还有很多东西需要保护。我个人的感觉是，我们现在可能处于一个危险的点，有多股危险的力量可能会导致我们倒退到21世纪甚至20世纪之前，恢复那些对人类繁荣更有害的传统，而不是我们过去多年来在广泛背景下创建的不完美传统。这个答案无法满足那些希望法兰克福学派能启发更激进变革的人。但我认为，就当下的情况而言，这是唯一诚实的答案。

孙一洲：您可能已经察觉到了，虽然我是译者，但我可以对批判理论持批判态度，因为事实上我确实如此。说好听点，批判理论的发展正是建立在自我批判上。不过事实上，无论我在哲学上如何努力，他们理论中的某些部分在我看来就是不可信，哪怕已经被写入了教科书。前面提到了弗洛姆的理论，此外还有阿多诺对爵士乐草率的判断，等等，我们可能没有时间逐一讨论，但在根本上，他们的论点已经预设了一个议程，因为法兰克福学派预设了他们对现代社会的图景就是自主主体被清算，所以他们所厌恶的一切都指向了这个大判断。垄断资本主义、反犹主义、文化产业、威权主义国家、实证主义——我一项也不喜欢。诚然，这些问题彼此叠加并引发了一系列广泛而深远的社会和历史问题，但说所有这些问题都可以最终归在一起并拥有同样的哲学基础，这完全超出我的理解。您认为我的归纳和抗拒是否合理呢？

马丁·杰伊：我认为你对批判理论持批判立场是绝对正确的，我认为他们自己也是如此，会开放，会试验，会被历史的变化所推翻，需要不断的修正和更新。批判理论的全部要点不是变成一堆只被重复的僵化文本。例如，我刚刚收到了我的朋友雷纳·福斯特（Rainer Forst）送来的一系列书籍，他是第四代批判理论家的主力之一。其中三本书是对他激烈的批评及他对这些批评的答复，这也是哈贝马斯经常做的事情。可以说，他写了对批评的批判回应。重点是不把批判理论当作神圣的文本。话虽如此，也有理由认识到，有时候，特别是对于第一代批判理论而言，阿多诺针对精神分析曾经提出的一个观点可能是适用的。他说在精神分析中，只有夸张的东西是真的，他的意思是，有时候你必须以一种明显超出灰色情况的复杂性和细微之处的方式，来展示更深层次的含义可能是什么，更夸张的含义（是什么）。

至于流行文化，显然，人们可以辩论这是流行文化还是那是流行文化，是否是文化产业的一部分，这种文化产业以一种单向度的方式运作，使我们所有人成为机器人，或者与此相反。但是，夸张能告诉我们的是，我们往往可能是被愚弄了：我们以为我们在反叛、叛逆，在以某种方式反权威，但在更广泛的意义上，我们仍然是一个由我们的伪叛逆行为维持的体系的同谋，我认为这是马尔库塞首先称之为"压抑性去升华"的东西，我们似乎正在失去我们的文化限制。但实际上，我们在失去文化限制的同时，帮助维系了这个体系。从广义上讲，资本主义正是通过允许挑战、通过将所谓的自我批判吸收到自己的结构中来运作的。它的繁荣靠的不是绝对的僵化，而是灵活性，有时尽管我们的意图很好，我们还是被它困在里面。法兰克福学派也许给了我们一些教训，即使我们可能发现它有问题，觉得它肯定值得被质疑。我希望那种模式，就像我刚才提到的雷纳·福斯特那样，愿意讨论、辩解、争论，也愿意倾听和改变的模式，成为批判理论的部分遗产。无论人们如何看待哈贝马斯的最终立场，他总是从他的批评者那里有所收获。他与伽达默尔（Hans-Georg Gadamer）、尼克拉斯·卢曼（Niklas Luhmann）、后结构主义者、德里达进行了辩论，但他的立场是在与他们的对话中发展起来的，而不是总是防御性地维持自己的立场。

孙一洲：是的，我知道哈贝马斯教授是个辩论狂。与他交手过的大思想家不胜枚举。作为您的译者，我也想和您聊聊语言。法兰克福学派在流亡美国期间坚持用德语写作，体现了他们守护德语文化的使命感。然而，这也导致了他们在美国知识环境内的相对孤立。用阿多诺的话说，"德语与哲学之间存在一种选择性亲和力"。他的思想方式也根植于中欧传统之中。不过，在写这本书的时候，您在某种程度上也是一名译者。您的作品被翻译为多国语言，也部分是由于英文人口分布更广泛，而很多学术成就都需要经过英语社区的介绍。此外，如今的学术交流日益全球化，这一代的批判理论家们都能熟练地用英文进行学术发表和宣讲。您如何描述英语学界和德国本土学界对批判理论研究在视角上的差异？我希望你们都没有失去"与哲学的选择性亲和力"。

马丁·杰伊：这也是一个很好的问题。我的意思是，像本雅明这样的人在《译者的任务》（"The Task of the Translator"）中讨论了翻译产生的乌托邦可能性，不存在中介语言。我们没有像世界语那样优于所有其他语言的语言，所以我们总是参与一种横向的翻译过程。翻译甚至可能在语言内部发生，但肯定会在语言之间发生。就我而言，我的母语是英语，这给了我一定的优势，因为现在世界上的其他所有人似乎都觉得他们必须学习英语、用英语和我们交谈，比如我们正在用英语进行对话，所以这有一些优势。但是，缺点是我在任何其他语言中都不能像用英语一样。我能用法语和德语工作，会一点意大利语、一点西班牙语，但是我完全无法阅读亚洲各语言的东西。只会一种母语真的是个很大的缺点。

话虽这么说，我们也应该明智地认识到，尊重每种语言的独特性是很重要的，并认识到，当我们从德语转到英语，或从英语转到中文，或从中文转到法语或越南语等的时候，我们既获得了也失去了。有时我们经常说一首诗在翻译中得到了改善，有时我们会澄清源语没有完全明确的东西。但是，我们也可能失去了微妙，我们可能失去了隐喻，我们可能失去了源语的丰富性。这是一个无尽的过程，我认为你说得对，我的书是一种翻译行为。我感谢像你这样的人，花费时间和精力，把我自己的英语单词转变成对我来说的外语词汇。

实际上，有时候重新翻译……我记得我的阿多诺传被两次翻译成了中文，然后这又是《辩证的想象》的第二版翻译。阿多诺的《美学理论》(*Ästhetische Theorie*)和《启蒙辩证法》(*Dialektik der Aufklärung*)已经由我的朋友罗伯特·胡洛特-康托（Robert Hullot-Kantor）用英语成功重译了，新译本有可能揭示出在第一次翻译中可能被遗漏甚至被误译的内容，这也显示出翻译的重要性。我很认同翻译行为，始终对为此付出时间精力的人表示感激，所以我想借此机会亲自向你致谢，同时也认识到我们都投入到一种无尽的翻译工作中，而且像我之前提到的，这工作还涉及误读，以及原文所没有的创造性可能。让我们继续尽力而为，也让翻译成为双向的事业。

身为英语使用者的一大优势就是很多词语、很多作品都被翻译成了英语，当然不是全部，但很多都被翻译了，所以我可以阅读到我从来无法阅读原文的语言的内容，这是一个极大的优势。然而，对于某些语言比如母语为克罗地亚语的人口来说，就不能阅读一千种克罗地亚语的作品，因为没有那么多的翻译，所以你必须阅读原文或英语，或者可能是德语翻译。所以，我很庆幸英语是我的母语。

孙一洲：很好，我希望学习中文会是您的下一个挑战。不过由于语言上的壁垒，语言的问题在东亚更为严重。至少在中国和日本，这个领域的很多学者推崇欧陆哲学晦涩的风格，部分因为他们相信哲学本该如此。这也是为什么海德格尔在1990年代后的中国风靡一时，哪怕你不会说德语，你也能诌些"此在""格式塔"这样的概念。一方面，他们的努力当然也有成效，但另一方面，这种路径有时候导致了训诂考据。学者一遍遍地讨论关键词的翻译。他们的贡献有目共睹，不过如果预设了某些领域存在真理并倾注了大量精力，就很难再对之保持批判。看起来1970年代对第一代批判理论家的讨论更加开放，因为对你们的印象还未定型。但如果没有新的材料出现，这个领域的后来者如何能避免"仆人视角"，仰视着研究对象并为之擦拭羽毛？

马丁·杰伊：我之前提到了洛夫乔伊"晦涩的感染力"那个概念，有深度的概念总伴随着多义性和复杂性，以及某种程度上内行黑话的胡言乱语。我们对此必须非常小心，而且要意识到有时候释义式翻译是很重要的，因为它能显示出某个词真的只是被弄复杂了。德国学术界的另一大传统是所谓的概念史（Begriffsgeschichte），和像赖因哈特·科泽勒克（Reinhart Koselleck）这样的人联系在一起的，如今全世界都对概念史感兴趣。我发现我自己的工作在某种程度上也是在做这个，但并未充分认识到科泽勒克和他的德国同事们这帮研究人员垂范在先。在概念史中，你必须通过查看一个词或一个概念在时间上的多种用法，查看一个词的沉淀的意义，查看词源，但也要查看词语如何随时间推移扩散并有不同的意义，而不假定有一个单一正确的定义。我们不必严格规定这个词只等于一种含义。词语有内涵、外延，它们有历史。阿多诺理解这一点，尼采也理解这一点，词语不是静态的，我们必须敏感地认识到澄清和定义的需要，认识到需要理解一个词在时间上的复杂性，同时不一定要像海德格尔那样认为词在希腊语或者任何语言中的词源就是它真正的意义。

语文学、思想史和文学批评对于译者或哲学家必须处理的这些问题都非常敏感，对此并没有简单的答案。我们可以永远争论海德格尔的"此在"或者"格式塔"是什么意思。有时，这样的争论会产生好的结果，但有时我们也必须向前看，提出其他类型的问题。我们不希望将词语拜物化，不存在神圣的词。没有任何神圣的词语需要以某种方式被崇拜，词语需要被解读，它们的历史需要被理解，然后我们使用它们的方式也必须与我们对它们提的问题相适应。

孙一洲：回到这本书，书中的一份独家材料是霍克海默与洛文塔尔的通信，为他们的观念提供了很有价值的洞见。而在文章之外，前辈学者们也把本雅明与阿多诺之间的通信视为必读的美学辩论。不过，随着通信技术的发展，写信已经日益罕见了。比如，如果有人要研究霍奈特或者马丁·杰伊，有必要去读您的所有邮件吗？作为一位思想史家，您对于思想史在未来要如何书写有任何想法吗？否则思想史就要随着邮差而成为过去，不停地讨论西方文明鼎盛的那些年代。

马丁·杰伊：你完全正确。书面通信、信件保存的时代在2000年左右结束了。我自己在整个职业生涯中有很多文件夹，里面装着各种信件。有些是和非常有趣的人的通信，例如阿多诺、哈贝马斯、德里达，或者列维-斯特劳斯（Levi-Strauss）、迈耶·夏皮罗（Meyer Schapiro）这样的人的信件。都是非常有趣的信件，曾有人来查看我与费利克斯·韦尔等人的通信。这些信件一直是我们的资源。但到了2000年左右，这一切都停止了，一切都改用电子邮件了。现在，我偶尔会打印出一封电子邮件，最近我打印出了一些我和朱迪丝·巴特勒（Judith Butler）的电子邮件，还有哈贝马斯的电子邮件，但大多数电子邮件都已经不存在了，或者至少很难获取。我经常想，未来的思想史学者是否会像中世纪的思想史学者一样，非常难以得到资源，重建那些幕后没有公开发表的人物的历史也将非常困难。

只要我们能够获得这些通信，就可以从通信中获益。但甚至电子邮件的存储也可能成为一种资源。最近在美国有一起审判，福克斯新闻台因为诽谤一家公司而被起诉，这家公司生产了被指控操纵选举的投票机，结果披露了成千上万页的电子邮件，都是些私人的电子邮件、令人尴尬的电子邮件，这些电子邮件显示出福克斯新闻的无赖们的真实观点，有助于针对他们的诽谤诉讼。因此，未来可能还能在某个地方检索到电子邮件。我们如何索引它们，如何才能以某种方式访问那些存在的数百万、数亿、数十亿的电子邮件、推文，以及人们使用社交媒体的其他方式。只有上帝知道。这显然是一个惊人的存储问题、可访问性问题，未来的学者将不得不直面这个问题，幸亏我逃过了这一劫。

孙一洲：书信中还有很多个人问题与理论无关，至少不直接相关。去年《本雅明传》（*Walter Benjamin: A Critical Life*）的中文译本也取得了不小的成功，很多读者不但仰慕本雅明的作品，还同情他作为一位蒙尘天才的形象。比如，我读到一篇论文讨论本雅明与拉西斯的恋情硕果累累且非常正当，让我不禁想到畅销书《魔术师时代》（*Zeit der Zauberer*）把海德格尔的婚外情视为其现象学的产物。我倒不想对历史人物做道德评判，但用学术成就为私人行为做辩护也是传记里的老戏码了。虽然我不想让人物脱离语境，但在内容及其创造者之间做不必要且直接的联系也是够粉丝滤镜的。作为一本集体传记，这本书倒是避免了沉浸在个人琐事之中。对思想史学者来说，如何平衡个人经验与理论创造？

马丁·杰伊：这是一个经久不衰的问题。我遵循黑格尔的观点，即"没有人在他的仆从眼中是英雄"，但这并不是因为英雄不是英雄，而是因为仆从就是仆从。换句话说，男仆看到的是脏衣服，看到的是日常生活，知道英雄有不为人知的缺陷。但这并不意味着英雄没有取得伟大的成就，也不意味着一个哲学家如果在个人生活中可能是恶棍，就不会有什么重要的洞见。真正的考验和真正的挑战是弄清楚这两者是如何结合在一起的，生活和工作、经验和思想是如何联系在一起的，还是那句话，这没有公式。

我最近和理查德·沃林（Richard Wolin）讨论了他关于海德格尔的新书。这是个很大的问题，涉及我们是否要因为我们知道海德格尔是一个多么可怕的人，政治上多么糟糕，是个反犹太主义者，就取缔他的哲学，我们是否要说"好吧，他的观念只是那些东西的表达"，还是要说他的观念是超越的。我的上一本文集《缘起与有效性》（Genesis and Validity）就以某种方式处理了这个主题，或者试图处理这个主题，我认为这不是一个可以用简单的公式来解决的问题。就关乎这个主题的观念而言，这些观念是根植于某处的，不仅来自一个人的思想，来自这个人的经验，而且这些观念此后肯定也会有自己的生命。我们在用它们的时候，不能简单地把它们还原到它们的起源上，所以这实际上可以说是一个策略和能力的问题，要能看到这些观念是有根的，但并不能完全还原成它们来自何处。这依然是那句话，没有办法就所有观念都预先知道是不是这样，是只是表达，还是超越了表达。最近有一本可以说是托马斯·曼

（Thomas Mann）的虚构传记，是由托宾（Colm Tóibíns）写的《魔术师》(Der Zauberer)，这本书就试图这么做。我认为这本书就是还原式的，所有的小说都只是他个人生活的书面表达，我发现它非常还原论，结果非常讨人厌，所以必须非常小心地做这件事。

孙一洲：是的，我旁听了几个月前您与沃林教授的对谈。您对沃林教授提了一个问题，与思想史研究极为相关。一方面，像海德格尔这样的人物都是具体时代的产物，意味着任何局限乃至不当行径都要在那个历史语境下理解，读者很难居高临下地妄加论断。可另一方面，如果一位人物的观念或作品超越了时代，那么受众又必须承认其遗产。虽然沃林教授将之生动地分为两个海德格尔，可区别并不总是那么明显。我也不想贬损任何具体人物，但这样的双重逻辑常见于思想传记中，让读者除了盲目崇拜外别无选择。也许我们可以称之为"思想家的两个身体"，一个存在于历史背景里，另一个存在于观念史中。不过，我倒想就此向您提一个假设性问题。在书中，您写道："几年后，洛文塔尔满意地看到，汉姆生（Knut Hamsun）成了维德孔·吉斯林（Vidkun Quisling）在挪威的合作者，他的负面评价被'证实'了。"我的问题是，如果汉姆生没有与纳粹合作呢？难道洛文塔尔关于汉姆生伪自然主义的论证就不可信了吗？

马丁·杰伊：预测成真总是令人愉快的，而洛文塔尔是反对当时的流行观点，即在某种意义上把汉姆生视为一位进步人士。我想本雅明就是这样认为的。洛文塔尔感觉到汉姆生的文学基本上可能具有与独裁主义相兼容的意识形态含义，当汉姆生愚蠢地成为纳粹的支持者时，他感到被证实了。如果没有被证实，他会是正确的吗？这不是事实，我们知道他被证实了。总有可能看到潜在的可能性。然后当这些可能性显现出来时，我们可以说是的，我们证明是对的，但潜在的可能性可能一直存在。所以，可能性不等同于实际情况，但有些可能性我们可以确定。我记得多年前我说过，"看，尼采可能不用对纳粹主义负责，但他的著作有可能被纳粹分子利用"，而约翰·斯图亚特·密尔（John Stuart Mill）或亚历克西·德·托克维尔（Alexis de Tocqueville）的著作就永远不可能被纳粹主义者利用。仿佛他没有在自己的作品中认识到危险从而阻止纳粹误用这些作品。对你的问题，我的答案是微妙的，事情可能如何潜在地发展，但未必会这么发展，直到确实如此的那一天。

孙一洲：好的，我的最后一个问题是关于复合的研究路径。我注意到这本书不仅是以介绍两战之间德国的气氛作为开场，这对于落实法兰克福学派的语境是必要的，它还效法弗里茨·林格（Fritz Ringer）的《德国士大夫的衰落》(The Decline of the German Mandarins)，以对批判理论家们的社会学分析作为收尾。这个材料对我而言是很陌生的，也许对我的同代人来说都是如此。尤其是对作为中文译者的我来说，其中批判理论家与中国传统士大夫的对比非常醒目。虽然批判理论家常常与激进主义相联系，但他们很多行为其实很传统，比如对科技的敌视。我估摸着德国学者可能不太愿意做这种比较，但作为一个局外人，您好像对哲学评估和社会历史学分析都很开放。

马丁·杰伊："士大夫"这个概念非常有趣，最早是由马克斯·韦伯提出的，然后我的哈佛大学导师之一弗里茨·林格接着用这个概念来讨论19世纪的德国知识分子，这些大学知识分子同时也是公职人员。他们是官僚。作为士大夫，他们是内部人士。他们基本上是希望支持普鲁士国家的人，大体上是这样，尽管也有一些例外，比如尼采是局外人，他是反士大夫。正如我之前说的，彼得·盖伊关于魏玛文化的论点意味着局外人现在成了局内人，所以他们不再是老官僚了，他们来自边缘，但有一些人后来所处的位置哪怕不是权力中心，也至少颇有影响力。

法兰克福学派在对高雅文化、对教养之重要性的态度上，可以说保留了一些士大夫的残余。他们是精英，并不假装自己来自工人阶级。但他们也认识到，他们不应该成为国家的仆人，所以社会研究所挂靠在大学，但也在大学之外，他们为大众媒体写作，克拉考尔会是一位很好的联络人，后来他们的对话对象是在文化市民阶级之外的受众。他们试图扩大其受众，而现代主义是一种审美，对可以说是固化的审美趣味持批判立场。

我会说，士大夫的境况还留有回响，比如在德国，但也受到了挑战。这是非常有趣的，我无法了解到士大夫在今日中国的残留痕迹。我知道有新儒家试图恢复儒家思想，无论这是否有任何意义，无论知识分子是否仍然认同那个传统。我注意到在日本，现在的"先生"一词仍然有强大的共鸣。所谓的日本版的士大夫也有一定的意义。也许在德国也是这样，教授们有一种在美国没有的威望。像韦伯借鉴古代中国的士大夫教育传统那样，将源于其他传统的社会学类别应用于当代德国，然后思考它们在我们自己的21世纪语境中是否仍然适用，这挺有趣的。像所有流动的理论一样，社会学的范畴基本上也可供误解和创造性的误读。我希望它仍然有用。但我不确定我能说它在今天的中国或在21世纪的西方有多大的影响。

孙一洲：我不知道从何时起，在中国"老师"变成了一个常见的称呼。比如叫您杰伊老师，哪怕您不是教职员工。但和日本的

"先生"不同，后者对对方的职业有严格要求，如律师、教师、医师，好像还有政客。不过我从未深入过这个问题，没有社会学解释。也许只是因为这是对所有白领的体面称呼，或者在这个年代我们都能在某个方面扮演教师角色。我相信我已经占用了您足够多的时间。在我们结束前，关于这份您在半个世纪前给我们的礼物，您还有什么想对中国读者说的？

马丁·杰伊：我会说能有中国的受众是一种极大的殊荣，我经常从与中国的同行们的交流中受益。我希望我们能回归到在疫情之前那种对我们两个国家都非常有益的活跃交流。如我所说，我最后一次造访中国是在 2019 年。如今，我们的接触减少了，我们在美国的中国学者比我们的中国学生少得多，我们去中国也变得更困难了。你知道，这是一个非常大的地缘政治问题，我希望我们能回到在疫情前的二三十年里那样令人鼓舞的发展，也就是我们和中国知识分子之间的真正对话。多年来我遇到了很多学者，比如黄伟和童世骏，或者其他一些明显在国际知识界享有声望的人。我很遗憾我们没有更多的机会与他们互动，如今我就希望能够有这样的机会。所以，我希望的是，这本书和其他翻译能够为我们持续升温的对话作出贡献，这将使我们在这个充满了太多紧张、太多不必要的对立的世界中走到一起。

孙一洲：感谢您的时间与洞见。

马丁·杰伊：非常感谢，一洲。我很荣幸，再次感谢翻译这本书。

1996 年再版序言

当我于 1968 年 8 月抵达伯克利时，我还是个二十四岁的研究生。列奥·洛文塔尔邀请我查阅他那丰富的私人档案中来自社会研究所的材料。就在我花费大量时间细读多年来信和未刊手稿，就人物、事件和观念提出大量问题请洛文塔尔耐心作答时，外部世界正在因一系列灾难事件而动摇。"带着人道面孔的马克思主义"的试验在当年早些时候曾唤起过非教条左翼分子的想象力，至 8 月 21 日，苏联及其盟友的坦克驶入布拉格，暴力终结了这一试验。几天之后，受到约翰逊总统（Lyndon Baines Johnson）的越南政策以及民主党候选人休伯特·汉弗莱（Hubert Humphrey）可能延续其前任这一糟糕进程所刺激，抗议者们打断了"举世瞩目"的芝加哥民主党集会。

在每天往返于公寓和洛文塔尔的办公室的通勤路上，我会路过罗伯特·肯尼迪（Robert Kennedy）在伯克利那荒凉且业已空置的竞选总部，他在两个月前的遇刺意味着诸多希望都落空了，用当时流行语来说，这些希望就是通过"体制内工作"带来根本改变。时任加州州长罗纳德·里根（Ronald Reagan）治下的州政府挑拨了学生和当局之间的对抗，而伯克利校园本身成为双方对抗升温的现场。在黑豹党（Black Panther Party）一直存在于周边的社区中，见证着仍然激烈的种族矛盾，随着当年春天马丁·路德·金（Martin Luther King, Jr.）遇害，爆发成为街区暴力。

洛文塔尔慷慨地把他的文件交由我来处置，而我在翻阅这座宝库的过程中，无法忽视外部环境的压力。当时，法兰克福学派刚开始作为一种国内外新左翼的理论灵感进入公共意识，不可否认的是，大家对这一学派的理解仍然非常有限。事实上，其影响力如今已经超出了学术界。[1]当我抵达伯克利时，我想讲述的故事中的一位主角，赫伯特·马尔库塞正在洛文塔尔位于卡梅尔谷（Carmel Valley）的避暑山庄里躲避死亡威胁。几个月前巴黎的"五月风暴"期间，愤怒的学生举着写有"马克思/毛泽东/马尔库塞"字样的海报抗议示威。加州的反共右翼对他大肆挞伐，试图让加州大学圣地亚哥分校与马尔库塞解约。同时，他也是正统左翼日益升温的恶毒攻击的目标之一。尽管他在原则上支持他备受争议的前学生和共产党领袖安吉拉·戴维斯（Angela Davis），他仍被谴责抛弃了作为革命主力的无产阶级。很快我就明显察觉到，对他在社会研究所的大部分前同事们而言，马尔库塞是一个不安之源，同事们对他直言不讳的政治战斗性感到警觉。

几个月后我回到哈佛待了一个学期，准备好前往欧洲，到法兰克福和瑞士的蒙塔诺拉继续研究。就在我1969年1月出发前不久，我碰巧在纽约的一个聚会上被引见给了马克·鲁德（Mark Rudd），他是哥伦比亚大学学生起义的一位激烈领导人，之后不久开始了被称为"地下气象员"（Weather Underground）*的绝望和自我毁灭之

---

* 活跃于1969年至70年代中期的极左组织，旨在以秘密暴力革命推翻美国政府，曾策划过一系列针对美国政府的炸弹袭击，组织的名称出自鲍勃·迪伦的歌曲《地下思乡蓝调》的歌词"你不需要气象员也知道风向哪里吹"。——译注

旅。在我陈述了我的博士论文计划后，他轻蔑地表示阿多诺和霍克海默都是怯懦的叛徒，背叛了革命事业；鲁德咆哮道，阿多诺把听起来像犹太人名的魏森格隆德（Wiesengrund）改掉就表明了他的怯弱。

这种情绪在我于次年1月初抵达法兰克福时十分常见。一些大学建筑被正在进行的"行动罢课"所占领，用以开设马克思主义理论和实践方面的临时课程。效法魏玛时代早期的好战分子，社会学系被重命名为"斯巴达克斯系"。1月31日，社会研究所被一帮激进学生所占据，至少研究所焦虑的主任阿多诺和路德维希·冯·弗里德堡（Ludwig von Friedeburg）是这么认为的，于是报警清场。尽管事后证明这只是一个尴尬的误会（学生们只是在为讨论寻找场所），在法兰克福学派时任领导层与他们并不待见的精神后裔们之间，鸿沟仍然日益加深。当时尤尔根·哈贝马斯正因"左翼法西斯主义"这一轻率的谴责而遭受攻击，他向我展示了为预防学生破门而入打长途电话而为其上锁的办公室座机，事态可见一斑。阿多诺也紧张地拒绝了我在对话时的录音请求，以免留下"口头指纹"。

当年4月，几位属于德国社会主义学生会（Sozialistischer Deutscher Studentenbund）的女性打断了阿多诺的讲座，冲上讲台袒胸露乳。这是一种弑父的象征性举动，后来被视为阿多诺于当年8月因心脏病而去世的一个预兆。我在这一不愉快事件仅仅几周前离开了法兰克福前往瑞士。霍克海默和波洛克已经在蒙塔诺拉靠近卢加诺（Lugano）的美丽小镇提契诺（Ticino）安享晚年，自然也远离了伯克利或法兰克福的骚乱。在远不比之前那么紧张的气氛中，我得以和他们展开深入对话，研究他们的材料。但即使在这样的相对隔绝中，全球的整体局势看起来也充斥着激进承诺和反动威胁的古怪混合。就在我为完成论文而回到美国的一年后，波洛克给我来信：

> 从远方看来，美国所发生的一切非常可悲。（考虑到以其他国家的标准衡量，美国的生活中具有诸多正面因素，可以认真地说是一个"伟大社会"。）这个"伟大社会"处于分裂下的所有症状，都表明了这个社会别无选择，只会在一位无情"元首"（Führer）的领导下丧失所剩下的自由以及只知贪图享乐的中产阶级的统治。[2]

万幸这般末日愿景从未成真，但回忆波洛克的担忧和上文提及的其他事件警钟可以提醒这本再版《辩证的想象》的读者们，本书在最初成书和发行时处于高压语境。虽然未必像1806年黑格尔完成《精神现象学》时的耶拿那般纷乱，不过我也确实没有处于一个能够抽离于时代压力的典型学术环境中。

当修订后的论文于1973年出版时，1960年代末的希望和恐惧仍然强烈，越南战争还有两年才告终，新左翼运动还不是强弩之末。被视为西方马克思主义的知识传统，仍然在1972年的一本美国选集中被描述为一种"未知向度"[3]，可能为当下和未来的斗争提供有用的想法。西方马克思主义经典文献的英译本当时才刚刚问世，比如1971年出版的格奥尔格·卢卡奇的《历史与阶级意识》（*Geschichte und Klassenbewußtsein*）英译本，1972年出版的霍克海默和阿多诺的《启蒙辩证法》英译本，可以强烈感受到其中有尚未发掘的知识宝藏。《新左翼评论》（*New Left Review*）、《泰洛斯（/目的因）》、《新德意志批评》急切地想要呈现、解释和应用那些承诺有助于希望有助于扭转当下局面的观念，一时言人人殊，众说纷纭。

因此，本书在导论中宣称法兰克福学派的历史时刻"已经无可挽回地成了过去"，如此论调被一些带有政治立场的评论者视为"挽歌"并对此感到不耐烦，这就不足为奇了。撇开马克·鲁德这样偶见的极端主义者不论，这些评论者们相信批判理论仍然包含可为当下和未来实践斗争所用的资源。事实上，我从未完全认同学派某些信徒们所秉持的更可疑的论断。[4] 由于在气质上不适应好斗的行动主义者，我总是与新左翼的马克思主义潮流保持着一定距离，拒绝加入"运动"的任何特定派别。

但在发掘和整理那些极其不熟悉和富有挑战性的著作时，我还是明显感觉到了激动和许诺，写作《辩证的想象》确实还希望传递这份感觉。在我看来，尽管（鉴于他们的主要做派已经成了过去式，其中多位成员也已然离世）法兰克福学派主要人物的那个确切的历史时刻已然过去，对我来说未来这些作品仍会持续被人接受和挪用。本书的写作至少部分是希望助推这个过程，同时避免其他许多马克思主义理论常有的那种非批判性教条主义。

随着法兰克福学派迅速成为对当代和历史强烈兴趣的焦点，这一期望的实现超出了我最不切实际的幻想。本书目前已被译成八种语言，中文版作为第九种语言版本也临近出版。由此，在向国际受众引介法兰克福学派时，《辩证的想象》得以发挥一定作用。鉴于1976年时德国国内的争论已经如火如荼，容不下任何抽离或学术性的观点（当时保守派将法兰克福学派作为替罪羊，斥责其学说暗含左翼恐怖主义），本书的德文译本尤其引发了对这些问题严肃的历史兴趣。本书是由一位局外人所写，既对学派的观念无先入之见，也与研究所的成员们无私人瓜葛，[5] 所以在一定程度上是清白的，该学派的支持者和反对者们都能有所收获。不同于之后一些著述反映了一种更幻灭和窥私的心境，本书有幸避免了仆人揭露家丑时的仰视角度,也就是德国人所谓的"仆从视角"(Kammerdiener-perspektive)。

对《辩证的想象》一书后来的命运很重要的一点是,对批判理论的接受比1970年代西方马克思主义的再发现和吸收更加持久。随着人们对诸如卡尔·科尔施、路易·阿尔都塞或吕西安·戈德曼(Lucien Goldmann)这些西方马克思主义历史上其他人物的兴趣急剧消退,1970年代对西方马克思主义的吸收也告一段落。可法兰克福学派却成为20世纪晚期理论版图中的常青树。虽然如今看来,其作为一个独立学派的连贯性不如我最初为其树碑立传时那么显而易见,批判理论的整体驱动力在二十五年后仍然清晰可见,哪怕其作品已经与其他理论倾向交叉融合。

法兰克福学派经久不衰的一个主要原因是其名下的作品丰富多样。如果说像马尔库塞、霍克海默和弗洛姆这些人如今远没有我当年开始研究时那么重磅的话,[6]那么像阿多诺和本雅明等其他学者的重要性可谓与日俱增。随着他们的作品的每次有新译本面世,似乎都会也接触到了更多读者。部分由于左右两翼对饱受争议的法学家卡尔·施米特的热情接受,对魏玛时代的法理学和法学问题的兴趣升温,而曾经被视为边缘成员的弗朗茨·诺伊曼和奥托·基希海默等人也因此收获新的受众。[7]

该学派保持活力的另一个根源是其诸多后辈们质量颇高的作品,而且影响力不局限于欧美。[8]如今在德国一般被称为法兰克福学派的第二代,其最著名的成员们包括尤尔根·哈贝马斯、阿尔弗雷德·施密特(Alfred Schmidt),以及学派的第三代,包括阿克塞尔·霍耐特、彼得·伯格(Peter Bürger)、奥斯卡·内格特(Oskar Negt)、赫尔穆特·杜比尔(Helmut Dubiel)、克劳斯·奥菲(Claus

Offe)、阿尔方斯·泽尔纳(Alfons Söllner)、豪克·布伦克霍斯特(Hauke Brunkhorst)、德特勒夫·克劳森(Detlev Claussen)、马丁·吕德克(W. Martin Lüdke)和克里斯托夫·门克(Christoph Menke)。虽然卢卡奇在他晚年培养了"布达佩斯学派",加尔瓦诺·德拉-沃尔佩和阿尔都塞也一度拥有大量拥趸,但就充满活力且推陈出新的思想传统而言,都无法与法兰克福学派相提并论,而本书正是试图追述该学派的早期历史。

当然,对批判理论持久不懈的兴趣还有另一个解释,让批判理论在西方马克思主义的宏大范式失去其动力之后仍能保持其重要性——批判理论意外地适应了一个时代的关切和焦虑,而这个时代在《辩证的想象》问世时才初现端倪。事实证明,美国新左派在其挑战资产阶级社会的努力中发现了欧洲的西方马克思主义理论,1973年在这一进程中不止是高潮而已;诚然,这一年可以说对开启另一种叙事具有别样的意义,而这种叙事的终结仍遥遥无期。

1973年的全球衰退是第二次世界大战后的首次,并也许最戏剧性地被定格在因欧佩克组织(OPEC)突然提高油价而导致加油站前排起的长龙。若简而言之,其结果就是对世界经济体系的一次根本重构,最终导致东方"实际存在的社会主义"破产和西方逐渐放弃凯恩斯-福特政策。这个被大卫·哈维(David Harvey)称之为"灵活积累"(flexible accumulation)的新体系出现,意味着国际金融资本日益增长的重要性大于日益式微的民族国家;劳动市场的全球化加速了廉价劳工的跨国流动,削弱了工会运动;技术创新导致时间和空间被压缩;在时间和空间上转移需求导致资本主义过度积累的趋势有所缓和。[9]虽然绝对算不上平稳运转,这个在开始成形的体系在1973年看起来产生了新的危机,既不受一个有意识驱动的机制(比如财政和金融政策)所控制,也无法产生一个集体社会行动者去继承马克思主义中的无产阶级来从内部挑战这一体系。

乍一看，对社会研究所遗产的持续关注只能从这些发展中得到些许佐证。无论是亨里克·格罗斯曼拥护的传统马克思主义危机理论、弗朗茨·诺伊曼关于垄断资本主义和计划经济混合体的见解，还是波洛克关于国家资本主义和"政治至上"的观点，都不符合新的范式。哈维宣称，"正是**借助**在劳动市场、劳动过程和消费市场中分散的、地理上的机动性和灵活反应，资本主义被更加严密地组织起来，这一切都伴随着组织上、产品上和技术上的海量革新"。如果哈维是正确的，甚至连克劳斯·奥菲（Claus Offe）后来的所谓"无组织资本主义"论点可能也站不住脚。[10]

事实上，不得不承认，在社会研究所就经济议题所做的工作中，很少能够阐明1973年后资本主义的重组。[11]然而，正是在文化关联的层面上，灵活积累的后福特体系兴起可能有助于解释法兰克福学派的持续活力。如果哈维是对的，那时刚出现的所谓后现代主义是一种文化状况，在某种程度上表达、反映甚至有时也拒斥了这些可以追溯到1973年前后的经济变化。与西方马克思主义的许多其他变体相比，批判理论相对契合这种新气候，至少相比于德国，美国的情况更是如此；在德国，后现代主义者和第二代批判理论家之间已经针锋相对了。由于政治经济和政治实践问题被边缘化，而文化和美学问题获得了中心地位，法兰克福学派对这些领域多样而深远的探索重新引起了人们的兴趣和争论。[12]

当然，不管我们如何定义后现代这个棘手的术语，都不能把批判理论的遗产简单地归结为后现代主义的序幕。哈贝马斯对未完成的现代性工程的有力辩护，[13]洛文塔尔对"后历史"这样"非理性和新神话"概念的最后警告，[14]以及阿多诺坚持区分高雅艺术和低俗艺术，认可贝克特、卡夫卡和勋伯格等现代主义者反对文化工业弭平一切的冲击力，这些都清楚地表明，在许多重要方面，法兰克福学派拒绝被全盘纳入后现代主义的神谱之列。事实上，正如弗里德里克·詹明信（Fredric Jameson）所指出的那样，相比（阿多诺总体欣赏的）勋伯格之进步创新，（阿多诺所鄙夷的）斯特拉文斯基（Stravinsky）之兼收并蓄才更称得上是预见到了后现代主义文化的一个重要特征[15]。此外，"意识形态批判"在批判理论中发挥着核心作用，在大多数后现代主义理论中则沦落为边缘角色。后现代主义缺乏这种批判的任意一处支点（point d'appui）或有意蔑视这种支点的可能性，偏好一种愤世嫉俗的理性，如果这真的是一种理性的话，也是把所有超越性立场都打成可疑的基础主义，把乌托邦主义嘲讽为内在的谬误。[16]

然而，在某些方面，学派第一代成员们当中至少有几位成员的总体理论轨迹可以说是为后现代的转向奠定了基础，从而为他们的作品找到了新的受众。最明显的是，他们不情愿地抛弃了人类解放即将到来的胜利主义观念，这一观念以阶级斗争产生的全人类进步的单一故事为基础，这就与后现代主义放弃任何元叙事尤其是以救赎为最终目的这一特点产生了共鸣。事实上，法兰克福学派的时间性，他们所塑造的关于兴起、衰落和反复的复杂叙事，往往与许多后现代主义思想家所采用的叙事一样，是混杂而矛盾的。因此，对西方工具理性、技术理性传统的激进批判，在《启蒙辩证法》中得到了最广泛的阐述，其中对神话和理性的纠缠进行了灰暗的思考，这也可以被视为潜在地符合后现代主义怀疑对所有版本的理性。[17]诚然，像哈贝马斯这些学派的第二代成员们有时恰恰拒绝这一结论。[18]

阿多诺的"否定辩证法"和德里达（Jacques Derrida）的解构也频繁被人比较，因为他们同样拒绝总体化的同一性哲学，不信任任何第一原理和起源，怀疑扬弃的观念论意识形态，重视表象的寓言而非象征模式。坚定的乌托邦主义者阿多诺拒绝接受的那种无解的重复，与解构如此意气相投。[19]尽管如此，在一些人看来，他的"忧郁的科学"似乎离德里达在原则上拒绝哀悼只有一步之遥。在批判理论和拉库－拉巴尔特（Philippe Lacoue-Labarthe）的作品中，对某种良性模仿概念的多方面辩护也引起了人们的关注，与拉康（Jacques Lacan）对自我心理学的批判也有一定亲和力。[20]

同样地，米歇尔·福柯（Michel Foucault）的身体谱系史、敌视正常化和规训、迷恋细节的微观逻辑关注以及对知识和权力之间关系，也被视为与批判理论的关注点密切相关。尽管福柯在他的《性史》（Histoire de la sexualité）中众所周知地批评了马尔库塞的弗洛伊德式马克思主义，认为后者假设了一种超历史的性欲实现规范，但他们同样质疑主流观念中的规范性欲并批判压抑性去升华（repressive desublimation）*，人们从中发现了重大的相似之处。[21]事实上，福柯自己也曾承认，"如果我在年轻的时候遇到法兰克福学派，我就会被吸引，以至于毕生除了评论他们的工作之外什么也不做。不过，他们对我的影响仍然是后天追溯的，是在我不再处于知识的'发现'时给予的贡献"。[22]

一场争夺本雅明那些有争议的知识遗产的战斗也已经打响，在这场争夺战中，保罗·德曼（Paul de Man）、塞缪尔·韦伯（Samuel Weber）、莱纳·内格勒（Rainer Nägele）和维尔纳·哈马赫（Werner Hammacher）等解构主义者试图很大程度上以他们的术语来解读本雅明[23]。德里达本人对本雅明最早的作品很感兴趣，尤其是《暴力批判》，这一文本仍然神秘地唤起了一种神圣的正义概念和对

---

* 马尔库塞在《单向度的人》中提出的概念，指技术理性的进步消解了高雅文化中的对立和超越因素。——译注

原始暴力的迷恋，这不失为解毒剂，可以平衡平等主义那人类（和人道主义）的正义概念。[24] 在乔治·巴塔耶（Georges Bataille）等超现实主义者对后结构主义的重要性得到广泛认可之后，人们认识到法国超现实主义与本雅明的复杂渊源。[25] 虽然本雅明思想中有顽固的救赎特征，并且他笃信名物合一的亚当元语言（Adamic Ursprache），这些都很难与解构对起源和终点的充分怀疑相调和，但在他留下的纠缠不清的文本网络中，至少足以将他与后来的解构主义思想家们放在同一个具有张力的星丛之中。

此处不是要严肃地分析批判理论和后现代主义及其各种伪装之间的所有异同。我只想说，新左派之后的接受语境总体上至少乐于继续挪用法兰克福学派的某些遗产，这些遗产已经成为理查德·伯恩斯坦（Richard J. Bernstein）所谓的当代思想"新星丛"中的"明星"[26]。正如利奥塔（Jean-Francois Lyotard）本人所承认的那样，"如今，当人们在知道那些法国理论家的名字（德里达、塞尔、福柯、列维纳斯和德勒兹）的前提下阅读阿多诺的作品，尤其是《美学理论》、《否定辩证法》和《最低限度的道德》时，会在他的思想中察觉到他对后现代有所预判，即使他对后现代持保留态度甚至加以拒斥。"[27]

当然，还必须承认的是，对一些人来说，在抵御某些后现代理论中看起来最虚无主义、相对主义和反启蒙的这层意义上，新语境下的批判理论起到了堡垒作用。（利奥塔在上文引用的评论中提到过）阿多诺对后现代的预先拒斥源于他顽固地不愿放弃社会正义和真理的问题（最终被理解为"真正的社会"），更不愿放弃寻找实现正义和真理的政治手段的任何希望。当前许多批判理论的阐释者如新杂志《星丛》的编辑塞拉·本哈比卜（Seyla Benhabib）和安德鲁·阿拉托（Andrew Arato），在现代性计划是实现这些目标的方式这点上，都追随哈贝马斯对此顽强地加以维护，剥离了其救赎或乌托邦的含义。

当然，一旦卸下更为正统的马克思主义这一负担，接受了抵抗的后现代主义和认同的后现代主义之间的区别，那么就可以更正当地将前者视为法兰克福学派一个虽然出乎意料却可靠的分支。甚至像詹明信这样拒绝脱离马克思主义的后现代主义者们至少也觉得阿多诺曾经是一位"在存在强有力的对立潮流时毋庸置疑的盟友"，如今则成为"1990年代的辩证模板。考虑到新全球秩序的诸多维度与不平衡，个人和系统的关系就算不是流动甚或瓦解的，也是看起来缺乏界定的，而阿多诺内省与反思的辩证法对这种情况非常适用"。[28] 哈贝马斯曾说阿多诺采取了"蛰伏策略"，如今看来，这不再像是马克·鲁德那一代人弃如敝履的胆怯，而更像是无尽政治寒冬下激进智识幸存者的模板。

实现法兰克福学派抱负的机会几乎消失殆尽，学术界几乎成了其所代表的批判性思维的最后避难所，如此这般的反思已经变得很常见。在1960年代，人们寄予厚望的"体制内长征"在随后的几十年里停滞不前，变成了一种无休止的漫游，另一端没有什么前景，甚至似乎也提不起什么兴趣。也许只有危言耸听的右派认真对待"长征"计划那自相矛盾的"成功"，这会助长其他经常歇斯底里地反对所谓"政治正确"的幽灵。在光谱的另一端，新左派的学术化也同样可能被哀叹为政治枯竭的象征。无论这些解释是否属实，[29] 毋庸置疑的是，批判理论已经出乎意料地安全，甚至成了正典，这就颇有讽刺意味了。

事实上，最近有一位大阪的同仁请我为日本的读者牵头汇编一部两卷本的论文集，收录法兰克福学派的美国追随者们的作品。很明显，对批判理论的研究如今处于中心。众多潜在的撰稿人囊括了哈佛大学、康奈尔大学、斯坦福大学、哥伦比亚大学、莱斯大学、西北大学、得克萨斯大学、芝加哥大学、纽约新学院和其他主要机构中哲学、政治学、历史、德语文学和社会学专业的长聘教员。只有独立的文化批评家和学术界的牛虻罗素·雅各比这样少数的例外，这反而佐证了法兰克福学派的中心地位。本书中记录的法兰克福学派在美国最初时期的孤立状态显然已经成为过去，这种与传统组织语境之间的疏离总是痛苦却富有成效，我在《辩证的想象》问世后写的一篇文章中试图追溯疏离对批判理论发展的重要性；[30] 在我们这个幸而不那么野蛮的时代，阿多诺扔向"肆虐欧洲的野蛮洪水"的漂流瓶（Flaschenpost）触及了很多海岸。哈贝马斯让我们都意识到公共领域这一重要却总是不稳定的存在，如今我们可以在公共领域的充足光线下审视法兰克福学派的遗产，并对其在当下之可能性的持续探索。或至少在公共领域中我们称之为学术共同体的这一重要次生领域中这样做。不可否认，如此这般的"成功"可能很大程度上归功于资本主义文化机器的驯化力量，只有那些认为边缘性是自在自为并在所有条件下都是不言而喻的美德的人，才不会承认受益于此。

学派本身的历史也是同理，一直被来自许多不同国家的众多学者研究和重写。随着新的档案材料出现和最后幸存的成员们退出历史舞台，我在本书中试图讲述的故事变得更加复杂和微妙。其他向度的比较研究使学派史更加鲜明地浮现出来，比如参考来自纳粹德国的移民知识分子、西方马克思主义中相互竞争的各种潮流和20世纪其他替代性理论传统。很多学者也充实了故事的许多细节并增加了新的视角，在此只列举几位佼佼者：布克-莫斯（Susan Buck-Morss）、罗斯（Gillian Rose）、赫德（David Held）、杜比尔（Helmut Dubiel）、米格达（Ulrike Migdal）、索尔纳（Alfons Söllner）、卡茨

（Barry Katz）、伯曼（Russell Berman）、伯努斯（Wolfgang Bonß）、凯尔纳、沃林（Richard Wolin）、汉森（Miriam Hansen）、苏伯特尼克（Rose Rosengard Subotnik）、雷金（Willem van Reijin）、诺尔（Gunzelin Schmid Noerr）和布罗纳（Stephen Eric Bronner）。如今学派甚至有一本光鲜的"相片传记"，其中提供了所有相关人物的图片及他们的生平历史。[31]

尽管如此，这一叙事的大致脉络依然基本成立，所以除了一些事实层面的纠正，我抵抗住了诱惑，没有修改原文文本并融入最近发现的新信息，或加入对学派遗产的新解释之洪流的斗争。很高兴看到罗尔夫·魏格豪斯对阿多诺去世前整个故事的梳理如今已经有了英文本。[32]虽然这份详尽的历史汇总已经于1986年问世，可面对所有曾经或将继续涉及相关人物和观念的作品，即使其近八百页的篇幅也不足以公允地加以阐释。我本人曾在其他地方试图解决《辩证的想象》中的一些缺陷，[33]如今我知道这个任务是多么艰巨。我希望本书的再版能像近二十五年前的首印一样，在今后的岁月里激发人们的兴趣。如果法兰克福学派如此成功地超越了它原初的语境，与60年代和80年代截然不同的关切产生了共鸣，顽强地存活下来，在我们可以称之为"世纪之交的社会主义"那不确定而困顿的混合体中成为支柱之一，那么有理由相信，在进入21世纪后，学派仍可能有意想不到的东西要教给我们。

1995年7月写于伯克利

前言

1971 年 12 月
亲爱的马丁·杰伊，

我受邀为你这本法兰克福社会研究所的历史撰写前言。阅读你这部有趣的作品让我无法拒绝这一请求；当然，我的健康状况只允许我写一封简单的信来充当前言。首先，我要感谢你在所有章节中展现出的谨慎。很多留存下来的往事如果不经过你的描述就会被遗忘。

如果联系起当时的官方教育系统，诸如波洛克的《苏联计划经济试验，1917 年至 1927 年》(*Die planwirtschaftlichen Versuche in der Sowjetunion 1917-1927*) 和随后发表的集体作品《权威与家庭研究》(*Studien über Autorität und Familie*) 这些社会研究所从德国流亡前的工作，就会有别样的意义。这意味着能够从事大学仍然不提供机会的研究。这一事业之所以能在赫尔曼·韦尔 (Hermann Weil) 父子的支持下取得成功，只是因为一群拥有不同学术背景却同样关注社会理论的人们深信，在转型时期表达否定比学术生涯要重要得多。这群人之间的纽带是对现有社会采取批判的路径。

早在 20 年代末,更别提等到 30 年代初,我们就相信民族社会主义取胜的可能性,也相信只有采取革命行动才能应对这一事实。但当时我们没想到这需要一场世界大战。我们想过我们国家会发生一场起义,也正是因此,马克思主义才在我们的思想中拥有决定性的意义。在借道日内瓦流亡美国后,我们仍在用马克思主义阐释社会事件,甚至占据了主要地位。但这丝毫不意味着教条的唯物主义成为我们的立场中的重要主题。对政治系统的反思教会了我们一个必要的道理,就像阿多诺表达的那样:"不要把主张**绝对**当成既定的,却也不要从强调真理概念的呼吁中退让分毫。"

呼吁一个不同于这个世界的完全他者(ein ganz Anderes)是一种社会哲学的动力。这最终导致对特定形而上学倾向给出更加正面的评价,因为经验的"整体是不真实的"(阿多诺语)。指望着遗言不被尘世的恐惧所沾染,无疑是个不科学的愿望。

那些曾与社会研究所合作的人们如果尚且在世,肯定会感激能在你的书中读到他们自己的观念史。亲爱的马丁先生,我也有责任以波洛克、阿多诺、本雅明、弗朗茨·诺伊曼和奥托·基希海默这几位逝者的名义,为你的作品向你表达敬意。

诚挚的,
马克斯·霍克海默
于瑞士蒙塔诺拉

导论

在现代世界中，人们普遍觉得知识分子崖岸自高、格格不入、愤世嫉俗。即使撇开这一视角的干扰，我们也习惯于将我们的知识分子视为局外人、牛虻、边缘人等等。"异化"这个词被不加区别地滥用，可以指代常见的消化不良和最深层的形而上学恐惧，成了我们时代最主流的黑话。即使是最敏锐的观察者，也难以辨别谁是真的在谈论它，谁只是装装样子。对于那些诚恳地自称遭受异化之苦的人发现，异化已经成了文化市场中利润最可观的商品。举个例子，现代艺术及其不协调和痛苦成为食欲高涨的文化消费者大军的主食，这些人一见到现代艺术品就知道是一笔好投资。"先锋派"这个词即便还能使用，也已经成了我们文化生活的体面装饰，被人称颂而非遭到恐惧。另一个例子是，不到一代人之前还被视为清新空气的存在主义哲学，已经沦为一系列易于操纵的陈腔滥调和悲哀的空洞姿态。值得一提的是，出现这一颓势不是因为分析哲学家揭露了存在主义哲学之范畴的无意义。即使面对最无法妥协的对手，我们的文化也有将其吸收和消解的离奇能力，颓势只是其中的一个结果。最后提及的第三个例子到1972年时已经尤为明显，一种所谓的反文化大张旗鼓地登台亮相才几年时间，这个新生儿即使没有被扼杀在摇篮之中，也被证明像前辈一样被轻易驯化了。从中已经可以看出吸收和招安的机制是无比有效的。

这一切的结果是严肃对待自身批判功能的知识分子们面临着一个严峻的挑战，要和文化麻痹其抗议的能力保持距离。一种反应是越来越疯狂地逃向文化极端主义，渴望通过超越以往文化容忍的极限进行刺激和挑衅。然而，这些极限所表现出的弹性远远超过了预期，因为昨天的污言秽语经常被转化为今天的老生常谈。考虑到纯文化解决方案的不足，许多批判知识分子试图将他们的文化抗议与其政治对应物结合起来。激进的政治运动，尤其是左翼的政治运动，过去一直吸引着不满的知识分子，在我们这个时代也仍旧如此。但这种联盟是总是不易的，特别是当左翼运动掌权的现实已经丑陋到无法忽视的时候。因此，激进知识分子在各种左翼效忠之间的摇摆沉浮，是现代思想史上的永恒主题之一。

这种摇摆不定也源于一个只有左派知识分子才会面临的更基本的困境。那些将自己的极端主义仅仅局限于文化领域而拒绝与政治相关联的精英主义者，并不一定会产生任何特殊的罪恶感。然而，对于选择参与政治的激进知识分子来说，保持批判性距离的愿望带来了一个特殊的问题。不仅与整个社会保持距离，而且与其个人指望能够成功的运动保持距离，这造成了一种强烈的张力始终存在于严肃的左派知识分子的生活中。近年来，新左派为了驱除精英主义残余，无休止地自我批评，就证明了这种担忧的持续存在。在最坏的情况下，它会产生一种感性的怀旧情绪（nostalgie de la boue）；而在最好的情况下，它则可能导致一种调和理论与实践的真诚努力，考虑在一个不完美的世界中实现理论和实践统一的可能性。

但是，在希望澄清"行动派知识分子"这一短语的矛盾内涵时，人们常常忘记，知识分子已经是行动者了，尽管是在非常特殊的意义上的行动者。知识分子总是在从事象征性的行动，包括以任何方式外化他们的思想。只有当他们的思想通过某种媒介传达给他人时，"思想者"（men of ideas）才是值得注意的。因为缺乏更好的词语，我们姑且使用"现实"这个词，而智识生活的关键边缘主要就来自符号与现实之间存在的差距。矛盾的是，如果试图把自己变成弥合这一差距的中介，他们就有可能丧失这一差距所提供的批判性视角。受到影响的往往是他们作品的质量，容易沦为宣传。从某种意义上说，当批判知识分子自觉地具有党派性时，他的介入（engagé）程度就不如他坚持自己在作品中为正直所设定的标准。正如叶芝（William Butler Yeats）提醒我们的那样，"人的智力被迫在生活的完美和作品的完美之间做出选择"。当激进的知识分子努力离开自己的象牙塔，过于认同流行的变革力量时，其中一种完美就可能无法实现。在斯库拉（Scylla）毋庸置疑的团结和卡律布狄斯（Charybdis）有意志的独立之间，他必须开辟一条中间道路，否则就会失败。*我们从被选为本研究之对象的激进知识分子身上学到的主要教训之一，就是这条中间道路是多么的岌岌可危。

由社会研究所（Institut für Soialforschung）†中某些成员组成的所谓法兰克福学派，事实上可以被视为本世纪左翼知识分子困境的典型。在他们的同行中，很少有人能对主流文化及其表面上反对者的吸引力如此敏感。研究所的成员们对招安和融合的恐惧贯彻社会研究所的始终，尤其是在1923年至1950年期间。虽然历史的极端

---

* 《奥德赛》中奥德修斯经历的考验之一。——译注

† 本书的英文原文中使用研究所的德文拼写（Institut）以区别于其他研究所，也在描述1933年以后时作为同义词与"法兰克福学派"并列使用。但必须记住的是，形成一个特定学派的观点是在社会研究所被迫离开法兰克福之后才发展起来的，使用这个术语更是要等到1950年社会研究所返回德国之后。正如开篇第一章将明确指出的那样，魏玛共和国时期的社会研究所在其马克思主义上过于多元，以至于历史学家无法用之后出现的"法兰克福学派"来界定那个时代社会研究所的理论视角。（本书未特别说明的脚注均为作者原注）

情况迫使他们在 1933 年后作为中欧知识分子移民的一部分流亡海外，但从彼此合作开始，他们就一直是外部世界的流亡者。然而，这种地位并未使他们悔恨，而是被接受，甚至作为他们知识上高产的必要条件（sine qua non）被培养。

由于法兰克福学派的成员们在寻求确立一个社会机构来实现他们的观念的同时，顽固地拒绝损害他们的理论完整性，他们预见到了许多问题，这些问题也困扰着后来一代介入的知识分子们。很大程度也是因为这个原因，他们早年的集体作品激发了新左派的想象力，辐射范围囊括战后的欧洲和最近的美国。1950 年社会研究所回到法兰克福后，德国的运动学生因接触到社会研究所而胃口大开，研究所那些早已绝版的作品靠着盗版在急不可耐的德国学生运动中流传开来。到 1960 年代，要求重印研究所的机构刊物《社会研究期刊》（Zeitschrift für Sozialforschung）上文章的呼声推动了赫伯特·马尔库塞的《否定》（Negations）[1]和马克斯·霍克海默的《批判理论》（Kritische Theorie）问世，[2]此时西奥多·阿多诺、列奥·洛文塔尔、瓦尔特·本雅明和弗朗茨·诺伊曼这些研究所成员们的选集也已再版。[3]虽然我无意对研究所返回德国后的历史进行深入点评，但应该指出，近期对这段历史的关注，很大程度上得益于社会研究所在四分之一世纪前学派相对隐秘时的作品重新问世了。

为什么以前从来没有人尝试过挖掘这一时期的历史，这一点不难看出。法兰克福学派的作品涉猎广泛，要对每个领域进行明确的分析，需要一个囊括音乐学和汉学专家的学者团队。简而言之，从事这一研究需要另一个法兰克福学派。因此，单枪匹马的历史学家所面对的危险是显而易见的。在我决定着手这个项目之前，这当然也是我的顾虑之一。然而，当我下定决心，开始埋头钻研沉浸在研究所的作品之后，我发现我在特定学科中所缺乏的专业素养被我在方法上的全面性所弥补。因为我开始明白，法兰克福学派的思想有一种基本的连贯性，这种连贯性几乎影响了其在不同领域的所有作品。我很快就了解到，埃里希·弗洛姆对施虐-受虐性格的讨论和列奥·洛文塔尔对挪威小说家克努特·汉姆生的讨论相互启发，西奥多·阿多诺对斯特拉文斯基的批判和马克斯·霍克海默对舍勒哲学人类学的否定密切相关，赫伯特·马尔库塞的单向度社会概念是以弗里德里希·波洛克的国家资本主义模式为前提，在此不一一细表。我还发现，即使在有些问题上确实发生了冲突，比如在弗洛姆和霍克海默或波洛克和诺伊曼之间，这些冲突也是以共同的词汇表达出来的，预设的背景也大致相同。因此，尽管在某些问题上可能是肤浅的，对社会研究所的发展情况进行概述似乎是一项有理有据的工作。

此外，开展这样一个项目的时机对我来说至关重要。虽然社会研究所的某些成员已经不在人世，比如弗朗茨·诺伊曼、瓦尔特·本雅明、奥托·基希海默和亨里克·格罗斯曼等最重要的成员，但其他许多人都还在世且健朗，也正处于可以回顾过往的特定生涯阶段。在我最初表达出对社会研究所历史的兴趣时，他们都给予了积极的响应。我会在下面的鸣谢环节一一罗列所得到的帮助。

尽管我在还原研究所的过去时得到了帮助，但这些成果绝不应被理解为"呈堂证供"。事实上，我经常收到关于各种事件相互矛盾的说辞，而社会研究所的前同事们对彼此工作的评价也常常不尽相同，这让我有时觉得自己就像日本电影《罗生门》的观众，不知道该听信哪个版本。我的最终选择不会让我的所有信源满意，但我会尽可能地交叉核实争议点，希望这样能让他们对此感到满意。此外，我自己对社会研究所的成就的评估不等同于社会研究所成员们的真正成就。毫无疑问，我对他们的许多工作表示钦佩；同样，我在我认为有必要的地方也不吝于提出批评。相比将法兰克福学派的所有言行都照单全收，秉持法兰克福学派的批判精神才是对他们的回馈。

我唯一的限制是谨慎。我之所以能够接触到极其宝贵的霍克海默与洛文塔尔之间的通信，前提是通信者不愿意让可能还在世的人难堪，这也完全可以理解。可以肯定的是，这种只在很少情况下行使的谨慎，是我书写在世者时的唯一缺陷。能够如此直接地向他的研究对象发问，对历史学者是很难得的。借此，我不仅了解到文献所不能揭示的东西，还能够进入研究所成员们的生活，更直接地体会到作为流亡知识分子的个人经历对他们的影响。虽然我的大部分文字都涉及法兰克福学派的思想，但我希望其中的一些经历及其与思想之间的关系能跃然纸上。因为从许多方面来说，无论好坏，这都是属于非凡的一代人的独特经历，而他们的历史时刻现在已经无可逆转地成了过去。

鸣谢

撰写本书的一大乐事是有机会结识法兰克福学派史上的那些重要角色。法兰克福学派在历史和思想经历上总能引发争议,对此既有批评者也有捍卫者。我从双方都受益良多,并乐于能够在成书中向他们致谢。同时也要感谢那些在成书的各个阶段向我慷慨提供各种帮助的朋友、老师和同事们。

首先要感谢的是与我亲切对谈的前社会研究所的那些成员们,他们包括马克斯·霍克海默、赫伯特·马尔库塞、西奥多·阿多诺(在他1969年去世前不久见面)、埃里希·弗洛姆、魏复古、保罗·马辛(Paul Massing)、恩斯特·沙赫特尔(Ernst Schachtel)、奥尔加·朗(Olga Lang)、格哈德·迈耶(Gerhard Meyer)、芬利(M. I. Finley)和约瑟夫·迈尔夫妇(Joseph and Alice Maier)。在本书文稿在哈佛大学历史系作为博士论文完成答辩后,霍克海默、马尔库塞、弗洛姆和魏复古也都抽出时间对部分章节加以评述。尤尔根·哈贝马斯、阿尔弗雷德·施密特和阿尔布雷希特·维尔默(Albrecht Wellmer)这些学派的新一代继承人也愿意回答我的问题。虽然我与创立研究所的关键人物费利克斯·韦尔素未谋面,但我们仍就研究所的很多方面进行了广泛而深入的通信。虽然我们对个别问题的解释有些许分歧，但他对本书文稿的回应仍然是无价的。格蕾特·阿多诺（Gretel Adorno）和格拉迪丝·迈耶（Gladys Meyer）的回信也很有帮助。

社会研究所历史上的三位参与者对我的配合超出了我的预期。弗里德里希·波洛克于1969年3月在瑞士的蒙塔诺拉和我共度了无数个小时，向我还原了他在研究所近五十年的生涯。在我返回剑桥后，我们仍然就我的工作进度持续通信。就在他1970年去世前夕，他仍然耐心审读了我交给他的章节。波洛克教授当年对研究所的成就极为骄傲，我很遗憾没能把最后的完成稿呈交给他。

列奥·洛文塔尔曾是法兰克福学派最早的成员之一。1968年夏天在伯克利，他倾注了很多时间，也提供了许多材料，耐心解释了他与霍克海默之间那些被我忽略的重要通信。随后几年，他对这部作品仍有浓厚兴趣，就像波洛克一样，他耐心而精细地评论了我初稿中部分章节。虽然我们对特定问题的解释偶有差异，但他从未将其观点强加给我。自从我来到伯克利后，他持续就本书的成稿提供建议。在对我研究的诸多帮助中，我最为看重与他的友谊。

最后，保罗·拉扎斯菲尔德不断向我的作品提供鼓励和忠告。虽然他从不是研究所的核心成员，但他在1930年代后期对研究所的作品感兴趣，从外地介入其中。他把从那个时期保存下来的文件和信件都慷慨交付我使用。此外，他与研究所之间的理论距离也帮助我获取了一个可能会缺失的视角。

简而言之，社会研究所的在世成员们让我受益良多。最能突出体现这一点的，莫过于重病中的霍克海默教授仍然愿意为本书作序。

在此同样要感谢其他对本书有所贡献的人们。必须重点提及我之前的老师和博士论文的指导者斯图尔特·休斯在本作成书过程中的循循善诱。我也要感谢最早唤起我对德国思想史的兴趣弗里茨·林格，他严谨地批评了书稿。至于我在马萨诸塞州剑桥的朋友们，我只能在书稿中提及一下姓名，希望他们能理解我深深的谢意。布雷内斯（Paul Breines）、吉尔莫（Michael Timo Gilmore）、韦斯曼（Paul Weissman）和武尔加夫特（Lewis Wurgaft）用批评的眼光审读了我的稿件，但对我更重要的是他们帮助我挺过了研究生生涯。对于那些因关注法兰克福学派而结缘的新朋友们，我也非常感激他们的意见，他们包括贝克（Matthias Becker）、布雷莱斯林（Edward Breslin）、布克（Susan Buck）、利普希尔斯（Sidney Lipshires）、夏皮罗（Jeremy J. Shapiro）、施罗耶（Trent Shroyer）、乌尔门（Gary Ulmen）和韦伯（Shierry Weber）。在向那些关注法兰克福学派的老一辈学者请教时，我也受益良多，他们包括埃弗里特·休斯（Everett C. Hughes）、格奥尔格·里希海姆（George Lichtheim）、阿道夫·洛（Adolph Lowe）和沃尔夫（Kurt H. Wolff）。

我和伯克利的新同事们相处时间不长，但他们向我表明学术共同体这个观念虽然老，却仍有着强大的生命力。本书因卡尔霍恩（Fryar Calhoun）、费尔曼（Gerald Feldman）、哈伯（Samuel Haber）、马里亚（Martin Malia）、里亚萨诺夫斯基（Nicholas Riasanovsky）、绍尔（Wolfgang Sauer）和沙伊纳（Irwin Scheiner）等人的建议而更加完善。

我还要感谢利特尔-布朗出版社的菲利普（William Phillips），他坚定的热情和敏锐的编辑眼光对我有很大帮助。马萨诸塞州莱克星顿的斯洛科姆（Annette Slocombe）是我称职的打字员，弗兰克尔（Boris Frankel）帮我制作索引，还有伯克利的国际研究机构（Institute of International Studies）的里斯蒂克（Boyano Ristich）及其工作人员们，他们在本书文稿的出版过程中居功至伟。最后，我很高兴在此鸣谢丹福斯基金会（Danforth Foundation）在经济等各个方面资助了我的研究生生涯。

我希望这个鸣谢名单看起来不会过长，因为我急切地想表达出《辩证的想象》在某种程度上是一个集体作品。本书的优点都基于这一事实，而本书的缺陷则都由我文责自负。

马丁·杰伊

第一章

社会研究所的成立
及其第一段法兰克福岁月

至少就对知识分子的影响而言，第一次世界大战带来的最深远的变化之一是社会主义的重心东移。布尔什维克革命出人意料的成功与其中欧模仿者的戏剧性失败形成了鲜明对比，给那些此前处于欧洲马克思主义中心的德国左翼知识分子造成了严重的困境。粗略地看，留给他们的选择如下：第一，他们可以支持温和社会主义者及其新成立的魏玛共和国，从而放弃革命，蔑视俄国的试验；第二，他们可以接受莫斯科的领导，加入新成立的德国共产党，努力破坏魏玛共和国的资产阶级妥协。虽然战争和温和社会主义者的上台导致选择变得更加迫切，但几十年来，这些选项一直以或此或彼的形式处于社会主义论战的中心。不过，还有第三条路。战争及其后果彻底瓦解了马克思主义的假设，这第三条路便几乎完全是瓦解后的产物。最后一个选项是抱着双重希望，解释过去的错误并为将来的行动做准备，尝试重新审视马克思主义理论的基础。这就开启了一段旅程，不可避免地回到一个若隐若现的地带——马克思主义的过去。

在随后的分析中要提出的一个关键问题是理论与实践（practice）的关系，更准确地说，马克思主义的词汇中存在更熟悉的拼写（praxis）。从宽泛的定义来看，实践被用来指涉一种自我创造的行动，不同于人受不可控力量所驱动的外在动机行为。尽管亚里士多德在《形而上学》中首次使用"实践"一词时，这个词最初被看作

第一章　社会研究所的成立及其第一段法兰克福岁月　　3

是沉思的理论（theoria）之对立面，但在马克思主义的用法中，实践与理论之间存在着辩证的关系。事实上，相对于单纯的行动，实践的特征之一是受到理论考量的启发。革命活动的目标被理解为理论和实践的统一，这将与资本主义下的普遍情况形成直接对比。

当战后头几年社会主义政府第一次执政时，这个目标实际上有多么不切实际已经显而易见。苏联领导层认为自己的任务是生存，而不是实现社会主义目标——在当时的情况下，这并非不切实际的估计，可这几乎无法安抚像罗莎·卢森堡这样的社会主义者，后者宁愿没有革命也不愿背叛革命。尽管从一个非常不同的角度来看，魏玛共和国的社会主义领导层也理解其最迫切的目标是新政府的生存，而不是实施社会主义。正如卡尔·休斯克（Carl Schorske）所示，[1] 工会意识早在德意志第二帝国终结时就已经深入人心，这意味着此时可能使德国社会走向革命化的机会被浪费了。魏玛工人阶级运动在布尔什维克化的德国共产党和非革命的社会民主党之间产生分裂，对于那些仍然坚持马克思主义理论纯洁性的人来说，这是一副令人遗憾的景象。有些人试图与某一派和解，比如格奥尔格·卢卡奇，在自己的《历史与阶级意识》一书于1923年出版不久后，他就被迫否定自己最具想象力的作品。他的这个故事表明，和解往往意味着在党内团结的祭坛上牺牲思想上的正直。

不过，当个人倾向导致对理论的投入大于对党派的奉献时，甚至当这么做意味着暂时搁置理论与实践的统一时，理论创新方面的成果可能恰恰是非常丰硕的。本书的核心论点之一在于，组成所谓法兰克福学派的社会研究所成员们拥有相对自主性，这虽然带来了某些不利因素，却是他们合作所产生的理论成就的主要原因之一。虽然在魏玛共和国没有产生多大的影响，在随后的流亡时期更没有产生多大的影响，法兰克福学派却成为战后西欧马克思主义复兴的一支主要力量。此外，通过20世纪60年代末赫伯特·马尔库塞在美国的突然流行，法兰克福学派的批判理论（Kritische Theorie）也对这个国家的新左派产生了重要影响。

从社会研究所诞生之初，独立性就被认为是理论创新和不受限制的社会研究这些任务的必要前提。幸运的是，确保这种条件的手段已经具备。费利克斯·韦尔在1922年构想一个可以实现这些目标的机构框架。[2] 韦尔是德裔谷物商人赫尔曼·韦尔的独生子，其父于1890年左右离开德国前往阿根廷，并通过向欧洲出口谷物赚取了可观的财富。费利克斯在1898年出生于布宜诺斯艾利斯，九岁那年被送到法兰克福，进入歌德文理中学，并最终进入该市新成立的大学学习。他于1918至1919年间在图宾根第一次参与了大学的左翼事业，除了这重要的一年，韦尔一直待在法兰克福，直到他以优异的成绩取得政治学博士学位。他的论文讨论实行社会主义的实际问题，[3] 并在卡尔·科尔施主编的一系列专著中出版，后者也是最早吸引他关注马克思主义的领路人之一。韦尔利用自己从母亲那里继承了一笔可观的基金以及其父的财富，开始支持在德国的一系列激进冒险。

其中第一项事业是1923年夏天在图林根州伊尔梅瑙（Ilmenau, Thüringen）召开的"第一次马克思主义工作周"（*Erste Marxistische Arbeitswoche*）。按照韦尔的说法，"其目的是希望马克思主义中的不同趋势如果能获得一个共同探讨的机会，就能达成一种'真正的'或'纯粹的'马克思主义"。[4] 在为期一周的会议上，与会者包括卢卡奇、科尔施、理查德·佐尔格、弗里德里希·波洛克、魏复古、贝拉·福加拉西（Bela Fogarasi）、卡尔·施米克勒（Karl Schmückle）、著名社会主义领袖克拉拉·蔡特金（Klara Zetkin）的次子康斯坦丁·蔡特金（Konstatin Zetkin）、先后嫁给过格哈特·埃斯勒（Gerhart Eisler）、《红旗报》（*Die Rote Fahne*）编辑尤利安·贡珀茨（Julian Gumperz）和保罗·马辛的赫德·贡珀茨（Hede Gumperz）[5]，还有他们中几位的夫人（Hedda Korsch, Rose Wittfogel, Christiane Sorge, Kate Weil）。他们花了很多时间讨论科尔施当时还未刊行的书稿《马克思主义与哲学》（*Marxismus und Philosophie*）。韦尔写道："'第一次马克思主义工作周'完全是非正式的，只由知识分子组成，没有丝毫拉帮结派的意图或结果。"[6]而举办"第二次马克思主义工作周"（Zweite Marxistische Arbeitswoche）的期望，则被一个更加雄心勃勃的替代方案所取代。

韦尔在"第一次马克思主义工作周"期间考虑建立一个更为常态化的研究所，这个想法在法兰克福大学几位朋友的鼓励下趋于明朗。弗里德里希·波洛克作为其中的一员，曾参与过伊尔梅瑙的讨论。他于1894年出生在弗赖堡，是一位归化的犹太商人之子，在服兵役之前，他曾接受过商业培训。战争结束后，他对商业不再感兴趣，在慕尼黑、弗赖堡和法兰克福大学学习经济和政治专业。1923年，他以优异的成绩获得法兰克福大学经济系的博士学位，论文是关于马克思的货币理论。战前的1911年，波洛克与马克斯·霍克海默成为朋友，霍克海默后来成了研究所历史上最重要的人物，他当时与波洛克一起支持韦尔建立社会研究所的计划。

霍克海默比波洛克小九个月，1895年出生于斯图加特。他的父亲莫里茨（Moritz Horkheimer）是一位著名的犹太制造商，在其父的敦促下，他在服兵役之前也接受过商业训练。霍克海默接受了父亲的建议，比如他在1913至1914年间与波洛克一起到布鲁塞尔和伦敦进行长期访问，学习法语和英语。但他的兴趣从来不在于成为有抱负的商人。这一点在他同时期写的一系列（未出版的）小说中有确凿的证据。1918年后，他在波洛克就读的那三所大学里寻求更严谨的知识培训训练。起初他在格式塔主义者阿德玛尔·盖尔布（Adhemar Gelb）的指导下从事心理学研究，但当法兰克福传来消息说，别处最近完成了一个与他所从事的项目相近的项目后，他被转向了另一个领域。这个新的领域便是哲学，而他的新任导师是汉斯·科内利乌斯（Hans Cornelius）。

尽管科内利乌斯从未与研究所有直接联系，他对霍克海默及其朋友们的影响很可观，这一点在下一章讨论批判理论的要素时会很明显。在科内利乌斯的指导下，霍克海默于1922年以优异成绩获得博士学位，他的论文研究的是康德。[7] 他在三年后以另一篇批判性地讨论康德的论文取得了教授资格*，并于1925年5月以私人讲师的身份第一次授课，讨论康德和黑格尔。[8]

霍克海默与波洛克的关系是社会研究所的基石之一，因此值得

---

* 在此我要感谢韦尔博士为学术等级制度中包括"教授资格"在内的一系列相关德语术语提供了完整的解释：（在1920年左右）"私人导师是学术生涯的第一步，相当于美国的助理教授。要成为一名私人导师，通常是在博士毕业后担任正教授、系主任或研讨会（研究小组）的助理，必须提交一篇新的合格论文，即教授资格论文（Habilitationsschrift）。教授资格论文由两位正教授指导，然后由科系内所有正教授组成的委员会前进行答辩。（在法兰克福大学有五个这样的科系，分别是哲学、法律、经济和社会科学、医学和自然科学）。如果答辩通过了，系里就会授予答辩者仅限于某一特定领域的'授课许可'（venia legendi）。私人导师不是公务员（Beamter），也不领取工资，只能分得他所开设课程所得的部分学费。

"下一个阶段是编外教授（Ausserordentliche Professor），也就是副教授。编外教授是公务员，有终身教职和工资，也能分学费。编外教授可以指导博士生并参加考试，但在教职员会议上没有投票权，只有发言权。

"正教授（Ordentliche Professor）拥有编外教授的一切权利外加教职员会议上的投票权。但与编外教授不同，他可以就任何话题开课，甚至包括在他专业领域之外的话题（比如艺术史的教席教授如果愿意的话也可以教空气动力学）。当然，正教授是公务员，拥有终身教职（通常还有高额的工资），分学费（这通常是最低保障），并有权拥有一位由大学支付薪水的助理。如果正教授是外国人，那么宣誓就职正教授也就获得了赋予了他以德国公民身份，除非事先申请放弃这一身份（因此，格林贝格就选择保留持奥地利公民身份，而在很久以后，霍克海默也选择了保留持美国公民身份）。"（1971年6月8日韦尔写给作者的信）

在此评论一下。我们从路德维希·马尔库塞（Ludwig Marcuse）的自传中的一段话管窥一下。这位马尔库塞与赫伯特·马尔库塞没有任何关系，他是20年代中期法兰克福一家报纸的戏剧评论家，当时科内利乌斯把他的两个年轻门徒带进他的办公室。他们二人"是热情洋溢、富有魅力的马克斯·霍克海默，和他那矜持而周正的朋友弗里德里希·波洛克，不过人们也可以看出，后者的矜持只是不露锋芒"。[9] 在波洛克身上的诸多品质中，马尔库塞暗示可能是一种对霍克海默自谦且毋庸置疑的忠诚，这让他们的友谊持续了六十多年，直到波洛克于1970年冬天去世为止。除了几次短暂的中断，两人在成年后的一生中一直保持着亲密无间的关系。波洛克扮演了一个务实而谨慎的现实主义者角色，经常安排他们生活中的琐碎细节，让霍克海默有尽可能多的时间追求学术。霍克海默从孩提时代就受到高度的保护，在他成年后的岁月里，波洛克常常是他与严酷世界之间的缓冲带。据一位观察者回忆，[10] 霍克海默经常情绪化和喜怒无常。与此相反，波洛克性情沉稳，甚至过分执着。他们之间在性格上的互补是社会研究所成功的根源之一。波洛克本人的学术生涯也受到一定程度的拖累，这似乎是他愿意付出的代价。不过可以肯定的是，在1920年代，这还是一个难以预料的结果。

事实上，这两个人，很可能还有韦尔，可能都曾期望在各自的领域里获得成功。然而，一旦进入高度僵化的德国大学体系，他们就必须将广泛的兴趣限制在一个学科上。此外，他们希望追求的那种激进的学术研究，在既有的学术等级制度中几乎得不到青睐。即使是作为非马克思主义者却不拘一格的科内利乌斯，也非常受到他同事们的排斥。因此，韦尔独立资助社会研究所的想法似乎是绕过大学生活常规渠道的一个极好方法。诸如劳工运动史和反犹太主义的起源等在德国高等教育的标准课程中被忽视的课题，就可以得到前所未有的详尽研究。[11] 他们为这个计划接洽费利克斯的父亲赫尔曼·韦尔，后者同意每年提供一笔价值十二万马克的初始捐赠（相当于通货膨胀结束后的三万美元）。据波洛克估计，这笔收入的价值是 1970 年同等面值的四倍。在社会研究所，雇佣一位未婚的助手每月需要大约两百马克（或五十美元）。随着时间的推移，韦尔和其他捐款者在最初资金的基础上又追加捐赠了一些资金。然而，据我所知，没有任何证据表明其中存在政治献金，尽管后来有诋毁社会研究所的人有时会这样指责他们的指控。无论如何，赫尔曼·韦尔的捐赠虽然不多，但确实为创建和维持一所机构提供了条件，而且财政独立这一巨大优势贯穿了社会研究所接下来的岁月。

尽管创始人的目标是在财政和思想上都保持独立，但他们出于审慎，认为应该与 1914 年才成立的法兰克福大学建立某种挂靠关系，这所大学是 1914 年才成立的。起初，他们想将这个机构称为马克思主义学院（Institut für Marxismus），但后来放弃了，因为过于挑衅；于是他们寻求一个更为隐晦的替代方案（这在法兰克福学派的历史上不是最后一次）。教育部建议将其称为"费利克斯·韦尔社会研究所"，但被韦尔拒绝了，因为他"希望研究所因其对作为科学学科的马克思主义作出的贡献而为人所知乃至声名远播，而不是因为创始人的资产"。[12] 于是，确定下来仅仅就叫"社会研究所"。韦尔也拒绝授予自己"教授资格"并取得"私人导师"的职称，或考虑在接下来的学术生涯更进一步担任社会研究所所长的可能性，因为"无数人都会相信，我给自己'买了''授课资格'（venia legendi），随后又'买了''教授席位'"。[13]（事实上，与教育部达成的协议规定了社会研究所所长要在大学里担任正教授职位，薪水由政府支付。）韦尔提出的人选是亚琛工业大学的经济学家库尔特·阿尔伯特·格拉赫（Kurt Albert Gerlach）。社会研究所的财务和行政实体是社会研究学会（Gesellschaft für Sozialforschung），而韦尔本人持有对这一实体的控制权。

格拉赫与社会研究所的几位创始人一样，在美学和政治上都厌恶资产阶级社会。他在美学上的偏好是通过与斯特凡·格奥尔格（Stefan George）的圈子之间的联系培养起来的，而他在英国学习的几年里结识了费边主义者，由此培养起来他在政治上的偏好。他的政治倾向是坚定的左派。许多年后，波洛克记得他是一位无党派社会主义者。[14] 而英国历史学家迪金（F. W. Deakin）和斯托里（G. R. Storry）在研究理查德·佐尔格的报告中写道："当时他很可能和佐尔格一样，也是一名共产党员。"[15] 不管格拉赫在政治上的明确归属如何，韦尔提议由他担任经济和社会科学系教授并被接受，教育部也接受他成为社会研究所的第一负责人。1922年初，格拉赫写了一份《关于成立社会研究所的备忘录》（"Memorandum on the Foundation of an Institute of Social Research"）[16]，在其中强调了社会研究所的大致目标。此后不久，有人宣称他将发表一系列关于无政府主义、社会主义和马克思主义的就职演讲。但这些讲座没有举行，因为在1922年10月，格拉赫突发糖尿病去世，享年三十六岁。（他把他的八千册书藏书留给了韦尔，后者把这些藏书转交给了社会研究所。）

继任者人选聚焦在一位可以担任临时所长的年长者，直到一位年轻的创始成员年龄够格在大学获得教席。第一个可能的人选是古斯塔夫·迈尔（Gustav Mayer），一位著名的社会主义历史学家和恩格斯的传记作者。但双方没有谈拢，据迈尔回忆，这是因为韦尔要求全权控制社会研究所的思想生活，迈尔后来也将韦尔称作一位贵族共产主义者（Edelkommunist）。[17] 即便他所言不虚，韦尔对下一任候选者也没有坚持这一要求，后者也很快取得了这个职位并确立了主导权。事实上，韦尔在思想问题上的影响似乎一直不大。

接替格拉赫的最终人选是卡尔·格林贝格（Carl Grünberg），他被说服辞去维也纳大学法律和政治学教授的职务，前往法兰克福。[18]格林贝格在1861年出生于罗马尼亚的福克萨尼（Focsani, Rumania），父母都是犹太人（后来他为了在维也纳担任教授而改宗天主教）。他从1881年到1885年在奥地利首都学习法学，随后他在那里一边从事司法工作，一边研究法律。1909年，他成为维也纳的教授，于次年开始编辑《社会主义与工人运动历史文库》（*Archiv für die Geschichte des Sozialismus und der Arbeiterbewegung*），通称《格林贝格文库》。

在政治上，格林贝格是一位公开的马克思主义者，他被一位观察者称为"奥地利马克思主义之父"。[19]然而，这一描述却遭到了研究奥地利马克思主义运动的历史学者的质疑，这位历史学者写到，鉴于"奥地利马克思主义的代表人物是他在维也纳大学的学生"，所谓"奥地利马克思主义之父"在某种意义上是成立的，"但他本人并不能算作奥地利马克思主义的代表人物，因为他的工作主要是研究历史，并未投身于理论和实践的统一"。[20]格林贝格对理论问题的相对冷漠的态度似乎在他来到法兰克福后一直存在。虽然他主编的杂志上偶尔也有理论文章，如1923年卡尔·科尔施的重要文本《马克思主义与哲学》和三年后格奥尔格·卢卡奇对摩西·赫斯（Moses Hess）的批判。[21]他主编的《文库》主要致力于历史和经验研究，通常以从恩格斯到考茨基的传统下相当不辩证而机械的马克思主义为基础。韦尔自己的理论兴趣从来也相差无几，而格林贝格当然也同意以建立一个跨学科研究所为目标，致力于对资产阶级社会进行彻底的剖析。所以，在社会研究所开始运作以前，格拉赫的接班人问题已经得到了圆满的解决。顺便一提，格林贝格是第一个

第一章　社会研究所的成立及其第一段法兰克福岁月

在德国大学担任教授的公开马克思主义者。

1923年2月3日,根据教育部与社会研究协会的协议,社会研究所正式挂牌成立。研究所应森根堡自然博物馆(Senckenberg Naturmuseum)的德雷弗曼教授(Fritz Drevermann)之邀,借用博物馆的大厅作为临时办公场所。据韦尔所回忆,刚开始运作的社会研究所就"在装满书籍的敞开的移动箱中,在木板拼成的临时桌子上,在巨鲸、文龙和鱼龙的骨架下"。[22]

1923年3月,位于大学校园内博肯海默大街(Bockenheimer Landstrasse)街角附近的维多利亚小道(Victoria-Allee)17号的办公大楼开始动工。韦尔的建筑师人选弗朗茨·罗克勒(Franz Röckle)设计了一座宽敞的五层立方体建筑,采用了当时魏玛先锋派圈内流行的"新即物主义"(Neue Sachlichkeit,又可在字面上翻译为新客观主义)风格。批判理论嘲讽冷峻的"客观性",可社会研究所栖身的这栋建筑恰恰反映了这种"客观性"的精神,[23]多年后,社会研究所的成员们仍记得这一讽刺之处。尽管如此,这栋楼拥有三十六间阅览室、十六间办公室、四间有一百个座位的研讨室,以及可容纳七万五千卷藏书的图书馆,很好地满足了这个年轻研究所的需求。

1924年6月22日,学院刚刚落成的大楼正式启用。格林贝格在开幕式上致辞。[24]他在讲话一开始就强调了建立研究型学院的必要性,以反对当时德国高等教育中重教学、轻学术的趋势。虽然社会研究所提供一些指导,但要尽量避免变成培训学校,培养只为现状服务的"士大夫们"(mandarins)[25]。格林贝格指出,德国大学有成为专业指导中心的趋势,变成"士大夫们"的机构,在此他把矛头指向了德国历史上一个长期存在的问题。一个多世纪前,威廉·冯·洪堡(Wilhelm von Humboldt)曾试图区分致力于实践训练的"大学"和培育纯粹研究的"学院"。[26]然而,多年来,培养学生适应社会的大学已经成了德国高等教育的模板,而批判性的"学院"显然已经被甩在了一边。社会研究所从成立之初就致力于对抗这种趋势。

接着,格林贝格在致辞中概述了社会研究所与其他新近成立的研究会在管理上的不同之处。法兰克福研究所不像新成立的科隆社会科学研究所(Cologne Research Institute of Social Sciences)那样,由克里斯蒂安·艾克哈特(Christian Eckert)、利奥波德·冯·韦斯(Leopold von Wiese)、马克斯·舍勒(Max Scheler)和雨果·林德曼(Hugo Lindemann)等多位学者领导。社会研究所由一位所长"独裁"。虽然成员们的独立性也有所保证,但真正的领导权将体现在分配研究所的资源和集中研究所的精力之上。在随后的几年里,马克斯·霍克海默在社会研究所事务中的主导地位也是毋庸置疑的。虽然这在很大程度上归功于他的人格感召力和他的广博知识,但他的权力也植根于社会研究所最初设想的架构。

格林贝格在总结陈词时明确表示,他个人忠于作为科学方法论的马克思主义。正如自由主义、民族社会主义和历史学派在其他地方有机构载体一样,马克思主义将是社会研究所的统治原则。格林贝格的唯物主义分析的概念非常直白。他认为,唯物主义分析是"极具归纳性的,并不宣称其结果在其他时空中普遍有效",只拥有"相对的、具体历史条件下的意义"。[27]他继续说,真正的马克思主义并不是教条,不寻求永恒的规律。后一种说法与之后发展起来的批判理论是一致的。然而,格林贝格的论断并没有得到霍克海默和团体其他年轻成员的认可。但在社会研究所历史上的头几年,格林贝格的方法占了上风。《格林贝格文库》继续强调劳工运动的历史,同时偶尔出版一些理论作品,如波洛克对维尔纳·桑巴特(Werner

Sombart）的研究和霍克海默讨论卡尔·曼海姆（Karl Mannheim）的文章。[28]

格林贝格治下社会研究所的基调与霍克海默接掌他的职位后迥然不同，我们可以从研究所的一位学生奥斯卡·斯韦德（Oscar H. Swede）于1927年写给美国马克思主义者马克斯·伊斯门（Max Eastman）的信中管窥一下。年轻的斯韦德对研究所相对正统的马克思主义感到沮丧。他抱怨，自己要花上

几个小时在一个马克思主义机构中和年轻一代进行恼人的争论，这些年轻人皈依了一种正统宗教并崇拜其门下的偶像文献，更不用说黑板上满是1000k+400w这类有关马克思区分资本功能的数学杂耍。天哪！我花了几个小时听研讨会和学生们就黑格尔辩证法展开辩论，没有一个声音指出，这些问题已经不能用琐碎的"哲学"概念来解决（假如曾经解决过的话）。研究所这群热心的青年听众深信，相对论是资产阶级意识形态的又一次植入，用来替代牛顿绝对唯物主义那些飘摇不定的观念，弗洛伊德主义和柏格森主义是来自后方的阴险攻击，可以一手持剑，一手持"历史唯物主义史"（Geschichte der Historiko-materialismus）向人发难……面对他们，研究所的领导（格林贝格）不断地被迫直面马克思式历史唯物主义解释中的内在矛盾，还要设法抵御一个符合逻辑的结论："我们可以作壁上观，静待千禧年从资本主义腐朽的粪土中开花结果。"事实是，经济决定论既不能产生战斗力，也不能产生创造力，如果我们不得不依靠寒冷、饥饿和低工资输诚才能招到人，就不会有共产主义。[29]

最终，斯韦德对格林贝格时代缺乏想象力的马克思主义感到不耐烦，社会研究所后来的领导人们同样如此，而他们后来便组成了法兰克福学派；但在 20 年代，在学生们称之为"马克思咖啡馆"的地方，几乎没有发生什么理论创新。

这一地位的标志是社会研究所与大卫·梁赞诺夫领导的莫斯科马克思恩格斯研究所保持的密切联系。[30] 社会研究所把每周由社民党柏林总部的信使带来的马克思和恩格斯未发表的手稿复印件影印成册，转送到莫斯科，在那里，这些手稿会被收录到著名的《马恩全集历史考订版》（*Marx-Engels Historisch-Kritische Gesamtausgabe*）中。[31]

与此同时，社会研究所开始聚集起一批具有不同背景和兴趣的年轻助手。其中有一位人物，虽然从研究所后来的发展来看微不足道，却是历史上与社会研究所相关的所有人中最迷人的，他就是理查德·"伊卡"·佐尔格。他在二战前和二战期间为俄国人在远东从事间谍活动的非凡故事尽人皆知，无需在此赘述。佐尔格是独立的社会主义者，1918 年后成为共产主义者，也是格拉赫在亚琛的博士生。他一边从事自己的学术活动，一边为德国共产党做事，比如非法组织鲁尔矿区工人。1921 年，他与格拉赫的前妻克里斯蒂安结婚，这竟然没有使他与格拉赫的关系破裂。次年格拉赫去法兰克福时，佐尔格也跟着去了。在社会研究所原定的第一任所长突然去世后，佐尔格在这个集体里只待了很短的时间，还被委以图书馆管理员的职责。他并不喜欢这个工作。1924 年，德国共产党派他去莫斯科，尽管他不愿意离开法兰克福，但还是轻易服从。无论如何，按照迪金和斯托里的说法，他与社会研究所的关系"一定是一种掩护的名目"[32]，掩护他为苏共秘密工作。直到 40 年代他的间谍身份被曝光，其他人才知道他非凡的秘密生涯。[33]

然而，社会研究所还有助手是公开参与左派政治的，尽管创始成员们的官方意图是使社会研究所不从属于任何党派。魏复古、弗朗茨·博克瑙（Franz Borkenau）和尤利安·贡珀茨都是共产党员。因此，社会研究所在组织上并不拒斥诸如此类的政治活动倾向。然而，政治活动也可能碍事，比如卡尔·科尔施曾在1923年担任图林根的社民党和共产党联合政府的司法部长，一直到1926年都是德国共产党中著名的左翼反对派。魏复古记得科尔施在社会研究所最初几年一直发挥着核心作用，可其他在世的成员们都不同意他这个说法。科尔施确实参加了社会研究所的一些研讨课，并在移民美国前后偶尔为研究所的出版物撰写评论，但从未受邀成为正式成员。[34]其中的原因无疑是复杂的，但科尔施对实践的强调使他在晚年越来越远离哲学猜想，这无疑发挥了一定作用。其他人在他的性格中看到的不稳定因素也是原因之一。[35]

不时会有人质疑霍克海默是不是德国共产党的秘密党员。但似乎并不存在支持这一观点的确凿证据，而在他的著作和行为中有许多内容指向他否认自己党员身份的说法是完全可信的。1919年霍克海默和波洛克一起在慕尼黑求学时，虽然没有参与，却见证了巴伐利亚文人的短暂革命活动。虽然他们在随后的白色恐怖中帮助藏匿了左翼受害者，但自己并没有加入革命，他们认为革命的时机尚不成熟，而且由于缺乏有利于真正社会变革的客观条件，所以必然会失败。[36]霍克海默最早在政治上赞成罗莎·卢森堡，尤其是因为她对布尔什维克中心主义的批判。[37]1919年卢森堡被害后，他再也没有追随过其他社会主义领袖。

霍克海默在移民前写的具体政治分析为数不多，其中有一篇题为《德国工人阶级的无力》("The Impotence of the German Working Class")，收录在1934年出版的《黎明/黄昏》(*Dämmerung* 这个词在德文中既可以指黎明，也可以指黄昏）这本短文集中。[38] 文章表达了他对各种工人政党持怀疑态度的理由。他认为，就业后组织起来的工人阶级精英与资本主义以当前形式所产生的大量愤怒而沮丧的失业者之间存在分裂，相应导致了缺乏动力的社会民主党与因理论僵化而跛足的共产党之间的势不两立。社民党过于"讲理"，而经常依靠强力的共产党人则太不"讲理"。他悲观地得出结论说，调和这两种立场的前景取决"于对经济演进道路的最终分析……双方都保有人类未来所依赖的一部分力量"。[39] 因此，无论是在格林贝格任内还是在霍克海默任内，社会研究所在任何时候都不会与左翼的某个政党或派别结盟。1931 年，社会研究所的一位成员这样描述其与工人阶级运动的关系：

> 它是大学的一个中立机构，向所有人开放。其意义在于，研究所第一次收集了世界上最重要国家的工人运动的一切资料。尤其重要的是资料来源（会议记录、党派纲领、章程、报纸和期刊）……西欧任何人要想写工人运动的潮流，就必须来找我们，因为只有我们收藏这些资料。[40]

如果说社会研究所确实接受了投身政治的成员，那也完全是因为他们的非政治性工作。这其中最重要的活动家是魏复古。[41] 魏复古是一位路德派教师的儿子，1896 年出生于汉诺威的小镇沃尔特斯多夫（Woltersdorf）。战前他积极参加德国青年运动，此后越来越多地参与激进政治。1918 年 11 月，他加入了独立社会主义党（Unabhängige Sozialdemokratische Partei Deutschlands），两年后又加入了继承这一党派的德国共产党。在整个魏玛时期，他把大量的精力投入到党务工作中，尽管他在莫斯科经常因其立场的异端性而惹祸上身。

在深入参与共产主义政治的同时,魏复古的学术生涯依然硕果累累。他先后在莱比锡、柏林和法兰克福学习,在莱比锡受到卡尔·兰普雷希特(Karl Lamprecht)的影响,最后格林贝格同意指导他的论文。他发表了关于资产阶级科学和资产阶级社会的研究报告,随后转而研究亚洲社会,后来这成为他晚年的主要关注对象。[42] 早在1922年,格拉赫和韦尔就邀请魏复古加入他们计划开办的研究所。然而,直到三年后,他才接受了邀请,此时他的妻子罗丝·施莱辛格(Rose Schlesinger)已经是研究所的一位图书管理员了。

虽然他的新同事们尊重魏复古对理解马克思所谓亚细亚生产方式的贡献,但似乎没有把双方的工作真正结合起来。挑战对马克思主义理论的传统解释的霍克海默和社会研究所的其他年轻成员们认为他在理论问题上是幼稚的。魏复古的方法是不折不扣的实证主义,而这种蔑视显然是相互的。这一切的缩影是他在1932年不得不以卡尔·彼得森(Carl Peterson)的笔名评论自己的一本书,因为没有人有兴趣接受这项任务。

诚然,1931年,他的研究报告《中国的经济与社会》(*Wirtschaft und Gesellschaft Chinas*)在社会研究所的支持下出版了,但那时他已经转而在柏林长期活动。在这里,他有另一项追求:他为《左转》(*Linkskurve*)撰写了一系列关于美学理论的文章,被称为"德国第一次提出马克思主义美学基础和原则的尝试"。[43] 魏复古在20年代曾写过一些由埃尔温·皮斯卡托(Erwin Piscator)等人参演的戏剧,发展出一套复杂的黑格尔式美学,预见到了卢卡奇后来的许多立场。他与社会研究所的同事们互不往来的另一个标志是,他的美学对法兰克福学派的主要美学家洛文塔尔、阿多诺或本雅明似乎

18　　辩证的想象

都没有任何影响。在霍克海默和他的同事们看来，魏复古只是一位研究中国社会的学者，他们对魏复古后来所谓的"治水社会"或"东方专制主义"分析给予了鼓励，但对其他方面却没有什么响应。魏复古在政治上的活跃让他们觉得有些尴尬，而魏复古对他们的政治中立性也同样嗤之以鼻。

如果说无论在移民之前还是之后，魏复古都不能被说成是研究所的核心成员，那么弗朗茨·博克瑙就更是如此了。博克瑙于1900年出生在维也纳，从1921年起一直活跃在共产党和共产国际中，直到1929年幻灭。他是如何成为社会研究所的一员的，这件事很难确定，尽管很可能是因为他是格林贝格的门徒之一。他似乎与魏复古一样热心参与政治，而他的学术活动则捉襟见肘。他在社会研究所的大部分时间是在探究伴随资本主义的兴起而出现的的意识形态变化。其研究成果是社会研究所的系列出版物中的一册，题为《从封建世界观到市民世界观的过渡》(*Der Übergang vom feudalen zum bürgerlichen Weltbild*)，在推迟了一段时间后于1934年出版。[44] 这本书现在虽然几乎完全被遗忘了，却可以与吕西安·戈德曼的新作《隐秘的上帝》(*Le dieu caché; étude sur la vision tragique dans les Pensées de Pascal et dans le théâtre de Racine*)[45] 进行有趣的比较。博克瑙的主要论点是，以笛卡尔的著作为代表的抽象机械的哲学，其出现与资本主义制造体系中抽象劳动的兴起有着密切的联系。这种联系不能理解为单向的因果关系，而是相互促进。不久之后，《社会研究期刊》上出现的一篇文章批判了博克瑙的中心论点，这也是他与其他人之间隔阂的唯一明证。[46]

这篇文章的作者亨里克·格罗斯曼虽然从1926年到1940年代一直在社会研究所的事务中扮演一定角色，但他本人几乎不能说是研究所知识发展的主要力量。相较于社会研究所的部分年轻成员，格罗斯曼在年龄和思想倾向上更接近格林贝格,他于1881年出生在当时属于奥地利加利西亚的克拉科夫(Cracow, Galicia),出身于一个富裕的犹太矿主家庭。战前,他在克拉科夫和维也纳学习经济学,在维也纳时师从欧根·伯姆-巴韦克(Eugen Böhm-Bawerk),作品包括一篇讨论18世纪奥地利贸易政策的历史研究。[47]在第一次世界大战初期担任过炮兵军官后,他在卢布林(Lublin)的奥地利行政部门担任了几个职位,直到1918年哈布斯堡帝国崩溃。战后选择留在新近重建的波兰,格罗斯曼应邀监督主持了对波兰国民财富的第一次统计调查,并在1921年被任命为波兰第一次人口普查的负责人。次年,他就任华沙大学的经济学教授,直到1925年毕苏斯基政府不满于他的社会主义立场,奉劝他离开。格林贝格在战前的维也纳就认识他,此时便邀请他到法兰克福去,为他提供了大学的助理教授职位,同时在社会研究所担任自己的副手。

格罗斯曼学识渊博,尤其是对经济史知识了如指掌,许多认识他的人[48]都记得他是中欧学者的典型:得体、细致、彬彬有礼。然而,他是在恩格斯和考茨基的一元论唯物主义观点盛行的年代里吸收了他的马克思主义。他仍然坚定地坚持这种解释,因而基本上不认同年轻的研究所成员们那种辩证的、新黑格尔式的唯物主义。

但是,我们不应该过分强调格罗斯曼对霍克海默工作的漠不关心。例如,1937年7月18日他写信给保罗·马蒂克(Paul Mattick)说:

> 上一期《社会研究期刊》刊载了霍克海默一篇特别成功的文章,对新(逻辑)经验主义进行了尖锐的、基本的批判。这篇文章非常值得一读,因为在各种社会主义圈子里,马克思主义的唯物主义与经验主义被混为一谈,因为人们认为这种经验主义是一种所谓的反形而上学的倾向。[49]

与魏复古和博克瑙一样，格罗斯曼的政治立场也是建立在对苏联相对不加反思的热情基础上的，尽管他曾是波兰共产党的党员，但他来到法兰克福后似乎不太可能成为德国共产党的实际成员。与魏复古和博克瑙不同的是，他后来并没有经历对共产主义的幻灭，甚至到他流亡美国的十几年间也是如此，其他许多具有类似背景的人都否定了自己的过去。

在他收录于《社会研究期刊》中那篇关于博克瑙作品的文章中，格罗斯曼与博克瑙争论的是从封建意识形态向资产阶级意识形态过渡的时间，以及技术在引起这一变化时的重要性——他把过渡时期向前推了一百五十年，并认为达·芬奇而非笛卡尔才是这一过渡的代表人物。尽管如此，格罗斯曼从未质疑过基础结构和上层建筑之间的基本因果关系。因此，他于 1935 年发表在《社会研究期刊》上的文章中，继续表达了他对他所理解的马克思主义正统的忠诚；但这也不是完全没有变化，比如他强调变革的技术动力，相反博克瑙则强调资本主义的生产形式。他坚持正统马克思主义信条的更重要表现，可见于 1926—1927 年他在社会研究所发表的一系列讲座，这些讲座作为第一卷，于 1929 年以《资本主义制度的积累和崩溃规律》（*Das Akkumulations-und Zusammenbruchsgesetz des kapitalistischen Systems*）为题收录在社会研究所的作品集中[50]

自从 19 世纪 90 年代爱德华·伯恩斯坦（Eduard Bernstein）在《新时代》（*Die Neue Zeit*）杂志上发表文章，对无产阶级日益贫困化的预言提出经验性的反对意见以来，资本主义必将从内部崩溃这个问题就一直是社会主义圈子里争论的中心。在接下来的三十年里，罗莎·卢森堡、海因里希·库诺（Heinrich Cunow）、奥托·鲍尔（Otto Bauer）、图甘-巴拉诺夫斯基（M. J. Tugan-Baranovski）、鲁道夫·希法亭（Rudolf Hilferding）等人从理论和经验的角度对这个问题进行了争论。弗里茨·施特恩贝格（Fritz Sternberg）的《帝国主义》（*Der Imperialismus*）修改了卢森堡的论点，更为悲观地认为帝国主义只是一个延迟资本主义灭亡的因素，这是先于格罗斯曼围绕这个问题的最后一个主要作品。《资本主义积累与崩溃的规律》首先对以前讨论过这个问题的文献进行了很好的分析。然后，在从马克思的各色作品中摘取出对他自身观点的一段阐释之后，格罗斯曼继而试图在奥托·鲍尔的数学模型基础上建立一个演绎系统，以证明马克思的预测是正确的。他所指出的贫困化不是无产阶级的贫困化，而是资本家的贫困化，资本家的过度积累倾向会在某个固定时期内导致利润率不可避免地下降。虽然他承认存在诸如更有效地利用资本等反向趋势，但格罗斯曼自信地断言，这些趋势可能会减轻而不会阻止资本主义体系的最终危机。他的预言显然没有成真，所以我们不需要在这个论证的结果上花费篇幅。[51]然而，这里必须强调的是，他的论文在本质上隐含了静观主义色彩，与所有阐释马克思主义时强调客观力量而非主观革命实践的观点相似，这在他的一些同代人那里并不罕见。[52]

研究所的另一位主要经济学家波洛克很快以其他理由向格罗斯曼提出质疑。波洛克强调，马克思的生产劳动概念的不足之处是忽视了非体力劳动即服务行业。[53]在20世纪20世纪，服务行业越来越重要。他认为，从这些行业的工人以及生产商品的工人身上都可以榨取剩余价值，这将延长资本主义体系的寿命。不过，格罗斯曼的立场基本没有改变，直到第二次世界大战后离开研究所，他和波洛克在经济问题上一直争执不下。波洛克的《1917年至1927年苏联的计划经济试验》（*Die planwirtschaftlichen Versuche in der Sowjetunion 1917-1927*）[54]作为第二卷被收录在社会研究所作品集中，该书的字里行间都为这场争论提供了进一步证据。

波洛克曾在苏联十周年庆祝活动期间应大卫·梁赞诺夫之邀前往苏联，后者在 20 年代初曾在法兰克福待过一段时间，偶尔向《格林贝格文库》投稿，也由此与波洛克保持联系。[55] 在苏联，尽管身为马克思恩格斯研究所所长的梁赞诺夫在学术业绩上有口皆碑，但他在政治上被认为是相当古怪地倒退回到了布尔什维克前的社会民主时代。尽管经常批评党的政策，[56] 他却一直活到波洛克访苏几年后，直到斯大林将他与伏尔加德意志人一起流放，而此举也被滑稽地称为斯大林为马克思主义学术作出的唯一真正"贡献"。得益于与梁赞诺夫的友谊，波洛克除了对苏联计划经济展开实地研究外，还能在旅途中与布尔什维克党内日益减少的反对派成员们交谈。因此，几个月后他带回法兰克福的印象并不是完全正面的。他的书小心翼翼地避免评论十月革命和 20 年代强制集体化的政治后果。对于从市场经济向计划经济过渡这个他所研究的中心议题，波洛克与其说是热情的支持者，不如说是保持距离的谨慎分析者，不愿过早作出判断。这也是他和格罗斯曼产生分歧之处。

然而，如果认为 1927 年社会研究所的成员们对苏维埃实验的总体态度更接近波洛克的怀疑而不是格罗斯曼的热情，那就错了。魏复古一如既往地坚定支持苏联，博克瑙还没有作出退党的决定，甚至霍克海默也还保留着乐观的希望，认为后列宁时代的俄国还可能实现人道主义的社会主义。几年后发表在《黎明／黄昏》上的一篇格言表达了霍克海默在这一时期的感受：

> 帝国主义世界的不公绝不能用技术上的无能来解释，但凡目睹了这种种毫无意义的不公，就会把俄国发生的事件看成是砥砺前行的尝试，用以克服这种不公正现象，或者他至少会用跳动的心来质疑这种尝试是否还在继续。哪怕表面上

看起来有所出入,他仍会像一个癌症患者对待可能已经找到疗法这一可疑消息那样,紧紧抓住希望不放。[57]

波洛克的研究结果引发了激烈的私下(sub rosa)讨论,但这些讨论从未刊印出来。事实上,在该书于1929年出版之后,社会研究所官方对苏联的事件几乎完全保持了沉默,只有格林贝格20年代的学生之一鲁道夫·施莱辛格(Rudolf Schlesinger)偶然研究了一下最新的文献,才打破了这种沉默。[58] 直到十年后莫斯科肃反审判之后,霍克海默等人才真正彻底放弃了对苏联的希望,只有顽固的格罗斯曼例外。即使在那时,由于专注于后文中将要讨论的其他问题,他们也从未将批判理论的注意力集中到斯大林时代苏联的左翼威权主义上。缺乏可用的数据当然是一个原因,但我们不应该忽视,要用马克思主义分析共产主义的失败,可谓困难重重,哪怕是用异端的马克思主义也是如此。

然而,说了这么多,还应该强调的是,对于为自身行为正名的苏联意识形态,社会研究所某些成员所阐述的批判理论含有重要而隐晦的批评。尽管前文已经提到,社会研究所早期历史上的大多数人物,如格林贝格、韦尔、佐尔格、博克瑙、魏复古和格罗斯曼,都不关心重新审视马克思主义基础这项霍克海默日益投入的事业,但霍克海默并非完全没有盟友。波洛克虽然主要对经济学感兴趣,但他曾和科内利乌斯一起学习哲学,并和他的朋友一样拒绝正统的马克思主义。1927年底格林贝格中风后,波洛克愈发被社会研究所的行政事务缠身,但他还是能在研讨会上声援霍克海默。20年代末,有两位后来影响日隆的年轻知识分子加入了他的行列,他们分别是列奥·洛文塔尔和西奥多·魏森格隆德-阿多诺(移民后随母姓阿多诺,并以此闻名)。

洛文塔尔出生于1900年,是法兰克福一位犹太医生的儿子,在开始学术生涯之前,他和其他人一样在战争中服役。在法兰克福、海德堡和吉森,他学习了文学、历史、哲学和社会学,1923年在法兰克福获得了哲学博士学位,博士论文主题是弗朗茨·冯·巴德尔(Franz von Baader)。在大学里,他与霍克海默、波洛克、韦尔等人在同一个激进学生的圈子里活动,他与韦尔在中学时就是朋友。他还与颇具领袖气质的内赫米亚斯·安东·诺贝尔拉比(Nehemiah A. Nobel)周围的犹太知识分子群体有联系,[59]其中包括马丁·布伯、弗朗茨·罗森茨威格(Franz Rosenzweig)、齐格弗里德·克拉考尔和恩斯特·西蒙(Ernst Simon)等人。这个团体在1920年成立了著名的自由犹太学府(Freies Jüdisches Lehrhaus),洛文塔尔正是作为其中一员,与他学生时代的朋友埃里希·弗洛姆再次取得了联系,后者后来加入了社会研究所。1926年,洛文塔尔开始参与社会研究所的事务,不过对研究所以外的兴趣牵制了他的参与。他继续在普鲁士中学系统中任教,并担任人民剧场(Volksbühne)的艺术顾问,这是一个大型的左翼和自由主义组织。在整个20世纪20年代后期,他为一些杂志尤其是人民剧场的杂志撰写关于美学和文化问题的批评文章,并持续向各种期刊投稿,讨论犹太宗教哲学的历史。此外,他还有担任编辑的经验,这在《社会研究期刊》取代《格林贝格文库》成为社会研究所的机构刊物时发挥了作用。

洛文塔尔在1930年成为社会研究所的专职成员后,最初的正式头衔是第一助理(Hauptassistent),只和格罗斯曼平级。作为文学社会学家和大众文化的研究者,他在这两方面为社会研究所作出了最大的贡献。如果说社会研究所在其历史的早期主要关注的是对资产阶级社会的社会经济基础结构的分析，那么在1930年以后的几年里，研究所的主要兴趣则在于社会的文化上层结构。事实上，后文就会提到，传统的马克思主义关于两者关系的公式受到了批判理论的质疑。尽管洛文塔尔对重点的改变作出了贡献，但他对这一理论转变所发挥的作用，要小于20年代末社会研究所圈子里的另一位重要的新成员——西奥多·魏森格隆德-阿多诺。

后文中我们将直接称他为阿多诺，他是霍克海默之外与社会研究所的命运最密切相关的人，直到1938年才正式加入社会研究所。然而，在移民之前他精力充沛地投身到一系列不同的项目中，其中一些项目使他远离法兰克福。即使在他离开欧洲之后，当社会研究所成为他工作的主要机构框架时，阿多诺也没有把自己局限在任何一个学科中。在中学时代，他结识了比他大十四岁左右的齐格弗里德·克拉考尔。[60] 在一年多的时间里，他经常在星期六下午与克拉考尔一起学习康德的《纯粹理性批判》(Kritik der reinen Vernunft)，据他回忆，这些课程远比他在正规大学教育中接受的课程更有价值。克拉考尔的方法将对观念本身的兴趣与敏锐的知识社会学相结合。他不信任封闭系统并强调与普遍性相对的特殊性，这些给他的年轻朋友留下了深刻的印象。克拉考尔对电影等文化现象的创新探索也是如此，他以一种少有先例的方式将哲学和社会学的见解结合起来。在后来的岁月里，无论是在德国还是在两人移民后的美国，他们的友谊依然稳固。对于熟悉克拉考尔的名著《从卡里加里到希特勒》(From Caligari to Hitler)[61] 的人来说，他的作品和后面将要介绍的阿多诺的某些作品之间的相似性是显而易见的。

然而，年轻的阿多诺感兴趣的不仅仅是知识分子的追求，他和霍克海默一样，将严谨的哲学思想与美学而非科学的感性相结合。霍克海默的艺术倾向使他走向了文学，写了一系列未发表的小说，而阿多诺则更深地被音乐所吸引，反映出他从出生起就浸淫在音乐氛围浓郁的环境中。阿多诺是法兰克福学派杰出人物中最年轻的一位，1903年出生于法兰克福。他的父亲是一位成功的犹太酒商，已经改宗，他从父亲那里继承了对生活中美好事物的品味，但对商业没有什么兴趣。他的母亲似乎对他的最终兴趣产生了更深远的影响。她是一位德国歌手和一位法国军官的女儿（阿多诺这个意大利名字出自她可以追溯到热那亚的科西嘉血统），在婚前一直从事的歌唱事业非常成功。她住在魏森格隆德家的未婚妹妹是一位颇有成就的音乐会钢琴家，曾为著名歌手阿德琳娜·帕蒂（Adelina Patti）伴奏。在她们的鼓励下，年轻的"泰迪"很早就开始在伯恩哈德·塞克勒斯（Bernhard Sekles）的指导下学习钢琴和作曲。

然而，法兰克福除了传统的音乐训练外，几乎无法提供其他的音乐训练，阿多诺急于让自己沉浸在更具创新性的音乐中，而当时这些音乐都发源于维也纳。1924年春夏季前后，他在德国环球音乐协会的法兰克福音乐节上结识了阿尔班·贝尔格（Alban Berg），并被后者当时尚未上演的歌剧《伍采克》（Wozzeck）中的三个片段所吸引。[62] 他立即决定跟随贝尔格去维也纳，成为他的学生。他因在法兰克福的大学学习而推迟，直到1925年1月才抵达奥地利首都。他所移居的维也纳与其说是奥托·鲍尔和卡尔·伦纳（Karl Renner）、鲁道夫·希法亭和马克斯·阿德勒（Max Adler）的城市（也就是格林贝格前往法兰克福前的环境），不如说是卡尔·克劳斯（Karl Kraus）和勋伯格的圈子周围那个非政治却在文化上激进的维也纳。在那里，阿多诺说服贝尔格收他为作曲学生，每周授课两次，并让爱德华·施托尔曼（Eduard Steuermann）指导他钢琴技巧。他自己的创作似乎受到了勋伯格在无调音乐上的实验的影响，但没有受到他后来的十二音列的影响。[63] 训练之余，阿多诺还经常设法为一些前卫杂志写稿,其中包括《开端》(Anbruch),在搬回法兰克福的1928年,他担任了该杂志的编辑。此后尽管他重新承担了学术责任,但他一直担任该刊的主编,直到1931年。

阿多诺在维也纳的三年远不止是他学术生涯中的一段插曲。1925年阿瑟·克斯特勒(Arthur Koestler)到维也纳后,偶然与他同住在一所公寓里。他记得阿多诺是"一个害羞、浮躁且神秘的年轻人,他有一种微妙的魅力,我不够老练,所以无法辨别"。[64]对于同样激烈但修养不高的克斯特勒来说,阿多诺呈现出一副高高在上的优越姿态。就连他的老师贝尔格也觉得阿多诺不妥协的知识分子气质有些令人不安。正如阿多诺后来承认的那样,"我自己的哲学底蕴有时也会被贝尔格认为是赶时髦……我当时当然是过分严肃的,可能会让一个成熟的艺术家不悦"。[65]他在维也纳的三年似乎消除了他的大部分羞涩,但新的自信并不意味着他的高度严肃性或对最苛刻的文化形式的忠诚会显著降低。他倒是经常参加维也纳先锋派的神秘音乐讨论和卡尔·克劳斯的朗诵会,后者可是文化标准的最坚定不移的维护者,这些活动只会强化他在这个方向上的倾向。终其一生阿多诺从未放弃过他的文化精英主义。

从另一个方面来说,维也纳的生涯对他的发展也很重要。许多年后,阿多诺承认,勋伯格圈子的吸引力之一是其排他性、小圈子式的特点,这让他想起了德国的格奥尔格圈子。[66]他在奥地利的三年中的遗憾之一是在勋伯格的新婚妻子将勋伯格与其弟子们隔绝开之后,这个圈子便开始解体。如果这一切没有发生,至少可以推测,阿多诺可能不会选择回到法兰克福。当然,一旦回到了那里,同样的小圈子特质就把他吸引到霍克海默和社会研究所年轻成员们的轨道上。

阿多诺从1922年就认识了霍克海默,当时他们一起参加了汉斯·科内利乌斯指导的胡塞尔研讨班。两人还都师从于格式塔心理学家盖尔布。1924年，阿多诺曾在科内利乌斯的指导下写过关于胡塞尔现象学的博士论文。[67]然而，当他从维也纳回来时，科内利乌斯已经退休，在马克斯·舍勒担任这一职务的短暂插曲之后，由保罗·蒂利希（Paul Tillich）接任哲学教授席位。[68]蒂利希是霍克海默、洛文塔尔和波洛克的密友，与他们同属一个定期的讨论小组，其中包括卡尔·曼海姆、库尔特·里茨勒（Kurt Riezler）、阿道夫·洛韦（Adolph Löwe）和卡尔·曼尼克（Carl Mennicke）。他们称这个小组为"小花环"（Kränzchen），这个老派的词既指小花环，也指密友聚会。在大部分成员被迫移民之后，讨论小组又在纽约持续了几年。回到法兰克福后，阿多诺受到了这个团体的欢迎。在蒂利希的帮助下，他于1931年成为私人导师，完成了一篇关于克尔凯郭尔美学的研究报告作为他的教职论文。[69]

这时社会研究所已经经历了重大变革。1927年中风后，格林贝格的健康状况没有明显好转，1929年，在他六十九岁那年，他决定辞去所长职务。他一直活到1940年，但没有再参与过社会研究所的事务。小组的三位创始成员现在已经到了可以考虑担任大学教授的年龄，而教授职务是社会研究所章程中规定的担任所长的前提条件。波洛克在格林贝格来之前和格林贝格患病之后都在名义上担任研究所的临时负责人，他乐于继续从事行政事务。如前所述，韦尔一直是私人学者（Privatgelehrter），没有通过教职论文成为私人导师或升任（berufen）教授。[70]虽然他继续掌控社会研究所的财务，并偶尔为《格林贝格文库》投稿，但他的兴趣转向了其他地方。1929年，他离开社会研究所搬到柏林，在那里为两家出版社工作，[71]即左翼的马利克出版社（Malik Verlag）和学术性更强的社会学出版机构（Soziologische Verlagsanstalt），并为激进的皮斯卡托剧院撰稿。1930年，他从德国启程前往阿根廷继承家业。作为赫尔曼·韦尔的长子，他在1927年父亲去世后成了企业的主要持有者，他非常不情愿地承担了这一责任。无论如何，从1923年起，韦尔就不再是社会研究所创作的中心，因为他更多的是被实践而非理论问题所吸引。在后来的岁月里，他时不时地回到研究所，并忠实地继续在经济上帮助研究所，但他从来没有真正成为研究所领导层的主要候选人，他也不打算这样做。

因此，霍克海默成为接替格林贝格的不二人选。虽然他在社会研究所最初几年间并不显眼，但在他的朋友波洛克担任临时所长期间，他的地位明显上升。1929年，在蒂利希和哲学系其他成员们的支持下，为霍克海默设立了一个新的"社会哲学"教席，这是德国大学中第一个类似职位。至于格林贝格所有的教授席位，韦尔说服教育部将他父亲捐赠的这个职位转到政治学用于新用途。作为交易的一部分，他答应为另一个经济学教席捐赠，由霍克海默的儿时好友阿道夫·洛韦离开基尔递补了这个职位。《市民历史哲学的开端》(*Anfänge der bürgerlichen Geschichtsphilosophie*)[72]这本对马基雅维利、霍布斯、维柯和其他早期资产阶级历史哲学家的研究成为霍克海默担任新职务的学术业绩。1930年7月，随着当时年仅三十五岁的霍克海默担任所长，社会研究所进入了历史上的高产期，如果从不久后的移民和文化迷失的语境来看，这段时间更加令人印象深刻。

1931年1月，霍克海默正式就职。在开幕式上，他发表了题为《社会哲学的现状和社会研究所的任务》(*Die gegenwärtige Lage der Sozialphilosophie und die Aufgaben eines Instituts für Sozialforschung*)的演讲。[73]他的做法与前任的不同之处立即显现出来。霍克海默没有简单地标榜自己是一位优秀的马克思主义者，而是转而从社会哲学的历史出发，对社会哲学的现状进行了分析。他从最初作为德国观念论特征的社会理论立足于个人开始，追溯到黑格尔让个人为国家牺牲，以及后来叔本华所表达的对客观整体的信仰之崩溃。然后，他转向了更近代的社会理论家，如马尔堡学派的新康德主义者和奥特马尔·施潘（Othmar Spann）等社会总体主义的倡导者。他认为，这些人都曾试图克服古典合题崩溃所带来的失落感。他补充到，舍勒、哈特曼（Nicolai Hartmann）和海德格尔也同样渴望回到有意义的统一体的舒适感。在霍克海默看来，社会哲学不会是寻找不变真理的单一科学（Wissenschaft）。相反，社会哲学会被理解为一种唯物主义理论，并由经验工作加以丰富和补充，就像自然哲学与个别科学学科的辩证关系一样。因此，社会研究所将继续在不忽视其跨学科、综合目标的前提下多样化地投入精力。为此，霍克海默支持保留格林贝格的非学院制的"所长专制"。

霍克海默在总结陈词时概述了他领导下社会研究所的第一项任务：研究德国和欧洲其他发达地区的工人和雇员对各种问题的态度。其方法包括使用公共统计和问卷调查，并辅以对数据的社会学、心理学和经济学解释。他宣布，为了帮助收集材料，社会研究所接受了国际劳工组织主任阿尔伯特·托马斯（Albert Thomas）的提议，在日内瓦设立一个研究所的分支机构。这是随后的几年里在德国以外设立的诸多分支机构中的第一个。对托马斯的提议采取行动的决定不仅仅是出于收集数据的愿望，因为德国不祥的政治形势表明，流亡的前景可能不可避免。因此，波洛克被委以了在日内瓦建立常设办事处的任务，他的助手库尔特·曼德尔鲍姆（Kurt Mandelbaum）与他一同前往。1931年办事处成立后，社会研究所的大部分资金就悄悄地转移到中立国荷兰的一家公司。

在霍克海默被提拔为所长之后，还发生了其他变化。由于其指导精神不复存在，《格林贝格文库》停刊，在1910年首次出版后的二十年内，《文库》出版了十五卷。《格林贝格文库》是社会研究所内外各种不同观点的载体，在一定程度上仍然反映了格林贝格所植根的奥地利马克思主义的世界。一份更专属于社会研究所的刊物被提上日程。霍克海默喜欢简明扼要的特点体现在他这一时期写的大量的格言，他不喜欢德国学术界标志性的鸿篇巨著。虽然社会研究所出版的系列丛书第三卷也就是魏复古的《中国经济与社会》(*Wirtschaft und Gesellschaft Chinas*)[74]于1931年付梓，出版重点还是转向了论文。接下来十年里，社会研究所的大部分作品都是以《社会研究期刊》上论文的形式面世，尽管其中一些论文的篇幅接近专著。许多文章在发表前都经过社会研究所其他成员们的详尽评估和批评，几乎既是集体创作也是个人作品。用列奥·洛文塔尔的话说，尽管有其他作者继续偶尔投稿，《社会研究期刊》"与其说是不同观点的论坛，不如说是社会研究所抒发其所持信念的平台"。[75]期刊的编辑决定最终是由霍克海默拍板，尽管洛文塔尔凭借其多年的相关经验担任执行编辑，并全面负责广泛的评论部分。洛文塔尔的首要任务之一是乘飞机去拜访德国社会学界的泰斗利奥波德·冯·韦斯，向他保证《社会研究期刊》不会与后者的《科隆社会学季刊》(*Kölner Vierteljahrshefte für Soziologie*)竞争。

正如霍克海默在首卷的前言中所解释的那样，[76]《社会研究期刊》与冯·维瑟等其他更传统的德国学者所从事的社会学不同。继格拉赫和格林贝格之后，霍克海默再次强调了社会研究所工作的纲领性和跨学科性。他特别强调了社会心理学在弥合个人与社会之间差距方面的作用。在随后发表的第一篇文章《对科学与危机的观察》(*Bemerkungen über Wissenschaft und Krise*)[77]中，他考察了当前的知识分裂与助长这种分裂的社会条件之间的联系。他认为，一个既垄断又无政府的全球经济结构促进了知识的混乱状态。只有克服科学知识在纯粹意识中的拜物教基础，认识到制约一切思想的具体历史环境，才能克服目前的危机。科学不能忽视自己的社会作用，因为只有意识到自己在当前危急情况下的作用，才能为实现必要变革的力量作出贡献。

第一期的刊文反映了《社会研究期刊》的多样性。格罗斯曼再次就马克思和资本主义崩溃问题供稿。[78] 波洛克讨论了大萧条和资本主义框架内计划经济的可能性。[79] 洛文塔尔概述了文学社会学的任务，阿多诺在两篇文章的第一篇中对音乐也做了同样的阐述。[80] 其余两篇文章涉及社会研究的心理学层面：一篇是霍克海默本人题为《历史与心理学》的文章，[81] 第二篇由社会研究所的新成员埃里希·弗洛姆撰写。[82]（关于社会研究所将精神分析学整合到其黑格尔化的马克思主义的全面论述见第三章）。洛文塔尔自1918年起就是弗洛姆的朋友，弗洛姆也是30年代初他引入研究所圈子的三位精神分析学者之一。另外两位是法兰克福精神分析研究所所长卡尔·兰道尔（Karl Landauer）和海因里希·孟（Heinrich Meng）。在社会研究所兼职挂名的兰道尔只为《社会研究期刊》的评论部分供过稿。在第一期时，他是一位非常好的伙伴：其他的评论者还有亚历山大·柯瓦雷（Alexandre Koyré）、库尔特·勒温（Kurt Lewin）、卡尔·科尔施和威廉·赖希（Wilhelm Reich）。孟虽然对精神卫生学比对社会心理学更感兴趣，但他还是帮忙组织了一些研讨会，并就与社会研究所兴趣相关的主题撰写评论。

随着精神分析学被引入社会研究所，格林贝格的时代显然已经结束。1932年，研究所出版了一本纪念文集（Festschrift）[83]，庆祝前一年格林贝格七十岁大寿，这进一步证明了时代的转变。波洛克、霍克海默、魏复古和格罗斯曼都有供稿，但大部分作品都来自格林贝格在维也纳时期的老朋友，如马克斯·比尔（Max Beer）和马克斯·阿德勒。1932年底社会研究所接受了一位新成员，象征着的变化得到了进一步推动，而新成员赫伯特·马尔库塞将成为批判理论的主要设计师之一。

1898年生于柏林的马尔库塞和其他大多数人一样，来自一个富裕的同化犹太人家庭。在战争中服完兵役后，他在柏林的一个士兵委员会中短暂地参与了政治活动。1919年，他退出了两年前加入的社会民主党，以抗议该党对无产阶级的背叛。在随后的德国革命失败后，他完全离开了政治，在柏林和弗赖堡学习哲学，于1923年在弗赖堡大学获得博士学位，论文的主题是艺术家扮演关键角色的艺术家小说（Künstlerroman）。在接下来的六年里，他在柏林尝试着卖书和出版。1929年，他回到弗赖堡，师从胡塞尔（Edmund Husserl）和海德格尔，这两人对他的思想产生了相当大的影响。在此期间，马尔库塞在马克西米利安·贝克（Maximilian Beck）的《哲学簿记》（*Philosophische Hefte*）和鲁道夫·希法亭的《社会》（*Die Gesellschaft*）杂志上发表了一些文章。他的第一本书《黑格尔的本体论和历史性理论的基础》（*Hegels Ontologie und die Grundlegung einer Theorie der Geschichtlichkeit*）[84]于1932年问世，带有他的导师海德格尔的印记，他也打算将该书作为教职论文提交给海德格尔。然而，在海德格尔接受马尔库塞作为助手之前，他们的关系就变得紧张起来；这位以马克思主义为导向的学生和日益右翼的教师之间的政治分歧无疑是原因之一。由于在弗赖堡工作无望，马尔库塞于1932年离开了这座城市。法兰克福大学的学监（Kurator）库尔特·里兹勒受胡塞尔之托为马尔库塞说情，向霍克海默推荐了他。

在《社会研究期刊》第二期中，阿多诺评论了这本《黑格尔的本体论和历史性理论的基础》，并发现其脱离海德格尔的行动很有说服力。他写道，马尔库塞正从"'存在的意义'走向对在世之在（Seienden）的开放性，从基础本体论走到历史哲学，从历史性（Geschichtlichkeit）走到历史"。[85] 尽管阿多诺认为，在马尔库塞完全摆脱海德格尔的束缚之前，还有一些地方需要填补，但很看好他能与社会研究所在哲学方法上成功整合。霍克海默表示赞同，于是在1933年，马尔库塞被加入到社会研究所，与同事一起投身于辩证地而不是机械地理解马克思主义。他立即被派往日内瓦办事处工作。

随着1933年1月30日纳粹胜选，作为一个公开的马克思主义组织，其工作人员至少按纳粹的标准几乎全部是犹太裔男性，社会研究所的未来显然风雨飘摇。霍克海默在日内瓦度过了1932年的大部分时间，在那里他患了白喉。在希特勒上台前不久，他回到了法兰克福，和妻子一起从位于克伦贝格郊区的家中搬到了法兰克福火车站附近的一家旅馆。2月也就是冬季学期的最后一个月间，他暂停了逻辑学相关的讲座，转而就自由问题发表讲话，这个问题确实日渐严峻。当年3月，他越过边境溜到了瑞士，正值社会研究所因"敌视国家的倾向"而被关闭。社会研究所图书馆在维多利亚大街上的大楼中的大部分藏书被政府没收，足有六万多册；两年前对资产的转移使社会研究所的财源免遭类似命运。4月13日，霍克海默有幸与保罗·蒂利希、卡尔·曼海姆和胡戈·辛茨海默（Hugo Sinzheimer）一起，成为法兰克福大学第一批被正式开除的教员。[86]

当时，社会研究所的所有正式工作人员都已离开法兰克福。唯一的例外是魏复古,他从瑞士回到德国,由于他的政治活动于3月被投入集中营。他的第二任妻子也就是后来成为研究所的助手和中国问题专家的奥尔加·朗(原名Olga Joffé)、英国的陶尼(R. H. Tawney)和德国的卡尔·豪斯霍费尔(Karl Haushofer)等朋友都努力争取释放他。1933年11月,魏复古终于获释并被允许移民英国。此后不久,他和其他人一起到了美国。阿多诺的政治身份不像魏复古那样具有争议,他在德国保留了居住权,不过在接下来的四年里,他的大部分时间都在英国度过,在牛津大学的默顿学院学习。格罗斯曼在巴黎避难了三年,1937年又去英国待了一年,相当不开心,最后才来到美国。洛文塔尔只在法兰克福停留到3月2日,他跟随马尔库塞、霍克海默等社会研究所的同仁们前往日内瓦,是社会研究所关闭前最后一个离开的人。当纳粹掌权时,波洛克实际上已经处于流亡状态,尽管他并不知道这种流亡状态将持续近二十载,延伸到两大洲。

  1933年2月,日内瓦分部成立,由二十一名成员组成的理事会[87]作为社会研究所的行政中心。为了标识出机构的欧洲特色,分部被用法语定名为国际社会研究学会(Société Internationale de Recherches Sociales),霍克海默和波洛克两人充当主席;次年,洛文塔尔、弗洛姆和安德里亚斯·斯特恩海姆(Andries Sternheim)被任命为他们的继任者。[88]"法兰克福学派"现在不仅有瑞士人,而且还有法国人和英国人,因为巴黎和伦敦的朋友提供的帮助,才让社会研究所于1933年在这些城市成立了小型分支机构。涂尔干之前的学生、自1920年起担任高等师范学院文献中心主任的塞莱斯坦·布格莱(Celestin Bouglé)向霍克海默建议,可以在他位于乌尔姆大街的办公室里为社会研究所腾出一些空间。虽然他在政治上是普鲁东主义者(他是激进社会主义党的信徒),因此并不认同社会研究所工作中的马克思主义色彩,但布格莱在考虑研究所的困境时愿意忘记政治。当时在斯特拉斯堡的另一位著名的涂尔干主义者莫里斯·哈布瓦赫(Maurice Halbwachs)和不在海牙担任法国在国际法院的辩护人时便在巴黎教法律的乔治·塞勒(Georges Scelle)也加入了布格莱的行列,成为这一行动的共同发起人。亨利·柏格森(Henri Bergson)也表示支持,他对社会研究所的工作印象深刻。在伦敦,《社会学评论》(*Sociological Review*)的编辑亚历山大·法夸尔森(Alexander Farquharson)也提出了类似的建议,他能够在勒·普勒之家(Le Play House)提供几个房间。西德尼·韦伯(Sidney Webb)、R.H. 陶尼、莫里斯·金斯伯格(Morris Ginsberg)和哈罗德·拉斯基(Harold Laski)都附和法克哈森的意见,于是社会研究所建立了一间小型办公室,直到1936年因缺乏资金而被迫关闭。

与此同时,《社会研究期刊》在莱比锡的出版商赫希菲尔德(C. L. Hirschfeld)通知霍克海默,出版社不能再冒险继续出版。布格莱建议由巴黎的菲利克斯·阿尔肯出版社(Librairie Félix Alcan)接手。这个建议被证明是可行的,于是双方开始了持续到1940年的合作,直到纳粹占领法国,再次获得了恐吓《社会研究期刊》出版商的权力。

随着1933年9月在巴黎出版的《社会研究期刊》第一期问世,社会研究所的第一段德国岁月已经结束。在成立后的短短十年中,社会研究所聚集了一批具有不同才能的年轻知识分子,他们愿意按照研究所的设想精诚合作,共同投身于社会研究。如前所述,社会研究所在法兰克福最初几年以格林贝格的观点为主,但在他的领导下,社会研究所获得了结构上的团结和魏玛时代知识分子生活中的一席之地。虽然专注于研究,社会研究所还是帮助培养了诸如保罗·巴兰（Paul Baran）这样有才的学生。[89]他在1930年参与了波洛克计划中的苏联经济研究第二卷。汉斯·格特（Hans Gerth）、格拉蒂·迈耶和约瑟夫·杜纳（Josef Dünner）等移民前培养的其他学生后来也对美国社会科学产生了影响。（可以顺便提一下，杜纳在1937年写了一本题为《如果我忘记你……》的非虚构小说，研究所的人物都在其中以假名出现。）[90]此外，所有社会研究所的成员都积极参加了关于社会主义前途的讨论，吸引了亨德里克·德·曼（Hendrik de Man）和保罗·蒂利希等法兰克福名流。赫尔曼·韦尔的慷慨解囊所提供的独立性，使社会研究所即使在他1927年去世后，也没有受到政治或学术义务的束缚。当其他德国难民学者在没有经济支持的情况下要在异国他乡重新确立自己的身份时，这份经济保障也保证了社会研究所在流亡中延续了同一性。费利克斯·韦尔于1935年在纽约重新加入研究所后，又捐助了十万美元，使社会研究所在30年代一直保持着财政上的稳定。

在观察者看来，共同的命运和共同的目标是社会研究所的主要特征之一，特别是在霍克海默担任所长之后，这种感觉也转移到了社会研究所的新家，部分原因是研究所的财务状况良好。创办人的意图是建立一个学者群体，他们的团结将成为未来友爱社会的缩影和先声。如前所述，《社会研究期刊》帮助巩固了群体认同感，而被迫流亡和在国外重新聚首的共同经历也大大增强了这种认同感。在社会研究所内部，围绕在霍克海默周围凝聚了一个规模更小的团体，包括波洛克、洛文塔尔、阿多诺、马尔库塞和弗洛姆。他们的工作扎根于欧洲哲学的核心传统，对当代经验性技术持开放态度，并面向当前的社会问题，这构成了社会研究所成就的核心。

如果要寻找一条贯穿于各位圈内人物小传中的共同线索，那么首先跃入脑海的是他们都出生在中产阶级或中上阶级的犹太人家庭（阿多诺的父母中只有一方是犹太人）。虽然这里不打算对魏玛共和国的犹太激进派展开全面讨论，但应该提出几点观察。如前所述，费利克斯·韦尔和波洛克在说服老韦尔资助社会研究所时，采用的论据之一就是需要去研究德国的反犹主义。然而，这项工作直到20世纪40年代才真正开始。如果要描述社会研究所对"犹太人问题"的总体态度，必须看到类似于近一个世纪前另一位激进的犹太人卡尔·马克思所表达的态度。无论对马克思还是社会研究所的成员们，宗教或种族问题显然从属于社会问题。在《黎明/黄昏》中，霍克海默攻击那些仅仅因为反犹主义构成了经济威胁而反对反犹主义的犹太资本家。他写道："为了信仰而甘愿牺牲生命和财产的觉悟，都被贫民区物质基础抛诸脑后。对资产阶级犹太人来说，商品的等级既不是犹太教的也不是基督教的，而是资产阶级……犹太革命者和所谓'雅利安人'一样，为了人类的自由而冒着生命危险。"[91] 他们强调社会压迫而不是严格意义上的犹太压迫，更进一步证据是他们淡化作为解决犹太人困境方法的犹太复国主义。[92]

事实上，社会研究所的成员们极力否认他们的种族身份的任何意义，在大多数情况下，这种立场并没有随着时间的推移而被削弱。例如，在与本书作者的大量通信中，任何关于犹太性之于社会研究所成员们的选择或其思想的发展有任何影响的说法，都遭到（费利克斯·）韦尔的强烈反对，无论是从宗教、民族或文化来界定所谓犹太性。他还坚持认为，魏玛时代对犹太人的同化已经走到"对犹太人的歧视已经完全退到了'社会俱乐部'的层面"，[93] 这导致社会研究所忽视"犹太人问题"情有可原。社会研究所是在德国外交部长瓦尔特·拉特瑙（Walter Rathenau）因其种族出身而被暗杀一年后成立的，这似乎对社会研究所相关"被同化"的犹太人们没有任何个人影响。魏复古是社会研究所的非犹太成员之一，他证实了这种普遍的盲目性，认为他是少数认识到犹太人地位不稳定的例外之一，甚至包括那些被高度同化的犹太人。[94] 让当今的观察者感到震惊的是，社会研究所的许多成员曾经强烈地否认他们的犹太人身份存在任何意义，而且在某些情况下至今仍然否认。正如人们经常指出的那样，被同化的德国犹太人对德国社会轻易接受纳粹的反犹措施感到惊讶。在这一点上的自欺欺人在某些情况下一直持续到开战。即使是像弗朗茨·诺伊曼这样顽固的现实主义者，也能在《贝希摩斯》（*Behemoth*）中写道："德国人民是最不反犹的。"[95] 他对这种情况的评价似乎得到了他的几乎所有研究所同事们的支持。

面对这种对其身份背景中犹太性之丰富意义的强烈拒绝，人们只能寻找犹太性可能发挥的间接作用。当然，犹太教作为一种信仰体系的公开影响似乎可以忽略不计。两个可能的例外是列奥·洛文塔尔和埃里希·弗洛姆，他们都曾活跃在法兰克福的犹太学府的团体中。洛文塔尔曾是 1921 年诺贝尔拉比的纪念文集的供稿人之一，他写的是宗教中的恶魔。[96] 直到 1930 年，他还继续在《法兰克福以色列人公报》（*Frankfurter Israelitisches Gemeindeblatt*）等刊物上发文，尽管那时他已经度过了他真正的宗教时期。不过，人们在任何时候都很难从洛文塔尔为社会研究所做的工作中找到他对犹太教兴趣的回声。另一方面，弗洛姆则经常被认为在他的作品中保留了犹太主题的世俗版本，即使在他 20 年代中期离开正统之后。[97] 他的作品经常被用于比较犹太学府团体的其他成员们的作品，尤其是马丁·布伯的作品。其中相似之处将在本书第三章中更清楚地说明。只有洛文塔尔和弗洛姆（以及后来才为《社会研究期刊》撰稿的瓦尔特·本雅明）曾对犹太神学问题表现出过任何真正的兴趣。其他人从未提及过犹太教。

如果说犹太教的显性知识内容在社会研究所大多数成员的思想中没有发挥任何作用，那么人们不得不转向更广泛的社会学或文化解释。伊斯特万·迪克（Istvan Deak）最近在研究柏林杂志《世界大舞台》（Die Weltbühne）的撰稿人中以犹太人为主的左翼文人时，不得不提出与研究法兰克福学派时出现的类似问题。他正确地指出，魏玛左翼的犹太人比例很高并不是单纯的巧合——《世界大舞台》的圈子比社会研究所的圈子大得多，但同样的相关性仍然存在。他写道："这是由于一种特殊的发展：他们认识到商业、艺术或科学事业无助于解决犹太人问题，如果要终结德国的反犹主义，魏玛德国就必须进行可怕的改造。"[98] 然而，法兰克福学派的成员们否认曾经有过这样的认识。波洛克曾写道："直到希特勒之前的最后几年，我们中所有人都没有因为我们民族血统而产生不安全感。除非我们准备好接受洗礼，否则公共服务和商业领域的某些职位是不对我们开放的，但这从未困扰过我们。而且在魏玛共和国治下，这些障碍有许多都不复存在了。"[99] 因此，他们的激进主义很难归结为自觉地意识到社会主义是解决强烈种族压迫感的唯一办法。

然而，尽管他们声称完全同化，并断言魏玛没有歧视，但人们无法避免地感到他们的抗议太多。事实上魏玛德国的环境中反犹太主义已经减弱这一点本身似乎就值得怀疑，但即使如此也必须记住，社会研究所的成员们都是在第一次世界大战前一个非常不同的德国成长的。即使是威廉时代德国同化程度最高的犹太人，也一定会感到与他们的非犹太人有一定的差距，而在这种氛围中成长起来的犹太人一定会留下痕迹。急于忘记自己出身的犹太人肯定经历过角色扮演的感觉，只能留下苦涩的残余，这很容易滋生对整个社会的激进批判。这并不是说社会研究所的方案可以完全或甚至主要归因于其成员的们种族根源，而只是想说，完全忽视这些根源就会忽略一个促成因素。

可以附带说明一下，社会研究所的成员们在到了美国之后对犹太人问题变得更加敏感。例如，波洛克要求阿多诺从他的名字中去掉魏森格隆德，因为在研究所的名册上有太多听起来像犹太人的名字。[100] 保罗·马辛是他们中间为数不多的非犹太人之一，他曾说过，他的非犹太人身份是使他与同事们疏远的一个轻微但仍然很重要的因素。[101] 矛盾的是，在美国同化要比在前纳粹时代的德国更难，至少许多社会研究所的成员们是这样认为的。

除了从社会学角度解释其出身的影响外，还有一种文化方面的解释。哈贝马斯最近认为，犹太文化传统中的某些脉络与德国观念论的某些脉络之间存在着惊人的相似性，而后者的根源往往见于新教的虔敬主义。[102] 一个重要的相似之处是古老的卡巴拉主义思想认为语言而非图画是接近上帝的唯一途径，这对于理解批判理论尤为关键。神圣语言希伯来语与流散的犹太人的渎神言语之间的距离，对那些不信任当前话语体系的犹太人产生了冲击。所以哈贝马斯认为，这与黑格尔辩证法中达到顶峰的观念论对经验现实的批判相类似。尽管我们不能从法兰克福学派的犹太前辈开始勾勒一道到其辩证法理论的精确线索，但也许确实存在着某种倾向。社会研究所对精神分析学的欣然接受也是同理，事实证明精神分析与被同化的犹太知识分子非常契合。（当然，这并不是说弗洛伊德主义像纳粹所做的那样，是一种"犹太心理学"，只是提出一种可能的脉络。）

还有一个重要因素必须提及。在德国的犹太社区内部，父子之间经常就犹太教的内容和犹太民族的未来展开争论。有时，这类矛盾是以奇特的方式解决的。汉娜·阿伦特（Hannah Arendt）在她讨论父子矛盾尖锐的瓦尔特·本雅明的文章中曾写道："通常这些冲突的解决方式是儿子们声称自己是天才，或者像许多来自富裕家

42　　　　　辩证的想象

庭的共产党人那样声称自己是致力于人类的福祉,就是无论如何,他们都渴望做比赚钱更高尚的事情;而父亲们则更愿意承认这只是不谋生的有效借口。"[103] 正如在许多其他方面一样,本雅明自己也是一个例外,因为他的父亲拒绝支持他,但其他人却并非如此。赫尔曼·韦尔可能是一个成功的阿根廷粮商,他对利润的兴趣大于对革命的兴趣,但他愿意相当慷慨地支持儿子的激进主义。在霍克海默决定不跟随父亲从事制造业而产生最初的摩擦之后,他与父母的关系似乎也没有受到永久影响。[104] 他们之间确实发生了一次真正的疏远,是在霍克海默爱上了父亲手下比他年长八岁的非犹太裔秘书。他于 1926 年 3 月与后者结婚,大约是在他开始在大学任教的同时。据波洛克回忆,"霍克海默和他父母之间的摩擦是相当短暂的……经过几年的疏远,双方完全和解了,家人们真诚地接受了迈东·霍克海默(Maidon Horkheimer)。"[105] 显然,相比儿子成为一位革命者,他的父母更难接受霍克海默要和一位非犹太人结婚。

事实上,人们可以说,批判理论强烈的伦理基调是融入了一个紧密犹太家庭可能奉行的价值观的产物。无论如何,几乎没有什么迹象表明,社会研究所的成员们将他们对父母的商业心态的拒绝带入了彻底的个人反叛。尽管团结无产阶级的热切表达贯彻了他们在移民前的所有作品,但社会研究所的成员们从来没有一位体会过工人阶级的生活方式。

他们的革命情绪在"海因里希·里格斯"(Heinrich Regius)的作品中得到了最清晰的表达,这个名字是霍克海默从一位 17 世纪的自然哲学家那里借来的,被署在他流亡第一年在苏黎世发表的格言集的扉页上。然而,正是在《黎明/黄昏》中一篇题为"一致性的寓言"(A Fable of Consistency)的格言中,他隐晦地为同时维持激进信仰与资产阶级生活水平正名。在这则寓言中,两位穷困潦倒的诗人受邀接受一位珍视他们作品的暴君所提供的一笔可观津贴。其中一位因金钱上的污点而感到不安。另一位说道:"你前后不一致,如果你确实这么想,你就必须继续挨饿。谁觉得自己与穷人同气连枝,谁就必须像他们一样生活。"[106] 第一位诗人同意了,他拒绝了国王的提议,继续挨饿。此后不久,另一位成了宫廷诗人。霍克海默在他的"童话"末尾告诫说,"两个人都承担了后果,而这两个后果都有利于暴君。一致性的一般道德规定横竖不利于穷苦的诗人,只会让暴君坐收渔利。"[107] 于是,社会研究所成员们可能毫不保留其对资本主义制度的敌意,但他们从未放弃高贵资产阶级(haute bourgeoisie)的生活方式。像这个团体的诋毁者那样把这种行为称为精英主义或"士大夫"做派很容易,当然在这里"士大夫"的含义和格林贝格的用法略有出入。但只靠戴上蓝领的布帽绝不能像他们那样为马克思主义理论复兴作出巨大贡献。

不过,至少可以说,如果社会研究所的成员们更密切地参与到实际政治中去,批判理论就会得到丰富。卢卡奇的例子无疑表明,过于依附于某一派别是有隐患的。但在天平的另一端是意大利马克思主义者安东尼奥·葛兰西的例子,他在 1926 年被墨索里尼囚禁之前的从政经历,总是使他的理论化工作更加扎实,而法兰克福学派的作品有时缺乏这种具体性。从某种意义上说,社会研究所的流亡生涯可以说是在被纳粹实际驱逐之前就已经开始了。德国革命失败后,社会研究所的成员们都与左翼的所有政治派别疏远了,至少霍克海默周围的成员们是如此。社会民主党受到了其在现状面前的懦弱屈服所应得的蔑视——事实上,我们可以说,社民党对工人阶级的背叛助长了法兰克福学派后来对所有"温和"解决方案的不信任。德国共产党同样令人厌恶,因为其毫不掩饰倒向莫斯科的依赖,并在理论上已经破产。而库尔特·希勒(Kurt Hiller)和卡尔·冯·奥西茨基（Carl von Ossietzky）等左翼知识分子试图超越两党之间的分歧，提出可行的替代方案的可悲尝试，很快就被证明是白日做梦而流产。这一切导致法兰克福学派放弃实现理论的具体尝试所需要的隶属关系，而是选择了理论的纯粹性。这其中的优缺点将在以后的章节中看到。

1931年社会研究所谨慎地将其受赠的资金转移到荷兰，使其工作得以继续，没有受到太多干扰。在日内瓦的第一年是一个重新调整的时期，但并非停滞不前。关于工人和雇员态度的项目并没有受到严重影响。与劳工运动有联系的荷兰社会主义者安德里斯·斯特恩海姆被阿尔伯特·托马斯办公室的人当作未来的成员推荐给霍克海默。他被接纳为日内瓦分部的助理，在波洛克去美国后，他成了分部的主任。虽然在为项目收集材料方面出了不少力，但除了对现代社会的闲暇研究有一些贡献外，他对社会研究所的理论工作贡献不大。[108]

由于要适应新的出版商，《社会研究期刊》的出版偶有波折，但仍继续定期出版。以前的撰稿人名册上又增加了新的名字。格奥尔格·鲁舍（George Rusche）撰写了关于劳动力市场和惩罚之间关系的文章，[109] 预示着他后来在奥托·基希海默的帮助下在社会研究所名下出版了相关著作。库尔特·曼德尔鲍姆（有时会化名为鲍曼）和格哈德·迈耶在波洛克和格罗斯曼时期所写的文章之外，又增加了经济学相关文章。[110] 巴黎分部也有定期供稿，吸引了雷蒙·阿隆（Raymond Aron）和乔治·弗里德曼（Georges Friedmann）等能干的助手。社会研究所对哲学家保罗·路德维希·兰茨贝格（Paul Ludwig Landsberg）寄予厚望，但后来他被纳粹杀害了，他写了关于种族意识形态和伪科学的文章。[111] 尤利安·贡珀茨在一系列文章中论述了美国问题。[112] 因此，社会研究所新名称中的"国际"一词在《社会研究期刊》的版面上显而易见。

随着社会研究所开始在其他地方寻找新的归宿，这一点很快就变得更有意义了。霍克海默等人虽然赞赏日内瓦分部的作用，但从未将日内瓦分部视为研究所事务的永久中心。1933年5月，格罗斯曼在给美国的保罗·马蒂克（Paul Mattick）的信中表达了他们共同的忧虑，他写道，"法西斯主义在瑞士也甚嚣尘上，新的危险也威胁着我们在那里的研究所。"[113] 波洛克于1934年2月前往伦敦，评估在英国建立研究所的可能性；但与伦敦经济学院院长威廉·贝弗里奇爵士（Sir William Beveridge）和法克哈森及其在社会学研究所的同事们进行的深入谈判使他确信这种可能性不大。1933年开始涌出德国的难民学者在英国的机会有限，这一点很受人瞩目。[114] 在与社会研究所有关的人中，只有博克瑙选择把伦敦作为他流亡的永久家园。他得以在伦敦大学成人教育部获得一个教授国际政治的职位。几年后，他抽空访问了内战期间的西班牙，这证实了他对共产主义本来就很强烈的反感，并写出了关于这场战争的经典研究之一《西班牙驾驶舱》(*The Spanish Cockpit*)。[115] 那时，他与社会研究所的联系已经断了，只有1936年在《权威与家庭研究》上发表了最后一篇文章。[116]

在巴黎，学术机构比英国更难以渗透，前景似乎同样渺茫。保罗·霍尼希斯海姆（Paul Honigsheim）从科隆逃出，成为社会研究所巴黎分部的负责人，他描述了通常移民到法国所遭受的冷淡态度：

> 典型的法国知识分子希望自己和家人有安全感和可预测的未来，但他发现自己的生活方式受到那些该死的德国知识

分子所威胁,这些德国知识分子没有把时间花在和朋友们喝开胃酒(apéritif)上,而是比法国人努力两倍。他们为了上帝而工作,或者如果他们不是宗教信仰者,也是为了工作而工作,反正这对于一个真正的德国学者来说几乎是一码事。因此,与在美国的同情态度相反,法国人并不欢迎在他们中间任命德国学者。因此,公开以德国难民的名义开展工作是需要勇气的。[117]

霍尼希斯海姆强调,布格莱、哈布瓦赫和他们的同事们都有这种勇气,但这只是少数人;因此,法国被排除在研究所总部可能的新址之外。

尽管社会研究所以马克思主义示人,但任何时候都没有认真考虑过向东去斯大林治下的俄罗斯,即使是魏复古和在30年代中期在莫斯科有过一段短暂而不成功的旅行的格罗斯曼也是如此。唯一剩下的严肃可能性是美国。尤利安·贡珀茨在1933年被派往那里试探情况,他从1929年起就一直是波洛克的学生,并一度是共产党员,不过他后来放弃了这一切,成为一名股票经纪人,并在40年代写了一本反共书籍;[118]他出生在美国,因此能说一口流利的英语。他出访归来,带来了一份有利的报告,他向霍克海默和其他人保证,社会研究所收到的捐赠每年仍能带来约3万美元的收入,足以保证研究所在这个仍陷于经济萧条的国家生存。

多年来,社会研究所与美国学术界的知名人士进行了多次接触,如查尔斯·比尔德(Charles Beard)、罗伯特·麦基弗(Robert MacIver)、韦斯利·米切尔(Wesley Mitchell)、莱因霍尔德·尼布尔(Reinhold Niebuhr)和罗伯特·林德(Robert Lynd)等,他们都在哥伦比亚大学任职。因此,当霍克海默于1934年5月首次赴美时，他得以接触到哥伦比亚大学的强势校长尼古拉斯·默里·巴特勒（Nicholas Murray Butler）。出乎他意料的是，巴特勒为社会研究所提供了大学附属机构的资格和西 117 街 429 号的一栋大楼作为新家。霍克海默担心自己因为英语水平有限而误解了巴特勒的意思，于是写了一封长达四页的信，要求他确认并澄清他的提议。巴特勒的回答是一句含糊不清的"你已经完全理解了我的意思！"[119] 仍像 20 年代在法兰克福诞生时一样笃信革命和马克思主义的国际社会研究所，就这样得以来到资本主义世界的中心纽约市定居。马尔库塞、洛文塔尔和波洛克分别与当年 7、8、9 月抵达，魏复古不久后也来了。弗洛姆自 1932 年应芝加哥精神分析研究所的邀请赴美讲学后，一直待在美国。这些人是那一波中欧难民知识分子中最早到达的人之一，他们在随后的几十年中极大地丰富了美国的文化生活。[120]

过渡的过程中绝非没有困难。社会研究新学院这所阿尔文·约翰逊（Alvin Johnson）的"流亡大学"就没有多少或根本没有财力使他们轻易得到重新安置。与他们相比，社会研究所的成员们还是很幸运的。事实上，虽然两个难民群体之间形成的紧张关系部分是由于意识形态的差异，[121] 但他们之间截然不同的经济状况也明显地加剧了这种紧张关系。不过，应该补充的是，在以后的岁月里，社会研究所对经济状况较差的难民保持着强烈的责任感。社会研究所成员们确实存在问题时，这些问题都是困扰着任何移民的语言和文化适应方面的问题，而不是经济问题。正如我们稍后将看到的那样，社会研究所正在进行的社会研究以哲学为基础，而美国社会科学具有严格的反思辨倾向，最困难的知识调整涉及协调这两者。社会研究所成员们在流亡中学会了使用美国的经验性技术，这是战后带回德国的重要经验，但获得这些技能时并非没有相当的犹豫。

总的来说，社会研究所并不特别急于抛弃过去，完全融入美国。这种不情愿的态度可以从离开欧洲后继续使用菲利克斯·阿尔肯作为出版商的决定中揣摩出来。美国新同事们恳求他们在美国出版，却被社会研究所拒绝，研究所认为这样可以更容易地保留德语作为《社会研究期刊》的工作语言。虽然偶尔会有英文和法文的文章，德文文章后面也都附有这些语种的摘要，但直到战前，期刊基本上还是德文的。事实上，在同类期刊中，这是唯一一份以这门被希特勒极力抹黑的语言出版的。因此，霍克海默等人认为《社会研究期刊》是对保存德国文化中濒临灭绝的人文主义传统的重要贡献。事实上，社会研究所自我形象的关键因素之一就是有意识地保卫正在消亡的文化。社会研究所的成员深知语言与思想的关系，因此他们深信，只有继续用母语写作，才能抵抗德国的一切被与纳粹画上等号。尽管德语世界的大多数人都无法获得复印件，但社会研究所愿意牺牲眼前的读者以换取未来的读者，而这一切在希特勒战败后确实实现了。这个决定令人遗憾的副作用之一是这不可避免地造成了研究所与美国学术界的相对隔绝。虽然社会研究所于1936年开始在哥伦比亚大学的成人教育部举办讲座，并逐渐发展了一系列关于各种主题的研讨会，[122] 其重点仍然聚焦于理论和研究。核心圈子里只有阿多诺还在美国以外待了几年，其他成员都再次聚首在哥伦比亚大学的晨边高地的新家，在这一保障下，研究所因此能够不太费力地恢复它在欧洲开展的工作。

虽然很清楚法西斯主义在德国的胜利，但霍克海默等人对未来还是有些乐观。"亨利希·里格斯"在1934年写道："资本主义的黄昏不需要开启人类的夜晚，而如今看起来人类受到了威胁。"[123] 加强对资本主义危机、传统自由主义的崩溃、不断上升的威权主义威胁以及其他相关话题的探讨，似乎是他们对战胜纳粹的最好贡献。

一如既往，他们的工作以社会哲学为基础，而阐释社会哲学是霍克海默、马尔库塞在 30 年代的首要任务，阿多诺的参与程度则略逊一筹。正是在这一点，他们对传统马克思主义的重构变得至关重要。因此，我们现在必须转向批判理论的起源和发展。

第二章

批判理论的起源

> 从理性的高度看，所有生命都像某种恶性疾病，而世界就像一座疯人院。
>
> ——歌德

> 我不信任任何系统化的优化者，离他们远远的。向往系统就是缺乏正直。
>
> ——尼采

批判理论的核心是对封闭哲学体系的厌恶。像封闭哲学体系那样呈现批判理论，会扭曲批判理论在本质上的开放性、探索性和未完成性。霍克海默选择用随笔和格言来表达他的观念，而非像典型的德国哲学那样选择大部头，这绝非偶然。虽然阿多诺和马尔库塞也愿意通过一整本书来表达自己，但他们也拒绝把这些书变成实证而系统的哲学陈述。而批判理论如其名称所示，是通过一系列对其他思想家和哲学传统的批判来进行表述的。因而它是借助对话发展的，它的起源如其应用到社会现象上的方法一样，是辩证的。只有从批判理论自身的角度，将之视为叮咬其他体系的牛虻，才能彻底理解批判理论。因此，本章试图通过该理论与同时段其他思想学派和不断变化的社会现实之间的交互作用，来呈现批判理论在1930年代诞生时的原貌。

将批判理论的起源追溯到其真正的思想资源上，就需要回到对 1840 年代，对 19 世纪德国思想史中最非凡的这十年间的思想动荡进行广泛的分析。[1] 那时，德国正在经历处在急剧的现代化的过程中，黑格尔的追随者们首先把黑格尔的哲学洞见应用到德国的社会和政治现象上。当然，在他们中最负有才华的成员卡尔·马克思面前，所谓的"黑格尔左派"很快相形失色。青年马克思也分享了他们思想中的哲学导向，但当时这种哲学导向被一种对社会现实更"科学"的、有时是实证的路径所取代。无论是马克思主义者还是非马克思主义者，都是转向了这种路径。[2] 到了 19 世纪下半叶，社会理论总体上已经停止了下文将要解释的"批判"和"否定"。

马克思主义者自身恢复马克思思想中黑格尔起源一直要等到第一次世界大战后，个中缘由首先由卡尔·科尔施于 1923 年在《格林贝格文库》中清晰阐明。[3] 至此，才有人提出关于马克思主义社会理论的认识论和方法论的严肃问题，尽管以科学自诩的马克思主义社会理论已经退化成为一种酷似马克思本人想要废除的形而上学（原因也或许就在这里）。人们认识到了黑格尔这位形而上学的集大成者对马克思有所贡献，而讽刺的是，这种新理解被用于瓦解从科学主义的后门溜进"庸俗马克思主义"的各种形而上学。黑格尔强调意识是世界的构成部分，这挑战了第二国际理论家们的消极唯物主义。诸如克罗齐和狄尔泰这样的非马克思主义思想家在战前复兴对黑格尔的哲学兴趣，为这一切奠定了基础。与此同时，乔治·索雷尔（Georges Sorel）对自发性和主体性的强调也对瓦解第二国际正统信徒的机械唯物主义发挥了作用。[4] 在马克思主义阵营内部，格奥尔格·卢卡奇的《历史与阶级意识》和科尔施的《马克思主义与哲学》是对 1920 年代初恢复马克思主义哲学向度最有力的刺激。[5] 随着长期受忽视的马克思《巴黎手稿》流传开来，他们的许多论点在十年后从中得到了印证。而当他们的努力出于种种原因而裹足不前，让马克思主义理论重新焕发生机的任务，就主要由社会研究所的年轻思想家们来承担。

因此，可以说法兰克福学派在一定程度上回到1840年代黑格尔左派的关注点上了。就像批判理论家的第一代成员们一样，他们曾致力于融合哲学与社会分析。他们也关心黑格尔的辩证法，并和他们的前辈一样，试图将之扭转到唯物主义的轨道上。最后，就像多位黑格尔左派一样，他们尤其关注探索通过人类**实践**改变社会秩序的可能性。

然而，这个激荡的世纪发生了诸多巨变，这让他们理论化的条件迥异。黑格尔左派是德国古典观念论者的直接继承人，而法兰克福学派与康德和黑格尔之间还隔着叔本华、尼采、狄尔泰、柏格森、韦伯、胡塞尔等，更别提还有马克思主义自身的系统化。所以，批判理论必须重申立场，反对把黑格尔逐出思想界的诸多对手。当然，批判理论也不可避免地受到后者观念的影响。但更重要的是，这两个时代之间在社会、经济和政治环境上的剧烈变化在复兴的批判理论上留下了明白无误的印记。诚然，根据理论自身的前提，这一点是不可避免的。黑格尔左派产生时，德国刚开始感觉到资本主义现代化的种种影响，而到法兰克福学派的时代，以德国为领头羊之一的西方资本主义已经进入了一个全新的阶段，与日俱增的垄断和政府干预统治着经济。对黑格尔左派而言，社会主义的仅有真实案例是几个孤立的乌托邦公社。而对法兰克福学派而言，苏联那模棱两可的成功值得沉思。最后，也许最重要的一点在于，在第一代批判理论家所生活的时代，无产阶级这种新的"否定性"（也就是革命性）力量在社会中翻涌，这种力量可以被视为实现其哲学的能动者。而到了1930年代，无产阶级融入社会的迹象日益

第二章　批判理论的起源

显著；对于研究所的成员们来说，这一点在他们流亡美国后显得尤为明显。因此，可以说1840年代的第一代批判理论家们从事的是对社会的"内在"批判，建立在一种真实历史"主体"的存在之上。而到20世纪再度复兴时，随着革命工人阶级的枯萎，批判理论被更多地逼到了一个"超越"的位置。

不过，这些迹象在1920年代时尚不明显。卢卡奇本人强调过在决定由党来代表工人的真实利益之前，由工人阶级作为历史的"主客体"（subject-object）发挥作用。在第一章所引用的《黎明/黄昏》选段中，霍克海默相信德国无产阶级尽管严重分裂，但尚未完全停滞不前。研究所的年轻成员们可以分享他们领导那更长久也更正统的信念，相信社会主义在西欧发达国家仍然是一个现实的可能。这清晰地反映在流亡前研究所大部分作品持续呼吁的语调之中。

在社会研究所到哥伦比亚大学重新安家之后，他们的论调微妙地转向悲观。在《社会研究期刊》上的文章小心翼翼地规避"马克思主义"或"共产主义"这样的词汇，转而用"辩证唯物主义"或"唯物主义社会理论"来替代。他们精心编辑，避免强调其思想的革命含义。在研究所的美国书目中[6]，格罗斯曼著作的书名被简写为《资本主义社会中的积累法则》，丝毫不提及原名中出现的"崩溃法则"。这些改变无疑部分因为研究所成员们意识到了他们在哥伦比亚大学所处的敏感处境。但此外也反映出他们日益丧失了马克思主义者们传统上对无产阶级的革命潜力所抱持的基本信念。

他们试图采取一个全新的视角，在维系根本上马克思主义的框架同时，也可能让新局势变得可理解。在这一尝试中，法兰克福学派的成员们很幸运，他们在马克思主义传统之外接受过的哲学训练。20世纪其他对振兴马克思主义有所贡献的人包括卢卡奇、葛兰西、布洛赫、萨特、梅洛-庞蒂。就像他们一样，法兰克福学派的成员们在他们生涯的早期阶段受过更多主观主义者甚至观念论哲学家的影响。为社会研究所所有作品定调的霍克海默，在醉心于黑格尔和马克思之前曾对叔本华和康德感兴趣。他在 1960 年代表达对叔本华的兴趣[7]不过是回到早年所爱，而非很多人设想的那样，是一位终身的黑格尔式马克思主义者的变节。事实上，霍克海默的第一本哲学书正是叔本华的格言集《生命的智慧》(*Aphorisms on the Wisdom of Life*)，[8]这是波洛克在两人一起待在布鲁塞尔学法语时送给他的。他和洛文塔尔在学生时代都是法兰克福叔本华协会的成员。当时霍克海默也对康德非常感兴趣，他发表的第一本作品是 1925 年他为了获得教授资格，在汉斯·科内利乌斯的指导下分析康德的《判断力批判》。[9]

如果说霍克海默有一位真正的导师，那就是汉斯·科内利乌斯。据同样师从于科内利乌斯门下的波洛克所回忆，"科内利乌斯对霍克海默的影响无法估量。"[10]这看起来作为个人观点而非理论观点更成立。虽然很难加以归类，科内利乌斯的哲学视角是反教条的，反对康德的观念论，并坚持经验的重要性。他的早期作品体现了阿芬那留斯（Avenarius）和马赫（Mach）的影响，但在后期作品中他从这两位哲学家的经验批判主义偏离，更接近一种现象学。[11]当霍克海默成为他的学生时，科内利乌斯正处于职业生涯的黄金时期，是"一位富有激情的老师……在很多方面迥异于德国大学教授的刻板印象，也强烈反对他的大部分同僚。"[12]

虽然霍克海默看起来吸收了他老师的批判姿态，科内利乌斯哲学实质的立场在他身上并没有很多残留，尤其是在他阅读和热衷黑格尔和马克思之后。看起来真正产生冲击的是科内利乌斯的人文主义文化关怀。1863 年生于慕尼黑的科内利乌斯，家中有作曲家、画家和演员，终身持续追求审美情趣。他作为雕刻家和画家也很有天分，频繁前往意大利旅游，在那成为古典和文艺复兴艺术的专家。1908年他出版了题为《造型艺术的基本法则》(*Die Elementargesetze der bildenden Kunst*)[13]的研究，而在战争期间他在慕尼黑办了几所艺术学校。

霍克海默也确实被科内利乌斯在政治上的进步倾向所吸引。科内利乌斯是一位公开的国际主义者，曾经反对德国的战争行径。他虽然不是马克思主义者，但在法兰克福哲学系里那些更保守的同事们眼中，也是一位直率的激进分子。他的文化悲观主义加上他的进步政治观，对霍克海默产生了毋庸置疑的影响。波洛克回忆说："科内利乌斯从不吝于公开表达他对当下文明的信念和绝望。"[14]这可以在他写于1923年的自传纲要中找到一个例证，像魏玛时代早期很多人一样，他所用的腔调近乎启示录：

> 人们抛弃了在自我和万物中认识神圣的能力：对他们来说，自然与艺术、家庭与国家仅仅是在感官上引起兴趣。因此，他们毫无意义地虚度光阴，他们共同的文化内在空洞且行将崩溃，因为理应崩溃。不过，人类所需要的新宗教将诞生于这种文化的废墟中。[15]

年轻的霍克海默并不急于拥抱如此斯宾格勒式的诊断，但他逐渐认同科内利乌斯对时局的评价。不过，在20年代，他还相信工人阶级的革命潜力。相应地，他对《判断力批判》的分析几乎没有体现放弃或绝望；相反，这部作品展现了他相信实践能够克服社会秩序的矛盾，同时引发一场文化革新。然而，他从康德那里获取了一些他从未放弃的信念。

阅读康德有助于霍克海默提高了他对个体性之重要性的敏感，个体性作为一种价值从不该被总体性的要求所淹没。这也增强了他对认知中能动因素的理解，以免他接受正统马克思主义者在感官上的摹写论。不过，对于诸如现象与本体、纯粹理性与实践理性这些康德假定为无法逾越的二元论，霍克海默并不相信是不可避免的。在研究的结尾时，霍克海默明确表示，虽然这些对立尚未被克服，但他没看到不能将其克服的必然理由。康德关于意志和知识、实践理性和纯粹理性之间的二元论能够也必须调和。[16] 在这一论证中，霍克海默展现了黑格尔对康德的批判在他身上的影响。就像黑格尔一样，他看到认知知识和规范律，即实然和应然，最终是不可分割的。

在关于理性本质、辩证法的重要性和实质逻辑的存在这些问题上，批判理论与黑格尔之间存在种种相似之处，很容易被概括为一种黑格尔化的马克思主义而已。[17] 然而，在几个基本问题上，霍克海默始终与黑格尔保持距离。最基本的是他拒斥黑格尔的形而上学意图及其宣称的绝对真理。他在《黎明/黄昏》中写道："我不知道形而上学在多大程度上是正确的；也许某处有一个特别引人注目的形而上学体系或碎片。但我知道形而上学家往往是对人类的苦难最漠然的。"[18] 此外，一个对所有对立观点作为"总体真理"一部分加以容忍的体系，不可避免地带有寂静主义的暗示。[19] 像黑格尔体系那样包容一切的体系，可能适合充当为现状辩护的神义论。事实上，马克思主义一旦僵化成某种声称握有真理钥匙的体系，也就患上了同一症结。霍克海默指出，马克思主义的真正目标[20]不是发掘不变的真理，而是推动社会变化。

霍克海默还在别处勾勒了他对黑格尔形而上学的其他意见。[21] 他批评最强烈的，可能是针对黑格尔思想的基本信条：黑格尔认为所有知识都是无限主体的自我认识,换言之,就是主体-客体之间、意识与物质之间基于绝对主体之终极性上的同一。霍克海默写道:"无论在自然还是在历史中,精神并不能认识到自身,因为即使精神不是一个可质疑的抽象,也不会等同于现实。"[22] 事实上,不存在这样的"思想",只有根植于他们的社会经济条件之中具体某人的思想。也不存在这样的"存在",只有"世上的诸般存在"。[23]

在拒绝同一理论的同时,霍克海默也含蓄地批评了这种理论在卢卡奇《历史与阶级意识》中的重现。对卢卡奇来说,无产阶级同时作为历史的主体-客体发挥作用,因此实现了德国古典观念论思想家笔下统一自由的目标,即统一作为客观现实的自由和作为人类自身创造物的自由。卢卡奇后来也察觉到,在他的历史中,同一主体-客体这一设想中潜藏着基于形而上学的前提:"被视为人类真实历史之同一主客体的无产阶级,不是克服了观念论建构的唯物主义圆满达成。毋宁说这是一次超越黑格尔本人的黑格尔式尝试,是一幢大胆耸立于各种可能的现实之上的大厦,以此试图客观地超越大师本人。"[24] 这些语句出现在写于1967年版《历史与阶级意识》的新版序言中,卢卡奇很早以前就认为应该否定书中的观点。对于他进行自我批评的原因,人们不乏猜测和批评。然而,就点明其论证核心里的形而上学内核而言,他所做的不过是重复霍克海默在近四十年前对同一理论的评价。

对霍克海默而言,所有绝对和同一理论都值得怀疑。他之后提出,[25] 甚至连宗教中的绝对正义理念都具有空想性质。完全正义的想象"在历史上从未被实现过,因为即使一个更好的社会取代了当下的混乱并发展起来,过去的苦难也不会变成善,周围自然的遭遇也没法被克服。"[26] 所以,他所理解的哲学总是传达出一种不可避免的悲观论调,却从未屈服于绝望之下。

虽然霍克海默抨击黑格尔的同一理论，但是他觉得19世纪有着类似本质的批评走得太远。通过拒斥黑格尔为其绝对精神哲学提出的本体论主张，实证主义者剥夺了智识判断真伪的任何权利。*他们过于偏向经验论，以至于神化了现实，这在某种意义上也是片面的。霍克海默一直反对在形而上学的系统化或反唯命论的经验主义之间进行霍布森的选择†。相反，他主张一种辩证社会科学的可能性，这种科学能够避免同一理论，并保留观察者的权利不局限于其经验范围。在很大程度上，正是拒绝屈服于二选一的诱惑，赋予了批判理论以锋芒。

霍克海默敌视形而上学部分是出于对马克思主义僵化的反动，这种僵化源于马克思主义已经变成一系列众所周知的真理。但除此之外，这也反映了阅读非黑格尔和非马克思哲学对他产生的影响。叔本华对调和理性与世界意志所抱有的极端怀疑论就有一席之地。而更重要的则是尼采、狄尔泰、柏格森，这三位19世纪晚期思想家都强调思想和人类生命的关系。

霍克海默认为，[27]在发达资本主义之下生活的特征是抽象理性主义的日益僵化，和伴随而来的个体存在逐渐标准化，而以上三位哲学家开创出来的生命哲学（Lebensphilosophie）对此表达了正当的抗议。生命哲学控诉资产阶级意识形态的承诺和资产阶级社会下日常生活的现实之间的鸿沟。霍克海默称，生命哲学的发展对应着

---

* 纵观整个法兰克福学派史中，他们所谓的"实证主义"都很宽泛，所指的哲学取向包括唯命论、现象学（即反本质主义）、经验论者和结合所谓科学方法。被划在这一范畴下的很多论敌都抗议过这一术语的适用性，比如卡尔·波普尔。
† 即没有选择的选择。霍布森是马舍的老板，他允许顾客租用任意一匹马，但是只能选择最靠近门的那一匹。此处指的是不一定要因为形而上学的系统化不可行就选择经验主义。——译注

资本主义自身的根本改变。古典观念论哲学家早期对统一理性和现实的乐观信念，则对应着个体企业家接受其行动和经济整体运转的作用之间的和谐关系。这一信念随着 19 世纪晚期垄断资本主义的增长而磨损，而此时个体所扮演的角色被总体所吞噬，已经无法和谐共处。[28] 生命哲学基本上是对这一转变发出的怒吼。出于生命哲学中的这一批判要素，霍克海默谨慎地把生命哲学家的"非理性主义"[29] 与其 20 世纪的庸俗变种区分开来。

他声称在 1930 年代攻击理性是为了调和人与统治秩序的非理性。[30] 所谓的悲剧人生观，其实是为接受不必要的苦难而暗中辩护。生命（Leben）和服务（Dienst）变成了同义词。曾经批判的如今变成了意识形态的。对科学的攻击也是同理，在第一代生命哲学家那里，这是有理有据地矫正对唯科学主义的标榜，而到 1930 年代时，则沦为无差别地攻击科学思想的合理性。霍克海默在 1937 年写道："在哲学上取缔科学，对个人来说是一种慰藉，对社会却是一个谎言。"[31]

霍克海默把 30 年代的非理性主义基本视为一种消极被动的意识形态，[32] 忽略了其中含有活力和毁灭性的一面，而这恰好可供纳粹利用。这是在他分析中的盲点。但从另一个角度，他丰富了对非理性主义历史发展的讨论。包括晚期卢卡奇在内，[33] 几乎所有马克思主义思想家都对生命哲学抱有敌意，而霍克海默通过区分不同的非理性主义打破了这一传统。除了赞成其中反体系的冲动，霍克海默还对狄尔泰和尼采在作品中对个体的强调给予高度评价。和他们一样，霍克海默也相信个体心理学对理解历史的重要性。[34] 虽然这些作品不如他想整合进批判理论的心理分析那样精致，他还是觉得这比自由主义者和正统马克思主义者所抱有的破产功利主义要有用得多。

不过，在讨论狄尔泰的方法论时，[35] 霍克海默明显拒斥狄尔泰对历史解释纯粹心理学的路径。狄尔泰关于理解的精神科学（Verstehende Geisteswissenschaft：这种社会科学建立在其自身理解和重新体验，而非自然科学的方法之上）的观点，确实包含了他承认历史结构有其意义，霍克海默也同意这一点。霍克海默所反对的，是历史学家预设在其意识中重新经历其对象问题时，能够用直觉把握这一意义。他认为，这一观点下潜藏着主体和客体同一的信念，类似于黑格尔主义。内在生命的数据不足以反映过去的重要结构，因为过去并不总是由人有意识地造成的。诚然，如马克思所指出的那样，对个体来说，历史总是"发生在背后，并违背个体意志"。至于历史并不总是如此，这是另一个问题。事实上，霍克海默早年在智识上崇拜维柯；[36] 是维柯首先主张，人可能更理解历史而非自然，因为人创造了历史，而上帝创造了自然。不过，这是目标而非现实。霍克海默悲观地注意到，现代生活的趋势是越来越远离有意识地决定历史事件，而非相反。因此，霍克海默宣称，狄尔泰希望历史能够被"理解"，但仅仅如此是不够的，还必须被"解释"。不过，对造就能激活狄尔泰方法论愿景的社会条件，霍克海默确实抱有希望。

霍克海默对尼采的钦佩也很复杂。他在1935年声称，尼采是一位真正的资产阶级哲学家，这体现在他对个体主义的过度强调和对社会问题的忽视上。[37] 但是，霍克海默很快又维护尼采，反对把他和1930年代的非理性主义者混为一谈。在对雅斯贝尔斯的尼采研究进行长篇评论时，[38] 他抨击作者试图把尼采"调教"成民粹的民族主义（völkisch）和宗教的消费品。他在尼采作品中最看重的是其毫不妥协的批判性。比如，就知识是否确凿而言，他为尼采的"伟大的真理希望被批评，而非被崇拜"[39] 这句话击节叫好。

霍克海默也被尼采批判传统西方道德的受虐狂特性所打动。霍克海默颇为认可地评论道,[40]尼采第一个注意到痛苦能够被转化为禁欲主义这样的社会规范,这一规范又是如何通过基督教伦理的"奴隶道德"渗透进了西方文化。[41]当涉及尼采思想中更受质疑的方面时,霍克海默倾向于缓和其不足之处。尼采对"超人"的天真赞美,被霍克海默称为孤独的代价而搪塞了过去。至于尼采之所以敌视无阶级社会的目标,理由则是在尼采的时代追求这一目标的只有社会民主党,该党的心理确如尼采所说那般呆板乏味。事实上,霍克海默辩称,尼采在拒绝把工人阶级浪漫化这一点上是敏锐的,而早在他那个年代,工人阶级甚至开始被发展的大众文化推离了自身的革命角色。不过,尼采的失败之处在于,他抱着民主化必然会稀释真正的文化这一非历史的信念。尼采还误解了劳动的历史本质,为了维护其精英主义论断而将劳动绝对化为一成不变的东西,这一点也是他有所欠缺的地方。简而言之,霍克海默认为,揭露资产阶级道德的历史根源上贡献颇多的尼采,让自己陷入了非历史思维中。

生命哲学的第三位代表人物亨利·柏格森同时也是社会研究所在巴黎的一位实际支持者。对于柏格森,霍克海默的态度更具有批判性。[42]虽然认识到柏格森对抽象理性主义的批判鞭辟入里,霍克海默还是质疑他在柏格森思想根基中察觉到的形而上学渴望。柏格森相信直觉是发现普遍生命力的手段,而霍克海默将这种信念视为一种意识形态并予以否定。他写道:"就像在认知中寻找救赎一样,柏格森希望从直觉中找到历史的救赎,而直觉有一个统一的对象——生命、能量、绵延和创造性的发展。可实际上,人类是分裂的,当直觉试图穿透诸多矛盾时,就失去了其视线中具有历史决定性的东西。"[43]霍克海默反对无中介地将直觉作为突破现实基底的手段，可以说这种敌意也延伸到他对待舍勒和胡塞尔等现象学家的类似努力。

霍克海默写过一篇主要论述柏格森的时间形而上学的文章，被柏格森本人认为"严肃深入地探讨了我的作品"且"在哲学上非常透彻"。[44] 霍克海默在该文中支持柏格森对"经验"时间和自然科学家的抽象时间进行区分。但是，他很快补充了前提，认为柏格森错在试图写出时间性的形而上学。在这么做的过程中，他被引向了一种将时间视为绵延（durée）的观念，而这种观念几乎和自然科学的观念一样抽象和空洞。把现实视为不间断的流动，就意味着忽视了痛苦、衰老和死亡的现实。这是在把当下绝对化，从而不知不觉地重蹈实证主义者的覆辙。霍克海默认为，真正的经验是抵制这种同质化的。历史学家的任务是保存对苦难的记忆，促进对历史质变的要求。

在关于生命哲学的所有写作中，霍克海默反复提出过三大批评。仔细检视这些批评，可以帮助我们更好地理解批判理论的基础。首先，生命哲学家们试图将个人从现代社会的威胁中拯救出来，尽管这个出发点是正确的，但他们在强调主体性和内在性上走得太远了。他们这么做，把行动在历史世界中的重要性降到了最低。第二，除了少数的例外，如尼采对禁欲主义的批判，他们往往忽视了现实的物质层面。最后也许是最重要的一点，在批判资产阶级理性主义沦为抽象和形式时，他们有时言过其实，似乎是在拒绝理性本身。这最终导致了20世纪将他们的哲学庸俗化的人们走向完全无意识的非理性主义。

不出所料，霍克海默对资产阶级个人主义问题的兴趣，使他回过头思考康德和内在性（Innerlichkeit）的诸起源。[45] 他指出，在康德哲学中的二元论因素中[46]存在义务与利益之间的差距。由实践理性发现的个人道德被内化，脱离了公共伦理。在这里，黑格尔的伦理（Sittlichkeit）强调弥合公私对立，优于康德的道德（Moralität）。尽管如此，康德的观点更接近正确地反映出 19 世纪初的各种状况；因为如果认为当时个人道德与公共伦理之间，或者个人利益与普遍道德准则之间可以存在一种和谐，那就忽视了外部秩序的真正不合理性。然而，康德的错误之处在于认为这些矛盾是不可改变的。他把个人与社会的区别绝对化，把仅仅是特定历史时期内合理的东西视为自然条件，从而在不知不觉中肯定了现状。这也是生命哲学家们的一个败笔。然而，在后来的岁月里，霍克海默和法兰克福学派的其他成员们开始相信，真正的危险的不是那些过分强调主观性和个体性的人，而是那些打着虚假的总体主义旗号试图彻底消灭主观性和个体性的人。这种恐惧愈发严重，以至于阿多诺在《最低限度的道德》中写下那句经常被引用的话："整体即不实。"[47]但在 1930 年代，霍克海默和他的同事们担忧的还是对个体性的过分强调，从康德到生命哲学家的资产阶级思想家那，他们都发现了这种情况。

霍克海默还对康德所预设的道德律令提出质疑。尽管他同意，除了利己主义的个人利益之外，事实上确实存在一种道德冲动，但他认为，自康德时代以来，这种冲动的表现形式已经发生了变化。在 19 世纪初，这种冲动表现为责任，而现在则表现为怜悯或政治考量。霍克海默认为，怜悯源自一种认识，即人已不再是一个自由的主体，而沦为他无法控制的力量之客体。[48]这一点康德自己没有经历过，因为他的时代提供了更大的个人自由，至少对实业家来说是如此。康德也唾弃作为道德表达的政治行动，而是过分强调个人良知的重要性，并倾向于巩固现状。然而，在 20 世纪，政治已经成为道德行动的适当领域，因为有史以来第一次，"人类的手段已经发展到足以把实现（正义）作为一项直接的历史任务。为实现这项任务而斗争，是我们这个过渡时代的特点"。[49]无论是像康德这样的早期资产阶级思想家，还是像生命哲学家这样后来的思想家，都没有认识到政治实践对于实现其道德愿景的必要性。

如上所述，霍克海默对尼采、狄尔泰和柏格森的第二条主要反对意见，是他们实际上是隐蔽的观念论者。与此相对，霍克海默提出了一种唯物主义的社会理论，但这种理论与正统马克思主义公认的唯物主义有非常明显的区别。在他在《社会研究期刊》上发表的最重要的一篇文章《唯物主义和形而上学》（"Materialism and Metaphysics"），[50] 他着手将唯物主义从那些仅仅将其视为精神主义的反义词和否认非物质存在的人手中拯救出来。他认为，真正的唯物主义并不意味着一种基于物质本体论至上性的新型一元形而上学。在这个问题上，19世纪的机械唯物主义者如卡尔·福格特（Carl Vogt）和恩斯特·海克尔（Ernst Haeckel）错了，马克思主义者也错了，他们迷信所谓的"客观"物质世界。同样错误的是假设社会的经济下层结构具有永恒的首要地位。下层结构和上层结构在任何时候都是相互作用的，尽管在资本主义下，经济基础确实在这一过程中起着至关重要的作用。然而，必须要明白的是，这种状况只是历史性的，会随着时间的推移而改变。事实上，20世纪社会的特点之一，就是政治开始显现出一种马克思未曾预见到的自主性。列宁主义和法西斯主义的实践都证明了这种变化。

霍克海默也不喜欢庸俗的马克思主义者，他们有把唯物主义上升为认识论的倾向，这种认识论像过去观念论那样宣称绝对的确定性。事实上，如果认为唯物主义的认识论能够详尽地解释现实，那就是在鼓励支配世界的冲动，而费希特的观念论就最生动地表现了这一点。早在霍布斯提出一元论唯物主义，就导致了对自然的操纵

第二章 批判理论的起源

和支配的态度,这就足以印证霍克海默的观点。[51]顺便补充一句,人对自然的支配这一主题,后来成为了法兰克福学派后来关注的核心问题。

尽管不可能获得绝对的知识,但霍克海默认为,唯物主义绝不能就此做出相对主义式的让步。事实上,庸俗马克思主义的一元化唯物主义认识论已经过于被动。与马克思近一个世纪前对费尔巴哈的批判遥相呼应,[52]霍克海默强调了观念论所正确肯定的认知中的积极因素。他认为,认知的对象本身就是人的行为的产物,尽管这种关系往往被物化所掩盖。事实上,自然本身在双重意义上具有历史因素,其一,人在不同时期对自然有不同的设想;其二,人会积极努力改变自然。因此,霍克海默认为,真正的唯物主义是辩证的,涉及主体与客体之间持续的互动过程。在这里,霍克海默再次回到了马克思主义的黑格尔根基上,而这在一个世纪以都被遮蔽了。与许多自称是马克思主义者的人不同,他像马克思一样,拒绝迷信辩证法,视之为不受人所控制的客观过程。他也没有像韦伯的理想类型(Idealtypus)或社会科学模式那样,把唯物主义看成是强加在混沌的、多义的现实上的一种方法论建构。用阿多诺的话说,辩证法探究的是意识与存在、主体与客体之间的"力场"。[53]它没有假装发现了本体论的第一原则,事实上也不可能如此。它拒绝了唯名论和唯实论这两个极端,仍然希望永久处于的悬置判断的状态下。

因此,中介(Vermittlung)对于社会理论是否正确至关重要。观察者不能把社会现实的任何方面理解为最终的或完成的。不存在实证主义者所认为的那种作为社会理论基底的社会"事实"。相反,存在的是特殊与普遍、"环节"(Das Moment)*与总体之间的不断互

---

* 德文中的环节(Das Moment)是指累积辩证过程的一个阶段或方面。这个词不应与瞬间(Der Moment)相混淆,后者像英文中一样意思是时间上的一个时刻。

动。正如卢卡奇在《历史与阶级意识》中所写的那样：

> 相反，对经验的超越至多只能意味着，经验的对象本身被把握为和理解为总体的要素，即把握为和理解为历史上自我革新的整个社会的要素。因此，作为克服经验之纯直接性的方法论杠杆的中介的范畴，并不是什么被从外部（主观地）植入到对象里的事物，也不是价值判断，或与其实然相对立的应然，而是它们自己本来、客观而对象性的结构本身之显现。[54]

此外，总体性与其诸环节之间的关系是相互的。庸俗的马克思主义者错在，试图以还原论的方式，从下层结构和经济基础中推导出上层结构和文化现象。霍克海默和他的同事们认为，尽管文化不是完全自主的，但也从来都不是伴生现象。它与社会的物质下层结构的关系是多维的。必须看到，所有的文化现象都是通过社会总体的中介，而不仅仅是阶级利益的反映。这意味着文化现象也表达了总体的矛盾，包括那些否定现状的力量。没有任何东西只关乎意识形态，或者至少几乎没有任何东西如此。[55]

可以补充的是，持如此观点的霍克海默比那些自诩为正统的马克思主义者更接近马克思本人。例如，马克思在讨论资产阶级国家时，并没有仅仅视之为"统治阶级的执行委员会"，反而将其当作一个预兆，哪怕是很扭曲的预兆，预示着无产阶级的胜利将带来社会矛盾的调和。[56] 同样，恩格斯在讨论文学中的现实主义时，也曾赞赏巴尔扎克等表面上反动的作家身上的进步因素，因为他们能够描绘出具体的总体性及其一切矛盾。社会研究所对美学和文化问题上的广泛研究也是基于同样的设想。

在强调总体性的同时，霍克海默也相应地批评了其他社会理论

第二章 批判理论的起源

家专注于现实的一个方面而忽略了其他方面。这就谈到法兰克福学派最常抨击的方法论谬误之一：拜物教。研究所内比较正统的马克思主义者，如经济学家亨里克·格罗斯曼，总是因为过分强调社会的物质下层结构而受到批评。社会研究所的组成及其有意使其研究领域多样化的做法，反映了批判理论很重视辩证中介的总体性，在分析社会的过程中必须加以把握。

霍克海默对辩证法的强调也延伸到他对逻辑的理解。他虽然拒绝黑格尔就其逻辑范畴的极端本体论主张，但他同意需要一种实质性的而不仅仅是形式上的逻辑。霍克海默在《黎明/黄昏》中写道："逻辑不是独立于内容的。人类幸运儿眼中某些廉价的东西对另外一些人来说仍然遥不可及。无倾向的逻辑将像一本对所有人一视同仁的法典一样，不偏不倚地面对这样的事实。"[57] 形式主义是资产阶级法律（法治国［Rechtsstaat］的理念意味着司法的普遍性，而不把法律与其政治渊源联系起来）、资产阶级道德（定言命令）和资产阶级逻辑的一大特征，这些都曾经是进步的，但它现在只起到了维持现状的作用。真正的逻辑和真正的理性主义必须超越形式，要囊括实质性的因素。

然而，很难说这些要素究竟是什么。要求实质性逻辑很容易，解释起来却很难。霍克海默的唯物主义观念中的不可知论也延伸到他如何看待哲学人类学的可能性。他驳斥了他在法兰克福的前同事马克斯·舍勒发现恒定人性的努力，认为这不过是在一个相对主义的世界中拼命寻找绝对意义。[58] 现象学家向往永恒本质带来的保障，而这却是自欺欺人的源泉，阿多诺和马尔库塞在各自对胡塞尔和舍勒的批判中都呼应了这一点。[59]

据此，批判理论否认了对"社会主义人"进行明确描述的必要性，甚至是可能性。这种对人类学猜测的厌恶，被一些评论家归结为科学社会主义的残余影响。[60]如果把"科学"仅仅理解为"乌托邦"社会主义的反义词，那么这种说法是对的。但鉴于法兰克福学派敌视把哲学归结为科学，这似乎只是一种片面的解释。霍克海默本人在晚年也强调的另一种可能因素，[61]是宗教主题对法兰克福学派唯物主义潜移默化的影响。事实上，不能将学派成员视为教条主义的无神论者。在几乎所有关于宗教的讨论中，霍克海默都采取了辩证的立场。[62]以《黎明/黄昏》为例，他认为，宗教不应该仅仅被理解为虚假的意识，因为宗教有助于保存对未来正义的希望，而资产阶级无神论则否认了这一点。[63]因此，按照他在后期的说法，批判理论拒绝赋予其乌托邦愿景以实质内容的过程，其实是传统的犹太教禁止命名或描述上帝和天堂的规定的再现，这种说法有一定可信度。正如尤尔根·哈贝马斯所指出的，德国观念论哲学不愿意将其乌托邦概念具体化，这与卡巴拉主义强调文字而非图像非常相似。[64]阿多诺决定选择音乐这种最不具有表象的美学模式作为他探索资产阶级文化并寻求其否定之迹象的主要媒介，这表明这种图像禁忌依然存在影响。在与社会研究所有关的主要人物中，只有马尔库塞终其职业生涯都试图阐述一种积极的人类学。[65]犹太人的禁忌究竟是实实在在的因果关系，还是仅仅是一种事后的合理化，我们很难断定。无论出于何种原因，批判理论始终抵制着诱惑，不从"必然王国"的有利位置描述"自由王国"。

然而，即使在霍克海默的作品中，也出现了一种否定的人类学，这是一种隐含但仍然强大的在场。虽然在某种程度上植根于弗洛伊德，但它的主要起源可以在马克思的作品中找到。在讨论费尔巴哈试图建构一个明确的人性图景时，马克思曾抨击过这种图景建立在非时间性、抽象且反历史的前提之上。他认为，唯一不变的是人重新创造自己的能力。用后来一位评论家的说法,"人类发生学"（Anthropogenesis）[66]是马克思所接受的唯一的人性。霍克海默也认同这一点;人在好的社会里可以作为一个主体自由行动,而不是当为视情况而定的谓词加以被动对待。

当马克思在《经济学哲学手稿》中似乎要进一步界定人类自我生产的范畴时,霍克海默却退缩了。劳动在马克思作品中的核心地位,以及他对资本主义社会异化劳动问题的相应强调,在霍克海默的著作中发挥的作用相对较小。他在《黎明/黄昏》中写道:"把劳动变成人类活动的一个先验范畴,是一种禁欲主义的意识形态……由于坚持这个一般概念,社会主义者使自己成了资本主义宣传的载体。"[67]

瓦尔特·本雅明和阿多诺也是如此。在本雅明看来,庸俗马克思主义对劳动的强调"只承认统治自然的进步,而不承认社会的倒退;这已经显示出后来在法西斯主义中遇到的技术官僚特征……这个新的劳动观念相当于对自然的剥削,以天真自满的态度与对无产阶级的剥削形成对比。与这种实证主义的观念相比,傅立叶经常受到嘲笑的幻想被证明是出奇的可靠"。[68]1969年3月我在法兰克福同阿多诺谈话时,他说,"马克思想把整个世界变成一个巨大的济贫院。"

霍克海默对劳动的拜物教化的反对,表现了其唯物主义的另一个层面:对人的感性幸福的要求。在他的最尖锐的文章之一《利己主义与解放运动》中,[69]他讨论了资产阶级文化中固有的对个人满足的敌意。尽管有边沁或曼德维尔的功利主义,但早期资产阶级时代的特色意识形态是康德式的。[70]康德认为个人利益与公共道德之间没有统一性,因而幸福与义务必然有别。尽管他对这两者都给予了一定的重视,但到了资本主义充分发展的时候,对总体的义务优先于个人的满足，已经发展到了后者几乎被完全忽视的程度。为了弥补对真正个人幸福的压制，人们设计了大众消遣来化解不满情绪。[71] 社会研究所后来关于"文化工业"的许多作品都是为了说明这些缓解措施多么有效。

但霍克海默认为，即使是所谓的革命运动，也维系了资产阶级特有的对幸福的敌意。[72] 14 世纪科拉·迪·里恩齐（Cola di Rienzi）统治下的罗马人和萨沃纳罗拉（Savonarola）时代的佛罗伦萨人是两个明显的例子，这两场革命运动最终以某种更高的利益为名反对个人幸福。更为突出的例子是法国大革命，尤其是恐怖统治时期（Terreur）说明了这个主题。罗伯斯庇尔和科拉·迪·里恩齐、萨沃纳罗拉一样，把对人民的爱与对人民的无情镇压混为一谈。霍克海默指出，大革命带来的平等，是断头台上消极的一视同仁，是剥夺尊严的平等而不是赋予尊严的平等。在 20 世纪，类似的现象也出现在法西斯主义治下。德国的"元首"或意大利的"领袖"以极端形式表达了浪漫多情和冷酷无情两者典型的资产阶级式结合。以牺牲个人幸福为代价的责任和为总体服务的意识形态在法西斯主义的话术中得到了终极体现。法西斯主义者标榜革命不过是一种旨在维系统治阶级的骗局。

与资产阶级自我放弃的伦理相比，霍克海默抬高了利己主义的尊严。在启蒙运动期间，爱尔维修（Claude Adrien Helvétius）和萨德（Sade）曾抗议过以更高道德为名的禁欲主义，尽管形式颇为扭曲。尼采更是有力地揭露出，大多数西方文化都隐含着自我否定和怨恨之间的联系。霍克海默与他们不同的地方在于，他强调人类幸福中的社会成分。他的利己主义个体不同于功利主义者甚至尼采的个体，始终通过集体的互动实现自己最大的满足。事实上，正如他否认哲学中主体与客体互斥一样，霍克海默不断质疑将个人与社会

第二章　批判理论的起源

作为两极对立来物化的观点。

社会研究所强调个人幸福是其唯物主义的一个组成部分，这个观点在马尔库塞 1938 年为《社会研究期刊》写的一篇文章《论享乐主义》中得到了进一步阐发。[73] 马尔库塞反对"为了历史进步的利益而反对享乐主义"的黑格尔，[74] 为享乐主义哲学辩护，因为享乐主义哲学家在强调幸福时保留了真理的一个"环节"。然而，享乐主义哲学家过去出错的地方在于，他们毫不怀疑地接受，竞争的个体就是最高个人发展的模式。马尔库塞写道："享乐主义的遗憾之处在于抱着幸福的主观方面这个抽象概念，在于享乐主义无法区分欲望和利益的真假，以及享受的真假。"[75] 就概念上坚持快乐有高低级之分而言，马尔库塞的享乐主义更接近于伊壁鸠鲁而不是昔兰尼学派（Cyrenaics），他在文章中详细论述了这两种类型的享乐主义。（约翰·斯图尔特·密尔 [John Stuart Mill] 在他的《功利主义》[*Utilitarianism*] 中也作了类似的区分，两人的不谋而合出乎人们意料。）正如他所解释的那样，"在更强的意志下贬低他人或自我贬低的快乐，在性的各种替代中的快乐，在无意义牺牲中的快乐，在战争的英雄主义中的快乐——这些都是虚假的快乐，因为在这些快乐中满足自己的驱动力和需要，使人变得更不自由、更加盲目，也更为可怜，可人明明不必如此。"[76]

但是，对那种认为在目前的条件下可以实现更高形式的幸福的非历史信念，马尔库塞不出所料地予以谴责了。事实上，他认为，享乐主义把幸福限制在消费和休闲上，而把生产劳动排除在外，对一个劳动仍然被异化的社会，这传达出来了一个合理的判断。不过，假设这个社会是永恒的，那就不合理了。历史性的变化将如何发生，当然是难以预测的，因为"个体似乎被养育成融入对立的劳动过程，不能成为自身幸福的裁判。"[77] 因此，意识无法改变自身，动力必须来自外部：

> 既然不自由已经存在于需求之中，而不仅仅存在于需求的满足，那么，这些需求就必须首先得到解放——不是通过教育行为或人的道德更新，而是通过经济和政治进程，包括共同体对生产资料的支配，面向整个社会的需要和需求重新调整生产过程，缩短工作日，以及个体积极参与整个社会的管理。[78]

在这里，马尔库塞似乎危险地接近了对客观社会发展的强调，这是比较正统的马克思主义者所坚持的，但社会研究所却通过强调实践中的主观因素而对此加以攻击。事实上，这里说个题外话，在一个控制着其成员意识的社会中如何产生变化，这个关键问题仍然是马尔库塞后来的许多作品，特别是《单向度的人》中的难点。[79]

无论实现真正幸福的手段是什么，只有当自由也普遍实现的时候，才能达到真正的幸福。马尔库塞写道，"幸福的现实是自由的现实，是解放的人类在与自然的共同斗争中的自我决定。"而由于自由是实现理性的同义词，"在其完成形式中，幸福和理性这两者是一致的"。[80]马尔库塞在这里所倡导的是那种通常被称为"积极自由"的特殊利益和普遍利益的融合。[81]个人的幸福是积极自由总体中的一个环节，理性是另一个环节。

强调理性是法兰克福学派著作的显著特点之一。[82]在这一点，学派与黑格尔的勾连表现得最为明显。前文提到，霍克海默对生命哲学的第三个主要反对意见是，生命哲学对理性式微的过度反应导致了对理性本身的否定。霍克海默在其职业生涯中一再重复，理

第二章 批判理论的起源

性是任何进步社会理论的根源。然而,对于没有接受过德国古典哲学传统教育的受众来说,他所说的理性是什么意思从来都不容易理解。霍克海默更多地是隐晦地提到观念论学者对知性(Verstand)和理性(Vernunft)的区分。康德和黑格尔所说的理解是指一种较低级的心智能力,根据常识/共通感(common sense)来为现象世界构形。对理解而言,世界由有限的实体组成,这些实体只与自身相同,而与所有其他事物完全对立。因此,理解无法穿透直接性,把握表面之下的辩证关系。而理性则意味着一种超越单纯表象达到这种更深层次现实的能力。虽然康德与黑格尔不同,他拒绝将现象世界与"物自体"这一超验的、本体的(noumenal)领域相调和的可能性,但他与黑格尔一样,相信理性优于理解。在社会研究所的所有成员中,马尔库塞也许最喜欢古典的理性概念。1937年,他试图对理性进行定义,并以下列方式将其转向唯物主义方向:

> 理性是哲学思想的基本范畴,是唯一将自己与人类命运捆绑在一起的范畴。哲学想发现存在的终极和最普遍的基础。在理性的名义下,哲学设想了一个真实的存在观念,在这个观念中,所有重要的对立(主体与客体、本质与表象、思想与存在)都被调和了。与这一观念相联系的是这样一种信念,即存在的东西并不是直接并已经是理性的,而是必须被带入理性……由于给定的世界是与理性思维联系在一起的,而且实际上在本体论上依赖于理性思维,所有与理性相抵触或不理性的东西,都被假定为必须克服的东西。理性被确立为一个批判的法庭。[83]

在这里,马尔库塞似乎在论证一种同一性理论,这与法兰克福学派普遍强调的非同一性形成了鲜明的对比。事实上，在马尔库塞的著作中，对同一性的厌恶远比霍克海默或阿多诺的著作要淡得多。[84] 不过，在他们的著作中，理性的神圣性及其所蕴含的和解总是作为一种乌托邦式的理想出现。毕竟，犹太人可能被禁止命名或描述上帝，但他们并不否认上帝的存在。在社会研究所的所有著作中，其标准都是一个理性构成的社会，这里的理性指的是德国哲学传统上对这个词的界定。前文提到，理性是"批判法庭"，是批判理论的基石。当下社会的非理性总是受到"否定的"可能性的挑战，这种可能性就是被一个真正理性的社会所替代。

尽管霍克海默不愿意肯定主体和客体的完全同一性，那么他无疑更反对笛卡尔遗留给现代思想的严格二元对立。[85] 他认为，笛卡尔的遗产中隐含着将理性还原为主观维度的观点。这是将理性从世界中驱赶到沉思的内在性之中的第一步。这导致了本质与表象的永恒分离，促使人不加批判地接受现状。[86] 结果，理性越来越多地被认同为知性的常识，而不是更为宏大的综合理性。事实上，19世纪末非理性主义者对理性的攻击主要是针对理性被还原为分析的、形式的、分裂的知性。这是霍克海默可以认同的批评，尽管他并没有断然拒绝分析理性。他写道："如果没有确定性和概念的秩序，没有知性，就没有思想，也没有辩证法。"[87] 即使是批判理论所接受的黑格尔的辩证逻辑，也没有简单地否定形式逻辑。黑格尔主义的扬弃（aufheben）既意味着保存，也意味着超越和取消。霍克海默所反对的是将理性和逻辑完全等同于知性的有限力量。

在整个历史上，社会研究所在两条战线上为理性进行了积极的辩护。非理性主义者的攻击到20世纪已沦为彻底的蒙昧主义式盲目性，除此之外，来自另一方面的威胁也许更加严重。随着19世纪下半叶黑格尔式合题的瓦解，在自然科学日益支配人的生活的同时，开始强调对经验导向的社会科学。实证主义否认了传统的理性（Vernunft）观念作为的合理性，将之视为空洞的形而上学。在法兰克福学派的时代，这一观点最重要的支持者是维也纳圈子里的逻辑实证主义者，他们大约在同一时间被迫移民到美国。[88] 在美国，他们的影响远远大于法兰克福学派自身，因为他们的思想与美国哲学的基本传统是一致的。在随后几年里，霍克海默不遗余力地证明实用主义和逻辑实在论等美国本土学派之间存在相似性。[89]

他对逻辑实证主义的第一个重要的抨击是 1937 年在《社会研究期刊》上发表的。[90] 他又一次敏感地捕捉到了一个学派在不同历史背景下的功能变化。他认为，洛克和休谟所奉行的经验主义最初包含着一种动态的甚至是批判性的因素，因为那种经验主义坚持把个体的知觉作为知识的来源。启蒙运动中的经验主义者曾用他们的观察来破坏现行的社会秩序。而当代的逻辑实证主义则失去了这种颠覆性的特质，因为它认为知识虽然最初来自知觉，但真正关注的是所谓"记录语句"（protocol sentences）中包含的对知觉的判断。[91] 通过将现实限制在这种语句所能表达的范围内，不可言说之物被排除在哲学家的领域之外。但更根本的是，一般的经验主义对知觉的强调忽略了一切认知中的积极因素。各种实证主义最终都是对反思的放弃，[92] 其结果是"事实"的绝对化和现存秩序的物化。[93]

除了厌恶他们对事实的拜物教之外，霍克海默还进一步反对逻辑实证主义者对形式逻辑的依赖，进而排除了选择实质逻辑的余地。他认为，把逻辑类比于数学，就等于把它简化为一系列在历史世界中没有实际意义的同义反复。实证主义者相信所有真正的知识都追求满足科学和数学的概念化条件，就是向他们所要反驳的形而上学一样糟糕的形而上学举手投降。[94]

在霍克海默看来，实证主义者最糟糕的地方也许在于，他们自讽将事实与价值割裂开来。霍克海默察觉到这已经偏离了启蒙运动的用法，后者当初为了对抗迷信和传统的神秘化，把经验主义当作称手兵器。他认为，[95]一个社会可能会被"占据"，从而产生本身就很"疯狂"的"事实"。由于没有办法评估这种可能性，现代经验主义便在现状的权威面前屈服了，无论其意图如何。维也纳学派的成员在政治上可能是进步的，但这与他们的哲学毫无关系。然而，他们倒向主流现实的神秘感并不是事出无因，而是表现出在一个管理和操纵人们生活的社会中存在着偶然性。就像人必须重新确立其控制自身命运的能力，理性也必须恢复其应有地位，充当目的的仲裁者，而不仅仅为手段服务。知性的胜利一度放逐了理性，现在必须重新夺回曾经的领域。

霍克海默之所以如此强调理性，原因是他同样强烈的反形而上学倾向。现实必须由"理性的法庭"来裁决，但理性不能被视为一种超越历史的理想，存在于历史之外。霍克海默和他的同事们始终坚持认为，真理不是不可改变的。然而，否认真理的绝对性并不是倒向相对主义——无论是认识论的相对主义、伦理学的相对主义还是其他相对主义。绝对主义和相对主义事实上并非二元对立。霍克海默认为，每个时代都有其自身的真理，[96]虽然并没有高于时代的真理。凡是能促进社会变革，使之朝着理性社会的方向发展的，都是真理。这当然再次提出了什么是理性的问题，而批判理论从来没有试图明确界定理性。辩证法精彩地攻击其他体系以真理自居，但当要阐明自己的假设和价值的基础时，就表现欠佳。就像隐隐依赖着否定人类学一样，批判理论的理性和真理概念基本上是不实在的，植根于社会条件，却又外在于社会条件，与实践相联系，却又与实践保持距离。如果可以说批判理论存在一种真理理论的话，那么就表现在其对资产阶级社会的内在批判中，把资产阶级意识形态的虚伪与资本主义社会条件的现实进行比较。真理并非外在于社会,而是包含在社会自身的诉求之中。人类通过实现这一意识形态来追求解放。

批判理论拒绝了一切绝对真理的主张,就不得不同时面对知识社会学所要解决的许多问题。然而,霍克海默等人从来都不愿意像卡尔·曼海姆那样,在"揭露"马克思主义的面纱方面走得那么远,只把马克思主义作为众多意识形态之一,而曼海姆在1933年之前恰好与社会研究所共享办公空间。通过宣称所有知识根植于其社会语境,都受存在制约(Seinsgebunden),曼海姆似乎在破坏马克思主义对真假意识的基本区分,而批判理论却坚持这一区分。马尔库塞后来写到,批判理论"对哲学概念和问题的真理内容感兴趣。知识社会学的志趣则恰恰相反,只对以前哲学的不实(Unwahre)感兴趣,而对真理不感兴趣"。[97]然而奇怪的是,当霍克海默在移民前几年撰文批判曼海姆时,[98]他选择攻击的主要是后者知识社会学的绝对主义而不是相对主义的意涵。他认为,在这方面特别不幸的是曼海姆的"关系主义"(relationism),即试图通过论证所有局部真理都是不同视角下的整体真理来挽救客观真理。通过假设这种整体真理存在于不同观点的综合之中,曼海姆遵循一种简化的格式塔主义的知识概念。[99]这一切的基础是一种准黑格尔式的、和谐主义的信念,相信人们可以调和所有的观点,而这种信念对社会变革的影响是沉寂的。这与马克思不同的是,马克思追求的是社会变革而不是真理,曼海姆则隐蔽地回到了对纯粹知识的形而上学追求。[100]

此外,霍克海默还指责曼海姆那里的决定意识的"存在"概念是极不辩证的。在霍克海默看来,基础和上层建筑之间总是存在着反馈和中介。[101]曼海姆则重新回到了一种主客体二元论,把两者都实体化了。不存在个体意识部分反映的"客观"现实。这样的提法忽视了实践在创造世界中所扮演的角色。

就像一个世纪前对左派黑格尔主义者一样，实践和理性实际上是批判理论的两极。两者之间的相互作用和张力极大地促进了批判理论在辩证上的暗示性，尽管理性的优先性从未受到怀疑。正如马尔库塞在《理性和革命》(Reason and Revolution)一书中代表整个法兰克福学派写的："即使革命实践偏离了它的正确道路，理论也会维护真理。实践遵循真理，而不是真理遵循实践。"[102] 不过，社会研究所的早期著作还是不断强调自我决定的活动和"人类起源"的重要性。就此而言，生命哲学对霍克海默及其同事们的影响至关重要，尽管他们始终把真正的实践性理解为一种集体的努力。对实践的强调契合法兰克福学派对黑格尔的同一理论的拒绝。在主体与客体、特殊与普遍之间不可化约的中介所创造的空间中，人的自由才可能得以维持。事实上，西方社会中这些人类自发性的特别领域正在逐步被肃清，这让后来法兰克福学派非常警惕。

批判理论的另一个反面，即对主体与客体、本质与表象、特殊与普遍之间乌托邦式的调和，有着非常不同的内涵。理性意味着一种客观的理性，不是完全由个人的主观行为构成。虽然从哲学理想转变为社会理想，但它仍然带有形而上学起源的痕迹。庸俗的马克思主义使这些倾向重新出现在一元化的唯物主义中，而社会研究所则不厌其烦地抨击这种唯物主义。然而，前文已经提到，即使在批判理论中，也隐含着否定的形而上学和否定的人类学——这里的否定，指的是拒绝以任何固定的方式来自我定义，从而坚持尼采的训诫："伟大的真理希望被批评，而不是被偶像化。"

身为"积极自由"传统中的思想家，与柏拉图、卢梭、黑格尔和马克思同列的他们陷入了从一开始就困扰这一传统的基本困境。

第二章　批判理论的起源

正如汉娜·阿伦特所指出的那样，[103] 积极自由的概念包含着内在的冲突，希腊的政治经验与希腊哲学家后来对此的理解之间存在张力，这就是冲突的表现。前者将自由与人的行为和人的言论也就是实践视为一物，后者则是将自由等同于理性这一本真存在。此后，人们一直在尝试将两者整合起来。社会研究所对此做出了微妙而丰富的努力，是其最富有成效的努力之一，尽管最终也遭遇了失败。

在谈到批判理论在方法论上的影响之前，应该先说明社会研究所其他成员对其形成的贡献。虽然洛文塔尔和波洛克主要关心的是其他知识上和制度相关的事务，但对于提交给《社会研究期刊》发表的文章，他们仍然积极参加了的讨论。然而，影响更大的是阿多诺和马尔库塞，他们都以自己的名义就理论问题进行了大量的写作。通过逐一考察他们的作品，我们或许可以进一步澄清社会研究所的哲学立场。这里先不评论他们对其他思想家的分析是否合理；本书考察这些作品的目的是为了阐明批判理论，而不是勾勒另一种阐释。

关于阿多诺对社会研究所的贡献，他在1930年代几乎完全忙于音乐社会学的研究。不过，他发表了一篇长篇的哲学研究报告，没有刊登在《社会研究期刊》上，并花了大量精力筹备另一篇研究报告。[104] 在这两篇文章中，他与霍克海默之间在立场上的亲近显而易见。虽然两人直到1940年代才合写文章，但他们的观点从一开始就有显著的相似性。这方面的证据存在于阿多诺1934年从伦敦写给洛文塔尔的一封信中，信中讨论了他对最近出版的《黎明/黄昏》的反应：

> 我极为细致地把这本书读了几遍，对它的印象非同一

般。我此前已经知道其中大部分文章；然而，拼成一本书，一切都显得完全不同；最重要的是，早先在单篇格言中某种表述的宽泛曾使我感到恼火，现在看来，明显是一种表达方式——完全契合于资本主义总体形势的令人痛苦的演变，其恐怖在本质上存在于中介机制的精确性之中……就我的立场而言，我相信我几乎可以完全认同它——完全到我很难指出我的立场会有何差异。我想提及其中关于个人偶然性问题的解释反对了激进正义的论述，以及全书对静态人类学的批判，这些都新颖且对我来说很关键。至于其中有待讨论的内容，也许是与启蒙运动的一般关系。[105]

多年后，两人共同对启蒙运动发起了一场更全面的批判，而这也许是第一次预示。

阿多诺最早的重要哲学批判是写于 1929 年至 1930 年的《克尔凯郭尔：审美对象的建构》(*Kierkegaard: construction of the Aesthetic*)一书，这是 1931 年提交给蒂利希的教授资格论文。讽刺的是，该书的出版日期正好是 1933 年希特勒上台的日子。这本书的献词题给了曾带着阿多诺一起研读康德的克拉考尔，另一位好友瓦尔特·本雅明的影响也在阿多诺的论述中显现出来。本雅明和蒂利希都对该书予以好评。[106] 然而，《克尔凯郭尔》一书反响平平。虽然部分原因在于该书的风格深奥晦涩和分析复杂艰深，但如阿多诺后来所说，其反响平平也是因为该书的存在"从一开始就被政治邪恶所遮蔽了"。[107]

阿多诺的所有作品对哪怕最老练的读者来说都是极其严苛，暂且不论其中的难度，这本书确实涵盖了许多将成为批判理论特征的主题。鉴于他本人的艺术倾向，阿多诺希望通过选择这个主题来探

第二章 批判理论的起源

讨这些问题并不奇怪。然而，从该书一开始，他就明确表示，他所说的美学不仅仅是指艺术理论；就像对黑格尔一样，这个词对他来说意味着主体和客体之间的某种类型的关系。克尔凯郭尔也曾以一种特殊的哲学方式来理解它。在《非此即彼》(Either/Or)中，他曾把审美领域定义为"人通过它立即是其所是；而伦理领域是人通过它成其所成"。[108] 但是，阿多诺在他对克尔凯郭尔的诸多批评中的第一篇中指出，"伦理的领域随后退到了他对悖论宗教的教义之后。鉴于信仰的飞跃，审美领域从辩证过程中的一个阶段，即非决定性的阶段，被贬低性地转化为简单的类生物（kreatürliche）的直接性。"[109] 对阿多诺来说，无中介也就是对初级真理的探求，是一个诅咒。和霍克海默一样，他的思想始终植根于一种无尽的反讽，拒绝安于某处，并说"终于找到真理了"。两人都拒绝了黑格尔的主客体同一性的基本前提。

表面上，克尔凯郭尔也拒绝了主客体的基本前提。然而在阿多诺看来，虽然克尔凯郭尔对主体性的颂扬人尽皆知，却在不知不觉中包含了一种同一性理论。阿多诺写道："克尔凯郭尔的哲学意图不以确定主体性为目的，而是以确定本体论为目的；主体性不是作为其哲学的内容而是作为其哲学的舞台（Schauplatz）而出现的。"[110] 在他关于具体的、存在的个体的一切论述背后，都潜藏着对超验真理的隐秘的渴望；"黑格尔向内转了：对黑格尔来说的是世界历史的，对克尔凯郭尔来说则都是个体的人"。[111]

此外，克尔凯郭尔提出的本体论是地狱的本体论，而不是天堂的本体论；他的视野中心是绝望而不是希望。克尔凯郭尔所倡导的向内向性的退缩，实际上是退缩到一种否认历史变化的神话式和魔鬼式的重复之中。阿多诺写道，"内向性是史前人类的历史监狱。"[112] 因为拒绝历史性的世界，经常谴责的物化的克尔凯郭尔已经沦为物化的帮凶；他的辩证法没有物质对象，因此回到他宣称已经抛弃的观念论。通过否认真实的历史，他已经退回到纯粹的人类学建立在"历史性（Geschichtlichkeit）"之上，也就是时间中存在的抽象可能性"。[113] 与此相关的是他的共时性（Gleichzeitigkeit）概念，[114] 也就是没有变化的时间，也与绝对化的自我有关联。在这里，阿多诺提出的批评和几年后霍克海默对柏格森的绵延思想所提出的批评类似，前文已有详述。

阿多诺在分析内向性的哲学含义的同时，还对他所说的克尔凯郭尔时代的资产阶级内向性进行了社会学探究。他认为，主观内向性与置身于生产过程之外的食利者（rentier）地位不无关系，克尔凯郭尔本人也处于这种地位。扮演这个角色的他有着典型的小资产阶级的无力感，他将这种无力感发挥到了极致，用苦行全盘否定自然自我。"他在道德上的严苛态度是来自个体是孤独的这一绝对主张。他批判了所有的幸福主义，认为与无对象的自我相比，都是偶然的。"[115] 因此，牺牲在他的神学中处于中心地位并非意外，绝对精神的人最终将消灭他的自然自我："克尔凯郭尔的精神主义首先是对自然的敌视。"[116] 包括这里的书中多处，阿多诺都表达了一个愿望，就是克服人对自然的敌意，而这一主题后来在社会研究所后来的工作中越发重要起来。

虽然他在晚年写过一篇关于克尔凯郭尔的应景文章，[117] 但《克尔凯郭尔：审美的建构》其实是阿多诺对那位丹麦哲学家的告别（Abschied）。[118] 1934年，他离开欧洲大陆前往英国，在牛津大学默顿学院学习。除了偶尔回德国一趟，他在接下来的三年半时间里一直待在英国。除了延续他对音乐兴趣，为《社会研究期刊》撰写相关主题论文，他还抽出时间开始了对胡塞尔的长期研究，自1924年的博士论文以来，他一直对胡塞尔的作品感兴趣。到1956年这项研究面世的时候，其中的论调几乎不亚于阿多诺早年对待克尔凯郭尔的批评。在这部作品中，也可以找到霍克海默和马尔库塞同时发展的许多思想。虽然该著作的某些部分直到1950年代才写成，确切地说是第三章和导言，但考察《论认识论的元批判》(*Towards a Metacritique of Epistemology*)确实可以让人部分了解30年代批判理论对现象学的态度。

在他的第一本书中，阿多诺曾特别圈出胡塞尔，认为他与克尔凯郭尔一样强调自我。[119] 据此，他如今把注意力集中在胡塞尔作品的认识论方面，特别是胡塞尔早期的《逻辑研究》(*Logische Untersuchungen*)所包含的内容，该书分为三卷，分别于1900年、1901年和1913年出版。他称赞胡塞尔渴望对认知的解释能超越心理学主义，但当胡塞尔提到一个超验的主体时，阿多诺从中感觉到一种消灭偶然个体的愿望。就像克尔凯郭尔一样，胡塞尔也流露出对本体论确定性的根本渴望。阿多诺抨击了胡塞尔的"还原"方法，也就是通过探索意识的现象学来寻求永恒的本质，他和霍克海默一样，主张中介的重要性。

胡塞尔对第一原则的探寻揭示了一种内在的同一理论，尽管他摆出反对观念论的姿态。阿多诺认为，对绝对知识确定性的需求，很可能是出于对个人不安全感的反映："自由从来都不是被给予的，总是受到威胁……绝对确定的东西总是不自由的……经久不衰的东西比过去的东西更真实，这是一个错误的结论。"[120] 如尼采所示，真正的认识论必须结束对知识本身的迷信，这种迷信会导致抽象的系统化。无论主体还原为客体，或反过来客体还原为主体，真理都不是"剩余"之物。[121] 相反，真理存在于主体和客体之间的"力场"之中。[122] 在胡塞尔的作品中可以同时找到绝对的实在论和绝对唯名论，它们导致了同样错误的物化。正如阿多诺在另一篇关于胡塞尔的文章中写道:"凡是试图把世界还原为事实或本质的人,都会以某种方式陷入明希豪森的处境*,他试图拉着自己的小辫子把自己拖出沼泽。"[123]

胡塞尔为了寻求不可改变的东西,默默地接受了当前"被宰制的世界"这一现实。[124] 阿多诺写道,胡塞尔是"他那个时期最静止的思想家"。[125] 仅仅在短暂中寻觅永久,或者在当下中寻觅古旧都是不够的。阿多诺认为,真正的辩证法是"试图从旧的看到新的,而不是简单地从新的中看到旧的"。[126] 尽管胡塞尔曾试图通过他的基于直觉的还原方法(本质直观:Wesensschau)来刺破被物化的世界,但他失败了。阿多诺承认,直觉是经验的正当部分,但不应该被提升为一种绝对的认知方法。而胡塞尔正是这样做的,他表达了对"现实世界"的无意识拒绝,而"现实世界"对他来说是"自我排异"(ego-alien)。[127] 存在既不能完全脱离认知的事实,也不能等同于认知的事实。

阿多诺从胡塞尔的认识论出发,进而批判了他的数学实在论和逻辑"绝对主义"。阿多诺认为,数学思维在西方的胜利,包含着一种神话要素。对数字的拜物教导致了对非同一性的否定和一种神秘的观念论。同样,将形式逻辑视为意识的绝对依赖,也包含着神话的迹象。这些思维模式也并非没有社会意义。阿多诺断言,逻辑的物化"指的还是商品形式,其同一性存在于交换价值的'等价'之中"。[128] 形式逻辑延续了形式和内容之间虚假二元对立,阿多诺提出了一个更有活力的替代方案,要回到黑格尔。他写道:"逻辑不是存在,而是一个不能简单地归结为'主观性'或'客观性'这

---

* 明希豪森三难困境为知识论中的一个思想实验,指的是任何对真理的论证都是不可能的。明希豪森男爵为18世纪德国乡绅,经文学演绎其形象成为"吹牛大王"。1968年,汉斯·阿尔伯特在所著的《批判理性论》(Traktat über kritische Vernunft)中提出了"明希豪森三难困境"这一名词,分别指的是循环论证、无穷倒退和武断终止。——译注

两极的过程。逻辑的自我批判,其结果是辩证法……没有语句就没有逻辑,没有综合的意识功能就没有语句。"[129] 形式逻辑及其矛盾和同一的规律是一种压抑的禁忌,最终导致了自然的统治。[130] 阿多诺也强烈反对知觉的模仿理论,他甚至在胡塞尔的现象学中也发现了这种理论,尽管胡塞尔强调意向性。他认为,当正确理解真理时,真理的核心"就变成了主体和客体的相互依赖、主体和客体通过彼此的生产(sich durcheinander Produzieren),不应该再被视为静态的一致——也就是意向"。[131] 他认为无论胡塞尔用什么方法,试图揭示本质真理的努力都是徒劳:"只有在对每一个这样的幻觉的否定中,在无意象的真理之观念中,失落的模仿才得以保存和扬弃,而不是在保存在真理的萌芽之中。"[132]

阿多诺认为,胡塞尔物化既定之物的倾向,与先进的资产阶级社会对经验(Erfahrung)的破坏,以及这些经验被宰制的、无生命的概念所取代有关。本雅明也曾强调过,真实经验的消失是现代生活的特征,[133] 对应的是现代人日益增长的无助感。因此,在阿多诺看来,现象学代表着资产阶级思想为从无能为力中拯救自己所做的最后一次徒劳的努力。他写道,"借助现象学,资产阶级思想在分离的、碎片化的陈述中达到了它的终点,这些陈述彼此对立,并沦为简单复现其所是之物品。"[134] 这样一来,它就转而反对世界上的行动:"把实践性贬低为意向性的简单特例,是其被物化的前提的最严重后果。"[135] 但最糟糕的是,绝对同一性和直接性的假设很可能导致一种绝对意识形态的政治统治。阿多诺提出,现象学与法西斯主义之间有着一种潜在联系——两者都是资产阶级社会终极危机的表现。[136]

在法兰克福学派的成员中,阿多诺对本体论和同一性理论的憎恶也许最为一以贯之。同时,他还反对天真的实证主义,认为它本身就是一种未经反思的形而上学，与既不否认也不完全接受现象世界是真理基础的辩证法截然不同。阿多诺反对强调抽象的个体主义，指出主体性不可避免地被特定社会成分所中介。对默许将偶然的个体溶入总体的诱惑，他同样强烈地抵制，无论这个总体是大众（Volk）还是阶级。即使是瓦尔特·本雅明这位他的良师益友，在这一点上也不免受到批评。阿多诺在1940年本雅明悲剧性的自杀后写的一篇文章中抱怨道：

> 他的目标不是所谓的过度膨胀的主观主义，而是主观层面的概念本身。神话与和解是他哲学的两极，而主体在两者之间蒸发了。在他的美杜莎般的目光面前，人变成了客观过程徐徐展开的舞台。因此，本雅明的哲学既是幸福的承诺，更是恐怖的源泉。[137]

通过不断强调非同一性和偶然性，阿多诺发展出了一种哲学，这种哲学就像他从勋伯格那里吸收的音乐一样，是"无调的"。[138]

社会研究所的第三位主要理论家赫伯特·马尔库塞却很难说是一样的。尽管在他的作品中一贯强调否定性，而且经常被归结为悲观主义，[139]马尔库塞的写作中始终暗含着对社会世界中可能实现"理性"的信念。19世纪晚期的生命哲学对他的影响似乎不如对霍克海默的影响大。正如哈贝马斯所指出的那样，[140]马尔库塞比社会研究所的其他哲学思想家更能接受20世纪的哲学。他与胡塞尔和海德格尔共事的经历一直影响着他，尽管在他为研究所工作的几年中大大减弱了。此外，他的哲学风格总是比霍克海默或阿多诺的哲学风格更具有推论性，这可能是因为他不像另外两位一样，对美学

第二章　批判理论的起源

还抱有活跃的兴趣。但他以系统、非隐喻的线性方式写作，这种风格是分析和表现现实的有效方式，或许也反映了他的信念。马尔库塞从来没有像法兰克福学派的其他主要人物那样，强调乌托邦式"他者"是无形象的（bilderlos），无法触及。

马尔库塞在1932年后思想当然有所演变，但即使在这一前提下考察他在加入社会研究所之前的著作，对于理解他对批判理论的贡献仍然有所帮助。他离开社会研究所后的作品同理，有时会被看作是回归到了他与海德格尔共事的时期。[141] 当马尔库塞在弗赖堡时，他的思想深受现象学范畴的熏陶。同时，他还坚定地信奉马克思主义，虽然不属于任何具体的党派。他努力将这两个看似不可调和的体系结合起来，走在了战后梅洛-庞蒂和萨特的前面。在他发表的第一篇文章《对历史唯物主义的现象学之贡献》，[142] 海德格尔使用的所有特殊词汇都逐一出现了，无论是关怀（Sorge）和历史性，还是决断（Entschlossenheit）和此在（Dasein）。在马尔库塞看来，海德格尔最近出版的代表作《存在与时间》（*Sein und Zeit*）标志着"资产阶级哲学从内部消解自身，为新的'具体'科学开辟道路的时刻"。[143] 马尔库塞之所以这么说原因有三：首先，海德格尔表明了历史在本体论上的重要性，以及历史世界是一个共同世界（Mitwelt），一个人类互动的世界。其次，海德格尔表明，人对自己在世界中的真实地位有着深刻的关怀，正确地提出了什么是"真实存在"的问题。最后，海德格尔论证了人可以通过在世界中的决断来实现真实的存在，由此已经把资产阶级哲学尽可能地推到了极致——推向了实践的必要性。[144]

正是在这一点上，马尔库塞认为海德格尔已经动摇了，马克思主义也息息相关。《存在与时间》中的社会环境过于抽象，海德格尔笔下的历史性概念过于笼统，无法说明制约人类行动的真实历史条件。马克思主义则提出了"激进行为"(radical deed)来回答海德格尔关于真实存在的可能性问题。这是马克思主义的"基本情况",[145] 也是其自我启示和自我创造的时刻。但是,马克思已经认识到而海德格尔忽略的是社会的阶级划分。在当前的历史时刻,只有一个阶级真正能够从事激进的行动,成为真正的历史主体:"如今,只有无产阶级的行为才有可能是历史行为,因为(无产阶级)拥有唯一的此在(Dasein),此在的存在必然意味着行为被给定。"[146] 只有因为其在生产过程中的关键角色,无产阶级才有可能展开激进的行为。只有通过革命才能改变历史世界,才能实现超越工人阶级的普遍化真实存在这个可能性。

如果说,海德格尔必须得到马克思的补充,那么马克思主义也应该遵循现象学。马尔库塞写道:"辩证法必须进一步研究给定之物是否穷尽了它本身,或者包含着一种意义,确切地说,一种外在于历史却为一切历史性所固有的意义。"[147] 马克思主义还必须放弃其传统的信念,即认为意识形态的上层建筑是社会经济基础的反映。"什么具有客观的优先性,什么是'先在的',是精神还是物质,是意识还是存在,这个老问题被提出来时就已经没有意义了,不能用辩证的现象学来解决。"[148] 辩证的现象学也不能像研究历史那样试图研究自然。在这个问题上,恩格斯已经错了。自然存在不同于历史存在;数学的、非辩证的物理学在其自身的领域里是合理的。马尔库塞写道,"自然有历史,但不是历史。此在才是历史。"[149] 他在另一篇关于辩证法的文章中写道:"历史性和非历史性的界限……是一个本体论上的界限。"[150] 需要补充的是,马尔库塞承认这是卢卡奇在《历史与阶级意识》中提出的观点;这表明,他们的思想与恩格斯更"科学"的马克思主义和第二国际的正统马克思主义者之间存在距离。

这种差异也揭示了狄尔泰对马尔库塞的影响，前者在自己的著作中也作出了类似的区分。前文提到马尔库塞受19世纪末生命哲学的影响不如霍克海默，之所以这么说，是因为马尔库塞对生命哲学攻击传统形而上学的反应不大。狄尔泰吸引马尔库塞的地方正是狄尔泰对历史和本体的融合。在一篇写于1931年题为《历史现实问题》的文章中，[151]马尔库塞称赞狄尔泰将精神科学（Geisteswissenschaft）从自然科学（Naturwissenschaft）的方法论中解放出来，并恢复前者的哲学基础。马尔库塞认为，狄尔泰把生命概念作为历史现实的基础，这很有见地，因为这样强调的是意义而不是因果关系。既然人创造了自己的历史，那么历史就由他们注入的价值统一起来。这篇文章中没有像霍克海默后来那样，批评狄尔泰隐含的观念论和同一理论，因为在职业生涯的这个阶段，马尔库塞还认可狄尔泰历史概念的本体论前提。

这一点在马尔库塞的《黑格尔的本体论与历史性理论的基础》（Hegel's Ontology and the Foundation of a Theory of Historicity）中表现得更为明显，他原本打算当作自己的教授资格论文。[152] 他在作品一开篇就承认了，海德格尔的影响无所不在。这与他后来在《理性和革命》（Reason and Revolution）中对同一主题的处理形成了鲜明的对比。[153] 在前作中，马尔库塞接受了黑格尔的思想核心：主体和客体的同一性。他解释黑格尔说，存在是一种消极的统一，是一种在一切运动和分离中持续存在的同一。因此，历史是存在者揭示自身的舞台。在马尔库塞看来，黑格尔的历史观是海德格尔的历史性和狄尔泰的生命的先声。事实上，这部作品的第二部分就试图用生命反过来阅读黑格尔，把生命当作《精神现象学》和《逻辑学》等早期著作中的基本本体论范畴。

在该书的最后，马尔库塞论述了狄尔泰强调的精神科学与黑格尔的精神（Geist）概念之间的关系。他写道："正是因为生命是历史的且处于其历史性之中，它的内在统一性和总体性才是知识的统一性和总体性。历史生命的行动基本上是通过这种知识来决定的。正是由于生命是历史的且处于其历史性之中，生命才成为精神。于是，狄尔泰写下了这句话，借此最深刻地表达了他与黑格尔的意图相近：'精神是一种历史的本质。'"[154] 因此，如果存在令人满意的历史方法论，那么就植根于知识与生命的统一之中。认知的基础是主体和客体的终极同一。

与马尔库塞在社会研究所工作数年后写成的《理性和革命》相比，《黑格尔的本体论和历史性理论的基础》的不同之处在于，前者对黑格尔哲学中的批判性要素基本无动于衷。马尔库塞对统一性和同一性的强调导致了一种神正论，而他并没有试图将这种神正论与他在其他著作中所表现出的马克思主义相互协调。否定的概念在《理性和革命》中要发挥极其关键的作用，可在前一本著作中只是被当作存在的历史差异化中的一个环节。此外，由于马尔库塞认为存在的基本统一性贯穿于时间始终，所以，否定几乎被当成是一种幻觉。全书中丝毫没有认为黑格尔先于马克思对现存秩序中的非理性发起了攻击，也丝毫没有像《理性和革命》中一样，强调现实与理性之间的非同一性。书中也没有像阿多诺后来讨论胡塞尔那样，认识到中介在认知中的重要性。

如果说早期的马尔库塞和写作《历史与阶级意识》的卢卡奇一样，坚持霍克海默和阿多诺所攻击的同一理论，那么他同样接受了这二人所唾弃的哲学人类学可能存在。他除了赞同海德格尔具有人类学色彩的"本真性存在"观念之外，还对重新发现的马克思《1844年经济学哲学手稿》表示相当兴奋。他在1932年为鲁道夫·希法亭（Rudolph Hilferding）的《社会》（*Die Gesellschaft*）撰写的一篇文章中表示，[155] 如果认为马克思早期手稿中的哲学关切已在成熟的著作中被"克服"了，那将是一个错误。他指出，共产主义革命所承诺的不仅仅是经济关系的改变；它还雄心勃勃地设想通过实现人的本质来改造人的基本存在。人通过革命实现自己在历史中的潜在本质，这才是"人的真正自然史"。[156]

在文章中，马尔库塞就人与自然的关系表达了一种模糊的看法。他一度声称，[157] 马克思追求的是人与自然的统一，而这正是阿多诺和霍克海默后来在反对马克思时所强调的目标。不过，在文章的其他地方，马尔库塞也表达了马克思自然观中两位同僚厌恶的成分："所有的'自然'（最广义上就是外在于人的存在）都是人类生活的媒介，是人类的生活手段（Lebensmittel，也有食物的意思）……人不能简单地从属于客观世界，也不能简单地与客观世界达成妥协，他必须将客观世界据为己有，使之成为自己的东西。"[158] 这里显然暗示的是对自然的支配，而不是与自然的和解。

这两种看法似矛盾，或许可以用马尔库塞所认同的马克思观点来解释，即劳动（Arbeit）是人实现其本质的手段。马尔库塞认为，劳动是人的本质；这是一个本体论的范畴，马克思和黑格尔都是这样理解，尽管前者更敏锐地把劳动扩展到脑力劳动之外。[159] 马尔库塞断言，人必须把自己对象化；他必须变得自在（an-sich）且自为（für-sich），既是对象又是主体。资本主义的恐怖，就是在资本主义助长的对象化中产生的。在这一点上，马尔库塞同意《1844年经济学哲学手稿》中对异化劳动的分析，而霍克海默和阿多诺在他们的著作中则很少提到。马尔库塞提出，非异化劳动意味着与他人合作，而不是反对他人。只有通过社会活动，人类的"类存在"（Gattungswesen）才可能实现。因为资本主义阻止了这一点，所以才是"人类本质的灾难"，呼唤一场"全面革命"。[160]

值得注意的是，把劳动放在本体论中心地位的信念，在 1933 年以后仍然是马尔库塞作品中的一个不变因素。在《理性和革命》中，他试图用马克思的劳动概念反过来重新解读黑格尔："劳动的概念在黑格尔的体系中并不处在边缘，而是他构想中社会发展时的核心概念。"[161] 马尔库塞在把劳动视为人类自我实现的基本范畴时，必然会淡化黑格尔著作中尤其是其早期著作中可以找到的另一种自我生产方式。哈贝马斯前不久提到，这第二种自我生产方式就是"以符号为媒介的互动"，即语言和表达性的手势，这也同样重要。[162] 然而，在马尔库塞看来，黑格尔认为，"语言……使个体有可能采取与其他个体相对立的立场，并宣示与其他个体相对立的需求和欲望。由此产生的对立通过劳动过程被整合起来，而劳动也成为文化发展的决定性力量。"[163] 通过把社会的矛盾追溯到一种特定的劳动类型，马尔库塞得以谈论一种"本质上"的变化，克服了异化劳动就能产生（或者像他在之后作品中所论证的那样，完全废除劳动而转向游戏）。[164] 由于霍克海默和阿多诺对劳动的本体论意义不太确定，他们不大愿意预言"根据克服劳动的异化来整合对立"，这么做意味着一种同一理论。他们向来不愿意对人性做出肯定的推测。

马尔库塞加入研究所之后，霍克海默对他的影响日益显著。随着现象学对他思想的影响开始减弱，他抛弃了海德格尔的词汇。他从哲学抽象的层面上后撤，开始处理更具体的社会和历史问题。[165] 他不再把马克思主义当作回答海德格尔关于"真实存在"问题的肯定哲学，而是开始更多地把马克思主义作为一种批判性、辩证性的方法论加以运用，用于解释历史而非历史性。即便如此，研究所力图把实证工作与其理论化结合起来，马尔库塞却从未参与其中。在

第二章 批判理论的起源

法兰克福学派的所有人物中，他始终最专注于理论问题；例如，他在1930年代的《社会研究期刊》上刊载文章，包括前文已经提及的对分析享乐主义，还有本质概念以及哲学与批判理论的关系。

在讨论本质概念在各种哲学体系中的功能时，马尔库塞追随霍克海默，将每一种学说都置于其历史环境中：

> 按照资产阶级方兴时特有的观点，理性主体性的批判性自主性是为了确立和证明一切理论和实践真理所依赖的终极基本真理。人和事物的本质包含在有思想的个体的自由之中，这种个体就是我思（ego cogito）。而在资本主义时代末期，对本质的认识主要是为了把个体的批判性自由束缚在预设的、无条件的合理必然性之上。[166]

马尔库塞认为，胡塞尔的现象学是拯救资产阶级理论的一种尝试，而且业已失败。而舍勒主张的本质主义其实是一种威权主义的意识形态。与此相反，唯物主义理论"在哲学把本质概念当作辩证概念的最后地方，也就是黑格尔的《逻辑学》（Logic）那里接受了本质概念。"[167] 唯物主义理论必须像马克思所做的那样，把本质概念与动态的、人类的实践联系起来。在这里，以前那个海德格尔式的马尔库塞显然已经消失了。他在"本质概念"中写道：

> 自狄尔泰以来，生命哲学和存在主义的各种趋势都关注理论的具体"历史性"……所有这些努力都难逃失败的命运，因为它们与它们所反对的理论在利益和目标上都有联系（起初是无意识的联系，后来则是有意识的联系）。他们没有攻击资产阶级哲学的抽象性前提：个体在无政府生产过程中实际

上不自由且无力。[168]

在《哲学与批判理论》一文中，马尔库塞阐明了资产阶级哲学被如此封闭隔离的原因。"哲学家只有在他不是职业哲学家的情况下，才能参与社会斗争。这种'分工'也是现代精神与物质生产资料分离的结果，哲学不可能克服。无论过去还是现在，哲学工作的抽象特征都植根于社会生存条件。"[169] 因此，他认为批判理论不如传统哲学那样雄心勃勃。批判理论并不认为自己有能力对有关人类状况的这个古老问题给出永恒的答案。"批判理论无法以更全面的方式提出这个问题，它只意味着揭示哲学这种无能为力所根植的具体社会条件，并表明任何其他的答案都已经超出哲学的范围。因此，一切对问题超越性的处理方式中固有的不实，就都是'从外部'进入哲学；所以，也只有在哲学之外才能克服这种不实。"[170]

尽管保留了哲学的许多见解，如果说批判理论与哲学不同，但也不像庸俗的马克思主义者所假设的那样，相当于一门科学。马尔库塞认为，"科学的客观性本身从来都不是真理的充分保证，特别是当真理像今天一样强烈地反对事实并且隐藏在事实背后的情况下。科学的可预测性与真理存在的未来主义模式并不吻合。"[171] 相反，批判理论必须富有想象力，甚至是乌托邦式的推动力，要超越当下的现实局限："如果没有幻想，所有的哲学知识都会陷在现在或过去之中，与未来割裂开来，而未来才是哲学与人类真实历史的唯一联系。"[172] 因此，批判理论拒绝将当下永恒化，也拒绝封闭改造未来的可能性，两个基本的表现就是对实践的关注和对幻想的强调，尤其是体现在伟大艺术作品中的幻想。在这一点上，马尔库塞、霍克海默、阿多诺以及社会研究所内部的其他成员是完全一致的。后来这种情况将发生改变，但1930年代也许是社会研究所历史上最富有成效的十年,此时他们似乎至少希望将理性理论、审美想象力和人类行动整合在一起,无论这种希望多么渺茫和脆弱。

马尔库塞在社会研究所活跃的最后几年中写成的作品是《理性和革命》,还能从字里行间里读到这种希望仍然存续。[173] 在美国人心目中,黑格尔与纳粹有联系,而这本书在很大程度上是为了澄清两者的这种关系而写的——他论证的立足点是黑格尔的政治理论从本质上是理性主义,包括黑格尔强调国家这个争议,而纳粹分子则是有机的浪漫主义传统中的非理性主义者。这本书也是第一次向英语读者广泛介绍批判理论。[174] 如前所述,《理性和革命》展示了马尔库塞在与海德格尔决裂后的十年中所走过的历程,以至于在大多数关键的方面,该书认同霍克海默在《社会研究期刊》上刊载的论文中所阐述的原则。

马尔库塞和霍克海默一样,急于确立黑格尔理性主义的批判性和否定主旨。正如他在很久以后对弗洛伊德所做的那样,他急于扭转黑格尔的保守形象。那些继承了黑格尔的实证主义者在作品中把这种激进的因素剔除了出去,这种方式让他很担心。在对孔德、斯塔尔(Georg Ernst Stahl)和冯·施泰因(Lorenz von Stein)的长篇批判中,马尔库塞试图揭露他们身上保守的政治意涵,就像霍克海默批判这三位在 20 世纪的实证主义后辈。马尔库塞还注重马克思和黑格尔之间的联系,继续他先前对马克思前后期作品统一性的分析。与更"科学"的马克思主义者不同,马克思思想中的黑格尔因素并不让马尔库塞感到尴尬,因为在他的解读中,黑格尔已经是一个进步的思想家。他写道,"(黑格尔的)整个体系所依据的观念是:既定的社会秩序是基于抽象的和定量的劳动体系和通过商品交换来整合需求,这样的秩序无法主张和建立一个理性的共同体。"[175] 正如前文所述,更核心的问题在于马尔库塞看到马克思对劳动的强调已经在黑格尔自己的著作中有所预兆,在这一点上他和社会研究所的其他成员们存在分歧。

另一方面,马尔库塞此时完全认同霍克海默的看法,他在海德格尔时期看好的黑格尔思想中的本体论冲动,已经被马克思更注重历史的路径所超越:

> 马克思理论所运转的总体性与黑格尔哲学的总体性是不同的,这种差异表明了黑格尔与马克思辩证法之间的决定性差异。对黑格尔来说,总体性是理性的总体,是一个封闭的本体论体系,最终与历史的理性体系相同……而马克思则使辩证法从这个本体论基础上脱离出来。在他的著作中,现实的否定性成了一种**历史**条件,它不能被实体化为诸事务的形而上学状态。[176]

马尔库塞还与霍克海默和阿多诺一样,反对社会主义是资本主义的必然产物这一假设。他们都对人类解放与技术和工具理性主义的进步之间的是否存在联系抱有疑虑。[177]

伴随着这种态度,马尔库塞承认唯意志论和实践的必要性。不过,马尔库塞同法兰克福学派的其他成员一样,认为在理论与实践的关系中,前者显然更高一筹:"即使革命实践偏离了其正确道路,理论也将维护真理。实践遵循真理,而不是反之。"[178] 即使到了晚年他不像霍克海默和阿多诺那样,而是积极支持行动主义的抗议活动,马尔库塞还是从未没有放弃这种正确理论至上的信念。

无论从上述角度还是其他角度来说,《理性和革命》显然是法兰克福学派的产物。然而,在某些方面,马尔库塞确实在一定程度上显示出他不受霍克海默影响。他们对劳动的中心地位持不同态度，所以马尔库塞在对马克思展开工具理性批判上犹豫不决，而霍克海默、阿多诺和法兰克福学派的新近成员却都这么做。[179] 他对马克思的继承者们的态度也比同僚更友善。只有伯恩施坦的修正主义招牌受到了他的批评；普列汉诺夫（Georgi Plekhanov）和列宁因试图保留"马克思学说的批判性意义"而受到他的赞扬，[180] 考茨基和第二国际实际上被他忽略了。此外，《理性和革命》没有区分恩格斯的"历史唯物主义"和作为批判理论根源的辩证唯物主义。最后，马尔库塞并不像霍克海默在其早期的几篇文章中那样关注黑格尔同一理论中的因循守旧和类似神正论的因素，这也许与他对黑格尔思想中神学前提的相对冷漠有关，这一点很快就被他的几个批评者注意到了。[181]

然而，总的来说，《理性和革命》是马尔库塞的一部恰当的告别之作，到1940年代，他越来越多地参与政府事务，与社会研究所的联系也随之减少。与战略情报局和国务院合作可不是法兰克福学派所倡导的革命实践，后来左翼一些人也以此诋毁法兰克福学派。不过，像战争期间与政府合作的其他研究所成员一样，马尔库塞还是忠实于他们的观察：理论与实践的统一只是一种乌托邦式的希望。考虑现有的各种选项，致力于协助反抗希特勒的战争的同时还能保持自己理论承诺的纯洁性，几乎不能说是一种不光彩的妥协。（当然，后来继续为美国政府工作就越来越成问题了，但马尔库塞一直为美国政府效力到朝鲜战争爆发。）社会研究所越来越确信，知识分子的作用就是继续思考在现代世界中越来越难以置信的东西。

如果哲学家的谕令无法克服脑力劳动和体力劳动的分离，那么至少还能做些有用的理论工作，推动两者统一的实现（或者也许可以解释两者不会统一）。虽然没有人否认批判理论与政治行动之间存在终极的关联，但批判理论现在不得不完全投入到对社会和文化现实的考察中。然而，作为一种社会研究的方法，它必须显著区别于对应的传统研究方法。这些观点是霍克海默1937年发表于《社会研究期刊》上最重要的一篇文章《传统与批判理论》提出的。[182]他断言，传统理论的目标一直是为描述世界制定一般且一贯的原则。无论这种原则是如笛卡尔的理论一样以演绎的方式产生，还是如密尔的作品一样以归纳的方式产生，或是如胡塞尔的哲学一样以现象学的方式产生，目标都是如此。即使是强调经验主义和验证的盎格鲁-撒克逊科学也在寻求一般命题来检验。传统研究的目标一直是纯粹的知识，而不是行动。即使像培根的科学一样指向活动，其目标也是用技术掌控世界，这与实践截然不同。自始至终，传统理论都保持着思想与行动的严格分离。

与之相比，批判理论在几个方面有所不同。首先，批判理论拒绝把知识当作有别于行动之外并高于行动之物加以膜拜。此外，批判理论认为，在一个人本身尚未自主的社会里，不可能有客观公正的科学研究；霍克海默提出，研究者始终是他试图研究的社会对象的一部分。而且由于他所研究的社会还不是人类进行自由、理性选择的产物，所以科学家无法避免其中的他律（heteronomy）。他的认知必然是以社会范畴为中介，也无法超越这些范畴。最近马歇尔·麦克卢汉（Marshall McLuhan）风靡一时，而早在三十年前霍克海默就已经在一句话中回答了麦克卢汉："工具是人类器官的延伸，让这句话反过来，器官也是人类工具的延伸。"[183]这条禁令甚至是针对"客观的"社会科学家，无论是实证主义的社会科学家还是依靠直觉的社会科学家。霍克海默反对前文所述的狄尔泰式精神科学方法论，就与此相关。历史学家不能在他的头脑中重新体验那从未被完全自主的、有意识的行动所创造的东西。

在讨论预测未来的可能性时，霍克海默也使用了同样的论证。只有当社会更加理性的时候，社会科学家才有可能预言未来。维柯认为，人因为创造了自己的历史而能够理解自己的历史，他的这一见解还有待实现，因为人并不是在当前时代创造自己的历史。因此，科学预言的机会既是由社会决定的，也是由方法决定的。[184]

所以说，把知识分子看成自由漂浮的（freischwebende）看法就是错误的，而这个由曼海姆从阿尔弗雷德·韦伯（Alfred Weber）那里借用的形容在当今社会广为流传。一个"自由漂浮"的知识分子超然于争论之上，这种理想是一种形式主义的幻觉，应该被抛弃。同时，就像民族主义和庸俗马克思主义的思想家那样，把知识分子看成完全扎根于（verwurzelt）其文化或阶级的，同样是错误的。[185]这两种极端都误解了主体性，要么是完全自主，要么是完全偶然。尽管研究者绝对是其社会的一部分，但他有时并非不能超越社会。事实上，他有责任揭示社会中那些指向不同现实的否定力量和倾向。简言之，维系韦伯式传统理论所极力强调的事实与价值的形式主义二元论，就是为现状服务。[186]研究者的价值观必然影响他的工作；事实上，他们应该有意识地这样做。知识和兴趣最终是不可分割的。

除了反对传统理论特有的以纯知识为目标之外，霍克海默还拒绝接受一般原则和证实或证伪例子的理想。批判理论所涉及的一般真理不能通过参照现存秩序来证实或证伪，只是因为这些真理意味着另一种秩序的可能性。[187]在验证中必须始终有一个动态的环节，一个指向"否定"要素潜藏于当前现实中的环节。社会研究必须始终包含一定历史的成分，不是在"客观"历史力量的背景下僵化地判断事件，而是从历史的可能性出发来看待它们。辩证的社会研究乐于接受人的前科学经验所产生的见解；如前所述，它也承认审美想象和幻想的合理性，这些都是人类真正愿望的宝库。批判认为，对社会理论家来说，所有合理的经验都不应被简化为实验室内控制变量的观察。

在始终牢记当前矛盾和未来可能性的总体性的同时，批判理论拒绝变得过于笼统和抽象。它常常试图在具体的个别之中把握整体。这与莱布尼茨不无相似之处，批判理论在具体的历史现象中看到了普遍的存在，这些现象就像单子一样，既是普遍的，又是个别的。有时它的方法似乎更强调类比，而不是传统意义上的因果关系。本雅明说过"永恒与其说是一种观念，不如说是衣服上的花边"[188]，如果不是批判理论的实践者同样强烈地坚持概念解释的必要性，那本雅明这句话剥离了其神学支撑，可能会成为批判理论的典范。社会研究所的许多作品，尤其是阿多诺的写作，其特点是将高度抽象的陈述与看似微不足道的观察并列在一起，有时令人眼花缭乱，有时令人困惑。这也许可以这么解释：传统理论把"具体"等同于"个别"，把"抽象"等同于"普遍"；而追随着黑格尔的批判理论与此不同，用乔治·克莱恩（George Kline）的话说，黑格尔笔下"'具体'意味着'多个方面、充分相关且经由复杂中介的'……而'抽象'意味着'单一方面、不充分相关且相对未经中介的'"。[189] 考察社会研究所成员们所掌握的所有不同领域的不同具体现象，就是希望能够收获对彼此都富有成效的见解，有助于阐明整体。

然而，一切的基础是社会变革这一目标。在将研究与实践联系起来时，社会研究所小心翼翼地将其方法与实用主义者的方法区分开来。社会研究所在美国遇到了根深蒂固的实用主义传统，霍克海默和阿多诺在数次批判这个传统时明确指出了两者的区别。[190] 他们对实用主义的反感贯穿他们留在这个国家的剩余时间，一直很强烈。直到 1945 年 12 月 21 日，霍克海默还会在给洛文塔尔的信中提及：

> 从我的引文中可以看出，我读过的这些美国产品不在少数，我现在感觉成了这方面的专家。这些产品整体上绝对属于第一次世界大战前的时代，某种程度上延续着经验主义的路线，但不如我们的老科内利乌斯那样精雕细琢。

他在随后的一封信中写到，实用主义和实证主义都"认为哲学等同于科学主义"。[191]虽然实用主义者把真理与人类活动联系起来是正确的，但他们对这种关系的理解过于简单、过于不辩证：

> 他们的认识论教义是真理增进生命，或者说一切"有利的"思想也必须是真的。这种认识论必须属于一个总体性，而这个总体性中包含着真正导向更好、增进生命的境况，否则就包含着一个和谐的欺骗。无论什么样的认识论，一旦脱离了整个社会的明确理论，就都仍然徒具形式且是抽象的。[192]

实用主义忽略了这样一个事实：有些理论与当下的现实相互矛盾和违背，但却不是"错的"。因此，实用主义更多意味着顺应而非批判，尽管它自命不凡；实用主义与实证主义一样，缺乏超越当下"事实"的手段。霍克海默这样的批判颇有价值，因为马克思主义在 1930 年代曾被悉尼·胡克（Sidney Hook）等人错误地归结为实用主义的变种。然而，正如洛文塔尔和哈贝马斯后来所指出的那样，他忽略了实用主义传统中某些流派的辩证潜力。[193]

霍克海默认为，辩证唯物主义也有一种基于实践和历史检验的验证理论："真理是正确的实践中的一个环节；谁把成功地跃过历史等同于真理，就是在为统治性的现实辩护。"[194] 这里的关键词是"正确的实践"，再次表明在社会研究所的思想中，理论有着指导行动的重要性，同时也表明其思路存在一定的循环论证。然而，霍克海默提醒说，在渴望统一理论和实践的同时，不应草率地忘记它们之间仍然必然存在距离。这种距离在哲学与无产阶级的关系中表现得最为明显。在马克思和恩格斯看来，工人阶级要成为新秩序的唯一催化剂。"哲学不消灭无产阶级，就不可能成为现实；无产阶级不把哲学变成现实，就不可能消灭自己。"马克思在《〈黑格尔法哲学批判〉导言》（*A Contribution to the Critique of Hegel's Philosophy of Right*）中如是写道。但在 20 世纪，霍克海默认为，物质条件已经使先进工业社会的工人阶级不再自动适合扮演这个角色。知识分子如果一味地呼应无产阶级的任何欲求，那么他就放弃了自己的真正功能，即坚持不懈地强调超越当下秩序的可能性。事实上，目前知识分子与工人之间必须存在张力，以对抗无产阶级顺应盲从的倾向。[195] 因此，批判理论并没有把自己简单看作一个阶级意识的表达，这表明了它与卢卡奇等更正统的马克思主义者之间存在距离，而卢卡奇一贯强调阶级意识，哪怕是远远"估算出的"（阶级意识）。相反，批判理论愿意与所有愿意"讲真话"的"进步"力量结盟。[196]

如果说只能通过与"正确的实践"的关系来验证批判理论，那么，当马克思主义所宣称适合于革命行动的唯一阶级被证明无法胜任其历史角色时，这又意味着什么呢？在 1930 年代，社会研究所还没有完全面对这个问题，尽管对此的疑虑已经开始浮现而出。马尔库塞在 1934 年写道："保存了这份哲学（批判观念论）遗产的劳工运动之命运正被不确定性所笼罩着。"[197] 后文将会提到，除了战争期间霍克海默曾在一个戏剧性的时刻,暂时回到他在《黎明/黄昏》的格言中表现出的那种乐观主义之外,不确定性还在继续加剧。[198]

与此同时,世界上"否定的"批判力量正在消失,而社会研究所开始把大部分注意力放在努力理解这件事上。实际上,这意味着他们的关注点从物质(也就是经济)转向,尽管在波洛克、格罗斯曼等人在工作中并未完全忽视这些关注点。相反,社会研究所把精力集中在传统的马克思主义者那里已经降到次要地位的问题上,也就是现代社会的文化上层建筑。研究所主要关注以下两个问题:权威的结构与发展与大众文化的出现和扩散。但要圆满完成这样的分析,必须填补经典马克思主义在下层基础和上层建筑这个模型中的一个空白。这里缺失的联系属于心理学,而社会研究所选择弗洛伊德的理论加以填补。下一章的主题是如何实现马克思主义和精神分析学之间看起来很不可能的结合。

第三章

整合精神分析

> 在精神分析中，除了各种夸大其词，没有什么是真实的。
>
> ——阿多诺

> 如果说恐惧和破坏性是法西斯主义的主要情感来源，那么爱欲主要属于民主。
>
> ——《威权型人格》

到1970年代，对于第一批提出将弗洛伊德和马克思强行结合的理论家们，人们已经很难理解他们的大胆之处。随着近来人们恢复对威廉·赖希的兴趣，以及马尔库塞的《爱欲与文明》(Eros and Civilization)的广泛影响，认为这两个人是在从不同的角度谈论类似问题的观念被许多左派广泛接受。然而，在一代人之前，大西洋两岸都很少有人不认为这种想法的荒谬至极。尽管托洛茨基一直同情精神分析，但1923年以后，他在正统的共产主义圈子里已经没有话语权了，当时弗洛伊德及其追随者成为一种禁忌，巴甫洛夫的行为主义成了新的正统观念。在精神分析运动本身内部，齐格弗里德·贝恩菲尔德（Siegfried Bernfeld）、奥托·费尼谢尔（Otto Fenichel）和保罗·费德恩（Paul Federn）曾表示过对整合这两个系统感兴趣，但收效甚微。[1] 这种兴趣在20年代末和30年代最强烈的支持者赖希沦为笑柄；[2] 到30年代中期，他已经被毫不客气地逐出了

第三章　整合精神分析

共产党和精神分析运动。保守派和激进派都认为，弗洛伊德对社会变革可能性的基本悲观主义，与一位真正的马克思主义者的革命希望是不相容的。直到1959年，菲利普·里夫（Philip Rieff）还能写道："对马克思来说，过去孕育着未来，无产阶级是历史的助产士。对弗洛伊德来说，未来孕育着过去，只有医生和运气才能把我们从过去的负担中解救出来……革命只能重复反叛父亲的原型，而且无论如何都会像原型一样，注定要失败。"[3]

可见社会研究所试图将精神分析引入其新马克思主义的批判理论是大胆而非传统的一步。这也是社会研究所希望摆脱传统马克思主义束缚的标志。事实上，格林贝格和格罗斯曼这一代研究所成员与以霍克海默为首的后继者之间的基本分歧之一，就是他们各自对心理学的态度的反差。正如我们将看到的那样，弗朗茨·诺伊曼后来对心理学总体上的冷漠是阻碍他被研究所的内部圈子完全接受的因素之一。当诺伊曼最终对弗洛伊德产生兴趣时，已经接近暮年，为时已晚，无法实现两种传统的成功整合。[4]

相比之下，霍克海默对弗洛伊德的兴趣早在1920年代就已经开始了。他的关注部分是受洛文塔尔的刺激，而洛文塔尔实际上在1920年代中期就接受过弗里达·弗罗姆-赖希曼（Frieda Fromm-Reichmann）的精神分析。此外，心理学与社会主义的关系也是当年法兰克福经常讨论的话题。1929年以后，左翼大学圈子里有一位比较重要的人物，就是比利时社会主义者亨德里克·德·曼（Hendrik de Man），他写于1926年的《论社会主义心理学》（*Zur Psychologie des Sozialismus*）[5] 试图用一种更有主观基础的行动主义取代经济决定论。德·曼抨击了功利且以利益为导向的心理学并将之归于马克思，而强调激进行动的非理性根源。坊间传言，德·曼受邀到法兰克福大学担任社会心理学教授，是为了给社会研究所更正统的马克思主义予以制衡。[6]无论出于何种原因,他的到来并没有使霍克海默和其他人接受一种非理性主义的立场,因为这种立场显然与批判理论不相容;德·曼后来与法西斯主义的调情似乎证实了他们的不信任。然而,双方的共同点是希望超越弥漫在庸俗马克思主义中的工具式功利主义。

早在1927年,阿多诺就在霍克海默的鼓励下,写了一篇长篇论文,他把精神分析与科内利乌斯的超验现象学联系起来。[7]他注意到的双方之间存在相似之处:他们都强调无意识那相互联系、符号上勾连的结构,以及他们都试图从当代经验出发来达到过去的经验。[8]次年,霍克海默个人对精神分析感兴趣有一段时间了,他决定亲身参与,选择了曾是弗洛伊德学生的卡尔·兰道尔作为他的精神医师。一年后,没有准备好的课件就无法讲课这个严重困扰霍克海默的问题得到了解决,[9]而实际上更多的是一种教育而不是治疗的精神分析也随之结束了。然而,兰道尔被说服成立了法兰克福精神分析研究所,作为德国西南精神分析研究小组的一个分支,该小组本身是最近在海德堡创建的。[10]1929年2月16日成立的法兰克福精神分析研究所成为第一个挂靠在德国大学的公开弗洛伊德主义组织,此前甚至没有间接挂靠在德国大学的类似机构。一如其名,精神分析研究所是一所"客座研究机构",在确保大学批准这所新的"客座研究机构"这件事上,社会研究所的成员们发挥了重要作用,双方也保持着松散的联系。弗洛伊德本人曾给霍克海默写过两封信以表达他的感激之情。[11]

与兰道尔一起成为常任成员的还有海因里希·孟、埃里希·弗洛姆及其夫人弗里达·弗罗姆-赖希曼。[12]在精神分析研究所成立的最初几个月里,汉斯·萨克斯(Hanns Sachs)、齐格弗里德·贝恩菲尔德、安娜·弗洛伊德(Anna Freud)和保罗·费德恩等精神

第三章 整合精神分析

分析运动中的杰出人物都曾到此发表过公开演讲。格奥尔格·格罗德克（Georg Groddeck）也是常客。在四位常任成员中，弗洛姆是洛文塔尔十多年的朋友，并由他介绍到研究所，很快就成为研究所最重要的人物。只有他在移居美国后重新加入了社会研究所，在那里他很快就确立了自己在所谓的新弗洛伊德修正主义者中最杰出的地位。他的妻子也来到了美国，但与社会研究所没有什么瓜葛。兰道尔转而去了阿姆斯特丹，在那里他不明智地拒绝了前同事们离开欧洲的恳求，直到为时已晚；他在战争期间死于贝尔森（Belsen）。孟比较幸运，他离开法兰克福前往巴塞尔，在那里他确立了自己在精神卫生方面的专家地位。因此，主要是通过弗洛姆的工作，社会研究所首次尝试调和弗洛伊德和马克思。

1900 年，弗洛姆出生于法兰克福，他成长于一个宗教气氛浓郁的环境之中。在他的青少年时期，他就被犹太思想中的弥赛亚流派所强烈吸引。他后来写道："比起其他任何东西，我更多的是被先知的著作所感动，被《以赛亚书》、《阿摩司书》、《何西阿书》所感动；与其说是被它们的警告和宣告灾难所感动，不如说是被它们对'终结'的承诺所感动……当我十二三岁的时候，国家间普遍和平与和谐的愿景深深地触动了我。"[13] 二十岁出头时，弗洛姆与洛文塔尔一起，加入了诺贝尔拉比周围的圈子。他还与格奥尔格·萨尔茨贝格尔（Georg Salzberger）和弗朗茨·罗森茨威格一起，在组建著名的自由犹太学府中发挥关键作用。虽然 1926 年弗洛姆在慕尼黑第一次接受精神分析后，失去了他正统性的外衣，但在他后来的所有作品中，可以被称之为宗教性的态度仍然伴随着他。

然而，他从犹太前辈那里吸收的东西，与霍克海默和阿多诺从他们的犹太前辈那里吸收的东西显然大不相同。弗洛姆没有强调真理的非表象性和不可能定义本质的人，而是肯定了哲学人类学的概念。像马丁·布伯和自由犹太学府圈子里的其他人一样，他认为人的本质是通过与世界的关联性和与他人的互动而创造出来的。这一点在他离开社会研究所后的晚期作品中表现得最为生动，但弗洛姆始终肯定了人性的现实。不过，这并不是像罗马的自然（natura）那样的固定概念，而是人的潜在本性的观念，类似于希腊的物理（physis）。因此，弗洛姆始终非常强调马克思《1844年经济学哲学手稿》的人类学意义。[14]在这一点上，相比霍克海默和阿多诺，他更接近马尔库塞，至少接近加入社会研究所之前的马尔库塞。在法兰克福学派有关人士中，弗洛姆最常采用马克思的异化概念，特别是在他离开社会研究所后的作品中。[15]他的愿景是在人的真正本性这个基础上建立他的完美之人，为此弗洛姆从斯宾诺莎[16]和杜威等思想家的作品中寻找到了这种本性的蛛丝马迹。而在1940年代，他试图超越心理学，建立一个同样基于人性的伦理体系。他的伦理学在《自我的追寻》（*Man for Himself*）中表达得最为彻底，在其人文主义的外衣之下潜藏着一种自然主义，一些批评家认为这种自然主义难以成立。[17]

到了1940年代，弗洛姆不仅离开了社会研究所，而且离开了他的正统弗洛伊德主义。当然，这并不意味着他放弃了他早期立场的所有方面。他后来写道：

> 我从未离开过弗洛伊德主义，除非有人用性欲理论来定义弗洛伊德……我认为，弗洛伊德的基本成就是他的无意识概念和这个概念在神经症、梦等方面的表现和抵抗力，以及他的动态性格概念。对我来说，这些概念在我所有的作品中仍然具有基本的重要性，如果说因为我放弃了性欲理论，我

第三章　整合精神分析

就放弃了弗洛伊德主义,那是一种非常激烈的说法,只有从正统的弗洛伊德主义的立场出发才可能成立。无论如何,我从未放弃过精神分析。我从来没有想过要组建一个自己的学派。我是被曾经从属的国际精神分析协会除名,可我现在(1971年)仍然是华盛顿精神分析协会的会员,这个协会也遵从弗洛伊德主义。我一直批评正统弗洛伊德式的观念和弗洛伊德国际组织的官僚做派,但我的全部理论工作都是以我认为弗洛伊德最重要的发现为基础的,除了元心理学。[18]

然而,对其他观察者来说,抛弃性欲理论和俄狄浦斯恋母情结等弗洛伊德原始思想中的其他关键要素,意味着弗洛姆已经远离了正统理论中的基本要素,足以证明他是一个彻底的修正主义者。所谓元心理学不仅指弗洛伊德关于生死本能的推测这些公认有争议的内容,而且指他更被广泛接受的性欲理论。弗洛姆将弗洛伊德的临床研究发现和他的元心理学区分开来,并不能使那些认为两者之间有更紧密联系的人满意,包括他在社会研究所的同事们。

尽管弗洛姆从未完全停止过将精神分析与马克思主义合二为一的努力,但他后来的尝试较少地依赖于弗洛伊德著作的某些方面,而越来越多地依赖于马克思本人所预期的心理学见解。[19] 当他于1962年撰写他的思想自传时,他认为马克思是自己发展过程中更为重要的人物。他写道:"马克思是一个具有世界历史意义的人物,弗洛伊德在这方面甚至不能与之相提并论,这一点不言自明。"[20] 他在青年时期所学到的普遍和平这个预言性的观念,使他欣赏马克思笔下的类似论调,并远离了弗洛伊德思想中不太积极的含义,尽管他仍然忠于弗洛伊德的许多概念。

然而,当弗洛姆在1930年代之前加入社会研究所时,他对弗洛伊德的态度却截然不同。在海德堡、法兰克福和慕尼黑大学求学之后，他在柏林精神分析研究所（Berlin Psychoanalytic Institute）接受了精神分析训练。在这里，他接受了汉斯·萨克斯的分析和特奥多尔·赖克（Theodor Reik）等著名弗洛伊德主义者的指导。1926年，他开始自己进行临床实践，尽管像萨克斯和许多早期的分析师一样，他从未接受过专业的医学训练。弗洛姆声称，他开始与实际的病人接触，这对他的思辨性作品始终是一种宝贵的刺激，而社会研究所的其他成员们都缺乏这种经历。[21] 不久之后，他的第一篇文章开始出现在正统的精神分析期刊上，如斯托费尔（A. J. Storfer）主编的《精神分析教学法期刊》（Zeitschrift für psychoanalytische Pädagogik）和弗洛伊德自己的官方杂志《相》（Imago）。

虽然他的主题常常反映了他的宗教背景，比如他对安息日的研究，[22] 弗洛姆也开始表现出对发展社会心理学的兴趣。1931年他为《精神分析运动》（Psychoanalytische Bewegung）写了一篇文章，题为《政治与精神分析》（Politik und Psychoanalyse），就在分析界引起了相当大的争议。他的第一篇深度研究《基督教教条的发展：对宗教的社会心理学功能的精神分析研究》（Die Entwicklung des Christusdogmas: Eine psychoanalytische Studie zur sozialpsychologischen Funktion der Religion）[23] 更能说明他希望用马克思主义见解来丰富自己的弗洛伊德主义，这篇文章受特奥多尔·赖克的同题论文所刺激。弗洛姆认为，赖克的错误之处在于将早期基督徒同质化，将其视为具有统一心理现实的单一群体。借此，赖克就与哈纳克（Adolf von Harnack）等神学家不谋而合：(赖克)忽视了这样一个事实，即这里的心理主体不是一个人，甚至不是一个拥有相对统一而稳定心理结构的群体，而是由具有不同社会和心理兴趣的不同群体所组成。"[24] 在弗洛姆看来，从 1 世纪人成为神的嗣子说[*]观念到 4 世纪神成为人的同本体论[†]，基督教教条的这一系列基本变化都是社会变化的产物。只有较早的表述表达了第一批基督徒对权威的反叛敌意，在这里权威就是父亲的权威。教义上的变化则对应着人们接受上帝的权威，并将内心的怨恨重新向内转向了基督徒自身。弗洛姆认为："发生这一演变的原因要么是社会经济形势的变化，要么是经济力量的倒退及其社会后果。通过向群众提供象征性的满足，统治阶级的意识形态宣传师们加强和加速了这种发展，把群众的攻击性行为引向对社会无害的渠道。"[25]

弗洛姆主张对特定社会群体之间的差异保持敏感，而不是将意识形态教条一概归结为普遍的心理需求，他用心理学术语主张的，就是霍克海默和与海德格尔决裂后的马尔库塞所说的"历史性"这一抽象概念。他特别引入弗洛伊德成分的地方，在于他使用精神分析机制当作个人和社会的中介概念——例如，用俄狄浦斯情结中对父亲的怨恨来表达对权威的敌意。实际上，这也是后来社会研究所对弗洛伊德许多概念的使用方式。在《社会研究期刊》第一期中，博克瑙被选出来为《基督教教条的发展》撰写评论，他赞许地称该文是弗洛伊德和马克思结合的第一个具体范例。

在同一期学刊上，弗洛姆试图阐明社会心理学的基础。[26] 他首先批判了心理学只适用于个体的观念，尤其指出威廉·赖希的早期著作就主张这种观点。[27] 虽然抨击了群体或大众灵魂的观念，但弗洛姆认为，个体从来没有完全脱离其社会处境。真正的任务是补充和丰富马克思主义的基本框架，而这个框架对他来说是既定的。他提出，马克思主义被错误地指责为简单化的占有心理学；这里他把

---

[*] Adoptionism，早期教会认为耶稣是人而不是神，由上帝耶和华所"收养"。——译注
[†] Homoousion，即圣三位一体，《尼西亚信经》称耶稣与上帝是等同的。——译注

矛头指向了伯特兰·罗素（Bertrand Russell）和亨德里克·德·曼，因为他们错误地把经济上的自我利益视为马克思的人类观念之基础。他认为，事实上，马克思的心理学前提很少，比弗洛姆后来自己所主张的还要少。在马克思看来，人有某些基本的驱动力（饥饿、爱等等），这些驱动力追求的是满足，而占有只是特定社会条件的产物。然而，马克思主义需要更多的心理学见解，而考茨基和伯恩施坦等马克思主义者以其天真而理想主义的信念相信天生的道德本能，无法提供这些见解。[28] 精神分析可以补上意识形态上层建筑和社会经济基础之间缺失的联系。简而言之，精神分析可以丰富唯物主义关于人的本质概念。[29]

不过，对于精神分析能在哪些方面对社会心理学最富有成效，弗洛姆有着非常明确的想法。在文章的一开始，[30] 他就明确表示拒绝接受弗洛伊德关于生死本能的理论，对他来说，这不过是生物学和心理学的有害杂交。相反，弗洛姆坚持了弗洛伊德早期的情欲驱动力和自保驱动力的二分法。前者能够在幻想中被置换、升华和满足（例如，施虐癖可以通过一些社会可接受的方式得到满足），而后者则不能（只有面包可以缓解饥饿），因此性欲更容易适应社会条件。[31] 分析的社会心理学的任务是根据社会经济基础结构对基本心理驱动力的影响来理解无意识驱动的行为。弗洛姆认为，童年经历特别重要，因为家庭是社会的中介。（弗洛姆对家庭的强调贯穿了他的整个职业生涯，尽管他后来调整了正统的弗洛伊德式对童年的强调，认为"分析者不能陷在对童年经验的研究里，而要把注意力转向现存的无意识过程"。[32] 但在1930年代初，他仍与正统的精神分析足够接近，关注儿童的形成期。）

他继续说，每个社会都有自己的性欲结构，这是人类基本动力和社会因素的结合产物。社会心理学必须研究这种性欲结构如何作为社会的粘合剂，以及它如何影响政治权威。这里需要补充一句，弗洛姆是从实践经验出发的。霍克海默在就职演讲时宣布了研究工人的权威模式的项目，而当这个项目进行时，弗洛姆指导了其中大部分的实证工作。他在文章中解释到，这项研究的前提是拒绝接受大多数心理学家将之错误地绝对化的各种资产阶级规范。他认为，当时有把当下社会的经验普遍化的倾向，最明显的表现就是将俄狄浦斯情结扩展到所有人类的发展之中，而事实上它只限于"父权"社会。[33] 一种合理的社会心理学必须承认，当一个社会的社会经济基础发生变化时，其性欲结构的社会功能也会发生变化。弗洛姆在文章结尾处认为，当两者之间的变化速度不同时，很可能会造成一种爆炸性的局面。这将是他在十年后的下一部重要著作《逃避自由》(*Escape from Freedom*)中较详细地阐述的观点。

为了使他在《社会研究期刊》上刊载的第一篇文章中的概括具有实质意义，弗洛姆随即把注意力转向了性格类型学的问题。[34] 在研究这个问题时，他的基本取向仍然是弗洛伊德式的。在大多数情况下，他接受了精神分析学的观点，认为性格是由基本的性欲驱动力升华或反应所构成的。在卡尔·亚伯拉罕（Karl Abraham）和恩斯特·琼斯（Ernest Jones）的思想基础上，他首先概述了口交、肛交和生殖器交配三种性格类型。在这三种类型中，弗洛姆表示更倾向于生殖器性格，他把生殖器性格与独立、自由和友好联系在一起。[35] 他还暗中表露了对非生殖器性格类型的敌意，这种敌意是他后来所有作品的标志，并使他与马尔库塞区别开来，后者对前生殖器的"多态性变态"（polymorphous perversity）有着截然不同的想法。[36] 应该指出的是，他在这点上更接近威廉·赖希，后者关于性格类型学的作品也大约在同时付梓。[37] 弗洛姆也同意赖希所说的非压抑性生殖器性欲有解放作用，尽管从未认为这种作用本身就已经足够了。然而到了晚年,弗洛姆越来越对赖希的观点持保留意见;因为他开始相信,纳粹表明了性自由并不一定意味着政治自由。[38]

在确立了各种性格类型的基本性欲根源的重要性后,弗洛姆接着再次强调了通过家庭中介的社会因素的影响。他以过度压抑的性观念的影响为例,这种影响可能会阻碍健康的生殖器性行为的发展,从而助长了前生殖器的性格类型。但总的来说,他坚持了相当正统的弗洛伊德主义:"由于性格特征植根于性欲结构,这些性格特征也表现出相对的稳定性。"[39]在文章的结尾,弗洛姆着重论述了"资本主义精神"与肛交性(anality)之间的关系。他用后来已经司空见惯,但在当时却很新颖的论点,把资产阶级的理性、占有欲和清教禁欲与肛门压抑和井然有序联系起来。[40]他认为,由于(包括性格类型在内广义上的)意识形态相对于社会经济变化的滞后性,这些特征一直持续到20世纪,在小资产阶级圈子里最突出,甚至在某些无产阶级圈子里也是如此。弗洛姆在后来在《逃避自由》一书中对宗教改革的研究里,再次提到了两者之间的关系。然而,到那时,他对肛交性和弗洛伊德的性欲理论态度总体上已经发生了非常明显的转变。虽然在后来的著作中,弗洛姆对肛交类型(性格)的临床描述没有变化,但对此的解释却发生了重大变化。

如前所述,这种变化几乎完全是出自他的临床观察。但还有一个知识渊源,帮助他阐明了他的新观点。1920年代中期,弗洛姆第一次接触到19世纪瑞士人类学理论家约翰·雅各布·巴霍芬(Johann Jacob Bachofen)的作品。巴霍芬对母系文化的研究最早出现在1860年代,自他1887年去世后的二十年里,他的研究相对遇冷。例如,弗洛伊德的人类学推测主要来自詹姆斯·弗雷泽爵士(Sir James Frazer)对图腾崇拜的研究。不过,在研究遇冷之前,巴霍芬和刘易斯·摩根(Lewis Morgan)等其他母权制理论家在社会主义圈子里很有影响，比如恩格斯写于 1884 年的《家庭、私有制和国家的起源》(*Der Ursprung der Familie, des Privateigenthums und des Staats: im Anschlub an Lewis H. Morgan's Forschungen*) 和倍倍尔 (August Bebel) 写于 1883 年的《妇女与社会主义》(*Die Frau und der Sozialismus*)，都深受这些母权制理论家的影响。

到 1920 年代，母权理论在几个不同的方面上重新引起了人们的兴趣。阿尔弗雷德·博伊姆勒 (Alfred Bäumler) 和路德维希·克拉格斯 (Ludwig Klages) 等资产阶级社会的右翼反现代主义批评家，被其意涵中的浪漫主义、自然主义和反智主义所吸引。格奥尔格以前的数位弟子，否定了格奥尔格的厌女症，离开了格奥尔格的圈子，去寻找永恒的女性。正如巴特勒 (E. M. Butler) 所指出的那样，[41] 这几乎完全重复了近七十年前法国圣西门主义者们对"神秘母亲"的追求。在英国比较正统的人类学界，马林诺夫斯基 (Bronislaw Malinowski) 在他写于 1927 年的《野蛮社会的性与压抑》(*Sex and Repression in Savage Society*) 中对母权文化的研究被用来破坏弗洛伊德式俄狄浦斯情结的普遍性。与此同时，罗伯特·布里福 (Robert Briffault) 写于 1927 年的《母亲：情感和制度起源的研究》(*Mothers: A Study of the Origins of Sentiments and Institutions*) 引起了人们相当大的兴趣。

在精神分析学界，母权理论也得到了新的思考。威廉·赖希是最早这样做的人之一。到了 1933 年，他甚至能在《法西斯主义的大众心理学》(*Massenpsychologie des Faschismus*) 中写道，母权制是"自然社会"中唯一真正的家庭类型。[42] 弗洛姆也是母权制理论最积极的倡导者之一。1932 年，他在《社会研究期刊》上发表了一篇对《母亲：情感和制度起源的研究》的长篇评论，向德国公众介绍了布里福，文后还附有布里福本人一篇题为《家庭情感》("Family

Sentiments")的英文文章。[43]布里福认为,所有的爱和利他主义情感究其根本都来自人类怀孕和产后护理的延长期所必需的母爱,弗洛姆特别喜欢这个观点。因此,爱并不像弗洛伊德所认为的那样,依赖于性。事实上,性更多时候是与仇恨和破坏联系在一起的。弗洛姆还赞扬了布里福对社会因素的敏感。男性气质和女性气质并不像浪漫主义者所认为的那样,是性别差异在"本质"上的反映。它们是由生活功能的差异衍生出来的,而生活功能的差异在一定程度上是由社会所决定的。因此,一夫一妻制在经济上是由照料畜群所促成的,而照料畜群需要运动和男性牧人的霸权。弗洛姆总结说,布里福已经超越了单纯的民族志所关注的问题,进入了历史唯物主义本身的传统,而他在《社会研究期刊》上发表的文章强调了经济因素对家庭发展的重要性就是证明。

在下一期的《社会研究期刊》上,弗洛姆直接讨论了巴霍芬本人。[44]他首先详细地划分了母权理论中吸引资产阶级社会右翼和左翼批判者的不同内容。巴霍芬自己对过去的迷茫怀旧触动了右翼响应者的心弦。他的浪漫主义自然观也是如此,认为人应该像婴儿服从母亲一样服从自然。[45]他把男女之间的精神差异绝对化了(弗洛姆承认,这确实表达了对启蒙运动把妇女"解放"到资产阶级男人地位的正当抗议),这一点与浪漫主义者一样但与布里福不同。博伊姆勒、克拉格斯和其他民族主义理论家只回应巴赫芬的自然主义形而上学,把它变成了神秘主义的狂想(Schwärmerei)。而他们忽略的是巴赫芬的社会心理学见解。

而这些心理学见解,正是他吸引左翼的地方。母系社会强调人类的团结和幸福。其主要价值观是爱和同情,而不是恐惧和服从。母系社会的社会伦理中既没有私有财产,也没有压抑性行为。按照恩格斯和倍倍尔的解释,父权社会与阶级社会有关:两者都强调责任和权威，而不是爱和满足。从某种程度上说，巴霍芬的历史哲学与黑格尔的历史哲学是相似的。父权制社会的出现正对应的是精神与自然的断裂、罗马对东方的胜利。

由此可见，对弗洛姆来说，从社会主义出发解读巴霍芬更为贴切。他认为，事实上，母系社会在过去是否实际存在并不可知，所以研究母系社会的重要性并不在于它们的历史兴趣，而在于它们提供了另一种现实的愿景。与马林诺夫斯基一样，弗洛姆也用母权理论来否认俄狄浦斯情结的普遍性。他断言，这种情结在父权制社会中的力量，部分是由于儿子既是父亲财产的继承者，也是父亲年迈后的供养者。这意味着，对儿子的早期教育与其说是为了幸福，不如说是出于经济用途。父子之间的爱有可能因为儿子害怕辜负父亲而演变成仇恨。这样产生的爱具有偶然性，很可能导致在精神上丧失安全感，而把责任感强化为生存的焦点。

与父爱相比，母爱却是无条件的，受社会压力影响较小。然而，在当代社会，真正的母亲的力量已经遭到了削弱。她不再被视为保护者，而是被视为需要保护的人。弗洛姆认为，如国家或民族这些母性的替代物，也是同理。[46]原本母性所特有的信任和温情，已经被父性特有的内疚、肛门压抑和威权道德所取代。新教的出现增加了父亲的影响力；中世纪天主教及其子宫般的教堂和圣母崇拜提供的安全感都逐渐失效了。[47]资本主义的心理基础显然是父权制的，尽管矛盾的是，资本主义为回归真正的母权文化创造了条件。之所以如此，是因为资产阶级提供了丰富的商品和服务，可能会允许一种不太注重成就的现实原则。弗洛姆的结论是，社会主义必须维系这种回归母权文化的承诺。

随着弗洛姆对巴霍芬的兴趣与日俱增，他对正统弗洛伊德主义的热情也日益冷淡。1935年，他在《社会研究期刊》上阐明了他幻灭的根源。[48] 他认为，弗洛伊德是其自身资产阶级道德和父权价值观的囚徒。他接着说，精神分析中对童年经验的强调，是为了转移人们对分析者本人的注意力。当分析师不加批判地认同社会价值观时，如果病人的欲望和需求又与这些价值观相悖，他往往会引起病人的反抗。当然，从理论上讲，分析师应该是价值中立的，对病人的道德观持宽容态度；但弗洛姆认为，这种宽容的理想事实上历来有两面性。

弗洛姆关于宽容的讨论[49]值得详细考察，因为这其中表达了社会研究所其他成员们所共有的态度，后来在马尔库塞最有争议和最有影响的文章之一中就重复了这一点。[50] 弗洛姆写到，最初，资产阶级争取容忍的斗争是针对社会压迫的。但当中产阶级成为社会主宰时，宽容就变成了掩盖道德放任的面具。实际上，他们从来没有宽容到能保护对现行秩序的严重威胁。正如康德作品中所体现的那样，宽容适用于思想和言论，而不是行动。资产阶级的容忍始终是自相矛盾的：它在有意持相对主义的中立立场，但在潜意识里却是为了维护现状。弗洛姆提出，精神分析也具有这种宽容的两面性特征；弗洛姆直言不讳地说，中立的外表往往是掩盖医生隐藏的施虐癖。[51]

然而，弗洛姆并没有更进一步，而马尔库塞后来却这样做了。（马尔库塞在1965年写道："解放的宽容将意味着对右翼运动的不宽容和对左翼运动的宽容。"）[52] 相反，他专注于揭露弗洛伊德父权主义的其他方面。他认为，正统精神分析的目标是工作、生育和享受的能力。然而，弗洛伊德曾强调其中前两者而非其三，他认为文明与满足之间存在着不可调和的矛盾。对那些试图让构建的社会拥有更充分满足感的政治激进分子，弗洛姆的态度始终是敌视。他认为，这些人所做的一切，都是在对父辈宣泄他们的俄狄浦斯情结。[53]

第三章 整合精神分析

事实上，弗洛伊德为神经症下定义时，就是从无法接受资产阶级规范出发。弗洛伊德无法超越其自身背景的进一步证据是他坚持所有治疗都要收费。最后，弗洛姆认为，弗洛伊德本人的性格就是一个典型的父权制类型，对学生和病人都很威权。[54]

弗洛姆建议，格奥尔格·格罗德克和尚多尔·费伦齐（Sándor Ferenczi）可以更好地替代弗洛伊德。他们二人让分析师和病人一对一，以更平等的方式面对病人，这一点治疗上的创新令他们更胜一筹。弗洛姆放弃了俄狄浦斯情结，这意味着在他现在青睐的技术中，移情（transference）的作用被大大降低了。格罗德克和费伦齐在收费问题上也不那么计较，有时直接免费。与弗洛伊德既父权又威权且非人道的"宽容"相比，他们提供了一种疗法，超越了让人适应当代社会中道德上非人道之处这个短视的目标。弗洛姆对费伦齐的早逝给精神分析造成的损失表示非常痛心。恩斯特·琼斯曾说费伦齐在生命的最后一刻变成了精神病患者，晚年弗洛姆试图从琼斯的歪曲中挽救自己的声誉。[55] 弗洛姆和他的妻子也仍然是格罗德克的朋友，尽管格罗德克在政治上很天真——他怀疑希特勒是否真的反犹，一度希望能让希特勒赞助他的一些工作，但当希特勒掌权后只能大失所望。[56]

在弗洛姆对弗洛伊德越来越幻灭的同时，他与社会研究所其他成员们的关系也越来越疏远。在为1936年出版的研究所工作人员联合研究项目《权威与家庭研究》贡献了一篇关于权威的心理学分析后，弗洛姆只为《社会研究期刊》写了一篇文章，研究现代社会中的无力感。[57]1939年，他断绝了与社会研究所的联系，更专注地投入到临床工作中，愈发追求他的非弗洛伊德思想路线。两年后，《逃避自由》出版，这也许是他最广为人知的一本书。美国即将在战争中对抗威权主义，该书作为对威权主义的一种解释受到了可观的关注,并最终成为该领域的经典之作。由于对该书的讨论并不乏见,[58]这里只讨论该书中弗洛姆的发展脱离弗洛伊德和社会研究所的佐证。

如同他早先在《社会研究期刊》上刊载的文章一样,弗洛姆首先指责弗洛伊德在文化上的狭隘性:"弗洛伊德意义上的人际关系领域类似于市场,是一种为满足生物上既定需求的交换,在这种交换中,与另一个人的关系永远是达到目的的手段,绝不是目的本身。"[59]他比此前任何时候都更强烈地谴责弗洛伊德的悲观主义和他的死亡本能概念。他在书中把死亡本能等同于破坏的需要,马尔库塞后来对这种解释提出了质疑。基于这种理解,弗洛姆才得以写道:"如果弗洛伊德的假设是正确的,我们将不得不假设破坏性的总数或多或少是恒定的,无论是针对他人还是针对自己。但我们看到的却恰恰相反。在我们的文化中,破坏性的分量不仅在个人之间相差甚大,而且在不同的社会群体中也是不相等的。"[60]

弗洛姆还继续贬低弗洛伊德的性欲理论,只不过保留了他的临床描述。为此,他明确否定了他自己在《基督教教条的发展》中的解释部分,[61]和他1932年在《社会研究期刊》上倡导的以性欲为导向的性格类型学。[62]弗洛姆对施虐和受虐癖(sado-masochism)的讨论是他的非理性权威理论的核心概念之一,而他试图清除这一概念中的任何色情成分。事实上,在他的下一部作品《自我的追寻》中,弗洛姆沿着非常不同的路线发展了自己的类型学。[63]他第一次在出版物中承认自己的思想与卡伦·霍尔奈(Karen Horney)和哈里·斯塔克·沙利文(Harry Stack Sullivan)的思想之间存在相似之处,[64]这两位学者也在类似的方向上修正弗洛伊德。他再次指出社会因素的影响,这些因素基于自我保护驱动力这个无法逃避的紧迫性。在一篇附录中,他阐述了他在早期著作中提出的"社会性格"

的概念,他认为这个概念是他"对社会心理学领域……的最重要贡献"。[65] 他写道:"社会性格只包括一些筛选出特点,是**一个群体中大多数成员性格结构的基本核心,是从该群体共同的基本经验和生活方式发展而来的结果**(强调为弗洛姆的原文所加)。"[66]

所有这些内容对弗洛姆来说都不新鲜,他在以前的文章中都已经以某种方式涉及过。然而,《逃避自由》中的新颖之处在于对所谓人的"存在"状况有了更一般的兴趣。在弗洛姆看来,"这本书的主旨"是"人越是在从人与自然的原初合一的意义上获得自由,越是成为一个'个体',他就越是别无选择,只能在爱和生产劳动的自发性中与世界联合起来,否则就会通过与世界的这种纽带来寻求一种安全感,而这种纽带将破坏他的自由和个体自我的完整性。"[67] 弗洛姆认为,马克思的早期著作中的异化概念非常具有启发性,显然是他新路径的根源。孤立(isolation)和关联(relatedness)成了他思想的两极。他越来越从某些类型的人际关系来定义神经症;例如,施虐癖和受虐癖不再是从性衍生而出的现象,而是变成了"倾向于帮助个体摆脱其难以忍受的孤独感和无力感"的努力。[68] 二者的真正目的都是与他人"共生",[69] 这意味着通过将自我溶入他人而丧失自我完整性和个性。

弗洛姆在《逃避自由》中区分了孤立的原子化和"总体的、综合的人格之自发活动",[70] 前者是消极的"豁免的自由"(freedom from),后者是积极的"行事的自由"(freedom to)。虽然他着力强调结束"豁免的自由"的异化和实现积极"行事的自由"必须要社会经济的变革,但他并没有着力强调这种变革的困难。他愈发乐观,甚至从道德的角度来看待变革的问题。如果没有与生俱来的破坏驱动力,那么希伯来先知的梦想,也就是曾深深打动年轻弗洛姆的"普遍和平与国际和谐的愿景",就有可能实现了。在随后的著作中，弗洛姆强调伦理学与心理学的结合。在《自我的追寻》中，他竟然说："每一种神经症都代表着一个道德问题。未能达到整个人格的成熟和整合，就是一个道德问题。"[71] 而到了晚年，他开始欣赏东西方的精神教义，尤其是东方的禅宗大师们。[72]

然而，公允地说，应该承认，这是弗洛姆思想重点的变化，而不是他在立场上绝对转变。有人指责他成了一个波丽安娜[*]，弗洛姆愤怒地回应道："我始终坚持同样的观点，即人的自由能力和爱的能力等几乎完全取决于既定的社会经济条件，只有在例外的情况下，人们才会发现，在一个原则截然相反的社会中存在着爱，我在《爱的艺术》(The Art of Loving) 中就是这么写的。"[73] 然而，霍克海默和社会研究所内部的其他成员已经放弃了 1920 和 1930 年代的试探性希望，可读一读弗洛姆后来的著作，很难不得出如下结论：与他们相比，弗洛姆是在捍卫一种更为乐观的立场。

霍克海默等人基本认同弗洛姆最初对《社会研究期刊》的贡献，甚至同意他对弗洛伊德的第一次批评。事实上，弗洛姆还记得，卡伦·霍尔奈和霍克海默在刚移民到纽约的最初几年里关系是友好的。[74] 此外，社会研究所还接受了弗洛姆整合精神分析和马克思主义的希望。在社会研究所新期刊的创刊号上，霍克海默便发表了一篇题为《历史与心理学》的文章，提出迫切需要用心理学补充马克思主义理论。他认为，要理解当代社会中人的动机，必须既从马克思意义上的"意识形态"出发，也应该从心理学出发。可以肯定的是，社会越是变得理性，就越不需要这两种概念方法来理解社

---

[*] Pollyannna：心理学术语，出自美国的同名经典儿童文学。在潜意识层面，人脑会倾向于关注乐观向上的信息，而在意识层面却倾向于消极。对于这种潜意识里偏向于积极乐观的现象称之为波丽安娜效应。——译注

第三章　整合精神分析

会现实。但就目前而言，要理解社会形式在丧失其客观必然性之后持续的影响力，还需要心理学的解释。这必须是一种个体心理学，霍克海默在这一点上同意弗洛姆的观点。虽然社会因素确实影响了个体心理的形成，但并不存在真正的大众灵魂或群体意识："无论内容还是精神装置*，其爆发强度都受经济条件所制约。"[75]

在移民美国的最初几年，霍克海默与弗洛姆一样厌恶死亡本能。直到1936年，在《利己主义与解放运动》一文中，[76]他抨击了这个概念中隐含着顺应盲从。霍克海默认为，弗洛伊德早期的作品更多的是辩证的，而他后期的作品则更多接近生物学和实证主义；他对破坏驱动力的信念就像中世纪时把邪恶归于神话中的魔鬼。由于忽略了压迫中的历史因素，弗洛伊德将现状绝对化，认为永远必须由精英来压制破坏性的大众。

然而，到了1930年代后期，弗洛姆和社会研究所的其他成员们开始分道扬镳。弗洛姆极力强调的父权制与母权制的区别，这一点从未被其他成员完全接受。只有从未见过弗洛姆的瓦尔特·本雅明对巴霍芬的工作表示了极大的兴趣，可他也不是社会研究所真正的核心成员。[77]对弗洛姆把弗洛伊德当作父权思想的代表而加以否定的做法，其他人都很警惕。在回顾这次决裂时，弗洛姆的记忆是霍克海默发现了一个"更具革命性的弗洛伊德"。[78]因为弗洛伊德谈到了性，霍克海默就认为他比弗洛姆更像一个真正的唯物主义者。而洛文塔尔则记得这种决裂是由于弗洛姆改变了方法，《逃避自由》分为两个不同部分，分别是社会的部分和"存在的"部分，这就颇具象征意义。[79]此外，个人的分歧很可能也起到了一定的作用。仅从著作中似乎可以看出，弗洛姆的感性不如其他核心成员那样擅长

---

* psychic apparatus：弗洛伊德元心理学的概念，负责吸收和处理信息，从而通过释放"本能冲动"来解决紧张感并寻求快感。——译注

反讽，他对生活的态度也不像霍克海默和阿多诺，没有那种审美上的微妙和细节。阿多诺大约在弗洛姆离开的时候全面介入社会研究所的事务中，标志着法兰克福学派工作基调发生了关键的转变。

不管是什么导致了弗洛姆的离开，他的作品在1940年代被他的前同事们所厌恶。在他离职后，社会研究所并没有花太多时间在其出版物中讨论精神分析的理论问题。在1939年的一篇文章中，[80]霍克海默将弗洛伊德与狄尔泰作了比较，更倾向于前者，但没有对他的偏好原因作任何详尽解释。虽然无论战时还是战后，社会研究所的很多作品中都使用了精神分析的范畴，但霍克海默等人似乎并不急于宣传他们与弗洛伊德理论的关系。1942年10月，著名的自我心理学家恩斯特·克里斯（Ernst Kris）找到洛文塔尔，向他请教社会研究所对弗洛伊德的态度。洛文塔尔写信给霍克海默，请示如何回答。当时已移居加州的霍克海默以一种极富启发性的方式回信。他的回答值得占用一点篇幅摘录：

> 我觉得你应该简单地持积极态度。我们确实对弗洛伊德和他的第一批合作者深表谢意。他的思想是基石（Bildungsmächte）之一，没有它，我们自己的哲学就不会是现在这个样子。在过去的几周里，我重新认识到了他的伟大。你肯定还记得，许多人说他最初的方法特别适合维也纳精致的中产阶级。总体来说，这当然是完全不符合事实的，但略带一丝怀疑的目光并无损于弗洛伊德的作品。越是伟大的作品，越是扎根于具体的历史情境。但是，如果你仔细观察自由主义的维也纳和弗洛伊德最初方法之间的这种联系，你就会意识到他是一位多么伟大的思想家。随着中产阶级家庭生活的衰落，他的理论达到了一个新阶段，体现在《超越快乐原则》

(*Jenseits des Lustprinzips*)及之后的著作中。他在哲学上的这个转折证明，他在特定作品中认识到了讨论理性的那篇文章（可能是霍克海默《理性与自我保护》的一部分）中专门论述家庭和个人衰落的那一章所指出的变化。没有性欲的心理学在某种程度上就不是心理学，弗洛伊德足够伟大，摆脱了心理学自身的框架。恰当意义上的心理学永远是个体的心理学。在需要的地方，我们必须在参考弗洛伊德的早期著作时遵循正统。与死亡本能（Todestrieb）有关的一系列概念都是（德语意义上）人类学范畴。即使我们不同意弗洛伊德对它们的解释和使用方式，我们也会发现这些概念的客观意图是极其正确的，而这些概念也暴露了他在该情境中的天赋。随着思想的演变，他得出的结论与同时期另一位伟大的思想家柏格森的结论相差无几。弗洛伊德客观上避免了精神分析，而弗洛姆和霍尔奈则回到了常识心理学，甚至将文化和社会心理化了。[81]

在这封信中霍克海默表达了与弗洛姆之间在基本意见上的几点分歧。首先，对弗洛伊德思想中公认的资产阶级要素，霍克海默拒绝指责这些毋庸置疑是不幸的要素。正如他在《传统理论与批判理论》中所论述的那样，[82]任何思想家都不能完全摆脱他的社会出身。他向洛文塔尔写道："越是伟大的作品，越是扎根于具体的历史情境之中。"因此，弗洛伊德的死亡本能概念具有"客观的意图"，这个意图之所以"极其正确"，并不是因为它具有生物上的普遍性，而是因为它表现了现代人身上破坏性冲动的深度和严重性。其次，弗洛姆极力强调的家庭作为社会能动者的作用，这也在社会研究所早期对权威的研究中起到了一定作用，弗洛伊德却被推测对家庭的这一作用视而不见，实际上反映了他对家庭在现代生活中的衰落非常敏感。这是霍克海默在之后的作品中要详细讨论的变化。最后，弗洛伊德已经意识到，心理学必然是对个体的研究。因此，性欲意味着人类生存中一个顽固而不受全面社会控制的层面，是一个不可缺少的概念。因此，把个人进行社会学化是一个错误。同样的道理，修正主义者们试图"将文化和社会心理学化"也是错误的。霍克海默拒绝把心理学化为社会学，或者反过来把社会学化为心理学，其背后的原因在于批判理论的核心是对非同一性的强调。只有当各种矛盾得到了社会意义上的解决时，它们才能在方法论上得到调和，这也是阿多诺很久以后在《社会学与心理学》（"Sociology and Psychology"）一文中的讨论里要回到的关键点。[83]

事实上，是阿多诺首先在公开场合阐明了社会研究所与其修正主义前成员之间的分歧。1946年4月26日，他在洛杉矶发表了一篇题为《精神分析中的社会科学和社会学倾向》（"Social Science and Sociological Tendencies in Psychoanalysis"）的论文。[84]这篇论文很有意思，既因为它说明了法兰克福学派被弗洛伊德所吸引，也因为它预示了马尔库塞将在《爱欲与文明》中对修正主义进行抨击，只是不那么广为人知。阿多诺专门针对卡伦·霍尔奈的《精神分析的新方法》（*New Ways in Psychoanalysis*）和弗洛姆的《精神分析疗法的社会局限性》（"The Social Limitations of Psychoanalytic Therapy"）发表了自己的看法，后两部作品早在十一年前就在《社会研究期刊》上发表了。而阿多诺这篇论文是二战刚结束时写的，透露出一种与研究所过去作品截然不同的尖刻语气。

阿多诺首先考察了修正主义者对弗洛伊德的本能理论的攻击。他认为，本能主义既可以意味着把人的灵魂机械地划分为各种固定的本能，也可以意味着从快乐和自我保护的努力中灵活地推导出心理，几乎有无限的变化。弗洛伊德的本能理论属于后者。因此，修正主义者指责他属于机械主义是不正确的，而事实上，修正主义者将性格类型的实体化才真正配得上机械主义的称谓。他们虽然强调历史影响，但却不如弗洛伊德对性欲的"内部史"那么熟稔。由于过分强调自我的重要性，修正主义者忽视了自我与本我之间在遗传上的互动："具体地说，指责弗洛伊德是所谓的本能主义，等于否认了文化通过强行限制性欲尤其是限制破坏性驱动力，助长了带来压抑、内疚和自我惩罚的需求产生。"[85]

此外，由于将童年体验*的作用最小化，尤其是对人格发展影响如此之大的创伤也被最小化，修正主义者构建了一种关于人格的总体主义理论。弗洛伊德敏锐察觉到在形成现代不协调人格中，创伤性冲击十分重要，而修正主义者在作品中已经丧失了这份敏锐。[86] 阿多诺写道："强调总体性而非独特而零碎的冲动，始终意味着对所谓人格统一性抱有和谐的信念，可在我们的社会中（这种统一性）从未实现。弗洛伊德最大的可取之处之一就是他揭穿了这种统一性的神话。"[87] 像弗洛姆那样对性格类型进行分类，就等于接受了综合性格的存在，这不过是"为每个个体的心理现状披上了一件意识形态的外衣"。[88]

更一般地说，修正主义者自诩对弗洛伊德进行社会学"纠正"，实际上不过是在缓和社会矛盾。通过去除精神分析的生物学根源，他们把精神分析变成了一种"精神科学"和一种社会卫生的手段。他们在否认本质与表象之间的冲突、否认真正的满足与当代文明的伪幸福之间存在鸿沟，这种去性化就是其中一部分。阿多诺认为，

---

* 体验指的是综合经验，包括过去的感觉和未来的预期，换言之，是经过文化意识所中介的经验。体验（Erlebnisse）和经验（Erfahrungen）之间的区别在社会研究所对大众文化的研究中发挥了重要作用，第六章会进一步讨论。

在纳粹如此明目张胆地展示出施虐癖的性基础时，弗洛姆却对此加以否认，可谓大错特错。尽管修正主义者并不承认，但他们工作的意义终究是顺应盲从；这一点尤其表现为他们越来越多的道德主义色彩上。阿多诺愤怒地指出，将道德规范绝对化是没有任何借口的，自从尼采批判了道德规范的心理根源之后，这些规范就一直令人怀疑。

他接着说，修正主义者在解释社会混乱的根源时也很天真。他们宣称竞争是资产阶级社会冲突的主要原因，这很愚蠢，特别是在《逃避自由》中承认自发的个体几乎已经消失的情况下还这么说。事实上，"竞争本身从来就不是中产阶级社会赖以运作的法则"。[89]资产阶级社会的真正纽带一直是身体暴力的威胁，弗洛伊德更清楚地认识到了这一点："在集中营的时代，阉割比竞争更具有社会现实的特征。"[90]阿多诺认为，弗洛伊德属于资产阶级理论家的霍布斯传统，他悲观地绝对化了人性中的恶，比修正主义者的肯定乐观主义更能反映主流的现实。弗洛伊德与叔本华不谋而合，都认为文明抱残守缺、循环往复。修正主义者又一次过于乐观，他们认为真正的变革可以打破西方文明的重复性延续。

最后，阿多诺反对修正主义者作品中对爱情的强调。弗洛姆曾攻击弗洛伊德的威权做派缺乏温情，但真正的革命者往往被称为硬气和冷酷。许愿不能抹去社会的对立，必须得到圆满的解决，这就势必意味着某些人要受苦："很可能我们的社会已经发展到了一个极端，爱的现实实际上只能通过对存在者的恨来表达，而任何爱的直接证据只能证明相同条件下会滋生恨。"[91]阿多诺在文章的最后说了一句话，让人想起了本雅明在研究歌德的《亲和力》(*Wahlverwandtschaften*)时经常引用的一句话："只是为了无望之人，我们才会被给予希望。"[92]阿多诺写道："我怀疑，弗洛伊德对人的蔑视不过是表达这种无望的爱,而这种爱才可能是我们尚存希望的唯一表达。"[93]

这就是 1940 年代社会研究所对弗洛伊德和弗洛姆的态度。随着对革命的可能性越来越悲观,研究所越来越重视与弗洛伊德的关联性,这绝非偶然。社会上各种矛盾似乎无法弥合,但又矛盾地变得越来越模糊,在这种社会环境下,弗洛伊德思想中的诸多悖论似乎是抵御修正主义者们和谐幻想的必要堡垒。不仅弗洛伊德的思想最有用,哪怕其中最极端、最离谱的方面也最有用。阿多诺在《最低限度的道德》中表达了这一点,他最著名的一句话就是:"在精神分析中,除了各种夸张之外,没有什么是真实的。"[94]

无论是《威权型人格》和《启蒙辩证法》,还是洛文塔尔的《欺骗的先知》,在社会研究所 1940 年代的许多作品中,弗洛伊德令人警醒的影响都显而易见。社会研究所回到德国后,这种影响在其理论和实证工作中都继续发挥着重要作用。[95] 1956 年逢弗洛伊德百年诞辰之际,社会研究所在其新编的《法兰克福社会学论丛》(*Frankfurter Beiträge zur Soziologie*)丛书中,以特刊的形式表达了对弗洛伊德的感谢。[96] 然而,在社会研究所的核心成员中,再次尝试向乐观的方向调和弗洛伊德和马克思,却要等在留美期间与心理学思辨关系最小的那位。在《爱欲与文明》一书中,赫伯特·马尔库塞试图拯救那个被弗洛姆斥为神话,又被霍克海默和阿多诺变成阴郁先知的"革命者弗洛伊德"。虽然《爱欲与文明》不在本书研究的时间框架之内,但该书延续了批判理论早期对弗洛伊德兴趣,因此值得用一篇简短的附录谈谈这一点。

与研究所的其他核心成员不同,马尔库塞直到抵达美国后才对精神分析产生了浓厚的兴趣。早期的马尔库塞也许是一个理性主义者，无法在阴暗的无意识世界中找到任何有吸引力的东西。他会强调主体与客体的潜在调和，而强调非同一性的霍克海默和阿多诺从来没这么想过，不过马尔库塞对个人心理学的兴趣不如对社会总体性的兴趣大。在社会研究所早期研究权威时写的文章中，[97]他就拒绝承认家庭作为社会代理人的作用，而弗洛姆曾极力主张这一点，其他人也没有质疑。

然而，正如保罗·罗宾逊（Paul Robinson）所言，[98]在1930年代他所做的许多工作中，都微妙地预示了他后来对弗洛伊德的兴趣。例如，马尔库塞认为享乐主义的环节在理性和幸福的辩证总体中具有合理性，进而抗议观念论的禁欲主义倾向。总的来说，性压抑被他纳入了对剥削的批判中，这就使他的批判具备了超越其单纯心理层面的政治意义。此外，马尔库塞还批评了资产阶级关于爱的意识形态，这种意识形态将责任和忠诚置于快乐之上。他还抨击了观念论的"人格"概念，[99]在某种程度上预示着阿多诺后来谴责修正主义者的性格观念。早在1937年，马尔库塞就指出了真正幸福中的感性的、肉体的要素，在对身体的最极端物化中看到了一种真正快乐的"预期性记忆"（anticipatory memory）。[100]最后，马尔库塞在他论享乐主义的文章中认识到了被压抑的性欲与攻击性之间的关系，后来这种关系在《爱欲与文明》中扮演着至关重要的角色。[101]

然而，直到西班牙内战和莫斯科肃反审判带来了令人不安的影响，马尔库塞才开始认真阅读弗洛伊德。[102]他对马克思主义乃至黑格尔化的马克思主义日益不满，于是便像霍克海默和阿多诺一样，审视有意义的社会变革道路上的心理障碍。霍克海默和阿多诺日益悲观，促使他们从政治行动主义中退了下来，而对马尔库塞而言，却导致他重申了其激进主义中的乌托邦向度。经过长时间的酝酿，《爱欲与文明》于1955年出版，这本书远远超出了批判理论早期将弗洛伊德和马克思合二为一的努力。霍克海默和阿多诺用弗洛伊德对现代人深刻矛盾的洞察力来支持他们关于非同一性的论断；马尔库塞与他们不同，在弗洛伊德身上发现了一位同一性与和解的先知，尤其是弗洛伊德后期的元心理学。弗洛姆基本上放弃了正统的弗洛伊德，将其视为新的现实原则的敌人，而马尔库塞则试图在精神分析中发掘出那些实际上超越现存体系的要素。

巨细靡遗地论述《爱欲与文明》这本极为复杂和丰富的书，将超出本篇附录的范围，但仍可观察到该书与社会研究所之前的工作之间的关系。该书的第一部分是于1955年夏天单独发表在《异议》（Dissent）上的内容，原本是对修正主义者的攻击。马尔库塞在这里拾起了阿多诺十年前放下的线索。他首先承认，这里承袭了威廉·赖希的作品，但紧接着就指出了赖希的不足之处。在马尔库塞看来，赖希无法区分不同类型的压抑，因而无法看到"性本能及其与破坏性冲动融合的历史动态"。[103]因此，赖希被引向了将性解放作为目的本身的简单化主张，这个目的最终沦落为他晚年的原始妄想。

在草草否定了荣格和精神分析的"右翼"之后，马尔库塞便转向了新弗洛伊德主义者。在讨论他们的作品时，马尔库塞首先赞扬了弗洛姆早期在《社会研究期刊》上刊载文章中的洞见。马尔库塞同意弗洛姆对父权社会的反对（他的措辞是"父权而贪婪的"，弗洛姆后来对同一现象也是这么描述），并将之与自己对"表现原则"（performance principle）的攻击相比较。他将表现原则定义为当前社会的具体现实原则，在其统治下，"社会是根据其成员的竞争性经济表现而分层的"。[104]但马尔库塞认为，到弗洛姆离开社会研究所的时候，他已不复早期作品中批判性的锋芒。其中的关键变化来自对临床实践的日益投入，弗洛姆也对此颇为自得。在吹捧费伦齐和格罗德克发展的那种以幸福为导向的疗法时，弗洛姆倒向了一种意识形态，认为真正的幸福可以在这个社会中实现。但是，马尔库塞断言："在一个压抑的社会里，个人的幸福和生产力发展对社会而言是矛盾的；如果它们被定义为要在这个社会中实现的价值，那么它们本身就将变得压抑。"[105]

马尔库塞所说的精神分析理论和治疗，与他和社会研究所其他成员们经常说的理论和实践非常相似。在西方文明的这一阶段，这两者不能被完全地调和，尽管它们并不是完全相互独立的。把理论削足适履地塞到实践（或治疗）中去，就会失去其否定和批判的性质。修正主义者们把思辨性想象吸收进治疗实践，很像批判理论所厌恶的实用主义者和实证主义者；正如马尔库塞在《理性和革命》第二部分中所描述的那样，他们在做的事情，就是黑格尔的继承者们对黑格尔做过的事情。他们在两条战线上进行了吸收。首先，他们抛弃了弗洛伊德最大胆和最有参考价值的几个假说，包括死亡本能、原始部落和杀死原始父亲。修正主义者嘲笑的古老遗产自有其意义，马尔库塞在他的正文中写道，其意义在于"**象征价值**。这些假说所规定的古老事件可能永远超出了人类学所能验证的范围；这些事件的所谓后果是历史事实……如果假说违背了常识，那么它就在违背常识中宣称了真理，而常识已经在规训中遗忘的真理"。[106]其次，正如阿多诺在1946年所论述的那样，修正主义者把个人与社会之间、本能欲望与意识之间的冲突扁平化了。这样就回到前弗洛伊德的意识心理学，他们也不由自主地成了顺应盲从之人。

马尔库塞还重复了阿多诺对修正主义者的综合人格概念展开的抨击。他认为，在当代社会，真正的个人主义的可能性实际上为零："个体状况是**普遍**命运的衍生物，正如弗洛伊德所表明的那样，普遍命运之中包含着个体命运的线索。"[107]与此相关的是修正主义者们持道德主义的不充分之处:"弗洛伊德摧毁了观念论伦理学的幻想:'人格'不过是一个'破碎的'个体,内化并成功地利用了压抑和侵略。"[108]

马尔库塞猛烈地抨击了修正主义者对弗洛伊德本能理论的断章取义。他认为,本能理论的内在方向,本来就是从意识到无意识,从成人人格到童年经验,从自我到本我,从个体到属种。通过强调性欲,弗洛伊德已经形成了一种唯物主义的满足概念,这与修正主义者们各种精神的和终极压抑的观念截然对立。通过回到弗洛伊德理论的性根源,马尔库塞再次考虑了俄狄浦斯情结,而弗洛姆从他最早加入社会研究所的时候就对这一理论大加抨击。在《爱欲与文明》的正文中,马尔库塞很少提到俄狄浦斯情结,也没有赋予它多少重要性。[109] 但在《异议》上刊载的那篇全书附录中,他的态度却截然不同。弗洛姆试图"把它从性的领域转译到人际关系的领域",[110] 这是颠覆弗洛伊德思想中批判主旨。对弗洛伊德来说,俄狄浦斯情结不仅仅是抗议与孩子的母亲相分离,也不仅仅像弗洛姆所说的那样意味着痛苦且被异化的自由。它还表达了深深渴望着性满足、免于欲望的自由和作为女人而不仅仅是保护者的母亲。事实上,马尔库塞认为,"首先是对母亲-女性的'性渴望'威胁到了文明的心理基础;正是'性渴望'使俄狄浦斯冲突成为个体与其社会之间本能冲突的原型。"[111] 不管俄狄浦斯情结是普遍性的,抑或仅是这个社会最深层问题的象征性表达,忽视俄狄浦斯情结的性欲根源,都是在抹平它所指出的根本性对立。

但就马尔库塞的论证而言,更基本的方面是他抗议修正主义者拒绝接受弗洛伊德元心理学时期提出的另一种本能——死亡本能(Thanatos)。正是在这里,马尔库塞也超越了阿多诺和霍克海默,再次寻求弗洛伊德和马克思的乌托邦式整合。霍克海默和阿多诺认为弗洛伊德敏锐察觉到现代社会破坏性冲动之深度，而把死亡本能理解为其象征性表现。马尔库塞接受了这一解释，他指出破坏性活动一直伴随着文明持续存在甚至加剧，而修正主义者们往往轻描淡写。弗洛伊德的死亡本能比修正主义者对进步的隐秘信念敏锐得多，捕捉到了现代人的模糊本质。

但马尔库塞并没有像阿多诺和霍克海默那样，以悲观的态度结束他的论证。他所理解的死亡本能并不像常见的看法那样，意味着一种天生的攻击冲动。[112] 弗洛伊德"并没有假设我们是为了破坏而活着；破坏本能的运作要么与生命本能对立，要么为生命本能服务；此外，死亡本能的目标不是破坏本身，而是消除破坏的需要。"[113] 在《爱欲与文明》的正文中，马尔库塞阐述了他所理解的死亡本能的真正本质。死亡本能的真正目的不是生命张力的侵略，而是生命张力的终结。它的基础是所谓的"涅槃原则"，[114] 表达了对无机自然之宁静的渴望。在这种欲望方面，它与生命本能惊人地相似：两者都想要满足和终结欲望本身。如果死亡本能的目标是减少张力，那么一旦生命的张力减少了，死亡本能就不再具有很强的力量。这是马尔库塞得以将弗洛伊德后期看似悲观的结论转向乌托邦方向的关键假设。正如他在总结这一点时提出，"如果本能的基本目标不是生命的终结，而是痛苦的终结，也就是张力的消失，那么就会得出一个矛盾的结论：就本能而言，生与死的冲突越是减少，生命就越是接近于满足的状态。愉悦原则和涅槃原则就会交汇一处。"[115] 按如此推论的话，大多数弗洛伊德的正统信徒将会同意，马尔库塞和弗洛姆、霍尔奈一样是修正主义者，尽管他们的方向不同。

因此，马尔库塞按照批判理论的精髓，试图将死亡本能历史化。如果通过非压抑的方式，将人际间和人与自然之间的关系重新色情化,生命就会得到解放,那么也不会由死亡来主宰。马尔库塞认为,这就需要打破生殖器的性暴政,回到孩童的"多态性变态"。[116] 据此,他明显地超越了弗洛伊德和赖希,更不用说他在社会研究所的三位前同事。他认为,异化劳动建立在对身体非生殖部位的物化上,只有将整个身体重新色情化,才能克服异化的劳动。一个改变了的社会将不再以压抑而陈旧的"表现原则"为基础,将结束历史上根深蒂固的"剩余压抑",从而把个体从产生张力的异化劳动中释放出来。审美化的游戏将取代辛劳;涅槃原则及其抑制效果所引起的破坏将不再支配人的生活。结果将是"存在的和解",[117] 正如上一章所述,同一性理论在心理学上的关联是马尔库塞哲学的根基。

可以想见,马尔库塞大胆地试图把弗洛伊德解读为一个革命的乌托邦主义者,这在他以前的同事们那里并不得人心。[118] 阿多诺和霍克海默圆滑地保持沉默,而弗洛姆在随后的几期《异议》中试图进行反驳。[119] 他沿着两条路线抨击马尔库塞。首先,他试图表明,马尔库塞误解了弗洛伊德,他缺乏任何精神分析的实践经验。正如他先前的论证,弗洛姆声称,弗洛伊德与其说是反对19世纪资产阶级非辩证唯物主义的抗议者,不如说是非辩证唯物主义的囚徒。他还试图证否马尔库塞对修正主义者们的理解,反对马尔库塞把他们都归为一类而不区分他们之间的基本差异的倾向。例如,弗洛姆声称,他自己的"生产性性格"概念对当前社会的挑战比马尔库塞所允许的程度要大得多。他还责备马尔库塞坚持认为在当前条件下绝对不可能产生综合人格,这是不辩证的。

弗洛姆在第二个层面上的反驳更为根本。在这里,他试图还原弗洛伊德本人经常强调的性满足与文明之间不可避免的冲突。马尔库塞主张"多态性变态"中包括的某些性变态可以与任何真正的文明相调和，而弗洛姆认为这纯属无稽之谈。仅举两个例子，施虐癖和嗜粪癖在任何情况下都是病态的。马尔库塞所追求的完全和即时满足这一目标，会使个体变成一个容易操纵的欲望和刺激之系统，就像阿道司·赫胥黎（Aldous Huxley）的《勇敢的新世界》（*Brave New World*）描绘的那样一样。[120] 背离了性的爱，并不像马尔库塞（和阿多诺）所说的那样仅仅是意识形态的，尽管诚然这种爱在当代社会中极其罕见。马尔库塞思想的否定含义只会导致人以虚无主义拒绝这个世界。

知识圈前朋友和同事之间的论战中往往如此，又经历了一系列的反驳和再反驳。[121] 常见的情况是，小的分歧点比大的共识领域更重要。面对虚无主义者这一来自弗洛姆的指控，马尔库塞慨然受之，认为"大拒绝"（Great Refusal）的虚无主义[122]也许是当下世界所允许的唯一真正的人道主义。这使他再次向霍克海默和阿多诺靠近。但《爱欲与文明》的基本主旨显然是朝着终极肯定的方向发展的。马尔库塞对涅槃原则的解释，其实与弗洛姆多年前在《逃避自由》中所表达的情感相差无几："生命的驱动力和破坏的驱动力并不是相互独立的因素，而是处于一种反向的相互依存关系之中。生命的动力越是受挫，毁灭的动力就越强；生命越是被实现，破坏的力量就越小。**破坏性是无生命之生命的结果**。（*Destructiveness is the outcome of unlived life.*）"[123] 可以肯定的是，马尔库塞认为这两种本能最终可以归结为一种，而弗洛姆仍然是一个比较谨慎的二元论者。然而在弗洛姆的二元论中，死亡本能或破坏的需要仅仅被理解为生命本能受挫的产物。后来，在《人心》（*The Heart of Man*）中，弗洛姆将以如下方式表述了他的立场：

这种二元性并不在于两种本能相对恒定，总是彼此对抗，直到死亡本能最终获胜，而在于维系生命这个生命主要的、最基本的倾向，与其对立面之间，后者会在维系生命失败时出现。[124]

因此，尽管两人都坚持认为他们的立场相距甚远，但他们似乎至少在死亡本能的力量和持久性这个问题上达成了一致。马尔库塞这本最具乌托邦色彩的书以一篇积极上扬的笔调收尾，靠着霍克海默在几十年前提出的一个论证才让这种基调有所缓和，而这个论证谈及救赎那些已死之人的苦难之不可能性。[125] 除此之外，它还表达了一种乐观自信，与批判理论其他大师们的黑暗反讽相去甚远。

第四章

对权威的首次研究

> 处于危机中的家庭产生的态度，使人容易盲从。
>
> ——马克斯·霍克海默

1934年后，虽然社会研究所受惠于哥伦比亚大学校长尼古拉斯·默里·巴特勒的慷慨襄助，但社会研究所的心还是在欧洲停留了几年。这一点在很多方面都有所体现。虽然在纳粹掌权后，回到德国显然是不可能的，但直到战争爆发前，都仍然可以访问欧洲大陆的其他地区。个人和职业上的联系吸引了大多数研究所的成员偶尔回欧洲访问。波洛克是最频繁的旅行者，他多次前往欧洲处理社会研究所的事务。在他来纽约之前，驻日内瓦办事处一直由他领导，后来也一直没有关闭，先是由安德里亚斯·斯特恩海姆负责行政管理，等他回到荷兰后，办事处就由朱丽叶·法韦兹（Juliette Favez）接管。由杰·拉姆尼（Jay Rumney）领导的伦敦分部只存活到1936年，但由保罗·霍尼斯海姆（Paul Honigsheim）和汉斯·克劳斯·布里尔（Hans Klaus Brill）领导的巴黎分部一直续到战争爆发。巴黎分部的主要职能之一是作为纽约总部和菲利克斯·阿尔肯出版社之间的联络人，由后者继续出版《社会研究期刊》。对于那些不愿意离开欧洲的研究所成员来说，巴黎也是一个重要的中转站。格罗斯曼在那里待了一年，又在伦敦待了一年，然后于1937年来到纽约。奥托·基希海默是一位政治和法律专业的学生，他对社会研究所工作的贡献将在下一章讨论,他在1934年后的三年时间里一直在巴黎办事处工作。经济学家格哈德·迈耶从1933年至1935年待在那里;马克思主义文艺批评家汉斯·迈尔(Hans Mayer)在1934年以后的几年里在那里。阿多诺在1930年代中期虽然大部分时间都在英国,但他经常到巴黎度假,在那里他能见到他介绍给研究所的老朋友瓦尔特·本雅明。后文会提到,本雅明选择了巴黎作为他的流亡地和为他作品定调的隐喻。在那里度过的六年时间里,他对这座城市产生了一种依恋,而这种依恋最终被证明是致命的。

除了继续与欧洲的个人和机构保持联系外,社会研究所还拒绝改变其最初预设的写作对象。第一章提到过,直到开战前,德语仍然是《社会研究期刊》的主要语言。直到1940年,霍克海默还能责备其他难民迅速美国化:"只要他们自己的语言妨碍他们招揽可观的读者,德国知识分子不需要很长时间就改用外语,这是因为事实上语言充当了他们的生存手段,而不是用来表达真理。"[1] 由于社会研究所在财政上独立,霍克海默和他的同事们可以免于许多其他流亡者被迫进行的"生存斗争"。但是,霍克海默希望使社会研究所自觉使用德语,也是源于他由衷认为,有必要与德国的人文主义过去之间维持联系,这可能有助于在未来后纳粹时代重建德国文化。尽管他们在哥伦比亚大学的新同事恳求将他们的工作纳入美国社会科学的主流,社会研究所的成员们对此却无动于衷。

当然,有时《社会研究期刊》的版面也会向杰出的美国学者开放,包括玛格丽特·米德(Margaret Mead,)、查尔斯·比尔德(Charles Beard)和哈罗德·拉斯韦尔(Harold Lasswell)。[2] 不过总的来说,《社会研究期刊》仍然是社会研究所表达自己的观念和他们众多经验性工作成果的论坛。期刊上出现的新面孔通常是社会研究所援助的难民同胞。至少费迪南德·滕尼斯（Ferdinand Tönnies）就是一个例子，[3] 收录他的文章是为了帮助这位在漫长的职业生涯末期陷入困境的杰出学者。但总的来说，社会研究所遵循了1938年的一份复写的历史文件中所表述的方针。回头看来，其中申明的内容颇具讽刺意味："可以说，社会研究所的工作人员中没有'如雷贯耳的名字'。其原因在于，研究所认为著名的德国学者会很容易在美国机构中找到职位。年轻的德国难民们则情况完全不同。研究所主要关注的是他们。"[4] 虽然社会研究所的资金没有一些不满的申请者所想象的那么充盈，但还是向大约两百名流亡者提供了支持。尽管完整的名单尚未公开，不过弗里茨·施特恩贝格、汉斯·迈尔、恩斯特·布洛赫、保罗·拉扎斯菲尔德、弗里茨·卡尔森（Fritz Karsen）、格哈德·迈耶和阿尔卡迪·古尔兰（Arkadij R. L. Gurland）等人应该都名列其中。在1934年之后的十年中，约有二十万美元被分配给一百一十六名博士候选人和十四名博士后。[5] 据波洛克说，[6] 研究所在遴选获选者时对方法或政治倾向没有偏好，唯一坚持的标准是强烈的反纳粹立场。即使是像埃德加·齐尔塞尔（Edgar Zilsel）这样的实证主义者也得到了支持，而没有试图强迫他们接受社会研究所的思维方式。

这并不是说研究所不加分别地接受与其成员意见相左之人的作品。例如，路德维希·马尔库塞在1938年受托写了一篇论体操之父弗里德里希·路德维希·雅恩（Friedrich Ludwig Jahn）的文章，后者是19世纪初各个体操社团的赞助人，颇具浪漫色彩。马尔库塞在自传中回忆说，由于意识形态的原因，他的工作成果并不令人满意。

（霍克海默）是一位好斗的社会学家，他推崇黑格尔，相信客

第四章 对权威的首次研究 147

观精神，曾期望我的研究能在雅恩身上下功夫，把他作为左派黑格尔社会科学的例证。而我则在很早的时候就站在与之迥异的对立面，偏好早期的浪漫主义者、施蒂纳、叔本华、克尔凯郭尔和尼采……我对波洛克和霍克海默都很热忱，很佩服他们的社会研究所出版的《社会研究期刊》和合集《权威与家庭》，很遗憾我不能与他们共事。[7]

其他流亡者如亨利·帕希特（Henry Pachter）[8]在回忆社会研究所选择人赞助的过程时更为激愤，声称研究所没有信守对某些申请者做出的承诺。社会研究所坚决否认这一点，就像他们否认近年来有关本雅明的诸多指控一样，而有人指控他们对这位津贴受益人施加了影响。[9]这些指控的真实性将在随后的章节中加以讨论。

除了继续与欧洲的机构和个人保持联系，不愿意用英文发表文章，以及关心其他流亡学者之外，社会研究所还强烈希望保留自己在哥伦比亚大学的学术体制之外的身份，一如其当初在法兰克福保持了自己的独立性。1936年后，社会研究所确实在继续教育部开设了课程，并赞助了哈罗德·拉斯基（Harold Laski）、莫里斯·金斯伯格和塞莱斯坦·布格莱等欧洲学者的客座讲座，这些都向整个大学开放。不过，在位于117街那幢哥伦比亚大学所提供的独栋建筑里，社会研究所仍然能够开展自己的工作，没有受到任何外界压力，哪怕来自与研究所天然相联系的社会学系。罗伯特·麦基弗和罗伯特·林德的派系之争使社会学系在1930年代末四分五裂，尽管社会研究所与哥伦比亚大学的社会学家们保持着友好的关系，但相对独立的地位使其并没有深度卷入其中。[10]事实上，当战后有人提出将社会研究所并入社会学系或保罗·拉扎斯菲尔德新组建的应用社会研究局（Bureau of Applied Social Research）时，都被婉言拒绝了。霍克海默在1942年给洛文塔尔的信中写道:"这里的科学机构不断对资历较浅的成员们施加压力,这与我们研究所的自由度根本无法相提并论……人们不愿意了解,可以有一群学者在一个不对大企业或大众文化宣传负责的所长领导下工作。"[11]

当然,最重要的是,社会研究所的欧洲视野在其作品中得到了体现。可以相见,批判理论被应用在了当时最紧迫的问题上——法西斯主义在欧洲的兴起。亨利·帕希特就曾指出,[12] 许多此前对政治没有兴趣或接受过相关训练的流亡者因事态所迫,研究起了新的极权主义。像恩斯特·克里斯这样的心理学家们研究了纳粹的宣传,像恩斯特·卡西尔(Ernst Cassirer)和汉娜·阿伦特这样的哲学家们探究了国家的神话和极权主义的起源,像托马斯·曼这样的小说家们写了关于德国解体的寓言。社会研究所在这方面可谓得天独厚,可以作出重要的贡献。早在被迫流亡之前,研究所就已经将注意力转向了权威问题。批判理论的发展,部分是为了回应传统马克思主义未能解释无产阶级不愿履行其历史角色的问题。霍克海默早期对精神分析感兴趣的主要原因之一,是精神分析可能有助于说明社会的心理"粘合剂"。因此,当他在1930年接任研究所的领导职务时,他宣布的第一批任务之一就是对魏玛共和国工人的心态进行实证研究。[13]

虽然实际上从未圆满完成,但这是第一次真正尝试将批判理论应用于一个具体的、经验上可验证的问题之中。埃里希·弗洛姆是该项目的负责人;在后来的几年里,安娜·哈托克(Anna Hartock)、赫塔·赫尔佐格(Herta Herzog)、保罗·拉扎斯菲尔德和恩斯特·沙赫特尔都为完成这项研究的尝试作出了贡献。研究者向工人发放了大约三千份问卷,询问他们对子女教育、工业理性化、避免新战争的可能性以及国家实权之所在等问题的看法。阿道夫·莱文施泰因（Adolf Levenstein）在1912年率先使用了解释性问卷调查，[14]而弗洛姆因其所接受的精神分析训练，从而能够在《社会研究期刊》上基于经他修正的弗洛伊德式性格类型，发展出更复杂的性格学。[15]

也许这项研究的关键创新是主导调查问卷本身的方式。访谈者逐字记录下答案，然后进行分析，就像精神分析师倾听病人的联想一样。某些关键词或反复出现的表达模式被解释为答案的明文内容下潜在心理现实的线索。可以顺便指出，这种技术与社会研究所的合作项目《威权型人格》所采用的技术有很大的不同，我们在第七章考察该项目时将会看到这一点。然而，时隔多年，弗洛姆本人和迈克尔·麦科比（Michael Maccoby）从1950年代末到1960年代初从事《墨西哥村庄的社会性格》（*Social Character in a Mexican Village*）相关研究时，又重新采用了这种方法。[16]

总的来说，访谈表明，公开的信仰和个性特征之间存在着很大的差异。在七百名受访者中，约有10%的人表现出所谓的"威权型"（authoritarian），社会研究所接下来将花大量时间和精力来探讨这种人格症候群。另有15%的人表示在心理上致力于反权威的目标，因此被认为有可能在形势需要时不辜负左派的革命言论。然而，绝大多数人都是高度矛盾的。因此，社会研究所的结论是，德国工人阶级对右翼夺权的抵抗力远不如其好战的意识形态所显示的那样强。

鉴于德国工人阶级事实上是在没有任何真正抵抗的情况下接受了纳粹，这一结论很有先见之明。尽管如此，社会研究所实际上从未出版过该研究的报告。直到1939年，还在计划将其以《魏玛共和国治下的德国工人》（*The German Workers under the Weimar*

Republic）为题出版，[17]但随着弗洛姆离开研究所，出版也失去了一个重要的原因。波洛克在随后几年里提出，这份报告之所以从未出版，是因为太多的问卷在离开德国的途中丢失了。[18]然而，弗洛姆对这一说法提出异议，他认为霍克海默和他在这项工作的价值上存在分歧，导致的争执也事实上促成了他们的决裂。[19]然而，这个项目的一些研究结果却被加工成了后来的威权主义研究，比如《逃避自由》。[20]而为这项研究制定的调查问卷也被纳入了社会研究所的下一个重大项目——《权威与家庭研究》。

这项浩大工程是霍克海默担任所长头五年的成果，在讨论之前，应该先明确社会研究所关于权威问题的某些理论预设。首先，批判理论的整体性、共时性的视野使其无法发展出一种专门的**政治**权威理论。如果这样做，就意味着一种政治的拜物教，认为政治脱离了社会整体。霍克海默写道："权威的一般定义必然是极其空洞的，就像所有的概念定义一样，它试图以一种包含所有历史的方式来定义社会生活的单个环节……要正确理解构成社会理论基础的一般概念，只有在与理论的其他一般和具体概念相联系的情况下，也就是只有把一般概念当成具体理论结构的环节。"[21]

批判理论倾向于将政治视为比社会经济基础更具有伴生性的现象，这反映出该理论的马克思主义根基。机械主义的马克思主义者假设文化是衍生出来的，虽然法兰克福学派已经开始对此质疑，但还没有质疑政治的衍生地位。即使是将弗朗茨·诺伊曼和奥托·基希海默等政治学家引入社会研究所，也没有什么推动力来发展自主的政治理论。事实上，诺伊曼和基希海默要等到离开社会研究所之后，才敏锐察觉到 20 世纪"政治的首要地位"。[22]在此之前，他们与社会研究所的其他成员一样，对政治领域有所低估，而这几乎是19 世纪世纪从马克思到古典经济学家所有思想的标志。[23]直到 1930

年代后期，波洛克提出了强调政府控制作用的"国家资本主义"概念，社会研究所才开始研究政治经济学中的政治成分。但总的来说，正如马尔库塞后来写的那样："如果说（《否定》里）这些文章的作者和他的朋友们对一件事并不是不确定的话，那就是认识到法西斯国家就是法西斯社会，极权主义暴力和极权主义理性来自现存社会的结构，而现存社会正处于克服其自由主义过去和纳入其历史否定的过程中。"[24] 因为社会研究所认为"社会"[25] 是基本的现实，没有必要发展一种单独的政治权威或义务理论。事实上，它确实考察过这类理论，如马尔库塞对卡尔·施米特的分析，[26] 但这样做主要是为了揭开这些理论的意识形态特征。社会研究所迟迟不承认政治具有新的首要地位，具有讽刺意味的是，就在这个时候，苏联本身的正统已经向这个方向转变，强调政治上的自发行动而不是客观条件。对这一理论上的变化负有责任的斯大林，只是将苏联实践的现实摆上台面。[27]

然而，批判理论确实有一种隐性的政治权威理论，而这种理论最终是以其哲学假设为基础的。第二章提到过，黑格尔在主客体、特殊与普遍、本质与表象之间的同一性概念在批判理论的起源中起到了关键作用。理性作为社会研究所思想的指导原则，本质上意味着这些对立面的综合、社会和政治对手之间的调和。在马尔库塞的作品中，同一性理论发挥的作用比在霍克海默的作品中更大。相对于与马尔库塞，阿多诺处于光谱的另一端，但仍在基于乌托邦式矛盾调和的黑格尔框架内。翻译成政治术语，这就意味着"积极自由"这个经典概念，将结束政治异化与遵守普遍有效的理性规律结合起来。霍克海默在 1942 年写道："民主国家应该像希腊的城邦（polis）观念一样，但没有奴隶。"[28] 因此，"消极自由"这一替代性观念最常被基督教和自由主义理论家所认同，对社会研究所来说却是个诅咒。正如弗洛姆在《逃避自由》中所论述的那样,[29] 自由意味着"行事的自由"(freedom to),而不仅仅是"豁免的自由"(freedom from)。而用马尔库塞的话说,"我们知道,**自由是一个特别的政治概念**。只有在一个明确结构化的城邦中,在一个'理性地'组织起来的社会中,个体存在的真正自由(而不仅仅是自由主义意义上的自由)才有可能。"[30]

因此,有一种政治权威可能是正当的:理性的权威。可以顺便指出,只要弗洛姆同意这个观点,那么约翰·沙尔(John Schaar)将自己对弗洛姆作品的批判命名为《逃避权威》,就是错误的。在一个理想的政治制度中,个体会服从他的政府,因为政府将真正代表他的利益。事实上,被统治者和政府之间的区别将趋于消失,从而实现马克思笔下作为强制人的外在装置的国家之消亡(withering away of the state)。那么卢梭等人所主张的完美民主或立法和司法平等(isonomy),便会在人们遵循自己的理性时实现。霍克海默在自己更具乌托邦色彩的时刻,甚至对一切政治权力都提出了质疑。他在战争期间写道,一个人应该如何对待权力的问题,"是以一个权力消失的条件为前提:处置异化劳动的权力"。[31]

然而,在此期间,他和社会研究所其他成员都小心翼翼地告诫,不要过早地瓦解政治权威。他们不止一次地攻击无政府主义者的缺乏耐心。[32] 他们强调,在真正的社会变革发生之前,必须保留理性的权威,类似于教育者对学徒行使的那种权威。然而,相比当下,这一点在自由主义时代更有可能。[33] 在当前的垄断资本主义时代,自由企业家和自主的政治主体都面临着被清算的威胁。因此,西方自由民主国家所标榜的多元主义已经沦为一种意识形态。霍克海默写道:"真正的多元主义是属于未来社会的概念。"[34] 支配现代人的政治权威正在变得不合理,这一点日益显著。

应当指出，持这一观点的社会研究所采取的立场与马克斯·韦伯所采取的立场截然不同，大约在同一时间，后者的权威合理化思想成为美国许多社会科学思想的主流。在《经济与社会》(*Wirtschaft und Gesellschaft*)一书中，[35]韦伯提出了他对支配（或正当权威）的他著名三分法：魅力型、传统型和法理型。总的来说，他认为法理型权威抬头是西方文明的世俗化趋势。然而，韦伯所谓的合理化，其含义与社会研究所的用法截然不同。简言之，在韦伯看来，法理型权威意味着服从一种抽象一致的规则体系，这个体系在协议或强制下建立，由官僚人员执行。义务是对法律的义务，而不是对人的义务。官僚机构由根据行政能力按正常程序选拔出的官员组成。可计算性、效率和非人客观性是这种权力模式的基本特征。

法兰克福学派并不否认存在向着官僚理性和法律形式主义的趋势（尽管他们在法西斯主义兴起的时代写作，但他们能够理解后者的脆弱性，而韦伯则不能）。他们认为不足之处在于使理性沦为其形式而工具的那一面。他们比被归为新康德主义的韦伯更接近黑格尔，主张一种既涉及目的也涉及手段的实质理性主义。尽管韦伯已经认识到形式理性和实质理性之间的区别，[36]他并不像社会研究所那样，认为社会主义会解决二者之间的冲突。韦伯认为，社会主义最多会把合理化这一"铁笼"的螺丝拧紧。此外，通过指出即使最理性化的权威体系也经常受到魅力型权威的侵袭，韦伯表明了他对合理化的手段和非理性目的相结合的危险非常敏感，而这正是法西斯主义的特点。

法兰克福学派或许会同意后一种意见，但不同意前一种意见。在他们看来，韦伯的失败之处还在于将目的与手段的区别实体化，这种错误的二分法进一步反映在他相信"价值中立"社会科学是可能的。此外，社会研究所还否定了韦伯关于资本主义是社会经济合理性的最高形式这一论点。对没有社会化生产手段的非计划经济一点也不非理性这一观点，作为马克思主义者的他们予以否定。因此，资本主义社会中的政治权威不可能在实质意义上理性地调和特殊利益和普遍利益。[37]

事实上，他们认为，资本主义在其先进的垄断阶段实际上削弱了政治权威的理性。韦伯笔下的形式而合法的理性更适合资产阶级社会自由主义阶段的条件，这一阶段的特点是信仰法治国家（Rechtsstaat）。随着资本主义向着垄断的方向发展，自由主义的政治和法律制度越来越多地被极权主义的制度所取代。剩下的那些制度不过是新型非理性权威的门面。理性本身受到了严重的威胁。霍克海默在战争期间写道："法西斯的秩序是理性将自身呈现为非理性的那种理性。"[38]

然而，自由主义向极权主义的转变比自由主义理论家所承认的更有机。马尔库塞在他发表于《社会研究期刊》上的第一篇文章中写道："从自由主义向极权威权主义国家的转变，是在一个单一社会秩序的框架内发生的。关于这个经济基础的统一性，我们可以说，正是自由主义从自身中'孕育'出了极权威权主义国家，后者是前者在更高发展阶段的圆满状态。"[39] 简而言之，法西斯主义与资本主义本身有着密切的关系。霍克海默最常被引用的一句话之一是他写于1939年的文字："不想谈论资本主义的人，也应该对法西斯主义保持沉默。"[40] 然而，等讨论弗朗茨·诺伊曼的《贝希摩斯》时将会看到，社会研究所对于两种主义之间关系究竟是什么，从来没有完全达成一致。

马尔库塞的《对抗极权主义国家观中自由主义的斗争》一文值得详细研究，因为他提出的许多观点后来都在社会研究所的其他著作中得到了发展。这篇文章也是辩证思维的典范，把极权主义既当作自由主义某些趋势的反应，又当作自由主义某些趋势的延续。马尔库塞认为，19世纪出现了将生活用建制理性化和将思想烘干成知识的现象，而极权主义的世界观最初是对这两种现象的反动。资产阶级存在的"贫血"被一种英雄式生机论的意识形态所抵消。无论是唯物主义还是观念论，19世纪哲学中的枯燥和干瘪被生命哲学所矫正。但到了20世纪，狄尔泰和尼采的真知灼见已经退化为一种无意识的非理性主义，正如霍克海默经常指出的那样，[41]其功能是为现状辩护。类似地，马尔库塞认为，传统自由主义对内向性的强调，其"理性的私有化"[42]和把自由降到"消极"的层面，引起了一种普遍主义的反动，在这种反动中，总体被认为高于个体，在德国，总体就是人民。一个无阶级社会的门面，即意识形态上的人民共同体（Volksgemeinschaft），就这样建立在资本家继续进行阶级统治的基础之上。

对自由主义的反动和对自由主义假设之一的延续，都是把自然的极权主义神化。马尔库塞指出，自由主义经济学一直建立在"自然规律"的前提下。他写道："自由主义体系的核心是通过把社会在协调功能上还原为'自然'来解释社会，这样含糊其辞地为矛盾的社会秩序做了辩护。"[43]然而，极权主义之新颖在于结合了自然主义与非理性主义。自然在纳粹意义上的民族（völkisch）思想中被提升到了神话地位；人民被转化为核心的自然现实。自然及其所有的残酷性和不可理解性，被转化为"历史的大敌"，[44]将当下秩序的不合理性绝对化。其结果之一就是英雄现实主义所特有的自我牺牲伦理和禁欲否定。

施米特试图为这种反常的状况进行辩护的过程中，而他的著作中所展示的极权主义理论只能提供一种解决方案："有一种事态，通过其存在和出现不需要任何辩护，也就是事态的'存在论'和

'本体论'状态——只要存在就是合理的。"[45] 马尔库塞对政治存在主义的尖锐讨论,证明了他自 1932 年加入社会研究所一路走来的思想轨迹。他如今认为,就重新获得从笛卡尔到胡塞尔的抽象理性主义所否定的具体主体这一点而言,海德格尔在《存在与时间》之前的立场是"哲学最远的进步"。[46] 然而,随之而来的是一种反动,为了给英雄现实主义的自然主义意识形态辩护,他用抽象的人类学取代了具体的历史。马尔库塞随后引用了海德格尔 1933 年臭名昭著的亲纳粹就职演说《德国大学的自我主张》(Die Selbstbehauptung der deutschen Universität),其中海氏把大地和鲜血美化为历史的真正力量,这说明存在主义与非理性的自然主义之间苟合的程度之深。

在马尔库塞看来,存在主义更自觉的政治变体更为险恶,尤以施米特为最。施米特和他的同道将政治归结为不受伦理规范约束的存在关系,从而将主权的概念推向了极致。施米特曾写道:"主权即紧急状态的决定者。"[47] 因此,主权植根于决策权,而决策权则被赋予国家。被过去的生命哲学所拯救的个体,现在被变成了国家的附庸。马尔库塞写道,"随着极权的威权主义国家的实现,存在主义与其说是遭到了废除,不如说是将自身废除了。"[48] 以哲学上的抗议开场的一切,就这样以在政治上屈服于社会的主导力量而告终。

在这一切中,倒是一个小小的慰藉:"极权主义的国家观有意识地将存在的概念政治化,并将自由主义、观念论的人的概念剥夺和去内在化,这种极权主义的国家观代表着进步——这是超越极权主义国家基础的进步,推动着理论超越它所认可的社会秩序。"[49] 不过,马尔库塞强调,还是应该认识到,不要把民族国家中对利益的意识形态调和与马克思所承诺的真正调和混为一谈。霍克海默在战争期间写到,法西斯主义的国有化(Verstaatlichung)与马克思主义的公有化（Vergesellschaftlichung）正好相反。[50] 这样的观念也背叛了国家是矛盾的调和这一黑格尔式观点。事实上，马尔库塞认为，尽管人们普遍将纳粹与黑格尔混为一谈，两者在根本上是不相容的，这也预示了他将在《理性和革命》中进行更广泛的讨论。批判的观念论和存在主义实际上针锋相对。

无论如何，马尔库塞在文章中明白无误地表述，自由主义以及维持它的经济基础已经无可挽回地逝去，社会研究所的其他成员也都认同这一点。[51] 未来只有右派的极权威权主义或左派的解放集体主义。第三种可能性，也就是马尔库塞后来所说的"单向度的"社会，将从1930年代的两极分化中产生，在战前的几年里，社会研究所也只是隐约感觉到了这一点。在后市场经济世界中保留自由主义社会的某些要素，法兰克福学派也不认为这还有可能性。那些将法西斯视为右翼反动运动而非中产阶级极端主义的人，忽视了自由主义和法西斯主义之间的连续性，而社会研究所则通过强调二者的连续性，[52] 倾向于尽量压缩区分两种主义的真正差异。把法西斯主义意识形态的非理性仅仅看成只是对现状的肯定，就是忽略了现状下的某些要素正受到放弃理性所挑战，这些要素包括形式上的法律保障、公民自由等等。法西斯主义和自由主义可能"处于单一社会秩序的框架内"，但事实证明，这个框架足够大，涵盖了迥异的各色政治和法律制度。

讲完了这些关于政治权威性质的假设后，现在可以讨论《权威与家庭研究》。霍克海默在其导言中明确指出，[53] 尽管权威和家庭问题并不是社会理论的中心，但由于家庭在物质基础结构和意识形态上层结构之间起着至关重要的中介作用，这一问题仍然值得认真研究。事实上，社会研究所的新黑格尔马克思主义将其重心引向对家庭关系的研究并不奇怪。对黑格尔来说，家庭一直是共同体在终极意义上赖以生存的核心伦理体制。[54]当然，马克思对他所考察的社会中具体出现的家庭有着截然不同的评价。他在《共产党宣言》中认为，资产阶级家庭是一个去人性化异化的标志。与黑格尔不同的是，他认为，一个培养利己主义、以交换价值为主导动机的市民社会已经侵入家庭，并在"伦理"上扭曲了家庭。马克思认为，资产阶级家庭的现实是它的商品本质，而无产阶级家庭的现实是通过外部剥削而自我解体。后文会提到，社会研究所的方法在这两种视角之间折中，尽管越来越倾向于马克思比较悲观的那一种。它还结合了勒普莱（le Play）、梅因（Maine）、巴霍芬等大多数19世纪大多数家庭研究者对遗传问题特有的关注，以及他们在20世纪的继承者们所表现出来的对家庭当前功能的兴趣。[55]

该研究是社会研究所全体工作人员五年工作的成果，只有格罗斯曼和阿多诺（他在完成研究报告后才成为研究所的正式成员）除外。在献辞中，报告纪念了社会研究所的主要赞助人费利克斯·韦尔，他曾在1920年代初出力说服他的父亲向捐助研究所。霍克海默在法兰克福就任教授时所宣布过计划，要通过实证研究来丰富其理论视角，而这份研究报告就是第一个真正的成果。除了一两个例外，所有使用的资料都是在安德里亚斯·斯特恩海姆的指导下在欧洲收集的，但该研究也承认了受到美国先驱罗伯特·林德在1929年出版的社会学研究《米德尔敦》（*Middletown*）所影响。霍克海默编辑了第一部分，由理论文章组成；弗洛姆编辑了第二部分，专门进行实证研究；洛文塔尔编辑了第三部分，由各种相关问题的单独调查组成。随后是梳理大量的英文和法文书目并摘要。

鉴于社会研究所坚持理论至上的原则，研究报告的第一部分恰当地分给了霍克海默、弗洛姆和马尔库塞的三篇思辨性长文。原定

第四章 对权威的首次研究

第四篇是由波洛克就权威关系的经济学准备一篇文章，可他由于忙于行政工作并没有及时完成。霍克海默在他的"总论部分"为全卷定下了基调。他首先确立了如此仔细研究现代社会文化方面的根本理由。虽然他并不排斥马克思主义强调物质基础的中心地位，但他认为物质基础与上层建筑之间也必然存在着相互作用。他以中国的祖先崇拜和印度的种姓制度为例，探讨了"文化滞后"（cultural lag）[56]这一原有的社会经济原因消失后往往会出现的情况。观念和行为模式可能已经失去了客观的（也就是物质的）根据，但由于人们在主观上和情感上的投入，这些文化仍然存在。只有理解了这一点，才能充分认识到权威关系的微妙之处。

霍克海默文章的第二部分论述了资产阶级世界权威的历史发展。在这里，他阐述了社会研究所的著作在其他地方所论述的许多思想。霍克海默特别强调，在资产阶级的反威权主义意识形态与个体日益屈从于不合理社会经济秩序的物化权威之间存在着差距。然而，他谨慎地反对巴枯宁等无政府主义者的彻底反权威主义，认为他们误解了真自由所必需的物质前提条件。无政府主义者把权威和理性之间的形式主义对立实体化，只有当普遍利益和特殊利益得到调和时，这个对立才能被最终克服。霍克海默写道，"无政府主义和威权国家主义都属于同一个文化时代。"[57]

以此为背景，霍克海默转而讨论家庭在社会化进程中的功能。在这里，他对资产阶级自由主义时代的家庭和当代的家庭作了区分。在前者中，父亲所享有的权威除了来自作为经济供养者这一客观角色之外，还有其他来源，比如对子女的身体优势。就此而言，无论根据自然还是根据理性，他都是一家之主。然而，到了资本主义时代晚期，他的客观社会权力遭到削弱，他的权威已经变得越来越意识形态化和非理性。由于经济状况不稳定，工人阶级家庭特别容易受到这种关键性变化的影响。随着父亲权威的衰落，他的"形而上"光环也转移到了家庭以外的社会机构。这些机构如今享有不受批评的豁免权，而这正是早期资产阶级父亲在某种程度上赢得的地位。因此，不幸被归咎于个体的不足或自然原因，而不是社会原因。这就导致人们只能接受无能为力在所难免，而不是积极的自我主张。[58]

霍克海默的这部分分析与马克思对资产阶级家庭的批判在精神上是一致的，只是因为对人际关系有更深入的心理学理解而更加丰富。但是，霍克海默并没有完全否定黑格尔的另一种观念，即家庭保留了在伦理上对社会去人性化的抵抗。他批评黑格尔的地方在于后者短视地将家庭与市民社会之间的对立关系实体化。安提戈涅与兄长的关系被黑格尔解释为家庭与社会之间必然对立的象征，霍克海默则视之为未来理性社会的一种预示。[59] 不过，他确实同意马克思的看法，即家庭生活和伉俪情深中"否定"且具有批判性的推力在资产阶级社会中被严重侵蚀，已经超出了黑格尔所能把握的程度。到20世纪，这种趋势更加明显了。例如，如果单纯地把巴霍芬意义上的母权原则与当前的父权社会对立起来，就等于忽视了妇女在现代生活中角色上的微妙转变。所以霍克海默认为，正如斯特林堡（Strindberg）和易卜生在他们的戏剧中所展示的那样，资产阶级社会中妇女并没有获得一度期许的解放。在大多数情况下，妇女已经适应了这种制度，通过完全依赖丈夫而成为一种保守的力量。事实上，孩子们在母亲膝下承欢时就学会了服从现行秩序，尽管温暖、接受和爱的传统母权伦理中蕴含着另一种社会制度的可能性。

简而言之，霍克海默认识到家庭与社会之间存在辩证关系，二者既相互促进又相互矛盾，但否定性要素在减少。因此，该文以悲观的论调收尾："威权性格的教育……不属于短暂的表象，而是属于相对持久的状况……普遍性、特殊性和个体性的辩证总体现在证明是相互加强的各种力量之统一体。"[60] 整篇文章以及整个《权威与家庭研究》主要是表明在社会化过程中家庭作用的转变。由于家庭"否定的"、制衡社会的功能在衰落，个体被社会中的其他机制更直接地社会化了。我们在后文研读社会研究所关于大众文化的讨论时将会看到，在创造一种比前现代社会中的任何一种"威权人格"更微妙、更难以改变的"威权人格"的过程中，这些替代性的社会化机构发挥了关键作用。社会研究所的成员们及心理学家亚历山大·米切尔利希（Alexander Mitscherlich）等人受其所影响，家庭的危机将是在这些人后来作品中反复出现的一个话题。[61]

《权威与家庭研究》理论部分的第二篇文章，即弗洛姆的"社会心理学部分"，在社会研究所此后的工作中也产生了相当大的共鸣。本书第三章曾解释过，1930年代中期弗洛姆对正统精神分析的态度前后有所波动。因此，他的这篇文章表达了对弗洛伊德的某种矛盾心理。该文首先承认，弗洛伊德的大众心理学和超我理论是对权威进行一般心理学分析的最佳起点。不过，点明了这一点后，弗洛姆随即就指出了他所看到的精神分析理论的不足之处。他认为，弗洛伊德有时把现实原则分配给理性自我，有时分配给超我，而在一个健康的社会中，现实原则应该只属于前者。尽管认同是一种有用的分析工具，弗洛伊德把认同作为超我的主要来源这一观点也过于简单化。[62] 弗洛姆继续说，弗洛伊德把儿童对父亲的认同仅仅建立在俄狄浦斯情结和对阉割的恐惧上，这一点尤其错误。他认为，还有其他具体的社会经济因素也影响着这层权威关系。

事实上，自我和超我以其相对力量压制社会危险的本我冲动，而社会进步本身对这种相对力量有着重大影响。随着人类生产力的发展，人类对外在自然和内在本性的控制力都有所增强。这意味着，在创造一个由自我而非传统形成的超我所统治的理性社会这一点上，人类的能力有所增强。然而，弗洛伊德却忽视了自我发展的积极一面，而过分强调了自我的适应性。[63]弗洛姆继续说，随着自我的强化，人将最大程度摆脱非理性焦虑，来自超我的权威也会减少。另一方面，如果社会条件与生产力量不相称，那么强大自我的发展就会受到阻碍，导致人倒退回植根于超我的非理性权威。费伦齐也证明过，在催眠的情况下，自我的丧失导致治疗师和病人之间明显处于非理性的权威关系。

然而，弗洛姆并不完全满足于用丧失自我来解释一些人何以热情拥护权威。威廉·麦独孤（William McDougall）或阿尔弗雷德·菲尔坎特（Alfred Vierkandt）假设，存在一种与生俱来的驱动力使人倾向于服从，弗洛姆也不愿意接受这种看法。[64]相反，他试图将他的历史因果关系与主要来自弗洛伊德的性心理概念结合起来。他提出威权人格的核心是施虐和受虐的性格，也就是他后来在《逃避自由》中的论点。到1936年，他认为该种人格主要立足于性，而在他后来的表述中，则变成建立在异化和共生相关性这对"存在主义的"范畴。[65]

弗洛姆同意弗洛伊德的观点，认为施虐和受虐都属于同一种性格症候群，并补充说，基于等级制度和依赖关系的威权主义社会增加了这种性格出现的可能性。他认为，这种社会中的受虐癖表现为被动接受"命运"、"事实"的力量、"责任"、"上帝的意志"等等。[66]虽然难以完全解释，但从消极方面来说，自卑的快乐来自把个体从焦虑中解放出来，而从积极方面来说，则是来自对权力的参与感。弗洛姆认为，它们还与异性的生殖器性欲弱化和倒退到前生殖器特别是肛门的性欲阶段有关。同性恋者对上层力量的认同，更多的时候是精神上的认同，而不是肉体上的认同，是施虐与受虐式威权主义的另一个特征。这种症候群的后一个方面在父权制文化中尤为明显，在这种文化中，男性被认为天生优于女性，所以才转化为受虐癖所爱的对象。

弗洛姆在文章的最后总结讨论了对权威的几种反应类型。在这里，他区分了"反叛"和"革命"，前者只是用一个非理性的权威来代替另一个，并不意味着潜在特征的真正变化，而后者确实反映了这种变化。弗洛姆承认，后一种远没有那么频繁，它意味着一个足够强大的自我，可以抵御施虐受虐的非理性权威之美化。在理性而民主的社会中出现的领导人享有一种基于能力、经验和无私的权威，而不是形而上的天生优越性。因此，并非所有的反威权冲动都是有理有据的。"反叛"是一种伪解放，"反叛"的个体看似最为仇视所有权威，其实是在寻求一种新的非理性权威并加以拥戴。因此，怨恨的无政府主义者和僵化的威权主义者并不像他们乍看起来的那样相距甚远。这就解释了为什么看似自由主义的无政府主义者常常会突然拥抱权威。

弗洛姆在《权威与家庭研究》理论部分的稿件是乐观的，他支持有可能使强大的个体自我、成熟的异性生殖器性行为与理性的民主社会相协调。前一章讨论过，他在接下来的岁月里坚持这一立场，加上他淡化性的重要性，使他与社会研究所的其他成员渐行渐远。后文会提到，霍克海默和阿多诺开始质疑弗洛姆所坚决支持的自然主宰的理性自我。而正如前文所示，马尔库塞拒绝将异性生殖器的观点作为最符合美好社会的心理健康标准。然而，在1930年代，社会研究所的所有成员都毫无保留地接受了弗洛姆的社会心理乌托邦的大致轮廓。

马尔库塞在1950年代成为弗洛姆最直言不讳的反对者，但他当时还未对弗洛伊德产生严肃兴趣。他为《权威与家庭研究》理论部分贡献的文章是一篇相当直白的权威理论思想史。这篇论文和他为该卷写的文献目录[67]不仅表明了他对心理学的冷漠，也表明了他不参与社会研究所基于心理学范畴的经验性研究。在法兰克福学派的所有成员中，马尔库塞是最不喜欢实证的，这个事实到他晚年时被他的批评者不厌其烦地强调。[68]

马尔库塞在他的"思想史部分"中，进一步发展了他在《社会研究期刊》上其他文章中的许多观点。他首先再次强调了自由和权威之间的内在联系，而资产阶级理论家们往往不承认这一点。相反，他指出这些理论家们提出了消极自由的概念，最典型的是康德，而消极自由意味着内在自我和外在自我的分离。保留内在自主性的代价是牺牲外在异质性。资产阶级理论反威权主义的故作姿态，掩盖了它对现行社会秩序的形而上学认可。而在资本主义下，这种秩序势必一直是非理性的。[69]

在随后的一系列简短的思想史速写中，马尔库塞概述了消极自由出现在宗教改革和康德思想中的经典形式。然而，文中缺少了霍布斯、洛克、休谟和卢梭等介于两者之间的理论家，而他们的思想也很少出现在社会研究所关于"资产阶级"理论的任何讨论中。[70]接下来的几个部分则是专门讨论资产阶级自由观念的挑战者们，其中既有左派也有右派：黑格尔、伯克、波纳德（Bonald）、德·迈斯特（de Maistre）、斯塔尔（Stahl）和马克思本人。在文章的最后，马尔库塞转而讨论自由主义的自由和权威观念如何转向继之而来的极权主义权威观念。在这里，他着重介绍了索雷尔和帕累托的作品，他认为，这两位的精英主义理论预见到了法西斯主义的"领袖原则"和列宁主义的政党观念。马尔库塞继续说，极权主义理论的核心是非理性的形式主义。权威的来源不再以普遍法则或社会上的卓越地位为基础，而是被理解为来自"自然"或种族权利。极权主义理论的实质完全没有积极内容，它的所有概念都是反概念（counterconcept），如反自由主义或反马克思主义。资产阶级保留的内部"消极"自由已经被清算，只剩下向他律的权威臣服。

理论部分的三篇文章显然都是在相互协调的情况下编写的。三篇文章都提出了社会秩序越来越非理性，以及政治或其他方面的理性权威随之而来的衰落。不过，对可能调和一般权威和特殊利益的社会秩序的可能性，这三篇文章都抱有一定的信心。最后，对家庭正迅速地不再是这种可能性一方的中介，三篇文章都感到失望，尤其是霍克海默的文章中情绪最为强烈。

为了增加这些结论的分量，《权威与家庭研究》接下来的内容是一份关于社会研究所经验工作的报告。虽然这些调查是为了巩固和修饰（论点），但这些调查从来没有真正成为社会研究所进行理论推测的根本依据。我们在前文解释过，批判理论对作为方法论的纯粹归纳始终持敌对态度。霍克海默和其他人都解释说："此外，由于我们在这一领域的经验是有限的，而且回答问卷在欧洲遇到了特殊的困难，这些经验性的调查在很大程度上具有实验的性质。这些调查结果没有任何地方被普遍化。这些调查问卷在数量上并不足以构成统计学意义上的结论。它们的目的只是为了让我们与日常生活的事实保持联系，主要是充当类型学结论的材料。"[71] 可以肯定的是，弗洛姆对调查的有效性持更积极的态度，[72]但霍克海默的观点占了上风。

然而，尽管这些经验研究是零散而广泛的，但它们提供了宝贵的方法论经验，有助于社会研究所后来对权威的所有调查。除了一份关于美国失业者心理状态的简要初步报告外，研究报告中讨论的所有经验研究都是在欧洲进行的，是在被驱逐出德国之前或随后在其他国家直接进行的。最广泛的内容是基于弗洛姆为测试工人和文职雇员的心理状态而编制的问卷。虽然如前所述,三千份原始问卷中只有七百份被抢救出来,但似乎有足够的变化来支持划分三种心理类型:威权型、革命型和矛盾型。(值得注意的是,这时"威权型"的对立面被称为"革命型"。而在社会研究所到美国十年之后出版《威权型人格》时,对立面已经改成了"民主型",这种重点的转移,反映了社会研究所革命热情的减弱。)然而,研究没有从材料中得出定量的概括,也没有试图将其与纳粹上台后德国工人阶级的后续表现关联起来。

其他研究的结论也同样温和。关于德国医生对性道德态度的调查在1932年进行,只收到了三分之一的答复。因此,虽然给出了一些有代表性的例子,但根据卡尔·兰道尔从荷兰提出的一些意见,研究所并没有试图概括这些材料。关于青年权威模式的双重研究对各国青年问题专家和青少年本身都进行了调查,尽管调查提供了更广泛的证据,但研究者在分析时也表现出了谨慎的态度。前者由安德里亚斯·斯特恩海姆和社会研究所的一位新来的初级研究员恩斯特·沙赫特尔进行了总结,沙赫特尔是弗洛姆在海德堡的学生时代就认识的朋友。[73] 杰·拉姆尼还简要描述了社会研究所伦敦分部对英国专家进行的一项单独的研究,这项研究当时仍在进行中。随后是关于瑞士、法国和英国这三国青少年的调查报告。凯特·莱希特(Käthe Leichter)指导了瑞士的调查,并听取了来自维也纳的流亡者保罗·拉扎斯菲尔德的方法论建议,后者与社会研究所后来有更深的瓜葛。塞莱斯坦·布格莱(Jeanne Bouglé)和安妮·韦尔(Anne Weil)报告了在巴黎进行的调查,卢姆内则再次描述在伦敦进行的调查,可两次调查都不那么完整。《权威与家庭研究》经验部分的最后一篇稿件是关于法国和美国失业影响的初步研究报告,这预示着米拉·科马罗夫斯基（Mirra Komarovsky）后来所做的工作，我们很快就会提到。

弗洛姆从自己关于工人威权主义的项目中能够得出某些方法论的结论。[74] 首先是必须把答案的整体而不是孤立的答案作为分析的基础。如前所述，其目标在于揭示被调查者的潜在性格类型，只有借助他们的一系列完整答案，并与其他答案汇总起来进行比较，才能揭示出他们的性格类型。然而，这需要的不仅仅是归纳概括。用弗洛姆的话说："由于类型的形成受到调查材料的影响，并且应该永久地被调查材料所区分，所以类型不能仅仅从分类中获得，而是以成熟的心理学理论为前提。"[75] 他之前所描述的施虐与受虐特征就是这种理论的产物。弗洛姆承认，要把问卷中的证据与理论模型联系起来，需要解释技巧，但如果经过充分的斟酌，就不一定会扭曲材料。其他支持的证据，甚至包括沙赫特尔试图使用并产生了各种含混效果的笔迹学，都可能被引述并产生效果。

一旦确立了某些具体答案与更普遍的性格类型之间的相关性，这些答案就可能与社会阶层或宗教信仰等其他数据有关。然而，重要的一点是，在所有经验操作的背后，必须有一个整体的理论。弗洛姆暗示，最有成果的当然是批判理论。事实上，正如沙赫特尔在随后的一篇刊载于《社会研究期刊》上的文章中会详细论证的那样，[76] 美国的人格测试之所以不充分，正是因为这次测试的反理论基础。除了这个比较笼统的结论之外，更多的具体结论也随之而来，但很明显，社会研究所的经验工作仍处于比较原始的阶段，至少与它后来的工作相比是如此。在后来的工作中，内容分析和引入投射测验*发挥了优势。

---

* projective test，一种心理学人格测试方法，给受测者一系列的模糊刺激，要求受测者叙述模式、完成图示或讲述故事。——译注

由洛文塔尔编辑的《权威与家庭研究》第三部分包括十六项研究，其中许多研究几乎达到了专著的体量。[77] 该卷本身总共九百多页，但仍由于篇幅有限，导致其中许多项研究以摘要的形式出现；出于类似的问题，这里也不能对之一一讨论。其中有几篇文章专门论述了经济对家庭的影响，这个问题在理论部分被忽略了。另一些文章则论述了涉及各国家庭关系的法律问题。令人瞩目的是，这一部分乃至与整个《权威与家庭研究》都明显缺乏对反犹主义及其与威权主义之间关系的研究。这也许反映了社会研究所对犹太人问题的普遍轻视，这一点前文已有提及。在被问及此事时，波洛克回答说"人们不想宣扬这一点"。[78] 这或许也符合社会研究所不愿意让人们对其成员中绝大多数的犹太人出身产生不必要的注意。无论原因如何，这种忽视并不长久。1939 年，霍克海默发表了一篇题为《犹太人与欧洲》（"Die Juden und Europa"）的文章，[79] 这是他最绝望的一篇文章，社会研究所也开始起草一项关于反犹太主义的重要研究计划。尽管这项计划从未按最初的设想完成，但这是 1940 年代由社会研究所参与指导的"偏见研究"之先驱，其中有几项研究涉及反犹主义问题。因此，社会研究所的创始人在 20 年代初用来说服赫尔曼·韦尔捐赠研究所的目标，直到二十年后才真正实现，这时距社会研究所首次尝试在《权威与家庭研究》中探讨威权主义已经很久。然而，如果没有社会研究所的第一次合作努力所提供的经验，后来在这个问题上以及在许多其他问题上的工作就不可能以同样的方式进行。

虽然《权威与家庭研究》是社会研究所自身发展的一个重要环节，但其对外部世界的影响却好坏参半。主要是由于研究是以德语出现的，美国学术界对其研究结果和方法吸收得很慢。汉斯·施拜尔（Hans Speier）主管的新学院期刊《社会研究》对研究进行了极为敌视的评论，丝毫没有推进对研究成果的吸收。[80] 不仅社会研究所的马克思主义色彩引起了新学派的愤怒，而且研究所对弗洛伊德的热情同样如此。格式塔心理学的创始人马克斯·韦特海默（Max Wertheimer）从1934年起到1943年去世，一直是新学院派中心理学家的元老。他对精神分析的不屑一顾在施拜尔的贬低评论中有所反映。如前一章所述，融合马克思和弗洛伊德在20世纪30年代仍然是一个笑柄，不仅在新学院如此。对《权威与家庭研究》的接受也遭到相应影响。

然而，社会研究所对威权主义问题的兴趣并没有在研究报告完成后减弱。随着纳粹的威胁与日俱增，社会研究所试图对其了解的力度也在增加。他们的研究结果足够丰富，值得我们在下一章中对其进行详细讨论。不过，在集中讨论德国的案例之前，必须先说明社会研究所对威权主义的全方位探索。事实上，社会研究所对纳粹主义的解释中有一个关键要素，即研究所认为这一现象不能与整个西方文明的一般趋势相分离。

更为雄心勃勃的是，社会研究所试图将西方文明的危机置于全球语境下。在这方面，研究所依靠其非欧洲事务方面的专家来拓展其工作范围。然而，这些专家们所使用的方法往往与《权威与家庭研究》中所使用的方法有所不同。魏复古的工作尤其如此，他与批判理论之间的距离在前文已经被强调过了。尽管他的路径与霍克海默的路径有差距，但他对中国的研究还是以定期出现在1930年代的《社会研究期刊》上。[81] 1935年以后，魏复古在远东进行了近三年的研究，丰富了他的研究内容，而他的工作仍然是建立在比社会研究所内部圈子更正统的马克思主义这一前提之上。虽然他的研究得到了社会研究所的赞助，但他也得到了洛克菲勒基金会和太平洋关系研究所的支持。40年代，魏复古在意识形态上和经济上都越来越独立于社会研究所。但在他从中国返回后的几年里，由于可以充当与美国学术界的纽带，研究所和他的联系受到重视。社会研究所在简短回顾那些年的历史时总是频繁提及他的工作，在社会研究所在哥伦比亚大学继续教育学部的系列讲座中，他也是重要人物。然而，1940年他与埃丝特·戈德弗兰克（Esther Goldfrank）步入个人的第三次婚姻后，他在社会研究所中扮演的角色作用逐渐减少，直到1947年最终退出。

社会研究所对非欧洲权威研究的另一个主要贡献者是其创始人之一费利克斯·韦尔。虽然韦尔从未因意识形态或政治原因与霍克海默集团决裂，但他也很少受到批判理论的影响。1944年，他的《阿根廷之谜》（Argentine Riddle）[82]在纽约出版，分析了他从出生就了解的国度，虽然不是在研究所的主持下出版的。如同魏复古对中国历史更可观的研究一样，几乎没有证据表明他受到《权威与家庭研究》的方法影响。

在美国，第一个显示出受社会研究所方法论所影响的研究是米拉·科马罗夫斯基于1940年出版的《失业者和他的家庭》（The Unemployed Man and His Family）。[83]该书是1935—1936年在纽瓦克进行的研究的产物，拉扎斯菲尔德在纽瓦克大学的研究中心参与合作了这项研究。[84]拉扎斯菲尔德因赞助该项目而得到了社会研究所的支持，他撰写了导言，并帮助进行了他以前在《社会研究期刊》上概述过的类型学分类。[85]该项目采用定性而非定量研究来探索大萧条对家庭生活的影响。

从实质上讲，这项研究涉及失业对五十九个家庭的影响，这些家庭均由紧急救济局（Emergency Relief Administration）推荐。研究对家庭的不同成员进行了一系列访谈，旨在揭示家庭关系的变化。总的来说，结果证实了《权威与家庭研究》关于当代家庭权威削弱的论断。结果还体现出人在大众社会中的原子化程度增加，原因正如科马罗夫斯基小姐所写的那样，"失业者和他的妻子在家庭之外没有任何社会生活。家庭在社会上的孤立程度确实令人震惊"。[86] 不过，比起接下来1940年代社会研究所的研究来说，她对这些变化的影响的解释还不那么悲观。科马罗夫斯基小姐比霍克海默和其他社会研究所的中心人物更明确地表达了自己的观点，她写道："即使作为经济萧条的影响之一，父母在家庭中权威的部分崩溃也可能倾向于让后代接受社会变革的准备更加充分。"[87] 社会研究所在美国待的时间越长，就越相信现实情况恰恰相反。不管从长远来看哪一方的观点更站得住脚，家庭关系的危机，也就是最近流行的"代沟"，将越来越成为学者研究和大众关注的对象。正如许多其他案例一样，法兰克福学派在这一点上预见到了后来广受关注的问题。

我们将在第七章中讨论1940年代支持社会研究所日益悲观的经验性工作，在此之前，应该提到社会研究所对权威的其他处理方法，这些方法更少具有经验性。特别具有提示性的是阿多诺、本雅明和洛文塔尔在1930年代发表于《社会研究期刊》上的对文化现象的分析。在这三人中，洛文塔尔的方法与《权威与家庭研究》的关系最为密切，部分原因是他参与了《权威与家庭研究》的编写，而另外两位则没有。虽然其结论在本雅明和阿多诺的作品中有所回应，比如在阿多诺对瓦格纳的讨论中，[88] 这两位作品中的美学理论足够独特，值得在接下来一章中单独讨论。而洛文塔尔的工作则植根于更为直接的文学社会学，这使他能够识别《权威与家庭研究》所探讨的许多权威模式的痕迹。

从 1928 年到 1931 年，洛文塔尔一直在从事 19 世纪德国叙事文学的长篇研究，研究题目是《叙事艺术与社会：19 世纪德国文学中的社会问题》(*Erzählkunst und Gesellschaft; Die Gesellschaftsproblematik in der deutschen Literatur des 19. Jahrhunderts*)。[89] 莱温·许金（Levin Schücking）关于品味社会学的著作、格奥尔格·布兰德斯（Georg Brandes）的批评，尤其是格奥尔格·卢卡奇的《小说理论》都是洛文塔尔选择效仿的几个模型。研究文章的讨论对象包括了歌德、浪漫主义、青年德意志（尤其是古茨科夫）、爱德华·莫里克（Eduard Mörike）、古斯塔夫·弗赖塔格（Gustav Freytag）、弗里德里希·施皮尔哈根（Friedrich Spielhagen）、康拉德·费迪南德·迈耶（Conrad Ferdinand Meyer）和戈特弗里德·凯勒（Gottfried Keller）。书中穿插着严密的文本批评与对不同作者的心理和社会学影响的分析。尽管洛文塔尔避免采用还原论的方法，但他确实试图将文学置于其历史语境中。例如，青年德意志被解释为资产阶级阶级意识的第一批真正代表，他们为之而斗争的东西，就像是德意志关税同盟（Zollverein）及其无限制竞争在知识上的对应物。[90] 与他们的浪漫主义前辈相反，在他们写的作品中，人们在自己的世界里安安稳稳地待在家里，这种趋势将在世纪中叶现实主义者的小说中得到加强，并在弗赖塔格的《借与贷》(*Soll und Haben*) 中达到高潮，这是 19 九世纪最不观念论和最不浪漫的书"。[91]

然而，洛文塔尔认为这部作品还没有完成，而且他又担任了《社会研究期刊》的执行编辑这一新职责，无法把作品准备好立即付梓。作为替代方案，其中的几篇选文被收录到后来的文集中。[92] 全书开篇的文章是讨论了他使用的方法论，发表在《社会研究期刊》的创刊号上。[93] 文中他概述了一个文学社会学家的任务。

借此，他试图在弗朗茨·梅林（Franz Mehring）等正统马克思主义者的文学批评和新批评主义最近提出的观念论替代方案之间的夹缝中前进。他认为，虽然批评家不能把艺术简化为社会趋势的简单反映，但他可以正当地在艺术中看到社会的间接反映。如果把艺术作品当作孤立的、外在于社会的现象来对待，那对这些作品的理解就是诗意的，而不是批判的。另一方面，历史分析必须通过对艺术家目的进行狄尔泰式理解（Diltheyan Verstehen）来丰富，虽然要通过对艺术家在其社会经济环境中的唯物主义定位加以限定。同时，有效的文学批评必须对艺术家的心理学持开放态度，将艺术家心理学作为社会和艺术成品之间的中介因素。在这方面，精神分析尽管处于相对初级的状态，但还是有一些东西可以提供。[94]洛文塔尔以巴尔扎克、左拉、司汤达和古茨科夫等作家为例，试图证明他的方法在分析文学形式、反复出现的主题和实际主题内容方面是有效的。文章结尾提到了唯物主义批评家要研究的另一个领域：文学作品的社会效果。正如人们所预料的那样，洛文塔尔的一大主题是文学社会学本身必须是社会总体性的一般批评理论的一部分。

在随后几期《社会研究期刊》上的一系列文章中，洛文塔尔将他的思想付诸实践。与其他社会研究所成员的许多作品一样，这些文章显示了法兰克福学派思想的复合素质。他的第一篇批评文章涉及康拉德·费迪南德·迈耶的小说中的英雄史观。[95]在这里，马尔库塞次年在《对抗极权主义国家观中自由主义的斗争》一文中发展起来的许多主题在不同的语境下得到了体现。洛文塔尔认为，迈耶小说中的历史被简化为英雄事迹的舞台。像他的瑞士同胞、历史学家雅各布·伯克哈特一样，迈耶在过去寻找英雄以期待当下的伟人。此外，在迈耶的作品中，自然界以其他方式充当历史的延续，也是英雄行动的背景。迈耶的故事虽然强调个人主义，但缺乏成熟的心理意识。他的英雄终究是不可言说的，他们所处的环境显得神秘而非理性。由此产生的是一种隐含的强者意识形态，这与同时兴起的俾斯麦崇拜不无关系，事实上，迈耶在他的论述性著作中也支持这种意识形态。

接着，洛文塔尔提出，尽管迈耶的背景中有贵族成分，但他在某些方面更接近于民族自由党（Nationalliberale）工业巨头的心态。事实上，他著作中的贵族和资产阶级的混合反映了德意志第二帝国统治阶级的实际联盟。洛文塔尔写道，"在德国，从来没有一种实际的自由主义表现出领导阶级的阶级意识，而是表现出大农业寡头、商人和军人的联合，这种联合起源于一定的经济和政治条件，而且格外容易受到一种英雄式非理性主义的影响。"[96] 简而言之，洛文塔尔试图做的是揭示一种建立在伟人统治基础上的历史哲学，它与德国的某一发展阶段相对应。

洛文塔尔接下来要处理的是第一次世界大战前陀思妥耶夫斯基在德国的接受情况。如果说历史在迈耶的作品中被神话了，那么在这个文化现象中，历史被扭曲得更加严重。[97] 通过研究大约八百篇陀思妥耶夫斯基的德语批评文献，洛文塔尔试图对读者的反应进行真正的先锋研究。[98] 后来几年里，他承认这种方法还比较粗糙：

> 如果我当时知道舆论研究和投射心理学的先进方法，我可能永远也不会设计这项研究，因为它试图实现用这些方法的原始形态就能实现的目的。这项研究假设作家的作品充当了一种投射性的装置，能够通过广泛发表的评论，展示某个人群中广泛阶层典型的隐藏特征和倾向。换句话说，这项研究通过印刷品这一媒介间接地研究读者的反应，推断印刷品代表典型人群的反应。[99]

第四章　对权威的首次研究

无论方法多么原始，研究的结果往往都证实了社会研究所对威权主义的分析。迈耶的读者主要是中产阶级中的中等富裕阶层，而陀思妥耶夫斯基的读者则以不太成功的小资产阶级最为常见。洛文塔尔认为，陀氏之所以吸引了德国这部分最迷茫、最惊恐的人群，主要来自其作品对这些人有所慰藉。此外，他个人生活的神话也促使人们普遍接受，个体苦难是高尚而不可避免的。诸如阿瑟·莫勒·凡·登·布鲁克（Arthur Moeller van den Bruck）等民族理论家特别被他作品中所倡导的精神和解、超越阶级冲突的民族主义和普世之爱这些意识形态所吸引。陀思妥耶夫斯基本人对其小说的这种解读也有贡献，他对尘世幸福的可能性缺乏信念，这也体现在他对政治和社会激进主义的敌视上。他强调爱和怜悯，以此取代政治激进主义，这与民族理论家对母权理论的歪曲不谋而合，再次导致这种强调偏向被动和依赖。

但与迈耶不同的是，陀思妥耶夫斯基确实敏锐地阐述了内在的心理现实。但矛盾的是，德国历史正处在资产阶级权力从上升到下降的历史拐点，这恰恰是他的主要吸引力之一。正如他的作品在战前德国被诠释的那样，内向性（Innerlichkeit）取代了社会交往，成为文化生活的关键焦点。人民对陀思妥耶夫斯基如此娴熟地描绘不安和犯罪心理的迷恋，这说明了对异化产生了的真正兴趣，但由于对这种状况的社会根源盲目无知，这种兴趣在意识形态上被扭曲了。[100] 那么，洛文塔尔认为，一般来说，陀思妥耶夫斯基的小说在德国民众的特定群体间大受欢迎，预示着人们日益想逃避残酷的现实和接受非理性权威。因此，在战后，陀思妥耶夫斯基被与克尔凯郭尔联系在一起，成为逃避社会的先知，也就不足为奇了。

然而，资产阶级后期文学的意识形态内涵也有例外；洛文塔尔承认，某些作家能够穿透资产阶级文化所承诺的虚假和解的外衣，揭示出这下面不那么吸引人的现实。在他下一篇刊载于《社会研究期刊》的文章中，研究对象就是这样一位作家——亨利克·易卜生。[101] 在洛文塔尔看来，易卜生既是一个真正的自由主义者，也是自由主义时代后期最积极的批评家之一。虽然易卜生没有写自觉的"社会剧"，却在私人生活和家庭领域这个自由主义看似最无懈可击的地方，探究了自由主义的衰落。通过极其生动地描绘在一个充满破坏性竞争的时代下，个体自我实现这个承诺难以兑现，易卜生揭露了自由主义的个体幸福神话。洛文塔尔写道，"竞争原来不仅是个人之间争取社会和经济成功的斗争；它也是一种内在的斗争，个体为了实现自己的抱负，必须大幅度地抑制自身的某些方面，也就是压抑他的个性。"[102]

此外，易卜生通过描写家庭的衰落，揭露了社会通过角色的专门化对私人领域进行渗透。洛文塔尔写道，"丈夫、妻子、朋友、父亲或母亲的地位被视为一种存在形式，与个人自身的特权及其家庭其他成员的特权相冲突。"[103] 易卜生剧中的家庭印证了《权威与家庭研究》得出的结论，即家庭作为人与人之间交往的保留地这一功能在不断削弱：剧中唯一真正的人际关系似乎发生在人物死亡的时刻，也就是当社会的纽带最终被超越的时候。易卜生的剧作没有了早期资产阶级时代艺术特有的乐观主义，而是散发着绝望和幻灭的气息。对洛文塔尔来说，易卜生没有提供任何出路："两个平行的主题贯穿于易卜生的作品中，一个表现的是努力实现既定的社会价值和理想，却遭遇了失败，另一个表现的是那些拒绝这些价值的人的失败，他们找不到任何东西可以取代这些价值。"[104]

洛文塔尔承认，唯一的例外可能是易卜生笔下的女性角色。他认为，这里与弗洛姆在《社会研究期刊》上讨论过的母权制替代方案相呼应。"在易卜生的戏剧中，男性的自我追求世界与女性所代表的爱和人性之间的冲突至关重要。"[105] 易卜生所描写的女性自我中心主义表达了对物质幸福的合理要求,不同于他笔下许多男性角色空洞的理想主义。然而,易卜生的戏剧所表现的 19 世纪末女性生存现实,违背了他笔下女性角色所信奉的原则。她们对主流现实的否定仍然完全没有结果。

洛文塔尔指出,19 世纪末 20 世纪初的文学中经常把自然当作比社会更优越的替代品,这种抗议的隐喻也是同理。在也许是他最有见地的一篇文章中,洛文塔尔转而讨论挪威人克努特·汉姆生的小说中对自然这个反形象的扭曲。[106] 1934 年洛文塔尔首次论证汉姆生的作品中只是假装否定现状时,他遭到了社会研究所其他成员的怀疑。[107]《饥饿》(*Sult*)、《牧羊神》(*Pan*)、《大地的生长》(*Markens Grøde*)等汉姆生的作品被理解为对现代生活中疏离和空虚的真正抗议。然而就在几年后,洛文塔尔满意地看到,汉姆生成了维德孔·吉斯林[*]在挪威的合作者,他的负面评价被"证实"了。洛文塔尔在汉姆生小说表面下所发现的这种趋势得到了明确确认,这也是社会研究所项目中最无异议的成功之一。

事实上,正是在汉姆生对自然的处理中,洛文塔尔已经看到了威权主义的征兆。多年后,霍克海默和阿多诺也将呼吁人与自然的调和,但后文会提到,他们采用的方式与汉姆生小说中所描绘的截然不同。卢梭的作品最有说服力地表达了浪漫主义的自然观念,与此不同,汉姆生的自然观念不再具有批判性和进步性。在他的小说中,人并没有与自然和解,而是向自然的力量和神秘感屈服。他放弃了掌握自然的传统自由主义目标(霍克海默和阿多诺在《启蒙辩证法》中对这一目标提出质疑,但洛文塔尔在这里并没有加以

---

[*] "二战"期间纳粹德占挪威总理,其姓名一度成为欧洲多门语言中"叛国贼"的代名词。——译注

批判），而是被动地屈服。洛文塔尔写道，"对汉姆生来说，自然意味着和平，但这种和平已经失去了自发性，失去了认识和控制的意志。这是一种基于向每一种专断权力屈服的和平，是一种泛神论，供人们从历史的阴暗框架中逃离。自然从此意味着不可改变的和无所不在的慰藉。"[108] 康德对人类自主性特有的自豪感被接受自然的残酷性所取代。在汉姆生的作品中，感性和无情以一种典型的纳粹方式结合在一起（例如，戈林是德国版爱护动物协会的负责人）。自然界永恒而重复的节奏取代了人类实践的可能性，这种现象后来被社会研究所称为"模仿"。洛文塔尔写道："自然节奏法则的社会对应物是一种盲目的规训。"[109] 他的结论是，综上所述，有充分的证据表现出弗洛姆在《社会研究期刊》中所描述的那种施虐与受虐性格类型。

汉姆生威权主义的进一步表现包括他的英雄崇拜、他对农民和传统生活的美化以及他把妇女仅仅矮化为她们在生育和性上的功能。需要补充的是，所有这些症状以及汉姆生作品中对城市生活的诋毁和狂热的反智主义，在德国的民族主义文学中也都能找到。[110] 早在1890年和在《饥饿》中，汉姆生就已经表现出霍克海默在《社会研究期刊》中经常提到的那种生命哲学的庸俗化。最初的抗议显然已经变成了对现状的维护。如同陀思妥耶夫斯基在德国的接受史一样，汉姆生小说传达了对苦难的安慰，但这种安慰"把枪口转向被安慰者"，他们"必须接受生活的现状，而这意味着统治与服从、命令与效忠这些现有关系"。[111] 在汉姆生那里，欧洲的自由主义已经油尽灯枯，对极权主义的屈服昭然若揭。《文学与人的形象》（*Literature and the Image of Man*）一版中省略了最后一部分，在这一部分，洛文塔尔讨论了战后欧洲对汉姆生作品的接受情况。在这之前，他因消极避世受到社会主义评论家甚至少数资产阶级评论家的批评,而在这之后,他却受到普遍的欢迎。1918年后,《新时代》杂志和阿尔弗雷德·罗森贝格(Alfred Rosenberg)的纳粹圣经《20世纪的神话》(*Der Mythus des zwanzigsten Jahrhunderts*)都对他大加赞扬,证明人们对威权行为日趋麻木。

前文已指出,社会研究所在1930年代的主要关注点是揭露、分析和打击法西斯主义的威胁。虽然在本章的讨论被置于对威权主义的更广泛调查这一背景下,社会研究所的工作主要关注的是威权主义在德国的变体,研究所成员们都有切肤之痛。需要顺带指出的是,意大利法西斯主义在《社会研究期刊》和《权威与家庭研究》中几乎被忽略了。虽然保罗·特雷韦斯(Paolo Treves)偶尔会评论来自米兰的意大利书籍,但从来没有意大利移民学者为社会研究所的出版物撰稿,这证明了两个流亡群体之间缺乏沟通。社会研究所的关注点显然是纳粹,这是西方文明崩溃最重要、最可怕的表现。社会研究所为分析纳粹主义作出的贡献丰富多彩,需要单独讨论,而那将是下一章的任务。

第五章

社会研究所对纳粹的分析

国家资本主义是当下的威权主义国家……是统治新的喘息之地。

　　　　　　　　　　　　　　　　　　——霍克海默

　　所谓"国家资本主义"这个词本身就是自相矛盾的。

　　　　　　　　　　　　　　　　　——弗朗茨·诺伊曼

　　"可以说，我们都执着于一个想法——我们必须打败希特勒和法西斯主义。这个想法让我们大家聚集在一起。我们都觉得我们有一个使命。这包括所有的秘书和所有来到社会研究所并在那里工作的人。这个使命确实给了我们一种忠诚和归属感。"[1]霍克海默在纽约的秘书爱丽丝·迈尔如此描述社会研究所在1930年代末和1940年代初的首要关注点。然而，目标一致，并不一定意味着分析也完全一致，我们将在本章中看到这一点。来自欧洲的流亡者不断介入社会研究所的事务，带来了新的观点，这些观点有时是相互冲突的。在某些情况下，社会研究所工作中的原有倾向得到了巩固，例如在1938年成为全职成员的阿多诺。他对法西斯主义的态度建立于一系列社会心理假设基础上，而这些社会心理假设与《权威与家庭研究》里的完全相同。他在理论上与霍克海默非常接近，我们在第二章已经提过。然而，随着其他新成员加入社会研究所，这种方法的统一性便不复存在了。最重要的三位新加入者是弗朗茨·诺伊曼、奥托·基希海默和阿尔卡迪·古尔兰。还有一位是保罗·马辛，他对辩论的直接影响不大，尽管1941年以后他在社会研究所其他方面事务上也占有重要地位。这些人来到纽约，有助于丰富社会研究所对纳粹主义的调查，但也导致了对批判理论基本前提的微妙挑战。

在这三人中，诺伊曼的影响最大，主要是通过他那本如今已成为经典的纳粹研究《贝希摩斯》一书所产生的影响，[2]我们后面会谈到，这本书与法兰克福学派老资格成员们的作品在许多方面都不一致。经社会研究所在伦敦的赞助人之一和他在伦敦经济学院的老师哈罗德·拉斯基推荐，诺伊曼于1936年加入社会研究所。不过，对于社会研究所来说，他也并非完全陌生，1918年他就在法兰克福认识了洛文塔尔，那时两人都对学生社会主义协会的成立发挥了重要作用。他流亡的第一站是伦敦，尽管拉斯基对他鼎力相助，他也难以在那立足；正如诺伊曼后来写到，英国"社会太过同质，太过稳固，机会（特别是在失业的情况下）太过狭窄，政治不太令人满意。我觉得，一个人永远不可能完全成为一个英国人"。[3]然而，美国更热情好客地欢迎了他，诺伊曼选择在大西洋的这一边度过余生。

在移民之前，他就既是一位政治活动家也是一位学者。诺伊曼与霍克海默周围的社会研究所核心圈子是同代人。1900年，他出生在波兰边境附近的卡托维茨镇（Kattowitz）一个世俗化的犹太家庭。和马尔库塞一样，他也是在战争结束后的士兵委员会首次参与政治活动。在魏玛共和国时期，他越来越多地投入社会民主党的温和马克思主义，尽管他比社会民主党的领导层要左，他也经常对领导层的政策提出异议。他频繁参与政治活动，导致他在1933年4

月被捕，在被监禁一个月后逃往伦敦。[4]

诺伊曼的学术背景与社会研究所的其他大多数成员不同，他在布雷斯劳、莱比锡、罗斯托克和法兰克福接受了大学教育，主要是法律而不是哲学。在法兰克福，他师从知名法学家雨果·辛茨海默（Hugo Sinzheimer），这位老师带过的学生还包括汉斯·摩根索（Hans Morgenthau）和恩斯特·弗兰克尔（Ernst Fraenkel），后来都成了流亡者。在魏玛共和国崩溃前的五年里，诺伊曼住在柏林，为社会民主党及其下属的一个工会提供法律咨询，并为一些学术和政治期刊撰稿。[5]同时，他在著名的德国政治大学（Deutsche Hochschule für Politik）任教，该学院在1933年后向美国大学输送了阿诺德·沃尔弗斯（Arnold Wolfers）、汉斯·西蒙（Hans Simon）、恩斯特·耶克（Ernst Jaeckh）和西格蒙德·诺伊曼（Sigmund Neumann，与弗朗茨·诺伊曼无亲缘关系）等其他学者。诺伊曼还在柏林保持律师执业，有时他要去联邦最高劳工法院办事。可以想见，他在德国法律方面的专业知识在英国派不上用场。于是，在拉斯基的指导下，他开始从头学习政治学。1936年，也就是他加入社会研究所的那一年，诺伊曼获得了伦敦经济学院的博士学位。

诺伊曼是从他的法律背景转向研究政治理论，他的视角与霍克海默和社会研究所的其他核心成员不同。所里的核心成员们一直认为，他的马克思主义比批判理论少了辩证性，多了机械性。诺伊曼也远不如霍克海默、弗洛姆或阿多诺那样喜欢从心理层面关注社会现实，这也让他的作品与后几位的作品拉开距离。简而言之，尽管其他人也承认，诺伊曼显然拥有分析探究的头脑，但普遍认为他在许多方面更接近于格罗斯曼和魏复古，尽管诺伊曼本人厌恶这两位的斯大林主义。

诺伊曼1937年给《社会研究期刊》的第一篇稿件反映了他的

法律兴趣。[6] 在这篇文章中，他追溯了法律理论在资产阶级社会中不断变化的功能，特别强调了 20 世纪的发展。相比其他方面，他还重点论述了客观法律面前人人平等这一被吹嘘的自由主义观念，他认为，这种观念是资产阶级统治的意识形态掩护，有助于依赖法律可计算性的自由企业制度之运作。诺伊曼认为，所谓的法治包含着一种欺骗，因为它拒绝承认法律的背后总是人，或者更准确地说，总是某些社会群体。[7]

但与此同时，他也指出了自由主义理论的积极一面，它至少保证了最低限度的法律平等。"法律面前的平等，固然是'形式上的'，也就是消极的（参考前一章中对积极自由和消极自由的区分）。但黑格尔清楚地觉察到了自由的纯粹形式和消极本质，已经警告过抛弃自由的后果。"[8] 这样的论证，让诺伊曼与霍克海默和马尔库塞关于形式逻辑地位的论点不谋而合：形式主义虽然本身不足，但它提供了一种重要的保障，而实质理性忽视了这种保障，无论是法律上还是逻辑上，这是很危险的。简而言之，形式主义是辩证法总体性的一个真正环节，不应简单地加以否定。

随后，诺伊曼转而分析了法律形式主义在魏玛共和国及其后的功能，特别强调了法律的普遍性概念。他指出，普遍性在世纪之交前后经历了短暂的黯淡之后，最近在法学理论家中重新得到支持。只是现在，其功能与其在 19 世纪自由主义鼎盛时期的功能大不相同。变化的源头是经济："如果立法者面对的不是同样强大的竞争者们，而是违反自由市场原则的垄断者，那么在经济领域，国家只应通过普遍法律进行统治的假设就变得荒谬了。"[9] 换句话说，普遍性不再像以前那样具有均衡的功能。事实上，魏玛共和国的威权主义继承者已经认识到了普遍性的过时，用专断且不平等的决断论（decisionism）加以取代。法西斯主义法律理论固然声称引入了

"体制论"（institutionalism），用体制或法人取代了法律上的个体。但是，诺伊曼认为，这只是给决断主义披上意识形态外衣，因为"脱离了权力关系的背景，没有权力关系就无法理解"这种体制。[10]

因此，诺伊曼的结论是，法西斯国家的法律是不正当的，因为它缺乏自由主义、实证主义法律的普遍性，没有立足于自然法的理性基础。[11]此外，他还暗示，非法西斯主义的国家也有类似趋势："在垄断资本主义下，生产资料的私有财产得到了保存，但普遍的法律和契约消失了，取而代之的是主权者制定的个别措施。"[12]换句话说，马尔库塞在《社会研究期刊》早先的一篇文章中曾讨论过的政治存在主义，[13]已经弥漫在法西斯主义的法律领域，并有扩散到垄断资本主义主导的所有其他社会中的威胁。

在他下一篇发表在《社会研究期刊》上的文章中，[14]诺伊曼指出了他所赞成的法律。在这方面，他与社会研究所的其他成员意见一致：理性应该是法律的源泉，也是一切社会关系的基础。诺伊曼声称，他在文章中研究的所有自然法学说都植根于人作为理性存在的概念。黑格尔攻击了以前的各种自然法形式，但没有攻击理性法本身的概念，诺伊曼表示同意黑格尔的观点。他在文中显示出受到霍克海默的影响："我们决不能被驱使，走向实证主义、实用主义，甚或虚无的相对主义的极端……一种学说的真理将取决于它在多大程度上体现了具体的自由和人的尊严，取决于它是否能够为所有人类潜能的最充分发展提供条件。因此，必须在自然法学说的历史发展和具体环境中确定其中的真理。"[15]

他继续说，所有种类的自然法都植根于这样一种信念，认为法律原则可以以某种方式从自然界的法理中推导出来，而人本身也具备这种法理。因此，各种自然法与像亚里士多德那样的激进的历史主义政治是不相容的，后者只把人定义成社会政治的存在。诺伊曼认为，必须有一种关于人的潜在本质的学说，在某种程度上与批判理论所谓"消极人类学"有所区别。当然，关于人性的概念已经有很多不同的观点，从洛克、胡克和无政府主义者的乐观主义到伊壁鸠鲁、斯宾诺莎和霍布斯的悲观主义。与这两个极端相比，诺伊曼更赞同他所谓的不可知论，把人在自然状态下的特征描述为既不好也不坏。在这里，他特别指出卢梭是这一立场最明确的代言人："（卢梭的）不可知论观点认为，只有在公民社会中，人的原初权利才能与他的同胞们的原初权利彼此交融，成为一种集体权利。"[16] 自然法理论如果基于乐观的人性论之上，则在逻辑上会导致无政府主义；如果悲观，则意味着绝对主义。与他们相对，不可知论的观点则指向民主国家，让其"主权权力就不再是主权，不再是抗衡其臣属的外部权力。社会本身将进行自我治理和管理"。[17]

简而言之，在所有自然法理论以及托马斯主义和宪法主义理论等诺伊曼讨论过的其他一些理论中，他认为与积极自由的平权相对应的理论是最合适的，它意味着统治者和被统治者的同一性。有人认为政治权力和国家权威本质上是邪恶的，至少在特殊利益和普遍利益的完美同一尚未实现之前的时期是如此，诺伊曼出于上述理由拒绝这样的观点。[18] 在这个问题上，他同意批判理论的一般假设，即人们应该遵循的权威都是理性的权威，无论是法律权威还是政治权威。相应地，自然法理论由于植根于规范理性，所以必然对现行的法律条件有所批判。

诺伊曼与霍克海默和其他成员之间拉开距离的根源，并不在于这一结论，而是在于他用来得出这一结论的法律主义方法。他们之间的距离，也是源于他在心理学上空泛描述人已经被赋予理性，忽视了《权威与家庭研究》在非理性力量影响现代人的行为这方面的所有发现。不过，在许多方面，诺伊曼在《社会研究期刊》上关于法律理论的文章还是显示出，他受到了社会研究所的讨论和霍克海默的编辑建议所影响。真正的争执发生在是在1942年《贝希摩斯》出版的时候。

在开始讨论这本巨著之前，应该先介绍一下为分析纳粹主义作出贡献的另外两位新任社会研究所成员。事实上，《贝希摩斯》在许多地方都显露出他们合作的影响。在这两人中，奥托·基希海默[19]更加积极参与社会研究所的事务。在许多方面，他的背景与诺伊曼相似。他比诺伊曼小五岁，1905年出生于海尔布隆（Heil-bronn），也是犹太人出身。1924年至1928年，他在明斯特、科隆、柏林和波恩学习法律和政治。他的老师包括马克斯·舍勒、鲁道夫·斯门德（Rudolf Smend）、赫尔曼·海勒（Hermann Heller），还有也许最重要的一位——卡尔·施米特。基希海默在波恩的博士论文是对比社会主义和布尔什维克的国家概念，深受施米特的决断论和他的"紧急状态"概念所影响。[20] 在魏玛共和国飘摇板荡的岁月里，基希海默和诺伊曼、古尔兰一样，参与了社民党的事务，在工会学校授课，并为《社会》（Die Gesellschaft）等杂志撰稿。

在这段时间，他最尖锐的著作是对魏玛宪法的分析《魏玛，然后呢？》(Weimar - and What Then?)，[21] 其中结合了马克思和施米特的见解。在1920年代后期，基希海默对社会民主党的改革派没有表示什么同情，但同样不愿意接受更左的列宁主义者所倡导的雅各宾式党派观。和施米特一样，他认为真正的民主只有立足于没有社会矛盾的统一人民。然而，他与他以前的老师的分歧之处在于，他拒绝接受种族国家就是这样一个同质共同体的观点。作为一位马克思主义者，在基希海默看来，真正的统一要留给未来的无阶级社会。

在纳粹夺取政权之前的时期，基希海默和当时在法兰克福的社会研究所成员一样,对无产阶级仍可能发挥其历史作用保留了一种谨慎的希望。1932 年,有一种观点认为,大众文化的重要性充分解释了工人阶级不愿意实现其革命潜力,他对此持反对意见。当然,在这个问题上,他比他未来的同事更乐观:"无论人们如何评价这个被奥尔特加·加塞特(Ortega y Gassett)用来当作书名的所谓'大众的反叛'(*The Revolt of the Masses*)的过程,这种状况要么被解释为群众自我限制,要么被解释为群众的服从,这取决于一个人的意识形态态度。很清楚,这种状况已经属于过去。"[22] 事实上,乐观的基希海默认为,施米特吹嘘法人体制的国家超越了社会对立,实际上法人体制的国家却使社会对立更加尖锐。由于对工人的革命潜力充满信心,他认为社会民主党不应该支持布吕宁的总统制政府,尽管更温和的社会主义者提出了相反的论据。[23] 对基希海默来说,威权主义的"国家高于党"与其说是法西斯主义的障碍,不如说是法西斯主义的前奏。[24] 防止魏玛共和国向右崩溃的方法是加速其向左靠拢的潜力。

当然,到 1933 年,他的乐观主义被证明是错误的,基希海默和其他许多人一样,被迫逃亡。1934 年,在他的第一个落脚点巴黎,他得以加入社会研究所的分支机构,成为一名研究助理。在法国首都逗留期间,他开始为法国的法律期刊撰写文章,[25] 并致力于对第三帝国的批判,其成果在德国以假名出版,表面上是在时任国务委员卡尔·施米特主持之下。[26] 1937 年,他在纽约重新定居,在社会研究所的总部办公室担任研究助理。

在纽约,基希海默被指派完成格奥尔格·鲁舍于 1931 年开始的作品,讨论惩罚实践与社会趋势之间的关系。其成果《惩罚与社会结构》(*Punishment and Social Structure*)于 1939 年出版,是社会研究所第一部以英文出版的主要著作。[27] 鲁舍已经完成了 1900 年以前时期的第一部分，基希海默接上了他的工作，写了关于法西斯主义的最后一章，并在摩西·芬克尔斯坦（Moses I. Finkelstein）的帮助下，将手稿翻译成英文。该研究的基本前提是"必须将惩罚理解为一种社会现象，摆脱其法学概念和社会目的的束缚……每个生产体系都倾向于发现与其生产关系相适应的惩罚"。[28] 通过考察拘押、罚金、单独监禁、驱逐出境和强制劳动等惩罚方式，鲁舍和基希海默能够证明劳动力市场和货币流通等变量与具体的惩罚形式之间存在着粗略的关联。基希海默在其关于 20 世纪威权政体下的变化的一章中，指出了垄断资本主义时期合法性的普遍崩溃，诺伊曼已经注意到了这一点，而基希海默本人也将在随后刊登在《社会研究期刊》上的文章中进一步探讨。[29] 他写道，"法律与道德的分离是竞争资本主义时期的公理，已经被从种族良知中直接衍生出来的道德信念所取代。"[30] 他认为，其结果是一种更为严厉的惩罚政策，其特点是重新引入死刑和减少使用罚金。然而，德、法、英三国的统计数字表明，这些惩罚措施与犯罪率之间没有联系。他的结论是，只有社会变革才能导致刑事犯罪率的下降。

基希海默对社会研究所分析纳粹主义的贡献，体现在他为《社会研究期刊》及其 1939 年底接替《社会研究期刊》成为研究所机关刊物的《哲学和社会科学研究》（Studies in Philosophy and Social Science）写的一系列文章。我们将在本章后面讨论《贝希摩斯》时再来讲这些文章，在此之前，我们必须继续介绍社会研究所新成员的观点。我们还必须对社会研究所老成员的工作给予一定的注意，他们对纳粹主义的分析在某些方面与诺伊曼和基希海默的分析形成了对比。第三位新加入并在纳粹主义问题上写了大量文章的人是阿尔卡迪·古尔兰。不过，古尔兰与社会研究所的合作时间比诺伊曼和基希海默短，从 1940 年持续到 1945 年，他的影响也相应较小。

古尔兰1904年出生于莫斯科，是一位工程师的儿子，在1922年来到德国之前，他在莫斯科和塞瓦斯托波尔（Sebastopol）上过文理中学。后来他在柏林和莱比锡的大学学习了经济学、哲学和社会学，在后一所大学写的博士论文是关于历史唯物主义理论中的专政概念。[31]20年代后期，古尔兰在社会民主党中活跃起来，为《阶级斗争》(Der Klassenkampf)等附属刊物投稿，这个刊物相比该党的领导层立场偏左。

古尔兰当时采取的许多立场与社会研究所独立倡导的立场都相似。例如，他强烈抨击卡尔·考茨基的机械唯物主义，赞成承认马克思主义的黑格尔辩证法根源。[32]他还责备德国共产党屈从于莫斯科，不愿意为了革命而破坏党的结构。[33]像基希海默和诺伊曼一样，他也是社民党左翼的成员，希望成员们要积极地从事实践活动，而不是等待资本主义在自身矛盾的重压中崩溃。和他们两人一样，他也因1933年纳粹掌权而被迫流亡国外。在巴黎，他的政治新闻事业难以维持，古尔兰开始重新训练自己，研究纳粹经济学。到1940年他来到纽约和社会研究所时，他几乎只写这方面的文章。尽管古尔兰早先对哲学感兴趣，但他并没有为社会研究所的出版物贡献任何理论成果。他为《社会研究期刊》所做的工作体现出他在方法上更接近他在社民党中的前同事们，而不是批判理论。

社会研究所的核心圈子的观念是在法兰克福培育、在纽约成熟的。如果说诺伊曼、基希海默和古尔兰带来的观念有些不同，但他们并不是社会研究所历史上第一批与霍克海默的方法相左的人。我们已经讨论过魏复古更正统的马克思主义，以及他与社会研究所的联系也日益淡薄。亨里克·格罗斯曼是格林贝格那一代社会研究所成员中最后一位留在社会研究所的成员，他也是一位批判理论的批评者，秉持比较正统的马克思主义。[34]在伦敦和巴黎生活了几年后，格罗斯曼于1937年移民到纽约，但在接下来的十年里，他与晨边高地其他人的联系变得越来越脆弱。事实上，他对《社会研究期刊》的最后一次重大贡献是他在1934年对博克瑙《从封建世界观到资产阶级世界观的过渡》的长篇批判。除偶尔发表评论外，此后他的作品不再由社会研究所出版。1930年代后期，他在家里而不是在社会研究所位于117街的大楼里工作。战争期间《社会研究期刊》终止发行，使他关于马克思与古典经济学家关系的研究无法出版，[35]他花了很多时间投入，主要目的是强调马克思对古典经济学作品的否定之严厉。他在1940年代的几篇文章刊登在了研究所外的期刊上。[36]

显然，格罗斯曼最富有成效的时期是在1933年之前的十年，巅峰是他关于资本主义崩溃的论文。纳粹对欧洲知识生活的破坏，使这篇论文无法获得在不太动荡的时期可能获得的关注。此后，格罗斯曼个人生活的失序使他的创作力更加衰退。格罗斯曼在美国的生活孤独寂寞，妻子和孩子都留在了欧洲。在纽约，他与哥伦比亚大学或任何其他大学都没有正式的联系，与社会研究所的联系也限于形式。也有证据表明，在1940年代初，他与其他社会研究所成员在知识上的分歧因个人关系的紧张而加剧。[37]格罗斯曼继续支持斯大林主义的苏联，这对他与其他人之间的关系没有什么好处。[38]此外，据爱丽丝·迈尔说，[39]他开始担心他的前同胞波兰人们打算伤害他。中风导致健康状况不佳，加剧了他总体上的不愉快。战争结束后，他终于决定尝试在欧洲定居。与其他一些回到法兰克福的社会研究所成员不同，格罗斯曼去了莱比锡，1949年东德政府在那里给他提供了一个教席。社会研究所帮助他运走了自己的物品，但那时他的苦闷已经导致了一次彻底决裂。因此，在他于1950年11

月以六十九岁高龄去世前的短暂时间里,他对莱比锡的失望,只是通过迈尔夫人间接地传到了前同事们的耳中。

格罗斯曼在意识形态上的不灵活使他无法对社会研究所分析纳粹主义或其他许多工作产生多大影响。然而,如果认为社会研究所对现代社会危机的分析完全缺乏经济的向度,那就大错特错了。几乎每一期《社会研究期刊》都有一篇关于经济问题的文章。格哈德·迈耶分析了西方民主国家的紧急措施及其与真正的计划经济的关系。[40] 库尔特·曼德尔鲍姆在伦敦写了关于技术性失业和经济计划理论的文章。[41] 洛文塔尔化名为"埃里希·鲍曼"(Erich Baumann)和"保罗·泽林"(Paul Sering),对非马克思主义经济模式进行了批判。[42] 在纽约帮助波洛克处理行政事务的约瑟夫·绍德克(Joseph Soudek)偶尔也会贡献评论。就连费利克斯·韦尔也回来就相关问题写过几篇文章。[43] 马尔库塞和古尔兰又对经济与技术之间的关系作了进一步的讨论。[44] 总之,虽然社会研究所经常斥责庸俗马克思主义者的经济决定论,但它仍然承认,马克思洞察到经济在资本主义社会中发挥着关键作用。

不过,如果认为这些经济分析真正融入了批判理论的核心,那就错了。无论霍克海默和阿多诺的兴趣和知识范围多么广泛,这两位从来没有真正认真地学习过经济学,不管是马克思主义的经济学还是其他经济学。事实上,霍克海默一度尝试讨论经济理论,但受到了社会研究所中比较正统的马克思主义者相当大的怀疑。[45] 甚至像格哈德·迈耶这样的非马克思主义经济学家也记得,社会研究所的领导人和经济分析家之间的关系是多么不好。[46] 对计算收支这个比较世俗的世界,德国哲学家们长期以来的厌恶似乎还有些残留。

批判理论的新突破在于它认为经济的作用在20世纪发生了重大变化。事实上,社会研究所内部关于法西斯主义性质的争论主要就集中在这种变化的特征上。《贝希摩斯》与格罗斯曼等正统的马克思主义者对垄断资本主义的性质有着许多相同的假设。另一方面，社会研究所内部圈子的老一辈的成员则追随副所长弗里德里希·波洛克，尽管后者有行政职责，但还是抽出时间来从事学术研究。

波洛克工作的核心是他的国家资本主义理论，他用该理论描述了现代社会的普遍趋势。在很大程度上，这个理论是他早期对苏联经济实验分析的外延。[47] 如前文所述，波洛克并不觉得苏联已经成功地推行了真正的**社会主义**计划经济。事实上，社会研究所对苏联事务相对沉默的原因之一，在于认为苏联经济尽管具有独特的性质，但却是国家资本主义的变种。早在 1932 年第一期《社会研究期刊》上，波洛克就曾讨论过在经济大萧条的情况下实现稳定的资本主义经济的前景。[48] 他得出的结论与格罗斯曼等危机理论家的结论直接对立，后者预言这个体系会在较短的时间内消亡。波洛克却指出，政府主导下的经济计划越来越多地被用来作为无限期遏制资本主义矛盾的手段。他还讨论了诸如刻意鼓励技术革新和国防部门不断扩大的影响等额外因素，这些因素都有助于资本主义的长治久安。

1941 年，波洛克把他对制度持久性的观察延伸到国家资本主义的一般理论中。[49] 他认为，自由放任的经济学已经被垄断资本主义所取代。而垄断资本主义又反过来被一种新的资本主义形式所取代，其特点是政府指导。虽然欧洲的威权政权率先实行了广泛的控制，但包括美国在内的西方民主国家很可能步其后尘。与这两种体制的初级阶段不同的是，国家资本主义中止了自由市场，转而操纵价格和工资。它还将经济合理化作为一项刻意的政策，为政治目的控制投资，并限制以消费者为导向的商品生产。

波洛克认为，这与早期资本主义阶段最明显的区别也许在于它将个人或集团的利润置于总体计划的需要之下。社会关系不再是雇主和雇员或生产者和消费者通过市场中介的互动。取而代之的是，个体在面对彼此的时候既是指令的下达者也是指令的接受者。波洛克认为，虽然没有完全丧失"利润动机，但已经被权力动机所取代"。[50] 对此的反映之一是股东失去了对管理层的控制，他的说法让人想起詹姆斯·伯纳姆（James Burnham）。[51] 利润日益减少，而传统的资本家也就比以此维生的食利者略胜一筹。

从波洛克的分析中可以得出，对崩溃的总体预期颇不乐观。国家资本主义正在通过公共工程强制实现充分就业，以预防马克思预测的无产阶级贫困化。分配问题通过管理价格和预先确定的需求来解决。格罗斯曼特别强调的过度积累问题，将通过继续扩大经济的军事行业来解决。简而言之，一个新的定向资本主义制度现在已经存在，并有可能持续一段时间。

然而，波洛克的悲观主义却被某些限定条件谨慎地调和了。阶级斗争、利润率下降等资本主义的矛盾并没有像如果在社会主义社会那样真正被解决。此外，夺取了经济控制权的国家，本身是由官僚、军事领导人、党棍和大商人（与诺伊曼分析中的成分相同）组成的混合统治集团所主导的。他们之间的冲突虽然目前已经降到最低，但绝不是不可能发生。体系中可能存在的其他不稳定来源包括资源和技能的天然局限，以及民众提高生活水平和持久战争经济的需要之间可能产生的摩擦。不过，波洛克看到的大趋势还是朝着国家资本主义经济扩散和加强的方向发展。波洛克在文章的最后提出了几个问题，有关民主国家资本主义相对于威权国家资本主义的可行性，他说，这些问题的答案只有历史才能给出。

波洛克在《哲学和社会科学研究》中的下一篇文章题为《民族社会主义是一种新秩序吗？》（"Is National Socialism a New Order?"），文中重点论述了国家资本主义的纳粹变体。与古尔兰和诺伊曼相反，他认为私有财产的几乎所有基本特征都被纳粹摧毁了。投资以获取最大利润不再是大企业不可剥夺的特权。尽管纳粹的规划仍然是无序的，但政府已经启用了一种深思熟虑且普遍成功的政策，也就是充分就业和以资本而非消费为导向的生产、价格控制，以及经济上相对的自给自足。波洛克继续说，个人在纳粹社会中的地位现在取决于他在社会等级制度中的地位，而不是他的企业家技能或私有财产。[52] 总的来说，技术理性已经取代了法律形式主义，成为社会的指导原则。

简而言之，波洛克肯定地回答了其标题中提出的问题。他根据社会研究所对权威和家庭的研究，认为纳粹主义是一种真正的"新秩序"，这一点从纳粹主义蓄意加速传统家庭的解体中可以看出，[53] 而家庭是资产阶级社会的堡垒。即使在垄断阶段，旧的资本主义秩序也是一种交换经济；这种秩序的继承者是纳粹经济理论家维利·诺伊林（Willy Neuling）所说的"指令经济"。[54] 纳粹就此实现了"政治优先"于经济。[55] 波洛克以特有的悲观主义得出结论，除非他们输掉战争，否则他们的体系不可能从内部崩溃。

在强调经济的政治化方面，波洛克非常符合批判理论的主流。我们在第四章谈到过，法兰克福学派不仅拒绝发展一种专门的政治理论，也拒绝用纯经济的方法来处理社会理论。霍克海默有一篇题为《哲学与批判理论》的文章，与马尔库塞的同名文章在同一期刊物上刊载。他在文中曾明确表示，他认为经济的支配地位是一种纯粹的历史现象。他认为，根据经济形态来判断未来社会是一个错误。而且，"在政治获得相对于经济的新独立性这个过渡阶段，也是同理"。[56] 经济的拜物教被留给了更正统的马克思主义者，如格罗斯曼。经济关系总是被理解为代表了人与人之间所有复杂的关系，尽管它们诚然是一种资本家往往赖以和他人相联系的物化形式。波洛克强调，利润动机一直是权力动机的一种变体。[57] 然而，今天，市场提供的中介正在消失。在威权的国家资本主义制度下的"指令经济"中，统治变得更加明目张胆。需要指出的是，波洛克这样思考仍然处于马克思主义传统中，在这个意义上，马克思一直把经济学理解为"政治经济学"。在马克思的所有经济著作中，甚至在《资本论》中，都有一个基本的假设，即经济关系基本上是人与人之间的交往，在资本主义中，这种交往是黑格尔所谓"主奴"关系的变体。[58]

因此，波洛克在创造他的国家资本主义的模型时，是在为霍克海默说话，也可能是在为洛文塔尔和阿多诺说话。（马尔库塞本人与诺伊曼关系更为密切，他在《理性和革命》中采取的立场与诺伊曼更为接近，他写道："最强大的工业集团倾向于攫取直接的政治控制，以便组织垄断生产，摧毁社会主义反对派，恢复帝国主义扩张。"）[59] 然而，对霍克海默来说，国家资本主义是"当下的威权主义国家……是统治新的喘息之地"。[60] 霍克海默在1930年代末到1940年代初的所有著作中，都强调了经济、政治和法律层面上自由主义中介的终结，而这些中介此前曾阻碍了资本主义所隐含的统治成为现实（他后来将其扩展到整个西方"启蒙"传统中）。他在《哲学和社会科学研究》讨论自由主义向威权主义过渡的特刊序言里写道："随着法西斯主义的出现，自由主义时代典型的二元论，如个人与社会、私人生活与公共生活、法律与道德、经济与政治，不是被超越了，而是被遮蔽了。"[61] 现代社会的本质已被揭示为"黑帮"的统治。[62] 霍克海默认为勒索是现代统治的"元现象"（Urphenomenon），后一个词借用了本雅明最喜欢的一个范畴。应该补充说明的是，在基希海默对纳粹主义的分析中，勒索这一观点也很突出。[63]

霍克海默认为，在为统治服务的过程中，统治集团采用了一种技术理性，而正如他经常指出的那样，技术理性是对理性真正本质的背叛。他把这一点与他极端厌恶的一个哲学名词间接地联系起来："法西斯主义者从实用主义那里学到了一些东西。甚至他们的句子也不再有意义，只有目的。"[64]在《威权主义国家》一文中，他阐发了对技术理性的批判，这种批判同样适用于其社会主义实践者，预示着他将与阿多诺在《启蒙辩证法》中发展的许多论点。因此，他对法西斯主义的分析重心已经从正统马克思主义的垄断资本主义最后阶段的概念，转移到了对技术的更广泛的分析上。这与我们在第二章研究批判理论基础时提到批判马克思本人过分强调生产过程和对劳动的迷信有关。霍克海默在《犹太人与欧洲》中写道："不愿谈论资本主义的人，也应该对法西斯主义保持沉默。"[65] 他在这句话中所指的资本主义应该理解为国家资本主义，而不是其前身自由资本主义主义或垄断资本主义。

事实上，霍克海默对发达资本主义之技术合理化的厌恶，使他严重怀疑把自己视为其不可避免的继承者的社会主义运动。霍克海默认为，[66]恩格斯和其他像他一样的人将生产资料的社会化等同于统治的结束的人，才是真正的乌托邦主义者。事实上，正是社会化产生了自由的天真期望，进而预示了当代的威权国家。拉萨尔和俾斯麦的反常联盟就是这一事实的象征性表达。霍克海默认为，真正的自由只有突破技术束缚才能实现，这一技术束缚正是由国家资本主义所铸造，并被社会主义所延续，至少在苏联代表的社会主义下是如此。该文刚好收录在专门纪念瓦尔特·本雅明的特刊中，而本雅明也认为，自由的实现只能来自历史连续性的断裂，[67]《威权主义国家》表达了批判理论中最激进的立场。霍克海默在其最重要的声明之一中写道：

辩证法并不等同于发展。接管国家控制和从中解放出来这两个对立的环节共同包含在社会革命的概念中。生产资料的社会化、生产的计划方向，以及对自然的普遍统治——（社会革命）引发的这些都不会自动发生。而且没有积极的抵抗和不断更新的争取自由斗争，社会革命就不会带来剥削的终结。这样一个目标（社会革命）不再是加速进步，而是跳出进步（der Sprung aus dem Fortschritt heraus）。[68]

当1942年霍克海默写下这篇文章的时候，还没有对这种"积极的抵抗"可能还会出现感到绝望。在这方面，他仍然比波洛克更乐观一些。他可以写下如下内容："威权主义国家的永恒制度，虽然极具威胁性，但并不比市场经济的永恒和谐更真实。正如等价交换还是一个不平等的外壳，所以法西斯的计划已经是公开盗窃……可能性还不至于小到令人绝望。"[69] 他认为，尽管威权型人格在心理上的服从非常重要，法西斯主义的纽带不仅限于此，还包括持续不懈的恐怖和强制手腕。[70] 统治阶级的各个组成部分本身只是因为对群众的共同恐惧而团结在一起，如果不是恐惧大众，他们就会解散成一群争吵不休的匪徒。*[71]

此外，霍克海默认为，实现自由的物质条件终于实现了。马尔

---

* 正如布莱希特的剧作《阿图罗·尤伊不可抗拒的崛起》（*Der aufhaltsame Aufstieg des Arturo Ui*）所显示的那样，许多难民被纳粹视为匪徒，至少如此隐喻。然而，并不是所有人都这样认为。例如，汉娜·阿伦特在《极权主义的起源》中写道："极权主义式政府的形式与对权力的欲望，甚至与对权力产生机器的渴望没有什么关系……尽管有种种表象，但极权主义政府并不是由一个小集团或一个帮派来统治的……原子化个体的孤立不仅为极权统治提供了群众基础，而且被贯彻到整个结构的最高层。"（1958年纽约版第407页）阿伦特女士在附带的脚注中专门就这一点对《贝希摩斯》进行了批评。后来，霍克海默和阿多诺在《启蒙辩证法》中"大众社会"这则格言中也放弃了与黑帮的比较，认为法西斯领导人和他们所领导的群众基本上是一样的。他们指出，在卓别林的《大独裁者》（*The Great Dictator*）中，独裁者和理发师是同一个人。

库塞也在《哲学和社会科学研究》关于技术的文章中发展了这一思想。霍克海默认为，技术价值观的传播可能导致匮乏的结束以及新形式的统治。事实上，如今他所呼吁的与过去决裂完全取决于人的意志。他在批判理论中最直接地表达了可能被称为"卢森堡主义"或工会主义的倾向，他写道："新社会的诸多模式首先是在它的变革过程中被发现的。理论上的观念、理事会的制度，按照其先驱者的说法，应该都是为新社会指明道路，却产生于实践，可以追溯到1871年、1905年和其他时间点。革命有一个传统，理论则依托于这个传统的延续。"[72] 因此，霍克海默似乎不支持列宁主义的过渡性专制，而是支持人民直接夺取控制权。选择显而易见，他写道："要么退回野蛮，要么开启历史。"[73]

然而，尽管"威权主义国家"有劝世意味，但霍克海默越来越明显地感到，退回野蛮的可能更大了。在同一篇文章中，他也许是第一次表达了如下论点：思想生活正在成为革命实践的最后避难所。这个论点在法兰克福学派随后的作品中出现的频率越来越高。他写道，"思想已经是抵抗的标志，是努力让自己不再被欺骗的标志。"[74] 一旦"野蛮"或者至少是野蛮化身的法西斯主义被击败，却没有引发似乎唯一有别于野蛮的"历史开端"，批判理论就开始质疑现代世界中实践本身的可能性。

不过，如果要详细讨论这一发展，就会偏离我们的核心问题，即社会研究所对纳粹主义的处理。如前所述，在纳粹经济的性质等问题上，诺伊曼、基希海默和古尔兰带来了与霍克海默、波洛克等社会研究所旧人们不同的观点。在这三人中，基希海默也许在精神上最接近批判理论，尽管他的思想更具有实证主义倾向，他所受的教育也是以法学为基础。[75] 在《惩罚与社会结构》出版后，他在《哲学和社会科学研究》上发表的第一篇文章，显示了他对犯罪学的持续兴趣。[76]在分析纳粹德国的刑法时，基希海默将1933年以后法律理论的发展区分为两个阶段：威权主义阶段和种族主义阶段。前者在夺取政权后只持续了很短的时间，罗兰·弗赖斯勒（Roland Freisler）的意志性法律观占了上风，强调被告人的主观动机而非客观行为。不久就被所谓基尔学派的"现象学"法律所取代，后者是反规范、反普遍主义的"具体"法律理论。[77]在这里，法官对被告人"本质"的直觉取代了对其实际行为的判断。因不作为（omission）而犯下的罪行被扩大化；通过领导人的表态和司法官僚机构的裁决所揭示的"人民的社会感情"影响了司法判决，甚至到了倒逼立法去溯及既往的地步。党卫军、劳动部门、党都有独立的法律等级制度，这样司法权的部门化就取代了1933年以前统一的刑法体系。简而言之，司法机构已经转变为一个依附于国家的行政官僚机构，越来越顺应国家的意识形态要求。

现象学派以及整个纳粹政治理论的主要论点之一是，它将自由主义法学中被分离的法律和道德领域结合在一起。在随后的一篇文章中，基希海默试图通过揭示纳粹法律的基本特征来表达这一主张的意识形态性质。自由法律的传统支柱是私有财产和契约自由，基希海默认为，前者虽然仍然存在，但却"被严重地抵押给了政治机器"，[78]而后者实际上已变得毫无意义。因此，从某种意义上说，纳粹的法律学说弥合了私人领域和公共领域之间的旧自由主义鸿沟，但代价是前者被抹除了。纳粹宣称的"具体"政策在某些领域已经实现，如反犹的立法和刺激人口增长的措施（例如，减轻对非法生育的制裁并支持大家庭）。但在其他大多数领域情况就并非如此，比如在农业领域，"血与土"的意识形态已被现代化的要求所牺牲。事实上，纳粹法律的基本主旨是朝着霍克海默所强调的那种技术理性的方向发展的。基希海默写道,"这里的理性,意思并不是说存在普遍适用的规则,可以保证这些规则影响的结果被事先计算出来。这里的理性只意味着,整个法律和执行法律的机器只为统治者服务。"[79] 不过,基希海默并没有像波洛克那样把新秩序描述为后私人的资本主义。用基希海默的话说:

> 经济权力的集中是纳粹政权下社会和政治发展的特点,具体表现为在工业和农业生产中,保留私有财产制度却同时废除与私有财产相关的契约自由这一趋势。行政裁决取代了契约,如今已经成为财产本身的另一个自我(alter ego)。[80]

然而基希海默比诺伊曼或古尔兰更觉得国家的权力基本上没有受到挑战,或者至少希特勒周围的统治集团的权力是如此。在《哲学和社会科学研究》中广泛讨论纳粹统治下发生的政治变化时,他提出了自己的理由。[81] 他将西欧近代史上的政治妥协区分为三个阶段。在自由主义时代,"议会代表之间以及他们与政府之间的工作协议的复合体"占主导。[82] 金钱对政治的影响特别大。然而,在1910年前后,随着大众民主时代的到来,妥协中的因素开始转变。资本和劳工自愿结成争取权力的主要参与者,而中央银行则成了经济和政治领域之间的协调者。无论在政治还是经济领域,垄断都取代了个人。从法西斯主义兴起开始的第三个阶段,经济因素的影响力急剧下降。法西斯政府过于强大,不可能被投资者罢工或其他私人经济压力的表现形式所推翻。虽然在劳工(政府控制)、工业(仍为私人控制)和所谓的粮食庄园(也是私人控制)等领域显然还存在垄断,但政府已经握住了刀柄。事实上,纳粹党现在参与创建了自己的竞争性经济机构,这有助于提高其官僚化程度。但这意味着纳粹违背了自己先前的承诺:"事实证明纳粹党并没有支持独立的中产阶级为生存而斗争,相反,实际上比德国现代史上任何其他单一因素更加速了他们的最终衰落。"[83]

所有这一切所产生的新政治妥协结构现在都依赖于元首和他的小集团。由于金钱不再是社会权力的真正体现,"领导权"成了集团间冲突的仲裁者。这些集团彼此之所以相对没有摩擦,仅仅是因为法西斯帝国主义的扩张性允许统治联盟的所有竞争分子参与分赃。"正是统治集团无可置疑的权威与扩张计划之间的这种相互依存关系,提供了法西斯秩序下妥协结构的特征现象,指导了其进一步发展,并决定了其最终命运。"[84]

纳粹的帝国主义动力在古尔兰和诺伊曼的分析中也起到了关键作用。在他为《哲学和社会科学研究》撰写的第一篇文章中,[85]古尔兰着重强调了经济扩张是防止纳粹系统内部冲突的手段。虽然承认政府部门急剧扩张,但他反对波洛克所谓大企业权力被急剧削弱的论点。他断言,政府代表了小资产阶级的反垄断不满,但却没有真正挑战商业利益根深蒂固的特权。事实上,白领工人、小企业主和小官僚这些不满的中产阶级(Mittelstand)一直不希望破坏大企业,而希望能在大企业的繁荣中分一杯羹。随着帝国主义的扩张,这种渴望得到了满足,使政府和大企业都得到了好处。古尔兰与波洛克针锋相对地指出:"扩张保证了利润动机的实现,而利润动机又刺激了扩张。"[86]

虽然古尔兰同意,技术理性在纳粹统治下得到了推进,但他并不认为这意味着私人资本主义的终结。事实上,经济的官僚化和集中化早在纳粹上台之前就已经在私营公司内部和彼此之间开始了。古尔兰认为,这些私营企业集团仍然比赫尔曼·戈林钢铁集团(Reichswerke Hermann Göring)这样的纳粹竞争对手强大得多。波洛克强调的技术革新更多的是这些企业的工作，而不是政府的工作，尤其集中在化学工业领域。此外，虽然管理肯定介入了，但这也并不意味着资本主义的转变，因为"那些控制生产资料的人就是实际的资本家，无论他们被称为什么"。[87] 经理人的收入仍然来自利润（虽然不像传统的股东那样来自股息）。简而言之，古尔兰所理解的体制仍然是垄断资本主义，尽管其基础是政治官僚和经济管理者联合起来的共管，追求帝国主义扩张。

古尔兰不愿意忽略垄断资本主义的韧性，诺伊曼也有同感，现在我们终于可以转向他那本《贝希摩斯》了。虽然在冷战期间遭到了相对的冷遇，但如今《贝希摩斯》终成经典；该书需要大量艰辛的学术投入，更因为诺伊曼与资料来源地相隔遥远而令人瞩目。在诸如德国劳工运动史等一些领域，诺伊曼能够借助自己在1933年之前的亲身经历。所有这些都得到了霍克海默和社会研究所其他核心成员的认可，但诺伊曼的结论和他用来推导出这些结论的方法论对批判理论来说是足够陌生的，以至于核心圈子不认为《贝希摩斯》是社会研究所观点的真正表达。[88]

当然，他的方法与社会研究所核心圈子的方法之间存在一些类似之处。例如，诺伊曼总的来说将反犹太主义和一般种族主义的绝对重要性降到最低，[89] 和霍克海默在他从《黎明/黄昏》到战争前的所有著作中的态度一样。他甚至称德国人民是"最不反犹太的"，[90] 奇怪的是社会研究所的其他成员也持有这种信念。[*91] 诺伊曼也同意，

---

* 当我向洛文塔尔提及诺伊曼的这些评价时，他说，社会研究所的许多成员都认为德国人比他们移民到美国后认识的美国人更不反犹。他们所指的歧视是在魏玛时代几乎不存在的社会歧视，而不是政治歧视。与我交谈的所有社会研究所成员都强调，在被迫离开德国之前，他们觉得自己已经完全融入了德国。这种对德国反犹主义程度的态度，反映在了1939年《哲学和社会科学研究》中社会研究所关于一般问题的公开说明里。如今，这份说明书中的以下陈述听起来多少有些天真："当德国大众坦率地透露出厌恶政府的反犹主义时，在法西斯政府从未尝试过的地方，反犹主义的承诺就被急切地食言了。"

第五章　社会研究所对纳粹的分析

法西斯主义由于其非理性而缺乏真正的政治理论，而"政治理论不可能是非理性的"。[92] 最后，他认为，如果没有自觉的政治实践，体制不会不可避免地从内部崩溃："体制的缺陷和断裂，甚至德国的军事失败，都不会导致该政权的自动崩溃。只有受压迫群众利用制度的破绽自觉地展开政治行动，才能推翻这个政权。"[93]

但双方总体上差异却比较大。此前已经多次提到过诺伊曼对心理学的普遍蔑视。就像对诺伊曼的影响相当大的左翼历史学家埃卡特·科尔（Eckart Kehr），[94] 他觉得精神分析不过是一种资产阶级的意识形态。《贝希摩斯》确实有一小部分关于魅力心理学的内容，但完全忽略了社会研究所早先关于威权型人格的工作。在《贝希摩斯》全书六百多页的内容中（包括1944年增加的附录），几乎没有任何东西表明诺伊曼接受了弗洛姆的施虐和受虐性格类型的观点。此外，在他对魏玛共和国时期工人阶级失败的分析中，[95] 诺伊曼忽视了弗洛姆对德国无产阶级矛盾心理的研究。

更重要的是他不同意波洛克的国家资本主义概念。在诺伊曼看来，"所谓'国家资本主义'本身就是一种自相矛盾的措辞，"他引用希法亭的话继续写道，"一旦国家成为生产资料的唯一所有者，它就会使资本主义经济无法运转，进而破坏了使经济流通过程积极存在的机制。"[96] "政治优先"和管理革命还没有实现，诺伊曼开始通过对德国经济的实证考察来证明这一点。他也借此明确表示，他并不赞同波洛克关于体制不可战胜的普遍悲观。"本书作者不接受这种深刻的悲观主义观点。他认为，资本主义的对立面在德国以更高的、因而也更危险的层次上运作，哪怕这些对立面被官僚机构和人民社会的意识形态掩盖了。"[97]

他首先引用的证据是纳粹领导人自己的证词，这些证词似乎都没有表现出刻意追求国家控制的政策。[98] 诺伊曼随后就大企业在魏玛时期日益卡特尔化和合理化展示了大量数据。他认为,这个过程造成了不稳定的状况,让经济更加僵化,更容易受到周期性转变的影响,并且容易受到不满群众的压力。因此,国家必须进行干预,以打破日益激化的僵局。其选择一望而知:"国家应该粉碎垄断性的占有,应该为了群众而限制它们,还是应该利用干预来加强垄断地位,推动把一切商业活动完全纳入产业组织的网络?"[99]对诺伊曼来说,答案是显而易见的:纳粹采取了后一条路线,尽管他们的宣传与此相反。格奥尔基·季米特洛夫(George Dimitrov)在共产国际第七次世界代表大会上宣称,法西斯主义是"金融资本中最反动、最沙文主义和最帝国主义的诸多要素的公然恐怖独裁",而诺伊曼的分析还是比这种正统马克思主义立场的经典表达要复杂得多。[100]对诺伊曼来说,"今天的德国经济有两个广泛而显著的特点。它是一种垄断经济,同时是一种指令经济。它是一种私人资本主义经济,由极权主义国家管理。我们建议最好用'极权主义的垄断资本主义'这个名字来形容它"。[101]

他继续说,这一点通过强制卡特尔化立法等方式得到了证明。他认为,新垄断企业的统治者和受益者不是新的管理者,而在大多数情况下是旧的私营企业主个人或家庭。他指出,纳粹党没有将大多数工业国有化;"相反,存在一种明确的趋势,就是远离国有化"。[102]即使由党构造替代性的经济结构也不意味着资本主义的终结。"相反,这在出现时是对资本主义社会生命力的肯定。因为它证明,即使在标榜政治高于经济的一党制国家里,没有经济实力的政治权力,没有在工业生产中的稳固地位,也是岌岌可危的。"[103]简而言之,虽然指令经济正在产生的过程中,但这绝不是要取代旧的垄断资本主义。事实上,诺伊曼同意古尔兰的观点,认为只要帝国主义扩张足以满足统治精英中各个集团的要求,两者就可以并存。

诺伊曼对这个由大企业、党、军队和官僚机构组成的精英群体进行了区分，这表明他并没有把法西斯主义过度简化，认为它只是垄断企业的产物。他写道，"这并不意味着，民族社会主义只是德国产业界的顺从工具，但它确实意味着，在帝国主义扩张方面，产业界和党的目标是相同的。"[104] 不过，与波洛克和霍克海默的分析不同，诺伊曼的分析还是植根于更为传统的马克思主义范畴。波洛克曾写到权力动机。作为回应，诺伊曼说："我们相信，我们已经证明了是利润动机将体系捆绑在一起。但是，在垄断系统中，如果没有极权主义的政治权力，利润是不可能产生和维系的，这就是民族社会主义的显著特征。"[105] 波洛克所描述的新秩序毕竟不是那么新。

新学院的埃米尔·莱雷尔（Emil Lederer）也错了，而他是社会研究所的老对手，他称纳粹德国是一个无定形的大众社会，没有阶级差别，他们这些理论家也不正确。事实上，纳粹对大众的原子化已经止步于精英的自我原子化。诺伊曼认为，如果说有什么，"民族社会主义的社会政策之实质在于接受和加强德国社会普遍的阶级特征"。[106] 诺伊曼确实同意，发生变化之处在中下层阶级的阶级团结。纳粹引入了一种新的等级制度，更多的是基于地位而不是传统的阶级，从而颠覆了亨利·梅因爵士（Sir Henry Maine）笔下从地位向阶级过渡的经典公式。[107] 这是通过蓄意将群众原子化来实现的，诺伊曼在对宣传、恐怖、劳动和工资政策以及纳粹法律的分析中探讨了这一过程的影响（对纳粹法律的分析主要基于他和基希海默早先在《社会研究期刊》和《哲学和社会科学研究》上发表的文章）。

诺伊曼比较正统的阶级分析使他不能从技术的角度看待统治，而霍克海默圈子的研究者正着手那样做。和古尔兰一样，他认为经济的合理化和集中化与私人资本主义并非不相容。事实上，技术革命已经"起源于资本主义生产的机制之中,至于那些认为资本主义已经失去动力的人,他们的信念遭到驳斥"。[108] 然而,诺伊曼认为,从长远来看,技术合理化的逻辑与利润最大化的要求之间的张力有可能加剧。他写道,"我们相信工程师也就是所有技术人员和工头,与极权的垄断资本主义之间的对立是政权的决定性缺陷之一。"[109]

不过,诺伊曼这些主要论点的分量还是在于,纳粹主义是垄断资本主义的延续,尽管是通过其他手段,这个论点与波洛克正相反。不过,《贝希摩斯》还有一个次要的论点,它与社会研究所内部的一些观念有些接近。这个论点反映在书名中,书名比照霍布斯研究17世纪英国内战混乱。对诺伊曼来说,"民族社会主义是或者说(正在)趋向于成为一个非国家、一个乱局、一种无法治和无政府的统治"。[110] 不仅"国家资本主义"是一个错误的名词,而且任何传统意义上的国家之存在本身也是值得怀疑的。相反,自由主义国家提供的缓冲无论多么不完善,缺乏这一缓冲的统治正日益走向更赤裸的无中介状态。

换句话说,诺伊曼和霍克海默等人一样,认为过去半人道的中介在威权国家中正在迅速被侵蚀。他们的分歧之处在于如何描述无中介统治的性质。在诺伊曼看来,这种统治仍然是沿着资本家对被剥削工人的路线,而没有国家采取行动来减轻阶级冲突的恶劣程度。因此,他仍然可以写道:"两个阶级之间客观上存在着深刻的对立。这一对立是否会爆发,我们不得而知。"[111] 另一方面,在霍克海默看来,没有资本主义市场的缓冲,统治越来越具有社会心理色彩。他认同波洛克,断言国家是统治的主要实施者,这其中也包括故意运用恐怖和胁迫的手段。当然,在他的分析中,随着时间的推移,国家的作用将不再那么大,因为统治将成为整个社会的一种普遍状况。在这个过程中,霍克海默笔下技术伦理的作用越来越大这

第五章 社会研究所对纳粹的分析

一论点将起到至关重要的作用。接下来考察法兰克福学派后期作品时将会看到，特别是联系到他们对美国社会的分析时，在马尔库塞所推广的"单向度"社会中，统治的存在似乎脱离统治者的有意识指导，无论是经济的还是政治的指导。因此，这显得更加险恶和无懈可击，采取有效行动否定它的机会更加渺茫。

因此，可以说，社会研究所在分析纳粹主义时采用了两种一般方法。一种是与诺伊曼、古尔兰和基希海默有关的，侧重于法律、政治和经济体制的变化，对社会心理学或大众文化只是一瞥而过。其基本假设在于那些比较正统的马克思主义的假设，强调垄断资本主义的中心地位，尽管有了相当大的改进。霍克海默周围的群体所遵循的是另一种主要路径，认为纳粹主义是西方非理性统治总趋势的最极端样本。虽然同意这是发达资本主义的产物，但不再认为经济基础结构是社会总体的焦点所在。相反，这一路径更加关注作为一种制度力量的技术合理化和作为一种文化需求的工具理性。借此，采取这种路径的研究者比诺伊曼或被他说服的其他人更有兴致地探讨了服从的社会心理机制和暴力的来源。通过指出发达资本主义以各种方式避免了马克思预言的资本主义崩溃成为现实，这个路径揭示了对变革可能性更深刻的怀疑论，这种怀疑论在未来几年日益增加。

由于霍克海默和波洛克的方法已经超越了正统马克思主义对经济的关注，因此能够更容易地适用于战后的美国社会现象。毕竟美国的经济可能被界定为垄断资本主义，但其社会也同样证明了对法西斯主义的抵抗力。战后诺伊曼及其阵营中的人转变为不安分的自由主义者，或许可以部分归因于他们对这一现实的承认。而另一方面，霍克海默周围的一群人也对无产阶级革命的未来抱有悲观的态度，但并没有像诺伊曼、基希海默和古尔兰那样成为自由主义者。

马尔库塞的情况是更加激进了，我们将在后文看到这一点。而霍克海默和阿多诺则要谨慎得多，但基本的分析从未成为真正的自由主义或多元主义的假设。然而，现在谈论战后的发展还为时尚早，接下来的章节得先讨论社会研究所对美国的重新关注。

在谈到社会研究所对美国社会的分析之前，必须补充一下研究所在战争期间的历史。随着法西斯主义势力在欧洲的扩张和美国加入战争，社会研究所对体制结构进行了全面重组，并重新评估自己的目标。法国分部是战争爆发时社会研究所在欧洲仅存的前哨站，随着1940年巴黎被占领而关闭。在1930年代，巴黎办事处不仅是社会研究所与出版商的联络点，也是《权威与家庭研究》的数据来源，同时也是与法国学术和文化界的联系纽带。瓦尔特·本雅明并不是《社会研究期刊》的贡稿者中唯一的巴黎居民。来自巴黎的撰稿人还有塞莱斯坦·布格莱、雷蒙·阿隆、亚历山大·柯瓦雷、让娜·迪普拉（Jeanné Duprat）、保罗·霍尼希斯海姆、马克西姆·勒鲁瓦（Maxime Leroy）、伯纳德·格勒图森（Bernard Groethuysen）和阿尔伯特·德芒容（Albert Demangeon）。布格莱是1938年在社会研究所纽约分部发表一系列公开演讲的两位杰出欧洲学者之一（另一位是莫里斯·金斯伯格）。

现在这层联系已经中断了。此外，费利克斯·阿尔肯出版社也无法继续印刷《社会研究期刊》。于是社会研究所决定在美国出版1939年卷的第三部分，这一卷于1940年夏天出版。这就必须扭转社会研究所长期以来不愿用英文写作的局面。正如霍克海默在为重新命名的《哲学和社会科学研究》写的序言中所解释的：

> 哲学、艺术和科学在欧洲大部分地区已经失去了家园。

英国现在正在拼命地反对极权主义国家的统治。美洲是唯一一个让科学生活得以延续的大陆，尤其是美国。在这个国家的民主制度框架内，文化仍然享有自由，我们相信，没有这种自由，文化就无法存在。我们希望，以新的形式出版我们的杂志，可以具体地表达这一信念。[112]

然而，美国的出版费用比欧洲要高，社会研究所的资金也不如以往充裕。在1930年代末，研究所接受的资本捐赠遭受了严重的挫折。在熊市中的投资失利，在纽约上州房地产交易的灾难，以及社会研究所扩编后将大量资金分配给其他难民，这些都限制了社会研究所的财务选择。因此，社会研究所在欧洲的最后一笔资金由库尔特·格拉赫纪念基金会、赫尔曼·韦尔纪念基金会和社会研究协会管理。[113] 到1941年，当社会研究所将这笔资金从瑞士和荷兰转移到美国时，所剩金额已不足以继续开展社会研究所的所有项目。首当其冲的是《哲学和社会科学研究》，先是被改为年刊，接着在第九卷第三期于1942年3月出版（名义上是1941年的期刊）后停刊，直到战争结束才恢复。但它再也没有以原来的形式出现过，这份具有显著特点和成就的期刊就此寿终正寝。事后看来，可以说该刊存在的短暂十年是社会研究所真正的黄金期（Blütezeit），是研究所最有创造力的时期。

由于社会研究所的财政问题，还必须削减其因欧洲新难民涌入而扩编的工作人员。卡尔·兰道尔、安德里亚斯·斯特恩海姆，当然还有最突出的瓦尔特·本雅明——社会研究所的这些同事抵触研究所的移民请求，直到一切为时已晚。然而，其他人的逃难都取得成功。到了战争期间，新的"研究伙伴"往往与社会研究所的关系非常疏离，其中包括经济学者卡尔·威廉·卡普（Karl Wilhelm

Kapp）、反犹太主义研究者格雷布纳（I. Graebner）、教育学者弗里茨·卡尔森，[114]汉学家奥尔加·朗、历史学者威廉·麦克考尔（Wilhelm Mackauer）、艺术学者阿洛伊斯·沙尔特（Alois Schardt）、经济学者约瑟夫·绍德克、社会学家埃德加·齐尔塞尔、社会学家保罗·拉扎斯菲尔德、哲学家马克希米利安·贝克（Maximilian Beck）、文学研究者库尔特·平图斯（Kurt Pinthus）和社会学家汉斯·弗里德（Hans Fried）。由于社会研究所削减预算，他们中的许多人，以及爱丽丝·迈尔的丈夫约瑟夫·迈尔等其他获得社会研究所基金的人，已无法继续留任。

工作人员中的资深成员也存在同样的问题。到1939年时，正如前文所述，弗洛姆已经离开，去从事他的私人执业活动，贡佩尔茨改当股票经理人，魏复古也找到了新的收入来源。阿多诺受雇于拉扎斯菲尔德，先后在普林斯顿大学和哥伦比亚大学开展无线电研究项目，洛文塔尔也参与到这个项目中，包括研究和文职助理。政府咨询在做有益工作的同时，也是补充收入的一种手段。诺伊曼是第一个去华盛顿协助战争的人。1942年，他加入经济战争委员会，担任该委员会的首席顾问，不久又加入战略情报局，在研究分析处担任中欧科的副科长。诺伊曼此后便永久离开了社会研究所，他与社会研究所旧人们的个人和理论分歧也加速了他的离开，[115]正如弗洛姆和魏复古等人一样。霍克海默对《贝希摩斯》中处理波洛克论点的简要方式感到不满。此外，哥伦比亚大学要从社会研究所成员中选拔教授，在这件事上他们之间显然也存在着竞争。一想到意见相左的诺伊曼将在哥伦比亚大学的常设院系里代表社会研究所，法兰克福时期的旧人们就感到不安。事实上，战后诺伊曼收到了任职邀请，他也接受了，但当时社会研究所已决定挥别与哥伦比亚大学之间的联系。

战争期间，社会研究所的其他成员有相当一部分时间在华盛顿度过。基希海默也加入了战略情报局，马尔库塞在完成《理性和革命》后也加入了该机构，这本著作也是他接下来十多年内最后一本长篇出版物。他们在战略情报局构成了一个卓越的知识分子群体，其中包括哈约·霍尔博恩（Hajo Holborn）、诺曼·布朗（Norman Brown）、卡尔·休斯克、斯图尔特·休斯、伦纳德·克里格（Leonard Krieger）、克莱恩·布林顿（Crane Brinton）和富兰克林·福特（Franklin Ford）等杰出的学者。马尔库塞在加入战略情报局之前，曾在战时情报局短暂任职。1943年后，战时情报局也是洛文塔尔的政府工作重点。虽然他继续在社会研究所的纽约办公室待了一段时间，但他曾一度在战时情报局担任过科长。波洛克曾担任司法部反托拉斯部门和经济战争委员会的临时顾问。古尔兰虽然大部分时间留在纽约，但仍抽出时间与基希海默和诺伊曼合作，为克劳德·佩珀（Claude Pepper）领导的参议院特别小组委员会进行一项研究，即《纳粹德国小企业的命运》（*The Fate of Small Business in Nazi Germany*）。[116]

尽管社会研究所的预算减少，部分成员部分离散各处，但并没有停止继续开展科学工作的努力。但是，为了把项目推动下去，研究所第一次需要补助基金。但这些补助金并不是总能得到的。1941年2月，研究所宣布了一份关于分析"民族社会主义的文化方面"的计划书，[117] 由霍克海默和任职于位于华盛顿的美利坚大学的尤金·安德森（Eugene N. Anderson）共同领衔。各部分的预计职责如下：波洛克将研究官僚主义，洛文塔尔研究文学和大众文化，霍克海默研究反基督教，诺伊曼研究劳工和新中产阶级的意识形态渗透，马尔库塞研究战争和战后一代，阿多诺则研究艺术和音乐。格罗斯曼的职责被描述为"遇到经济史、统计学和经济学等问题时的顾问"。[118] 但由于缺乏基金会担任赞助者，这个项目无法启动。成为年刊的《哲学和社会科学研究》也没有钱继续出版了。事实上，只有在1943年10月获得了美国犹太人委员会和犹太劳工委员会的支持后，社会研究所才能将集体的精力投入到一个庞大而昂贵的项目中。由此产生的《偏见研究》系列将是本书第七章的主题。

有一次，社会研究所的财政复苏使它扭转了裁员的趋势。1941年以研究助理的身份加入的保罗·马辛，在接下来的几年里成为社会研究所的重要贡稿者之一。不过，他对社会研究所来说并不完全是新人，他于1927年在格林贝格的指导下开始撰写他的论文。[119] 然而，从某一方面来说，马辛是一个独特的补充。与社会研究所历史上其他大多数重要人物不同，他不是犹太人，后来他觉得这个因素妨碍了他被社会研究所的内部圈子完全接受。在1920年代，马辛出于个人和政治原因，曾是魏复古的密友。两人也是移民前与社会研究所有联系的几位共产党员之一，他于1927年入党。1902年马辛出生在科布伦茨附近的一个小村庄，比魏复古小六岁；和他的老朋友一样，他在希特勒上台后因其政治原因被关进了集中营。两人大约在同一时间获释，都在1934年离开了德国。两人都在化名出版的小说中写下了他们在集中营的经历。魏复古化名克劳斯·欣里希森（Klaus Hinrichs）写下小说《七号国家集中营》(*Staatliches Konzentrationslager VII*)；马辛的小说题为《保护性拘留880》(*Schutzhäftling 880*)，他在出版时取了一个异想天开的笔名卡尔·比林格（Karl Billinger），同时影射传奇盗匪约翰·迪林杰（John Dillinger）和被纳粹关押的德国诗人理查德·比林格（Richard Billinger）。[120] 1935年这本小说被译成英文，起名《祖国》(*Fatherland*)，并附有林肯·斯特芬斯（Lincoln Steffens）一篇立场亲苏的序言。这本英文本使他付出了惨重的代价，让他的入籍时间被推迟到 1940 年代末。

　　这两人之间的另一个相似点是他们都对共产主义日益失望。魏复古在 1934 年离开欧洲大陆前往英国时已经退党，不再缴纳党费，八个月后他就移民美国了。然而，他与共产主义过去的最后决裂要等到 1939 年夏天，是在 1930 年代中期造访中国的经历之后。[121] 马辛的叛教则要戏剧性得多。虽然他从集中营获释后曾到美国短暂旅行，但他和妻子赫德还是回到欧洲为共产党工作。1937 年，他被传唤到莫斯科，与上级讨论他的事务。这时，肃反审判已进入高潮，和许多人一样，马辛也开始对斯大林主义的做派感到不满。虽然被妻子劝阻，但他还是决定前往苏联，他回忆说，这是出于荣誉感去宣布与共产主义决裂。原定为期两周的访问，最后却变成了长达八个月的噩梦，生死难料。[122] 终于，在 1938 年，马辛获准离开莫斯科和党，但他与共产主义的瓜葛还没有完全结束。回国后，他开始比较希特勒的外交政策与《我的奋斗》(Mein Kampf) 中公开宣布的意图，希望能整理出一本畅销书。该书最终被定名为《希特勒不是傻瓜》(Hitler Is No Fool)，于 1940 年由当时由共产党编辑秘密控制的现代出版社出版。"卡尔·比林格"认为，二战西线的战事只是向东推进的前奏，这一论点与纳粹和苏联缔结条约后党的新路线相违背。因此，该书被自己的出版商压住了，已经印刷的版本也被尽可能收回了。

　　在失去该书的同时，马辛也失去了与魏复古的友谊，虽然两件事的原因恰恰相反。如前所述，魏复古从中国回来后，开始向右转。他的第三任妻子埃丝特·戈德弗兰克本人就是保守派，似乎加剧了魏复古的变化。他不仅退党，还开始不信任任何曾经与党有过任何联系的人。马辛就属于这一类人，他与魏复古的关系逐渐恶化。据马辛的回忆，最后的决裂是在 1948 年，因为他拒绝毫无保留地支持露特·菲舍尔（Ruth Fischer）在其《斯大林与德国共产主义》(*Stalin and German Communism*)中的指控。而据魏复古描述，他们的争吵更多出于个人原因。[123] 可以明确的是，马辛不再是党员，但又不愿意认同魏复古的狂热反共主义，这样的政治立场已经与社会研究所领导层相差无几。到 1941 年他加入社会研究所时，他的政治生涯显然已经结束了。事实上，他在 1940 年代的贡稿几乎没有显示出他早年积极拥护马克思主义的影响。在这一点上，他反映了社会研究所逐渐放弃积极的马克思主义立场，产生的一些影响在本章中已经提到。事实上，是战争期间和战后不久的一些因素促成了法兰克福学派对马克思主义态度的这种变化。等我们随后讨论 1940 年代的工作时，这些因素将一目了然。

战争期间，社会研究所历史上最重要的变化也许是霍克海默的健康状况造成的。由于霍克海默患有轻微的心脏病，医生建议他离开纽约，到气候更温和的地方去。结果，霍克海默在阿多诺的陪同下于 1941 年初搬到了加州圣莫尼卡（Sant Monica）附近的太平洋帕利塞德（Pacific Palisades），后者前来主要出于个人忠诚。[124] 没有了霍克海默的个人刺激，社会研究所的纽约办事处失去了一些活力。洛文塔尔和波洛克仍然担任所长，马尔库塞、基希海默、古尔兰、马辛和费利克斯·韦尔继续在那里工作。不过，由于上述种种原因，研究的成果在战争期间总体减少了。1944 年 6 月，位于 117 街的建筑被移交给美国海军用于培训课程，社会研究所被迁往纪念图书馆和晨边高地的另一栋建筑中，办公空间变小了。到 1944 年发表题为《晨边高地的十年》的报道回顾自身的成就时，社会研究所的哥伦比亚岁月显然已经接近尾声。[125]

霍克海默和阿多诺在西迁加州的过程中，象征性地确认了社会研究所与其欧洲起源的距离越来越远。1940 年 2 月，当霍克海默、波洛克、马尔库塞和洛文塔尔还在纽约时,他们就已经办理了入籍手续。到战争结束时,几乎所有的社会研究所成员都已成为美国公民。《社会研究期刊》的休刊意味着社会研究所开始有了新的英语读者。从 1939 年的《惩罚与社会结构》开始,社会研究所出版的所有作品都以其录稿时的语言出版。到 1940 年代,《偏见研究》接续了《权威与家庭研究》的内容,但现在的重点是美国形式的威权主义。

随着主题的转变,社会研究所的工作重心也发生了微妙的变化。美国的威权主义以不同于其欧洲对应物的姿态出现。相比恐怖或胁迫的方式,极权主义在美国发展出更为温和的强制顺从主义。也许其中最有效的是在文化领域。因此,美国的大众文化成为法兰克福学派在 1940 年代的核心关注点之一。为了理解这方面的工作,我们现在必须回到社会研究所对文化现象的分析,对这部分的讨论我们拖延已久。前文已经论述了洛文塔尔对这些分析的贡献。在下一章中,我们将转而在社会研究所处理霍克海默所谓"肯定文化"这一语境下,讨论阿多诺和本雅明广泛而深入的工作。[126]

第六章

美学理论与大众文化批判

> 没有哪一段文明的记录不同时也是野蛮的记录。
>
> ——瓦尔特·本雅明

> 我们必须搞清楚一点：口香糖并没有破坏形而上学，口香糖就是形而上学。
>
> ——马克斯·霍克海默

> 大众文化就是精神分析反过来。
>
> ——列奥·洛文塔尔

正如乔治·斯坦纳（George Steiner）所言，[1]马克思主义的美学批评在传统上沿着两条不同的路径进行。第一条路线主要源于列宁的作品，由安德烈·日丹诺夫（Andrei Zhdanov）在1934年第一次苏联作家代表大会上奉为圭臬，只从那些表现出不加掩饰的政治党派主义的作品中找到价值。列宁对宣传文学（Tendenzliteratur）的要求，是在世纪之交与审美形式主义的斗争中酝酿出来的，最终在斯大林社会主义下的现实主义成为贫瘠的正统后登峰造极。斯坦纳等许多人认为更有成效的第二种倾向，是跟随恩格斯的脚步，恩格斯评价艺术，与其说是根据创作者的政治意图，不如说是根据其内在的社会意义。恩格斯认为，作品的客观社会内容，很可能与艺

第六章 美学理论与大众文化批判

家公开的愿望相悖，所表达的也可能不仅仅是他的阶级出身。非苏联集团的批评家们追寻着第二条路径，米歇尔·克鲁泽特（Michel Crouzet）曾经称他们为"近马克思主义者"（para-Marxist）。其中最杰出的有法国的让-保罗·萨特和吕西安·戈德曼，美国的埃德蒙·威尔逊（Edmund Wilson）和悉尼·芬克尔斯坦（Sidney Finkelstein），以及德国法兰克福学派的成员，至少在各自职业生涯的不同阶段都曾是这类人。

对斯坦纳以及其他评论家来说，格奥尔格·卢卡奇是一个复杂的案例，他身上兼具两类人的特点。卢卡奇无疑是留在苏联轨道上最有天赋的批评家，他试图弥合列宁主义和"恩格斯式"立场之间的鸿沟。如今，恩格斯的现实主义和自然主义的二分法已经很出名，前者将客观世界和主观想象有机地调和在一起，体现在莎士比亚、歌德和巴尔扎克的作品中，后者机械地反映了未被艺术家吸收的现象环境，在左拉的著作中得到了最好的诠释。通过发展这个二分法，卢卡奇追求一种被正统的日丹诺夫主义者忽视的重要区别。卢卡奇认为，左拉尽管同情被压迫者，但在艺术上不如保皇派的巴尔扎克，后者的艺术想象力使他能够更忠实地描绘历史的总体性。出于类似的考虑，卢卡奇在《历史小说》（*The Historical Novel*）中出乎意料地赞扬了沃尔特·司各特爵士（Sir Walter Scott）的作品。[2]

然而，卢卡奇虽然是因为党内高层的批判而否定了自己的《历史和阶级意识》，却也从来没有真正摆脱过列宁主义的束缚。这在很多方面都有明显体现。其中比较知名的是他对各种艺术上的现代主义的敌意实际上从来不曾释怀。[3] 对普鲁斯特、乔伊斯和卡夫卡这些作家，卢卡奇出于他们所谓的形式主义和主观性而选择视而不见。卢卡奇把20世纪的许多艺术都与陀思妥耶夫斯基、尼采和克尔凯郭尔的著作中所谓的非理性主义联系在一起。[4] 伴随着这种态度的是对资产阶级文化名著相当保守的偏爱,以及对社会主义的现实主义产品不经批判的尊崇。他的作品之所以呈现出这一面,也许是由于对社会主义国家已经实现的矛盾调和抱有过于乐观的赞赏。[5]他坚持列宁主义标准的另一个表现在于,他对技术创新之于艺术的影响是相对冷漠的;阶级冲突仍然是他批评中唯一的历史动力。尽管卢卡奇大量的批判作品包含了许多真知灼见,但他对政治权威的妥协和他对现代主义艺术近乎喜怒无常的麻木,使他无法达到西方近马克思主义者所能达到的那种批判的灵活性,比如法兰克福学派相关士人士所达到的灵活性。

然而,说到这里,必须承认的是,如果没有卢卡奇的某些著作,近马克思主义者们所写的许多东西就会大不相同。无论作者本人后来怎么想,《历史与阶级意识》对他们来说都是一部开创性的著作,比如本雅明就承认这一点。[6]阿多诺写了一篇文章谈到卢卡奇,文中他也承认,该书是第一部关注物化这一关键问题的研究,这个问题是马克思主义或新马克思主义分析文化的关键。[7]此外,对卢卡奇曾大力发展的现实主义和自然主义这对"恩格斯式"的区分,法兰克福学派和其他近马克思主义者一样也持认同态度,不过他们往往更同意卢卡奇对后者而非前者的定义。[8]尽管后来社会研究所和卢卡奇之间存在严重的分歧,可无论如何,双方都从一个共同的传统出发,谈到了类似的问题。

法兰克福学派的美学批评既不同于传统的资产阶级,又不同于和他们存在竞争的正统马克思主义者们,本章的目的就是介绍这一局面的成因。要特别注意的是阿多诺和本雅明的贡献,同时也要侧面考虑霍克海默、马尔库塞和洛文塔尔,后几位对大众文化的讨论也将被纳入考虑。本章最后将论述社会研究所如何将其对艺术的批判与其对现代社会更一般的分析结合起来。

当然，格林贝格后的一代社会研究所成员从一开始就对美学和文化现象感兴趣。对社会研究所多位人物产生影响的汉斯·科内利乌斯就曾是一位平庸的（manqué）艺术家，并在艺术哲学方面有大量的著作。[9] 霍克海默在小说领域的跋涉一直持续到1940年代，[10] 前文也已经提到过，阿多诺也是如此，在他的音乐追求上投入更多。本书也讨论过阿多诺对克尔凯郭尔的研究，而美学这一研究被置于中心位置，魏复古的戏剧和美学批评前文也有提及。最后，本书还关注过洛文塔尔在《社会研究期刊》上发表的多篇关于文学问题的文章。

关于社会研究所广泛分析文化主题的其他内容，本书还需要更加完整地加以介绍，特别是阿多诺和本雅明的作品。这项任务非常艰巨。批判理论的反系统冲动被延续到了其所培养的文化批判中。所以，对此进行总结成为一项困难到近乎不可能完成的工程。此外，批判出现的形式也是其总体效果的重要组成部分。一篇阿多诺或本雅明的文章有着独特的质地，其散文风格在谋篇布局上也很繁复，连翻译都不可能，[11] 更不用说究其根本了。他们的推理模式采取的是归纳或演绎，这反映了他们坚持认为每一句话都必须通过文章的整体性来中介，才能被充分理解。读阿多诺或本雅明的文章，会让人想起电影导演让-吕克·戈达尔（Jean-Luc Godard）。当被问及他的电影是否有开头、中间和结尾时，他回答说："有，但不一定是以这个顺序出现。""对社会的反抗包括对其语言的反抗"，阿多诺为象征主义者归纳的这个原则也贯穿于他们自己的作品中。[12] 因此，他们给普通读者造成的困难并不是任性或表达不清的产物，而是直接挑战读者，要求读者采取相应的严肃态度。在讨论勋伯格的音乐时，阿多诺自己也间接地表明了他的目的："勋伯格的音乐要求听众自发参与音乐的内在运动，它对听众的要求不是单纯的沉思,而是实践。"[13]其他艺术家,如阿多诺特别称赞的卡夫卡,[14]似乎也出于同样的考虑来创作的。

本雅明对语言和风格的关注也不遑多让。事实上,阿多诺就曾提及,[15]本雅明认为自己是表达客观文化倾向的载体,这种信念使得表达方式尤为关键。这一点的表现之一是他希望通过写一篇仅由其他来源的引文所组成的文章,将所有主观因素排除在作品之外。[16]虽然这一设想从未实现,但本雅明努力使自己的文字具有一般文章所缺乏的丰富和共鸣。他对《塔木德》和卡巴拉的兴趣可能使他坚信,每一句话都存在多层次的含义。[17]如果说本雅明的风格与社会研究所其他成员都不同,那是因为他想找到最具体的表达方式。因为他的思想比他们的思想更具有类比性,所以他不太愿意使用传统的哲学术语,视之为皮条客的语言。[18]事实上,在本雅明和霍克海默之间的通信中,他们两人对哲学语言之价值的不同态度表露无遗。[19]两人都没有说服彼此,本雅明的风格仍然更接近于艺术文学的抒情散文,而不是理论哲学的表意语言。这一点,再加上他晚期许多作品的碎片化、最近围绕他一些文本之真实性的争议,以及他始终与批判理论之间保持的距离,都使得评价他对社会研究所工作的贡献变得特别困难。

不过,即使考虑到这些限定条件,还是可以看出法兰克福学派对待美学的大体轮廓,阿多诺以及本雅明在某种程度上都遵循这一路径。我们前面讲过,虽然社会研究所拒绝经济或政治的拜物教,但也同样不愿意把文化当作社会中的一个独立领域。有时,这似乎意味着对艺术的分析几乎被简化为对社会趋势的反映,比如社会研究所在其官方历史中写道:"我们将(艺术)阐释为一种社会进程的代码语言,必须通过批判性分析来解读。"[20]德国的精神科学的传统倾向于在社会真空中处理思想史,而社会研究所无疑与之处于相反的极端，尽管一般来说并不那么针锋相对。一边是文化领域作为人类努力的高级领域，一边是物质存在作为人类境况的次要方面，社会研究所的成员对这组对立的攻击可谓乐此不疲。文化与社会之间的相互关系在于，前者从未完全成功地超越后者的短板。因此，阿多诺称赞斯宾格勒展示了"作为形式和秩序的文化本身，与盲目统治狼狈为奸"。[21] 本雅明则直截了当地指出："没有哪一段文明的记录不同时也是野蛮的记录。"[22]

把艺术现象仅仅视为个人创造力的表现，这同样与社会研究所的思想格格不入。我们讲过，霍克海默的教授资格论文的主题就是康德的《判断力批判》。近二十年后，他又回到了康德的论点，认为对人类潜力的共同希望作为共同人性的一个要素，贯穿于每一次审美行为。[23] 然而，超个体的主体并不像康德所认为的那样是抽象的先验存在，而是历史性的。[24] 艺术主体在某种意义上既是社会的，也是个体的。因此，艺术作品表达的是创作者无意中的客观社会倾向。艺术家所谓的创作自由在某种程度上是虚幻的。阿多诺在他关于瓦莱里和普鲁斯特的文章中写道，"艺术作品就像艺术家的生活一样，只有从外面看起来才是自由的。艺术作品既不是灵魂的反映，也不是柏拉图式理念的体现。它不是纯粹的存在，而是主体与客体之间的'力场'。"[25]

因此，尽管在学派成员的青年时代，德国特别流行表现主义，可对他们来说，表现主义的美学原理最终是错误的。在1940年代一篇关于卡夫卡的文章中，阿多诺又提起了他早先批判克尔凯郭尔时的一个论点："绝对的主体性也是无主体的……表现主义的'我'越是被抛回自身，就越是像被排除的事物世界……纯粹的主体性，必然也与自身疏离，并且已经成为一个事物，从而承担通过自身的疏离来自我表达的客体性维度。"[26] 尽管主体创造力的自发性是真正艺术的必要要素，但它只有通过客体化才能自我实现。而客体化势必意味着使用已经经过现有社会矩阵过滤的材料进行创作。这反过来又意味着必然有至少某种程度上的物化。阿多诺在批判阿道司·赫胥黎时写道："人性既包括物化，也包括物化的反面，不仅是解放的可能条件，而且也是积极的主体冲动得以实现的形式，无论主体冲动多么脆弱和不充分，也只有通过被客体化才得以实现。"[27] 阿多诺在这段话中把物化作为客体化的同义词，表明了他对让生活完全去物化这件事的悲观态度。在这里，他对非同一性的强调特别明显，我们在前面已经考察过这个问题。在伟大的艺术作品中主体想象与客体材料可能会接近完全调和，但绝不会完全实现调和。因此，即使在讨论瓦莱里、普鲁斯特、格奥尔格和胡戈·冯·霍夫曼斯塔尔（Hugo von Hofmannsthal）等几位阿多诺非常尊敬的艺术家时，[28] 他也选择以辩证对立的方式进行讨论，以超越个人成就的内在不足。

不仅艺术创作受到社会因素的限制，对艺术的主观欣赏也是如此。正如阿多诺和洛文塔尔经常指出的那样，[29] 自由主义的个体"品味"概念由于现代社会中的自主主体逐渐被清算而遭到完全破坏。这一发展的意义对于理解大众文化至关重要，因为在大众文化中，几乎可以全方位操纵个人喜好。我们在第四章讨论洛文塔尔关于战前德国的陀思妥耶夫斯基读者群体那篇文章时已经讲到，社会研究所认为艺术接受的变化是一个值得研究的领域。

然而，法兰克福学派的艺术社会学与其更正统的马克思主义先辈之间的区别在于，它拒绝将文化现象归结为阶级利益的意识形态反映。用阿多诺的话说，"批评的任务不是去寻找文化现象所归属的特殊利益集团，而是去解读这些现象中所表现出来的普遍社会趋势，最强大的利益就是借此达到自我实现的。文化批评必须成为社会生理学。"[30] 事实上，阿多诺与本雅明之间的分歧来源之一就是后者倾向于寻求社会群体与文化现象之间更具体的对应关系。[31]

批判理论对辩证法和否定的强调，使其对艺术的分析不至于成为解读阶级参照物的简单练习，尽管在社会研究所的作品中并非完全没有这么干过。艺术不仅表达和反映现存社会趋势，真正的艺术也最终保存了人类的渴望，渴望不同于现存社会的"另一个"社会，后一点也是社会研究所与列宁主义批评以及卢卡奇之间分歧最大的地方。霍克海默写道，"自从艺术变得自主，就保存了已经从宗教中蒸发殆尽的乌托邦。"[32] 因此，康德笔下美的无私性这一观念是错误的：真正的艺术是表达人在未来幸福中的正当利益。用一句社会研究所特别喜欢引用的司汤达原话来说，艺术给人以"幸福的承诺"（une promesse de bonheur）。[33] 因此，尽管文化超越社会的说法在某种意义上是错误的，但在另一种意义上却是真实的。

一切文化并非都是资产阶级的骗局，尽管庸俗的马克思主义者有时是这么认为的。[34] 所有的艺术都不只是简单的虚假意识或意识形态。阿多诺认为，对艺术辩证的或"内在的"批判需要"认真地对待如下原则：不是意识形态本身不真实，而是它自诩对应了现实"。[35] 艺术可能是"真实"预示未来社会的一种方式，在于它和谐调和了形式与内容、功能与表现、主观与客观因素。贝多芬或歌德等某些艺术家，他们的作品中至少能够达到满足调和的些许环节，即使"艺术的乌托邦超越了个别作品"。[36] 事实上，批判理论不相信任何调和矛盾的积极表现，据此，它最欣赏的和谐总是认识到单纯的审美调和是不充分的："根据内在批判的观点，一部成功的作品不是以虚假的和谐来解决客观矛盾的作品，而是通过在其最内在的结构中纯粹而不妥协地体现矛盾，来否定地表达和谐理念。"[37] 换句话说，在社会矛盾在现实中得到调和之前，艺术的乌托邦式和谐必须始终保持一种抗议的要素。阿多诺写道,"艺术,以及表现上不亚于其更具无政府主义的形式的所谓古典艺术,始终是且仍然是一种人道的抗议力量,抗议统治体制的压迫,无论是宗教还是其他方面的体制,这种抗议不亚于艺术对体制客观实质的反映。"[38] 总之,审美领域也不可避免地具有政治性,正如马尔库塞指出的那样,[39] 这一认识在席勒的《审美教育书简》(Letters on the Aesthetic Education of Man)中表达得最为清楚。

然而,这一点并不是对所有包含着这种否定环节的艺术都适用。事实上,社会研究所对大众文化的批判的核心在于,"幸福的承诺",也就是另一个社会的愿景已经从日益壮大的"肯定文化"中被系统地消除了。* 我们将在本章后面看到法兰克福学派多么重视这一发展。现在,考虑到我们是在更宽泛地讨论社会研究所对文化的态度,有必要指出的是,即使在研究所对消除否定性最悲观的时刻,通常也会看到一种辩证的限定条件。(可以说马尔库塞后来在《单向度的人》中的分析也是如此,也对这种分析进行了普及,尽管给出的限定条件寥寥无几)。像这样不愿意封闭否定可能性,一个很好的例子出现在阿多诺讨论托斯丹·凡勃伦(Thorstein Veblen)的文章中,这篇文章于1941年发表在《哲学和社会科学研究》上。凡勃伦的"炫耀性消费"概念可能被认为是任何大众文化分析的一个组成部分,但阿多诺攻击这一概念不辩证的浅薄之处。他写道:"人实际找到的幸福,不能与炫耀性消费分开。没有哪种幸福不许诺满足一个社会构成的欲望,但也没有哪种幸福不许诺在这种

---

* 马尔库塞写道:"所谓肯定文化,是指资产阶级时代的文化在其自身的发展过程中,导致了心理和精神世界从文明中分离出来,成为一个被认为优于文明的独立价值领域。它的决定性特征是主张一个具有普遍义务性、永远更好且更有价值的世界必须被无条件肯定:这个世界本质上不同于日常为生存而斗争的事实世界,但每个个体都可以亲自'从内部'实现这个世界,而不需要对事实状态进行任何改造。"(《否定》[Negations], p. 95)。

满足中得到一些在质上不同的东西。"[40] 换句话说，即使是渴望地位被认可的扭曲欲望，其要求中也包含着一种批判要素，首先是对真正幸福的要求，其次是认识到这种境况必然包括一种社会成分。无论多么出于炫耀目的的消费，仍然意味着抗议法兰克福学派所异常厌恶的禁欲主义。

在"肯定文化"的诸多显著特征中，有这样一个禁欲的环节。我们在讨论社会研究所唯物主义的性质时已经讲过，对幸福的要求是批判理论的一个基本要素。阿多诺后来对本雅明的评价，或许可以用于描述整个法兰克福学派："本雅明所说或所写的一切，听起来就像是思想没有像往常一样不要脸地以'成熟'自居，拒绝童话和儿童读物的诸多承诺，而是完全从字面上理解这些承诺，乃至真正的满足本身如今就在知识的眼前。在他的哲学地貌中，放弃完全遭到了否定。"[41] 此外，社会研究所眼中真正幸福的观念远远不至于将其等同于经济富足，而许多思想狭隘的正统马克思主义者就是这样画等号的。事实上，在社会研究所眼中，背叛的正统马克思主义无法超越肯定文化，而文化与物质满足的分离本身就是体现这个问题的线索之一。无论基础结构和上层结构的二元对立多么准确地描述了资产阶级历史的某一时刻，这种对立都不应该被永恒化。在未来的社会中，这两个领域将以健康的方式融合在一起。正如马尔库塞在讨论享乐主义时所说，生产和消费的持续分离是不自由社会的一个部分。[42]

然而，这种融合仍然是一种乌托邦式的希望。在当下，最大的威胁来自一种文化趋势，这一趋势隐含着在大众意识层面上过早地调和矛盾。庸俗马克思主义的社会学还原论本身就表现了这种趋势。与一般的批判理论一样，法兰克福学派的美学批评也坚决地强调了中介的重要性[43]和非同一性。因为阿多诺和社会研究所的其他人一样，否认哲学第一原则的存在，即使对肯定文化中最受物化的人工制品，他的解释也不仅限于将其视为某种更基本现实的衍生反映。"辩证法今天越是不能以黑格尔式的主客体同一为前提，就越是不得不注意诸环节的二元性。"[44] 阿多诺一贯依赖辩证法反还原论的一个例子，可见于他对商品拜物教这个马克思主义基本范畴之一的处理过程中。（马克思所谓商品拜物教，是通过将商品与其人类起源疏离开，从而使商品成为神秘而模糊的异己客体，而不是社会关系的透明体现）。关于这个问题，他不同意本雅明的观点，他在1935年8月2日给本雅明写信时说："商品的拜物教特性不是意识的事实，而是在其产生意识这个杰出意义上是辩证的。"换句话说，商品拜物教是一种社会现实，而不仅仅是一种心理学现实。本雅明似乎在说，商品形式是自在（an sich），这是赋予了商品一个形而上学的意义，而非历史的意义。[45] 阿多诺在其关于凡勃伦的文章中的其他地方也进行了类似的论证："商品拜物教不仅仅是模糊的人际关系在事物世界中的投射。它们也是空想的神灵，源于交换过程的首要性，却代表着未被交换过程所完全吸收的东西。"[46] 在批评其他文化批评家如卢卡奇或凡勃伦时，阿多诺总是小心翼翼地挑出在他们的作品中发现的任何还原论的痕迹。这种还原论的一个经常性的表现就是把表象当作完全非实在加以否定，他在哲学现象学中也注意到了这种谬误。他写道："作为真理的折射，表象是辩证的；拒绝一切表象就是完全受它的左右，因为真理是和瓦砾一起被抛弃的，没这些瓦砾真理就不会出现。"[47]

阿多诺对辩证中介的敏感在音乐研究中表现得最为明显，他一生将主要的知识精力都投入到音乐研究中。在阿多诺看来，复调音乐是最没有表象性的审美模式，[48] 也许最适合表达批判理论拒绝正面定义的无形象"他者"。此外，音乐中介的复杂性涵盖了作曲家、表演者、乐器、技术复制，使音乐成为尤其丰富的领域，让他在其中发挥他的辩证想象力。音乐起源于日常生活的节奏和仪式，可早已超越了其纯粹的功能作用。因此，它既与物质条件相联系，又超越了物质条件，是对社会现实的各种变化做出回应，而不仅仅是这些变化的反映。

早在20世纪20年代和他在维也纳的岁月里，[49]阿多诺就开始探索音乐表现的各个方面：古典作曲的历史、前卫音乐的当前生产、音乐形式的复制和接受，以及流行音乐的构成和社会心理功能。[50]在1932年的前两期《社会研究期刊》中，他概述了他对待音乐的基本路径。[51]从一开始，阿多诺就明确表示，他不是普通的音乐学家。他认为，音乐本身的结构中包含着社会矛盾，尽管它与社会现实的关系是有问题的。如同所有的文化现象一样，它既不是完全反思的，也不是完全自主的。不过，在当前的时代，音乐的自主性还是受到了严重的威胁。大多数音乐表现出商品的特征，更多的是由交换价值而非使用价值所主导。阿多诺从来不是为了传统文化标准自身的捍卫者，他认为，真正的二元对立并非存在于"轻音乐"和"严肃音乐"之间，而是存在于市场导向的音乐和非市场导向的音乐之间。即便是在当下，非市场导向的音乐往往是大多数听众所不能理解的，但这并不意味着它在客观上是反动的。音乐和理论一样，必须超越大众的主流意识。[52]

阿多诺在其文章的第一部分中集中讨论了当代作曲的主要趋势。他的主要关注点是勋伯格的音乐和斯特拉文斯基的音乐之间的对立。这两位作曲家更多的是被理解为某些美学原则而非个性的体现，正是他后来的《新音乐的哲学》（*Philosophie der neuen Musik*）中的核心人物。[53]不出所料，阿多诺更认同的是他在维也纳的师傅。阿多诺认为，勋伯格对无调之可能性的发展，表达了拒绝向当代社会未解决的不和谐妥协。他在更早的表现主义时期所创作的内容都远离虚假的和解。勋伯格以真正艺术家的无自我意识，让自己无意识的冲动来表达自己的矛盾。然而，由于无调不惜一切代价避免调性，它从纯粹的任意性引向了以十二音列为基础的新秩序，在十二个音符全部响起之前禁止重复任何一个音符。在这样的进步中，勋伯格将他的主观冲动客观化，使他与古典传统接轨。新的十二音秩序是他早期音乐的辩证产物，而不是无视后果从外界强加秩序。通过退回到音乐本身的逻辑中，勋伯格得以在一定程度上保护自己不受社会力量的外部压力。

然而，在转向一种克服了异化和矛盾的音乐形式时，也许可以说勋伯格自身已经和社会领域中异化的延续彼此调和。在最深层次上，完满艺术作品的理想脱胎于古典艺术，可能与他选择的实现手段并不相容。创造一种"纯粹"的音乐，就像卡尔·克劳斯的"纯粹"的语言概念一样，可能最终无法实现。[54]但勋伯格为达到这一目标而努力，提供了一个恒定的标准，用以衡量资产阶级社会的现实。

顺带一提，阿多诺后来对勋伯格的音乐类型中否定和批判性要素的评价有所下降，特别是在十二音列对勋伯格的追随者来说成为一种更僵化的创作要求之后。他在1952年写道："没有亲耳感受过十二音技巧的吸引力的人不能再谱曲，不是方法本身错了，而是方法的实体化错了……忠于勋伯格就等于反对所有十二音派。"[55]然而，在1930年代，阿多诺却把勋伯格与现代音乐中所有进步的东西联系在一起。

反面对象则是斯特拉文斯基，阿多诺在短暂地讨论了勋伯格的弟子贝尔格和安东·冯·韦伯恩（Anton von Webern）之后，便转向了这位作曲家的作品。在阿多诺看来，斯特拉文斯基代表了一种反心理学的新古典主义式"客观主义",忽视了现代社会的异化和矛盾,回到了舞蹈等前资产阶级的调性形式。与浪漫主义者以过去否定现在不同,客观主义者属于民族文化的传播者,他们不加辩证地采用旧的形式来满足当前的需要。尽管令人满意地体现出其中的中介联系很难,但阿多诺甚至认为,客观主义在某种意义上与法西斯主义相关联。它对新原始(neoprimitive)节奏的使用,与法西斯社会所培养的未整合的体验的震惊(shocks)相对应。客观主义者的作曲原则认为,起决定作用的是作曲家的"品味"而不是音乐的内在辩证法,这其中的非理性暗示了法西斯元首的任意专断。[56] 斯特拉文斯基确实可能会因为其"破坏性"而受到法西斯主义者的攻击,但不管法西斯主义者是否知道,斯特拉文斯基的音乐表达的正是他们的意识形态。

也许更"反动"的还是法兰克福的骄子之一保罗·欣德米特(Paul Hindemith)的音乐。欣德米特的天真、"健康的幽默"[57]和非反讽的风格进一步拓展了客观主义音乐的意识形态推力。斯特拉文斯基在《士兵的故事》(*L'Histoire du soldat*)等作品中偶尔表达的绝望情绪,全不见于欣德米特的作品,后者的作品类似于新即物主义建筑的假立面和民族宣传家口中的虚幻共同体。同样,某些无产阶级音乐也存在同样的问题,比如汉斯·艾斯勒(Hanns Eisler)创作的音乐,尽管具有左翼文宣的价值。阿多诺暗示,音乐中的社会主义现实主义与所有艺术中的社会主义现实主义,几乎与新古典的客观主义一样反动。两者都构建了不成熟的和谐,忽视了社会矛盾的持续存在,而勋伯格却没有这样做。由此产生的是一种功利主义音乐(Gebrauchsmusik),依赖于某种技术理性的模式,因而与其说是用于启蒙授业,不如说是用于转移视线。只有偶然的情况下,功利主义音乐才会被转向批判的方向,比如库尔特·魏尔(Kurt

Weill）的音乐。阿多诺称赞魏尔的片段式蒙太奇风格，以不同于斯特拉文斯基的方式运用了震惊，是当时最进步、最批判的流行音乐。

在下一期《社会研究期刊》上的文章的第二部分中，阿多诺从对创作的分析转向了再生产的历史辩证法，也就是生产者和消费者之间的中介环节。在这里，他区分了前资本主义音乐和资本主义时代的音乐，前者存在着生产、再生产和即兴创作的连续性，后者则不存在这种关系。在资本主义时代的音乐中，作曲就像一个孤立的商品，与表演者分离，表演者的解释灵活性也受到高度限制。在19世纪，曾出现过"非理性"的表演者，他们的个人主义与自由主义社会中主体性领域的持续存在相对应。然而到20世纪，随着垄断资本主义的兴起，此时表演的同行们真正为文本的暴政所困。阿多诺在此处再次提到，斯特拉文斯基将自己的"品味"强加给了表演者，尽管他也担心勋伯格的音乐在表演时无法避免类似的问题。[58]

在合理化和被管理的当下世界，公众仍然渴望19世纪艺术家的"灵魂"。有机的优于机械的，个体性优于匿名性，内向性优于空虚性。客观主义试图在其作曲中捕捉这些特征，但没有成功，因为这些特征更多的应该是再生产的属性，而不是生产本身的属性，尽管阿多诺并没有解释原因何在。阿多诺认为，纠正这种状况的努力失败了："有灵魂的"指挥家及其指挥乐队时的威严姿态，不过是真正自发性的拙劣替代品。事实上，指挥家就相当于音乐中的威权独裁者。

阿多诺接下来谈到了某些音乐形式的流行及其在历史语境下的意义。他认为，歌剧对中上层阶级已经失去了吸引力，尽管小资产阶级仍然被其压抑的元素所吸引。相反，上层中产阶级越来越多地

第六章　美学理论与大众文化批判

光顾音乐会，音乐会提供了一种虚假的主观内向感，并暗示了财产和教育的虚假调和。[59] 然而，对真正内向性的追求在现代社会中已无法实现。理查德·施特劳斯（Richard Strauss）是最后一位有意义的"资产阶级"作曲家，但正如恩斯特·布洛赫曾经指出的那样，即使在他的音乐中，所有的否定也都已经消失。半音和不和谐在他手中已经失去了原有的批判力量，成为世界经济流动的象征。[60]

在施特劳斯之后，除了前卫的无调音乐之外，随之而来的是艺术行业（Kunstgewerbe），也就是仅仅作为商品的艺术。曾经用来嘲讽贵族的轻音乐，现在用来调和人与命运的关系。民间音乐不再有生命力，使流行音乐像所有的流行文化一样，成为自上而下的操纵和强加的产物，自发的"人民"已经在这个过程中被消费了。阿多诺在文章结尾处评论了各种形式流行音乐的意识形态功能，这是一个前奏，预示了他在接下来的几篇《社会研究期刊》上刊载的文章中为自己设定的计划。

其中第一篇《论爵士乐》（"On Jazz"）[61] 主要是他逗留英国期间写的，因为阿多诺偶然回德国旅行，所以化名为"黑克托·罗特魏勒"。其中的大部分内容来自阿多诺在1933年前与法兰克福音乐学院的爵士乐专家马加什·塞贝尔（Mátyás Seiber）的对话。[62] 阿多诺本人还没有到过美国，因此没有亲身体验过爵士乐。这种与主题的距离使他的辩证想象力得以充分发挥。这也造成了他的文章中伴有一些以毫不妥协的姿态提出的过分断言，目的不是为了说服他人，而是为了让人无法还嘴。社会研究所的其他成员自己也不愿意完全同意阿多诺的结论。[63]

阿多诺后来承认，"我清楚地记得，当我第一次读到 jazz 这个词时，我吓坏了。（我的负面联想）有可能来自德语词 Hatz，让人联想到追赶缓慢猎物的成群猎犬。"[64] 无论最初的语言联想如何，爵士乐对阿多诺来说仍然是持续的恐怖之源。他在文章一开始就强调拒绝对爵士乐进行任何一种纯粹的美学分析，而是倾向于社会心理的批判。文中给出的是不折不扣的负面判决。他写道："爵士乐并没有超越异化，而是加强了异化。爵士乐是最严格意义上的商品。"[65] 爵士乐所有表达解放的主张都被阿多诺轻蔑地拒绝了。他认为，它的主要社会功能是缩短被异化的个人与其肯定文化之间的距离，但采用了民族意识形态的压制方式。因此，它起到的作用是扭转现代真正艺术中的间离效果（Verfremdungseffekt），这是贝托尔特·布莱希特（Bertolt Brecht）提出的。同时，爵士乐给人一种回归自然的假象，而事实上它完全是社会造作的产物。此外，爵士乐以集体的幻想代替个人的幻想，是伪民主的。它还是伪个人主义的，所有所谓的即兴演奏都是对某些基本形式的重复。"热"爵士乐[*]只代表了一种虚幻的性解放。就算爵士乐传递了什么性信息，也是一种对性的阉割，将解放的承诺与禁欲的否定结合在一起。

此外，爵士乐的意识形态功能在其源于黑人的神话中得到了证实。事实上，阿多诺认为，"黑人的皮肤以及萨克斯管的银色是一种色彩的效果。"[66] 如果说黑人起源对爵士乐有什么贡献的话，那与其说是他们对奴隶制的反叛，不如说是他对奴隶制半是怨恨半是顺从的态度。在后来一篇关于同一主题的文章中，阿多诺把这一点说得更清楚了。"无论对爵士乐中的非洲元素有多少怀疑，可以确定的是，爵士乐的一切不羁之物从一开始就被纳入了一个严格的规划中，其反叛姿态伴随着盲目服从的倾向，很像分析心理学所描述的施虐受虐类型。"[67]

---

[*] 1920年代流行的早期爵士乐风格被称为Dixieland，又称为hot jazz或传统爵士乐。顾名思义，就是以快速剧烈的节奏为标志，到1930年代后主流地位已经被摇摆乐所取代。——译注

第六章　美学理论与大众文化批判

可以说，阿多诺贬低黑人对爵士乐的贡献，表现出了欧洲人特有的种族中心主义。诚然，他的性格中存在着一种区域性盲点，这一点在他对非西方音乐形式缺乏兴趣上表现得淋漓尽致。汉斯·迈尔从1934年起就认识阿多诺，曾谈到他这种个性品质："就我所知，阿多诺从未因单纯的观光欲望去旅行。欧洲对他来说完全足够了。不用去印度和中国，不用去第三世界，不用去人民民主国家，也不用见识工人运动。即使他需要生活经验，他也一直是一个小国的公民，甚至是这个小国的君主。"[68] 不过，还必须记住的是，他最关注的是锡盘街*批量生产的商业型爵士乐，而不是植根于黑人文化本身又不太流行的那一类。他之所以对爵士乐麻木不仁，在很大程度上是因为他没有对两者进行适当的区分。

阿多诺认为，即使从纯粹的音乐角度来看，爵士乐也一文不值。爵士乐的节拍和切分音是从军乐中衍生出来的，这表明它与威权主义有着隐秘的关系，尽管爵士乐在德国是被禁止的。冷爵士乐类似于德彪西和戴流士（Frederick Delius）的音乐印象主义，但色彩有所淡化，也更加传统。其主观元素来自沙龙音乐，但它早已失去了一切自发性。事实上，任何试图重新引入真正的自发性元素的尝试，都很快被吸纳进爵士乐的物化系统之中。阿多诺在其他地方讨论爵士乐时写道，"爵士乐的伪发声法，对应着钢琴这一'私人的'中产阶级乐器在留声机和收音机时代被淘汰。"[69] 不消说，钢琴是阿多诺自己的乐器，他对钢琴的偏爱是显而易见的。

更重要的是，爵士乐倾向于将音乐运动空间化而非时间化。在这里，阿多诺点出了社会研究所理解下的大众文化的一个关键特征：用神话的重复代替历史的发展。"在爵士乐中，人们用始终相

---

* Tin Pan Alley：以美国纽约第28街为中心的音乐出版商和作曲家聚集地，因巷子里交织着的伴奏琴声宛如敲击锡盘而得名，是世纪之交美国流行音乐的标志。——译注

同的运动的不动性代替了时间。"[70] 时间性的衰落与自主个体被清算隐然联系在一起。正如康德所言，时间性的发展是个体性的关键属性。阿多诺在 1937 年写的一篇补充文章中断言，爵士乐中个体主体被摧毁的进一步证据，[71] 是它更多地被用作舞蹈或背景音乐，而不是被直接聆听。这意味着，它不需要一个康德意义上知觉的综合统一。聆听者没有像听勋伯格的无调音乐那样参与一种实践，而是沦落至受虐的被动处境。

尽管阿多诺有辩证的意图，但他不情愿承认爵士乐存在否定的环节——爵士乐中如果有的话，那么就存在于其潜在的暧昧性（Zwischengeschlechtlicher）[72] 含义。先于马尔库塞后来对"多态性变态"的赞美，阿多诺写道，以生殖器为中心的主体之压制，虽然可能暗示着向施虐癖或同性恋的倒退，但也可能预示了一种社会秩序将超越父权的威权主义。萨克斯作为最具代表性的爵士乐器，就给人这种性解放的暗示，因为它明明是金属乐器，却像木管乐器那样演奏。[73] 但在几乎所有其他方面，爵士乐都代表着对现状权力的屈服。

可以补充的是，阿多诺对爵士乐的评价在他移居美国后并没有改观。1953 年，他写另一篇文章《常年时尚：爵士乐》（"Perennial Fashion—Jazz"）时，[74] 还是一如既往地敌视爵士乐。而就在他去世前不久，他讨论了最初以化名"黑克托·罗特魏勒"写出的那篇作品，仍然认为这些文章对爵士乐的自发性特征的评价过于乐观了。[75] 阿多诺如何看待流行音乐及其与 60 年代学生抗议运动之间的联系，如今已不得而知。据我所知，他从未在公开的出版物中讨论过这个问题。他可能与马尔库塞不同，[76] 让他印象更深的更多是流行乐中伪解放的方面，而不是真正的解放。

在《论爵士乐》发表于《社会研究期刊》后，阿多诺没过多久就亲身体验到了美国的流行文化。他逗留在牛津大学的时间即将结束，其间他写了关于胡塞尔的文章，并开始研究贝多芬和瓦格纳（其中只有第二篇完成了）。回到德国基本已经不可能了，这一点越来越明显。此外，霍克海默和他在纽约的同事们都特别想把他拉到大西洋彼岸。在 1930 年代中期，社会研究所对他的兴趣颇大，以至于霍克海默能够在 1936 年 7 月 13 日欣喜地给洛文塔尔写信说，阿多诺现在"真正属于我们了"。然而，由于社会研究所的预算紧缩，直接邀请阿多诺成为正式成员很困难。不过，在霍克海默的催促下，阿多诺还是在 1937 年 6 月第一次访问了纽约。[77] 他的印象总体上是好的，决定如果有机会就来。他没有等待多久，因为保罗·拉扎斯菲尔德（当时位于纽瓦克）的普林斯顿无线电研究室在 1938 年 2 月给他提供了一个兼职的职位，担任其音乐研究的负责人。[78]

阿多诺在无线电研究室任职期间并不顺遂，主要是由于我们将在下一章讨论的方法论原因。此外，他还面临着几年前其他研究所成员移民时所遇到的所有适应问题。当年 3 月，拉扎斯菲尔德在给项目的两位同事哈德利·坎特里尔（Hadley Cantril）和弗兰克·斯坦顿（Frank Stanton）的备忘录中写下了他对新来者的第一印象：

> 他的长相和你想象中的一位非常心不在焉的德国教授一模一样，他的行为也很陌生，让我觉得自己就像五月花会的成员[*]。然而，当你开始和他交谈时，他却有大量有趣的想法。和每一个新人一样，他试图改革一切，但如果你认真听他说

---

[*] Mayflower Society：1620 年最早随移民至北美的成员们搭乘"五月花号"，这些人的后裔组成的结社。由于拉扎斯菲尔德本人也是中欧移民，此处指的是在阿多诺对比下，他本人就像最早的白人居民一样融入美国。——译注

了什么，就会发现大部分内容还是言之有理的。[79]

在随后的岁月里，阿多诺始终坚定地拒绝把自己变成美国人，他与美国文化的批判性距离并没有明显缩减。

尽管如此，或者也许正因为如此，他的学术成果一直很丰硕。他在美国写的第一篇文章《论音乐的拜物教特性和听觉的倒退》("Über den Fetischcharakter in der Musik und die Regression des Hörens")于1938年发表在《社会研究期刊》上。[80]当时另一种流行文化模式是电影，不少分析对电影的社会意义较为乐观，而这篇文章则延续了他对当代音乐普遍的批判性评价，对乐观分析进行反驳。本雅明就曾在上一期《社会研究期刊》上做过如此分析，[81]我们很快就会回头讨论这篇文章。阿多诺再次抨击了许多当代音乐的虚假和谐。相反，他主张一种新的禁欲主义，这种禁欲主义将意味着在拒绝肯定艺术的欺诈性幸福中的"幸福的承诺"。而且他一如既往强调真正的主体性在社会及其所产生的艺术中已然终结。他写道，"对个体的清算是音乐新形势的独特标志。"[82]

这篇文章的新意在于他对拜物教的概念和听觉"倒退"的探讨。前文已经提到，总体性是法兰克福学派社会理论的核心范畴之一。对社会研究所来说，非意识形态理论的基本特征之一，是过去的历史、当下的现实和未来的潜能之间的相互关系，以及所有随之而来的中介和矛盾的反应。只专注于其中的一个方面，就是对整体中某部分的拜物教。比如说，实证主义者把当下的"事实"实体化为唯一的现实。然而，拜物教不仅是一种方法论上的失败。正如马克思所证明的那样，它甚至在根本上是异化的资本主义文化的一个要素，在这种文化中，人们盲目地将自己的产品作为物化的对象加以崇敬。阿多诺以马克思的方式主张，拜物教不仅仅是一个心理学范畴；它也是一个经济范畴，植根于社会的商品特征，而这个社会由交换而非使用价值所主导。[83]

由于音乐已被资本主义风气入侵，对音乐的拜物化几乎是全方位的。在生产这个层面上，这表现为过分注重编曲而不是作曲，频繁地引入色彩效果，以及为了唤起回忆的价值而怀旧地复活过时的音乐风格。而在音乐的受众这一端，又表现为对"明星"的强调，无论是古典音乐（如托斯卡尼尼）还是流行音乐都是如此；对安东尼奥·斯特拉迪瓦里（Antonio Stradivari）和阿玛蒂小提琴等乐器的崇拜；表现在重视去"正确"的音乐会上，而不重视听音乐本身；也表现在爵士乐爱好者空洞的狂喜，他们只是为了听而听。然而，要用通常的社会科学技术来验证拜物教是不可能的，这也是他与拉扎斯菲尔德之间冲突的症结所在。调查问卷或访谈是不够的，因为听众本身的意见是不可靠的。他们不仅无法克服对文化规范的服从，而且更根本的是，他们的听觉能力本身已经退化了。他们的听觉已经倒退了，不是生理上的倒退，而是心理上的倒退；这种倒退不是倒退到早期的音乐时代，而是倒退到一种婴儿状态，这种状态类似于弗洛姆在《无力感》（"The Feeling of Impotency"）一文中所描述的被动依赖，听众对任何新事物都温顺而恐惧。就像孩子们只要求吃他们喜欢吃的食物一样，听觉倒退的听众只能对以前听过内容的重复做出反应。就像对鲜艳颜色有所反应的儿童一样，他们执迷于利用能给人带来兴奋和个性印象的色彩装置。

阿多诺认为，倒退的听众并不局限于任何一个阶层。[84]如果说听众的这种状况表现了一个社会环节，那就是失业者的无意义闲暇。虽然他那受虐癖的自我否定目前还是去政治化且被动的，但可能会发展成向外的破坏性愤怒。疯狂的摇摆乐迷那沮丧的性欲表达了这种被压抑的敌意。然而，阿多诺并不乐观地认为，这种被压抑的愤怒可能被用于建设性目的。对于大众艺术的革命潜力，他也远不如本雅明那么乐观，至少在其目前的肯定形式上是如此。他写道，"集体的力量也清算了音乐中无法挽回的个性，但只有个体还能有意识且否定地代表集体性的关切。"[85] 不出所料，阿多诺正是如此看待自己和研究所其他成员的作用。他在普林斯顿无线电研究项目中的职务，虽然由于他与更注重经验的拉扎斯菲尔德在方法论上的分歧而变得复杂，但也绝非一无所获。在乔治·辛普森（George Simpson）的"编辑协助"下，[86] 他一共为这个项目写了四篇论文。第一篇《广播音乐的社会批判》于1940年完稿，不过直到1945年才出版。[87] 阿多诺撰写这篇文章，是以维也纳时期的故交恩斯特·克雷内克（Ernst Křenek）所做的工作为基础，后者也曾是勋伯格的学生。

1938年，克雷内克已经在《社会研究期刊》上发表了一篇关于广播音乐的研究报告。文章的结论建立在对十一个国家内六十七个电台的调查之上。[88] 他指出，大多数电台都很少播放他自己创作的那种现代的无调音乐。他的解释是，广播的核心功能是信息传递，这已经渗透到了音乐广播中。此外，广播通过音乐传递的信息是服从的需要。他认为，音乐已经被广播矮化成日常生活的装饰品。此外，广播是第二阶的再生产媒介，处于实际表演本身之后，能给听众的审美体验带来了关键性的变化。通过模拟亲临音乐会现场的感觉，广播可以保留表演的"此刻感"（nunc），但不能保留其"在场感"。这么做，就破坏了本雅明所谓的艺术作品的"灵晕"（aura）这一关键特征，即作品那仪式性、崇拜性的光环。广播不能让人体验到音乐完整的"灵晕"特质，而是让人以一种去人格化、集体化、客观化的形式听到了音乐，这就剥夺了音乐的否定功能。

阿多诺本人对广播音乐的研究与克雷内克的结论一致。他在论文一开始就陈述了一些基本的公理：现代社会的商品特征；社会各部门趋向于垄断，包括通信部门；对维系社会的任何威胁都加紧其中守成的因素；还有文化领域存在着社会对立。[89] 从这些前提出发的后续内容与上文所述对克雷内克的论文和阿多诺本人作品的分析相似，无需在此重复。他后来在无线电研究计划中的三篇文章专门探讨了流行音乐、全美广播电台的"音乐欣赏时间"和广播交响乐。[90]

其中第一篇《论流行音乐》（"On Popular Music"）发表在《哲学和社会科学研究》讨论大众传播的专刊上，这一期专刊也是与广播研究项目合作完成的。[91] 这篇文章保持着阿多诺还在欧洲时就对爵士乐抱有的敌意。在阿多诺眼里，标准化和伪个性化是流行音乐的显著特征之一。认可熟悉的事物是大众听觉的本质，更多是作为一种目的，而不是作为一种提高鉴赏水平的手段。一旦某个公式获得成功，音乐产业就会一遍遍地推广和插播同样的东西。于是，音乐就成为一种社会粘合剂，通过分散注意力、置换实现的愿望和强化被动性来发挥作用。当然，阿多诺认为流行音乐和爵士乐一样，可能仍然存在着某种孤立的否定元素。在他看来这种元素潜在地存在于对被动性的怨恨中，体现在摇摆乐的伪活动之中。他声称，从中表达出的能量至少表达了一种未熄灭的意志之残余，这种说法让人联想到尼采对禁欲牧师的分析。阿多诺还用舞蹈的名称玩了一个文字梗："为了变成昆虫*，人需要那种可能让他得以变成人的能量。"[92]

阿多诺为拉扎斯菲尔德做的第三项研究是分析美国全国广播公司的"音乐欣赏时间"栏目的内容，说明它是如何传播错误的音乐

---

* Jitterbug，伴随摇摆乐的一种两步舞，字面意义上可以拆分成"抖动虫"。根据牛津英文词典，这个词最早出于1934年的同名歌曲。——译注

知识的。这是他为无线电研究办公室所做的最后贡献,从未发表,也很快就过时了。比这个项目更有趣的是他对广播交响乐的分析。[93] 和克雷内克一样,他认为,广播听众丧失的是音乐的"在场"以及音乐"灵晕"魔咒的一部分,同时也听不到实际的演出音量和作为现场听众一员所带来的群体感。通过隔离个体,无线电破坏了交响乐的"空间",而这个空间就像主教座堂一样,在真正的音乐会上笼罩着听众。广播还使听众回到有序的时间中,而不是使他像听贝多芬的作品等伟大交响乐时一样,沉浸在"时间意识的暂停"[94]之中。(阿多诺所说的这种暂停,与肯定文化那重复的无时间性不同。正常的时间确实被伟大的艺术作品中止了,但取而代之的是一种连贯的发展,这是预示了"另一个"社会的时间秩序。本雅明特别喜欢区分"同质的空洞"时间和"被当下的在场所填充的"时间。)[95] 有序的时间对应着真正的个体性的崩溃,前文提过,个体性意味着有意义的发展和与总体性的关联。在阿多诺看来,"原子化聆听的倾向""也许是当今音乐意识中最具普遍性的"。[96] 交响曲被剥夺了作为一种审美总体的统一性,沦为一系列被物化的引述和脱离语境的旋律片段,根本没有任何否定的共鸣。

在原稿的第二节中,阿多诺通过指出其对标准化的刺激,继续批评广播的有害影响。虽然将此与资本主义交换伦理的渗透关联起来,但他也看到了与技术理性本身的联系,这与霍克海默分析威权主义国家的趋势时的观点类似。他写道:"在非资本主义生产形式下,它的基本标准化一定会以某种方式普及。技术标准化会导致集中管理。"[97] 他再一次明确地展现出他与马克思主义美学批评中的列宁主义派之间的距离,后者对技术革新普遍持漠视态度。这篇文章以缩略的形式发表在 1941 年的《无线电研究》(*Radio Research*)上,遭到了美国评论家的极大反对。而在后来的几年里,阿多诺不得不承认,他的一个论点已经过时了:"说广播交响乐根本不是交响乐,这一论点来自技术上产生的声音变化……不过这已经被高保真和立体声技术所克服了。"[98] 不过在总体上,可以公允地说阿多诺的音乐批评在这个国家并不受待见,尽管只有部分原因是这些文章主要是用德文写作的。

1941年,阿多诺搬到洛杉矶,与拉扎斯菲尔德之间断断续续的合作也就此告终。这也导致他的注意力从音乐的消费和接受重新转向音乐的生产。要在已经讨论过的作品外,详细讨论他在这方面工作的复杂性,这将超出我的能力范围,更不用说对这些工作进行批判性分析了。不过,还是可以提一下,这些工作与社会研究所的其他工作有何联系。

在纽约,阿多诺完成了对瓦格纳研究的最终润色,其中的部分内容已于1939年发表在《社会研究期刊》上。[99] 完成的手稿被推迟到1950年代他回到德国后才出版。然而,他所使用的许多范畴表明,这部作品与1930年代社会研究所的其他思考在精神上是多么接近。例如,阿多诺借助弗洛姆的"社会性格"观点,指出瓦格纳的反犹太主义、反资产阶级姿态和伪反叛,与他的音乐中的某些曲调是一体两面的。在这里,他引入了"指挥家兼作曲家"和"姿态型"作曲等术语来阐明音乐的社会内容。另一个新的概念是"幻象"(phantasmagoria),用来表明瓦格纳往往使其音乐听起来具备"自然"的来源,以掩盖其音乐的社会心理成因,这是许多威权主义思想所特有的欺骗手段,我们在讨论马尔库塞和洛文塔尔的作品时已有提及。这是瓦格纳思想的一个特点,阿多诺将之与瓦格纳音乐剧中的神话元素联系起来,这些元素试图解释无意识,同时又将现实消解在无意识中。阿多诺还从"反叛者"对革命者的背叛角度来讨论《尼伯龙根的指环》(Der Ring des Nibelungen),再次使用了弗洛姆在《权威与家庭研究》的理论文章中提出的概念。在《社会研究期刊》上发表的最后一个片段中,阿多诺分析了瓦格纳从叔本华那里接受的悲观主义和虚无主义。这里他承认瓦格纳的视野中包含着某种程度的乌托邦式的抗议,因为他的辩证法总是(或者说几乎总是)会在最具肯定性的文化产品中察觉到一种柔和的否定旋律。

虽然未曾发表,但论瓦格纳的手稿于洛杉矶地区阿多诺在流亡者圈子中的朋友间流传。尽管纽约显然是大多数难民的安置中心,但也有许多流亡者移民到了加州,其中一些人被好莱坞及其电影产业提供的相关工作所吸引。其中比较著名的有海因里希·曼(Heinrich Mann)、阿尔弗雷德·波尔加(Alfred Polgar)、贝托尔特·布莱希特、阿尔弗雷德·多布林(Alfred Döblin)和威廉·迪特勒(William Dieterle)。霍克海默和阿多诺在 1941 年到达后,很快就被流亡圈子所接纳。[100] 他们中最杰出的一位是托马斯·曼,霍克海默早年曾写过关于他的文章,对他的评价并不太高。霍克海默曾在 1938 年论述过,[101] 托马斯·曼的著名讽刺具有消极的含义,而且他对魏玛的支持是欠缺考虑的。不过,霍克海默还是认识到曼对纳粹的否定使他朝着更进步的方向发展,并预测他的未来会越来越激进。

等他们到达加利福尼亚的时候双方早已冰释前嫌,曼与这两位移居国外的同胞成了亲密的朋友。在 1940 年代,曼曾偶尔参加社会研究所主办的研讨会,在社会研究所开展德国本地人帮助受迫害犹太人的研究时,他也曾挂名以示支持,这项研究是 1943 年主要通过主流移民报纸《建设报》(Aufbau)上的一项调查进行的。[102] 曼越来越多地尝试用虚构的形式来呈现纳粹的经历及其起源,于是想到了以一位作曲家的生平和作品来象征德国文化的衰落。可以想见，在音乐和哲学方面都有独特背景的阿多诺吸引了他，成了他的信息来源。在阿多诺的作品中，他最先注意到的就是讨论瓦格纳的手稿。曼认为这是一篇"眼光毒辣的论文……从未完全走向否定的一面……与我自己的文章'理查德·瓦格纳的苦难与伟大'有一定的亲缘关系。"[103]

1943年7月，阿多诺把后续作品给曼读，给后者留下了更深刻的印象。这是一篇关于勋伯格的文章，发展了阿多诺1932年在《社会研究期刊》上首次讨论的一些主题，后来成为《现代音乐哲学》一书的前半部分。如前文所述，到1940年代，阿多诺对他之前那位偶像的音乐变得更具批判性，尤其激烈地批判勋伯格接受了其弟子们对十二音系统的实体化这件事。按照曼的说法，当时也住在南加州的勋伯格"体察到了这位弟子在尊敬中带着批判性基调"，[104]这让他们之间的关系变得紧张起来。不过，曼则对自己所读到的东西非常热衷，并着手将其化用到了他当时正在写作的小说中。

在后来讨论那部小说《浮士德博士》（*Doktor Faustus*）时，曼鸣谢了阿多诺的帮助："我在《浮士德博士》第二十二章中以对话形式表达了对十二音律系统的分析和批评，这些内容完全是依托阿多诺的文章。对贝多芬后期的调性语言的某些评论也是如此，如在书中早期出现的人物克雷奇马尔（Kretschmar）急促地说：死亡在天才与传统之间建立不可思议的关系。"[105]在整部作品的写作过程中，曼一直在向阿多诺请教意见。1943年10月，曼听了阿多诺"以极具启发性的方式演奏了整首贝多芬的第三奏鸣曲"。这对他造成了深刻的影响。他回忆道："我从来没有如此专注过，次日清晨我早早起来，在接下来的三天里，我沉浸在对讲稿的彻底修改和拓展中，对本章乃至全书做了一次重要的丰富和润色。在我以咏叹调为主题而写的一小段诗意说明中，我还把阿多诺的父姓魏森格隆德偷偷塞了进去，以示感谢。"[106]1945年12月，曼给阿多诺写了一封长达十页的信，为他"谨慎而放肆"[107]地借用阿多诺的作品而道歉，并寻求更多的建议，且很快得到了答复。等到小说终于在1947年出版时，阿多诺收到了曼寄来的签名本，题写给他的"枢密顾问"。[108]顺带一提，曼与勋伯格的关系此时已严重破裂，因为作曲家指责他的观念被窃取了，没有标明出处；曼在小说之后的所有版本中都加上了解释。[109]《新音乐的哲学》一书在次年就问世了，增加了一节关于斯特拉文斯基的内容，是阿多诺在战争期间写的，以平衡有关勋伯格的章节。后来，阿多诺要把整部作品称为《启蒙辩证法》的长篇续作，我们将在第八章中讨论《启蒙辩证法》。

在1940年代，阿多诺还与流亡加州的作曲家汉·艾斯勒（Hanns Eisler）合作出版了一本讨论电影音乐的书。然而，由于阿多诺不愿意与更热心政治的艾斯勒有瓜葛，当1947年该书出版时扉页上没有署他自己的名字。[110]他还在加州抽空写了一些文章，涉及赫胥黎、卡夫卡和一般的文化批评，这些文章在他回德国后，被收录在《棱镜》（Prismen）一书中出版。1948年夏天，在写完《新音乐的哲学》之后，他立即将注意力转向苏联阵营的音乐。其成果是一篇具有高度批评性的文章，题为《羁縻音乐》（"Gegängelte Musik"），[111]文中抨击了社会主义现实主义倡导者对"健康"艺术的推崇。

除了研究文化问题，阿多诺还保持着他的理论兴趣，写出了《启蒙辩证法》和他的格言集《最低限度的道德》。[112]他还花了些时间，尝试在《威权型人格》中他负责的部分和一项对美国煽动者的研究中运用美国的经验方法。[113]1949年，阿多诺随霍克海默一起回到德国，但他在加利福尼亚的工作还没有结束。1952年至1953年的那个冬天，他回加州住了几个月，主要是为了保留他的美国公民身份。借助编写《威权型人格》时建立的关系，他获得了位于贝弗利山的哈克基金会科学分部的主任职位。在这里，他创作了关于美国大众文化的最后两篇作品。第一篇与伯尼斯·埃杜森（Bernice T. Eiduson）共同撰写，是关于电视这个新的大众传播媒介的研究报告，为此他们分析了各种电视脚本的内容，以发掘节目的潜在信息。[114] 第二篇是对《洛杉矶时报》（*Los Angeles Times*）的占星术专栏进行了更长时间的研究，在某些方面也更具独创性。[115] 阿多诺在《最低限度的道德》中已经写了几页内容讨论神秘学。[116] 有了《威权型人格》这部作品傍身，他得以大大拓宽他的批判。

在这第二项研究名为《星辰殒落》（"The Stars Down to Earth"）的研究中，阿多诺把占星术当作一种"次级的"迷信，因为它影响的是阶级这样的次级群体，而不是家庭这样的一级群体。因此，尽管阿多诺在弗雷德里克·哈克博士（Dr. Frederick Hacker）这位训练有素的分析师帮助下使用了精神分析的见解，但主要不是针对个人，而是针对群体。或者更准确地说，它们被用来探索个体心理和所谓个体意识之间的社会心理层。阿多诺在这里最感兴趣的是写《群体心理学和自我分析》（*Massenpsychologie und Ich-Analyse*）的弗洛伊德。[117] 这项研究表明，社会研究所对大众文化的批判符合其对威权主义的分析，这些分析将在下一章中加以讨论。阿多诺的结论是，占星术是一种"依赖的意识形态"，[118] 满足了一类人的非理性需求，这类人是《威权型人格》中"法西斯量表"的"高分人群"。

因此，阿多诺在加州的岁月可谓硕果累累。他在论述赫胥黎的文章中曾写道："对于来自国外的知识分子来说，有一点是确凿无疑的——如果他希望取得任何成就，或者为压缩全部生活的超级托拉斯所接纳而为之卖命，他就必须消除自己的自主存在。"[119] 阿多诺从来没有寻求或得到过那样的接纳，但他由于仍然固执地置身事外，才获得了更加瞩目的成就。他没有向美国文化"超级信托"的要求低头，而是为一群只存在于理想中的读者群体写作；一直以来，社会研究所也是如此，除了关于威权主义的研究是个例外。讽刺的是，阿多诺回到德国之后，却收获了了众多读者，使他成为当时欧洲思想界的主流人物。

瓦尔特·本雅明也感到了来自美国文化生活的压力，这种强烈感觉在他的一生中发挥了同样重要的作用，我们现在可以来谈谈他在社会研究所历史上作出的贡献。在整个 1930 年代，本雅明一直拒绝社会研究所的邀请，不愿意加入在纽约的其他成员们。[120] 1938年 1 月，在他们最后一次见面时，本雅明拒绝了阿多诺的百般请求，他说："在欧洲还有捍卫的阵地。"[121] 直到盖世太保在 1940 年夏天查封了本雅明的公寓，这些阵地已然失守，留在巴黎已经不再可能的时候，移民美国已经变得越来越困难。早先逃到法国的德国难民有可能被维希政府送回纳粹手中。本雅明就是在这种情况下被送进了内韦尔（Nevers）的拘留营。社会研究所从那时起就开始尽力营救他。莫里斯·哈布瓦赫和乔治·塞勒出面干预，让他从拘留营中获释。[122] 当时在派发一些赴美的紧急签证，于是主要在波洛克的努力下，为这位不情愿离开的难民争取到了其中一张。然而，本雅明没能获得法国的出境签证。虽然这有点麻烦，但这并非不可克服，因为一般来说，翻越比利牛斯山到西班牙边境上的波特博（Port-bou）这一路无人看守，被认为是一个安全的备选。1940 年 9 月 26 日，当时患有心脏病的本雅明随着难民队伍出发前往边境。在他的行李中，有十五片包含吗啡的复合物，按几天前他在马赛对阿瑟·库斯勒（Arthur Koestier）所说，这些药片的剂量"足以杀死一匹马"。[123] 不巧的是，西班牙政府在他们到达之前刚刚封锁了边境。舟车劳顿的本雅明想到可能被盖世太保抓回去，去了美国也是前途未卜，心烦意乱的他便于当夜间吞下了药片。第二天早上，拒绝洗胃的他在痛苦中死去，此时距离他的四十八岁生日才过去了几个月。第二天，西班牙边防军被他的自杀所震撼，允许队伍里其他人安全通过。这个故事还有一个悲伤的插曲，闻讯的库斯勒也吃了一些同样的药片，都是本雅明在马赛时给他的。后来他写道："可本雅明的胃显然比较好，因为我把东西都吐了出来。"[124]

当然，如果本雅明得以成功移居纽约，这对社会研究所或美国的知识生活究竟意味着什么，我们永远不得而知。他能如何把自己的才能与社会研究所其他成员的才能结合起来，也只能凭空猜测。霍克海默和阿多诺曾希望让他更紧密地接近批判理论，此前在分隔两地时就曾试图这样做，但他是否会继续抵制，也只是个留待猜测的问题。可以肯定的是，社会研究所对他的早逝感到非常失望和难过。在随后的几年里，研究所努力为他争取他生前得不到的认可和赞誉。这方面的第一步就是在1942年出版了一本纪念专刊，（由于研究所的财政问题）只以胶印版限量发行。其中包含了阿多诺、霍克海默和本雅明本人的文章。[125] 社会研究所回到德国后，阿多诺在本雅明的老朋友格尔肖姆·肖勒姆（Gershom Scholem）的帮助下，出版了他的著作和信件，这在过去的十年中引发了人们对本雅明作品的广泛兴趣。无论他的批评者如何评价阿多诺对这位朋友思想的解读，以及这种解读对他所塑造的本雅明形象有何影响，他们都无法否认，正是他与肖勒姆之间通力合作，本雅明才会成为一个有争议的人物。

阿多诺从未否认，本雅明的视角以独特的方式结合了神学和唯物主义的元素，完全属于本雅明自己。要充分探讨它需要另一项研究，而且，罗尔夫·蒂德曼（Rolf Tiedemann）已经写过这样的作品，[126]因此现在没必要再这么做了。事实上，仅仅爬梳一下过去十年间围绕本雅明的争论，就将是一项相当繁重的任务。[127]这里要尝试的是讨论本雅明与社会研究所的具体关系以及他对研究所工作的贡献，尤其是对大众文化的分析。

本雅明1892年出生于柏林，和其他大多数社会研究所成员一样，成长于一个富裕的同化犹太人家庭。他的父亲是一位古董商和艺术品商人，他从父亲那里继承了收藏家对古旧书籍和文物的迷恋。[128]然而，他与家人的关系一直不太好。虽然他在作品中会一次又一次地回忆自己的童年，[129]可那对他来说显然是一个非常悲伤的时期。[130]和其他许多心怀不满的德国资产阶级青年一样，他在战前加入了古斯塔夫·维内肯（Gustav Wyneken）领导的青年运动，成为其最激进一派的成员，该派也主要由犹太学生组成。[131]在此期间，他升任柏林自由学生协会的主席，并以"阿多"（Ardor）为笔名向维内肯的《开端》（*Der Anfang*）供稿。然而，在战争期间，他产生了另一种摆脱资产阶级生活压迫的兴趣，于是放弃了青年运动。犹太复国主义成了他接下来几年生活中最主要的激情所在。1915年，他与格肖姆·肖勒姆之间发展了亲密的友谊，也加强了他对犹太复国主义的兴趣，肖勒姆还唤起了他对犹太神学和神秘主义的好奇心。1917年，本雅明与妻子朵拉（Dora）结婚，她本人是著名犹太复国主义者莱昂·克尔纳（Leon Kellner）的女儿。然而，本雅明对犹太复国主义始终有所保留。1922年，肖勒姆恳求本雅明陪他去巴勒斯坦，但被拒绝，尽管后来的信件表明本雅明一直对去巴勒斯坦感兴趣。[132]随着1920年代本雅明的婚姻破裂，最后于1930年离婚，可能维系着他犹太复国主义的另一个刺激因素也消失了。[133]

第六章　美学理论与大众文化批判

然而，在肖勒姆的影响下，犹太研究在他的余生中仍然发挥着很强的影响，尽管在 1922 年之后再也没有像以前那样成为他人生的中心——那一年肖勒姆离开了，还有本雅明筹划中带有宗教视角的文学评论期刊《新天使》(*Angelus Novus*) 也搁浅了。我们已经讨论过某些犹太性质对社会研究所工作的影响：不愿说出或描述批判理论核心的"他者"，以及弗洛姆感兴趣且类似于马丁·布伯以及他在法兰克福犹太学府的同事们的那种哲学人类学。犹太思想和习俗对本雅明的影响则有些不同。本雅明兴趣最浓厚的是"卡巴拉"，这是犹太神秘主义中最神秘的一支；在这一点上，他与肖勒姆的友谊至关重要。有一次，《施韦泽评论》(*Schweizer Rundschau*) 的编辑马克斯·里希纳（Max Rychner）就本雅明那本关于巴洛克悲剧的著作《德国悲苦剧的起源》(*Ursprung des deutschen Trauerspiels*) 里特别深奥的导言向他讨教，本雅明向他介绍了"卡巴拉"。[134] 它吸引本雅明的地方在于探究其意义层次所需要的释经技巧。到 1931 年时本雅明早已对马克思主义产生了兴趣，可即使当时他写给里希纳的一封信中，他仍然可以这样点评："如果我可以这样说的话，我从来没有能够以一种非神学意义上的方式进行研究和思考，也就是说，按照《塔木德》传授《妥拉》经义那样，每段经文有四十九个意义层次，我的研究和思考都是以此为指导进行的。"[135] 人民经常指出，[136] 本雅明对文化现象的考察，类似于一个《圣经》学者对经文的探究。本雅明希望写一本完全由引文组成的书，这其中表达了某种准宗教的愿望，希望成为更高现实的透明喉舌。他的语言理论同样植根于一种中心现实的假设，而这个中心现实可以通过释经的力量被（尽管不完全地）揭示出来。[137]

本雅明不仅对犹太教中的启示性要素作出了反应，也敏锐捕捉到了犹太教的救赎张力。犹太思想中的救世主潮流曾被马克思主义以世俗化的形式挪用，自始至终贯穿在本雅明的著作中。他写的最后一篇文章，也就是在死后出版的《历史哲学论纲》("Über den Begriff der Geschichte")，非常明显地体现了这一点。正是在这篇文章中，本雅明无比清楚地阐明了他对同质而空洞的时间和救世主的"当下"(Jetztzeit)的区分，[138] 革命本应带来后者。也正是在这篇文章中，他明确承诺了自己要终生献身于神学思维模式；他在《论纲》开篇的寓言中写道：*

> 身着土耳其服装、口叼水烟袋的木偶端坐在桌上的棋盘边……其实，一位棋艺高超的驼背侏儒正藏身其中，通过提线操纵木偶。我们不难想象这种诡计在哲学上的对应物。这个名叫"历史唯物主义"的木偶无往而不胜。要是还有神学助它一臂之力，它简直战无不胜。只是神学如今已经枯萎，必须处于视线之外。[139]

应该补充的是，如一些批评者所暗示的那样，社会研究所从未鼓励本雅明思想中的神学要素，而是试图在更世俗的方向上影响他。社会研究所内部对《历史哲学论纲》评价普遍不高。[140] 阿多诺在通信中也表明，他不赞成本雅明思想中的犹太残余。[141]

另一方面，社会研究所对本雅明在1920年代中期采用的马克思主义招牌并不完全热心。第一次世界大战刚结束时辩证唯物主义如日中天，而本雅明是当时才接触辩证唯物主义的，这一点与研究所其他人有所不同，[142] 尽管早在1918年他在伯尔尼与恩斯特·布洛赫结交时，好奇心无疑已经被唤起。[143] 卢卡奇的早期作品是本雅明

---

* 以下引文参考瓦尔特·本雅明《启迪》，张旭东译，生活·读书·新知三联书店，2014年，第265页。略有改动。——译注

走向马克思的另一座桥梁，尤其是《历史与阶级意识》和《小说理论》。[144] 私交熟人也起到了关键作用。1924 年，本雅明在卡普里（Capri）度假时，遇到了俄国导演兼女演员阿西娅·拉西斯（Asja Lacis），她当时正随一个剧团旅行，演出布莱希特的《爱德华二世》（Edward II）。当时本雅明与朵拉·凯尔纳的婚姻出现了问题，很可能爱上了拉西斯小姐。无论如何，她把本雅明介绍给自己的马克思主义朋友们，并帮助安排他在 1926 年到 1927 年之交的那个冬天去莫斯科旅行。在苏联首都，他见到了弗拉基米尔·马雅可夫斯基（Vladimir Mayakovsky）和拜利（Byeli），并被安排为《苏联百科全书》写一篇关于歌德的文章，但这篇文章实际上一直没有完成。而后到 1929 年，阿西娅·拉西斯把他介绍给了对他的马克思主义发展起着最重要作用的人——布莱希特。

布莱希特与本雅明的关系是近期争议的主要来源之一。肖勒姆和阿多诺都认为，布莱希特的影响是弊大于利。[145] 阿多诺的学生罗尔夫·蒂德曼断言，由于本雅明对布莱希特的恐惧，两人的关系不应该从智识方面来理解，而应该从心理方面来理解。[146] 他们都认为，尤其可恶的是本雅明接受了布莱希特那粗略甚至庸俗的唯物主义。至少在阿多诺看来，几乎同样不幸的是本雅明效法他这位朋友，对流行艺术和技术革新的革命潜力持有过于乐观的态度。个人层面上对布莱希特的不信任无疑是他们不喜欢布莱希特牵制本雅明的原因之一。需要指出的是，法兰克福学派在政治问题上从未与布莱希特看对眼过，尽管他们也敬仰布莱希特的文学成就。双方的观感可谓彼此彼此。本雅明死后，布莱希特搬到了加利福尼亚时，与霍克海默和阿多诺在社交场合上打过照面；但从他的日记可以看出，[147] 双方之间故有的敌意有增无减。对布莱希特来说，社会研究所由"知识戏子"（Tui-intellectual）组成，他们为获取美国基金会的支持而卖身（布莱希特本来打算以虚构的中国王国"Tui"为背景创作一本小说，但实际上从未完成）。社会研究所则反过来认为他是小资产阶级的装腔作势（poseur）和一位斯大林主义的辩护者。

但是，布莱希特对本雅明的吸引力更大。他在1933年写道："我同意布莱希特的作品，这代表了我整个立场中最重要和最坚固的一点。"[148]1930年代在巴黎认识本雅明的汉娜·阿伦特曾评论说，吸引力就在于布莱希特的"粗暴思维"，[149]这种思维拒斥辩证法的复杂微妙，正是阿多诺所厌恶的。她还说，本雅明从布莱希特那无中介的唯物主义中看到的"与其说是指向实践，不如说是指向现实，对他来说，这种现实最直接地表现在日常语言的谚语和习语中"。[150]要说指出本雅明对布莱希特的迷恋，阿伦特小姐并不是唯一一位。其他更左的研究所诋毁者甚至指责阿多诺和肖勒姆出于自己的目的而故意淡化了布莱希特的重要性。[151]然而，情况似乎并非如此，因为通常被认定属于阿多诺和肖勒姆阵营的蒂德曼在1966年编辑了一本文集，收录了本雅明关于布莱希特的文章和评论。[152]他们都认为这段关系是有害的，这一点没有人否认。而事实上也可以说，本雅明虽然很仰慕布莱希特，但对这种友谊也抱有一定戒心，这表现在他拒绝永远离开巴黎，去丹麦斯文德堡（Svendborg）与流亡中的布莱希特会合。[153]另一方面，直到本雅明去世，布莱希特似乎也始终忠于两人的友谊。事实上，他还在1940年为本雅明写了两首动人的诗歌。[154]

本雅明接受了布莱希特更庸俗的唯物主义，阿多诺从中察觉到的不辩证的基调，这也许是本雅明与其他研究所成员在知识背景上不同的产物。本雅明是在柏林、弗赖堡和伯尔尼的大学接受教育，战争期间在伯尔尼大学获得了学位，论文的主题是德国浪漫主义。[155]对他的思想影响最大的是新康德主义哲学。在他生命即将结束的时候，他写信给阿多诺说，海因里希·李凯尔特（Heinrich Rickert）是对他影响最大的老师。[156] 然而，康德的不可知二元论区分了本体和现象，而本雅明似乎从一开始就对此不满意。他在早期的一篇文章中写道："即将到来的知识理论的任务，就是要找到与客体和主体概念有关的完全中立领域；换句话说，存在一个自主的原初领域，在这个领域内，上述概念绝不意味着两个形而上学实体之间的关系，要把这个领域弄清楚。"[157] 当然，他这样说，是建立在霍克海默、马尔库塞和阿多诺都熟悉的基础上。然而，他的不同之处在于，黑格尔对他思想的影响相对较小。总的来说，他力图使自己摆脱哲学术语的负担，他把这些术语视为皮条客的唠叨（Zuhältersprache）。[158] 两人的通信显示，他在这一点上和霍克海默之间有分歧。[159]

本雅明至少和阿多诺之间也有摩擦，摩擦的另一个来源是他对音乐的相对无感，特别是他并不把音乐当作一种潜在的批判性媒介。按照阿多诺的说法，[160] 本雅明在青年时期就对音乐产生了一种敌意，这种敌意一直没有完全克服。在一篇重要的文章《作为生产者的作者》（"Der Autor als Produzent"）中，[161] 布莱希特对本雅明的影响达到了巅峰，本雅明提出，必须在音乐中加入文字，才能为音乐赋予政治内容。他选择的范例是布莱希特与汉斯·艾斯勒合作的《措施》（*The Measures Taken*）。从他的作品来看，几乎没有迹象表明他与阿多诺一样，喜欢现代音乐中门槛较高的形式，或者相信音乐的非表现性非常重要。

而且，本雅明的思想总是比霍克海默或阿多诺的思想更具有类比性，更关注特殊中隐含的普遍性。本雅明认为，"只有当遇到作为一个单子的历史主体时，一位历史唯物主义者才会接近历史的主体"；[162] 考虑到批判理论对总体性和环节的相互作用很感兴趣，但霍克海默和其他人不可能毫无保留地接受本雅明这一论断。霍克海默等人的思维模式总是比本雅明的思维模式更具有解释力，更注重发掘各种社会现象之间的不连贯和中介。对本雅明来说，非同一性的重要性并不像他的同事们所主张的那么大。因此，他也不像他们那样关注对主体性的拯救。他的"停滞的辩证法"[163]比批判理论更加静态和直接。不过，阿多诺还是煞费苦心地避免将他与现象学家们混为一谈，阿多诺常常嘲笑后者缺乏辩证的反讽：

> 他缺乏系统和一个封闭的理论基础，把这一点解释为有足够的理由把他与'直觉'、逼真或其他的代表联系起来……是忽略了他身上最好的一面。这不是他的目光如此这般就宣称了对绝对的无中介占有；而是他的观察方式，整个视角被改变了。放大的技术使运动中的僵硬和动态的东西静止。[164]

本雅明的独特视角不仅使他与批判理论拉开了距离，也削弱了他学术生涯的成功机会。1924年至1925年间，他完成了对歌德的《亲和力》的批评研究，这部作品是在雨果·冯·霍夫曼斯塔尔的赞助下出版。[165] 但这部作品在意识形态上毫不掩饰地批评了当时围绕斯特凡·格奥尔格周围的强势圈子，结果本雅明被在他们的影响力所及的学术界排斥在外。[166] 后来他试图在法兰克福大学获得教授资格，也同样无疾而终。他申请时提交的作品是一部对德国巴洛克戏剧的研究，他试图在文中"拯救"寓言的范畴。然而，事实证明，这本书对审读者来说过于晦涩难懂，其中就包括文学系主任弗朗茨·舒尔茨（Franz Schultz）和美学专家汉斯·科内利乌斯，后者有好几位弟子都是社会研究所的成员。[167] 尽管这部题为《德国悲苦剧的起源》的研究最终于1928年出版，但未能为本雅明在学术界赢得一席之地。这次失败之后,他的父亲也拒绝继续支持他,本雅明被迫以私人评论家的身份勉强度日,还偶尔翻译普鲁斯特等作家。[168] 在 1920 年代和 1930 年代初,他为《文学世界》(*Literarische Welt*)等杂志和《法兰克福报》(*Frankfurter Zeitung*)等报纸撰稿。他还为朋友恩斯特·舍恩(Ernst Schoen)掌管的法兰克福广播电台做过评论。[169] 尽管他的作品往往是质量颇高,比如他在《法兰克福报》上连载他的童年回忆,令人百感交集,后来也以《世纪之交的柏林童年》(*Berlin Childhood Around 1900*)为题出版,但基本乏人问津。[170]

纳粹的掌权意味着本雅明失去了在德国为数不多的收入来源。他尝试以"德特勒夫·霍尔茨"(Detlef Holz)和"康拉德"(C. Conrad)为笔名从事写作无果,于是他接受了自己必须移民这件事。他以前造访过巴黎,当时就感到很舒适,便选择巴黎作为他的避难所。在许多方面,现代都市是他工作的中心焦点之一,[171] 而巴黎正是欧洲大都市的典范(par excellence)。早在 1927 年,他就开始撰写对资产阶级文化的重要分析,也就是 19 世纪的前史(Urgeschichte),其中以巴黎作为中心隐喻。该书题为《拱廊街计划》(*Passagenarbeit*),写作历程贯穿本雅明的余生。虽然该书长达数千页,但实际上只有部分内容令他满意。

社会研究所在这个项目发展中发挥的作用引发了另一起争议。1935 年底以后,本雅明在巴黎的主要支持就是研究所的津贴。其他项目也可能带来了一些收入,比如他在瑞士以"德特勒夫·霍尔茨"的名义出版的信件集,[172] 但由他的通信可知,这份收入并不太多。本雅明与阿多诺相识于 1923 年的法兰克福。[173] 1934 年,在本雅明逃离德国后,阿多诺说服霍克海默接受他为《社会研究期刊》撰写一些作品。他的第一篇文章是研究当前法国作家的社会地位,发表在当年的第一期上。[174] 不久他又发表了一篇关于语言社会学的调查报告，在这篇文章中，本雅明透露了他对语言及其更广泛含义怀有终生的兴趣。此后不久，霍克海默向本雅明发出邀请，请他来美国加入社会研究所。尽管本雅明在 1935 年 4 月曾写道："对我来说，没有什么比把我的工作与社会研究所尽可能紧密而富有成效地结合起来更迫切的事情了。"[175] 但他拒绝了这一邀请。不过，在这一年年底，他成为社会研究所巴黎分部的研究助理，并开始定期领取津贴，虽然数额不大，但足够让他说出，这笔津贴"立即让我如释重负"。[176]

由于本雅明承认在经济上依赖社会研究所，《选择》（*Alternative*）的圈子认为他的作品被纽约的编辑从根本上改变了，甚至遭到了删减。如果撇开文本问题的复杂性，说本雅明的文章有些措辞被改得不那么激进，似乎确实是准确的。一个明显的例子是他的《机械复制时代的艺术作品》（"The Work of Art in the Era of Mechanical Reproduction"）一文，在本雅明的原文中，这篇文章的结尾是这样说的："这就是被法西斯主义审美化的政治形势。共产主义的反应则是把艺术政治化。"这些内容也出现在英译本《启迪》（*Illuminations*，第 244 页）中。但在《社会研究期刊》中，印刷版却把"法西斯主义"改为了"极权主义学说"，把"共产主义"改为了"人类的建设性力量"（第 66 页）。在同一页上，原来的"帝国主义战争"被改为了"现代战争"。[177]

不过，这些改动通常是在与本雅明通信时做出的，而不是在他向社会研究所纽约分部提交完稿后做出的。需要理解的关键是，这些改动并不是为了使本雅明与某种教条式的批判理论保持一致而专门做出的，而是反映了《社会研究期刊》经常为了保护自己不受政治骚扰而经常使用的伊索式语言*。纽约新学院中其他难民的指责，阿多诺后来不愿与汉斯·艾斯勒联系在一起，格罗斯曼书名在英译上的微妙变化——前文已经提到过种种例子。很明显，社会研究所在美国感到不安全，希望尽量少做危害其自身处境的事情。早在实际移民之前，霍克海默就在《黎明/黄昏》一书中写道："迟早有一天，政治难民的流亡权会在实践中被废除……流亡权一旦不再涉及俄国的移民或民族恐怖分子，就会不再符合国际资本主义阶级的共同利益。"[178] 由于已经被迫逃离一片大陆，他和他的同事们并不想再去触这个霉头。

这种担心在洛文塔尔与霍克海默的通信中表现得很明显。例如 1939 年 7 月 30 日，洛文塔尔写信给霍克海默说，参议院正在审议一项新的驱逐法，涉及范围非常广泛。因此，他建议霍克海默在自己准备的文章中，在"自由主义"之前加上"欧洲"。后来，在 1940 年 7 月 30 日和 8 月 4 日，他又提到了警察造访过社会研究所，虽然都是例行公事，但似乎也是值得报告的不祥之兆。而即使到了 1944 年 7 月 26 日，社会研究所正在研究美国劳工中的反犹太主义时，霍克海默仍然担心美国右翼分子对"一群外国出生的知识分子掺和美国工人的私事"会作何反应。这种不安全感，加上社会研究所历来希望维系"科学"机构的身份而不是成为政治机构，导致它删除了本雅明文本中更具煽动性的段落。

另一方面，同样清楚的是，《社会研究期刊》确实刊登了本雅明的某些文章，而霍克海默和阿多诺对这些文章并不完全赞同——他的《机械复制时代的艺术作品》和《爱德华·福克斯——收藏家和历史学家》（"Eduard Fuchs, the Collector and Histo-

---

* Aesopian language：俄罗斯作家萨尔蒂科夫-谢德林（Saltykov-Shchedrin）发明的术语，指对外人而言人畜无害但对知情人而言却是煽动密谋的语言。——译注

rian")[179]在某些方面对霍克海默和阿多诺的口味而言过于激进。然而，发表版本的修改幅度无法确定。[180]本雅明的作品中有一部分，也就是《拱廊街计划》的一个重要部分被完全拒稿了，看来主要是由于阿多诺的保留意见。1936年，本雅明曾对19世纪法国革命家路易·奥古斯特·布朗基（Louis Auguste Blanqui）鲜为人知的宇宙学猜想印象深刻，这些猜想出现在布兰基的一本书中，题为《贯穿星辰的永恒》（L'éternité par les astres）。[181]在本雅明看来，布朗基的机械自然观与他的社会秩序有关，而他的社会秩序由一种永恒轮回所主导。本雅明在他那篇题为《波德莱尔笔下第二帝国的巴黎》("The Paris of the Second empire in Baudelaire")的文章中，试图阐发布朗基与诗人波德莱尔之间的隐秘关系，后者乃是本雅明全部作品的核心人物。本雅明的研究计划分为三个步骤，这篇文章是研究的第二部分，是《拱廊街计划》一个精简版，一部分暂定名为《巴黎，19世纪的首都》（Paris, the Capital of the Nineteenth Century）。第一部分是讨论作为寓言家的波德莱尔；第二部分也就是刚才提到的部分，是第一部分的反题，是从社会角度解读诗人；第三部分是通过分析作为诗歌对象的商品，是前两部分的合题。[182]

在第一次阅读《波德莱尔笔下第二帝国的巴黎》的草稿时，阿多诺提出了批评。在纳粹接管德国后，阿多诺偶尔还会回到德国。1935年夏天，他在黑森林的霍恩贝格（Hornberg）度假时给本雅明写了一封长信，概述了他的反对意见。[183]他最一般性的批评是针对所谓本雅明不辩证地使用商品的拜物教等范畴。如前所述，阿多诺认为，某些物化是一切人类客体化中一个必要元素。因此，他反对本雅明这样将商品等同于"古老事物"。

与这一批评相关的是阿多诺对本雅明使用"辩证图像"（dialektische Bilder）的不满，把这个概念当成历史进程的客观结晶。阿多诺在信中认为，按照本雅明的设想，它们对社会现实的反映过于紧密了。相反，他认为："辩证图像不是社会产物的模型，而是社会状况表现自身的客观星丛。因此，辩证图像永远不能被期望成一种意识形态的或一般的社会'产物'。"[184] 此外，如果像本雅明有时似乎在做的那样，把辩证的形象简化为一种荣格式的集体无意识，那就是忽视了个体持续的重要性。阿多诺解释说：

> 当我拒绝使用集体无意识的时候，当然不是要让"资产阶级个体"成为实际的基底，而是要使内在（intérieur，他在研究克尔凯郭尔时用过"内在"这个词）的社会作用变得透明，揭露出它的包容性只是一种幻觉。但所谓幻觉并不是相对于一种实体化的集体意识，而是相对于真实的社会过程本身。因此，"个体"是一种辩证的过渡工具（Durchgangsinstrument），它不应该被当作神话加以抹除，而只能被扬弃（aufgehoben）。[185]

随后，阿多诺在11月给本雅明的信中表示，他对有关波德莱尔与巴黎的文章之进展仍然感到失望。[186] 在这封信中，他阐明了他对本雅明的神学和语文学方法的反对意见，认为这是不辩证的。他写道："可以这么表达，以事物的名称来命名事物的神学动机，往往会转化为对简单事实性的惊人呈现。说得过分一点的话，可以说这部作品已经处在在魔幻和实证主义的十字路口。这个地方被巫师施了法。只有理论才能打破这个魔咒：你自己那无情又好的推断性理论。"[187] 由于阿多诺持保留意见，他建议不要接受这篇文章，而洛文塔尔曾主张刊印其中的部分内容，因为它"代表了你，但不是以必须代表你的方式"。[188]

本雅明受到了责备，但他并不心服口服，便写了一封回信为自己辩护。[189] 他的主要论点是维护文章中采用的语文学方法：

> 封闭事实性的表象遵循着语文学研究并对研究者施加魔咒，也将随着对象被置于历史视角中进行建构而逐渐消失。这种建构的基准汇聚在我们自身的历史经验之中。因此，客体将自己建构为一个单子。在这个单子中，一切被神话般地固定在文本中的东西，都将变得鲜活起来……如果你回想一下我的其他作品，你会发现，对语文学立场的批判是我的老本行，而且天然等同于神话的批判。[190]

然而，阿多诺仍然不相信这篇文章是辩证的，所以也从未被社会研究所发表。[191] 在随后的通信中，两人继续就本雅明的19世纪"前史"的进展展开了辩论。最后，在1939年第一期《社会研究期刊》上，本雅明打算作为"论文"的《巴黎，19世纪的首都》中的一节《论波德莱尔的几个母题》（"On Certain Motifs in Baudelaire"）发表了。在这篇文章中，本雅明涉猎了整个研究的许多基本主题，其中有几个前文已经提到过。其中之一是他区分了两种类型的经验：综合的经验（Erfahrungen）和原子论的体验（Erlebnisse）。借鉴普鲁斯特、柏格森和弗洛伊德的见解，本雅明论证了传统在真正经验中的地位："经验确实是一个传统的问题，在集体存在以及私人生活中都是如此。它与其说是牢牢扎根于记忆中的事实的产物，不如说是对日积月累且往往是无意识的素材在记忆中的汇聚而成。"[192] 阿多诺也强调了传统的相关性，前文就提到过他在勋伯格的音乐中看到了传统的生命力，尽管勋伯格的音乐明显很新颖。他和本雅明都认为，真实经验遭到侵蚀是现代生活的特征。本雅明举了一个例子,就是分离的信息取代了连贯的叙述,成为主要的交流方式,恩斯特·克雷内克在其关于广播音乐的文章中也用了这个例子。另一个母题是现代生活中作为刺激的创伤性震惊与日俱增。[193] 社会研究所的各种社会心理研究中也呼应了这个例子。第三个主题是大众在波德莱尔作品中的作用,这也是社会研究所有关大众文化的研究中经常出现的一个主题。需要指出的是,本雅明对波德莱尔对大众的理解有一定的批评:"波德莱尔适应了把人群中的人等同……于闲逛者(flâneur)。这种观点让人很难接受。人群中的人不是闲逛者。"[194]

本雅明对在巴黎的拱廊中悠闲漫步的闲逛者非常迷恋,助长了那些强调其作品中存在静态因素的评论家。[195] 波德莱尔试图保存艺术所揭示的诸多"感应"(correspondances),本雅明的文章对此表现出兴趣,这更突出地支持了这个立场。本雅明有些神秘地解释道:

> 波德莱尔所说的感应,可以说是一种经验,它试图以预防危机的形式确立自我。这只有在仪式的领域内才有可能。如果它超越了这个领域,它就会以美的形式呈现出来。艺术的仪式价值在美之中浮现。感应是记忆的素材——不是历史素材,而是前历史的素材。[196]

本雅明还在别处透露出对歌德所说的元现象(Urphänomene)有类似的迷恋,这个词指的是贯穿历史的永恒形式。[197] 综上所述,他思想中的神学起源似乎显而易见。

然而,还必须理解的是他思想中的历史环节,他与马克思主义的碰撞也强化了这一环节。就在这篇关于波德莱尔的文章中,本雅明对柏格森把死亡从他的绵延时间概念中剔除出来，提出了类似于霍克海默在讨论柏格森的文章中提出的论点：[198]"被剔除死亡的绵延具有卷轴的可悲无尽。传统从其中被剔除了。体验（Erlebnis）披着借来的经验外衣大摇大摆，它就是体验的精髓。"[199] 此外，正如蒂德曼所指出的，[200] 元现象在歌德那属于自然，而被本雅明转移到了历史领域。《拱廊街计划》要做的是19世纪的"前史"，而不是全部的人类历史。甚至可以说，本雅明喜欢卡尔·克劳斯那句"起源就是目标"，还在《历史哲学论纲》中引用了这句话，[201] 但不一定要理解为他希望回到柏拉图式或歌德式的元形式（Ur-form）。起源（Ursprung）也可以意味着新。[202] 而在本雅明看来，神话的主要方面之一就是其重复性、非创造性的同一；总是一样（Immergleiche）是异化的资本主义社会所产生的那种神话感性的显著特征之一。

平心而论，就那些强调本雅明思想中静态成分的人，应该补充一点：本雅明把仪式价值与感应联系起来，而他写的很多东西都透露出对仪式价值的怀念。[203] 这一点在《论波德莱尔的几个母题》的结尾处表现得很明显，他在那里谈到了"艺术复制的危机"，[204] 但在他早先在《社会研究期刊》上发表的《机械复制时代的艺术作品》一文中，那种怀念表现得更为明显。正是在那篇文章中，他阐发了他的"灵晕"概念，这个概念在社会研究所的文化分析中经常被使用。如前所述，灵晕是围绕着一件原创性艺术品的独特光环。它是一种"此时此地"（hic et nunc）的特殊之感，赋予作品以真实性。本雅明提出，灵晕在自然界中也存在，是"距离的独特现象，无论距离多么接近"。[205] 在艺术中也是如此，这种不可接近性是作品灵晕中的一个基本要素，与作品最初产生的仪式和魔法背景不无关系。一旦艺术被复制，真正艺术作品的这种独特灵晕就无法保存——显然，本雅明指的更多是造型艺术，而不是音乐或戏剧。

尽管我们谈阿多诺和克雷内克关于广播的讨论时已经提到，音乐也可能有一种灵晕。

无论灵晕具有何种史前的仪式性质，本雅明也承认其中的历史要素，这超出了感应的范围。他认为："一件事物的本真性，是其一切可传递本质的核心，这种本质包括从其实际存在的持续时间，到其所经历的历史的见证。"[206] 还是在同一篇文章中，他在后文写道："艺术作品的独特性与它融入传统的质地是密不可分的。"[207] 因此，"有灵晕的"艺术在大规模复制时代的终结，不仅意味着丧失了艺术的感应，也意味着根植于传统的经验之终结。本雅明在社会研究所的同事们都认同现代社会文化危机的这一方面。他们也倾向于接受他从灵晕的丧失中得出的结论："一旦本真性的标准不再适用于艺术生产的那一刻，艺术的全部功能就被逆转了。它不再基于仪式，而是开始基于另一种实践——政治。"[208] 随着机械复制的出现，艺术作品的崇拜价值被其展览价值所取代。本雅明断言，最好的例子就是电影。

社会研究所的其他成员特别是阿多诺，与本雅明的分歧在于如何评估这一变化的影响。首先，他们本来就认为艺术具有政治功能：表现被当前条件所否定的"另一个"社会的前景。他们现在担心的是大众艺术具有了一种新的政治功能，与其传统的"否定"功能截然相反；机械复制时代的艺术是为了使大众观众与现状相调和。本雅明并不同意这一点。因为，他在哀悼灵晕丧失的同时，又矛盾地对政治化和集体化的艺术之进步潜力抱有希望。在这个问题上，他又一次追随了布莱希特的步伐，尽管他个人在电影行业的经历令他本人失望，[209] 但他仍然对电影的革命功能持乐观态度。用本雅明的话说：

> 艺术的机械复制改变了大众对艺术的反应。人们对毕加索画作的态度是反动的，对卓别林电影的态度却变得进步。这种进步反应的特点是视觉和情感享受与专家的取向直接而紧密地融合在一起……对于银幕，公众的态度是既批评也接受。[210]

此外，我们已经提到过阿多诺强调真正审美接受的实践，尽管阿多诺总是要求观者或听者集中注意力，但本雅明更认同分心的积极意义："在历史的转折点上，人类的感知官能所面临的任务不能……仅靠沉思来解决。它们是通过习惯逐渐掌握的……在分心的状态下能够掌握某些任务，证明解决这些任务已经成为一种习惯。"[211] 正是基于这样的假设，本雅明才能在文章的最后呼吁将艺术进行共产主义政治化，以此来应对他所说的法西斯主义对"政治的审美化"。[212]

如前文所述，阿多诺远没有这么乐观，他在《论音乐的拜物特性和听觉的倒退》一文中对本雅明作出了回应。为了缓和与阿多诺的关系，本雅明这么写道："在我的作品中，我试图表达积极的环节，这一点就像你把否定带到前台一样清晰。因此，我看到了你作品的力量正是我的弱点所在。"[213] 于是他提出，有声电影正在破坏电影的革命潜力，并向阿多诺提出合作研究有声电影的影响。然而，由于本雅明的去世，这项工作从未落实。社会研究所随后在1940年代对大众文化展开了研究，却没有他在分析中那种乐观的主旨，对此我们接下来就要展开讨论。该研究的精神更接近于本雅明在较早时期发表的名言中所表达的精神（这句话后来也被马尔库塞用作《单向度的人》的结语）："只是为了无望之人，我们才会被给予希望。"[214]

第六章　美学理论与大众文化批判

1940年代，一些研究所的成员专门研究美国的大众文化。1941年，《哲学和社会科学研究》与拉扎斯菲尔德的无线电研究室合作，出版了一期关于大众传播的专刊，此时无线电研究室已经转移到哥伦比亚大学。霍克海默以一篇《社会研究所活动笔记》("Notes on Institute Activities")开头，其中包含了英文世界里对批判理论原则的最简明的复述。拉扎斯菲尔德的供稿比较了"管理和批判的传播研究"，强调了它们的兼容特点。随后，赫塔·赫尔佐格、哈罗德·拉斯韦尔、威廉·迪亚特尔（William Dieterle）、查尔斯·A. 西普曼（Charles A. Siepmann）和阿多诺也发表了文章。[215] 在下一期也就是《哲学和社会科学研究》的最后一期中，霍克海默以莫蒂默·阿德勒（Mortimer Adler）的《艺术与审慎》(Art and Prudence)为契机，对大众文化进行了全面的谴责；[216] 其中有很多观点，我们在之前讨论社会研究所在这一领域的作品时已经提过了。

社会研究所在大众文化分析中涉猎最广泛的成员是列奥·洛文塔尔。早在1929年，洛文塔尔就为柏林和法兰克福的《人民剧场》(Volksbühne)定期撰写戏剧评论和关于美学问题的文章。虽然他早期在《社会研究期刊》上发表的文章主要是关于易卜生和迈耶等文学人物，但他对大众对高级文化的接受也很感兴趣，他那篇关于陀思妥耶夫斯基在战前德国受众的文章就说明了这一点。在40年代，他把注意力转向了流行艺术的更直接例子。拉扎斯菲尔德的项目为他提供了秘书和办公室，他在此帮助下分析了费城的新闻评论员和新闻节目，成果以手稿的形式保留下来。他还对一战后德国流行的传记进行了内容分析，多年后在为马尔库塞撰写的纪念文集中发表。[217] 他还对美国杂志中的传记做了类似的分析，发表在了拉扎斯菲尔德的《无线电研究：1942—1943年》(Radio Research: 1942-1943)中。[218] 洛文塔尔还参与了一些讨论，催生了《启蒙辩证法》中那篇《文化工业》("Kulturindustrie")。事实上，在整个1940年代，乃至在他与社会研究所断绝关系之后的这段时间里，洛文塔尔继续对大众文化进行了探索，最突出的成就是1961年出版的论文集《文学、通俗文化和社会》(*Literature, Popular Culture, and Society*)。

在霍克海默移居加州后，洛文塔尔和他之间的通信片段值得在此赘述，因为这些信折射出了社会研究所对大众文化的理解。1942年2月3日，洛文塔尔写道，他即将写一篇关于杂志传记的文章：

> 一方面，对群众来说，历史信息成了一张谎言织就的蜘蛛网，成了最无关紧要的事实和数字的荒谬堆积；而另一方面，还是这些大众，却通过他们对这些人及其'消费'方式的关注，表现出一种对纯真生活的渴望。从我的整个内心生活出发，我越来越可以推断出，对于大多数人的无意识甚至是有意识的生活来说，在机器和组织永久地变化、改造、不断对待人和自然的这层意义上的整个生产观念，一定会变得无比可恨。在一定意义上，我前些年研究的德国传记和美国的材料彼此的关系相当密切。第一部分材料以一张深刻的形而上学和元心理学的幻象罗织而成的迷人网络来篡改历史；第二部分恰恰相反，它不严肃对待历史，而是戏说历史（原文如此）。但是，它们都代表了一个扭曲的乌托邦，这个乌托邦关乎人的概念，而我们对这种人的概念持肯定态度，也就是说，它们都意味着真实的、活生生的和存在的个体拥有无条件的重要性：尊严、幸福。

几个月后，霍克海默在给洛文塔尔的一封信中提到了一篇文

第六章　美学理论与大众文化批判

章。他在 6 月 2 日的这封信中指的是自己在《启蒙辩证法》中的工作：

> 关于"重复"的段落让我特别高兴。这个范畴将在全书中起到最决定性的作用。你所说的对生活和艺术中的永恒重复缺乏反叛，指向了现代人的听天由命，可以说，这是你字里行间的主要话题，也将成为我们这本书的基本概念之一……我们不能责怪人们更关心私人和消费领域而不是生产领域。这个特点包含着一种乌托邦的元素；在乌托邦中，生产并不起决定性作用。那是流着奶与蜜的丰饶之地。*我认为，艺术和诗歌总是表现出与消费的亲和力，这具有深刻的意义。

10 月 14 日，霍克海默在给洛文塔尔的信里花了很大篇幅讨论这篇文章：

> 你过于强调主动与被动、生产领域与消费领域之间的对立。你说，读者的生活是由他的所得而非他的所为来安排和支配的。然而，事实是，在这个社会中，所为和所得（已经）变得完全相同。闲暇时间支配人的机制，与工作时间支配人的机制绝对相同。我甚至可以说，如今要理解消费领域中行为模式的关键仍然是人在工业中的处境，包括他在工厂、办公室和办公场所的日程安排。消费在今天趋于消失，或者应该说，吃、喝、看、爱和睡都成了"消费"，因为消费已经意味着人在车间内外都成了一台机器？

---

* 语出《以赛亚书》。——译注

你会想起电影中那些可怕的场景，当主角生命的某些岁月被呈现在一系列的镜头中，这些镜头大约一两分钟长，只是为了展示他是如何成长或变老的，一场战争是如何开始的，又是如何过去等等。这样将一个生命剪裁成一些可以以刻板方式描述的无谓片段，这象征着人性解体为行政管理的诸要素。大众文化在其不同的分支中反映了这样一个事实：人被骗出了他自己的实体，柏格森将这个实体恰如其分地称为"绵延"。这对传记中的主角和大众都适用……大众文化的反潮流体现在对大众文化的逃避上。而由于今天人的清醒状态在所有的细节上都受到了规范，真正的逃避就是睡觉或发疯，或者至少是某种缺点和弱点。对这些电影的抗议，在辛辣的批判里是找不到的，只存在于人们去睡觉或做爱的事实中。

最后，洛文塔尔在 10 月 22 日的回信中对霍克海默的论点进行了回应：

你说到动态影像中的人生故事蒙太奇，对我有很大的启发，因为我观察到童年和成年生活中一系列孤立和零碎的艰辛和断裂。这一切似乎也与无爱的概念联系在一起，因为爱的标准是连续性，而这正是永远不被承认的现象。大众文化完全是针对爱的阴谋，也是针对性的阴谋。我认为，你的观察一针见血：观众不断地被施虐的伎俩出卖，被剥夺了真正的快乐。这种施虐癖有一个特殊的功能，就是在心理上和生理上防止"前戏快感"（Vorlust）。以最新的电影之一《假日酒店》（*Holiday Inn*）中的芭蕾舞场景为例，一对情侣开始跳小步舞曲，但当这首小步舞曲演奏到更火热的节骨眼上，人们都能想象到舞伴们将要接吻时，甜美动听的音乐突然停止了，取而代之的是几乎在言语上把舞者阉割了的爵士乐。泰迪（阿多诺）曾经写过一篇文章，阐释阉割与爵士乐之间的联系，与这场景非常吻合。

在这段交流中，可以明显地看出社会研究所批判大众文化的一些特点。例如，它对真正幸福的关注就不止一次地显现出来。与更保守的大众文化批判者不同，法兰克福学派拒绝将高级文化当作脱离物质关注的目的来加以捍卫。社会研究所经常鸣谢尼采对大众文化分析的奠基性贡献，在自诩凌驾于物质生活之上的超验文化概念与心理上的禁欲主义之间，霍克海默和他的同事们像尼采一样看到了两者之间存在一种潜移默化的联系。他们不断地抨击阿道司·赫胥黎等评论家在抗议大众文化时的清教徒倾向。[219] 他们以同样的热情谴责何塞·奥尔特加·加塞特等精英主义评论家的怀旧渴望。"无论是怀旧的权利、超验知识的权利，还是过某种危险生活的权利，都是无法被证实的，"霍克海默如是说，"反对大众文化的斗争只能指出大众文化与社会不公正的持续存在之间存在联系。"[220] 正如马尔库塞在1937年所说，文化生活与其物质基础的分离使人与后者所隐含的不平等相协调。观念论和资产阶级的文化在这个意义上是"肯定的"。

这些信件还表明，尽管社会研究所具有马克思主义倾向，但它无比重视传统。前文提到，阿多诺谈到了勋伯格看似革命的音乐中含有传统成分，本雅明认为传统是艺术作品灵晕的一部分。洛文塔尔在10月22日的信中提到连续性是"爱的标准"，这个观察是继霍克海默在前一封信中断言大众文化剥夺了人的绵延之后提出的。然而，应该理解的是，社会研究所笔下的传统，与启蒙思想所理解的"进步"的延续,其含义是截然不同的。在我们前文考察的《威权主义国家》一文以及我们马上将要谈到的《启蒙辩证法》中,这一点都很清楚。传统指的是那种社会研究所成员所谓的综合经验(Erfahrung),这种经验正在被所谓的"进步"摧毁。

然而,这些信件还证明了另一件事,那就是个人经验对法兰克福学派分析的影响。批判理论不会否认存在这种联系。正如霍克海默在关于弗洛伊德的信中写道:"一部作品越是伟大,就越是扎根于具体的历史情境之中。"[221] 作为来自中欧的难民,他们曾接受过故乡丰富的文化遗产的熏陶,在新环境中不那么纯粹的气氛中,他们难免感到不自在。有时,这种疏离意味着他们对美国流行文化中的自发元素不敏感——例如,阿多诺对爵士乐一以贯之的敌意,就是某种先验的不敏感在作祟。但同时,它又提供了一种与文化之间宝贵的批判性距离,避免了社会研究所将大众文化与真正的民主等同起来。马尔库塞后来将"压抑性去升华"[222] 阐发为现代文化的伪解放特征,这个范畴的雏形便存在于社会研究所成员的个人经验中。即使在了解了另一种可能的文化环境之后,他们也不愿意用这种环境下的"幸福的承诺"换取文化工业施舍的硬币。

正如阿多诺后来解释的那样,[223]"文化工业"这个词是霍克海默和他自己为《启蒙辩证法》选择的,因为它具有反民粹主义的内涵。法兰克福学派不喜欢大众文化,不是因为它民主,而恰恰是因为它不民主。他们认为,"流行"文化的概念是意识形态;文化工业管理的是一种非自发、被物化的虚假文化,而不是真货。在大众文化的"风格化野蛮"中,[224] 过去的高级文化和低级文化之间的区别已经完全消失了。即使是古典艺术中最"否定"的例子,也被吸收到马尔库塞后来所谓"单向度"的表面中。悲剧曾经意味着反抗,现在则意味着安慰。几乎所有被当作艺术的东西,所蕴含的潜意识信息都是听天由命。

如同在许多其他领域一样，社会研究所认为，关于保护自主个体的自由主义陈词滥调已因社会变革而过时。康德给艺术下了一个形式主义的定义——"没有目的的目的性"。但在现代社会，艺术已经变成了"为了目的的无目的性"，而目的取决于市场。[225] 即使是以消遣为流行艺术开脱，阿多诺和霍克海默都认为是可疑的，只有本雅明支持：闲暇是劳动通过其他手段的延续。文化工业所允许的唯一笑声是幸灾乐祸（Schadenfreude）的嘲笑，取笑他人的不幸。压抑代替了升华，欲望被唤起却又被否定；总之，大众文化遵循着坦塔罗斯*的仪式。[226]

社会研究所越来越感觉到，文化工业奴役人们的方式远比以前的粗暴统治方式更微妙也更有效。特殊性与普遍性之间的虚假和谐在某些方面比社会矛盾的冲突更为险恶，因为它能够使受害者被动接受。随着社会中介力量的衰落，发展否定抵抗的机会大大减少了——在这里，研究所借鉴了它早先关于家庭在社会化过程中作用减弱的研究。此外，技术的传播为美国的文化工业服务，正如它有助于加强欧洲威权主义政府的控制一样。霍克海默和阿多诺认为，广播对于法西斯主义的意义，就像印刷术对于宗教改革的意义一样。

简而言之，马尔库塞的《单向度的人》中所有著名的悲观主义在《启蒙辩证法》中关于文化工业的文章中都已有先声。霍克海默和阿多诺允许在大众文化中保留的唯一一丝否定，是在肢体艺术而

---

* Tantalus，希腊神话中的宙斯之子，藐视诸神的权威。他烹杀了自己的儿子珀罗普斯，邀请众神赴宴，以考验他们是否真的通晓一切。宙斯震怒，将他打入冥界。他站在没颈的水池里，当他口渴想喝水时，水就退去；他的头上有果树，肚子饿想吃果子时，却摘不到果子，永远忍受饥渴的折磨；还说他头上悬着一块巨石，随时可以落下来把他砸死，因此永远处在恐惧之中。——译注

非知识艺术中：例如，马戏团表演者，他那完全物化的身体承诺通过将对象化进行到极致来突破大众艺术的商品特征，从而暴露出迄今为止被遮蔽的东西。[227] 除此之外，社会研究所还担心，所有改造未来的可能性都会被封闭，本雅明纪念文集的文章中仍被视为一种可能性的"历史连续性的爆炸"，也不会出现了。

在社会研究所为这个国家所做的所有工作中，对大众文化的批判及其对美国威权潜力的相关分析在许多方面都对美国的知识生活产生了巨大影响。[228] 一个显而易见的原因是这些研究与1930年代的理论文章不同，其中大部分内容是用英语写的。但更重要的是，自托克维尔以降的外国来访者们都就大众民主的影响做出过一些可怕的预言，而批判理论这些作品，正是在美国人自己已经开始害怕预言会实现的时候面世的。[229] 在第二次世界大战之前，罗伯特·帕克（Robert Park）和他在芝加哥大学的学生赫伯特·布卢默（Herbert Blumer）等社会学家一直在从事大众社会的基本研究，但一般都是孤立的，结论也更有希望。然而，到了1940年代中期，学术界内外对这类分析的兴趣越来越大。克莱门特·格林伯格（Clement Greenberg）和德怀特·麦克唐纳（Dwight MacDonald）开始在更广泛的公众中传播对大众文化的批判，后者的平台就是他那本颇具影响力的杂志《政治学》（*Politics*）。像大卫·理斯曼（David Riesman）这样的社会学家提高了学术界对同样问题的认识。[230] 理查德·霍加特（Richard Hoggart）为大西洋彼岸的英语读者做了同样的事情。[231] 流行文化第一次受到了来自激进而非保守方向的攻击。在这一点上，社会研究所以及弗洛姆等前成员的影响，在增加攻击的实质和深度方面都扮演了重要角色，并经常得到承认。

在激进的批判中，至关重要的是其隐含的政治色彩。如果认为社会研究所将重点从基础结构转向上层建筑就放弃了对其早期理想的承诺，那就错了。传统而"否定的"文化的衰落并不只是知识分子的事情。大众文化是政治极权主义的温床。霍克海默和他周围的人都认为，文化与政治之间的中介机制最好从社会心理的角度来理解。因此，他们对流行文化的研究与他们在 1940 年代进行的对美国威权主义潜力的调查有关。这些调查主要被表现为心理学分析，尽管总是基于批判理论更广泛的假设。然而，由于这些理论的前提很少得到美国评论家的理解，"偏见研究"常常被认为是严格的心理学研究。我们在下一章中将会看到，情况并非如此。正如阿多诺在 1935 年向本雅明所解释的那样，资产阶级个体只是一个辩证的过渡工具，总体仍然是核心的现实。如果说社会研究所在对大众文化和心理威权主义的研究中似乎又回到了陷入困境的个体身上，那只是因为他们所寻求的乌托邦式替代方案只能由文化局外人的"受损生活"[232] 来保存，别无他法。

第七章

四十年代的经验性工作

这部作品的核心主题是一个比较新的概念，是一个"人类学式"物种的崛起，我们称之为威权型的人。

——马克斯·霍克海默

战争年代导致社会研究所对目标进行了认真的重新评估，并逐步重新确定了社会研究所的体制结构。由于霍克海默的循环系统疾病，他不得不搬到加利福尼亚，而且社会研究所的其他成员越来越多地承担政府公职，这意味着社会研究所自 1934 年以来与哥伦比亚大学之间保持的那种联系已经无法持续。此外，哥伦比亚学社会学系内部的一个新因素也给未来带来了潜在的麻烦。以罗伯特·麦基弗为首的思辨派与以罗伯特·林德为首的经验派之间对领导权的争夺在很大程度上以后者胜出的结果得到了解决。至少洛文塔尔在 1942 年 1 月 23 日给霍克海默里的信件是这么报告的。因此，霍克海默愿意让社会研究所与哥伦比亚大学之间的关系因战争和他的疾病松动，也就不奇怪了。事实上，早在林德与麦基弗之争解决尚未尘埃落定的 1941 年 5 月，他就曾向洛文塔尔表示过，他对与哥伦比亚大学保持关系的后果感到矛盾。[1] 社会研究所的领导层尽管意识到需要保持机构身份，但始终担心过度机构化可能带来的僵化。

不过，随着战争的结束，社会研究所还是试图留在晨边高地。霍克海默的病情已不再棘手，使他能够在 1944 年和 1945 年回到纽约长期居住。虽然马尔库塞等某些社会研究所的成员选择留在美国政府，但其他成员们都渴望回归完整的学术生活。在哥伦比亚大学内部，人们仍然希望维系社会研究所的某些职能。讽刺的是，恢复与社会研究所之间的人脉，主要靠的是经验社会学家们。保罗·拉扎斯菲尔德把他的无线电研究室改成了新成立的应用社会研究室，[2] 建议将社会研究所并入他的部门。尽管战前他与阿多诺的合作失败了，但拉扎斯菲尔德对批判理论与他自己招牌式的"行政管理研究"（administrative research）彼此互动持乐观态度。[3] 在给西奥多·阿贝尔（Theodore Abel）和罗伯特·默顿（Robert Merton）等科系其他同事的一系列信件中，拉扎斯菲尔德盛赞了社会研究所的成就。1946年2月5日，他写信给阿贝尔说，科系对社会研究所不公平，但不是因为前者自己的短视：

> 这一切的混乱都是由于社会研究所那伙人的愚行造成的。我多年来一直告诉他们，用德语出版研究成果最终会毁掉他们。但他们的想法很固执，认为如果他们在这个国家保存德国文化的最后一座岛屿，他们对美国的贡献就会更大。他们的《社会研究期刊》尤其如此。我曾请期刊的前任编辑洛文塔尔简单分析一下在这个国家出版的十卷期刊。每个人都会惊讶于那里埋藏着多少有价值的东西。[4]

他提出一种解决方案，将社会研究所的经验研究方向并入应用社会研究局。洛文塔尔、马辛和马尔库塞将成为全职成员，波洛克和诺伊曼将成为兼职成员。由于健康原因，霍克海默将和阿多诺留在加利福尼亚，大概会成为社会研究所在思辨方向的股肱。拉扎斯菲尔德为霍克海默留有余地，如果他的病情好转，就可以让他回来。虽然社会学系采纳了拉扎斯菲尔德的建议，向社会研究所发出了邀请，但最终还是被霍克海默以健康为由拒绝了。[5] 在所有社会研究所成员中，只有诺伊曼选择在战后立即返回哥伦比亚大学。

社会研究所之所以决定拒绝这个提议，一个可能的原因是其财务状况已经有所改善。如前所述，由于1938年在财政投资上的不成功，再加上长期解囊帮助新难民，社会研究所的财源严重枯竭。在接下来的几年里，对德国文化的研究计划得不到基金会的赞助，《哲学和社会科学研究》也主要因财政原因而停刊。情况十分危急，霍克海默在给洛文塔尔的信中推测，如果找不到赞助人，社会研究所可能会解散。霍克海默写道，必须获得一笔资金，"否则这份工作将不复存在。被摧毁的不仅是我们谋生的手段也是你我共同的目标，不仅是工作也是我们作为有具体任务和责任的学者之生活。不仅是我们的知识生活，也是我们生活的物质基础。"[6] 然而到1942年夏天，社会研究所已经与美国犹太人委员会取得了联系；同年10月，霍克海默与美国犹太人委员会的常务副主席约翰·斯劳森（John Slawson）进行了一次成功的面谈。早在1939年，社会研究所就拟定了一份关于反犹太主义的研究规划，并刊登在倒数第二期的期刊上。[7] 不出所料，美国犹太人委员会对这个项目表示感兴趣，希望在防止欧洲的旧事在美国重演。于是，社会研究所获得了一笔数额可观的赠款，帮助社会研究所维持运转，并资助有史以来对偏见最详尽的研究。1944年5月，他们在纽约召开了为期两天的会议讨论偏见问题，会上为未来提出了一个雄心勃勃的研究计划。同时，美国犹太委员会成立了以霍克海默为首的科学研究部。正是在这里，"偏见研究"正式启动，将采用各种方法论来研究社会偏好。由此，社会研究所最广泛、最持久地专注于经验研究的工作开始了。

当然，不应忘记的是，与此同时，霍克海默和阿多诺还在进行着严肃的思辨性工作，产生了许多重要的批判理论新论述。其中最重要的是他们共同创作的《启蒙辩证法》、霍克海默的《理性之蚀》（*Eclipse of Reason*）和阿多诺的《最低限度的道德》。这些将是下一章的主题，也就是论述社会研究所在美国最后十年中理论观点的变化。不过，有时他们的一些新观念会在我们目前对经验工作的讨论中发挥作用，我们还会多次提到上一章中社会研究所批判大众文化时的分析。

在对《偏见研究》进行详细分析之前，应该再次明确社会研究所对经验研究的适当作用抱着何种基本态度。我们可以回顾一下，法兰克福学派从一开始就批判了以归纳为导向的经验社会科学中隐含的还原主义倾向。在对社会现象的探索中，学派把理论置于收集"事实"之前，正如在政治中把理论置于实践之前一样。当然，与此同时，它也决不满足于轻率地否定包括量化结果在内的一切经验研究，这也是某些比较蒙昧的德国社会学学派的特点。正如弗洛姆对德国工人的研究和《权威与家庭研究》所表明的那样，学派急于使用经验方法来丰富、修改和佐证它的思辨性假设（尽管从来没有完全验证过）。虽然社会研究所承认，在流亡前他们的经验技巧处于原始水平，但他们期待，随着时间的推移这些技巧能有所提高。因此，社会研究所欣然赞助了诸如米拉·科马罗夫斯基在《失业者及其家庭》中的分析等研究，并试图将美国的技巧应用于大众文化的研究。

然而，阿多诺在无线电研究室的经历证明，困难往往比预期的要大。前一章中描述过，他关于音乐收听模式变化的想法无法转化为可检验的假设。阿多诺认为，其原因不仅仅是技术上的。三十年后，他写道：

在我当年看来，在文化领域被知觉心理学视为单纯"刺激"的东西，实际上是由质量决定的，是"客观精神"的问题，在客观性上也是可知的，我至今也这么认为。这些"刺激"包括文化工业中的消费者和无线电听众的反应的客观内容等，我反对在不联系这些"刺激"的情况下陈述和测量效果。把对象的反应当成社会学知识主要和最终极的来源并展开推论，在我看来是彻底的肤浅和误导。[8]

令阿多诺特别苦恼的是，文化现象被他的美国新同事以无中介的方式转化为量化数据。在他看来，将文化等同于可测量的数量本身，就是大众文化物化特征的一个主要范例。他后来回忆说，"当我面对'测量文化'的要求时，我反思到文化之为条件可能正是排除了文化能够测量这种心态。"[9]这个假设使他与拉扎斯菲尔德的合作从一开始就不可能成功，因为拉扎斯菲尔德的"行政管理研究"是以严格使用定量方法为基础的。到1939年夏天时，两人都清楚这一点。

拉扎斯菲尔德给阿多诺写了一封长达五页的信，表达了他对两人协作的结果极度失望。[10]信中语气尖锐，有时甚至措辞严厉。显然，拉扎斯菲尔德觉得已经用不着委婉了。在提到阿多诺的一份备忘录时，他写道：

> 你以攻击他人是神经质和拜物教为荣，但你没有想到你自己多么容易遭到这种攻击……你不觉得你在文中卖弄拉丁文单词就是一种如假包换的拜物教吗？……我一再恳求你使用更负责任的语言，而你显然在心理上无法听从我的建议。

在信中的其他地方，拉扎斯菲尔德不限于个人批评，攻击阿多诺在"基本逻辑程序上有严重缺陷"。他还指责阿多诺在评价验证技术时显得既傲慢又天真。"你对不同于自己思路的可能性毫不尊重；当你的文本让人怀疑的时候，你甚至不知道如何在经验上验证一个假设，这时你的顽固变得更加令人不安。"最后，他对阿多诺文本中的风格缺陷表示极度失望，尤其是阿多诺经常宣称关注正确语言的重要性。

拉扎斯菲尔德的最后一段话值得全文引用，这不仅因为这封信展示了两位意志坚定、智慧过人、观点分歧的学者之间产生冲突的具体事例，而且还因为这封信能使人们深入了解这位社会研究所史上的主角性格之复杂。认识阿多诺的人很少怀疑他的智慧才华和想象力，但更少的人认为他是一位容易合作的人，霍克海默则是少数的例外。拉扎斯菲尔德总结道：

> 写这封信并不是一项愉快的任务，如果我不觉得让你自己思考整个情况对我们的项目至关重要的话，我也不会花整整两个工作日来解决这个问题。我完全认同你的知识工作中有某些部分很出色，但你却认为，因为你的某处基本是对的，所以你就处处是对的。而我则认为，因为你在某处是正确的，所以你忽略了你在其他方面很糟糕的事实，而最终的读者会因为很容易在你的作品中发现某些部分很离谱，就把你全盘否定。所以我相信，我在这封信中所说的一切最终都是为你好……请允许我再次向你保证我坚定不移的尊敬、友谊和忠诚。

当洛克菲勒基金会在 1939 年秋天审查其对无线电研究项目的

拨款时，音乐项目被从其预算中砍掉了。后来，拉扎斯菲尔德以更宽厚的心态反思了他与阿多诺合作的失败。[11] 和在音乐项目中的结果相反，《威权型人格》的成功表明，批判理论和量化并不是不可调和。拉扎斯菲尔德大方地写道，"我有一种不安的感觉，我在普林斯顿项目各部门的职责可能使我无法投入必要的时间和注意力来实现我最初吸纳阿多诺参与的目的。"[12]

不管真实原因是什么，音乐项目是不成功的，而《威权型人格》却在完成后立即成为社会科学的经典之作。对这一变化的解释不能仅仅从阿多诺自身的发展中寻找，他只是投身于第二个项目的众多同事中的一员，但随着时间的推移，他确实获得了宝贵的方法论经验，使他最初对美国技术的敌意有所改观。例如，相比于衡量对客观精神的主观反应，他此前更加强调把握"客观精神"，但到那十年结束时，他的强调已经有所减弱。后文会提到，偏见的"客观"层面绝没有被忽视，但也从来没有完全融入他和社会研究所对这个问题的主观分析中。文化可能无法衡量，但偏见似乎更容易衡量。

当然，阿多诺并不是唯一一个在 1940 年代初获得方法论经验的人。社会研究所的纽约分部虽然在战争期间减少了活动，但并没有停止运作。在《哲学和社会科学研究》停刊后，研究所的几位成员开始花更多的时间从事经验工作。他们的一个项目是调查德国非犹太人向希特勒的犹太受害者提供帮助的模式。在托马斯·曼的鼎力协助下，项目通过在德语难民的主要报纸《建设报》上刊登广告等方式收集数据。虽然这项研究从未发表，但确实表明天主教徒和保守派比新教徒和自由派给予的援助更多。根据保罗·马辛的说法，这个结论后来被霍克海默用作论据，他认为保守派往往比自由派更好地维护批判性的理想。[13]

第七章　四十年代的经验性工作

更为雄心勃勃的是对美国劳工内部的反犹主义程度进行大规模的研究，社会研究所于 1943 年开始组织这项研究，并在随后的两年中开展。大约在美国犹太人委员会提供支持的同时，由阿道夫·赫德（Adolph Held）担任主席的犹太劳工委员会（Jewish Labor Committee）也提供了一笔数额不大的资助，用于研究自己感兴趣的特殊领域。犹太劳工委员会成立了一个以查尔斯·齐默尔曼（Charles S. Zimmerman）为主席的委员会打击反犹主义，并急于开始对这个问题进行科学分析。它与美国劳工联合会（The American Federation of Labor）、产业工会联合会（Congress of Industrial Organizations）和各种无党派工会的联系为收集数据提供了便利，数据收集工作在纽约、加利福尼亚和底特律进行。

事实上，收集到的数据量是如此巨大，以至于社会研究所难以将其整理出版。1944 年，研究所向犹太劳工委员会提交了一份四卷共 1300 页的报告，但随后试图其缩减到可出版规模，但没有成功。古尔兰、马辛、洛文塔尔、波洛克和韦尔曾参与了原始材料的收集和分析。在数据的量化方面，又得到了应用社会研究局的赫塔·赫尔佐格相助，阿多诺在整个进展过程中经常写一些备忘录，涉及方法论和实质内容。然而，组织和编辑的问题仍然无法克服。在让这项研究搁置了几年之后，1949 年又重新开始努力。保罗·拉扎斯菲尔德和艾伦·巴顿（Allen Barton）被聘来撰写方法论导言。到了 1953 年，格伦科自由出版社（Free Press of Glencoe）宣布即将出版这份研究报告，并对内容进行了说明，主要是对反犹信仰模式进行定性分析。但是，对于介绍一项近十年前所作研究究竟有多少价值，社会研究所内部仍然存在分歧，[14] 最后的结果是该书从未付梓。

由于在此期间出版了《偏见研究》，劳工项目的研究成果现在看来就多余了。正如阿多诺在他的一份备忘录中写到，项目的目标因此发生了变化；现在目标是"找出如何研究反犹太主义，而不是获得最终的结果"。[15] 但在这里，《偏见研究》各卷在方法论上的成就又一次盖过了早期报告中比较原始的技术。此外，社会研究所普遍不愿意出版这部著作的另一个原因也产生了影响。据波洛克回忆，[16] 研究的结论对美国劳工的伤害很大，以至于社会研究所以其特有的谨慎态度，对宣传他们的发现犹豫不决。如前所述，早在1944年7月，霍克海默就曾担心美国国内舆论对"一群外国出生的知识分子掺和美国工人的私事"有什么反应。[17] 在接受调查的工人中，有一半以上的人表现出或此或彼的反犹偏见，[18] 但在1953年，社会研究所的领导层希望对结果低调处理。此外，由于他们试图缩短手稿，导致某些内容过于简化。马辛写信给洛文塔尔，表达了他对这些改动的愤慨：

> 我非常反对这些"结论"。这几页显示了这项研究从社会政治研究转变为纯心理学研究。在现在的版本中，容不下任何关于"危险信号"、教育的需求等老掉牙的言论，任何关于"美国劳工"的提法都是完全可笑的。本研究报告第一部分中出现的美国劳工是反犹的。

他指责说，对研究报告第一部分的修订毁了这项研究："它读起来就像一份平庸的高中生所做，用两三个宽泛的心理学概念来操作，而这些概念都是死板的，重复的程度也达到了极限……"[19] 显然，与拉扎斯菲尔德一起撰写方法论导论的巴顿也有同样的感觉。[20] 由于上述种种原因，霍克海默最终决定撤销该书的出版计划。

不过，阿多诺在其备忘录中所表达的目标实际上已经在很大程度上被实现了。社会研究所了解得最清楚的是，必须尽可能间接地处理反犹太主义问题。他们对东西海岸和中西部工厂的抽样人群都进行了基本相同的调查。他们没有分发问卷或进行直接访谈，而是进行了"筛选式"访谈，在访谈中尽可能地隐藏项目的目标。为此，他们在工厂中挑选了270名工人来协助推进项目。他们被要求记住一套事先准备好的问题，用来探究工人在反犹或相关事件发生时的反应。项目总共进行了566次访谈，访谈结果按种族背景、是否工会成员、属于美国劳工联合会还是产业工会联合会等类别进行了分类。通过这种方式收集到的大部分材料和一些问题后来被用于《威权型人格》的访谈中。[21] 此外，调查结果的概念结构也有推动完善了后续研究中发展起来的类型学。因此，尽管从某种意义上说，这个项目很难产，但它被证明是社会研究所为美国犹太委员会进行更宏伟工作的重要试验场。

在谈到《偏见研究》所包含的部分具体研究之前，应该就其与社会研究所总体观点之间的关系作一些评论。从表面上看，《偏见研究》似乎完全背离了批判理论某些基本信条。在某些方面确实如此。我们看到社会研究所在美国多次表现出的谨慎态度，在其1940年代的经验工作中体现得淋漓尽致。例如，在《权威与家庭研究》中，"威权型人格"的对立面是"革命型人格"，可如今"威权型人格"的对立面是"民主型人格"。与这些研究有关的不同作者们所表达的价值观，特别是那些与社会研究所的思维方式不同的价值观，总是自由主义和新政的价值观，而不是表达马克思主义或激进的价值观。研究的表面目标是宽容教育，而不是革命变革的实践，这引起了布莱希特等正统马克思主义者的嘲笑。[22] 霍克海默和塞缪尔·弗劳尔曼（Samuel Flowerman）在研究的导论中写道，"我们的目的不仅仅是描述偏见，更是为了帮助消除偏见而解释偏见。这就是我们要迎接的挑战。消除偏见意味着再教育，在科学得出的理解基础上科学地规划再教育。而严格意义上的教育在本质上是个人和心理的教育。"[23] 在任何一卷书中，都没有出现对为宽容而宽容的批判，而这类批判首次出现在弗洛姆讨论弗洛伊德的著作中，后来又被阿多诺和马尔库塞所重复。

但是，看起来最能体现重点变化的是异常强调对偏见的心理学解释而非社会学解释，这是与该项目的教学目标挂钩的刻意选择。[24] 这一点非常明显，以至于《威权型人格》的两位最严肃的批评者赫伯特·H. 海曼（Herbert H. Hyman）和保罗·B. 希茨利（Paul B. Sheatsley）认为，研究的作者"把非理性从社会秩序中抽离出来，并把它归结到被调查者身上，这种替代的方式决定了有偏见的被调查者是以非理性的方式得出他们的判断"。[25] 如果这一批判属实，那么批判理论无疑在很大程度上放弃了原有立场。从各种研究中实际使用的心理学分析类型中，可以找到批判理论的激进成分被淡化的进一步证据。虽然基本的观点是弗洛伊德式的，但在分析框架中一定程度加入了海因茨·哈特曼（Heinz Hartmann）和恩斯特·克里斯的自我心理学，而阿多诺就在别处批评过这一学说的顺应盲从。[26] 同样，《威权型人格》中对性格类型学的使用，乍一看似乎与阿多诺对弗洛姆类型学的批判相矛盾。[27] 通过描述综合的人物类型，他和他的同事们似乎放弃了那种对非同一性的坚持，而这正是批判理论的核心信条之一。可以肯定的是，阿多诺试图提前回应这种批评，基于历史为使用类型学辩护：

> 然而，类型学方法之所以始终具有合理性，原因在于这不是静态的生物学类型，而是恰恰相反的动态类型和社会类型……社会压抑的印记留在了个人的灵魂里……与把人分类

相对立的个人主义，最终可能会在一个实际上是非人的社会中沦为一种单纯的意识形态的面纱……换言之，对类型学的批判不应忽视这样一个事实，即大量的人不再，或者说从来都不是19世纪传统哲学意义上的"个体"。[28]

当然，这也许可以解释为什么要用类型学来解释物化的人格，但不能解释那些仍然保有一些真实主体性的人格。这些人大概比较宽容，但阿多诺也用一种类型学来描述他们。

然而，总的来说，真实情况比粗略阅读《偏见研究》所显示的要复杂得多。首先，社会研究所的马克思主义起源虽然确实有所变化，但也没有被完全抹去，下一章将会讨论产生变化的方式。在作品本身之外，还能用很多方式找到马克思主义起源持续存在的证据。例如，偶尔会有一位社会研究所成员发表言论，表明他是多么不愿意在刚刚开始的冷战中选边站队。因此，在1946年，霍克海默还在用后来看来很幼稚的措辞写道："目前，唯一一个似乎没有任何反犹主义的国家是苏联。这有一个非常明显的原因。苏联不仅通过了反对反犹主义的法律，而且真正地执行了这些法律，惩罚还非常严厉。"[29] 大约在同一时间，他为洛文塔尔界定了"这个历史时期理论的任务"，明确了他的优先事项：

> 尽管德国或苏联专制主义的恐怖值得指出，但在我看来，概念思维仍然要致力于关注整个工业化社会的社会发展。设想恐怖，就像看到黑夜一样可怕。人类世界的恐怖应该理解为对社会自我保护之特定形式的判决。今天的世界已经变成了一种总体性，以至于无法将一个权力板块单独摘出来与文明的其他部分相对立，来判定是好是坏、孰优孰劣。这样的

程序在实践方面是合理的，但在理论思考方面就不一样了。在这里，我必须说，两害相权取其轻的原则在理论上比在政治上更危险。[30]

简而言之，尽管社会研究所不是第一次拒绝为斯大林主义开脱，但研究所也拒绝加入叛教的前马克思主义者的行列，去谴责"失败的上帝"。它把批判范围扩大到"整个工业化社会"，其中当然包括美国。

更重要的是，从方法论的角度来看，《偏见研究》的心理学重点并不像一些左派批评家以为的那样，是与批判理论决裂。事实上，这几卷书特别是阿多诺撰写的那些章节经常提醒人们，偏见必须在最基本的层面上被理解为一个社会问题而不是个体问题。例如，他在讨论政治中的个人化问题时写道："越来越匿名和隐晦的社会过程，使一个人个人生活经验的有限领域与客观的社会动态越来越难以融合。社会疏离被一种表面现象所掩盖，而这种表面现象恰恰在强调完全相反的内容：政治态度和习惯的个人化为社会领域的非人化提供了补偿，而社会领域的非人性化正是当今大多数不满的根源。"[31] 尽管受到海曼和希茨利的指摘，法兰克福学派仍然认为这种社会秩序本质上是非理性的。因此，他们从未提出心理学方法是充分的。然而，引发问题和如此多困惑的是社会学和心理学在分析偏见现象中的适当作用。虽然《偏见研究》从未对此有过明确阐述，但即使不算上其合作者的话，社会研究所也确实对两个解释层次之间的正确关系有强烈的意见。我们还记得，因为社会研究所认为弗洛姆在1940年代的工作中过早地将心理学和社会学结合起来，弗洛姆还曾受到过批评。阿多诺等人认为，弗洛姆这样做，抹去了弗洛伊德顽固的"生物论"所保留的非同一性的残余。因此，

第七章 四十年代的经验性工作

就像社会研究所一方面挑战理论与实践的统一，另一方面挑战理论与经验验证的统一那样，它也打消了将社会学和心理学统一于一个宏大理论的可能性。阿多诺在1944年为"劳工项目"写的一份备忘录中明确阐述了这一点，他建议将某些方法论准则纳入最后的报告中：

> a. 我们不把社会经济因素的影响称为心理因素，因为社会经济因素或多或少地处于理性层面。它们是激励性的观念，而不是强制性的心理力量。
>
> b. 心理一词应留给那些乍看起来（prima facie）非理性的特征。这种二分法意味着我们并不赞同弗洛姆的社会心理学方法，而是从理性和非理性动机的角度来考虑，这两者基本上是要分开的。
>
> c. 从方法上讲，这意味着我们的心理学分析越是深入社会意义，就越是避免提及任何明显和理性的社会经济因素。我们将在心理学范畴的最底层重新发现社会因素，尽管不是过早地把经济和社会学的表面因果关系引入其中，否则我们就不得不处理其中的无意识，毕竟无意识与社会的关系要间接和复杂得多。[32]

虽然社会研究所的分析从未将理性与社会经济、非理性与心理学直接等同起来，但总的来说，这两种方法的对立是存在的。

据此，社会研究所确实对反犹太主义和偏见问题作出了更多的社会学解释，将这些问题视为"客观精神"的一部分，而不仅仅是个人的主观妄想。《启蒙辩证法》中有一篇文章的标题是《反犹主义的要素》("Elements of Anti-Semitism")。遗憾的是，该书只出版了德文本，这就造成了美国读者对社会研究所关于偏见的研究抱有偏颇的理解。虽然只有等到下一章讨论了整本书的一般论点之后，才有可能充分理解这篇文章，但现在应该提到其中的某些观点，以便为接下来处理更多心理学工作提供一个参考。

在《反犹主义的要素》中，霍克海默和阿多诺超越了反犹主义者的反应，讨论了犹太人本身在西方文明中的功能。就像马克思在讨论犹太人问题的文章一样，[33]他们拒绝接受自由主义的假设，不认为犹太人与其他人的区别只在于他们的宗教。他们认为，犹太性也是一个社会经济范畴，尽管这个范畴是过去强加给犹太人的，而且今天主要是出于非理性的需要而延续下来的。他们写道："资产阶级的反犹主义，有特定的经济基础，是统治在生产中的面纱。"[34]反犹主义在某种意义上是资产阶级的自我憎恶投射到犹太人身上，而犹太人实际上是相对无力的，他们大多被限制在分配领域，而不是参与生产。由于资本主义矛盾的延续，犹太人或类似他们的群体是受压抑的挫折和侵略的必要出口。因此，自由主义的同化希望是一个骗局，因为它假设人类在当时的社会经济条件下是一个潜在的统一体。霍克海默和阿多诺指出，自由主义曾向犹太人和大众许诺没有权力的幸福。但是，大众的幸福和权力被剥夺了，于是把怒火发泄到犹太人身上，因为他们错误地认为，没有得到的东西已经给予了犹太人。

他们的这部分分析属于马克思主义传统，但霍克海默和阿多诺也在一些方面超越了马克思。首先，他们在讨论反犹主义的"客观精神"时，从认识论和社会学的角度运用了心理学的范畴，如偏执狂和投射。例如，他们指出偏执并非单纯是一种谬见。通过对单纯既有事物的否定，以及对直接性的中介，偏执超越了实证主义对世界的天真理解。[35] 因此，所有真正的思想都包含着可以被称为偏执的环节。特殊与普遍之间的调和带来了压抑，贯穿了普遍性外表之下的整个资产阶级社会。实际上，偏执的思维通过将内在的恐惧与欲望投射到外部对象上，表达了一种扭曲的抗议，这种抗议针对的是特殊与普遍之间和解的被压抑。而在其普遍性的外壳之下，资产阶级社会所延续的正是这种压抑。

然而，霍克海默和阿多诺当然没有否认这种反抗是扭曲的。偏执从根本上说是一种谬见，是"知识的影子"。[36] 他们认为，真正的知识意味着区分智力和情感投射的能力。偏执者其实是半知半解之人的系统，他们超越直接性，只是为了把现实还原成一个物化的公式。偏执者无法忍受内在生活与外在生活、表象与本质、个人命运与社会现实的二元对立，只能以自己的自主性为代价来实现和谐。霍克海默等人认为，在资本主义后期，这种状况已经很普遍了。反犹主义等集体投射取代了个人投射，结果是这种半知半解之人的系统成为客观精神。[37] 最后，在法西斯主义下，自主的自我完全被集体投射的支配所摧毁。偏执的谬见系统之总体性，正对应着与法西斯社会的极权主义。

霍克海默和阿多诺还超越了马克思，提出反犹太主义有某些古老的根源，比资本主义和自由主义更久远。这不仅仅是指宗教起源，尽管他们在文章中确实相当关注基督教对反犹太主义的所作所为。他们心目中的根源可以追溯到西方人昏暗的史前时期。在一篇写于1940年的未发表的论文中，[38] 阿多诺提出了他的一个更具猜测性的假设，一半是历史的，一半是元历史的。他认为，大流散前的犹太人曾是一个游牧、流浪的民族，"历史上的秘密吉普赛人"。[39] 放弃这种生活方式，转而选择定居生活，这是随农业发展而来的，是以可怕的代价实现的。西方人的工作和压抑观念与后游牧时代人对土壤的依恋交织在一起。然而，在西方文化中，流浪的犹太人这个隐秘印象却一直存在。阿多诺认为，犹太人的这一形象"代表了人类一度还不知道劳动的境况，后来对犹太人寄生和消费特征的所有攻击都只是将之合理化"。[40] 换句话说，犹太人体现了不劳而获的美梦，这个梦想的挫败感导致愤怒被转移到了那些似乎已经实现这个承诺的人们身上。

在1944年给洛文塔尔的一封信中，[41] 霍克海默提出了类似的观点，并特别提到犹太人和德国人的命运奇特地交织在一起。他所提到的历史，不是指犹太人作为大流散前的漫游者，而是指作为流放后的异乡居民的历史。他提出：如果说德国人和犹太人都表现出一种好战的爱国主义，那么犹太人的爱国主义表现为对失去的土地的渴望，而德国人则想赢得他们从未拥有的土地。他们的无意识是类似的，因为他们都梦想着不劳而获，取得地里的果实。在德国人的灵魂中，奶与蜜之地体现为对南方的怀旧情绪。

在《反犹主义的要素》结尾的表述中，这个总体思路又被进一步更新。霍克海默和阿多诺认为，犹太人之所以被憎恨，是因为他们被人暗中羡慕。他们连作为中间人的经济功能都丧失之后，似乎体现了这种令人羡慕的品质，比如不劳而获的财富、无需权力的运气，没有边界的家园和没有神话的宗教。[42]

那么，一方面，犹太人代表了对工作伦理和工具理性的隐蔽挑战，而工作伦理和工具理性一直是启蒙运动逻格斯的重要元素。他们以一种特殊的方式体现了自然对启蒙计划内隐含之统治的反应，我们在下一章中会看到，这种隐含的统治也是《启蒙辩证法》的主要论题之一。在这一点上，他们是纳粹的反种族（Gegenrasse）。[43]

第七章 四十年代的经验性工作

纳粹的伪自然主义以歪曲的方式反映出，不受压抑的自然看似体现在犹太人身上，甚至部分模仿了这种体现。反种族在纳粹意识形态中意味着一种错误的、劣等的种族。这里霍克海默和阿多诺用这个词来讽刺，指的是纳粹自身变态品质的反映。

另一方面，犹太人也和启蒙运动及其自由主义、理性主义传统关系密切。正如霍克海默在《犹太人与欧洲》一文中所说，犹太人的解放与资产阶级社会的出现密切相关。因此，随着20世纪资产阶级社会的衰落，犹太人的地位变得极为脆弱。这种认同不仅仅是外在的或偶然的。尽管上面提到了"自然"的犹太人形象，但几个世纪以来，犹太人对"世界的祛魅"及其所蕴含的操纵自然贡献颇多。霍克海默在1946年7月给洛文塔尔的一封信中写道，犹太人在这个过程的一个方面发挥了作用，就是语言的工具化：

> 法西斯主义煽动的根源在于语言本身存在着一些腐蚀的东西。我想到的腐蚀是……一种现象，在犹太宗教中表现在针对直呼上帝之名的裁决和巴别塔的故事中。语言的腐蚀似乎也表现在被逐出天堂的传说中，天堂里所有的生物都由亚当命名。我们必须警惕，不要以为法西斯主义对语言的用法是我们社会的新鲜事物……农民不信任掌握语言的城市居民是有部分道理的。这种不信任本身就是反犹主义的一个元素，在你所解释的法西斯主义处理语言之前史中，如此容易就操控语言的犹太人并不是没有罪过的。在这里，犹太人也是资本主义的先驱。[44]

简而言之，犹太人的困境在于，他们与启蒙运动正反面两面关系都很密切。作为一个人，他只有在统治终结后才能真正获得解放。这里指的不仅是资本主义的统治,更重要的是启蒙运动以其最具工具性和操纵性的形式实行的统治。只有当调和在社会领域内实现后,反犹太主义才能真正结束。而讽刺的是,调和就是犹太信仰的最高价值。[45]犹太复国主义[46]与(犹太人)同化等部分解决方案注定要失败。

最后,对盟军战胜希特勒所导致的反犹主义"失败",霍克海默和阿多诺并不感到欣慰。对犹太人的公开敌意可能已经被成功地消灭了,但仇视犹太人的深层原因却在所谓"选票思维"(ticket mentality)中保存了下来,而这种思维有可能摧毁西方文化中所有个体性的残余。他们写道:"对于法西斯主义选票和好斗的重工业之口号的清单照单全收,几乎取代了反犹主义的心理学。"[47]当然,不言自明的是,这也适用于西方所有先进的工业社会,包括美国。正如霍克海默在写给洛文塔尔的信中所说,在理论推测中采用"两害相权取其轻的原则甚至比在政治上采用更危险"。希特勒的战胜者可能已经消除了反犹主义更明显的影响,但在摧毁根源这件事上,他们并无建树。我们将在下一章中看到,《启蒙辩证法》在很大程度上是对同样源自那些反犹主义根源的替代性置换的现象学论述。

这就是对反犹太主义中客观维度的一般分析,在社会研究所对问题的主观方面进行经验调查时,这种分析贯穿了社会研究所的思考。然而,这只表现在德语写作或私人通信中。结果,阿多诺方法论划分的一面在公众视野中消失了,在一些人看来,取而代之的则是像心理学上的还原论和放弃批判理论强调总体性的立场。多年以后,阿多诺会向好奇的读者推荐《反犹主义的要素》一文,[48]但在《偏见研究》出版时,很少有读者足够了解到能预见这个建议。社会研究所担心向美国读者暴露其更激进的一面,而这就是担心造成的负面影响之一。

当然,还必须牢记的是,整个系列从一开始都是通力合作的成果,包括社会研究所最花心血的作品《威权型人格》。社会研究所成员以外的参与者往往受过精神分析的训练,但在大多数情况下对批判理论的宏大视角并不熟悉。因此,虽然霍克海默是这个项目的总负责人,但他无法发挥他过去在社会研究所内能够发挥的指导性影响。在他的健康状况迫使他于1946年回到加利福尼亚、并由塞缪尔·弗洛曼接替他担任项目主任之后,情况更是如此。洛文塔尔和霍克海默之间的信件中有充分的证据表明,他们与美国犹太人委员会的办事员之间的关系并不和睦,尤其是项目接近结束时。个人间摩擦起了作用,但理论上的分歧肯定也存在。

在1944年纽约会议上最初设想的研究包括两种类型的研究。第一种研究范围较窄,涉及教育机构面临的具体问题。第二类研究的范围更广,问题更全面。无论是局部还是宽泛的研究都将采用跨学科的方法进行。然而,当这些研究报告在十年后最终出版时,采取的形式却略有不同。五卷书中有三卷将偏见作为一种基本上主观的现象来处理,分别是《偏见的动力:对退伍老兵的心理学和社会学研究》(Dynamics of Prejudice: A Psychological and Sociological Study of Veterans)、[49]《反犹主义和情感失调:精神分析解释》(Anti-Semitism and Emotional Disorder: A Psychoanalytic Interpretation)、[50]和《威权型人格》。第四卷《欺骗的先知》[51]分析了煽动者的技巧。最后一卷《毁灭的排练》(Rehearsal for Destruction)[52]对德国的反犹主义进行了平铺直叙。

虽然在前三卷面向主观的研究中,《威权型人格》与我们要分析的社会研究所经验工作关系最为紧密,但还是要对另外两卷书作一番简要评论。其中最严格的精神分析是第二卷的研究。作者内森·W. 阿克曼（Nathan W. Ackerman）本人就是在哥伦比亚大学精神分析训练和研究诊所挂名的一位执业分析师。他的专业方向是弗洛伊德式的，尽管自我心理学也影响了他的正统观念。在美国犹太人委员会科学研究部成立之前，他曾与约翰·斯劳森接洽，探讨用弗洛伊德的方法研究反犹主义的可能性。《偏见研究》启动后，他的建议为其中一个项目提供了基础。他的合作者玛丽·亚霍达（Marie Jahoda）主要是通过与社会研究所的间接联系与他合作的。她曾是保罗·拉扎斯菲尔德的同事和妻子，两人在战前保持婚姻关系，也共同写作了《马林恩塔尔的失业者》（*The Unemployed of Marienthal*）。[53] 在英国流亡八年后，她于1945年移民到美国，成为美国犹太人委员会的研究助理。虽然她接受的是社会心理学家的训练，但她曾亲自接受精神分析，也很熟悉弗洛伊德的理论。

项目从1945年底开始收集研究数据。主要来自纽约地区的二十五名分析师被要求自愿提供其临床实践中的材料。在最终提供的四十个案例研究中显示了一些模式，但试图进行量化分析。在将特定的情绪失调与偏见类型联系起来时，研究者也表现得相当谨慎。事实上，尽管研究报告的描述性内容往往具有很强的提示性，但几乎没有得出什么可以概括的结论。研究从来没有考虑过纳入社会学角度的讨论。

另一本关于社会偏好主观层面的研究《偏见的动力》同样植根于弗洛伊德的理论，却在愿意引入统计学分析和社会学见解上超越了阿克曼和亚霍达一书。布鲁诺·贝特尔海姆（Bruno Bettelheim）于1939年从维也纳移民，此时还没有写出让他成为美国最著名的心理学家之一的作品。[54] 在为美国犹太人委员会工作时，他先后在芝加哥大学担任助理和教育心理学方面的副教授。他的合作者莫里斯·雅诺维茨（Morris Janowitz）是同一所大学的社会学家，特别关注政治社会学。

《偏见的动力》的结论是基于对芝加哥一百五十名男性退伍军人所进行的长达四至七小时的访谈做出的。之所以选择退伍军人，是因为第一次世界大战后欧洲的退伍军人表现得极易受到法西斯主义所吸引。贝特尔海姆和雅诺维茨希望了解二战后美国军人在重新融入社会时是否也普遍存在类似的错误情况。他们探讨了一些心理学假说，例如由于自我力量不足，人会将过去的挫折和对未来的焦虑投射到外在群体身上。他们还试图揭示种族间的不宽容和个体的社会动态之间的关系，并寻找反犹和反黑人情绪之间的关联性。然而，他们不希望发现的是某种不宽容人格的一般症候，那正是他们在伯克利的同行们的主要研究目标。

贝特尔海姆和雅诺维茨得出的结论如下。宽容往往与自我力量和接受外部权威等变量呈正相关（应该指出，这里的接受与服从不一样，但不管用什么词，这与《威权型人格》中得出的结论存在龃龉）。对犹太人的偏见和对黑人的偏见之间确实存在着某种关系，不过异化的超我特征往往被投射到犹太人身上（例如认为犹太人控制着国家），而异化的本我特征则被投射到黑人身上（例如认为黑人很脏，性生活放荡）。可以补充的是，后面这条结论与欧洲的情况大不相同，在欧洲，这两种特征都被投射到了犹太人身上。

不宽容与社会经济条件之间的相互关系，包括不宽容与家庭关系之间的相互关系，都不太容易确定。有一个结论确实浮现了出来：快速的社会流动往往与偏见呈正相关，特别是向下的社会流动。然而，关键的决定因素与其说是个体的客观经验，不如说是个体对被剥夺的主观感受。当童年经历阻碍了强大自我的发展，人最难以充分应对突如其来的社会变革所提出的要求。因此，"个性越弱，社会场域的影响就越强"。[55]可以回顾一下，这个结论和《权威与家庭研究》中得出的结论很接近，不同之处在于，在先前的研究中，家庭的衰落被视为弱小自我的根源，而家庭的衰落又被置于发达资本主义社会的中介因素被清算的更大背景之下。贝特尔海姆和雅诺维茨回避了在这一更宏观层面上进行推测。同样，出现在《偏见的动力》结尾处的建议也完全在自由主义框架内。这些建议包括：为创造更完整的人格进行更好的父母培训；加强法律制度，因为法律制度被理解为外部社会控制的基本象征；加强学前教育培训以促进宽容。

贝特尔海姆和雅诺维茨自己后来指出，[56]他们的工作在其他一些方面与伯克利小组的工作不同。最重要的是，《偏见的动力》发现不宽容在那些抵制社会和拒绝社会价值的人中最为普遍，这与加州的研究人员发现的偏见和顺从之间的相关性正好相反。内森·格莱泽（Nathan Glazer）指出，[57]这种差异也许是由于这两个项目的人口样本存在差别。芝加哥的研究主要测试的是下层和中下层的对象，而伯克利的项目只限于中产阶级。当然，这种差异意味着，《偏见的动力》缺乏对社会总体性的隐性批判，而这种批判贯穿了《威权型人格》。

列奥·洛文塔尔担任了《欺骗的先知》一书的主笔，可以想见，该书更接近于批判理论的传统。他和诺伯特·古特曼（Norbert Guterman）所使用的基本技术是内容分析，这个方法已经在他的社会研究所早期工作中应用于文学和大众传记的研究。根据作者们解释，[58]该研究的历史框架参考了霍克海默在《利己主义与解放运动》中对科拉·迪里恩佐、萨沃纳罗拉和罗伯斯庇尔等过去煽动者的分析。此外，这部作品的基本假设是现代社会的规则是操纵而不是自由选择，这曾是社会研究所关于大众文化作品的基础。与法兰克福学派早期的大多数工作一样，该研究试图超越表象，揭开其所研究的现象的"客观"内容。因此，洛文塔尔和古特曼才会写道："应该根据煽动者在现今社会及其动态背景下的**潜在**有效性来研究煽动者，而非根据他们的直接有效性。"[59] 这意味着，问题不仅仅在于个体对煽动的敏感性，整个社会的潜在趋势也很重要。

洛文塔尔和古特曼为了撰写政治煽动的现象学，参考了一系列作品，包括马辛对约瑟夫·E.麦克威廉斯（Joseph E. McWilliams）[*]的未刊研究、阿多诺对马丁·路德·托马斯（Martin Luther Thomas）[†]的研究，以及洛文塔尔本人对乔治·艾利森·菲尔普斯（George Allison Phelps）[‡]的研究。他们还得益于《偏见研究》其他作者同时期对偏见主观因素展开的研究。这些研究的重点是最容易受到煽动性宣传之人的反应，而《欺骗的先知》则研究了用来唤起这些反应的各种手段。作者认为，煽动者的语言必须通过一种心理学上的摩斯密码来解读。[60] 可以想见，密码的主要来源是精神分析学，这也是阿多诺在两年后写的一篇文章中对法西斯宣传进行更多理论分析的基础。[61]

洛文塔尔和古特曼还介绍了另一位难民埃里克·埃里克森（Erik Erikson）的作品，以补充弗洛伊德的开创性见解。埃里克森的研究《希特勒的意象与德国青年》（"Hitler's Imagery and German Youth"）[62]认为，希特勒既是反叛老大哥的化身，也是威权的父亲形象。这就促进了法西斯主义所特有的对权威既追求也拒斥的矛盾。埃里克森对法西斯主义人格中混乱反叛性的认识，恰好对应弗洛姆在《权威与家庭研究》中讨论的"反叛者"。此外，他认为德国的

---

[*] 1940 年代前后美国的右翼政治人物。——译注
[†] 1930 年代前后活跃于美国无线电广播的基督教右翼宣传人士。——译注
[‡] 当时美国的反犹人士，第二次世界大战后建立了反犹组织"合众国美国人"。——译注

父亲患"在本质上缺乏真正的内在权威，而真正的权威是文化理想与教育方法相结合的产物"，[63]这种说法与《权威与家庭研究》中关于家庭团结崩溃的观察十分吻合。然而，《威权型人格》中出现过家庭结构最适合培养威权潜力的论证，从表面上看，埃里克森对德国家庭的看法似乎与此相悖，至少一些评论家是这么理解的。[64]

在讨论这种矛盾是否确实存在之前，应该先说明一下催生了《偏见研究》中最重要一卷这个项目的源起和方法。像社会研究所所做的许多工作一样，霍克海默的指导影响很大。[65]然而，由于他没有参与该书的实际写作，他的名字没有出现在合著者中。1944年，霍克海默曾与伯克利的一群社会心理学家取得联系，其中包括内维特·桑福德（R. Nevitt Sanford）、丹尼尔·莱文森（Daniel Levinson）和埃尔泽·弗伦克尔-布伦斯维克（Else Frenkel-Brunswik）。[66]他最初对他们工作的兴趣是由桑福德指导的一项悲观主义研究引起的。[67]这个项目研究的悲观主义的基本非理性表明，悲观主义的根源中存在着一种潜在的人格特质或特质群。当然，这也是社会研究所先前研究结果的方向。因此，利用美国犹太人委员会刚刚给予的资助，霍克海默能够建议社会研究所与桑福德为首的社会科学家建立工作关系，后者自称为伯克利舆论研究小组。他的建议被接受了，并在第二年开始了《威权型人格》的工作。

阿多诺和桑福德被选为项目的联席主任，莱文森和弗伦克尔-布伦斯维克女士担任首席助理。虽然四位资深的工作人员都在项目的各个环节上通力合作，但他们各自的主要职责分工明确。[68]桑福德最关心的是研究技术和两个案例研究，这两个案例研究的内容都很详细。阿多诺负责将数据置于一个更一般性的社会学框架中，特别强调访谈的意识形态内容。弗伦克尔-布伦斯维克女士负责一些人格变量的研究，并负责访谈材料的分类和量化。最后，莱文森主要负责项目的量表、对访谈数据和预测性问题的心理学解释，还有总体的统计方法。

波洛克在战争结束时已经搬到了西海岸，他被选中在洛杉矶组织了一个二次研究小组，其中包括 C. F. 布朗（C. F. Brown）和卡罗尔·克里登（Carol Creedon）。洛文塔尔虽然忙于自己的研究，但在项目成果的最终版本中对阿多诺负责各章的内容分析亦有贡献。此外，伯克利舆论研究小组的多位成员也贡献了个别的专著研究，包括贝蒂·阿隆（Betty Aron）对主题认知测试的研究，玛利亚·赫兹·莱文森（Maria Hertz Levinson）对精神病诊所病人的研究和威廉·R. 莫罗（William R. Morrow）对监狱囚犯的研究。

所有研究的基本目标是探索一种"新的人类学类型"，[69]也就是威权型人格。不出所料，这种人格特征类似于弗洛姆在《权威与家庭研究》中构建的施虐受虐癖性格类型。与纳粹心理学家 E. R. 杨施（E. R. Jaensch）在 1938 年提出的所谓 J 型人格也有相似之处，[70]尽管作者们的同理心当然与杨施迥异。杨施的 J 型被定义为坚定不移的刚性。他称之为 S 型的对立面是联觉（synaesthesia），被等同于民主心态中的软弱而摇摆的不确定性。这与让-保罗·萨特在他的《反犹主义者与犹太人》（*Anti-Semite and Jew*：法文原标题为《关于犹太人问题的思考》）一书中所描绘的反犹主义者肖像也有惊人的相似之处，而该书出现在《威权型人格》研究展开之后。[71]在构建这种症候群上，威廉·赖希和亚伯拉罕·马斯洛（Abraham Maslow）也是公认的的前辈。[72]用霍克海默的话说，按照最终的理解，威权型人格具有以下特质：

机械地屈服于传统价值观；盲目地服从权威，同时盲目地憎恨所有的对手和外人；不反省；僵化的陈旧思维；痴迷于迷信；半道德主义和冷嘲热讽地中伤人性；投射性（projectivity）。[73]

这种类型事实上确实存在，但这不是问题的关键。正如阿多诺后来所承认的那样：

> 我们从来没有把这个理论仅仅看成是一套假设，而是在某种意义上自成一体，因此，我们并不打算通过我们的研究结果来证明或证否这个理论，而只是从中推导出具体的问题来进行研究，然后再根据这些问题来判断，并证明某些普遍的社会心理结构。[74]

因此，尽管社会研究所使用了美国的经验和统计技术，但它并没有真正放弃批判理论的方法论。总的来说，它仍然忠实于《传统理论与批判理论》中所概述的方法论原则，尽管有一处重要的变化，即不再强调实践是理论的检验依据。然而，社会研究所对社会研究中从假设到验证再到结论这种模式的批判仍然有效。通常理解的归纳法是不能接受的。霍克海默1941年在《哲学和社会科学研究》中写道：

> 范畴必须通过与传统归纳法相反的归纳过程来形成。传统的归纳法是通过收集个体经验来验证其假设，直到达到普遍规律的分量。而另一方面，社会理论中的归纳法恰恰相反，应该在特殊中寻求普遍，而不是在特殊之上或之外寻求普遍，而且不应该从一个特殊到另一个特殊，然后再到抽象的高度，

而应该深入到特殊中去，发现其中的普遍规律。[75]

据此，《威权型人格》将其个体访谈视为对其统计调查极其重要的补充。它高度详细地再现了其中的两个访谈，其一是访谈一位名叫马克（Mack）受访者，他具有高度偏见，其二是访谈一位在量表中得分较低的拉里（Larry）。这两个访谈与其说是抽象类型的例子，不如说是像单子一样孕育了普遍性的特殊。从某种意义上说，它们与韦伯式的"理想类型"其实并没有什么不同：强调个体性，鄙夷抽象的规律。

然而，借助桑福德为首的小组的专业知识，该项目相较于社会研究所以往所做的任何工作，在统计学方面进行了大幅度改进。与《权威与家庭研究》和桑福德关于悲观主义的研究一样，这个项目的基本假设是存在不同的人格层次，包括显性和隐性的人格。该项目的目标是揭露出对应某种偏见意识形态的外在表现或者表明未来有可能采信这种偏见意识形态的潜在心理动态，基于有意识地表达信念的舆论调查问卷被认为是不足的，原因有二：首先，这些问卷未能揭示一种意见的连贯症候群，其次，它们无法探究可能与这种症候群相对应的心理倾向。[76]也许这个项目的主要方法论目标是开发一种相对简单的装置，以测试是否存在一种或多种潜在心理结构培养了威权信念和可能的威权行为。

研究首先向七百名大学生分发了问卷，其中包含事实问题、意见态度量表，以及预测性和开放性的问题。其中一些问题以前曾在《权威与家庭研究》和劳工研究项目中使用过。意见态度测量表的设计是为了发现反犹主义（量表A-S）、种族中心主义（量表E）、政治和经济保守主义（量表PEC）的定量估计。随着实践的推进，这些测量表得到了完善，从而使每一个量表上的具体项目能够作为指标可靠地反映普遍的意见构成:"根据假设和临床经验,有些项目可以被认为'泄漏'了个性中相对较深的趋势,并构成了一种(在适当的场合)自发地表达法西斯主义思想或受其影响的**倾向**,这项研究的程序就是将这类项目汇集在一个测量表中。"[77]

最终,调查对象的人数为2099,由若干群体组成。当然,几乎所有被问及的人都是美国本土出生的非犹太裔中产阶级白人。为了弄清问卷调查得出的统计数据,研究对一部分得分最高和最低的受访者进行了临床访谈和主题认知测试。每次访谈持续一个半小时,分为意识形态和临床遗传部分。与之前的劳工研究项目一样,受访者没有被告知他们被询问这些问题是为了干什么。弗伦克尔-布伦斯维克女士指导设计了一本评分手册,其中有九十个范畴和子范畴,用来帮助九位访谈负责人解读结果。被选为受访对象的四十名男性和四十名女性都被问到了"潜在的"和"显性的"问题。同时大致同一批人也接受了主题认知测试。两项研究的结果都被进行了量化。

在研究过程中,各种技术既有"拓展"也有"收缩":

> 拓展体现在试图将反民主意识形态越来越多的方面纳入形成中的图景,并试图探索潜在反民主人格足够多的方面,以便对总体有一定的把握。等到理论日益清晰到人们可以进行归纳、可以用更简洁的技术来证明同样的关键关系时,定量程序的应用则会不断收缩。[78]

这里使用的评分程序是由伦西斯·李克特(Rensis Likert)于1932年开发的,脱胎于路易斯·利昂·瑟斯顿(Louis Leon Thurstone)开创的早期技术。[79]这两种技术都是在从正三到负三的范围内,对问题的同意或不同意程度进行评分，但不能选择中性的零。研究对量表做了一些改进，包括剔除那些与总分不相关或缺乏明显区分度的项目。不过李克特量表有一个主要的缺点，那就是不同的回答模式可能会产生相同的最终得分。[80]设计访谈部分就是为了通过揭示个案中信念的具体构成来克服这个潜在的问题。

这个项目在方法上取得的最有价值的成就是将原来的三个态度量表浓缩为能够在潜在心理层面衡量威权潜力的一套问题。这个新的测量工具就是著名的"法西斯主义量表"（量表F）。[81]对各种煽动者手段的内容分析、之前对《权威与家庭研究》的经验研究的经历，以及在纽约对劳工中反犹主义的研究，都促成了这个测量表的形成。法西斯主义量表旨在测试九个基本的人格变量：

  传统主义：严格遵守传统的中产阶级价值观。
  服从威权：对群体内理想化的道德权威持顺从、不加批判的态度。
  威权型攻击性：倾向于寻找、谴责、拒绝和惩罚违反传统价值观的人。
  反对自省（Anti-Intraception）：反对主观的、想象力丰富的、思想敏感的人。
  迷信和成见：信仰个人命运取决于神秘因素；僵化思维的倾向。
  权力与"强势"：沉迷于从支配与服从、强弱关系和领袖与追随者的角度思考问题；认同掌权者；过分强调自我的传统化属性；夸大力量和强硬的主张。
  破坏性和愤世嫉俗：怀有普遍的敌意，诋毁人类。
  投射性：倾向于相信世界上会有狂野和危险的事情发生；

向外界投射无意识的情感冲动。

性：夸张地关注"性事"。[82]

某些特定问题旨在尽可能间接地揭示调查对象对每个变量的立场。在任何时候都没有明确提到任何少数群体。随着测试的次数增加，法西斯主义量表和种族中心主义量表之间的关联性达到了0.75左右，这被认为是成功的标志。然而，更值得怀疑的是法西斯主义量表和政治经济保守主义量表之间存在0.57的相关性。为了解释这种失败，研究引入了真保守派和伪保守派之间的区别，只有后者才是真正的威权型人格。（至少在最终结果中报告）没有尝试将法西斯主义量表与反犹主义量表之间相互关联。在样本人群的子类别中，更具体的相关性显示出所有不同组别之间存在相当的一致性。前文已经提到，临床访谈被用来证实量表的结论。对临床结果的考察似乎支持法西斯主义量表的准确性。

然而，在随后的几年里，作为威权潜力指标的法西斯主义量表成功与否引发了激烈的争论。海曼和希茨利写了一本书，专门讨论该研究的影响，对其有效性进行了十分详尽的批评。[83] 总的来说，他们的批评是非常严厉的，而且在不少情况下很有说服力。与此相对，尽管保罗·拉扎斯菲尔德在与阿多诺的合作中曾清楚地表示过，他对批判理论能无条件地应用于经验问题持怀疑态度，但他对这份量表的态度则要积极得多。他在1959年写道，法西斯主义量表的各个指标既对"潜在特质起着表达作用，又对该特质所要解释的起源观察起着预测作用"。[84] 罗杰·布朗（Roger Brown）是对该项目比较严厉的批评者，但他也在分析的最后承认，"问卷调查工作的主要结论是正确的还有很大剩余的可能性"。[85]

事实证明，针对访谈材料的解释进行的批判性评价同样也是喜忧参半。访谈者一开始就提出了六个一般领域的具体问题，涉及职业、收入、宗教、临床数据、政治以及少数族裔和"种族"，并持续间接地进行探究，直到他们认为问题得到了回答。某些批评者指责访谈者"知道得太多了"，[86]因为他们事先了解了个别受访者在量表上的得分情况。还有其他批评意见涉及对结果的解读。尽管弗伦克尔-布伦斯维克女士编写了评分手册，但解读者的解释余地仍然很大。有人认为，[87]有时他们的解释似乎采用了某些循环论证。例如，僵化被等同于不宽容模棱两可，而不宽容本身又被用僵化来解释。其他的攻击则是针对选择高分和低分者进行访谈，而不是选择中位得分者；有人因此认为，这样做是为了支持数据，而不是寻求具有代表性的人口样本。[88]

可以想见，项目遭受的批评不仅仅限于方法问题，其实质性结论也受到了批评。例如，项目有一个隐含的假设，认为一般性偏见，尤其是反犹太主义的偏见，预示着民主制度将被彻底推翻，保罗·凯奇凯梅蒂（Paul Kecskemeti）对这个假设提出了质疑。他认为，这种"灾难性的观点"过于危言耸听。[89]还有人对威权主义的基因解释提出了更具体的问题。遗憾的是，研究中所有关于人格类型的童年起源的数据都来自成人的记忆，而不是对儿童的实际观察。弗伦克尔-布伦斯维克女士在随后的研究中转而关注这个问题，遗憾的是，这项研究在她1958年早逝之前没有完成。[90]从现有的访谈资料中可以看出，威权性格最有可能是在一个管教严格但往往是专断的家庭中培养出来的。父母的价值观往往非常传统、僵化和外在化。因此，这些价值观对孩子来说很可能也是自我异化的，这就阻碍了综合人格的发展。对父母严厉的不满往往被转移到他人身上，而父亲和母亲的外在形象被证明则是高度理想化的。法西斯主义量表的高分者在访谈中频繁提及"严厉而疏远"[91]父亲，这类父亲经常看起来助长了孩子的被动性与压抑的攻击性和敌意相结合。我们可以回顾一下，这些特质在弗洛姆于《权威与家庭研究》中提出的施虐受虐类型中很明显。相比之下，低分者的父母在人们的印象中则不那么循规蹈矩，不那么为地位而焦虑，也不那么武断和苛刻。相反，他们更多的是矛盾的，情感外露且多愁善感。相应地，他们的孩子对他们的印象也就不那么理想化，而是更加现实。也许最重要的是，对道德规范的自我异化在这些孩子身上不那么明显，这表明他们有可能拥有更整全的人格。

鉴于社会研究所在别处经常提出家庭在现代社会中已经衰落的论断，后来的评论家也提出了一个问题：这项研究对威权型家庭的看法与研究所自己的论断是否相符？在这一点上，利昂·布拉姆森（Leon Bramson）是最坚定的批评者（他错误地认为关于家庭的论断出自马尔库塞的《爱欲与文明》，而不了解这早在《权威与家庭研究》已经出现了），他称这个论点"与弗洛姆和伯克利研究小组先前的工作直接相矛盾"。[92] 在布拉姆森看来，这些研究似乎表明威权型家庭的影响仍在持续。然而，仔细研究后可以发现，这两种解释绝非如布拉姆森以为的那样不可调和。

首先，如前所述，社会研究所对埃里克森描绘的德国家庭印象深刻，在这种家庭中，父亲缺乏真正的内在权威。弗洛姆所谓"反叛"的伪反抗实际上是在寻找新的权威，部分原因是在家中缺乏积极的权威模式。这是《威权型人格》当然承认的一种症候群，在阿多诺对"高级"人格类型的分析中占有突出的地位。

诚然最常见的症候群是认同而非反抗看似强势的父亲，不过即使在这种情况下，与《权威与家庭研究》中的过往分析也没多少强烈的差异。事实上，在描述"威权症候群"时，[93] 阿多诺向读者介绍了弗洛姆的施虐受虐癖性格，并运用弗洛伊德关于俄狄浦斯情结的观念来解释其起源。[94]在童年时期俄狄浦斯式冲突得不到良好解决的情况下，对父亲的攻击性便转化为受虐癖的服从，取代了对施虐癖的敌意。将这种纯粹的心理学解释与《权威与家庭研究》中更多的社会学视角联系起来的是霍克海默的理论，即"外在的社会压抑伴随着内在的冲动压抑。社会控制对个人的付出从来都少于个人对社会的贡献，为了实现社会控制的'内化'，个体对权威的态度及其心理主体性也就是超我呈现出非理性的一面"。[95]阿多诺总结说，这是一种在欧洲中下层阶级中非常普遍的症候群，可以预料在美国那些"实际地位与心理预期有落差的人"那也很普遍。[96]简而言之，典型的威权主义症候群并不意味着只是认同一个强势的父权人物，也意味着对这种关系怀有相当的矛盾和冲突。外部压力一旦加强，就会激活解决不好俄狄浦斯情结的潜在紧张关系。

阿多诺概述了这种矛盾性可能借以表现出来的其他症候群，包括"表面怨恨"、"易怒"和"操纵型"。在高分者中还发现了另一种症候："传统型"。这种类型最接近对父母和社会规范的无冲突内化，似乎最适合父权仍然相对完整的父权制家庭结构。

访谈数据中出现的威权型家庭本身就反映了日益增长的外部压力。威权型家庭对自己的地位忧心忡忡，僵硬地遵守它不再自发秉持的价值观，显然是为其内核的空洞性进行过度补偿。它如此疯狂地试图保护的权威，其实已经不再理性。正如霍克海默在1949年的一篇文章中所写的：[97]家庭的经济和社会功能越是被清算，它就越是极力强调其过时而传统的形式。母亲曾是抵御父权世界之专横苛刻的缓冲（此处呼应了弗洛姆对母权主义的指摘），可即便是母亲，也不再能够以同样的方式发挥作用。霍克海默写道："'妈妈'是母亲的死亡面具。"[98]《威权型人格》揭示了"相比之下，典型的低分男性的家庭似乎是以母亲为中心的，这种母亲的主要功能是给予爱而不是支配,她并不软弱或顺从"。[99]

因此,威权型人格通常不会怜悯他人,这并不奇怪,因为怜悯是一种母亲的品质。纳粹对家庭的破坏并非偶然,尽管他们嘴上宣传家庭的价值。威权型家庭之所以会产生威权型儿童,并不完全是因为它所做的事情——树立专横统治的模范——同样也是因为它做不了的事情——保护个体不受家庭外机构对其提出的社会化要求。因此,尽管《威权型人格》聚焦于"新的人类学类型"在家庭内部的起源,但其分析的意义却向外延展到了整个社会。所以,与布拉姆森持的理解恰恰相反,社会研究所不仅早先强调家庭衰落,在后来的作品中描绘威权型家庭时也继续强调家庭的衰落。

也许这个问题的部分混乱是术语模糊的产物。正如一些评论家所指出的:[100]威权主义和极权主义之间应该存在一项重要的区别。例如,威廉时代的德国和纳粹德国在服从模式上就有根本的不同。《威权型人格》真正研究的是极权主义而非威权主义社会的性格类型。因此,了解到这种新的症候群是由传统父权受到抨击的家庭危机所催生的,也就不足为奇了。如果能清楚地阐明这种区别,许多困难可能就会避免,有些困难也许是概念上的,有些是语言上的。

爱德华·希尔斯(Edward Shils)对这项研究提出了另一个也许是更实质性的批评,而且也得到了一些响应。[101] 他们认为,项目负责人的政治偏见粉饰了研究结果。他们问道,为什么威权主义只与法西斯主义有关,而与共产主义无关?为什么是法西斯主义量表而不是"共产主义量表",或者至少是"威权主义量表"?为什么政治和经济上的保守主义被视为与威权主义有关,而对国家社会主义的要求却与之无关?简而言之,为什么在真正的对立明明存在于自由民主和两个极端的极权主义之间时,仍要坚持旧的左右之分?

这种攻击的最大讽刺在于,社会研究所在为美国犹太人委员会工作时放弃了许多更激进的观念。前文提到过,《偏见研究》的基本假设是自由主义和民主的。即使是像保罗·凯奇凯梅特这样对这部作品充满敌意的批评家,也会写道:"就美国宪法传统而言,作者自己的自由主义显然是保守的。"[102] 对法兰克福学派来说,宽容本身从来就不是目的,而就其定义而言,非威权型人格被设定为对多样性具有非教条式宽容的人。社会研究所始终担心的是将宽容作为目的而非手段加以迷信。在贝特尔海姆和雅诺维茨的《社会变革与偏见》(Social Change and Prejudice)中可以找到一个很好的例子,虽然是间接的。书中,伯克利研究团队所重视的不服从和反威权的特点受到了如下批评:"如果一些不服从的人表现出高度的宽容,那可能是他们不满与权威的关系才对权威抱有敌意,而高度宽容则是这种反应形成或转移的结果。称这些人为虚假的宽容者并不牵强,因为他们虽然可能对少数群体持宽容态度,但对公认的社会生活方式往往不宽容。"[103]

　　代议制形式的政治民主也不是社会研究所的最终目标。然而,《威权型人格》几乎没有用传统的马克思主义批判"资产阶级民主"的迹象,而这种批判曾经贯穿于社会研究所早期的作品中。希尔斯声称旧的左右二分法已经过时了,这里面还有一个讽刺意味。前文提到,霍克海默强调必须揭开任何政治形式的统治,无论是法西斯主义、表面上的社会主义,还是其他形式的。从在法兰克福的最初几年开始,社会研究所就对苏联的实验持怀疑态度。随着时间的推移,怀疑变成了彻底的幻灭。正如波洛克所言,苏联不过是一种国家资本主义制度,与西方的类似制度没有什么区别。社会研究所与希尔斯和其他美国思想家的关键区别在于,他们拒绝将极权主义与个人主义、自由主义、非意识形态的多元主义作为两极来对比。我们在考察研究所处理西方大众文化时提到过,社会研究所看到了统治以新的、微妙的方式在多样性的外表下摧毁真正个体性的残余。《启蒙辩证法》将其对当前趋势的悲观分析延伸到所有现代化社会。因此，在某种程度上，法兰克福学派同意左右二分法已不再适用，至少在实际政治结构中的体现是如此。当然，法兰克福学派有分歧的地方是在理论层面，它的同情心所系基本上与以前一样。

《威权型人格》几乎没有显露出这种悲观主义的直接迹象。它没有通过从有限的样本中外推来得出威权主义普遍存在于整个社会中的相关结论。它甚至没有像未发表的劳工研究项目那样，呈现出其样本人口中高分者和低分者的百分比。相反，它只是提出了一种描述性的威权和非威权性格的类型学，而没有提出这些类型各自的出现频率。不过，它偶尔也会对其样本中威权型性格的程度作出提示。例如，阿多诺就写道："必须正视的是，我们的研究得出了一个令人不快的结果，这个社会对伪保守主义的接受由来已久，已经赢得了一个无可置疑的群众基础。"[104] 然而，总的来说，它所持的观点是："大多数人并不是极端的，而用我们的术语来说，都是'中间派'。"[105]

研究中隐含的预设是保守主义和威权主义以某种方式相关，希尔斯对潜在的政治偏见的批评也许在转向这个预设时更为准确。政治经济保守主义量表与法西斯主义量表之间的高度相关性并不可靠，导致人们试图区分真正的保守派和伪保守派。前者被定义为"无论其政治观点的优劣"，都"认真关注培养美国民主传统中最重要的东西"。[106] 后者只是外在的保守派，其深层的人格已经被贴上了潜在法西斯主义分子的标签。虽然这种区分是为了不把右翼意识形态和威权型人格简单画等号，但两者之间的联想却在潜意识中挥之不去，因为当时并没有类似的努力来发展伪自由主义或威权专制主义的类型学。事实上，研究中并没有内容真正尝试区分非保守主义的意识形态。标准的自由主义者是"积极寻求进步的社会变革,可以激进地批判现状(虽然不一定完全拒绝),反对或不强调众多保守的价值观和信仰……那些通过增加劳工力量和政府的经济职能并削弱企业权力的人",[107]他们被视为真保守主义或伪保守主义者的主要对手。可到了下一代,当新政自由主义本身作为一种维护现状的意识形态而受到了猛烈批评,再这样描述自由主义,问题就显而易见了。

即便《威权型人格》确实试图解释左派的威权主义,也是通过构建一个定义模糊的"僵化低分者"类别来实现的。[108]后来,阿多诺就以这个子类型回应了希尔斯等人的批评。[109]然而仔细推敲一下,可知这是一个不那么令人满意的回答。就政治经济保守主义量表而言,有意识的意见和潜意识的人格结构之间的差异可以用来解释与法西斯主义量表的相关性不足,而法西斯主义量表本身则不可能有这样的差异,因为设计法西斯主义量表明确地是为了测量潜意识人格的趋势。因此,如果说低分者僵化,就等于说量表没有测出他们的僵化、"刻板"和顺从,而这些正是高分症候群的关键特征。这就等于否定了这个项目的目的,这个项目就是为了开发一种装置来衡量意识形态层面之下的威权潜力的存在。显然,必须对左派的威权主义做更多的研究,事实上,在接下来的几年里,美国的其他研究者便开展了这项工作。[110]

也许,《威权型人格》在方法和结论上的其他困难还值得一说,但如果过分地纠缠于这些困难,就会错过整部作品的巨大成就。正如阿多诺本人后来承认的那样:"如果要寻求《威权型人格》作出的贡献,那么,贡献不在于其积极见解的绝对有效性上,更不在于统计学上,而首先在于提出问题,这些问题是出于真正的社会关注而提出的,并且与一种理论有关,而这种理论以前并没有被转化为这类定量的调查。"[111]虽然该书最后一卷长达近千页，但作者们认为这只是一个"试点研究"。如果这确实是研究的真正目的，那么它的成功便毋庸置疑。《偏见研究》全篇各卷的一位早期审稿人称其为"社会科学中划时代的事件"，此言不虚。[112]在随后的几年里，在这些研究尤其是伯克利研究的带动下，巨大的研究洪流汹涌而至。[113]

作为补充，我们还可以提一下：这种影响并不局限于美国。1950年代初社会研究所回到德国时，带来了在纽约和加利福尼亚习得的社会科学研究技术。社会研究所重建后的第一项合作成果是1955年以波洛克的名义发表的关于群体互动的研究，其基本目的是将美国的方法论介绍给德国读者。[114]事实上，德国传统上对任何带有盎格鲁撒克逊实证主义印迹的东西都抱有敌意，就连阿多诺也发现自己的处境很罕见，竟然在推广经验技术以抵消这种敌意。1952年在科隆召开的一次社会学家会议上，阿多诺认为，社会学决不能再被视为一种精神科学，因为这个被物化所支配的世界几乎不能被理解为"有意义的"。他告诉他的听众："经验方法被滥用的非人道，总是比非人道的人道化更人道。"[115]据此，也应该使用行政管理研究的方法来探讨社会现象，尽管是在批判的框架内。虽然他不准备放弃批判理论的信条，认为理论不能通过经验验证来证明或证否，但当理论转化为研究问题时，理论观念可以得到极大的丰富。因此，比如精神分析，就通过转化为经验问题而得到了极大的改进，虽然其在草创时并不是归纳式的理论。

然而，到了1950年代末，社会研究所对经验主义的态度发生了严重的逆转。[116]将美国的方法提请德国社会科学家注意，取得了过好的成果。于是，法兰克福学派对简化滥用经验方法论的敏感再次凸显出来。我们暂时跳出本书的时间框架，在接下来的十年里，

第七章 四十年代的经验性工作

德国社会学分裂成辩证方法论者和实证方法论者的阵营彼此交战，他们的论战交锋令人联想到威廉时代的方法论之争。[117]虽然社会研究所和法兰克福大学的尤尔根·哈贝马斯等盟友是辩证立场的主要推手，但他们小心翼翼地避免全盘否定社会研究所在美国掌握并取得很好效果的技术。

如何将这些技术与强调理论优先的真正批判性方法结合起来，才是真正的问题。正如前文所述，这不仅仅是一个方法上的困境，还反映了整个社会内部的真正分歧和矛盾。可以说，《偏见研究》的成功，部分正是由于回避了这个问题。《威权型人格》和《反犹主义的要素》各自分析了反犹主义，一个涉及主观向度，另一个则更多涉及其客观方面，两者从未真正调和。事实上，伯克利计划之所以成功，阿多诺与拉扎斯菲尔德的合作又之所以失败，原因之一是前者没有像后者那样关注现代社会的"客观精神"。当法兰克福学派确实对这些客观趋势进行了推测时，其预测确实是黯淡的。其程度如何，我们将在下一章中看到，下一章整个章节将专门讨论社会研究所在美国最后十年的理论工作。

第八章

走向历史哲学：启蒙的批判

> 如果我们所说的启蒙和智力进步是指把人从对邪恶力量、恶魔和仙女、盲目的命运的迷信中解放出来,简而言之,就是从恐惧中解放出来,那么,对目前所谓理性的谴责就是理性所能提供的最大帮助。
>
> ——马克斯·霍克海默

不连续性问题也许是20世纪40年代批判理论的核心内部困境。我们还记得,社会研究所成立的目的是为了综合各个学科。它的创始人还希望把思辨和经验研究结合起来。最后,他们试图克服传统理论与实践含义之间在学术上的隔绝,同时又不使思辨思想沦为论战利益的功利工具。简而言之,他们虽然批评正统马克思主义的充分性,但并没有拒绝后者雄心勃勃的计划:批判理论与革命实践的最终统一。然而,到1940年代时,法兰克福学派开始严重怀疑这些综合的可行性。其兴趣仍然是跨学科的,但无论是其理论与经验研究之间的中介,还是与政治实践之间的中介,都越来越成问题。

正如上一章所指出的,《偏见研究》即使在受研究所成员影响最深的那些部分,也常常背离了《社会研究期刊》中所阐述的批判理论宗旨。最明显的是,《威权型人格》中对反犹主义的分析与《启蒙辩证法》中对同一问题的分析有大不相同。虽然其中的差异部分源于不属于研究所的学者在伯克利项目中发挥的作用,但也反映出理论本身更基本的发展。社会研究所对政治行动主义的态度也出现了新的不确定性。批判理论自创始起就有一个基本特征，就是拒绝把马克思主义视为一个既定真理的封闭实体。霍克海默和他的同事们认为，随着具体的社会现实变化，为理解社会现实而产生的理论建构也必须发生变化。因此，随着战争的结束和法西斯主义的失败，一个新的社会现实已经产生，这就需要新的理论加以回应。这就是法兰克福学派在美国的最后十年所面临的任务。通过考察研究所成员们在理论工作中的变化，我们可以更好地理解那些让后来的观察家们感到如此令人不安的不连续性出自何处。

我们的讨论将以如下方式展开。我们将首先探讨批判理论的基本变化，即重新强调人与自然之间的基本关系。我们呈现的第一部分将围绕法兰克福学派批判其所认为整个西方历史上普遍存在的关系这一点展开。随后将讨论学派提出的替代选项，包括其中更多成问题的元素。然后，我们将转而从整体上讨论这个替代选项与社会研究所持续强调的理性和哲学思想之间的联系。最后，我们将着重讨论，就社会研究所对实践性、主体性和乌托邦主义的态度而言，批判理论的变化究竟意味着什么。

虽然批判理论中的新要素直到1940年代末才被加以阐述，但霍克海默在战前几年就已经认识到需要重新思考法兰克福学派的某些基本思想。他之所以愿意离开纽约，根源之一就是对自己在机构中承担的责任感到不耐烦，这使他无法吸收和解释社会研究所在他担任所长后的多年来所做的大量工作。早在1938年，他就表示过很想开始编写一本关于启蒙辩证法的书。[1]由于循环系统的紊乱，他不得不离开纽约，也让他有可能抛开行政工作，开始进行期待已久的理论总结。有了阿多诺在加州的长期陪伴，他们的思想融合得比以前更紧密了。虽然他们在1940年代的众多理论阐述中，只有这本《启蒙辩证法》由他们两人共同署名,但另外两本书——《理性之蚀》和《最低限度的道德》也受到了两人合作的强烈影响。

然而,与他的朋友不同的是,霍克海默从来就不是一个多产的作家,如今产出看来难上加难。1942年1月20日,他写信给洛文塔尔说:"随着循环领域被废除,哲学论证已经失去了基础,现在在我看来已经不可能了。"尽管他在这里也许是在区分传统哲学和批判理论,但后者也变得越来越艰难。他在11月27日写信给洛文塔尔:"我又开始投入到我的工作中去了,从来没有像现在这样困难。我觉得这项事业对我的力量来说几乎是过于伟大了,在我今天给波洛克的信中,我提醒他说,即使是胡塞尔,也需要十年左右的时间完成他的《逻辑学研究》(*Logische Untersuchungen*),到他出版《纯粹现象学和现象学哲学的观念》(*Ideen*)甚至还需要十三年左右的时间……"次年2月2日,他继续以同样的口吻,动人地表达了他的孤独感:

> 哲学是非常复杂的,过程也是缓慢得令人沮丧。知道你们至少和我自己一样清楚地意识到我们存在的理由(raison d'être),对我而言不仅仅是鼓励,还增强了我的团结感,而这种感觉正是我所做的工作的基础——除了我们三四个人之外,肯定还有其他的心灵和大脑与我们感觉相通,但我们看不到他们,也许他们无法表达自己的想法。

霍克海默担忧其思想孤立无援,其实是有根据的。与《偏见研究》相比,他在1940年代末终于出版的理论著作影响微乎其微。《启蒙辩证法》写于战争期间,直到1947年才出版,然后由荷兰的一家出版社出版了德文版。[2] 牛津大学同年出版的《理性之蚀》,虽然英语受众也能读到，但在评论界却鲜有人问津，[3]商业成绩有限。1960年代，《启蒙辩证法》以盗版的形式广泛流传，成为德国的地下经典，直到1970年正式再版。直到那时，《理性之蚀》才被译成德文，成为霍克海默《工具理性批判》（Kritik der instrumentellen Vernunft）的一部分，[4]收获应得的受众。阿多诺的《最低限度的道德》也从未被翻译成英文，在美国没有任何影响。*

这些作品表现出法兰克福学派在观点上的关键转变，是他们在美国最后十年的产物，因此可以为我们对社会研究所在美国经历的研究做一个恰当的总结。有人认为，霍克海默和阿多诺在回到德国之后，除了阐明这些书的意义之外，几乎没有做什么事情；这么说并不公允，就阿多诺而言尤其是会误导别人，因为他一直以自己特有的愤怒节奏继续写作，但这样的观察也是有一定道理的。《启蒙辩证法》、《理性之蚀》和《最低限度的道德》对西方社会和思想提出了如此激进和全面的批判，以至于后来的任何东西在本质上都只能是进一步的澄清。马尔库塞后来在美国的作品不在本书的研究范围之内，但即使是那些作品，也并不真正代表着新的突破，只是细节上往往有所出入。本书数次提到，他在《爱欲与文明》、《单向度的人》以及其他篇幅较小的作品中所阐发的许多论点，都脱胎于他和其他人发表在《社会研究期刊》上的文章。他的同事们在这些作品中出现的其他论点仍在考量之中。

在把霍克海默和阿多诺的批判称为"激进"时，应该从其词源学意义上理解这个词才能触及问题的根源。鉴于法兰克福学派后来对看起来"激进的"政治越来越不信任，把握这一点尤为重要。矛盾的是，随着理论上变得更加激进，社会研究所发现自己越来越不

---

* 英译本在本书初版的第二年，也就是1974年已经问世了。——译注

能找到与激进实践之间的联系。霍克海默在战时发表的那些讨论"威权型国家"的文章中，对有意义变革机会曾寄予了绝望的希望，但这很快就让位于日益加深的无望。对苏联幻灭，对西方的工人阶级不再抱有哪怕一丁点的乐观，对大众文化的整合力感到震惊，在远离正统马克思主义的长征之路上，法兰克福学派已经走完了最后一段路。

这种变化最明显的表现是，社会研究所用一种新的历史动力取代了阶级冲突，而阶级冲突正是所有真正马克思主义理论的基石。现在的重点是人与内部本性和外部自然之间的更大冲突。这种冲突的起源可以追溯到资本主义之前，而且似乎到资本主义结束后，这种冲突都有可能持续下去，甚至加剧。在战争期间社会研究所成员之间关于法西斯主义的辩论中，有新重点出现的迹象。在霍克海默、波洛克、阿多诺和洛文塔尔看来，统治正在采取越来越直接的、非经济的形式。资本主义的剥削方式如今在一个更大的语境内被看作西方历史上资产阶级时代特有的、历史性的统治形式。国家资本主义和威权主义国家意味着那个时代的结束，或者至少是彻底的转变。他们认为，现在的统治更加直接，更加致命，没有资产阶级社会所特有的中介。从某种意义上说，这是自然对西方人世世代代对其施加的残忍和剥削进行的报复。

事后看来，在社会研究所早期的工作中，可以看到许多地方都透露了这一主题，[5]虽然只发挥着次要作用。在研究克尔凯郭尔时，[6]以及在他某些加入社会研究所前讨论音乐的作品中，[7]阿多诺就曾采用过这个主题。《黎明／黄昏》中有几句格言[8]抨击了对动物的残忍行为和工作伦理的禁欲主义前提，某种意义上是《启蒙辩证法》的先声。洛文塔尔也提到过自由主义的自然统治观念，就是在批判克努特·汉姆生扭曲地抗议这一观念时。[9]在讨论母权文化时，弗洛姆明确怀疑了父权社会中对妇女的统治，父权制将女性身份等同于自然的非理性，进而推动了对女性的统治。[10]

这一主题最清楚的显现也许是在霍克海默的教职论文《市民历史哲学的开端》里。[11] 事实上，霍克海默在文中直接将文艺复兴时期的科学技术观与政治统治联系了起来。他认为，把自然界视为人类操纵和控制的场域的新观念，与把人本身视为统治对象的类似观念相对应。在他眼里，马基雅维利是这种观点的集大成者，他的政治工具论被用来为崛起的资产阶级国家服务。霍克海默认为，马基雅维利式政治的基础是人与自然之间非辩证的分离，并将两者的区别加以实体化。事实上，他反对马基雅维利的观点，"自然"在两个方面依赖于人：文明改变了自然，人的自然概念本身也在改变。因此，历史与自然的对立并非不可调和的对立。

然而，它们并不完全等同。霍布斯和后来的启蒙思想家将人与自然同化，使人成为一种对象，正如自然在新科学中被对象化一样。在他们眼中，人和自然都不过是机器。结果，自然界永恒地自我重复的假设被投射到人身上，人的历史发展能力就被否定了，可这种历史发展能力恰恰与人的主体性紧密相连。这种关于人的"科学"观点虽然具有进步的意图，但却意味着当下的永恒回归。

然而，詹巴蒂斯塔·维柯却并非如此，因而霍克海默选择以维柯完结自己对早期现代历史哲学的研究。维柯与同时代的人们不同，他抨击笛卡尔式形而上学和对数学日益增长的偶像崇拜。他认为因为人是历史的创造者，所以相比于自然人更了解历史，这一点洞察也让他与众不同。启蒙运动将神话的起源解释为祭司的把戏，维柯还超越了这种解释的局限性，他认为神话是人类需求向自然的投射。这个观点已经预示了后来马克思主义的意识形态观。因此，尽管他关于文明兴衰的周期性理论与马基雅维利的理论相似，但他的独特之处在于看到了人类活动是理解历史发展的关键。维柯已经明白，实践和对自然的统治不是一码事。虽然他把人和自然分开，但他在区分时避免把一方置于另一方之上。通过坚持人的主体性，他保留了自然的主体性之潜力。

在后来的作品中，霍克海默很少讨论维柯，但一直认同这位意大利理论家对启蒙运动的批判。在他发表于《社会研究期刊》的文章中，他经常抨击西方思想中笛卡尔二元论的遗产。批判理论中对非同一性的强调，从来就不意味着主客体的绝对分离。法兰克福学派认为，这种分离与资本主义秩序上升的需要有关。霍克海默在《理性与自我保护》中写道，"自笛卡尔以来，资产阶级哲学一直是一种简单的尝试，使知识为占统治地位的生产资料服务，只有黑格尔及其同类们突破了这种哲学。"[12] 战前，这种基础与上层结构之间的联系是法兰克福学派作品中经常出现的特征。但即使在那时，也从未明确两者之间准确的关系是什么。[13] 这一点尤其难以做到，因为在不同时期，像霍布斯这样的唯物主义理性主义者，像休谟这样的经验主义者，以及像康德这样的观念论学者，都被认为是在以某种方式为资本主义系统服务。到了1940年代中期，传统马克思主义的意识形态理论在社会研究所的工作中存在感越来越稀薄。前文提到，《启蒙辩证法》关于反犹主义的一章讨论了反犹主义在前资本主义的古老根源，这种方式马克思肯定无法接受。事实上，对启蒙的观点在1940年代发生了基本的变化。它不再与上升中的资产阶级的文化相关，而是扩展到囊括整个西方思想的光谱。"在这里，启蒙运动与资产阶级思想，甚至与一般意义上的思想是等同的，因为准确地说，城市之外已经没有其他思想了。"霍克海默在1942年写给洛文塔尔的信中如是说。[14] 在《理性之蚀》中，他甚至说，"这种把人当作主人的心态（正是启蒙运动的精髓）可以追溯到《创世因此，尽管霍克海默和阿多诺仍然使用了让人联想到马克思主义的语言，比如"交换原则"[16]在他们的分析中发挥了关键作用，但他们已不再从社会的物质基础中寻找文化问题的答案。事实上，他们对交换原则的分析是理解西方社会的一把钥匙，这让人既联想到尼采在《道德的谱系》（Genealogy of Morals）中的讨论，[17]也联想到马克思在《资本论》中的讨论。

此外，法兰克福学派不仅把正统马克思主义意识形态理论的残余抛诸脑后，还暗中把马克思置于启蒙传统之中。[18]马克思过分强调作为人的自我实现方式的劳动占据核心位置，这是他们持这种观点的主要原因，霍克海默早在《黎明/黄昏》中就对此抱有疑虑。他发问，暗自把人贬低为劳动的动物（animal laborans），[19]是把自然物化为人类剥削的场所。如果马克思得逞了，整个世界将变成一个"巨大的工场"。[20]事实上，自诩为马克思追随者的人们在20世纪犯下的压迫性技术噩梦，不能完全脱离马克思本人作品的内在逻辑。

当然，马克思绝不是《启蒙辩证法》的主要目标。霍克海默和阿多诺的野心更大。他们真正的目标是整个启蒙传统，这个所谓解放的去神秘化过程被马克斯·韦伯称为"世界的祛魅"（die Entzauberung der Welt）。在这里，他们沿袭了卢卡奇在《历史与阶级意识》中的线索，在那本书中，韦伯的合理化概念因与物化概念相联系而被赋予了批判性的锋锐。[21]霍克海默其实一直是对韦伯饶有兴趣的读者。在《理性与自我保护》中，他出于自己的目的，采用了韦伯《新教伦理与资本主义精神》（Protestant Ethic and the Spirit of Capitalism）的基本分析。他写道："新教是冷酷而理性的个体性延伸中的最强力量……在为救赎而工作的地方，出现了为工作而工作、为营利而营利；整个世界变成了简单的物质……从达·芬奇到亨利·福特，除了通过宗教内省这条路，别无他途。"[22] 他指责加尔文的神学非理性主义包含了"技术官僚理性的狡计"。[23]

当然，在面对同一个进程时，韦伯选择隐而不发，法兰克福学派则仍然抱有希望，希望在历史的延续中有所突破。这一点在1940年代初期更为明显——这里又得提一下《威权主义国家》，该研究所希望的最高峰——但在战后也并非完全没有体现。这种谨慎的乐观的主要来源也许是批判理论对理性的终极有效性抱有残存的信念。如前所述，理性意味着矛盾的调和，包括调和人与自然之间的矛盾。尽管不信任绝对同一性理论，但霍克海默和他的同事们强调"客观理性"的重要性，认为它是工具化的"主观理性"单方面崛起的解药。霍克海默写道，[24] "理性的这两个概念并不代表两种不同且彼此独立的思维方式，尽管它们的对立表达出了悖论。哲学的任务并不是顽固地让其中一个概念与另一个对立，而是促成相互的批判，从而在可能的情况下，在知识领域中为两者在现实中的调和做准备。"

以韦伯对实践理性和理论理性的不可调和性所持的新康德主义式怀疑态度，他不可能持有这种希望。虽然韦伯认识到他所谓的"实质"理性已被形式上的理性所取代，但韦伯无法考虑恢复"实质"理性的可能性。所谓现代世界的"合理化"仅仅是指非实质意义上的理性化。与他一些比较浪漫的同时代人不同，韦伯并不希望时光倒流，但很明显，他对世界的祛魅并不热心。

当然，法兰克福学派也不热心。事实上，他们急于指出世界真正变得"理性"之程度有多低。正如霍克海默的书名所表明的那样，理性在很大程度上被侵蚀了。事实上，启蒙虽然声称由于引入了理性分析而超越了神话的困惑，但它本身却成了一个新神话的牺牲品。这是《启蒙辩证法》的核心主题之一。霍克海默和阿多诺指控说，宗教相信上帝控制世界，而启蒙的统治计划之根基是宗教信仰的世俗化版本。结果，人类主体将自然客体作为一个次要又外在的他者来面对。尽管原始的泛灵论缺乏自我意识，但至少已经表达了对两个领域相互渗透的意识。这一点在启蒙思想中却完全丧失了，在启蒙思想中，世界被看作由无生命的可替换原子所组成："泛灵论把物体精神化了，工业主义把精神对象化了。"[25]

至少在黑格尔的意义上，概念化思维保留了对主客体之间中介的原始敏感性。德语中的概念（Begriff）一词与动词把握（greifen）有关。因此，概念对其内容有完整的把握，包括其中否定和积极的环节。事实上，人与动物的一大区别就是前者具有概念思维的能力，而后者则不能超越直接的感性知觉。人贯穿时间的自我意识和认同感是其概念能力的产物，它既包含了潜在性，也包含了现实性。然而，启蒙运动的主要认识论倾向于以公式取代概念，而公式未能超越非辩证的直接性。霍克海默和阿多诺写道，"启蒙面前的概念就像工业托拉斯面前的投资食利者，两者都缺乏安全感。"[26] 此外，启蒙运动过分强调逻辑形式主义，并假定所有真正的思想都趋向于数学的条件，这意味着神话式时间的那种静态重复被保留了下来，挫败了历史发展的动态可能性。

尤其灾难性的是启蒙运动对自然的统治如何影响人的互动。在发展这一观点的过程中，霍克海默和阿多诺延续了马尔库塞在《对抗极权主义国家观中自由主义的斗争》一文中所表达的思想路线。[27] 极权主义非但没有否定自由主义和启蒙运动的价值，反而是发挥了它们的内在动力。启蒙将自然视为可替换原子的概念蕴含了交换原则，与现代人日益原子化的过程相呼应，这一过程最终在极权主义的压迫式平等中登峰造极。人对自然的工具性操纵，必然导致人与人之间的伴生关系。启蒙世界观中主体与客体之间不可逾越的距离，对应着现代威权主义国家中统治者与被统治者的相应地位。世界的对象化在人与人之间的关系中也产生了类似的效果。正如马克思所说，死的过去已经统治了活的现在，虽然马克思所言仅限于资本主义的影响。

所有这些变化都反映在语言这个最基本的文化造物之中。如前所述，瓦尔特·本雅明一直对话语的神学层面有着浓厚的兴趣，[28]他的话语理论的根源是相信世界是由上帝的语言创造的。对本雅明来说，"太初有道"意味着上帝的创世在一定程度上包括赐予名称。当然，这些名称完全可以表达它们的对象。然而，人是按照上帝的形象创造的，拥有独特的赐名天赋。但他赐予的名字和上帝的名字是不一样的。因此，在名与物之间形成了一道鸿沟，神圣言语的绝对充分性也就丧失了。在本雅明看来，形式逻辑是隔绝上帝语言与人类语言之间的障碍。人类倾向于通过抽象和概括来给事物命名。事实上，"译者的任务是用自己的语言释放他人魔咒之下的纯粹语言，在他对该作品的再创作中解放被囚禁在该作品中的语言。"[29] 文化批评家的功能也类似，是通过对人的各种残次仿品进行释义学解码，找回上帝话语的失落层面。

前文提到，本雅明对纯粹语言的追求源于他对犹太神秘主义的浸淫。这或许也反映了他熟知的法国象征主义诗歌的影响。本雅明在关于翻译的文章里引用了马拉美（Stéphane Mallarmé）的话："世上的习语多种多样，使每个人都无法说出那些稍一点化就实体化为真理的话语。"[30] 最后，正如一些评论家所认为的那样，[31] 施瓦本虔敬主义在德国观念论传统有潜移默化的残留，可能对他的语言学理论产生了影响。无论起源如何，重要的是要明白，相比对作为神

第八章 走向历史哲学：启蒙的批判

圣文本的句子结构，本雅明对词语有更浓厚的兴趣，这一事实让我们很难称他为"先于文字的（avant la lettre）结构主义者，"[32]而他有时会被贴上这个标签。

阿多诺和霍克海默虽然回避了本雅明语言理论中自觉的神学支柱，但确实接受了"纯粹"话语已经被破坏的观点。[33]霍克海默在《理性之蚀》中写道，"哲学就是有意识地努力把我们所有的知识和洞见编织成一个语言结构，在这个结构中，所有的事物都以它们的正确名称来称呼。"[34]他继续说，"每一种真正的哲学中的真理概念都是名称和事物的对等。"[35]理性的和解主题又一次成为批判理论的乌托邦冲动之根源。

然而，霍克海默和阿多诺在1940年代的作品中强调这一点，并不是不再拒绝命名或描述"他者"——前文提到，这种拒绝姿态才是批判理论从一开始的核心前提之一。事实上，他们不愿意这样做，与犹太人反对表达神圣的禁忌是一致的。犹太人不直呼上帝之名，因为这样做为时过早，弥赛亚时代尚未到来。类似地，法兰克福学派不愿勾勒出乌托邦的愿景，反映了学派成员坚信仅靠哲学永远无法实现真正的和解。正如马克思所言，"自由王国"不可能由尚不自由的人来设想。直到社会条件发生剧烈变化之前，哲学的作用是有限的："由于主体和客体、词和物在目前的条件下无法整合，我们被否定原则所驱使，试图从虚假终极的残骸中挽救相对的真理。"[36]事实上，本雅明为万物正名的神学企图曾被阿多诺视为魔法和实证主义的结合。[37]在《启蒙辩证法》中关于文化工业的那一章中，他和霍克海默同样结合了明显的对立面，描述大众文化所产生的意识形态式且具有工具性的语言。[38]否定而不是过早地寻求解决方案，才是真理的真正避难所。

事实上，启蒙心态最大的失败之处并不是它无法创造社会条件，使名与物可以正当地结合起来，而是它从语言中系统地消除了否定。这也是为什么启蒙心态以公式代替概念竟具有如此大的破坏性。启蒙运动的哲学绝大部分是唯名论而非实在论；在本雅明的意义上，它只承认人的话语，忽略了上帝的话语。人是唯一的命名者，这一角色与其对自然的统治相称。因此，用马尔库塞后来的话说，语言就成了单向度的。[39]无法表达否定，就无法再表达被压迫者的抗议。话语非但没有揭示意义，反而成了社会统治力量的工具。

霍克海默和阿多诺在《启蒙辩证法》两篇附录的第一篇中选择研究了荷马的《奥德赛》，他们在文中明显预见到了这种语言的衰落。奥德修斯对独眼巨人玩了个把戏，自称为"无人"，也是对自己身份的否定，在巨人未经启蒙的原始头脑中，这就等同于奥德修斯的名字。然而，最终这个把戏落在了奥德修斯身上，因为西方人事实上已经失去了他的身份，能够概念化和否定的语言已经被取代，剩下的语言只能充当现状的工具。

更准确地说，荷马史诗一半是神话史诗，一半是理性的元小说。荷马史诗在其他方面也预见到了启蒙运动的主要主题。其中一个例子是认识到自我否定和放弃是主观理性的代价。正如我们在第二章讨论霍克海默的《利己主义与解放运动》、马尔库塞的《论享乐主义》以及社会研究所早期的其他作品时提到过，各种形式的禁欲主义都是经常受到批判的靶子。在《启蒙辩证法》中，这种批判得到了延伸。"文明的历史是牺牲的内敛之历史；换句话说，是放弃的历史。"[40]事实上，最初对人与自然一体性的否定，是后来文明一切不足的根源。《奥德赛》中充斥着西方思想中自我放弃与自我保护之间内在关系的明显例子：奥德修斯拒绝食用魔果罗托斯（Lotus）和许珀里翁（Hyperion）的牛，他在向喀耳刻（Circe）发誓不把他变成猪之后才和她共寝,他把自己绑在船桅上以避免被海妖塞壬的歌声所引诱。

这最后一个情节对霍克海默和阿多诺来说,特别具有象征意义。[41]奥德修斯的水手们的耳朵被蜡堵住,以防止他们听到海妖的声音。像现代的劳工一样,他们压抑着满足感以继续他们的苦力。另一方面,奥德修斯则不是干活的,因此可以听到歌声,但前提是阻止自己对歌声诱惑做出反应。*对于特权阶层来说,文化仍然是"幸福的承诺",却没有满足的可能。在这里,奥德修斯经历了理念与物质领域的分离,而这种分离正是社会研究所所谓"肯定文化"的特点。

更为根本的是,奥德修斯版本的理性是对未来事物的不祥预示。在与命运的神话统治作斗争的过程中,他被迫否认自己与总体的一体性。在必要的情况下,他不得不为自保发展出一种特殊的主观理性。就像《鲁滨逊漂流记》的主角一样,他是一个原子化的孤立个体,面对恶劣的环境,靠自己的智慧生活。因此,他的理性是建立在诡计和工具性的基础上。在霍克海默和阿多诺看来,奥德修斯是启蒙运动价值典范的原型,一个现代的"经济人"。他的背叛之旅预见到了资产阶级的意识形态,即把风险作为利润的道德理由。甚至他与佩涅洛佩(Penelope)的婚姻也涉及交换原则——在他不在家的时候,佩涅洛佩保持忠贞,拒绝她的追求者,才能换取他的回归。

不过,尽管《荷马史诗》对启蒙运动有重要的预示,但其中也包含着思乡之情、渴望和解的强烈因素。然而,奥德修斯所要回归的家园,仍然异化于自然,而正如诺瓦利斯所说,只有当"家"意

---

* 指的是奥德修斯把自己绑在桅杆上,防止自己受到海妖塞壬的诱惑。——译注

味着自然时，真正的思乡之情才是合理的。在《启蒙辩证法》的下一篇补充《朱丽叶，或启蒙与道德》中，霍克海默和阿多诺考察了向自然的扭曲"回归"，像一股暗流一样贯穿了启蒙运动。这里，回归往往意味着报复被残害的自然，这种现象在 20 世纪的野蛮中达到了顶峰。社会研究所早先关于法西斯伪自然主义的研究为讨论提供了背景，特别是洛文塔尔关于克努特·汉姆生的精辟文章。

霍克海默和阿多诺再次强调了资产阶级自由主义与极权主义之间的连续性，前者的象征是康德，萨德和某种程度上的尼采又预示了后者。他们认为，康德将伦理完全建立在实践理性基础上的努力最终是失败的。启蒙把自然当作对象来对待，也延伸到人身上，从根本上说是与绝对律令的极端形式主义相一致的，尽管康德的律令把人视为目的而不是手段。在这条逻辑的极端上，具有计算性和工具性的形式理性导致了 20 世纪野蛮的恐怖。萨德是这条路上的一站。他的《朱丽叶，或喻邪恶的喜乐》(*Histoire de Juliette, ou les Prospérités du vice*) 是功能理性的典范——每个器官都用上，每个孔道都插上。"朱丽叶把科学作为她的信条……她像最现代的实证主义一样，用语义学和逻辑句法运转；但她不像当下政府的雇员，他们的批评主要针对思想和哲学，她是启蒙的女儿，与宗教斗争。"[42] 萨德的其他作品如《一百二十天的索多玛：放荡学校》(*Les 120 journées de Sodome, ou l'école du libertinage*)，是康德体系架构愤世的反面形象。另一些作品，如《瑞斯丁娜，或喻美德的不幸》(*La Nouvelle Justine, ou Les Malheurs de la vertu*)，则是去掉了神话学最后残余的荷马式史诗。萨德如此无情地将爱情的精神层面和肉体层面分开，不过是在搞懂笛卡尔二元论的含义。此外，在他对女性的残酷征服中，隐含着启蒙所特有的对自然的掌控。[43] 妇女被贬为仅有的生理功能，被剥夺了主体性。教会对圣母的崇拜是对母系温

第八章　走向历史哲学：启蒙的批判

情与调和的部分让步，但最终还是失败了。近代早期的女巫审判更多的是象征着启蒙运动对妇女的隐性态度，尽管启蒙表面上支持妇女解放。萨德的公然残暴只是一个最明显的例子，说明了更普遍的现象。事实上，启蒙对"弱势性别"的虐待预示着后来对犹太人的毁灭——妇女和犹太人都被等同于自然，都是统治的对象。

尼采的权力意志不亚于康德的定言命令，他提出了人独立于外力的观点，预示了这种发展。他的人类中心主义狂妄也是康德"成熟"概念的根源，而"成熟"正是康德所理解的启蒙的首要目标之一。人是万物的尺度，本质上意味着人是自然的主宰。正是由于对人的自主性过分强调，自相矛盾地导致了人的屈服，自然的命运变成了人自身的命运。事实上，法西斯主义为了达到实施统治的险恶目的，利用了被压抑的自然对人类统治的反抗。[44] 在一个方向上的主宰很可能会转向相反的方向；真正的"回归"自然与法西斯主义的伪自然主义截然不同。

可以补充的是，霍克海默和阿多诺在淡化人的完全自主性的同时，始终拒绝界定一种肯定的人类学，这也是批判理论从一开始就有的特征。他们似乎在说，这样的做法意味着接受人的中心地位，进而反过来又贬低了自然界。尽管批判理论坚持以一种标准衡量世界的非理性，但其核心并不是一种激进的人本主义。[45] 因此，霍克海默直到晚年才产生对宗教的兴趣，这也不像乍看上去那样，从根本上背离了他早期工作的前提。

在《启蒙辩证法》的其余部分里，霍克海默和阿多诺思考了文化工业和现代反犹主义中的启蒙精神，这两点在前面的章节中已经讨论过。在该书的最后还囊括了一些格言，涉及身体的地下史和鬼魂理论等不同的主题。我们曾多次指出，《启蒙辩证法》的基调从始至终都是悲观的，展望也是灰暗的。人与自然的疏离是西方文明当前危机的核心，似乎是一种几乎不可逆转的趋势。在专门论述历史哲学的格言中，霍克海默和阿多诺明确拒绝了基督教、黑格尔观念论和历史唯物主义的乐观前提。改善状况的希望即使不是完全的泡影，也不在于保证能够实现，而在于对现存状况的坚决否定。然而，理性并没有提出可能有助于斗争的明确实践。[46]

事实上，法兰克福学派愈发将任何实现哲学承诺的尝试视为工具化。在一则关于宣传的格言中，霍克海默和阿多诺谴责了工具化地使用哲学和语言来实现社会变革的做法。霍克海默在《理性之蚀》中也提出了类似的观点："那么行动主义，尤其是政治行动主义，是否就是刚才所定义的唯一实现手段呢？我不敢这么说。这个时代不需要额外的行动刺激。哲学绝不能变成宣传，哪怕是为了最好的目的。"[47]

因此，在1940年代法兰克福学派的所有工作中，关于社会变革方法的纲领性建议都不是很明显。（并不是说以前就有，但至少在社会研究所早期的工作中，对实践的呼吁是经常出现的内容）。与自然的和解是显而易见的目标，但这一目标的确切含义却从未完全阐明。当然，它显然不是指人服从于实体化的自然力量。法兰克福学派并不希望恢复恩格斯粗糙的自然辩证法。学派成员也不想屈服于右翼对自然的神化，洛文塔尔在其关于克努特·汉姆生的文章中已经彻底揭穿了这种神化。最后，他们试图将自己与那些对启蒙过于频繁的批判区分开来，那些批判贯穿德国思想史，往往不过是怀念一种理想化的"自然状态"。

霍克海默和阿多诺明确指出，自然本身既不是善的，也不是恶的。此外，在总体同一性的意义上与自然完全和解，只能意味着倒退到一种无中介的停滞状态。批判理论仍然强调非同一性的方式，反对将主体还原为客体，反过来也不行。正是在这一点上，理论的开创者们与本雅明和恩斯特·布洛赫并不相同，后两位希望哲学以一种似乎抹杀主体与客体之间区别的方式谈论自然主体的复活。[48] 霍克海默和阿多诺在讨论投射时认为，和解的乌托邦不是保留在客体和知觉的统一中，而是存在于两者之间的反思性对立中。[49] 在其他地方，他们还明确指出，统治的敌人是对自然的**记忆**，而不是自然本身。[50]

事实上，记忆在法兰克福学派理解现代文明危机时起到了关键作用。在这里，批判理论的弗洛伊德成分凸显了出来。[51] 霍克海默和阿多诺在他们的一句格言中写到，进步的最大代价之一就是压抑了掌握自然所造成的痛苦和折磨。自然不仅要被理解为人的外在事物，而且要被理解为一种内在的现实。他们指出，"所有的物化都是一种遗忘。"[52] 如前所述，在整体夺回过去中寻求解放的未来，一直是瓦尔特·本雅明作品的主要主题之一。他的经验理论和对童年纪念物的关注[53]都反映了这种兴趣。事实上，就是在 1940 年写给本雅明的一封信中，阿多诺首次使用了"所有的物化都是一种遗忘"的说法。[54] 刺激他的是本雅明刊载在《社会研究期刊》上讨论波德莱尔的文章，他在文章中讨论了体验（Erfahrung）和普鲁斯特式的非自愿记忆（mémoire involontaire）。

解放的过程被部分地理解为自我意识的发展和失去的过去的复活。在这里，批判理论的黑格尔根基当然是显而易见的。在黑格尔看来，历史的过程就是精神意识到其异化的对象化的历程。霍克海默和阿多诺与黑格尔的分歧之处在于，他们首先拒绝将主体性实体化为高于个体的超验现实，其次，拒绝将主体性作为客观现实的唯一来源。观念论认为，世界是意识创造的，法兰克福学派从来没有回到这种观点。阿多诺在 1940 年 2 月 29 日给本雅明的信中指出，某些遗忘是不可避免的，进而某些物化也是不可避免的。反思的主体与反思客体之间的完全同一是不可能的。[55]

在观念论学者强调意识的核心中，法兰克福学派察觉到了人类中心主义的冲动，可以想见，法兰克福学派对此并不信任，哪怕所强调的意识在理论上是"客观的"。1945年，霍克海默回到哥伦比亚大学，就其著作的主观主题进行了一系列演讲。在其中的一次演讲中，[56]他指责德国古典哲学想克服人与神的二元论，这种愿望导致其体系中包含了恶魔。这就产生了莱布尼茨和黑格尔这样具有静止意味的神正论。在所有古典哲学家的著作中，恩典的观念都缺席了，这表明了他们内在的傲慢。法兰克福学派暗示，为了避免这种情况，必须维护自然客体的自主完整性，尽管不至于到忽视它与人类主体之间中介互动的程度。马克思所说的"自然的人化"和"人的自然化"[57]是必要的，但不能以抹杀其固有的差异为代价。

当然，应该理解到，相比维持差异的必要性，社会研究所在1940年代更强调的是和解的需要。他们的计划中隐含着要彻底弥合自然科学和社会科学之间的鸿沟，而这个鸿沟正是狄尔泰及其追随者们在19世纪末费力建立起来的。可以补充的是，这种二元对立到了1920年代时，已经进入了马克思主义理论。[58]在反对恩格斯、考茨基及其在第二国际的追随者们把马克思主义归结为自然科学的斗争中，卢卡奇就接受了这种二元对立。年轻的马尔库塞在加入社会研究所之前曾强调过历史与自然之间不可逾越的距离。他在1930年写道："历史性和非历史性之间的界限，是一个本体论上的界限。"[59]甚至在进行维柯与笛卡尔这组他所钟爱的对比时，霍克海默也曾支持这样的观点，认为对人的研究和对自然的研究并不完全相同。

虽然法兰克福学派从未明确否定这种二元对立，但他们在1940

年代确实通过抨击人与自然之间存在永久区别的观点,对这一思想提出了质疑。当然,这并不意味着他们像后来的马克思主义者,如路易·阿尔都塞[60]及其追随者们那样,回到"科学"的历史观。但他们确实曾暗示要调整精神科学和自然科学之间的严格二分法。尽管调和人与自然并不意味着同一性,但谈论两者调和的必要性也不符合历史性与非历史性之间存在"本体论边界"的信念。然而,社会研究所的著作从未完全阐明,对于一种未来的人的科学而言,这究竟意味着什么。

同样成问题的是和解发生的心理层面。在这里,法兰克福学派在其词汇表中引入了一个新的术语:模仿。确切地说,把模仿作为对社会行为的一种解释,一直是某些社会理论家的最爱。例如,涂尔干曾在其《自杀论》(*Suicide*)中用了整整一章的篇幅来反驳加布里埃尔·塔尔德(Gabriel Tarde)等前辈对模仿的使用。[61] 弗洛伊德在他的《群体心理学和自我分析》(*Group Psychology and the Analysis of the Ego*)中也讨论了塔尔德的作品,但把模仿归入了古斯塔夫·勒庞(Gustave Le Bon)所采用的"暗示"(suggestion)这一更一般的范畴。[62] 然而,这些理论家对它的使用,主要是解释某些类型的群体行为,特别是大众或人群的行为。社会研究所也为同样目的使用了模仿,但也在另一种语境中发展了这个概念。

1941年,在社会研究所反犹太主义项目的规划书中,提出了童年模仿的重要性,以驳斥纳粹的遗传性种族特征的理论。[63] 后来在哥伦比亚大学的演讲和《理性之蚀》中,霍克海默扩展了这一最初的建议。他认为,模仿是幼儿时期学习的主要手段之一。然而,随后的社会化教会了孩子放弃模仿,选择理性且以目标为导向的行为。这种个体发生学模式的系统发生学关联是启蒙运动的核心模式之一。西方"文明"始于模仿，但最终超越了模仿。"有意识的适应和最终的统治取代了各种形式的模仿。科学的进步就是这种变化的理论体现：公式取代了形象，计算机器取代了仪式舞蹈。自我适应意味着为了自我保护而使自己像对象世界一样。"[64] 然而，模仿在西方文明中并没有被完全克服。霍克海默提醒说：

> 如果最终放弃模仿的冲动且不承诺实现人的潜能，这种冲动将永远蓄势待发，随时准备作为一种破坏性的力量爆发出来。也就是说，如果除了现状之外没有其他的规范，如果理性所能提供的所有幸福的希望都是维护现存的状态，甚至为现状加压，那么模仿冲动就永远不会被真正克服。人们会以一种倒退和扭曲的形式回到模仿的冲动。[65]

现代迫害者们经常模仿其受害者的可怜姿态；煽动者们经常像他们目标的滑稽仿品一样出现。[66] 即使是较不致命的大众文化形式也在现状的重复中表达了某种虐待狂的因素，这是阿多诺在研究爵士乐时提出的观点。

然而，模仿本身并不是邪恶的根源。相反，霍克海默暗示，当它意味着模仿自然中肯定生命的方面也就是母性的温暖和保护时，模仿就是健康的。他在哥伦比亚大学的一次演讲中提出，[67] 哲学的任务是重新唤醒被后来的社会化所掩盖的童年模仿之记忆。因此，必须扭转家庭的衰落，或者至少必须使儿童已经锁定在家庭外机构的模仿冲动，重新聚焦于其在家庭中的原始目标。可以补充的是，这一目标与纯粹语言中体验到的词与物的统一密切相关。正如霍克海默所言："语言反映了被压迫者的渴望和自然的困境，它释放了模仿的冲动。这种冲动转化为语言这一普遍的媒介，而不是转化为破坏性的行动,意味着潜在的虚无主义能量为调和而发挥作用。"[68]从个体发生学来看,这种状况存在于两岁儿童的意识中,对他们来说,所有的名词在某种意义上都是专有名词。

如果目标是恢复人类发展的这一阶段,或者至少是恢复其某些更好的特征,那么自我又如何呢?根据弗洛伊德的说法,自我是后天发展出的。在他们1940年代的思辨性著作中,霍克海默和阿多诺在讨论自我时,采取了与《偏见研究》中明显不同的语气。这里他们没有强调需要一个综合的自我来对抗被投射到少数替罪羊身上的异化于自我之特征,而是将自我的发展与自然的统治联系起来。霍克海默在《理性之蚀》一书中认为:

> 自我是自己努力在与自然的斗争中取胜的原则,尤其是在与其他人和与自我冲动的斗争中取胜。这样的自我被认为是与统治、命令和组织的功能有关……其在父权时代的支配地位是赤裸裸的……主人在自律方面已经领先于下层,自我随着下层将主人的命令内化为潜意识而成长,西方文明的历史都能书写成这种成长……在任何时候,自我的概念都没有洗刷其起源于社会统治体系的污点。[69]

此外,主观上理性的自我与自然的斗争,无论斗争的是外部的自然还是内部的本性,到头来都完全适得其反。霍克海默总结道,"道德是明摆着的,如此对自我的神化和自我保护的原则以个体的彻底不安全和对个体的彻底否定告终。"[70]

这里的自我部分是指哲学上的——从一开始,哲学上从笛卡尔到胡塞尔的"我思故我在"就是社会研究所的目标[71]——但显然也具有心理学意义。马尔库塞后来将"表现原则"这个概念当作西方社会的特别现实原则,就是植根于早先这种批判作为统治工具的自我。然而在《爱欲与文明》中,他试图为新的现实原则勾勒出轮廓,而霍克海默和阿多诺则满足于破坏传统的自我,而没有提出一个完全有效的替代,这一疏漏让尤尔根·哈贝马斯等法兰克福学派后来的追随者们担忧不已。[72]

尽管霍克海默和阿多诺的论点有潜在的原始主义意味,但他们还是小心翼翼地拒绝任何东西指向回归自然的简单性。前文提到,当怀旧在保守的文化批评中出现时,怀旧就受到了责难;同样,怀念人类逝去的青春也并不真的是法兰克福学派的主流情绪。这一点霍克海默在《理性之蚀》中对理性与自然关系的复杂讨论可以确证。我们反复看到,社会研究所对现代世界中被当作理性的东西进行了高度批判。社会研究所成员们认为,具有工具性、主观性和操纵性的理性是技术统治的婢女。没有理性的目标,所有的互动最终都会沦为权力关系。对世界的祛魅已经过了头,理性本身的原有的内容也已经被掏空了。

当然,霍克海默和他的同事们绝非孤军奋战。事实上,他们与各种各样的思想家不谋而合,而他们在其他问题上很少与这些思想家达成一致。正如弗里茨·林格所表明的那样,魏玛时期的学术"士大夫"们都痴迷于世界的合理化及其后果。[73]例如,马克斯·舍勒早在1926年就批评了对自然的理性统治。[74]法兰克福学派的另一位对手马丁·海德格尔笔下也流露出类似的情绪,据称正是他对昔日学生马尔库塞的影响,才导致了后者作品中显然的反技术偏见。[75]到1940年代,来自完全不同传统的保守派作家也对工具理性及其效果发起了激烈的攻击。迈克尔·奥克肖特(Michael Oakeshott)所作的《政治中的理性主义》(*Rationalism in Politics*)一文与《启蒙辩证法》《理性之蚀》同年问世,就颇具影响力。[76]

我们已经讲过，法兰克福学派与其中一些作者的区别在于，学派成员坚持理性的多样性，其中一种理性可能避免与自然的冲突。他们的观点与其他观点不同之处在于，他们拒绝接受这种类型的实质理性可能在社会方面立即实现的可能性。非对抗的理性虽始终是一种希望，但它的存在却阻止了对自然不加批判的神化，尽管是通过对现状的否定。在《理性之蚀》中，霍克海默用一章的篇幅展现了所谓的"回归"自然与工具理性之间存在的亲密关系。这里的理由与《启蒙辩证法》中讨论萨德时的论点相似。对霍克海默来说，

> 自然人，也就是人口中落后阶层意义上的自然人，对理性增长的反抗实际上进一步推动了理性的形式化，起到了束缚而不是解放自然的作用。从这个角度看，我们可以把法西斯主义描述为理性与自然的撒旦式综合，与哲学一直梦想的那种两极调和恰恰相反。[77]

达尔文主义，至少打着社会幌子的那种达尔文主义，是自然的反抗与统治之间联系的症候。在霍克海默看来，社会达尔文主义颠覆了达尔文最初对人与自然统一性的见解中所内含的调和潜力。相反，"适者生存的概念只是把形式化理性的概念翻译成自然史的大白话"。[78] 不出所料，霍克海默把他一直视若仇寇（bête noire）的实用主义说成达尔文主义的一个分支。[79] 在讨论爱德华·福克斯的文章中，本雅明已经确证了达尔文进化论与伯恩斯坦式社会主义者的浅薄乐观主义之间的关系。[80] 这种调和理性与自然的方式事实上把理性降为自然的某种器官，不是可行的解决方案。倒退到启蒙前的"自然主义"是一种明显的谬误，其结果非常险恶。霍克海默提出，"协助自然的唯一途径，就是为看似与其

相反的独立思想解开枷锁。"[81]

当然,"独立思考"并不意味着回到马克思主义以前的完全自主的思辨观。在《理性之蚀》中,霍克海默明确拒绝了恢复早期形而上学系统的企图。1940年代后期,越来越重新受关注的新托马斯主义成为他攻击的主要目标。新托马斯主义对绝对教条的探求,被霍克海默认为是企图用谕令克服相对主义。新托马斯主义的倡导者希望让阿奎那的教义与现代世界相关联,被霍克海默讥讽为顺应和盲从。霍克海默看来,新托马斯主义忽视否定,从根本上说类似于实用主义。他指责说:"托马斯主义的失败在于它对实用主义目标的唯唯诺诺,而不在于它缺乏实践性。当一种教条把一条排除否定的孤立原则实体化时,它就自相矛盾地倾向于顺应盲从。"[82] 同所有实证主义系统一样,托马斯主义的先天缺陷"在于它把真善美与现实等同起来"。[83]

战后出现的另一种流行的"独立思想"尝试是存在主义运动。早在这股潮流风靡之前,社会研究所就对后来被认为是这个潮流主要代言人的思想家们持敌对态度。阿多诺对克尔凯郭尔的批判是其中最广泛的,霍克海默则曾以颇不认同的口吻讨论过雅斯贝尔斯,[84] 而马尔库塞在加入研究所后开始批评海德格尔的作品[85] 和卡尔·施米特的政治存在主义。[86] 战后,存在主义运动最重要的声明是萨特的《存在与虚无》(*Being and Nothingness*)。当1946年霍克海默注意到这一点时,他写信给洛文塔尔:

> 在细细品味了萨特之后,我深感我们有责任尽快出版自己的书。尽管我内心有抵触,但我还是读了萨特的很大一部分……这是一种新的哲学大众文学……从哲学的角度看,最

第八章 走向历史哲学:启蒙的批判 347

令人惊奇的现象确实是它对辩证法概念的天真物化……辩证法的精巧和思想的复杂,已经变成了闪闪发光的金属机械。像"自在存在"(l'être en soi)和"自为存在"(l'être pour soi)这样的词被当成活塞来用。对诸多范畴的拜物教处理甚至出现在了印刷品里,还有书里的各种斜体字,简直令人生厌、疲于应付。所有的概念都是字面意义上的技术术语(termini technici)。[87]

然而,《理性之蚀》却从未提到存在主义。拆解这一思潮的任务留给了马尔库塞,见于战后他在美国国务院任职期间发表的唯一一篇文章。[88] 马尔库塞对《存在与虚无》的评价在批判的锋利程度上丝毫不逊于霍克海默。在若干方面,他的论点预见到了萨特晚年的自我批判。[89] 在马尔库塞看来,萨特错误地把荒诞性变成了一种本体论而非一种历史条件。结果,他又把自由当作与外部异质世界相对立的东西,进而陷入了对自由进行观念论式的内化。尽管他宣称有革命意图,但他的政治和他的哲学却相互龃龉。萨特将自由定位于自为(pour-soi,也就是黑格尔意义上的für sich),并否认自为可以成为自在(en-sol/ an sich),萨特以一种拒绝调和的方式把主观性与客观性割裂开来,哪怕作为一种乌托邦可能性的调和也加以拒绝。此外,由于过分强调主体的自由,而忽视其历史条件所产生的制约,萨特不知不觉地成了现状的辩护者。萨特争辩说,人选择自己的命运,哪怕是可怕的命运,这么说可谓骇人:

> 如果一种哲学,凭借其关于人或自由的存在论-本体论概念,能够证明被迫害的犹太人和刽子手的受害者是且始终是绝对自由的,能自主做出责任自负的选择,那么这样的哲学

概念就已经沦为某种意识形态,为迫害者们和刽子手们提供了一个极为方便的理由。[90]

对马尔库塞来说,若没有先验的本质观念,"存在主义"哲学的整个构想就是不可能的。萨特自己的作品就违背了它的意图:具有完美自由的自为是对普遍状态下的人进行规范性描述,而不是描述经验性状况下的人。通过将否定纳入这种肯定的人性观中,萨特失去了存在主义哲学的辩证张力。事实上,他的自为概念是不断行动和自我创造,在资产阶级社会中恰恰发挥着肯定现状的功能。马尔库塞指责:"在存在主义的虚无主义语言之外,潜藏着自由竞争、自由主动和机会平等的意识形态。"[91] 萨特的主体与马克斯·斯蒂纳(Max Stirner)的无政府主义自我相似,处于统治自然的启蒙传统之中。[92]

《存在与虚无》中马尔库塞唯一勉强认可的要素是萨特对性的讨论。保罗·罗宾逊指出,[93] 马尔库塞对这个问题的兴趣是他后来涉猎弗洛伊德的一个驿站。这也涉及他十年前在《社会研究期刊》上提出的论点。[94] 在萨特对性的处理中,马尔库塞印象深刻的是性欲中隐含的"否定之否定",当它被贯彻到极致时,就否定了自在的活动。在性欲中,身体往往成为一个完全物化的、被动的客体,只受幸福原则而非主导的现实原则所控制。早在1937年马尔库塞就曾写道:

> 当身体完全成为一个客体、一件美丽的事物时,它可以预示着一种新的幸福。在遭受最极端的物化时,人战胜了物化。美丽身体的艺术性和那毫不费力的敏捷和舒展,今天只能在马戏团、杂耍团和滑稽戏中看到;这预示着一旦成为真

第八章 走向历史哲学:启蒙的批判

正主体的人类成功地掌握了物质，人们就会从理想中解放出来，获得快乐。[95]

虽然马尔库塞不再谈论"物质的主宰"，但他仍然觉得，存在主义将自由降格为侵略性的自为，却被性的完全物化的消极自由所否定。事实上，相比萨特从其哲学中导出激进政治的笨拙尝试，这种否定更能洞察社会的潜在变革。[96]对自为的否定，似乎是按照马尔库塞后来所说的"表现原则"来展开运作。[97]这种否定暗示了一种与自然的和解，尽管这当然只是朝着那个方向迈出的一小步。完全的物化不仅意味着否定自我的支配性方面，而且还意味着否定自我的非支配性方面。这是霍克海默和阿多诺在他们自己的《启蒙辩证法》中讨论身体的物化时所关注的一个现实。[98]

可以说，法兰克福学派在战后最担心的正是那些主体性要素的泯灭。我们从社会研究所对大众文化的处理及其对威权型人格的经验研究中可以看出，真正的个体性存在正以惊人的速度衰落。当然，社会研究所并不希望恢复旧的资产阶级个体及其支配性自我，但确实感觉到，在某些方面，个体被受操纵的大众所取代意味着自由的丧失。正如阿多诺写给本雅明的信中所说的那样，[99]"个体"是一种过渡工具，它不能被神话所驱散，而必须保存在更高的综合之中。资产阶级个体被他定义为总体性的对立面，并不完全自由。正如我们在前文中所指出的那样，法兰克福学派隐然支持的积极自由，其目标是建立在特殊利益和普遍利益的统一上的。但另一方面，消极自由又是辩证总体性中的一个环节。因此，资产阶级主体同时既是自由的，又是不自由的。然而，在大众对社会总体的强制同一中，根本就没有自由。至少早期的资产阶级社会已经包含了有形的矛盾，这些矛盾中保存了对资产阶级社会统治倾向的否定。我们可以回忆一下，霍克海默曾为利己主义辩护，因为利己主义承认在矛盾的真正调和中保存着个体快乐的环节。马尔库塞在为享乐主义哲学进行有条件的辩护时也曾提出过类似的论点。

现在看来，尽管资本主义还没有被社会主义所取代，但矛盾的存在本身，或者至少是矛盾存在的意识，都处于危险之中。[100] 在马尔库塞后来提出的著名"单向度"社会中，否定的救赎力量几乎完全缺席。取而代之的是对积极自由梦想残酷而拙劣的模仿。启蒙运动试图解放人类，但讽刺的是，它却用前所未有的有效手段奴役了人类。由于没有明确的行动授权的情况下，对于那些还能摆脱文化工业的麻木力量的人来说，唯一可以选择的途径就是保存和培养那些仍然存在的否定之残余。霍克海默警告说："野蛮化倾向还是人文主义世界观在未来究竟哪一方占据上风，这不是哲学理论本身能决定的，然而，哲学可以公正地对待那些在特定时期以绝对性的地位支配现实与在历史进程中被贬低的形象和观念，从而可以说是起到了纠正历史的作用，比如在资产阶级时代占主导地位的个人观念就属于前者。"[101]

而这正是阿多诺在他最个人化、最特立独行的《最低限度的道德》一书中为自己设定的任务，该书的写作是在整个40年代一段段聚沙成塔，直到于1951年出版。该书采用碎片化的格言体风格并非偶然：对阿多诺来说，否定及其小心维护的真理只能以试探性的、不完整的方式来表达。在这里，批判理论对系统化的彻底不信任被贯彻到了极致。哲学洞见不再像黑格尔时代那样，作为抽象、连贯且精心构筑的体系出现，而是出现在主观且私人的思考中。阿多诺在该书导言中强调，黑格尔以来哲学已经取得了长足的发展，而黑格尔在他比较慷慨的时候，曾容忍作为"对话"的格言。[102] 黑格尔一贯攻击主体性的自为存在是不充分的,他犯了一个重大错误。他把他那个时代的资产阶级个人和市民社会实体化为不可化约的现实。这使他能够像关注总体性那样关注这些实体。然而,自他的时代以来,个体和市民社会的脆弱性已经昭然若揭。到了20世纪中叶,社会总体性的力量已经如此强大,以至于主体性危在旦夕,无论是资产阶级的主体性还是其他的主体性都是如此。阿多诺写道:"极权主义的统一呼喊着抹除直接作为意义的差异(die Ausmerzung der Differenz unmittelbar als Sinn ausschreit)。面对这种统一,解放社会力量的某些东西甚至可能已经汇聚在个体的领域。批判理论在那里徘徊,用不着良心不安。"[103] 简而言之,正如阿多诺在他最常被引用的一条格言所说的那样,"整体即不实"(Das Ganze ist das Unwahre)。[104]

因此,《最低限度的道德》的主干由阿多诺自己的经验和反思间接提炼而成,正如他在书的副标题中所说,是对"受损生活"的经验和反思。该书与法兰克福学派的所有作品一样,超越了如认识论或伦理学等传统的哲学分类。在大约写作该书的同一时间,阿多诺在别处写道:"智慧是一个道德的范畴。感性与知性的分离,使白痴有可能自由而满足地说话,使历史造成按照功能把人分离,也被感性和知性的分离实体化了。"[105] 因此,哲学必须回到它的初衷:"教导正确的生活。"[106] 然而,在目前的条件下,它必定仍然是一门"忧郁的科学",而不是像尼采希望的那样,是一门"快乐的"科学,因为它成功的机会微乎其微。最重要的是,它必须让人不安,而不是给予安慰:"你眼中的刺*就是最好的放大镜。"[107]

阿多诺在该书的最后一句格言中表明,从相信最终和解的希望

---

*　此处阿多诺化用了《马太福音》(7:3):"为什么看见你弟兄眼中有刺,却不想自己眼中有梁木呢?"——译注

可能实现的观点,他已经走了多远。他选择使用的术语现在是自觉的神学术语。他提出,哲学要再次负起责任,可以通过"努力从救赎(Erlösung)的立场上看待一切事物。知识只有一束光,这束光是从救赎中照耀世界的;其他的光都在事后的(post facto)建构中耗尽自身,始终是技术的一部分"。[108] 然而,阿多诺马上便退缩了,拒绝认为拯救或救赎可能真正实现。换句话说,他不认为有可能在认识绝对的同时不否定有限而偶然的现实情况。他矛盾地断言,思想必须为了事实上的可能而理解这种不可能:"面对来自这种认识的挑战,救赎本身的现实性或非现实性的问题几乎无关紧要。"[109]

本雅明在去世前不久曾写道:"我们对幸福的印象与对救赎的印象相互联系,不可分割……像我们之前的每一代人一样,我们被赋予了一种**微弱的**救世主力量。"[110] 在《最低限度的道德》中,阿多诺似乎同意救赎与幸福之间的联系,但却否认他的时代有一种哪怕被削弱的救世主力量。他暗示,积极自由及其所承诺的真正调和,永远是乌托邦式的希望,无法在人间实现。否定之否定这个异化回归自身的梦想曾激励着黑格尔和马克思,却必然继续受挫。正如阿多诺后来的一本著作的书名所表明的那样,辩证法只能是否定的。[111] 霍克海默后来表达出对叔本华的兴趣,证实了批判理论的这种焦点转向。当霍克海默写下"站在时间性的立场上反对无情的永恒,就是叔本华意义上的道德",[112] 他只是附和了阿多诺在《最低限度的道德》中的观点:不摧毁有限和偶然,就无法满足总体性的要求。

当然,与此同时,法兰克福学派仍然认为,乌托邦式的希望虽然永远无法完全实现,但必须保留这份希望。矛盾的是,只有这样的希望才能防止历史回归神话。正如霍克海默在1943年给洛文塔尔写信,信中讨论纳粹的历史感时说:

他们的历史概念说到底就是对纪念碑的崇拜。如你所说，没有那种乌托邦式的因素，就没有所谓的历史，而他们身上缺乏的就是这种乌托邦式的元素。正是由于其拔高过去，法西斯主义才是反历史的。纳粹追溯历史，只想说强者必定为王，人们无法从指导人类的永恒法则中解放出来。当他们讨论历史的时候，他们讨论的恰恰是历史反面——神话。[113]

持这种观点的法兰克福学派将自己置身于一长串怀揣乌托邦愿景的思想家之列，他们的愿景与其说是行动的蓝图，不如说是与主流现实的引力保持批判距离的来源。[114]

社会研究所的理论意图在 1940 年代发生这种微妙而又关键的转变，正是前文提到的第二个不连贯产生的主要原因。随着社会研究所的重点从阶级斗争转向人与自然的冲突，一个能够开创革命时代的历史主体就已经消失。某些人所谓社会研究所英雄时代曾以实践为当务之急，而这已不再是其思想的组成部分。阿多诺在 1969 年去世前不久说过一句话，被人们广泛引用："当我提出我的理论模型时，我怎么也想不到，有人会打算用燃烧瓶来实现它。"[115] 阿多诺这么说，并不是因错误估计了自身思想的实践意义而哀叹。相反，这句话反映了批判理论本身的一个基本结论：否定永远不可能被真正否定。到写作《最低限度的道德》甚至更早的时候，阿多诺已经接受了这样一个忧郁的现实："曾经显得过时的哲学现在还活着，因为实现它的时刻已经被错过了。"[116]

目前还不清楚，还可以采取哪种类型的实践。霍克海默在《理性之蚀》中提醒，理性没有为政治活动提供任何准则。批判理论的激进化让它与人们普遍接受的激进实践渐行渐远了。然而，法兰克福学派从未真正退回到把自由主义或保守主义当作一种令人信服的选择。保留非同一性和否定似乎意味着自由主义式的多元主义，但社会研究所不相信群体在大众社会中相互竞争的现实。在其他方面，它的立场也与自由主义相左，而自由主义在很大程度上就是启蒙运动的产物。渐进式的进步、以技术掌握自然、将宽容当作目的本身，所有这些自由主义的信仰都是霍克海默和他的同事们所不能接受的。伯克式保守主义的非理性前提也是同理，尽管迈克尔·奥克肖特等一些保守主义的现代阐释者也以类似的狂热抨击工具理性主义。右翼黑格尔派保守主义者重弹的肯定性老调，及其对现存世界内在理性的信念，也不是很有吸引力。事实上，批判理论如今已经无法提出一种批判性的实践。积极自由概念的内在张力已经大到无法忽视。作为理性的自由和作为自我实现行动的自由之间的联合已经分崩离析。法兰克福学派遵循其最初的本能，只能选择理性，哪怕理性处于在20世纪被管理的噩梦中可能找到的缄默而消极的形式之下。霍克海默等人仿佛在说，理论，是仍对诚实者开放的唯一实践形式。[117]

后记

1946年春,洛文塔尔向霍克海默报告了一些来自德国的令人振奋的消息:

> (曾在社会研究所求学的)约瑟夫·迈尔在给妻子(时任纽约分部行政负责人的爱丽丝·迈尔)的信中写道:德国的好学生和知识分子们对得到我们的作品比得到食物更感兴趣。你知道这意味着什么。他认为,如果可能的话,所有的大学都希望得到《社会研究期刊》。[1]

法兰克福学派长期以来坚持用德语写作,他们的读者开始出现了。在迈尔的信发出几个月后,法兰克福社会各界人士、部长顾问保罗·克林格尔霍弗(Paul Klingelhöfer)、大学校长瓦尔特·哈尔斯坦(Walter Hallstein)和院长海因茨·绍尔曼(Heinz Sauermann)找到社会研究所,首次提出了让研究所返回其发源地的具体建议。[2]

当时,霍克海默还不愿意做出积极的回应。对偏见的研究尚未完成,而社会研究所在美国接下来几年的承诺,使其无须仓促做出决定。然而,到了1947年4月,有迹象表明,霍克海默已经开始松动了。他写信给洛文塔尔说，[3]如果要研究美国反偏见计划对德国人的影响，在法兰克福设立一个分支机构就可能有帮助。此外，社会研究所还可以向德国学生传授美国的社会科学技术，从而对抗传统德国学术界过度思辨的偏见。此时，还没人提出要将研究所的总部迁回去。事实上，直到 1947 年 8 月，他们还在考虑让研究所挂靠在洛杉矶地区某所大学的可能性。[4]

次年春天，自 1933 年匆匆离去后流亡海外的霍克海默首次回访德国。他应邀参加法兰克福议会成立一百周年的纪念仪式，作为法兰克福市的客人受到热情接待，并在大学举办了一系列广受欢迎的讲座。法兰克福的官员们强烈希望能吸引研究所回迁，以此恢复该市在前纳粹时代在知识圈的显赫地位，这种愿望相当强烈。最终，他们的努力证明是成功了。在包括高级专员约翰·J. 麦克劳伊（John J. McCloy）在内的美国占领区官员的鼓励下，该市提出了一个霍克海默认为无法拒绝的条件。到了当年 9 月，他已决心返回，并给克林格尔霍弗写信告知了他的决定，对方很快就答应下来。1949 年 7 月 13 日，十六年前被撤销的大学教席得到了恢复，稍有变化的是，现在它成了社会学和哲学的教席，不再是社会哲学的教席。当然，随着霍克海默的到来，社会研究所本身也有了捐赠基金和图书馆。他后来回忆说，[5]研究所的重建不应被理解为接受一个悔过自新的政府的赔偿（Wiedergutmachung），因为没有任何东西可以弥补德国的所作所为。相反，研究所回迁，是为了向那些通过帮助犹太人来抵抗希特勒的德国人们表达敬意。

刚接触到德国学生，霍克海默很快就意识到自己做出了正确的决定。他在 2 月写给洛文塔尔的信中说，"太不可思议了，（社会研究所）在 1933 年之前创造的经验，在许多欧洲知识分子的脑海中竟如此深刻而持久。即使经历了第三帝国时期，这种经验也没有被否定。如今我们的责任是在将来证实和深化这一经验。"[6] 学生们的热情在他身上唤醒了相应的热烈反应。他在4月写道:"在过去的两个月里,我简直是在夜以继日地工作。最美的还是教学。即便在假期里,我们也没有和学生们失去联系。"[7] 那些年在法兰克福做客座教授的埃弗里特·休斯记得霍克海默是他见识过最优秀的德语演讲者。[8] 霍克海默的授课技巧和他在研讨会上的个人热情很快为他在学生中赢得了相当多的追随者。其他移民很少选择回归,而在站稳脚跟后,霍克海默和与他同去的人就再也没有后悔过他们的选择。

霍克海默为什么犹豫了几年才做出事后看来如此成功的举动,这不难理解。人们很少会仓促回到一个他们曾经遭受过放逐和迫害的地方。此外,在相当长的时间里,社会研究所返回后的确切地位并不明确;他们原本试图获得教科文组织的赞助,最终因个人恩怨而失败了。此外,尽管社会研究所关于美国的文章带有浓烈的批评语气,但其成员在美国的个人经历总体上是不错的。从1934年的尼古拉斯·默里·巴特勒[9] 到十年后的约翰·斯劳森,社会研究所得到了美国各界的支持和鼓励。和其他许多难民一样,法兰克福学派的成员们也对有如此之多的"好心人"[10] 感到惊喜。在战争期间,出于与美国共同对抗希特勒的团结感,他们数次欣然为美国政府效力。因此,霍克海默和其他人都很不愿意割断与美国的关系,毕竟这个国家在大约十五年间都是他们的家。事实上,直到确信可以保留美国的入籍公民身份后,霍克海默才同意留在德国。随着约翰·麦克劳伊提出的特别法案由杜鲁门总统于1952年7月签署成为法律,回到原籍国的霍克海默得以继续持有他的美国公民身份。[11]

比再次迁居的艰苦更令人痛苦的,也许是社会研究所的成员并非都会陪他回德国。在他们当中,只有阿多诺真正急于离开。后来，他这样解释他的愿望：

> 回到德国的决定很难说只是出于简单的主观需要和思乡，尽管我并不否认这一点。还有一个客观原因，那就是语言。不仅仅是因为一个人永远不可能像用自己的语言那样，用一种新的语言准确表达自己的意思，包括表达所有的细微差别和思路的节奏。更准确地说，对哲学尤其是哲学的思辨环节，德语拥有特殊的选择性亲和（Wahlverwandtschaft）。[12]

波洛克也愿意同去，主要是出于对霍克海默和社会研究所的忠诚，而不是不喜欢美国。

然而，社会研究所内部的其他成员却不是这样，尤其是有人无法确保得到大学的教授职位。1946年2月8日，洛文塔尔曾写信给霍克海默说："我发现自己处于一个有趣的辩证处境。在1938年，我是我们所有人中最强烈建议解散我们的组织框架的人。今天，我比以往任何时候都更清楚地看到了可能的风险。"但到了真正要去德国来落实这种情绪时，洛文塔尔却步了。他即将与美国心理学者玛乔丽·菲斯克（Marjorie Fiske）结婚，这无疑是他不愿回去的原因之一。1949年，他接受了"美国之音"研究部主任的职位，从而结束了在社会研究所为期二十三年的任职。七年后，他加入了加州大学伯克利校区的社会学系。

1940年代，马尔库塞与社会研究所的联系越来越弱，他选择留在美国的国务院，直到1950年，他回到哥伦比亚大学，担任社会学讲师和俄罗斯研究所的资深研究员。在接下来的两年里，他还在哈佛的俄罗斯研究中心做研究，期间写出了《苏联的马克思主义》（Soviet Marxism）一书。[13]1954年，他加入了布兰迪斯大学的观念史项目，在这里待了十一年，在此期间，他靠《爱欲与文明》和《单向度的人》建立起来的地下名声与日俱增。当他于1965年离开马萨诸塞州沃尔瑟姆（Waltham）前往加州大学的圣地亚哥分校时，对于方兴未艾的新左派而言，他已经快要成为国际知名的导师了。

战后，奥托·基希海默也继续为美国政府工作，先是在国务院欧洲研究司担任研究分析员，1950年至1955年又担任该司中欧处处长。在接下来的七年里，他在社会研究所的老竞争对手纽约社会研究新学院的研究生院任教。1961年，他出版了他的巨著《政治正义》（Political Justice）。次年，他加入哥伦比亚大学政府系，在那里任教，直到1965年他的六十岁生日后几天去世。社会研究所的其他前成员也在美国大学找到了工作。诺伊曼在哥伦比亚大学任教，格哈德·迈耶在芝加哥大学任教，马辛在罗格斯大学任教，约瑟夫·迈尔和芬利也是那的教员。改姓马丁的库尔特·曼德尔鲍姆最终成为英国曼彻斯特大学的经济学家。如前文所述，亨里克·格罗斯曼确实回到了德国，但没有回到社会研究所。他去了苏区，在莱比锡度过了几年不愉快的时光，于1950年去世。古尔兰也于1950年回到德国，先在柏林政治学院任教，后在达姆施塔特技术高校任教。

魏复古的事业在这个时候发生了重要的转折，值得一些笔墨。1947年，他建立了由华盛顿大学和哥伦比亚大学赞助的中国历史项目，这是他从研究所脱身的最后一步。四年后，有关共产党渗透政府和学术机构的指控日益激烈，他被由参议员帕特·麦卡伦（Pat McCarran）领导的参议院司法委员会内部安全小组委员会传唤。[14] 魏复古后来宣称，他去的时候非常不情愿，而他在1951年8月7日做的证词是他对那些年的反共歇斯底里所做的唯一贡献。[15]

他在证词中讨论了太平洋关系研究所的渗透问题，仅仅在谈到最初接触太平洋关系研究所时提到了社会研究所。五天前，在赫德·马辛（Hede Massing）的证词中被指认为共产党员的尤利安·贡佩尔茨被认定为（两所研究机构之间接触的）中间人。在魏复古的证词中出现过的名字里，唯一与社会研究所有联系的外围人物是芬利，他后来决定离开美国去英国，肯定是受到了魏复古的指控影响。可以说，芬利的这一举动最终被证明非常成功：他在 1960 年代末被任命为剑桥大学古典学系主任。

魏复古还在他的证词中用伤感的语气声称，当他成为一个公开的反共产主义者时，他在学界的人脉已经枯竭了。当然，毫无疑问，他在社会研究所的前同事们认为他的新立场很可恶，特别是由于他个人披露了以前的政治效忠。研究所同事们坚信，他与猎巫者的合作远远不止那天在麦卡伦委员会面前作证，尽管他本人愤怒地断言，事实恰恰相反。无论真相如何，魏复古从那时起就成了法兰克福学派那不受欢迎的人（persona non grata），这个国家的许多其他具有自由思想的学者也不喜欢他。尽管霍克海默对某些社会研究所成员决定留在美国感到失望，但他对魏复古的选择并不遗憾。

因此，当社会研究所回到法兰克福时，工作人员大大减少了。不过，它得到的支持却很大。1949 年 6 月，一份敦促研究所重新开张的请愿书开始流传。请愿书的签名者名单令人叹为观止，显示出许多学界同仁对社会研究所的尊重。其中包括戈登·奥尔波特（Gordon Allport）、雷蒙·阿隆、科勒（G. D. H. Cole）、乔治·皮博迪·古奇（G. P. Gooch）、莫里斯·金斯伯格、欧根·科贡（Eugen Kogon）、拉扎斯菲尔德、罗伯特·林德、塔尔科特·帕森斯（Talcott Parsons）、蒂利希、罗伯特·麦基弗和詹姆斯·T. 肖特韦尔（James T. Shotwell）。请愿书的部分内容包括："复兴的法兰克福分部将有两个方面的功能，其一是规划和主导研究项目，也许更重要的是其二，也就是指导新一代德国学生了解社会科学的现代发展。"[16] 财政支持来自多个方面。麦克劳伊基金提供了二十三万六千马克，是重建所需总额的一半。社会研究学会负责监督社会研究所所受的资助，也把其所剩的全部资金捐了出来，这笔钱超过了所需金额的三分之一，其余的资金来自法兰克福市和私人捐助者。可以补充一点，由于阿根廷的通货膨胀，费利克斯·韦尔已经无法再提供支持了。[17]

1950年8月，社会研究所开始在森根贝甘拉格（Senckenberganlage）的管理委员会（Kuratorium）房间里重新开工，隔壁被炸毁的建筑残骸就是社会研究所当年的原址。[18] 阿多诺担任助理所长，五年后，他被提升到霍克海默的级别，成为联席所长。次年11月14日，在离原址不远的同一条街上，一座新的建筑落成了。建筑师阿洛伊斯·盖费尔（Alois Geifer）设计了一栋简约而实用的建筑，让人联想到之前弗朗茨·罗吉勒之前为社会研究所办公楼打造的新即物主义风格。著名的社会学家勒内·柯尼希（René König）和列奥波德·冯·维泽在开幕式上致辞，费利克斯·韦尔也有致辞。开幕式的音乐是勋伯格的作品，可谓恰如其分。社会研究所再次运转起来，在新生中被俗称为"马克斯咖啡馆"（Café Max）。这个新的绰号不仅是意指马克斯·霍克海默，也是指社会研究所在战前被称为"马克思咖啡馆"的声誉。去掉其中的"r"象征着社会研究所在美国期间远离激进主义的转变。* 值得注意的是，在研究所最初的任务中，有一项是将《偏见研究》中的几篇译成德语。虽然《社会研究期刊》没有恢复，但社会研究所很快就开始出版一系列《法兰克

---

* 从 Café Marx 到 Café Max，其中 r 正好是德语和英语中"激进"（radikal/radical）的首字母。——译注

福社会学论丛》，其中第一卷是在霍克海默六十大寿时为他撰写的纪念文集。[19]

最初几年，霍克海默主要忙于社会研究所的改组和大学的学术事务。[20] 1950年，他被选为哲学系主任，次年11月，五十六岁的他被选为大学校长。[21] 就在一周前，维尔纳·里希特（Werner Richter）被任命为波恩大学校长，是第一位归化的美国人成为德国大学的校长；霍克海默则成了第二位。也许更具象征意义的是，他还是德国历史上第一位出任大学校长的犹太人。1952年，他又被选中连任，继续任职十二个月。到这个任期结束时，他获得了法兰克福市授予的最高荣誉——歌德奖。七年后，他年满退休，搬到了瑞士，该市又授予他终身荣誉市民的称号。

然而，霍克海默与美国的联系依然紧密。社会研究所在纽约的分支机构虽然在接下来的二十年里一直没有活动，但一直由爱丽丝·迈尔看管。霍克海默本人曾担任美国国会图书馆的外国顾问，并为此编写了《西德社会科学调查》（A Survey of Social Sciences in Western Germany）。[22] 1954年，他短期返回美国，成为芝加哥大学的兼职教师，在接下来的五年里，他都会定期回到芝加哥大学。不过，阿多诺仍留在法兰克福，除了1953年在洛杉矶的哈克基金会短暂停留后，就再也没有回到美国。霍克海默和波洛克于1958年退休后，来到瑞士的蒙塔诺拉镇比邻而居，住处俯瞰着卢加诺湖，此后社会研究所的所长由阿多诺担任。霍克海默和波洛克一直到1960年代都对社会研究所的事务保持着积极的兴趣，即使是在新人开始承担起更多的管理职责之后，比如领导着社会研究所统计部门的鲁道夫·贡策特（Rudolf Gunzert）与指导着社会研究所实证工作的路德维希·弗里德堡。霍克海默也在写作，虽然速度比以前慢了一些。他的新文章与阿尔弗雷德·施密特翻译的《理性之蚀》一起被收录在 1967 年出版的《工具理性批判》(*Kritik der instrumentellen Vernunft*)中。然而，有人劝说他把《社会研究期刊》上刊载的文章重新发表，他一开始就拒绝了。1965 年 6 月，他给费舍出版社写了一封信，解释说他写那些文章的环境已然变化，所以他才不情愿；他认为，这些文章的内容很可能因此在今天遭到误解。[23] 但在 1968 年，他终于让步了，期待已久的《批判理论》(*Kritische Theorie*)分两卷重新出版。该书的问世是激发人们对社会研究所早期历史时期产生兴趣的主要刺激之一，本书也才应运而生。

受篇幅所限，这里无法对社会研究所的历史及其核心成员在返回德国后的历史作更多的介绍，只是做一个高度概括性的概述。同样，要认真讨论阿多诺从 1950 年代初到 1969 年夏天去世为止所发表的大量著作，也必须留待下次了。[24] 同样也没法分析马尔库塞在 1960 年代将法兰克福学派的作品有影响力地传递给美国的新受众。[25] 既然我们把本书局限于 1950 年以前的时期，就不得不遗憾地略去社会研究所影响最大的时期。相反，本书选择将注意力集中在社会研究所创造力最强的那几年，也就是流亡美国的那几年。

事实上，可以说，造成这种创造力丰富的条件之一正是法兰克福学派在那些年里的相对孤立。霍克海默在 1950 年代初重回故土后备受推崇，法兰克福的圈子因重获了至少一位魏玛文化的幸存者而心存感激。他与康拉德·阿登纳（Konrad Adenauer）打过照面，并频繁地出现在无线电广播、电视和报刊上。[26] 还记得他曾给洛文塔尔写信说："除了我们三四个人之外，肯定还有其他的心灵和大脑与我们感觉相通，但我们看不到他们，也许他们无法表达自己的想法"。[27] 显然，那段日子已经过去了。

随着认可和公众的赞誉，社会研究所的批判逐渐锋芒不再，因为正是其早先的局外人地位砥砺了它的批判锋芒。一种独特的"法兰克福学派"意识以及其中所蕴含的所有内在的僵化,开始日益明朗。阿多诺曾写道:"忠于勋伯格,就要警惕所有十二音律派。"[28]那么社会研究所的批评者们就会说,[29]忠于批判理论的原始精神,就要警惕"法兰克福学派"的物化。此外,使研究所更年轻、更激进的信徒进一步感到不安的,是这种变化在意识形态上的影响。霍克海默等人在1940年代竭力反对的冷战精神,在1950年代和1960年代开始逐渐渗透到他们自己的言论中。[30]一条越来越大的鸿沟开始把霍克海默和阿多诺两人与马尔库塞分开,后者的政治倾向仍然坚定地偏向左翼。他们之间仍然维系着个人关系,没有公开承认过这种裂痕,但私下的分歧却很激烈。当马尔库塞崭露头角的时候,可没有担任美国哪所主要大学的校长并会见国家元首。事实上,公众对他与法兰克福学派之间联系的认知本身就微乎其微。除了担任美国一些大学的教员之外,他没有其他的体制性联系,也不需要向对他有所期待的公众展示一张"负责任"的面孔。把马尔库塞与前同事的分歧仅仅归因于这个因素,甚至主要归因于这个因素,当然都是言过其实,但很可能是有一定影响。

指出法兰克福学派在1950年以后在制度上的一致性是重要的,并不意味着法兰克福学派在整个历史上都缺乏这种一致性。正如爱德华·希尔斯(Edward Shils)所指出的:[31]至少与卡尔·曼海姆等比较孤立的人物相比,促进社会研究所影响力的关键因素之一,是研究所在近半个世纪的时间里从未间断过的制度连续性。霍克海默虽然公开表示不喜欢琐碎的行政管理工作,但他却在人员组织上很精明,也是一位高超的财政支持保障者。负责管理研究所行政事务波洛克是一位训练有素的经济学家,他曾经半开玩笑地说,在管理研究所的资金方面,他可不如霍克海默这位哲学家。[32]曾经的合作伙伴保罗·拉扎斯菲尔德本人也是一位手腕高超的"管理型学者",[33]他也曾经承认过,霍克海默拥有类似的品质,尽管没有那么明确。[34]社会研究所在接连不断的颠沛流离中顽强地保持着它的集体身份,这在很大程度上必须归功于霍克海默复杂的个性、智识的力量和实际的组织天赋。波洛克曾经说过,"你不知道社会研究所的历史及其成员的著作中有多少事情是源于霍克海默。如果没有他,我们大家可能都会以不同的方式发展。"[35]对于一些立场坚定的反对者,比如弗洛姆和诺伊曼,若劝说无果,霍克海默乐意让对方淡出社会研究所的事务,而不是任由意见分歧长期存在。保罗·马辛在描述社会另一位成员对霍克海默的忠诚时,感动地引用了席勒《华伦斯坦》(Wallenstein)中的台词,大致是在说,"既然没有让我与他平起平坐,我决定无止境地爱他"。[36]虽然如果说社会研究所内部的其他成员只不过是霍克海默身边的卫星,那肯定是不公正的,但他的主导地位总体上不可质疑。在他的所有同事中,似乎只有阿多诺与他之间有着等量齐观的相互影响。

因此,将在美国时的研究所与回到法兰克福的第二代研究所区别开来的,并不是组织上缺乏一致性,而是社会研究所在与其社会和知识环境的互动中所发挥的作用。在美国,社会研究所的作用是使霍克海默及其同事在很大程度上与外界隔绝。社会研究所在财政上是独立的,至少就其理论工作而言是如此,而且在117街的大楼这样的独立空间,因此它可以在几乎没有外部压力或干预的情况下继续进行产出。它慎重地决定用德语写作,这首先意味着不可能拥有大量的美国追随者。虽然如本杰明·纳尔逊(Benjamin Nelson)和芬利等一些土生土长的学生,在晨边高地接受了社会研究所的培养,但在美国本土并没有发展出真正的"法兰克福学派"。因此,尽管社会研究所与哥伦比亚大学和美国犹太人委员会等有声望的赞助人有联系，但其局外人地位是稳固的。

局外人身份导致的代价是显而易见的。尽管法兰克福学派经常与哥伦比亚大学的常任教员有一些联系，但它总体上仍游离于美国学术生活的主流之外。这使得它可以做出一些假设，如把实用主义与实证主义等同起来，而这些假设完全缺乏理据。这也使社会研究所与美国知识传统中的潜在盟友断绝了联系，比如乔治·赫伯特·米德（George Herbert Mead）。[37]最后，社会研究所无意中让美国公众根据那些用英文发表的样本形成了对其工作的偏颇看法。

社会研究所为什么故意拒绝许多其他难民所热衷的同化，原因很复杂。应当记住，社会研究所最初的工作人员都是由一些魏玛激进主义的边缘人所组成的，尽管他们各自的政治参与程度因形势各不相同。虽然它的一些早期拥趸有党派关系，但社会研究所整体上与正规的政治组织没有任何联系。此外，尽管社会研究所与法兰克福大学之间的关系松散，但它从一开始就自觉地与德国正常的学术等级制度保持距离。最后，除了犹太背景比较正统的弗洛姆之外，研究所的成员通常来自被同化的犹太家庭。同化的犹太人仍然是犹太人，他们在德国社会中的边缘地位从未被完全克服。简而言之，与其他许多到美国的流亡者不同，法兰克福学派在被迫离开德国之前，一直是一群局外人。

毫不奇怪，纳粹掌权的创伤巩固了社会研究所的疏远状态。对此具有象征意义的是，研究所许多成员曾一度被迫使用化名：霍克海默的笔名是"海因里希·雷吉乌斯"、阿多诺是"黑克托·罗特魏勒"（Hektor Rottweiler）、本雅明是"德特勒夫·霍尔茨"和"康拉德"、魏复古是"克劳斯·欣里希斯"或"卡尔·彼得森"、基希海默是"海因里希·塞茨"（Heinrich Seitz）；马辛是"卡尔·比林格"；博克瑙是"弗里茨·荣曼"（Fritz Jungmann）；库尔特·曼德尔鲍姆是"库尔特·鲍曼"（Kurt Baumann）。更严重的是，有些与社会研究所以各种方式相联系的人都葬送在了纳粹手里。这些逝者包括安德里亚斯·斯特恩海姆、卡尔·兰道尔、保罗·路德维希·兰茨贝格，还有间接死于纳粹之手的瓦尔特·本雅明。其他的人，如魏复古和马辛等，都曾见识过集中营的内幕，但很幸运地在集中营或类似场所变成灭绝中心之前就被释放了。因此，我们没有什么理由去质疑社会研究所的成员们在移民美国后的若干年里，对自己的安全问题仍不放心的根源。而伴随着这种不确定性，社会研究所也开始向内转向。迟至1946年，霍克海默还在给洛文塔尔的信中引用爱伦·坡的话：

> 同样地，没有什么比以下事实更清楚的了：一个真正慷慨并真切感受他人仅仅口头上宣称的情感的人，必然会在各个方面被误解，其动机也会被曲解。
>
> 正如极端的智慧会被认为是愚昧，过度的骑士精神同样也必然会被视为极致的卑劣，其他的美德亦概莫如是。这确实是一个痛苦的问题。毋庸置疑，这样的个体已然超凡脱俗；但是，回顾历史寻找他们存在的痕迹时，我们应该忽略所有"大人物们"的生平传记，而去仔细搜寻那些死在监狱、疯人院或绞刑架上的不幸者留下的雪泥鸿爪。

然后他还补充道："在过去的岁月里，我从来没有读到过比这些更接近我们自己思想的句子。"[38]

然而，回到法兰克福后，这一切都发生了变化。促成回国这一决定的目的之一是社会研究所对新一代德国学生可能产生的影响。这意味着它将更多地参与所在大学社区的正常学术生活。法兰克福学派不再相对孤立地发展，而是成为德国社会学和哲学思想的主要潮流之一。它的理论工作非但没有被忽视，反而成为激烈争议的源头，如前所述，争议的规模之大可与半个世纪前分裂德国社会思想的方法论之争（Methodenstreit）相提并论。没有了语言的障碍阻止社会研究所思想的广泛传播，人们前所未有地感受到了他们带来的刺激（Stimulus）。即使是社会科学中最保守的历史学科，也受到了批判理论的影响。[39] 比起在魏玛共和国时期，哪怕条件类似，法兰克福学派在战后德国空旷的知识环境中也更加令人瞩目。简而言之，1950年以后，法兰克福学派的机构实体在其成员的思想和整个社会之间起到了积极的中介作用。机构让孤立成为历史，为批判理论在新环境中的发展提供了一个传播平台。

我们的目的并不是要纠缠于社会研究所回到法兰克福后的部分重新整合，而是要强调这种情况与其在美国时期的孤立状态之间的鲜明反差。即使不节外生枝地勾连批判理论的内容与创作者的经历之间不必要的直接联系，也仍然必须指出，法兰克福学派强调否定、非同一性，还把"不参与"（nicht mitzumachen）的必要性挂在嘴边，正符合那些孤立的经历。

然而，如果想靠提出这一点来揭穿他们，那就是白费功夫，因为法兰克福学派自己显然也得出了同样的结论。阿多诺的《最低限度的道德》将哲学归结为"反思受损的生活"，也明确地表达了这一点。社会研究所从来没有接受曼海姆所谓"自由漂浮的知识分子"这种漂亮话。阿多诺写道："曼海姆尊崇'自由漂浮'的知识分子，答案不在于其'根植于存在'的反动假设，而在于从根本上，自诩自由漂浮的这些知识分子就是根植于必须改变的，可他们却只是在假装批判的那种存在之中。"[40]

社会研究所之所以热衷于保持其局外人的地位，是因为认识到这种地位在某种程度上是在其理论工作中保持一种真正的批判姿态的先决条件。然而，这意味着自主性不仅要脱离常规政治、学术机构和大众文化，还要脱离任何声称体现否定性的社会力量。不像更为正统的马克思主义者，法兰克福学派从未认为工人和知识分子之间的个人互动会对双方有益。早在1937年的《传统理论与批判理论》中，霍克海默就否认了激进理论与无产阶级之间的必然联系，转而主张与所有愿意"说出真相"的"进步"力量联合起来。[41] 到1951年，阿多诺已经排除了任何集体站在真理一边的可能性，而把残余的进步社会力量定位在批判的个体身上。这导致了他后来否认学生激进派或者其他新生的"否定"团体是站在真正变革一方的正当社会力量。1950年以后，社会研究所可能已经重新整合成型，但它并没有融合其成员在最初阶段所认同的那些团体，也没有融合自诩继承了他们的后来者。尽管法兰克福学派的成员对曼海姆所谓自由漂浮的知识分子这一思想嗤之以鼻，但他们越来越趋近于这一模式。

当然，仅仅从其成员个人的疏离经历来解释社会研究所的工作是不够的。如果说法兰克福学派疏离于其所处的文化环境，可它与特定的历史传统仍然有着至关重要的联系。1938年，本雅明曾写道："社会研究所的成员因对资产阶级意识的批判而汇聚一处。这种批判不是从外部进行的，而是一种自我批判。"[42] 尽管霍克海默和他的朋友们早年对社会主义充满热情，但他们无可争议地是上层资产阶级家庭的子弟。在一定意义上，他们有着与同时代的许多中产阶级同样的反资产阶级情绪。托马斯·曼在《布登勃洛克一家》(*Buddenbrooks*)清晰地表述过典型的世代传承——第一代人赚钱，第二代人巩固社会地位，第三代人退缩到审美的不悦中。然而研究所成

后记　　371

员们所遵循的模式却略有不同。在他们这个具体案例中，智识上的反传统与社会责任感相结合，直接接续了财富的积累。由于没有受社会尊重的中间代际，他们比资产阶级的其他反资产阶级子弟们更不愿意通过叛逆的生活方式来维护自己的独立性。表现主义一代略早于他们，而霍克海默和其他人没有经历表现主义那一代的奢侈，他们把所有的批判精力都用于相对不带个人色彩的社会思想领域。除了弗洛姆和洛文塔尔丧失了早年的宗教性之外，他们似乎已经躲过了后来所谓的认同危机。典型的表现主义转变（Wandlung）在恩斯特·托勒尔（Ernst Toller）的同名剧作中被表现得淋漓尽致，可他们都没遇上。他们与魏玛和后来美国生活的日常荒诞保持距离，库尔特·图霍尔斯基（Kurt Tucholsky）等与这些事情更接近的其他左翼知识分子饱尝的苦涩和胆怯，他们却得以避免。以局外人的标准来说，他们在整个流亡期间都生活在相对舒适的环境中。在社会研究所成员中，被生活摧残得最严重的一位是本雅明，如果不是因为他性格中具有严格区分生活和工作这个奇怪的因素，他很可能就把怨恨表达在他的作品中了。[43] 面对自己的不安全感，其他几位的反应则是牢牢坚持他们自出生以来便一直沉浸在其中的上层资产阶级生活方式。

社会研究所的成员不仅保持了这种生活方式，而且在某种程度上也忠实于可比较的文化价值。弗里茨·林格最近在《德国士大夫的衰落》一书中回顾了德国高等教育精英留下的财富，事实上，研究所成员们的态度与这一阶层有着某些惊人的相似之处。[44] 诚然，社会研究所的成立是为了抵消格林贝格所谓士大夫机构（Mandarinanstalten）的影响。[45] 然而，格林贝格和林格对"士大夫"的定义却截然不同。格林贝格所谓的士大夫，是将自己的技能服务于现状的技术知识分子；而对林格来说，士大夫类似于马克斯·韦伯所研究的中国文人："一种社会和文化精英，其地位主要归功于教育资格而非世袭权利或财富。"[46]19世纪末，在地主精英衰落、工业资产阶级尚未完全崛起时的平衡时期，林格所谓的士大夫实现了短暂的崛起。但到了1890年左右，他们感到自己受到了工业资产阶级即将战胜地主精英的威胁，因为工业国家（Industrialtaat）就要取代农业国家（Agrarstaat）。因此，他们日益对现代性和大众社会的兴起采取顽固僵化的姿态。

在某些方面，法兰克福学派可以被纳入到林格的士大夫模型中。他们更像士大夫而不是更正统的社会主义者，弥漫在他们笔下的更多是失落和衰落感，而不是期望和希望。他们也和士大夫一样，厌恶大众社会及其所倡导的功利主义与实证主义价值观。同样，他们也反对似乎弥漫在现代知识生活中的专业化精神。林格用来描述士大夫的一句话也很适用于社会研究所："真正令他们担心的，不是各学科之间的**相互孤立**，而是在各学科内部学术与某种哲学之间的日益分离。"[47]法兰克福学派对启蒙不信任，这种不信任同样是士大夫捍卫德国传统**文化**的一个重要因素。在流亡中，他们把自己看作受困的文化载体（Kulturträger），士大夫们肯定会认可这种自我形象。最后，即使到实践在他们的著作中已是当务之急的时候，他们那固有的非政治性态度，也让人不得不比较士大夫们对政治利益纠纷的高傲蔑视。

然而，尽管存在这些相似之处，也不能将法兰克福学派的成员简单地归为流亡中的士大夫后进。首先，林格的士大夫基本上是学术界的局内人，是既有知识精英的领袖。本书多次指出，社会研究所力图摆脱传统的大学社区，严厉批评了传统大学社区的自以为是和精英主义。其次，他们所秉持价值的历史定位与士大夫们并不完全相同。正如林格所指出的，"士大夫们的学术遗产中最重要的

后记

373

形式要素是康德批判、观念论的理论和德国历史传统。"[48] 然而，法兰克福学派则在世界观上更接近于1840年代的黑格尔左派。因此，与许多士大夫不同，他们拒绝将拥护庸俗的观念论来当作庸俗唯物主义的解药。前文提过，批判理论植根于对传统观念论与唯物主义二元对立的辩证克服。唯物主义和实证主义不一定像许多士大夫所假设的那样是同义词。第三，法兰克福学派对旧有文化价值的捍卫，从来就不意味着将这些价值实体化，使之与物质利益相分离或高于物质利益。社会研究所所驳斥的"肯定文化"正是以这种分离为特征。社会研究所关注肉体和感官幸福，也非士大夫之所为，后者的观念论具有禁欲主义的一面。霍克海默和他的同事希望将精神分析纳入批判理论，士大夫们则不出所料地认为精神分析毫无用处。[49]

法兰克福学派对现代社会的批判之所以与众不同，是因为霍克海默等人并没有断然否定士大夫的价值观，而是表明将这些价值观以某种方式绝对化必然导致对这些价值观的背叛。正如阿多诺所言：

> 如果说文化批评始终站在保守主义一边，即使在瓦莱里所代表的巅峰也是如此，那是因为它不自觉地秉持了一种文化观念，在晚期资本主义时代，这种文化观念的目标是一种稳定的、独立于股票市场波动的财产形式。这种文化观念断言其与系统保持距离，以便在普遍的动态中提供普遍的安全感。[50]

最后，法兰克福学派与士大夫的区别在于，学派成员拒绝寻求解决现代社会矛盾的万灵药。相比将共同体和"人民性"诉诸感情，社会研究所力图揭露这种过早和解所固有的危险。纳粹的"大众社会"（Volksgemeinschaft）和战后美国的"单向度社会"都意味着以非正当的意识形态共识之名义消除主体性。

简而言之，无论社会研究所的成员从他们诞生于其中的士大夫传统中吸收了多少东西，他们早期接触的弗洛伊德以及更重要的马克思对他们造成的影响始终强劲。不可否认，社会研究所在20世纪马克思主义史上的作用本身就是成问题的。尽管最终放弃了马克思主义理论的许多基本信条，比如工人阶级的革命潜力、阶级斗争是历史的动力、[51]经济基础结构是任何社会分析的中心等，但法兰克福学派早年的确为马克思主义做出了巨大的贡献。霍克海默和他的同事们在斯大林主义猖獗的时代参与维护了马克思身上自由主义冲动的正直，因而对后斯大林主义的激进主义者后来恢复这种冲动起到了至关重要的作用。他们坚持对马克思主义理论的哲学假设提出质疑，极大地提高了马克思主义圈内的讨论水平，并促使马克思主义在圈外成为正当的探讨对象。他们还始终如一地将历史唯物主义作为一种开放的批判，而不是一套公认的真理，为深陷濒临僵化的教条主义的历史唯物主义恢复了活力。社会研究所愿意开辟新的领域，使精神分析和马克思主义这些看似不一致的系统有可能进行富有成效的相互渗透。最后，法兰克福学派巧妙地将马克思中隐含的论点以一种富有想象力的方式应用于文化现象，有助于把唯物主义文化批评从社会主义现实主义枯燥的训诂考据拯救出来。

然而，最终，社会研究所对马克思主义进行的修正如此深远，以至于失去了被列入马克思主义众多分支的资格。社会研究所质疑能够实施理性社会的历史主体是否实际存在甚至潜在存在，最终抛弃了马克思著作的核心前提，即理论与实践的统一。研究所成员在1960年代与德国新左派发生的冲突，不过是之前转型的工作成果。在许多更正统的马克思主义者看来，即使是马尔库塞的"大拒绝"，也是对政治行动模糊而不确切的鞭策，不过是无政府主义传统中对现状的"不确定的否定"。[52]1962 年，卢卡奇表达了他和其他马克思主义者对法兰克福学派的蔑视，他把法兰克福学派称为"深渊大饭店"（Grand Hotel Abgrund）。[53] 随着马尔库塞晚年知名度的提高，甚至连他那批判理论更激进的变体也成了正统马克思主义者谩骂的对象。当然，这绝不是什么新鲜事。例如，费利克斯·韦尔记得 1929 年发生的一件事，他的某个行为引起了德国共产党中央委员会一位成员的反驳："多可惜啊，费利克斯，你从来不曾入党，否则我们现在就可以开除你的党籍。"[54]（顺带一说，库尔特·图霍尔斯基 1932 年听过的同样的话。）[55] 新的情况是，1950 年以后，法兰克福学派的知名度越来越高，这使得其叛逆的唯物主义对更传统的马克思主义者构成了更大的威胁，并因此更成为蔑视的对象。

同样成问题的是社会研究所在知识分子移民中的作用，这个移民群体对美国的集体影响巨大。社会研究所显然为援助赴美难民付出了巨大的努力，尽管在社会研究所公布其实际支持的人员名单之前，无法得知资助的确切规模。大约有五十名年轻的学者通过社会研究所的门路最终成为美国教授，[56] 包括保罗·霍尼希斯海姆、汉斯·格特和保罗·巴兰等有影响力的人物。与伯克利舆论研究小组等其他机构的合作无疑也产生了影响。

然而，社会研究所的思想影响充其量只能说是不平衡的。前文已经指出，它在 1940 年代的经验研究产生了巨大影响，对大众文化的批评也是如此。但总的来说，它的理论工作却被人忽视了。社会研究所想要努力防止哲学沦为实证主义社会科学，却没有取得真正的成功。这在一定程度上反映了社会研究所倾向于用最极端的术语来表达其理论批判。阿多诺曾写道，"在精神分析中，只有夸张的东西才是真的。"[57] 在批判理论中，有时似乎也遵循了同样的原则。

因此，比如法兰克福学派对美国社会的批判有时似乎表明，纳粹的强制和"文化工业"之间并不存在真正的区别。事实上，学派一些批评者就指控说，纳粹经历对社会研究所的成员造成了如此巨大的创伤，以至于他们只能从法西斯主义潜力这种术语来评判美国社会。[58] 由于他们与美国生活相当隔绝，美国的发达资本主义和大众社会不同于欧洲的独特历史因素不在他们的视野之内。社会研究所始终坚持认为，极权主义是自由主义的产物，而不是反过来，但在美国，存在着一个抵制这种转变的自由主义资产阶级社会。社会从未真正深入地探讨过为什么会这样。研究所成员们煞费苦心地阐明了欧洲和美国之间的相似之处，而提到的不同之处则要少得多。

这意味着，社会研究所的理论工作在美国取得的成就有限，主要是它自己的责任。当然，现实情况要复杂一些。还必须理解的是，法兰克福学派对美国社会思想的传统智慧的挑战有多大。我在别处提过，[59] 在美国接受中欧难民的过程中，可以看出一种有选择的接受模式。虽然绝非没有例外，但最热烈的欢迎留给了那些思想上最接近魏玛共和国中期盛行的新即物主义精神的新来者们。无论是建筑学上的包豪斯、哲学上的维也纳学派，还是社会学上的保罗·拉扎斯菲尔德招牌式的定量研究，清醒的即物性/客观性和技术进步的伦理都在美国知识界获得了响应。尽管最初那栋办公楼采用了新即物主义的设计，但社会研究所从一开始就对"新即物主义"提出了批评。[60] 在霍克海默和其他人看来，一边是清算主体性，另一边是过早克服现代生活中的矛盾，新即物主义代表了这两者之间的一种风格关联。尽管他们不再纠缠于这种风格本身，但他们继续谴责那些以新即物为指导精神的人。然而，在1930年代和1940年代，他们显然是在逆潮流而行。直到之后一段时间，美国的受众才觉得，他们对现代性弊端的非难颇有道理。几十年后，对生态学、工具理性和妇女解放等问题的广泛关注才涌现出来，而法兰克福学派在一代人之前就已经很成熟地探讨过这些问题。

因此，如果社会研究所继续驻留，是否会成功地成为美国知识生活中的一支重要力量，这个问题将成为悬案。选择留下的成员们当然认为会取得成功。[61] 马尔库塞在 1960 年代突然流行起来，他那些著作很大程度上都建立在法兰克福学派早期作品中预示过的大方向上，这一点表明他们很可能是正确的。相反的情况也存在，比如弗洛姆、诺伊曼和魏复古等社会研究所历史上不那么核心的人物都获得了可观的追随者，而霍克海默在战后的美国仍然是一个普遍不为人知的人物。

当然，相比推测可能发生的事情，历史学者的任务更应该是试图弄清实际发生过的事情。社会研究所是西方当代史上一个无与伦比的事件中的一个独特要素。它是现代唯一一例由跨学科的学者聚集在一起，从共同的理论基础出发研究不同的案例。此外，虽然流亡通常伴随着分散，但社会研究所却能保持团结。而且，学派还是魏玛文化的唯一集体代表，在流亡中幸存下来，并在德国文化的过去和后纳粹时代的现在之间起架起了一座桥梁。等到在法兰克福重建的时候，社会研究所不仅能够传授在美国获得的方法论技巧，而且还能够在丰富遗产曾被希特勒竭力抹杀后重振文脉。在帮助把德国文化带到美国之后，社会研究所又继续在把这些文化带回德国上出了一份力。即使随着几位年长的领导人去世和学生队伍越发激进动荡，研究所这个机构在 1970 年代能否存续这个问题前途未卜，有了像尤尔根·哈贝马斯、（刚刚接任阿多诺担任研究所所长的）阿尔弗雷德·施密特、奥斯卡·内格特和阿尔布雷希特·韦尔默这样的学生，社会研究所的持续影响有望进一步扩大。

如果不是因为法兰克福学派的真正疏离并没有随着研究所在地

理上回归故地而终结这一关键事实，那么黑格尔所谓精神复归自身这一观点在这里似乎会是一个贴切的隐喻。前文强调的社会研究所重新整合，从来都只是一个局部而不完整的过程。阿多诺在他一个比较痛苦的时刻写道："在奥斯维辛之后，写诗是野蛮的。"[62] 只有保持其批判性和否定的动力，书写社会理论和主导科学研究才更具有包容性。因为，法兰克福学派始终坚持，只有拒绝庆祝现在，才有可能保留一种未来的可能性——一个写诗将不再是一种野蛮行为的未来。

注释

1996 年再版序言

1 甚至王室成员都很好奇。查尔斯王子在剑桥读书的时候,他的导师彼得·拉兹利特(Peter Lazlett)就叫他读马尔库塞的《单向度的人》。有一种说法是"查尔斯告诉他,他是在前往澳大利亚进行王室巡游时'和父亲'一起读的,他们白天阅兵,晚上阅读资产阶级的神秘化…查尔斯没有对他所学的内容发表评论。"请参见"一个破碎的新欧洲之王?"(Bryan Appleyard, "King of a Fragile New Europe?," *The Sunday Times*, London, July 22, 1990, p. 6.)。

2 波洛克 1970 年 5 月 13 日致本书作者的信(Friedrich Pollock to Martin Jay, Montagnola, May 13,1970)。

3 见《未知的维度:列宁以降的欧洲马克思主义》(Dick Howard and Karl E. Klare, eds., *The Unknown Dimension: European Marxism Since Lenin* [New York, 1972])。

4 在 1969 年 9 月的第五届年度社会主义学者会议上,我曾发表题为"乌托邦主义的抽象政治学"的演讲,其内容事后发表,但标题是由责编自行选定的。请参见《激进美国》(*Radical America*, 4,3 [April, 1970])、《异议》(*Dissent*, 17, 4 [July-August, 1970])、《美国社会主义的复兴:社会主义学者会议文选》(George Fischer, ed., *The Revival of American Socialism: Selected Papers of the Socialist Scholars Conference* [New York, 1971])。这些文章收录在我的文集《永恒流亡:论德国向美国的知识分子流亡》(*Permanent Exiles: Essays on the Intellectual Migration From Germany to America* [New York, 1986])中再次出版。在书中,我批判马尔库塞的"大拒绝"这一总体观点是一种审美的抽象政治学,低估了多元主义的重要性。

5 这写于我加入洛文塔尔在伯克利的院系并有幸与他发展一段亲密友谊之前。

关于我对他的遗产的反思，请参见我发表于《泰洛斯（/目的因）》洛文塔尔八十岁生日专刊那一期上的导论（*Telos*, 45 [Fall, 1980]）和"纪念洛文塔尔"（"Leo Lowenthal: In Memoriam," *Telos*, 93 [Fall, 1992]）。

6　当然，他们并未被完全忽视。比如参见近期的文集《弗洛姆与法兰克福学派》（Erich Fromm und die Frankfurter Schule, eds., *Michael Kessler and Rainer Funk* [Tübingen, 1992]）、《论马克斯·霍克海默：新视角》（*On Max Horkheimer: New Perspectives*, eds. Seyla Benhabib, Wolfgang Bonß, and John McCole [Cambridge, Mass., 1993]）、《马尔库塞：从新左翼到下一代左翼》（*Marcuse: From the New Left to the Next Left*, eds., John Bokina and Timothy J. Lukes [Kansas, 1994]）。

7　比如参见《规范与例外之间：法兰克福学派与法治》（William E. Scheuerman, *Between the Norm and the Exception: The Frankfurt School and the Rule of Law* [Cambridge, Mass., 1994]）。艾伦·肯尼迪（Ellen Kennedy）曾引发过施米特与批判理论之间关系的讨论，请参见她的《卡尔·施米特与法兰克福学派》（Ellen Kennedy, "Carl Schmitt and the Frankfurt School"）和笔者对此的回应《协调不可协调之事：答艾伦·肯尼迪》（Martin Jay, "Reconciling the Irreconcilable? A Rejoinder to Kennedy"）、《卡尔·施米特之外：法兰克福学派的政治理论》（Alfons Söllner, "Beyond Carl Schmitt: Political Theory in the Frankfurt School"）和《德国左翼的批判：回应肯尼迪》。这四篇文章都刊载于《泰洛斯（/目的因）》（*Telos*, 71 [Spring, 1987]）。至于肯尼迪本人的回应，请参见《卡尔·施米特与法兰克福学派》（Ellen Kennedy, "Carl Schmitt and the Frankfurt School," *Telos*, 73 [Fall, 1987]）。

8　关于其在拉丁美洲的重要性请参见《向往完全的他者：法兰克福学派与拉丁美洲》（Martin Traine, "Die Sehnsucht nach dem ganz Anderen" *Die Frankfurter Schule und Lateinamerika* [Cologne, 1994]）。在澳大利亚，尽管受教于1970年代移民到那的布达佩斯学派成员，期刊《论文十一》（*Thesis Eleven*）也对批判理论的遗产表现出强烈兴趣。在日本，近期发行的期刊 *BA-TOPOS* 也扮演了类似的角色。

9　《后现代性的状况：对文化变迁之缘起的探究》（David Harvey, *The Condition of Postmodernity: An Enquiry into the Origins of Cultural Change* [Oxford, 1989]）。

10　同上，p. 159。奥菲的论证参见他的《去组织的资本主义：工作和政治的当代转型》（*Disorganized Capitalism: Contemporary Transformations of Work and Politics*, ed. John Keane [Cambridge, Mass., 1985]）。

11 关于一种全球化的批判，请参见《时间、工作、劳动和社会统治：马克思批判理论的重新解释》(Moishe Postone, *Time, Labor, and Social Domination: A Reinterpretation of Marx's Critical Theory* [Cambridge, 1993])第三章。

12 关于最近对批判理论的继受及其与其他学派思想的复杂关系的整体研究，请参见《再评价：战后批判理论中变动的组合》(Peter Uwe Hohendahl, *Reappraisals: Shifting Alignments in Postwar Critical Theory* [Ithaca, 1991])。关于将本雅明和阿多诺的作品置于如今高度竞争的美学历史中，请参见《美学意识形态》(Terry Eagleton, *The Ideology of the Aesthetic* [Cambridge, Mass., 1990])。

13 关于我曾试图讨论他的位置，请参见《哈贝马斯与现代主义》和《哈贝马斯与后现代主义》，收录于《世纪之交的社会主义及其他》(*Fin-de-Siècle Socialism and Other Essays* [New York, 1988])。

14 "反对后现代主义：对埃米利奥·加利·祖加罗的访谈"(Leo Lowenthal, "Against Postmodernism," Interview with Emilio Galli Zugaro, in *An Unmastered Past: The Autobiographical Reflections of Leo Lowenthal*, ed., Martin Jay [Berkeley, 1987], p. 262)。关于洛文塔尔对后现代主义的抵抗，请参见我的《体验与/或实验：洛文塔尔与后现代的挑战》("Erfahrungen und/oder Experimentieren: Löwenthal und die Herausfordung der Postmoderne," in *Geschichte Denken: Ein Notizbuch für Leo Löwenthal*, ed. Frithjof Hager [Leipzig, 1992])。

15 《后现代主义：或晚期资本主义的文化逻辑》(Fredric Jameson, *Postmodernism: Or, The Cultural Logic of Late Capitalism* [Durham, 1991], p. 17)。

16 有关这些主题的激烈辩论，请参见《批判理论》(David Couzens Hoy and Thomas McCarthy, *Critical Theory* [Cambridge, Mass., 1994])。

17 关于这些主题的讨论，请参见《现代性问题：阿多诺与本雅明》(Andrew Benjamin, ed., *The Problems of Modernity: Adorno and Benjamin* [London, 1989])和《诸启蒙：批判理论遭遇现代法国思想》(Kampen, The Netherlands, 1993])。

18 哈贝马斯对《启蒙辩证法》最坚定的批判见于《现代性哲学话语》(*The Philosophical Discourse of Modernity: Twelve Lectures*, trans. Frederick Lawrence [Cambridge, Mass., 1987])。在美国，哈贝马斯对《启蒙辩证法》的批判和"尼采式"、批判理论中元结构主义或后结构主义的特点也许在理查德·沃林(Richard Wolin)的作品中得到了最详尽地说明。参见他的《文化批判主义的术语：法兰克福学派、存在主义、后结构主义》(Richard Wolin, *The Terms of Cultural Criticism: The Frankfurt School, Existentialism, Poststructuralism* [New York, 1992])。英国哲学家伯恩斯坦(J. M. Bernstein)则激烈地维护阿多诺，

反对哈贝马斯。请参见他的《艺术的命运：从康德到德里达与阿多诺的美学异化》(J. M. Bernstein, *The Fate of Art: Aesthetic Alienation from Kant to Derrida and Adorno* [University Park, Pa., 1992])和《恢复伦理生活：尤尔根·哈贝马斯和批判理论的未来》(J. M. Bernstein, *Recovering Ethical Life: Jürgen Habermas and the Future of Critical Theory* [London, 1995])。

19 关于一个试探性比较，请参见《艺术的命运》(J. M. Bernstein, *Recovering Ethical Life: Jürgen Habermas and the Future of Critical Theory* [London, 1995])。

20 关于模仿的问题，请参见拙文《模仿与模仿学：阿多诺与拉库拉巴特》(Martin Jay, Mimesis und Mimetology: Adorno und Lacoue-Labarthe," in Gertrud Koch, ed., *Auge und Affekt: Wahrnehmung und Interaktion* [Frankfurt, 1995])。关于与拉康的对比，参见《瓦解的逻辑：后结构主义思想与批判理论的主张》(Peter Dews, *The Logics of Disintegration: Post-Structuralist Thought and the Claims of Critical Theory* [London, 1987])；至于近期的再评价，请参见《颠倒与乌托邦：对精神分析与批判理论的研究》(Joel Whitebook, *Perversion and Utopia: A Study in Psychoanalysis and Critical Theory* [Cambridge, Mass. 1995])。

21 比如参见《用福柯重访马尔库塞：当〈论解放〉遇到〈性史〉》(Paul Breines, "Revisiting Marcuse with Foucault: An Essay on Liberation meets The History of Sexuality" in Marcuse, eds., *Bokina and Lukes*)。这本文集中的其他文章试图把马尔库塞重新置于有关后现代主义的讨论中。

22 福柯的《阿多诺、霍克海默和马尔库塞：谁才是"历史的否定者"？》(Foucault, "Adorno, Horkheimer, and Marcuse: Who is a 'Negator of History?,'" *Remarks on Marx: Conversations with Duccio Trombadori*, trans. R. James Goldstein and James Cascaito [New York, 1991], p. 119–120)。福柯曾经和作者提到，1977年的《辩证的想象》的初版法文翻译第一次提醒他存在相似性。比较福柯与法兰克福学派已经成为一种频繁的消遣，比如参见《权力的批判：批判社会理论反思的几个阶段》(Axel Honneth, *Critique of Power: Reflective Stages in a Critical Social Theory*, trans. Kenneth Baynes [Cambridge, Mass., 1991])与《批判与权力：重铸福柯与哈贝马斯的辩论》(Michael Kelley, ed., *Critique and Power: Recasting the Foucault/Habermas Debate* [Cambridge, Mass., 1994])。

23 比如参见《本雅明的基座：对瓦尔特·本雅明的新阅读》(*Benjamin's Ground: New Readings of Walter Benjamin*, ed., Rainer Nägele [Detroit, 1988])中收录的文章。

24 德里达的"法之力：权威的'神秘基础'"(Derrida, "Force of Law: The 'Mys-

tical Foundation of Authority'," in *Deconstruction and the Possibility of Justice*, ed. Drucilla Cornell et al., [New York, 1992])。

25 比如参见《世俗的启明：瓦尔特·本雅明与超现实主义革命的巴黎》(Margaret Cohen, *Profane Illumination: Walter Benjamin and the Paris of the Surrealist Revolution* [Berkeley, 1993])。

26 《新的星丛：现代性/后现代性的伦理/政治水平线》(Richard J. Bernstein, *The New Constellation: The Ethical/Political Horizons of Modernity/Postmodernity* [Cambridge, 1991])。

27 "对后现代问题的些许附录"(Jean-François Lyotard, "A Svelte Appendix to the Postmodern Question," in *Political Writings*, trans. Bill Readings and Kevin Paul [Minneapolis, 1993], p. 28)。

28 《晚期马克思主义：阿多诺，或辩证法的坚持》(Fredric Jameson, *Late Marxism: Adorno, Or, The Persistence of the Dialectic* [New York, 1990], pp. 249–252)。

29 关于我对这一问题的思考，请参见"课堂里的阶级斗争？美国'研讨课马克思主义'之谜"("Class Struggle in the Classroom? The Myth of American 'Seminarmarxism'." *Salmagundi*, 85-86 [Winter, Spring, 1990])。斯蒂芬·T. 伦纳德（Stephen T. Leonard）也辩称无论如何，批判理论还是在诸如批判教学法、女性主义、解放神学这些领域产生了可观的实践效果。请参见他的《政治实践中的批判理论》(Stephen T. Leonard, *Critical Theory in Political Practice* [Princeton, 1990])。也可以参见一本早期文集《批判理论与公共生活》(*Critical Theory and Public Life*, ed., John Forester [Cambridge, Mass., 1985])。

30 "都市航线：法兰克福与纽约之间的社会研究所"("Urban Flights: The Institute of Social Research between Frankfurt and New York," in *Force Fields: Between Intellectual History and Cultural Critique* [Berkeley, 1993])。

31 《深渊大饭店：批判理论的相片传记》(Willem van Reijen and Gunzelin Schmid Noerr, eds., *Grand Hotel Abgrund: Ein Photobiographie der Kritischen Theorie* [Hamburg, 1988])。

32 《法兰克福学派：历史、理论及政治影响》(Rolf Wiggershaus, *The Frankfurt School: Its History, Theories, and Political Significance*, trans. Michael Robertson [Cambridge, Mass., 1994])。

33 《阿多诺》(*Adorno* [Cambridge, Mass., 1984]) 一书试图纵观他的整个生涯。《马克思与总体性：一个概念从卢卡奇到哈贝马斯的历险》(*Marxism and Totality: The Adventures of a Concept from Lukács to Habermas* [Berkeley, 1984]) 试

图把批判理论对总体性概念的反思置于西方马克思主义这个总体之上。《永恒流亡：从德国到美国的知识分子流亡》(Permanent Exiles: Essays on the Intellectual Migration from Germany to America [New York, 1985])收录了我有关研究所的历史和齐格弗里德·克拉考尔等其他流亡者的诸多论文。《一段无法主宰的过去：列奥·洛文塔尔的自传反思》(An Unmastered Past: The Autobiographical Reflections of Leo Lowenthal [Berkeley, 1987])是洛文塔尔的文本和采访的合集。

导论

1. 《否定》(Herbert Marcuse, *Negations: Essays in Critical Theory*, trans. Jeremy J. Shapiro [Boston, 1968])一书中很多文章以德文在《文化和社会》两卷本(*Kultur und Gesellschaft*, 2 vols. [Frankfurt, 1965])中重新发表。
2. 《批判理论》(Max Horkheimer, *Kritische Theorie*, ed. Alfred Schmidt, 2 vols. [Frankfurt, 1968])。
3. 《本雅明选集》(Walter Benjamin, *Schriften*, ed. Theodor W. Adorno and Gershom Scholem, 2 vols. [Frankfurt, 1955])、《棱镜：文化批判与社会》(Theodor W. Adorno, *Prismen* [Frankfurt, 1955], published in English as Prisms, trans. Samuel and Shierry Weber [London, 1967])、《试论瓦格纳》(*Versuch über Wagner* [Frankfurt, 1952])、《不和谐音：被宰治的世界之音乐》(*Dissonanzen: Musik der verwalteten Welt* [Frankfurt, 1956])《文学和人的意象》(Leo Lowenthal, *Literature and the Image of Man* [Boston, 1957])、《文学、通俗文化和社会》(*Literature, Popular Culture, and Society* [Englewood Cliffs, N.J., 1961])、弗朗茨·诺伊曼的《民主与威权主义国家》(*The Democratic and the Authoritarian State*, ed. Herbert Marcuse [New York, 1957])。此外，更多研究所成员们的近作包括《精神分析的危机》(Erich Fromm, *The Crisis of Psychoanalysis* [New York, 1970])《政治、法与社会变革》(Otto Kirchheimer, *Politics, Law, and Social Change*, ed. Frederic S. Burin and Kurt L. Shell [New York, 1969])；《叙述艺术与社会：十九世纪德国文学的社会问题》(Leo Lowenthal, *Erzählkunst und Gesellschaft: Die Gesellschaftsproblematik in der deutschen Literatur des 19. Jahrhunderts* [Neuwied and Berlin, 1971])。

第一章　社会研究所的成立及其第一段法兰克福岁月

1 《德国社会民主：1905 年至 1977 年》(Carl Schorske, German Social Democracy, 1905-1977[Cambridge, Mass., 1955])。

2 这些生平资料来自 1970 年到 1971 年间韦尔与本书作者马丁·杰伊之间的一系列通信。

3 《社会化：试论概念基础》(Felix Weil, Sozialisierung: Versuch einer begrifflichen Grundlegung [Nebst einer Kritik der Sozialisierungspläne] [Berlin-Fichtenau, 1921])。

4 原来本书作者遵循费克利斯·韦尔的说法，说这发生在 1922 年夏天，可米格达尔（Ulrike Migdal）在《法兰克福学派早期历史》中质疑了这个时间（Ulrike Migdal, *Die Frühgeschichte des Frankfurter Instituts für Sozialforschung* [Frankfurt, 1981], p. 34），她在书中声称这一定发生在春天。布克米勒（Michael Buckmiller）在他对整个时间的深度重构"1923 年'马克思主义工作周'与'社会研究所'的基础"（Michael Buckmiller, "Die 'Marxistische Arbeitswoche' 1923 und die Gründung des 'Instituts für Sozialforschung," in *Grand Hotel Abgund: Eine Photobiographie der Frankfurter Schule*, eds., Willem van Reijen and Gunzelin Schmid Noerr [Hamburg, 1988], p. 144i）中纠正了这个主张。我后来也纠正了我的说法。

5 赫德·马辛后来成为苏联的间谍人员，但在 1930 年代末否认了她的关系。1948 年，她在阿尔杰·希斯的审判中作证，并写了一本关于她的经历的书，名为《这次欺骗》(*This Deception* [New York, 1951])。除了引人入胜地回忆了为俄国人做间谍的意义外，书中还包含了几幅对研究所成员们详细却偶尔也过度浪漫化的人物肖像，包括尤利安·贡珀茨、保罗·马辛和理查德·佐尔格。马辛夫人本人在 1944 年至 1945 年期间为研究所做了一些采访，当时研究所正在进行一项关于美国劳工中反犹太主义的研究。

6 1971 年 1 月 10 日韦尔致布赖内斯的信。

7 "论目的论的判断力之二律背反"未刊稿（Max Horkheimer, "Zur Antinomie der teleologischen Urteilskraft" [unpub., 1922]）。

8 霍克海默的教职论文题为《作为理论与实践哲学之间环节的康德〈判断力批判〉》(*Kants Kritik der Urteilskraft als Bindeglied zwischen theoretischer und praktischer Philosophie* [Stuttgart, 1925])。对他的第一次讲座的描述可参见《法兰克福与黄金二十年代》(Madlen Lorei and Richard Kirn, *Frankfurt und die golde-*

nen zwanziger Jahre [Frankfurt, 1966], p. 97）。

9　《我的二十年代》(Ludwig Marcuse, *Mein zwanzigstes Jahrhundert* [Munich, 1960], p. 114)。

10　1971 年 1 月 19 日在新罕布什尔州梅勒迪斯对格哈德·迈耶的访谈。

11　这是为了劝说赫尔曼·韦尔自资助研究所而像他推荐的计划（1969 年 3 月在瑞士蒙塔诺拉对波洛克的访谈）。

12　1971 年 1 月 31 日韦尔致本书作者的信。

13　同上（Ibid.）。

14　1969 年 3 月在瑞士蒙塔诺拉对波洛克的访谈。

15　《理查·佐尔格案》(F. W. Deakin and G. R. Storry, *The Case of Richard Sorge* [London, 1966], p. 32)。

16　《法兰克福大学社会研究所》(*Institut für Sozialforschung an der Universität Frankfurt am Main* [Frankfurt, 1925], p. 13)。

17　《迈尔回忆录》(Gustav Mayer, *Erinnerungen* [Zurich and Vienna, 1949], pp. 340–341)。

18　关于格恩伯格一生的细节，请参见《奥地利传记辞典》(Österreiches Biographisches Lexicon, 1915–1950, vol. II [Graz-Köln, 1957–1959])。

19　《卡尔·格林贝格与奥地利马克思主义的开端》(Gustav Nenning, *Carl Grünberg und die Anfänge des Austromarxismus* [Graz, 1968], p. 94)。

20　《改良主义与布尔什维克主义之间：作为理论与实践的奥地利马克思主义》(Norbert Leser, *Zwischen Reformismus und Bolshewismus: Der Austromarxismus als Theorie und Praxis* [Vienna, Frankfurt, and Zurich, 1968], p. 177)。

21　《赫斯与观念论辩证法的问题》(Georg Lukács, "Moses Hess und die Probleme der idealistischen Dialektik," *Grünbergs Archiv* XII [1926])。

22　1971 年 1 月 8 日韦尔给我写的信。

23　比如参见《黎明 / 黄昏》(Heinrich Regius, "Die neue Sachlichkeit," *Dämmerung* [Zurich, 1934], p. 216)。该书是霍克海默以笔名亨利希·里格斯发表的，因为在德国刊发著作必须署名。

24　《1924 年 6 月 22 日法兰克福大学社会研究所开幕致辞》(Carl Grünberg, "Festrede gehalten zur Einweihung des Instituts für Sozialforschung an der Universität Frankfurt a.M. am 22 Juni 1924," *Frankfurter Universitäts-Reden* XX [Frankfurt, 1924])。

25　顺带一说，格林贝格对这个概念的使用与弗里茨·林格（Fritz Ringer）在

《德国士大夫的没落》(*The Decline of the German Mandarins* [Cambridge, Mass., 1969])中的用法恰恰相反。

26 《威廉·洪堡作品集》(Wilhelm von Humboldt, *Schriften*, selected by W. Flemmer [Munich, 1964], p. 307)。

27 格林贝格的"开幕致辞"(Grünberg, "Festrede," p. 11)。

28 《桑巴特对马克思主义的"反驳"》(Friedrich Pollock, *Sombarts "Widerlegung" des Marxismus* [Leipzig, 1926], a Beiheft of the *Grünbergs Archiv*);《一个新的意识形态概念》(Max Horkheimer, "Ein neuer Ideologie Begriff?," *Grünbergs Archiv* XV [1930])。

29 1927年10月斯威德致伊斯特曼的信(Letter from Oscar H. Swede to Max Eastman, October i, 1927),藏于印第安纳大学莉莉图书馆手稿部里伊斯特曼的个人收藏。我要特别感谢加州大学尔湾分校的杰克·狄更斯(Jack Diggins)让我注意到这封信。

30 1930年,弗朗茨·席勒(Franz Schiller)写过一篇颂扬式的长文《莫斯科的马克思恩格斯研究所》("Das Marx-Engels Institut in Moskau," *Grünbergs Archiv* XV)。

31 社会研究所这方面的工作在移民美国后由希尔达·韦斯(Hilde Rigaudias-Weiss)继续,他发现了一份到那时为止都不为人所知的调查问卷,内容是马克思调查1830年至1848年法国工人的状况(*Les Enquêtes ouvrières en France entre 1830 et 1848*; Paris, 1936)。

32 《理查德·佐尔格》(Deakin and Storry, *Richard Sorge*, p. 32)。

33 1969年3月在蒙塔诺拉对波洛克的访谈。

34 直到1944年社会研究所未公开的历史也就是"在晨边高地的十年里",科尔施仍被列为"研究员",但这似乎意义甚微。这段历史参考了洛文塔尔的私人馆藏。

35 韦尔说他是"典型的独来独往者,无法与团队共事"(1971年6月5日致本书作者的书信)。

36 1969年3月在蒙塔诺拉对波洛克的访谈。

37 1971年6月7日贝克致本书作者的信。贝克是霍克海默名下社会研究所相关文档的保管员,这些文档被保存在蒙塔诺拉,至今没有公开。

38 《黎明/黄昏》(H. Regius, *Dämmerung*, pp. 122—130)。

39 同上(Ibid., p. 130)。

40 亨里希·格罗斯曼在致保罗·马蒂克的信中附上了他的《马克思,古典国家经济学和动态问题》(Marx, die klassische Nationalökonomie und das Problem der Dynamik [Frankfurt, 1969]),并附有马蒂克的意大利语后记(pp. 85–86, italics in the original)。

41　魏复古的生平信息来自 1971 年 6 月 21 日在纽约对他的访谈,以及一本即将刊发的传记《卡尔·奥古斯特·魏复古：理解他的生平和作品》(G. L. Ulmen, *Karl August Wittfogel: Toward an Understanding of His Life and Work*)作者非常大方地允许我提前参阅。

42　《市民社会的经济》(Karl August Wittfogel, *Die Wissenschaft der bürgerlichen Gesellschaft* [Berlin, 1922])和《市民社会史》(*Geschichte der bürgerlichen Gesellschaft* [Vienna, 1924])他第一本关于中国的书是《觉醒的中国》(*Das erwachende China* [Vienna, 1926])。

43　《马克思主义文学理论》(Helga Gallas, *Marxistische Literaturtheorie* [Neuwied and Berlin, 1971], p. III)。

44　《从封建世界观到市民世界观的过渡》(Franz Borkenau, *Der Übergang vom feudalen zum bürgerlichen Weltbild* [Paris, 1934])。

45　1964 年发行于纽约。作为对比,可以参见《意识形态的概念》。(George Lichtheim, *The Concept of Ideology* [New York, 1967], p. 279)。在 1969 年 2 月与本书作者的对话中,作者里希海姆强调了博克瑙的非凡并宣称他未被研究所公平对待。

46　《机械论哲学的社会基础》(H. Grossmann, "Die gesellschaftlichen Grundlagen der mechanistischen Philosophie," *ZfS* IV, 2 [1935])。

47　《1772 年至 1790 年期间奥地利的贸易政策》(Grossmann, *Österreichs Handelspolitik, 1772–1790* [Vienna, 1916])。

48　1969 年 3 月在蒙塔诺拉对波洛克的访谈,1968 年 8 月在伯克利对洛文塔尔的访谈和 1969 年 5 月在纽约对原社会研究所纽约分部秘书艾丽斯·迈尔的访谈。

49　引自《马克思,古典国家经济学和动态问题》(Grossmann, *Marx, die klassische Nationalökonomie und das Problem der Dynamik*, p. 113)。

50　《资本主义体系的积累与崩溃法则》(Grossmann, *Das Akkumulations-und Zusammenbruchsgesetz des kapitalistischen Systems* [Leipzig, 1929])。

51　对该书最近的分析请参见《阐释与批判亨利希·格罗斯曼的崩溃理论》(Martin Trottman, *Zur Interpretation und Kritik der Zusammensbruchstheorie von Henryk Grossmann* [Zurich, 1956])。马蒂克给《马克思,古典国家经济和动

态问题》的后记是更为认同的欣赏。

52 比如可参见《崩溃理论的崩溃》（Alfred Braunthal, "Der Zusammenbruch der Zusammenbruchstheorie," *Die Gesellschaft* VI, 10 [October, 1929]）。马蒂克在他给《马克思，古典国家经济学和动态问题》后记中强烈攻击了这种批判（p.127）。

53 关于马克思自己忽略服务业和对生产的强调，请参见《对马克思哲学的一些批判评述》（George Kline, "Some Critical Comments on Marx's Philosophy," in *Marx and the Western World*, ed. Nicholas Lobkowicz [Notre Dame, Ind., 1967]）。波洛克自己的观察从未刊印。

54 《1917 年至 1927 年间苏联计划经济的尝试》（F. Pollock, *Die planwirtschaftlichen Versuche in der Sowjetunion [1917–1927]* [Leipzig, 1929]）。

55 《〈政治经济学批判〉出版七十年》（D. B. Ryazanov, "Siebzig Jahre 'Zur Kritik der politischen Ökonomie,'" *Grünbergs Archiv* XV [1930]）。

56 对他在 1922 年十一届党代会上唱反调的描述，请参见《布尔什维克》（Adam Ulam, *The Bolsheviks* [New York, 1965], pp. 544–546）。

57 《黎明/黄昏》（Regius, *Dämmerung*, pp. 152–153）。

58 《社会研究方面的新苏俄文献》（Rudolf Schlesinger, "Neue Sowjetrussiche Literatur zur Sozialforschung," *ZfS* VII, 1 [1938], and VIII, 1 [1939]）。

59 对诺贝尔拉比的描述，可参见《罗森茨威格：生平与思想》（Nahum Glatzer, *Franz Rosenzweig: His Life and Thought* [New York, 1953], passim）（中译本 2017 年由漓江出版社出版。——译注）。

60 关于两人关系的描述，参见《奇异的现实主义者：论齐格弗里德·克拉考尔》（Theodor W. Adorno, "Der wunderliche Realist. Über Siegfried Kracauer," *Noten zur Literatur* III [Frankfurt, 1965]）。

61 《从卡里加利到希特勒》（Siegfried Kracauer, *From Caligari to Hitler* [Princeton, 1947]）（中译本由上海人民出版社出版，2008 年。——译注）。

62 《贝尔格：最小过渡的大师》（Adorno, *Alban Berg: Der Meister des kleinsten Übergangs* [Vienna, 1968], p. 20）。

63 《作曲家西奥多·阿多诺》（René Leibowitz, "Der Komponist Theodor W. Adorno," in *Zeugnisse: Theodor W. Adorno zum sechzigsten Geburtstag*, ed. Max Horkheimer [Frankfurt, 1963]）。

64 《箭指蓝天》（Arthur Koestier, *Arrow in the Blue* [New York, 1952], p. 131）。

65 《贝尔格：最小过渡的大师》（Adorno, *Alban Berg*, p. 37）。

66 同上（Ibid.）。

67 《胡塞尔现象学中事物的与意向相关项的超越性》（Adorno, *Die Transzendenz des Dinglichen und Noematischen in Husserls Phänomenologie* [Frankfurt, 1924]）。

68 关于对蒂利希与社会研究所关系以及其神学与批判理论的关系的讨论，请参见《保罗·蒂利希作品与影响：纪念册》（*Werk und Wirken Paul Tillichs: Ein Gedenkbuch* [Stuttgart, 1967]）里回忆霍克海默与阿多诺的部分。

69 《克尔凯郭尔：审美对象的建构》（Adorno, *Kierkegaard: Konstruktion des Aesthetischen* [Tübingen, 1933, rev. ed. Frankfurt, 1966]）（中译本由人民出版社于2008年出版。——译注）。

70 参见第一章脚注中对德国大学中职称及相关待遇的解释。

71 《罗莎·卢森堡论俄国革命》（F. Weil, "Rosa Luxemburg über die Russische Revolution," *Grünbergs Archiv* XIII [1928]）与《阿根廷劳工运动》（"Die Arbeiterbewegung in Argentinien," Ibid. XI [1925]）。

72 《市民历史哲学的开端》（Horkheimer, *Die Anfänge der bürgerlichen Geschichtsphilosophie* [Stuttgart, 1930]）。

73 《社会哲学的现状和社会研究所的任务》（"Die gegenwärtige Lage der Sozialphilosophie und die Aufgaben eines Instituts fur Sozialforschung," *Frankfurter Universitätsreden*, XXVII [Frankfurt, 1931]）。

74 《中国经济与社会》（K. A. Wittfogel, *Wirtschaft und Gesellschaft Chinas* [Leipzig, 1931]）。对魏复古作品的最新评估请参见《马克思主义关照下的亚洲：论卡尔·魏复古对东方专制政体的研究》（Iring Fetscher, "Asien im Lichte des Marxismus: Zu Karl Wittfogels Forschungen über die orientalischen Despotie," *Merkur*, XX, 3 [March, 1966]）。

75 1968年8月对洛文塔尔的访谈。

76 《序言》（Horkheimer, "Vorwort," *ZfS* I, 1/2 [1932]）。

77 《对科学与危机的观察》（Horkheimer, "Bemerkungen über Wissenschaft und Krise," *ZfS* I, 1/2 [1932]）。

78 《马克思从价值到价格转化与危机问题》（Grossmann, "Die Wert-Preis-Transformation bei Marx und das Krisisproblem," *ZfS* I, 1/2 [1932]）。

79 《资本主义的当下状况与计划经济新制度的前景》（Pollock, "Die gegenwärtige Lage des Kapitalismus und die Aussichten einer planwirtschaftlichen Neuordnung," *ZfS* I, 1/2 [1932]）。

80 《文学的社会状况》（Leo Lowenthal, "Zur gesellschaftlichen Lage der Literatur,"

与《论音乐的社会状况》(Adorno, "Zur gesellschaftlichen Lage der Musik," *ZfS* I, 1/2 [1932])。

81 《历史与心理学》(Horkheimer, "Geschichte und Psychologie," *ZfS* I, 1/2 [1932])。

82 《论分析社会心理学的方法与任务》(Erich Fromm, "Über Methode und Aufgabe einer analytischen Sozialpsychologie," *ZfS* I, 1/2 [1932])。

83 《卡尔·格林贝格七十岁纪念文集》(*Festschrift für Carl Grünberg: Zum 70. Geburtstag* [Leipzig, 1932])。

84 《黑格尔的本体论和历史性理论的基础》(Herbert Marcuse, *Hegels Ontologie und die Grundlegung einer Theorie der Geschichtlichkeit* [Frankfurt, 1932])。

85 《〈黑格尔的本体论和历史性理论的基础〉书评》(Adorno, review of *Hegels Ontologie, ZfS* I, 3 [1932], p. 410)。

86 被德国大学"净化"掉的教授们的完整名单请参见《知识移民：欧洲与美国1930年至1960年》(*The Intellectual Migration: Europe and America, 1930-1960*, ed. Donald Fleming and Bernard Bailyn [Cambridge, Mass., 1969], p. 234)。

87 详细名单：Charles Beard, Celestin Bouglé, Alexander Farquharson, Henryk Grossmann, Paul Guggenheim, Maurice Halbwachs, Jean de la Harpe, Max Horkheimer, Karl Landauer, Lewis L. Lorwin, Robert S. Lynd, Robert M. MacIver, Sidney Webb [Lord Passfield], Jean Piaget, Friedrich Pollock [chairman of the board], Raymond de Saussure, Georges Scelle, Ernst Schachtel, Andries Sternheim, R. H. Tawney, and Paul Tillich.

88 1934年4月霍克海默致洛文塔尔的信。

89 据说保罗·斯威齐(Paul Sweezy)所说，"保罗的知识发展毋庸置疑受到他在法兰克福的经历与联系所深远影响"("Paul Alexander Baran: a Personal Memoir," *Monthly Review*, XVI, 11 [March, 1965], p. 32)。巴兰与社会研究所成员们的友谊在他1939年抵达美国后仍然持续。1964年他早逝于列奥·洛文塔尔在旧金山的家中。

90 《如果我忘记你》(Josef Dünner, *If I Forget Thee...* [Washington, D.C., 1937])。

91 《黎明/黄昏》(Horkheimer [Regius], *Dämmerung*, p. 80)。

92 还没到战后霍克海默就得出了忧郁的结论，只有犹太复国主义是欧洲犹太人的出路。(Horkheimer, "Über die deutschen Juden," in his *Zur Kritik der instrumentellen Vernunft* [Frankfurt, 1967], p. 309)。

93 1969年6月1日韦尔致本书作者的信。

94 1971年6月21日与魏复古交流时他曾提及。

95 《贝希摩斯：1933 年至 1944 年间民族社会主义的结构与实践》(Franz Neumann, *Behemoth: The Structure and Practice of National Socialism 1933–1944* [New York, rev. ed. 1944], p. 121)。

96 《恶魔》(L. Lowenthal, "Das Dämonische," in *Gabe Herrn Rabbiner Dr. Nobel zum fünfzigsten Geburtstag* [Frankfurt, 1921])。

97 比如参见《新弗洛伊德主义与埃里希·弗洛姆》(Edgar Friedenberg, "Neo-Freudianism and Erich Fromm," *Commentary* XXXIV, 4 [October, 1962]) 或《马丁·布伯：对话的一生》(Maurice S. Friedman, *Martin Buber, the Life of Dialogue* [New York, 1960], pp. 184–185)。

98 《魏玛德国的左翼知识分子》(Istvan Deak, *Weimar Germany's Left-Wing Intellectuals* [Berkeley and Los Angeles, 1968], p. 29)。

99 1970 年 3 月 24 日波洛克致本书作者的信。

100 1969 年 3 月在蒙塔诺拉对波洛克的访谈。许多年后，阿多诺在他为研究所的劳工反犹太主义项目写的备忘录中间接地为他的改名辩护。"犹太人应该通过坚持自己的名字来表现出更多的自豪感，这种想法不过是一种单薄的合理化愿望，认为他们应该走到公开的地方，以便人们可以更容易地认识和迫害他们"（1944 年 11 月 3 日的备忘录，由保罗·拉扎斯菲尔德所保管）。

101 1970 年 11 月 25 日在纽约对保罗·马辛的访谈。

102 《犹太哲学家的德国观念论》(Jürgen Habermas, "Der deutsche Idealismus der jüdischen Philosophen," *Philosophisch-politische Profile* [Frankfurt, 1971])。

103 《启迪》导言（ Hannah Arendt, Introduction to *Illuminations* by Walter Benjamin, trans. Harry Zohn [New York, 1968], p. 29)。

104 来自斯图加特的发小阿道夫·洛威记得霍克海默和波洛克在英国时给他们的父亲下了最后通牒：要么允许他们回到德国开始学习，要么他们就移民。老霍克海默和老波洛克似乎没有什么反抗就屈服了（1971 年 12 月 28 日在纽约与洛威交流）。

105 1970 年 7 月 16 日波洛克致本书作者的信。尽管霍克海默夫人从未像阿多诺的妻子格蕾特那样成为一名知识分子，但她一直是支持霍克海默的源泉，直到 1969 年秋天去世。当年 3 月，在他们的四十三周年也是最后一个结婚纪念日时，我看到他们在一起，我被他们对彼此的热情和爱意所感动了。

106 《黎明 / 黄昏》(Regius [Horkheimer], *Dämmerung*, p. 165)。

107 同上（Ibid.）。

108 《论闲暇问题》(Andries Sternheim, "Zum Problem der Freizeitgestaltung," *ZfS*

I, 3 [1932]）。他还为社会研究所对权威与家庭的合作研究项目（*Studien über Autorität und Familie* [Paris, 1936]）写了一本讨论经济与家庭的专著，并不时为《社会研究期刊》的书评版块供稿。

109 《劳动力市场与惩罚》（George Rusche, "Arbeitsmarkt und Strafvollzug," *ZfS* II, 1 [1933]）。

110 《自给自足与计划经济》（Kurt Baumann, "Autarkie und Planwirtschaft," *ZfS* II, 1 [1933]）;《计划经济的最新英文文献》（Gerhard, Meyer, "Neue Englische Literatur zur Planwirtschaft," *ZfS* II, 2 [1933]）。

111 《种族意识形态与种族科学》（Paul Ludwig Landsberg, "Rassenideologie und Rassenwissenschaft," *ZfS* II, 3 [1933]）。

112 《美国政党体系的社会学》（Julian Gumperz, "Zur Soziologie des amerikanischen Parteiensystems," *ZfS* 3 [1932]）与《美国最近的社会趋势》（"Recent Social Trends in the U.S.A.," *ZfS* II, 2 [1933]）。

113 《马克思，古典国家经济学和动态问题》（Grossmann, *Marx, die klassische Nationalökonomie und das Problem der Dynamik*, p. 97）。

114 见《文化移民》（Franz Neumann et al., *The Cultural Migration* [Philadelphia, 1953]）。

115 London, 1937.

116 本文署的是笔名，题为《自由市民青年运动的权威与性道德》（Fritz Jungmann. "Autorität und Sexualmoral in der freien bürgerlichen Jugendbewegung," in *Studien über Autorität und Familie* [Paris, 1936]）。

117 《怀念涂尔干学派》（Paul Honigsheim, "Reminiscences of the Durkheim School," *Emile Durkheim, 1858–1917*, ed. Kurt H. Wolff [Columbus, Ohio, 1960], pp. 313–314）。

118 《世界革命的模式》（J. Gumperz, *Pattern for World Revolution*, with Robert Rindl, under the dual pseudonym "Ypsilon" [Chicago and New York, 1947]）。

119 1969年3月在蒙塔诺拉对霍克海默的访谈。

120 见《知识移民》（Fleming and Bailyn, *The Intellectual Migration*）、《杰出移民》（Laura Fermi, *Illustrious Immigrants* [Chicago, 1968]）、《德国难民知识分子的遗产》（*The Legacy of the German Refugee Intellectuals* [.Salmagundi, 10/11 [Fall, 1969–Winter, 1970]]）和《1933年至1941年间前往合众国的德国学术移民》（Helge Pross, *Die deutsche akademische Emigration nach den Vereinigten Staaten 1933–1941* [Berlin, 1955]）。

121 著名古典学家摩西斯·芬利（M. I. Finley）曾在1930年代担任社会研究所的

翻译和编辑助理，他强调新学院厌恶社会研究所的马克思主义（1972年1月31日于伯克利对他所做的访谈中透露）。

122 关于1936年至1938年社会研究所主办的研讨班和公开讲座名录，请参见《国际社会研究所1933年至1938年期间历史、目标和活动的报告》(International Institute of Social Research: A Report on Its History, Aims, and Activities 1933–1938 [New York, 1938], pp. 35–36)。

123 《黎明／黄昏》(Horkheimer [Regius], *Dämmerung*, p. 8)。

第二章 批判理论的起源

1. 关于有关黑格尔左派的讨论，见《社会主义的起源》(George Lichtheim, *The Origins of Socialism* [New York, 1969])、《马克思的社会与政治思想》(Shlomo Avineri, *The Social and Political Thought of Karl Marx* [Cambridge, 1968]) 以及《从黑格尔到尼采》(Karl Löwith, *From Hegel to Nietzsche* [New York, 1964])。

2. 若想了解从消极社会理论向积极社会理论的转变，请参考《理性和革命》(Herbert Marcuse, *Reason and Revolution*, rev. ed. [New York, 1960])、《认识与兴趣》(Jürgen Habermas, *Knowledge and Human Interests*, trans. Jeremy J. Shapiro [Boston, 1971])。

3. 他的《马克思主义与哲学》(*Marxismus und Philosophie* [Frankfurt, 1966]) 中的同名论文原本是1923年出版于《格林贝格文库》中。科尔施讨论了第二国际的改良主义政治和被等同于马克思主义的机械、非辩证唯物主义之间的联系。

4. 有关狄尔泰、克罗齐和索雷尔之间的讨论，见《意识与社会》(H. Stuart Hughes, *Consciousness and Society* [New York, 1958], pp. 161–229)。卢卡奇被埃尔文·萨博 (Ervin Szabo) 的索雷尔主义观点所强烈影响，后者是匈牙利社会民主党的左翼反对派们的精神导师。见《历史与阶级意识》(Georg Lukács, *History and Class Consciousness*, trans. Rodney Livingstone [Cambridge, Mass., 1971], p. x.) 的再版序言。

5. 有关他们的影响，参见"黑格尔、卢卡奇、科尔施：论批判马克思主义的辩证自我理解"(Furio Cerutti, "Hegel, Lukács, Korsch. Zum dialektischen Selbstverständnis des kritischen Marxismus," in *Aktualität und Folgen der Philosophie Hegels*, ed. Oskar Negt [Frankfurt, 1970])。

6. 《国际社会研究所：1933年至1938年研究所历史与活动的报告》(Internation-

al Institute of Social Research: Report on Its History and Activities, 1933–1938 [New York, 1938], p. 28.)。

7 比如可参见霍克海默的"今日叔本华"(Max Horkheimer, "Schopenhauer Today," in *The Critical Spirit: Essays in Honor of Herbert Marcuse*, ed. Kurt. H. Wolff and Barrington Moore, Jr. [Boston, 1967])。

8 作者1969年三月在瑞士蒙塔诺拉与霍克海默的谈话。

9 《作为理论哲学与实践哲学之间纽带的康德判断力批判》(Horkheimer, *Kants Kritik der Urteilskraft als Bindeglied zwischen theoretischer und praktischer Philosophie* [Stuttgart, 1925])。

10 波洛克1970年3月24日给作者的信。

11 《生平与学说》(Hans Cornelius, "Leben und Lehre," in *Die Philosophie der Gegenwart in Selbstdarstellungen*, ed. Raymund Schmidt, vol. 11 [Leipzig, 1923], p. 6)。

12 波洛克1970年3月24日给作者的信。

13 《造型艺术的基本原则》(Cornelius, *Die Elementargesetze der bildenden Kunst* [Leipzig, 1908])。

14 波洛克1970年3月24日给作者的信。

15 《生平与学说》(Hans Cornelius, "Leben und Lehre," in *Die Philosophie der Gegenwart in Selbstdarstellungen*, ed. Raymund Schmidt, vol. 11 [Leipzig, 1923], p. 19)。

16 有趣的是,当霍克海默于1962年再次写到康德时("Kants Philosophie und die Aufklärung," in *Zur Kritik der instrumentellen Vernunft* [Frankfurt, 1967], p. 210),他赞扬康德哲学中不和谐的批判要素。

17 这已经被一篇题为《从历史主义到马克思主义的人道主义》(*Times Literary Supplement*, "From Historicism to Marxist Humanism" [June 5, 1969])的匿名文章解释过了。这篇文章是由乔治·利希特(George Lichtheim)所写。关于黑格尔对批判理论之重要性的讨论,参见"法兰克福学派批判理论中的黑格尔"(Friedrich W. Schmidt, "Hegel in der Kritischen Theorie der Frankfurter Schule," in *Aktualität und Folgen der Philosophie Hegels*)。

18 《黎明/黄昏》(Horkheimer [Heinrich Regius], *Dämmerung* [Zurich, 1934], p. 86)。

19 《论真理的问题》(Horkheimer, "Zum Problem der Wahrheit," *ZfS* IV, 3 [1935], p. 333)。

20 《一个新的意识形态概念?》(Horkheimer, "Ein neuer Ideologiebegriff?," *Grünbergs Archiv* XV, 1 [1930], p. 34)。

21 《黑格尔于形而上学》(Horkheimer, "Hegel und die Metaphysik," in *Festschrift*

für Carl Grünberg: Zum 70. Geburtstag [Leipzig, 1932]）。

22　同上（p. 197）。

23　同上（p.192）。

24　《历史与阶级意识》（G. Lukács, *History and Class Consciousness*, p. xxiii）。

25　《思考宗教》（Horkheimer, "Gedanke zur Religion," *Kritische Theorie*, ed. Alfred Schmidt [Frankfurt, 1968], 2 vols.），原题名《附言》（"Nachbemerkung," *ZfS* vol. IV, 1 [1935]）。

26　同上，p.5. 同见《黎明/黄昏》（Horkheimer [Regius], *Dämmerung*, p. 55）。

27　《论当代宗教中的理性主义争论》（Horkheimer, "Zum Rationalismusstreit in der gegenwärtigen Philosophie," *ZfS* III, 1 [1934], p. 9）。

28　《唯物主义与形而上学》（Horkheimer, "Materialismus und Metaphysik," *ZfS* II, 1 [1933], pp. 3–4）。

29　《论当代宗教中的理性主义争论》（"Zum Rationalismusstreit," p. 36）。

30　同上。

31　《对形而上学的最新攻击》（Horkheimer, "Der neueste Angriff auf die Metaphysik," *ZfS* VI, 1 [1937], p. 9）。

32　卡尔·曼海姆也在论文中做出过同样论断，见《保守思想》（Karl Mannheim, "Conservative Thought," in *From Karl Mannheim*, ed. Kurt H. Wolff [New York, 1971], pp. 213f.）。但这写于1925年，离纳粹掌权还有数载。

33　见《理性的毁灭》（Lukács, *Die Zerstörung der Vernunft*, in *Werke*, vol. IX [Neuwied, 1961]）。卢卡奇在书中拒斥他从狄尔泰、西美尔等人那汲取的资源，尤其是当这些思想家出现在《历史与阶级意识》中时。

34　《历史与心理学》（Horkheimer, "Geschichte und Psychologie," *ZfS* I, 1/2 [1932] passim）。

35　《狄尔泰作品中心理学与社会学的关系》（Horkheimer, "The Relation between Psychology and Sociology in the Work of Wilhelm Dilthey," *SPSS* VIII, 3 [1939] passim）。

36　对维柯的讨论见《市民历史哲学的开端》（Horkheimer, *Anfänge der bürgerlichen Geschichtsphilosophie* [Stuttgart, 1930]）。

37　《论真理的问题》（"Zum Problem der Wahrheit," p. 361）。

38　《评雅斯贝尔斯的〈尼采〉》（Horkheimer, "Bemerkungen zu Jaspers' 'Nietzsche,'" *ZfS* VI, 2 [1937]）。

39　《论真理的问题》（"Zum Problem der Wahrheit," p. 357）。

40 《论当代宗教中的理性主义争论》("Zum Rationalismusstreit," p. 44)。

41 阿多诺在评价恩斯特·诺伊曼的《瓦格纳传》时(*Kenyon Review*, vol. IX, 1 [Winter, 1947])做出过类似论断。他写道,尼采的否定论"表达了在一个人性成为幌子的世界中的仁慈。"他"对西方文化中压抑特性的独特表达",使他远离了瓦格纳(p. 161)。

42 见"论柏格森的时间形而上学"(Horkheimer, "Zu Bergsons Metaphysik der Zeit," *ZfS* III, 3 [1934]),以及他在《社会研究期刊》上对柏格森《道德与宗教的两个来源》(*Les deux sources de la morale et de la religion*)的评论(*ZfS* II, 2 [1933])。

43 《道德与宗教的两个来源》书评(Review of *Les deux sources*, p. 106)。

44 引自《批判理论》(Horkheimer, *Kritische Theorie*, vol. I, p. 175),出自博吉的一封信(Celestin Bougié [January 24, 1935])。

45 当然,他并未忽视其在宗教改革中的起源。比如参见他对路德的讨论(Horkheimer, "Montaigne und die Funktion der Skepsis," *ZfS* VII, 1 [1938], pp. 10–13)。

46 《唯物主义与道德》(Horkheimer, "Materialismus und Moral," *ZfS* II, 2 [1933], p. 165)。

47 《最低限度的道德》(Adorno, *Minima Moralia* [Frankfurt, 1951], p. 80)。

48 《唯物主义与道德》("Materialismus und Moral," pp. 183–184)。

49 同上(Ibid., p. 186)。

50 《唯物主义与形而上学》(Horkheimer, "Materialismus und Metaphysik," *ZfS* II, 1 [1933])。

51 同上(Ibid., p. 14)。

52 《费尔巴哈提纲》(Karl Marx, "Theses on Feuerbach," Marx and Engels, *Basic Writings on Politics and Philosophy*, ed. Lewis S. Feuer [New York, 1959], p. 243)。

53 《论认识论的元批判》(Adorno, *Zur Metakritik der Erkenntnistheorie* [Stuttgart, 1956], p. 82)。

54 《历史与阶级意识》(Lukács, *History and Class Consciousness*, p. 162)(加粗强调为原文所有)。(权威的商务译本在该段落似乎有值得商榷之处,特对照卢卡奇的德文原文自行译出。商务版中译本译文为:"相反,对经验的超越至多只能意味着,经验的客体本身被把握为和理解为总体的因素,即把握为和理解为历史地变革着的整个社会的因素。因此,中介的范畴作为克服经验的纯直接性的方法论杠杆不是什么从外部(主观地)被放到客体里去的东西,不是价值判断,或和它们的存在相对立的应该,而是它们自己的客观具体的结构本身的显现。"卢卡奇:《历史与阶级意识:关于马克思主义辩证法的研究》,北京:商务印书馆,1999,第253页。请读者自行参考。——译注)。

55 关于对研究所作品的这一思考的一个例子,请参见阿多诺的"范伯伦对文化的攻击"(Adorno, "Veblen's Attack on Culture," *Prisms*, trans. Samuel and Shierry Weber [London, 1967]),文中他讨论了"炫耀性消费"(conspicuous consumption)这一概念(p. 87)。

56 关于马克思对国家的态度,《马克思的社会与政治思想》(Avineri, *Social and Political Thought of Marx*, pp. 202f.)中的讨论印证了这一点。

57 《黎明/黄昏》(*Dämmerung*, p. 18)。

58 《评政治人类学》(Horkheimer, "Bemerkungen zur philosophischen Anthropologie," ZfS IV, 1 [1935]. p. 5)。

59 阿多诺的《论认识论的元批判》与马尔库塞的《本质概念》(Adorno, *Zur Metakritik der Erkenntnistheorie*; Marcuse, "The Concept of Essence," *Negations: Essays in Critical Theory*, trans. Jeremy J. Shapiro [Boston, 1968] [originally in ZfS V, 1, 1936])。

60 《从历史主义到马克思主义的人道主义》(Anon., "From Historicism to Marxist Humanism," p. 598)。

61 见1970年1月5日《镜报》上对霍克海默题为"另一种希望"("Auf das Andere Hoffen")。

62 比如参见《蒙田与怀疑论的功能》("Montaigne und die Funktion der Skepsis," pp. 21, 45)和《论真相问题》("Zum Problem der Wahrheit," p. 363)。

63 《黎明/黄昏》(*Dämmerung*, p. 116)。

64 《犹太哲学的德国观念论》(Jürgen Habermas, "Der deutsche Idealismus der jüdischen Philosophen," *Philosophisch-politische Profile* [Frankfurt, 1971], p. 41)。霍克海默在"论德国犹太人"("Über die deutschen Juden," *Zur Kritik der instrumentellen Vernunft*, p. 311)也提到这一点。

65 参见《论自由》(H. Marcuse, *An Essay on Liberation* [Boston, 1969], pp. 6f.)。

66 《马克思的社会与政治思想》(Avineri, *Social and Political Thought of Marx*, p. 85)。

67 《黎明/黄昏》(*Dämmerung*, p. 181)。

68 《启迪》(Walter Benjamin, *Illuminations*, trans. Harry Zohn, with an intro. by Hannah Arendt [New York, 1968], p. 261)。

69 《利己主义与自由运动》(Horkheimer, "Egoismus und Freiheitsbewegung," ZfS

V, 2 [1936]）。

70 马尔库塞在他的文章《文化的肯定性特点》（"The Affirmative Character of Culture," *Negations*, p. 119 [originally *ZfS* VI, 1, 1937]）中也谈到了这一点。

71 《利己主义与自由运动》（Horkheimer, "Egoismus und Freiheitsbewegung," p. 171）。之后马尔库塞以他的"压抑性去升华"（repressive desublimation）概念在精神分析术语中扩展了这个观念。

72 同上（Ibid., pp. 174-215 passim.）。

73 《论享乐主义》（Marcuse, "On Hedonism," *Negations* [originally "Zur Kritik der Hedonismus," *ZfS* VI, 1 [1938]）。

74 同上（Ibid., p. 160）。

75 同上（Ibid., p. 168）。

76 同上（Ibid, p. 190）。

77 同上（Ibid., p. 191）。

78 同上（Ibid., p. 193）。

79 (Boston, 1964)。

80 同上（Ibid., p. 199）。

81 关于"积极自由"的讨论请参见《政治自由的概念》（Franz Neumann, "The Concept of Political Freedom," *The Democratic and the Authoritarian State*, ed. Herbert Marcuse [New York, 1957]）和《四论自由》（Isaiah Berlin, *Four Essays on Liberty* [Oxford, 1969]）。

82 比如参见霍克海默的《理性之蚀》（*Eclipse of Reason* [New York, 1947]）。

83 "哲学与批判理论"（Marcuse, "Philosophy and Critical Theory," *Negations*, pp. 135-136 [originally *ZfS* VI, 3 [1937]]）。对两种理性之间对区别的进一步扩充请参见马尔库塞的《理性和革命》（*Reason and Revolution*, pp. 44-46）。

84 关于马尔库塞作品中同一理论的重要性请参阅拙文"乌托邦的元政治"（"The Metapolitics of Utopianism," *Dissent* XVII, 4 [July-August, 1970]）。

85 "论理性主义之争"（"Zum Rationalismusstreit," p. 1）、"形而上学上的'最新攻击'"（"Der neueste Angriff auf die Metaphysik," p.6）。

86 "论真相的问题"（"Zum Problem der Wahrheit," p. 354）。

87 同上（Ibid., p. 357）。

88 关于对维也纳学派移民美国的讨论请参见"美国的维也纳学派"（Herbert Feigl, "The Wiener Kreis in America," in *The Intellectual Migration: Europe and America, 1930-1960*, ed. Donald Fleming and Bernard Bailyn [Cambridge, Mass.,

1969］）。

89 见"理性之蚀"（*Eclipse of Reason*, passim.）。

90 "形而上学上的最新攻击"（"Der neueste Angriff auf die Metaphysik," *ZfS* VI, 1 [1937]）。

91 同上（Ibid., p. 13）。

92 关于法兰克福学派第二代成员对这一观点的拓展，请参见《认识与人类兴趣》（Habermas, *Knowledge and Human Interests*, passim.）。

93 "形而上学上的最新攻击"（"Der neueste Angriff auf die Metaphysik," p. 27）。

94 同上（Ibid., p. 49）。

95 同上（Ibid., p. 29）。

96 "论真相的问题"（"Zum Problem der Wahrheit," pp. 337–338）。

97 "哲学与批判理论"（"Philosophy and Critical Theory," *Negations*, pp. 147–148）。

98 "一个新的意识形态概念？"（"Ein neuer Ideologiebegriff?"）。

99 同上（Ibid, p. 50）。

100 同上（Ibid., p. 56）。

101 同上（Ibid., p. 55）。马尔库塞在他讨论曼海姆的文章"论社会学方法的真相问题"（"Zur Wahrheitsproblematik der soziologischen Methode," *Die Gesellschaft* VI [October, 1929], pp. 361–362）也有同样的观点。相比霍克海默，马尔库塞对曼海姆更为友善，认为曼海姆把马克思主义归于一个特定阶级的意识点出了理论与实践之间的一个有效连接。当然，他批判曼海姆错过了"发生的一切之有意识特点"（p. 362）及其与隐微暗示之间的关系主义。而阿多诺在写《知识社会学》的时候仍然更为尖刻，参见他的"之时社会学及其意识"（"The Sociology of Knowledge and Its Consciousness," *Prisms*.）。

102 《理性和革命》（*Reason and Revolution*, p. 322）。

103 "何为权威？"（Hannah Arendt, "What is Authority?," *Between Past and Future* [Cleveland and New York, 1961]）。

104 《克尔凯郭尔：审美对象的建构》和《论认识论的元批判》（Adorno, *Kierkegaard: Konstruktion des Aesthetischen* [Tübingen, 1933], and *Zur Metakritik der Erkenntnistheorie* [Stuttgart, 1956]）。

105 1934年7月6日阿多诺致洛文塔尔的信。

106 本雅明对此的评论，请参见《福斯日报》（*Vossische Zeitung* [April 2, 1933]）。当时刚刚入职纽约协和神学院的蒂利希在《哲学期刊》（*Journal of Philosophy*, XXXI, 23 [November 8, 1934]）写了一篇评论。卡尔·洛维特在《德语文学报》(*Deutsche Literatur-Zeitung*, V, 3F, 5 [1934])写了另一篇评论。

107 《克尔凯郭尔：审美对象的建构》(*Kierkegaard: Konstruktion des Aesthetischen* [Frankfurt, 1966], p. 321)第三版的"注解"。

108 引自《克尔凯郭尔：审美对象的建构》(*Kierkegaard* [1966 ed.], p. 29)。

109 同上（Ibid., p. 29）。

110 同上（Ibid., p. 46）。

111 同上（Ibid., p. 35）。

112 同上（Ibid., p. 111）。

113 同上（Ibid., p. 62）。

114 同上（Ibid., p. 67）。

115 同上（Ibid., p. 90）。

116 同上（Ibid., p. 97）。

117 阿多诺的文章"论克尔凯郭尔的爱的教条"(Adorno, "On Kierkegaard's Doctrine of Love", SSPS, VIII, 3 [1939–1940])。

118 这是 1969 年 3 月我与他交谈时他的原话。

119 《克尔凯郭尔》(*Kierkegaard*, p. 137)。

120 《论认识论的元批判》(Adorno, *Zur Metakritik der Erkenntnistheorie*, pp. 24–25)。

121 同上（Ibid., p. 79）。

122 同上（Ibid., p. 82）。

123 "胡塞尔与观念论问题"(Adorno, "Husserl and the Problem of Idealism," *Journal of Philosophy* XXVII, 1 [January 4, 1940], p. 11)。

124 《论元批判》(*Zur Metakritik*, p. 43)。

125 "胡塞尔与观念论问题"("Husserl and the Problem of Idealism," p. 7)。

126 《论元批判》(*Zur Metakritik*, p. 47)。

127 同上（Ibid., p. 55）。

128 同上（Ibid., p. 84）。

129 同上（Ibid., p. 90）。

130 同上（Ibid., p. 146）。

131 同上（Ibid., p. 154）。

132 同上（Ibid., p. 151）。

133 在《讲故事的人》["The Storyteller: Reflections on the Works of Nikolai Leskov," *Illuminations*)这篇讨论讲故事的衰落的文章中，本雅明写到："经验的价值下降了……战略经验与策略战争所抵触，经济经验与通货膨胀相抵触，身体经验与机械战争所抵触,道德经验与当权者所抵触,经验从未被如此彻底地被抵触。"(pp. 83–84)。

134 《论元批判》(*Zur Metakritik*, p. 221)。

135 同上(Ibid., p. 180)。

136 同上(Ibid., pp. 28–29)。马尔库塞在他的文章《本质概念》("The Concept of Essence," *Negations*)里更加强烈地主张这一点。

137 《本雅明肖像》(Adorno, "A Portrait of Walter Benjamin," *Prisms*, p. 235)。

138 皮希特(Georg Picht)将他讨论阿多诺之死的文章命名为"无调之死"("Atonale Philosophie" [*Merkur*, XXIII, 10 [October, 1969]])。

139 近期的例子可以参见"马尔库塞的哲学"(Jerry Cohen, "The Philosophy of Marcuse," *New Left Review* [September–October, 1969])。

140 "前言"(Habermas, "Zum Geleit," in *Antworten auf Herbert Marcuse*, ed. Jürgen Habermas [Frankfurt, 1968], pp. 11–12)。

141 比如参见《马尔库塞的存在本体论与历史唯物主义》(Alfred Schmidt, "Existential-Ontologie und historischer Materialismus bei Herbert Marcuse," *Antworten auf Herbert Marcuse*)和《马尔库塞的海德格尔式马克思主义》(Paul Piccone and Alex Delfini, "Marcuse's Heideggerian Marxism," *Telos* [Fall, 1970])。

142 《论历史唯物主义的现象学》(Marcuse, "Beiträge zu einer Phänomenologie des historischen Materialismus," *Philosophische Hefte* I, 1 [1928])。

143 同上(Ibid., p. 52)。

144 同上(Ibid., p. 55)。根据马尔库塞的《存在本体论与历史唯物主义》("Existential-Ontologie," pp. 28–29),在所有这一切中存在炫耀的要素。总的来说,作者施密特对马尔库塞综合马克思主义和现象学的努力持批判态度。

145 《论历史唯物主义的现象学》(Marcuse, "Beiträge," p. 46)。

146 同上(Ibid., p. 68)。

147 同上(Ibid., p. 59)。

148 同上(Ibid., p. 65)。

149 同上(Ibid., p. 60)。

150 《论辩证法问题》(Marcuse, "Zum Problem der Dialektik," *Die Gesellschaft* VII, 1 [January, 1930], p. 26)。

151 《历史现实的问题》("Das Problem der geschichtlichen Wirklichkeit," *Die Gesellschaft* VIII, 4 [April, 1931])。

152 《黑格尔本体论与历史性理论的基础》(Marcuse, *Hegels Ontologie und die Grun-*

153 关于对黑格尔这两本书的讨论，请参见《黑格尔批判》(Alain de Libera, "La Critique de Hegel," *La Nef* [January–March, 1969])。

154 《黑格尔本体论与历史性理论的基础》(*Hegels Ontologie*, p. 368)。

155 《历史唯物主义的新来源》(Marcuse, "Neue Quellen zur Grundlegung des Historischen Materialismus," *Die Gesellschaft* IX, 8 [1932])。

156 同上（Ibid., p. 151）。

157 同上（Ibid., p. 167）。

158 同上（Ibid., p. 147）。

159 同上（Ibid., p. 173）。马尔库塞也写过一整篇《论经济学劳动概念的哲学基础》来讨论劳动的本体论核心性（"Über die philosophischen Grundlagen des Wirtschaftswissenschaftlichen Arbeitsbegriff," *Archiv für Sozialwissenschaft und Sozialpolitik* LXIX, 3 [June, 1933])。

160 《历史唯物主义的新来源》（"Neue Quellen," p. 158）。

161 《理性和革命》(*Reason and Revolution*, p. 78)。

162 《作为"意识形态"的技术与科学》(Habermas, *Technik und Wissenschaft als "Ideologie"* [Frankfurt, 1968])。

163 《理性和革命》(*Reason and Revolution*, p. 75)。

164 关于马尔库塞对"游戏冲动"的讨论，见《爱欲与文明》(Marcuse, *Eros and Civilization* [Boston, 1955], pp. 170–179)。

165 比如参见《集权国家内反对自由主义的斗争》(Marcuse, "The Struggle against Liberalism in the Totalitarian State," *Negations* [originally ZfS III, 1 [1934I])。

166 《本质概念》（"The Concept of Essence," p. 44）。

167 同上（Ibid., p. 69）。

168 同上（Ibid., p. 78）。

169 《哲学与批判理论》(Marcuse, "Philosophy and Critical Theory," *Negations*, p. 147)。

170 同上（Ibid., pp. 149–150）。

171 同上（Ibid., p. 156）。

172 同上（Ibid., p. 155）。马尔库塞在他后期的作品中发展了想象的重要性，尤其是《爱欲与文明》。

173 New York, 1941. 书中一部分曾以《黑格尔哲学导论》(Marcuse, "An Introduction to Hegel's Philosophy," *SPSS* VIII, 3 [1939]) 面世。

174 黑格尔坚信美国的理性精神让其成为"未来之国"。讽刺地是,鉴于他后来的情况,马尔库塞通过引用黑格尔这一信条奉承他的美国受众。(*Reason and Revolution*, p. xv)。

175 同上(Ibid., p. 60)。

176 同上(Ibid., pp. 313–314)。

177 同上(Ibid., p. 256)。

178 同上(Ibid., p. 322)。

179 比如参见《认识与兴趣》(Habermas, *Knowledge and Human Interests*)和《作为"意识形态"的技术与科学》(*Technik und Wissenschaft als "Ideologie"*),还有《社会批判理论》(Albrecht Wellmer, Critical Theory of Society [New York, 1971])。

180 《理性和革命》(Reason and Revolution, p. 400)。

181 蒂利希在一篇整体上正面的书评中(SPSS IX, 3 [1941])指出了这一点,而卡尔·洛维特则在《哲学与现象学研究》(*Philosophy and Phenomenological Research* II, 4 [1942])发表了一片更尖锐的书评。这是一个在对该书评价中反复出现的主题,比如《从黑格尔到马尔库塞》(Lucio Colletti, "Von Hegel zu Marcuse," *Alternative* 72/73 [June–August, 1970])。

182 《传统理论与批判理论》(Horkheimer, "Traditionelle und kritische Theorie," *ZfS* VI, 2 [1937])。

183 同上(Ibid., p. 257)。

184 《论社会科学中的预言问题》(Horkheimer, "Zum Problem der Voraussage in den Sozialwissenschaften," *ZfS* 11, 3 [1933])。

185 《传统理论与批判理论》("Traditionelle und kritische Theorie," p. 276)。

186 同上(Ibid., p. 275)。

187 同上(Ibid., p. 277)。

188 引自《棱镜》(Quoted in Adorno, *Prisms*, p. 231)。

189 《对马克思哲学的若干批判评述》(George Kline, "Some Critical Comments on Marx's Philosophy," in *Marx and the Western World*, ed. Nicholas Lobkowicz [Notre Dame, Ind., 1967], p. 431)。

190 比如参见《论真相问题》(Horkheimer, "Zum Problem der Wahrheit," pp. 340-343)和《传统理论与批判理论》("Traditionelle und kritische Theorie," p. 252)。研究所倾向于把美国实用主义归入实证主义。

191 1946年1月14日霍克海默致洛文塔尔的信(洛文塔尔收藏)。

192 《论真相问题》("Zum Problem der Wahrheit," p. 343)。
193 1968 年 8 月在伯克利与洛文塔尔的对话与 1969 年 2 月与哈贝马斯的对话。关于哈贝马斯对实用主义的讨论,见他在《认识与兴趣》中皮尔斯(C. S. Pierce)的相关段落。
194 《论真相问题》("Zum Problem des Wahrheit," p. 345)。
195 《传统理论与批判理论》("Traditionelle und kritische Theorie," p. 269)。
196 同上(Ibid., p. 269)。
197 《极权国家里与自由主义的抗争》(Marcuse, "The Struggle against Liberalism in the Totalitarian State," *Negations*, p. 42)。
198 《威权主义国家》未刊稿(Horkheimer, "Autoritärer Staat," in "Walter Benjamin zum Gedächtnis" [unpub., 1942], in Pollock's collection)。

第三章　整合精神分析

1 对整合弗洛伊德和马克思的早期尝试,相关讨论见《当教条咬上教条,或曰马克思与弗洛伊德的艰难婚姻》("When Dogma Bites Dogma, or The Difficult Marriage of Marx and Freud," *The Times Literary Supplement* [January 8, 1971])。
2 对赖希之困境的描述见《弗洛伊德左翼》(Paul A. Robinson, *The Freudian Left* [New York, 1969], pp. 28–59)。
3 《弗洛伊德:道德主义者的意识》(Philip Rieff, *Freud: The Mind of the Moralist* [New York, 1959], pp. 237–239)。
4 见《焦虑与政治》(Franz Neumann, "Anxiety and Politics," in his *The Democratic and the Authoritarian State*, ed. Herbert Marcuse [New York, 1957])和《介于马克思主义与自由民主之间的弗朗茨·诺伊曼》(H. Stuart Hughes, "Franz Neumann between Marxism and Liberal Democracy," in *The Intellectual Migration: Europe and America, 1930–1960*, ed. Donald Fleming and Bernard Bailyn [Cambridge, Mass., 1969])。
5 《论社会主义的心理学》及其英译(*Zur Psychologie des Sozialismus*, translated into English as The Psychology of Socialism [New York and London, 1928])。对德·曼的讨论见《马克思主义之外:亨德里克·德·曼的信念与工作》(Peter Dodge, *Beyond Marxism: The Faith and Works of Hendrik de Man* [The Hague, 1966])。
6 格拉蒂·迈耶教授在信中是这么向我建议的。他在社会研究所前往美国前是所里的学生,他写过一本题为《魔力圈子》(The Magic Circle [New York, 1944])的小说,德·曼是书中主角之一的原型。而当我 1969 年 3 月与波洛克交谈时,后者否认德·曼被引入法兰克福是出于迈耶所宣称的原因。

7 《超验灵魂论中的无意识概念》(Theodor Wiesengrund, "Der Begriff des Unbewussten in der Transzendentalen Seelenlehre" [unpub. diss., Frankfurt University, 1927])。

8 同上(Ibid., p. 318)。

9 1969 年 3 月在瑞士的蒙塔诺拉对霍克海默的访谈。

10 这出自德国精神分析运动中的派系分裂。见《狂野的分析师》(Carl M. Grossman and Sylvia Grossman, *The Wild Analyst* [New York, 1965], p. 178)。

11 1969 年 3 月在瑞士的蒙塔诺拉对霍克海默的访谈。

12 研究所开设了以下几门相关课程:孟的"精神分析导论"(Einführung in die Psychoanalyse)的课程,兰道尔的"精神分析门诊"(Psychoanalytische Klinik),弗洛姆–赖希曼的"精神分析的本能理论"(Psychoanalytische Trieblehre)和弗洛姆的"精神分析在社会学和宗教学上的应用(Die Anwendung der Psychoanalyse auf Soziologie und Religionswissenschaft)。参见 1929 年 5 月至 6 月《精神分析运动》(*Die psychoanalytische Bewegung* [I, 1])对社会研究所开幕的描述。同样可参考"海因里希·孟:精神分析与心理卫生学"(Adolf Friedmann, "Heinrich Meng, Psychoanalysis and Mental Hygiene," *Psychoanalytic Pioneers*, ed. Franz Alexander, Samuel Eisenstein, and Martin Grotjahn [New York and London, 1966])。

13 《幻觉之链以外》(Erich Fromm, *Beyond the Chains of Illusion* [New York, 1962], p. 5)。

14 比如见《马克思的人的概念》(Fromm, *Marx's Concept of Man* [New York, 1961])。

15 在《自由的恐惧》(*Fear of Freedom*)中,弗洛姆承认了黑格尔和马克思在异化问题上的重要性(p.13;注解中的页码将使用英文版《逃避自由》「London, 1942」的页码)。

16 《幻觉之链以外》(Fromm, *Beyond the Chains of Illusion*, p. 28)。

17 《逃离权威:埃里希·弗洛姆的观点》(John Schaar, *Escape from Authority: The Perspectives of Erich Fromm* [New York, 1961])认为弗洛姆并未成功回答乔治·爱德华·摩尔(G. E. Moore)与大卫·休谟(David Hume)反对自然缺陷的批判,他并不理解社会超出了自然,人们必须在判断自然与否之前全面掌握自然知识,而如果邪恶存在,那也必然是自然的一部分(pp. 20–24)。

18 1971 年 5 月 14 日弗洛姆致本书作者的信。

19 关于弗洛姆尊重马克思作为心理学家的能力,可以在弗洛姆的《马克思的人的概念》(*Marx's Concept of Man*)里求证。更广泛的陈述见于《马克思对人的知识之贡献》("Marx's Contribution to the Knowledge of Man," *The Crisis of Psychoanalysis* [New York, 1970])。

20 《幻觉之链以外》(*Beyond the Chains of Illusion*, p. 12)。在他 1971 年 5 月 14 日致本书作者的心中,弗洛姆博士很后悔这一比较,因为将一位伟人排在另一位后面很愚蠢。但他对两人各自特点的判断维持不变。

21 《幻觉之链以外》(*Beyond the Chains of Illusion*, p. 10):"无论是在这本书还是在我的其他著作中,没有一个关于人的心理的理论结论不是基于在这种精神分析工作过程中对人类行为进行的批判性观察。"对他这一宣称的反驳,见《弗洛伊德与后弗洛伊德主义者们》(J. A. C. Brown, Freud and the Post-Freudians [London, 1961], p. 205)。

22 《安息日》(Fromm, "Der Sabbath," *Imago*, XIII, Nos. 2, 3, 4 [1927])。

23 1931 年首发于维也纳,英文版为《基督的教条,和其他宗教、心理学及文化相关文章》(*The Dogma of Christ, and Other Essays on Religion, Psychology, and Culture*, trans. James Luther Adams [New York, 1963])。

24 同上(Ibid., p. 91)。

25 同上(Ibid., p. 94)。

26 《论一种分析的社会心理学的方法与任务》(Fromm, "Über Methode und Aufgabe einer analytischen Sozialpsychologie," *ZfS* I, 1/2 [1932]. Translated in The Crisis of Psychoanalysis)。

27 同上(Ibid., p. 32)。他认可赖希更近期的作品。参见他对赖希的《性道德的侵入》(*Der Einbruch der Sexualmoral* in *ZfS* II, 1 [1933])的书评。

28 《论一种分析的社会心理学的方法与任务》(Fromm, "Über Methode," p. 48. See also Fromm, *The Dogma of Christ*, p. 47)。

29 《论一种分析的社会心理学的方法与任务》("Über Methode," p. 45)。

30 同上(Ibid., p. 28)。

31 同上(Ibid., p. 30)。

32 1971 年 5 月 14 日弗洛姆致本书作者的信。

33 《论一种分析的社会心理学的方法与任务》("Über Methode," p. 38)。

34 《精神分析的特征学及其对社会心理学的意义》(Fromm, "Die psychoanalytische Charakterologie und ihre Bedeutung fur die Sozialpsychologie," *ZfS* I, 3 [1932])。译文见于《精神分析的危机》(*Translated in The Crisis of Psychoanalysis*)。

35　同上（Ibid., p. 265）。

36　在《爱欲与文明》(*Eros and Civilization* [Boston, 1955])，马尔库塞写道："如果有机体不是作为异化劳动的工具而是作为自我实现的主体而存在，那么重新激活多态而自恋的性就不再是对文化的威胁，其本身就可以导向文化建设"(pp. 191–192)。"多态性变态"是布朗（Norman O. Brown）在他的《逆死而生》(*Life against Death*, New York, 1959)）中推广的术语。

37　赖希与弗洛姆不同，他认为所有"披甲的"性格都是有害且压抑的。见《弗洛伊德左翼》(*The Freudian Left*, p. 23)。

38　1968年12月在纽约对弗洛姆的访谈。

39　《精神分析的特征学及其对社会心理学的意义》(Fromm, "Die psychoanalytische Charakterologie," p. 268)。

40　同上（Ibid., p. 273）。

41　《希腊对德意志的暴政》(E. M. Butler, *The Tyranny of Greece over Germany* [Cambridge, 1935], p. 327)。巴霍芬在1920年代的生平信息可参见《巴霍芬与弗洛伊德：论从母权中解放人》(Adrien Turel, *Bachofen-Freud, Zur Emanzipation des Mannes vom Reich der Mutter* [Bern, 1939], pp. 209–210)。

42　引自《弗洛伊德左翼》(Robinson, *The Freudian Left*, p. 50)。

43　《家庭情感》("Family Sentiments," *ZfS* III, 1 [1934])。

44　《母权的社会心理学意义》(Fromm, "Die sozialpsychologische Bedeutung der Mutterrechtstheorie," *ZfS* III, 2 [1934]. Translated in *The Crisis of Psychoanalysis*)。

45　自然界是人类必须被动服从的主导力量，这一观点在社会研究所分析法西斯主义时发挥了很大作用。比如见《在极权主义的国家概念中反对自由主义的斗争》(Marcuse's "Der Kampf gegen den Liberalismus in der totalitären Staatsauffassung," *ZfS* III, 2 [1934])和《克努特·汉姆生：论权威主义意识形态的史前史》(Leo Lowenthal's "Knut Hamsun. Zur Vorgeschichte der autoritären Ideologie," *ZfS* VI, 2 [1937])。

46　《母权的社会心理学意义》(Fromm, "Die sozialpsychologische Bedeutung der Mutterrechtstheorie," p. 221)。

47　鉴于弗洛姆早期的宗教信仰，他在此背景下对犹太教的讨论值得注意。虽然承认犹太教的核心是父权制的上帝，但他也指出了犹太思想中的元素如应许之地的愿景，显然是母权制的。他认为，哈西德姆人（再次像布伯那样）特别具有母权制的特征（同上 Ibid., p. 223）。

48　《精神分析疗法的社会条件性》(Fromm, "Die gesellschaftliche Bedingtheit der psychoanalytischen Therapie," *ZfS* IV, 3 [1935])。

49 同上（Ibid., pp. 371-375）。

50 见马尔库塞的《"压抑性容忍"：纯粹容忍的批判》(Marcuse, "Repressive Tolerance," *A Critique of Pure Tolerance*, with Robert Paul Wolff and Barrington Moore, Jr. [Boston, 1965])。在《最低限度的道德》中，阿多诺有类似的表达："资产阶级是容忍的。他们对人的爱出自于对正确之人的憎恨。"(*Minima Moralia* [Frankfurt, 1951], p. 27)。霍克海默在《理性之蚀》中也提到这一点。(*The Eclipse of Reason* [New York, 1947], p. 19)。

51 《精神分析疗法的社会条件性》（"Die gesellschaftliche Bedingtheit," p. 393)。

52 "压抑性容忍"（"Repressive Tolerance," p. 109)。

53 关于弗洛姆自己对激进主义者的态度，参见《基督的教义及其他宗教、心理学和文化相关文集》(*The Dogma of Christ and Other Essays on Religion, Psychology, and Culture* [New York, 1966])中收录的《革命性格》("The Revolutionary Character")。对于弗洛伊德对革命者的观点，霍克海默早在1934年就表达过类似的疑虑。(Heinrich Regius [pseud.], *Dämmerung* [Zurich, 1934], P. 256)。

54 《精神分析疗法的社会条件性》（"Die gesellschaftliche Bedingtheit," pp. 384-385)。

55 《西格蒙德·弗洛伊德的生平与作品》(Ernest Jones, *The Life and Work of Sigmund Freud* [New York, 1963], p. 400)。该书作者也指控奥托·兰克（Otto Rank）疯了。弗洛姆试图在《西格蒙德·弗洛伊德的任务》(*Sigmund Freud's Mission* [New York, 1959])中澄清这一点。

56 见《狂野分析师》(Grossman and Grossman, *The Wild Analyst*, p. 195)。弗里达·弗罗姆-赖希曼与格罗代克过从甚密，也是后者于1934年临终前最后见的几位之一。弗罗姆-赖希曼在她的第一本著作《强化心里治疗的诸原则》(*Principles of Intensive Psychotherapy* [Chicago, 1950])中也向格罗代克致谢。

57 弗洛姆《论昏厥的感觉》(Fromm, "Zum Gefühl der Ohnmacht," *ZfS* VI, 1 [1937])。该文和弗洛姆在《权威与家庭研究》中的贡献（*Studien über Autorität und Familie* [Paris, 1936])将在下一章讨论。

58 参见《逃离权威》(See Schaar, *Escape from Authority*) 和《疏离之人》(Guyton Hammond, *Man in Estrangement* [Nashville, 1965])两本书对该书的讨论。

59 见《恐惧自由》(Fromm, *Fear of Freedom*, p. 9)。

60 同上（Ibid., p. 157）。

61 同上（Ibid., p. 251）。

62　同上（Ibid., p. 249）。

63　弗洛姆区别了"生产型"和"非生产型"导向的两种人格。后一种被进一步区分为接受型、剥削型、囤积型、市场型四个子类型，见《自我的追寻》（Fromm, Man for Himself [New York, 1947], p. 120）。

64　见《恐惧自由》（Fear of Freedom, p. 7）。然而，弗洛姆在《卫生社会》（The Sane Society [New York, 1955], pp. 193-199）中攻击了沙利文的爱作为异化这一观点。

65　见弗洛姆1971年5月14日致作者的信。

66　见《恐惧自由》（Fear of Freedom, p. 239）。

67　同上（Ibid., p. 18）。

68　同上（Ibid., p. 130）。

69　同上（Ibid., p. 136）。这是弗洛姆在《权威与家庭研究》的社会心理学部分（Studien über Autorität und Familie, "Sozialpsychologischer Teil."）中讨论施虐受虐狂时使用的一个概念。

70　见《恐惧自由》（Fear of Freedom, p. 222）。

71　见《自我的追寻》（Man for Himself pp. 225–226）。

72　见《禅宗与精神分析》（Fromm, Zen Buddhism and Psychoanalysis, with D. T. Suzuki and R. de Martino [New York, 1960]）。

73　见弗洛姆1971年5月14日致作者的信。

74　同上（Ibid）。

75　见《历史与心理学》（Horkheimer, "Geschichte und Psychologie," ZfS I, 1/2 [1932], p. 141）。

76　见《利己主义与自由运动》（Horkheimer, "Egoismus und Freiheitsbewegung," ZfS V, 2 [1936], pp. 225–226）。

77　本雅明于1934年写了一篇文章讨论巴赫芬。原本打算投给《新法国评论》（Nouvelle revue française）却被拒稿，直到1954年才出版于《新人文》（Les Lettres nouvelles）；见本雅明的《书信集》（Walter Benjamin, Briefe, ed. Gershom Scholem and Theodor W. Adorno [Frankfurt, 1966], vol. II, pp. 614–615）。当1938年5月至6月本雅明要为托马斯·曼的《大众与价值》（Mass und Wert）期刊写一篇社会研究社的简史时，他特别关注了弗洛姆的父权理论。

78　1968年12月在纽约对弗洛姆的访谈。

79　1968年8月在伯克利对洛文塔尔的访谈。

80　见《狄尔泰作品中心理学与社会学的关系》（Horkheimer, "The Relation between Psychology and Sociology in the Work of Wilhelm Dilthey," *SPSS* VIII, 3 [1939］）。

81　1942 年 10 月 31 日霍克海默从加利福尼亚州太平洋帕利塞德写给洛文塔尔的信（洛文塔尔的私人收藏）。

82　见《传统理论与批判理论》（Horkheimer, "Traditionelle und kritische Theorie," *ZfS* VI, 2 [1937], p. 276）。

83　载于《社会：献给马克斯·霍克海默七十寿诞》（*Sociologica: Aufsätze, Max Horkheimer zum sechzigsten Geburtstag gewidmet* [Frankfurt, 1955]）和《新左派评论》（*New Left Review*, 46 [November–December, 1967], 47 [January–February, 1968]）。

84　在此鸣谢洛文塔尔教授让我可以接触这篇论文。该文的德文版见《社会 2：对话与访谈》（*Sociologia II: Reden und Vorträge*, ed. Max Horkheimer and Theodor W. Adorno [Frankfurt, 1962]）。

85　洛文塔尔私人收藏中的《精神分析中的社会科学与社会学趋势》未刊稿（Adorno "Social Science and Sociological Tendencies in Psychoanalysis," April 27, 1946 [unpublished], p. 4）。

86　本雅明在《论波德莱尔的一些主题》（"Über einige Motive bei Baudelaire," *ZfS* VIII, 1/2 [1939]）尤其关注现代生活中震惊的重要性，英译本见《启迪》（*Illuminations*）。他特别使用了弗洛伊德的观念来佐证他的阐释。

87　《精神分析中的社会科学与社会学趋势》（"Social Science and Sociological Tendencies in Psychoanalysis," p. 6）。

88　同上（Ibid., pp. 6–7）。

89　同上（Ibid., p. 14）。

90　同上（Ibid., p. 15）。

91　同上（Ibid., p. 22）。

92　见《本雅明作品全集》（Walter Benjamin, *Schriften*, ed. Gershom Scholem and Theodor W. Adorno [Frankfurt, 1955], vol. 1, p. 140）。

93　见《精神分析中的社会科学与社会学趋势》（"Social Science and Sociological Tendencies in Psychoanalysis," pp. 22–23）。

94　见《最低限度的道德》（*Minima Moralia*, p. 78）。

95　第二代批判理论家对弗洛伊德充满想象力的应用请参见《认识与人类兴趣》（Jürgen Habermas, *Knowledge and Human Interests*, trans. Jeremy J. Shapiro [Boston, 1971]）。在社会研究所移民美国早起，精神分析的范畴曾被用于经验研究，比如《小组实验》(*Gruppenexperiment*, ed. Friedrich Pollock, *Frankfurter Beiträge zur Soziologie*, vol. II [Frankfurt, 1955])。

96 见《弗洛伊德在当代》(*Freud in der Gegenwart, Frankfurter Beiträge zur Soziologie*, vol. VI [Frankfurt, 1957])。该书收录了一系列杰出心理学家（Erik Erikson, Franz Alexander, René Spitz, Ludwig Binswanger）在法兰克福的演讲和论文。

97 见《1933年以来德国社会学中的权威与家庭》(Marcuse, "Autorität und Familie in der deutschen Soziologie bis 1933," *Studien über Autorität und Familie*)。马尔库塞也为权威概念的思想史写了长篇导论。

98 见《弗洛伊德左翼》(Robinson, *The Freudian Left*, pp. 188–191)。

99 见《文化的肯定性格》(Marcuse, "The Affirmative Character of Culture," *Negations: Essays in Critical Theory*, trans. Jeremy J. Shapiro [Boston, 1968], pp. 122–123 [originally *ZfS* VI, 1, 1937])。

100 同上（Ibid., p. 116）。马尔库塞表达了将物化推动到极致的态度，后来他也激赏萨特在《存在与虚无》的这一态度。（"Existentialism: Remarks on Jean-Paul Sartre's L'Être et le néant," *Philosophy and Phenomenological Research* VIII, 3 [March, 1948], p. 327]）。

101 见《论享乐主义》(Marcuse, "On Hedonism," *Negations*, p. 190)。

102 见《弗洛伊德左翼》(Robinson, *The Freudian Left*, p. 179)。

103 见《爱欲与文明》(*Eros and Civilization*, p. 218)。

104 同上（Ibid., p. 41）。

105 同上（Ibid., p. 223）。

106 同上（Ibid., pp. 54–55）。

107 同上（Ibid., p. 231）。

108 同上（Ibid., p. 235）。

109 "俄狄浦斯情结虽然是神经质冲突的主要来源和模式，但肯定不是文明中不满情绪的核心原因，也不是消除这些不满情绪的核心障碍。"（Ibid., p. 204）。罗宾逊在《弗洛伊德左翼》中注意到了这一段，但忽略了马尔库塞在后记中讨论俄狄浦斯情结很重视俄狄浦斯情结。关于马尔库塞对俄狄浦斯情结的态度，《马尔库塞：从马克思到弗洛伊德并超出其中》(Sidney Lipshires, "Herbert Marcuse: From Marx to Freud and Beyond" [Ph.D. diss., University of Connecticut, 1971]）进行了出色的批判。

110 引自《爱欲与文明》(Marcuse, *Eros and Civilization*, p. 246)，出自弗洛姆的《精神分析与宗教》(*Psychoanalysis and Religion* [New Haven, 1950], pp. 79ff)。

111 见《爱欲与文明》(*Eros and Civilization*, p. 247)。
112 比如参见《自利之人》(Fromm, *Man for Himself* p. 215)。
113 见《爱欲与文明》(*Eros and Civilization*, p. 248)。
114 见《超越快乐原则》(Sigmund Freud, *Beyond the Pleasure Principle* [New York, 1950], p. 76)。
115 见《爱欲与文明》(*Eros and Civilization*, pp. 214–215)。
116 在此马尔库塞并没有像布朗那样极端地认为所有性组织都是压抑的，后者的观点参见《生命反抗死亡》(*Life Against Death*, pp. 122ff.)马尔库塞拒绝接受布朗所倡导的彻底消解所有区别。"主体和客体的统一是绝对观念论的标志；然而，即使是黑格尔也保留了两者之间的张力，也就是区别。布朗超越了绝对观念：'融合、神秘、介入'。"(*Negations*, p. 138)。
117 这个术语出现在马尔库塞的《单向度的人》(*One-Dimensional Man* [Boston, 1964], p. 16) 里。
118 在我于1968年至1969年那个冬天访谈时，霍克海默和阿多诺对马尔库塞解读弗洛伊德这方面表达了他们的疑虑。
119 见《本能的"激进主义"之人道含义》(Fromm, "The Human Implications of Instinctive 'Radicalism,'" *Dissent* II, 4 [Autumn, 1955]) 和《对反驳的再反驳》("A Counter-Rebuttal," *Dissent* III, 1 [Winter, 1956])。
120 见《本能的"激进主义"之人道含义》("The Human Implications of Instinctive 'Radicalism,'" p. 346)。
121 见《答埃里希·弗洛姆》(Marcuse, "A Reply to Erich Fromm," *Dissent* III, 1 [Winter, 1956])。在《精神分析的危机》中，弗洛姆重拾了十五年前那场辩论。(*The Crisis of Psychoanalysis*, pp. 14–20)。
122 同上 (Ibid., p. 81)。这是马尔库塞在《单向度的人》和随后作品中反复使用的一个术语。洛文塔尔在1970年8月15日的信中和我说，不参与（Nicht Mitmachen）是社会研究所自早期法兰克福时期就种爱的一句"密码"。
123 见《恐惧自由》(*Fear of Freedom*, p. 158)，斜体为原文所有。
124 见《人心》(Fromm, *The Heart of Man* [New York, 1964], pp. 53–54)。
125 见《思考宗教》(Horkheimer, "Gedanke zur Religion," *Kritische die Theorie*, vol. I [Frankfurt, 1968], p. 375)。

第四章 对权威的首次研究

1. 《威权主义国家》未刊稿（Max Horkheimer, "Autoritärer Staat," in "Walter Benjamin zum Gedächtnis" [unpub., 1942; Collection Friedrich Pollock in Montagnola, Switzerland], p. 152）。

2. 《论女性的制度化角色与性格形成》（Margaret Mead, "On the Institutionalized Role of Women and Character Formation," *ZfS* V, 1 [1936]）；《美国的社会科学》（Charles Beard, "The Social Sciences in the United States," *ZfS* IV, 1 [1935]）；《作为文化接触之结果的集体自闭症》（Harold Lasswell, "Collective Autism as a Consequence of Culture Contact," *ZfS* IV, 2 [1935]）。

3. 1935 年出于滕尼斯的地位和名声而出版了他一篇相当平凡的文章（Ferdinand Tönnies, "Das Recht auf Arbeit," IV, 1 [1935]），讨论工作权。

4. 弗里德里希·波洛克在蒙塔诺拉藏品中 1938 年社会研究所油印历史的未刊稿（1938 unpublished mimeographed history of the Institut in Friedrich Pollock's collection in Montagnola, p. 13）。

5. 《晨边高地十年：社会研究所 1935 年至 1944 年历史的报告》未刊稿（"Ten Years on Morningside Heights: A Report on the Institute's History 1934 to 1944" [unpub., 1944], in Lowenthal's collection）。为已发表或未发表在《社会研究期刊》上的文章和评论是一个用来支持"更令人尊重之人"的常用手段。（1970 年 8 月 15 日洛文塔尔致本书作者的信。）

6. 1969 年 3 月在蒙塔诺拉对波洛克的访谈。

7. 《我的二十世纪》（Ludwig Marcuse, *Mein zwanzigstes Jahrhundert* [Munich, 1960], pp. 239-240）。

8. 1971 年 10 月 13 日与帕切特教授的对话。

9. 在柏林一家名为《选择》（*Alternative*）的杂志两期特刊中出现（*Alternative*, 56/57 [October–December, 1967] and 59/60 [April–June, 1968]）。

10. 关于哥伦比亚大学这一时期的讨论，见罗伯特·麦基弗的自传《就像讲一个故事》。根据他的叙述，与强调功利性、专业性的林德相比，麦基弗想要一个更广泛、更有理论导向的部门。最后的决裂来自麦基弗给林德的《知识为什么》写了一篇充满敌意的评论（*As a Tale That Is Told* [Chicago, 1968], pp. 137-141）。

11. 1942 年 11 月 8 日霍克海默致洛文塔尔的信，洛文塔尔私人收藏。

12. 《回忆录》（Henry Pachter, "A Memoir," in *The Legacy of the German Refugee In-*

tellectuals [Salmagundi, 10/11, Fall, 1969–Winter, 1970], p. 18)。

13 《社会哲学的现状和社会研究所的任务》(Horkheimer, "Die gegenwärtige Lage der Sozialphilosophie und die Aufgaben eines Instituts für Sozialforschung," *Frankfurt Universitätsreden* [Frankfurt, 1931], pp. 14–15)。

14 《劳动者问题》(Adolf Levenstein, *Die Arbeiterfrage* [Munich, 1912])。保罗·拉扎斯菲尔德首先让我注意到这位前辈的重要性。他的一位学生曾写到了莱文斯泰因的工作(Anthony Oberschall, *Empirical Social Research in Germany, 1846–1914* [Paris, The Hague, 1965], pp. 94fr.)。弗洛姆否认莱文斯泰因模式的重要性(1971 年 5 月 14 日弗洛姆致本书作者的信)。

15 《精神分析的性格学及其对社会心理学的意义》(Fromm, "Die psychoanalytische Charakterologie und ihre Bedeutung für die Sozialpsychologie," *ZfS* I, 3 [1932])。

16 《一个墨西哥村庄的社会性格》(Fromm, *Social Character in a Mexican Village*, with Michael Maccoby [Englewood Cliffs, N.J., 1970])。

17 在《国际社会研究所：研究所历史与活动报告》(*International Institute of Social Research: A Report on Its History and Activities, 1933–1938* [New York, 1938], pp. 14–15) 中这么叫。

18 1970 年 3 月 24 日波洛克致本书作者的信。在 1970 年 11 月 25 日的访谈中，在法兰克福时期求学于社会研究所的保罗·马辛向我建议，这项研究其实并不那么有说服力，因为在某些条件下，革命很可能由权威主义类型推动。

19 1971 年 5 月 14 日弗洛姆致本书作者的信。

20 《恐惧自由》(Fromm, *Fear of Freedom* [British title of Escape from Freedom] [London, 1942], p. 183)。

21 《〈权威与家庭研究〉总论》(Horkheimer, "Allgemeiner Teil," in *Studien über Autorität und Familie* [Paris, 1936], pp. 23–24)。

22 比如见原写于 1951 年的《二十世纪的经济与政治》(Franz Neumann's "Economics and Politics in the Twentieth Century," *The Democratic and the Authoritarian State*, ed. Herbert Marcuse [New York, 1957])。文中他写道："马克思主义理论遭到了一种误解：社会学分析与政治行动理论的混淆"。(第 273 页) 在身故后发表的一篇题为《禁锢的条件和革命的突破》("Confining Conditions and Revolutionary Breakthroughs," in *Politics, Law, and Social Change: Selected Essays of Otto Kirchheimer*, ed. Frederic S. Burin and Kurt L. Shell [New York and London, 1969]) 的论文中，奥托·基希海默也提出了类似观点。

23 最近对这个问题的讨论见《政治与愿景》(Sheldon Wolin, *Politics and Vision* [Boston, 1960])。

24 《否定：批判理论文集》(Marcuse, *Negations: Essays in Critical Theory*, trans. Jeremy J. Shapiro [Boston, 1968], pp. xi–xii)。

25 关于重新申明社会研究所对社会的强调，见《社会》(Adorno's "Society," in *The Legacy of the German Refugee Intellectuals* [Salmagundi, 10/11 [Fall, 1969–Winter, 1970]])。

26 《否定》(Marcuse, *Negations*, pp. 31 ff.)。

27 关于这一变化的讨论，见《马克思历史哲学中的命运与意志》(Robert V. Daniels, "Fate and Will in the Marxian Philosophy of History," in *European Intellectual History Since Darwin and Marx*, ed. W. Warren Wager [New York, 1966])。

28 《理性与自我保护》(Horkheimer, "Vernunft und Selbsterhaltung," in "Walter Benjamin zum Gedächtnis," p. 25)。

29 《恐惧自由》(Fromm, *Fear of Freedom*, pp. 26, 232)。

30 《否定》(Marcuse, *Negations*, p. 39)，强调为原文所有。

31 《威权主义国家》(Horkheimer, "Autoritärer Staat," p. 153)。

32 《〈权威与家庭研究〉总论》(Horkheimer, "Allgemeiner Teil," pp. 48–49)。

33 《〈权威与家庭研究〉社会心理学部分》(Fromm, "Sozialpsychologischer Teil," in *Studien über Autorität und Familie*, pp. 132–133)。

34 《理性与自我保护》(Horkheimer, "Vernunft und Selbsterhaltung," p. 29)。

35 这部作品的相关章节于1947年第一次出版英文版(Max Weber, *The Theory of Social and Economic Organization*, trans. A. M. Henderson and Talcott Parsons [New York, 1947])。

36 同上(Ibid, p. 185)。

37 《〈权威与家庭研究〉总论》(Horkheimer, "Allgemeiner Teil," pp. 48–49)。

38 《理性与自我保护》(Horkheimer, "Vernunft und Selbsterhaltung," p. 56)。

39 《否定》(Marcuse, *Negations*, p. 19)。

40 《犹太人与欧洲》(Horkheimer, "Die Juden und Europa," *ZfS* VIII, 1/2 [1939], p. 115)。

41 《论当代哲学中的理性主义论争》(Horkheimer, "Zum Rationalismusstreit in der gegenwärtigen Philosophie," *ZfS* III, 1 [1934], p. 36)。

42 《否定》(Marcuse, *Negations*, p. 18)。

43 同上(Ibid., p. 13)。

44　同上（Ibid., p. 23）。

45　同上（Ibid., pp. 30-31）。

46　同上（Ibid., p. 32）。

47　同上（Ibid., p. 36）。

48　同上（Ibid., p. 38）。

49　同上（Ibid., p. 39）。

50　《犹太人与欧洲》（Horkheimer, "Die Juden und Europa," p. 125）。

51　同上（Ibid., p. 121）。

52　同样把法西斯主义作为中产阶级极端主义的分析中，有一位理论家与法兰克福学派迥然不同（Seymour Martin Lipset, *Political Man* [New York, 1960]）。

53　《〈权威与国家研究〉前言》（Horkheimer, "Vorwort," *Studien über Autorität und Familie*, p. xii）。

54　芬德利在他的《重思黑格尔》中写道："在现代哲学家中，只有黑格尔，对于有组织的群体生活的简单的性基础和家庭基础有一种近乎弗洛伊德式的认识。"（J. N. Findlay, *Hegel: A Reexamination* [New York, 1958], p.116）

55　关于上个世纪家庭文献的最新讨论，见《家庭社会学》（Rene König, "Soziologie der Familie," in *Handbuch der empirischen Sozialforschung*, vol. II [Stuttgart, 1969]）。

56　《〈权威与家庭研究〉总论》（Horkheimer, "Allgemeiner Teil," p. 19）。

57　同上（Ibid., p. 49）。

58　在随后发表在《社会研究期刊》上的一篇题为《论无能感》（"Zum Gefühl der Ohnmacht," *ZfS* VI, 1 [1937]）的文章中，弗洛姆探讨了日益增长的无能感的后果和原因。

59　《〈权威与家庭研究〉总论》（Horkheimer, "Allgemeiner Teil," p. 66）。

60　同上（Ibid., pp. 75-76）。

61　米切尔利希是与法兰克福大学有联系的精神分析师，也是西格蒙德·弗洛伊德研究所的所长，战后他受到了社会研究所很大影响。他的《没有父亲的社会》（*Society without the Father*, trans. Eric Mosbacher [New York, 1970]）显示了法兰克福学派早期的社会心理学研究对他有多大的帮助。

62　《〈权威与家庭研究〉社会心理学部分》（Fromm, "Sozialpsychologischer Teil," p. 84）。

63　同上（Ibid.,, p. 101）。

64　同上（Ibid., p. 110）。

65 见本书（英文本）第三章第 99 页。

66 他在《论无能感》（"Zum Gefühl der Ohnmacht," p. 117）中阐述了这些受虐被动的症状。

67 《1933 年以来德国社会学中的权威与家庭》（Marcuse, "Autorität und Familie in der deutschen Soziologie bis 1933," in *Studien über Autorität und Familie*）。

68 比如见《赫伯特·马尔库塞：论述与争论》中对他作品的尖刻讨论。（Alasdair MacIntyre, *Herbert Marcuse: An Exposition and a Polemic* [New York, 1970]）。

69 《〈权威与家庭研究〉观念史部分》（Marcuse, "Ideengeschichtlicher Teil," in *Studien über Autorität und Familie*, p. 140）。

70 社会研究所总体上与德国学术哲学保持一致，集中研究希腊、笛卡尔、康德和黑格尔、各种生命哲学家以及现代现象学家。大多数中世纪哲学被忽略了，经验主义传统通常被作为一个整体来讨论，以便加以否定。然而，马尔库塞在哥伦比亚大学的讲座中确实讨论了霍布斯、洛克和卢梭（1970 年 8 月 15 日洛文塔尔致本书作者的信）。

71 这段引用来自《权威与家庭研究》结尾的英文摘要（*Studien über Autorität und Familie*, p. 901）。

72 1971 年 5 月 14 日弗洛姆致本书作者的信。

73 1970 年 6 月在纽约对恩斯特·沙赫特尔的访谈。

74 《调查统计的历史与方法》（Fromm, "Geschichte und Methoden der Erhebungen," in *Studien über Autorität und Familie*, pp. 235–238）。

75 同上（Ibid., p. 235）。

76 《"人格测试"中人格概念和诊断》（Ernst Schachtel, "Zum Begriff und zur Diagnose der Persönlichkeit in den 'Personality Tests,' " *ZfS* VI, 3 [1937]）。

77 具体内容包括：

Karl A. Wittfogel, "Wirtschaftsgeschichtliche Grundlagen der Entwicklung der Familien Autorität."

Ernst Manheim, "Beiträge zu einer Geschichte der autoritären Familie."

Andries Sternheim, "Materialen zur Wirksamkeit ökonomischer Faktoren in der gegenwärtigen Familie."

Hilde Weiss, "Materialen zum Verhältnis von Konjunktur und Familie."

Gottfried Salomon, "Bemerkungen zur Geschichte der französischen Familie."

Willi Strelewicz, "Aus den familienpolitischen Debatten der deutschen Nationalversammlung 1919."

Ernst Schachtel, "Das Recht der Gegenwart und die Autorität in der Familie."

Harald Mankiewics, "Die Entwicklung des französischen Scheidungsrechts."

——, "Die Rechtslage der in nichtlegalisierten Ehen lebendenden Personen in Frankreich."

Zoltán Ronai, "Die Familie in der französischen und belgischen Sozialpolitik."

Hubert Abrahamsohn, "Die Familie in der deutschen Sozialpolitik."

Paul Honigsheim, "Materialen zur Beziehung zwischen Familie und Asozialität von Jugendlichen."

Kurt Goldstein, "Bemerkungen über die Bedeutung der Biologie für die Soziologie anlässlich des Autoritätsproblems."

Fritz Jungmann, "Autorität und Sexualmoral in der freien bürgerlichen Jugendbewegung." (Jungmann was a pseudonym for Franz Borkenau, who was living in London at the time. This was his last contribution to the Institut.)

Marie Jahoda-Lazarsfeld, "Autorität und Erziehung in der Familie, Schule und Jugendbewegung."

Curt Wormann, "Autorität und Familie in der deutschen Belletristik nach dem Weltkrieg."

78　1969 年 3 月在蒙塔诺拉对波洛克的访谈。

79　《犹太人与欧洲》(Horkheimer, "Die Juden und Europa")。

80　《〈权威与家庭研究〉书评》(Hans Speier, review of "Studien über Autorität und Familie," *Social Research* III, 4 [November 1936], pp. 501–504)。

81　魏复古更宏伟的计划是一系列关于中国历史和社会的书籍。在 30 年代发表的文章中,《中国经济史的基础和阶段》("The Foundations and Stages of Chinese Economic History," *ZfS* IV, 1 [1935])和《东方社会理论》("Die Theorie der orientalischen Gesellschaft," *ZfS* VII, 1 [1938])都属于这个宏伟计划。他的很多工作得到了他的第二任妻子奥尔加·朗的帮助,后者的《中国家庭与社会》(*Chinese Family and Society* [New Haven, 1946])在太平洋关系研究所和社会研究所的支持下出版。朗教授在 1970 年 6 月纽约的谈话中向本书作者承认,这本书与魏复古的作品一样,并没有真正采用批判理论的方法,。

82　《阿根廷之谜》(Felix Weil, *The Argentine Riddle* [New York, 1944])。

83　最初这也是对欧洲城市的失业和家庭进行比较研究的一部分,但社会研究所的欧洲分支机构在 1938 年之前都已关闭。

84　关于拉扎斯菲尔德研究中心的讨论,见他本人的文章《社会研究史上的一段插曲：回忆录》（"An Episode in the History of Social Research: A Memoir," in *The Intellectual Migration: Europe and America, 1930–1960*, ed. Donald Fleming and Bernard Bailyn [Cambridge, Mass., 1969], pp. 285f.）。

85 《简评社会研究中的类型学程序》（Paul Lazarsfeld, "Some Remarks on the Typological Procedures in Social Research," *ZfS* VI, 1 [1937]）。

86 《失业者及其家庭》（Komarovsky, *The Unemployed Man and His Family*, p. 122）。

87 同上（Ibid., p. 3）。

88 《瓦格纳相关片段》（"Fragmente über Wagner," *ZfS* VIII, 1/2 [1939]）这是他后来发表的《试论瓦格纳》（*Versuch über Wagner* [Frankfurt, 1952]）一书中部分章节的浓缩。

89 《叙事艺术与社会》（Leo Lowenthal, *Erzählkunst und Gesellschaft; Die Gesellschaftsproblematik in der deutschen Literatur des 19. Jahrhunderts* with an intro, by Frederic C. Tubach [Neuwied and Berlin, 1971]）。

90 同上（Ibid., p. 83）。

91 同上（Ibid., p. 132）。

92 除了刊登在《社会研究期刊》上的开篇文章和关于迈耶的文章之外，歌德文章的缩短版出现在洛文塔尔的《文学与人的形象》（*Literature and the Image of Man* [Boston, 1957]）中，关于弗莱塔克的章节也有类似的缩短版，收录在为乔治·卢卡奇八十寿诞准备的纪念文集（*George Lukács zum achtzigsten Geburtstag*, ed. Frank Benseier [Neuwied, 1965]）上。

93 《论文学的社会状况》（Lowenthal, "Zur gesellschaftlichen Lage der Literatur," *ZfS* I, 1 [1932]）。

94 同上（Ibid., p. 90）。

95 《康拉德·费迪南德·迈耶的英雄主义历史观》（Lowenthal, "Conrad Ferdinand Meyers heroische Geschichtsauffassung," *ZfS* II, 1 [1933]）。

96 同上（Ibid, p. 61）。

97 《战前德国对陀思妥耶夫斯基的看法》*Lowenthal, "Die Auffassung Dostojewskis im Vorkriegsdeutschland," *ZfS* III, 3 [1934]）。英文版收录于《社会中的艺术》（*The Arts in Society*, ed. Robert N. Wilson [Englewood Cliffs, N.J., 1964]）。

98 1934年7月1日，本雅明从巴黎给洛文塔尔写了一封非常赞赏的信，称这是这类研究的一个突破（洛文塔尔藏品）。

99 《社会中的艺术》（Lowenthal in *The Arts in Society*, p. 125）。

100 同上（Ibid., p. 368）。

101 《个人主义社会中的个人：评易卜生》(Lowenthal, "Das Individuum in der individualistischen Gesellschaft. Bemerkungen über Ibsen," *ZfS* V, 3 [1936])。英文版收录于他的《文学与人的形象》(Literature and the Image of Man) 中，略有修改，所有引用均来自英文版。

102 同上（Ibid., p. 170）。

103 同上（Ibid., p. 175）。

104 同上（Ibid., p. 179）。

105 同上（Ibid., p. 184）。

106 《克努特·汉姆生：论权威主义意识形态的史前史》(Lowenthal, "Knut Hamsun. Zur Vorgeschichte der autoritären Ideologie," *ZfS* VI, 3 [1937])。英文本收录于《文学与人的形象》，略有修改，下文中将从中引用。

107 1968年8月在加利福尼亚伯克利对话时洛文塔尔这么向本书作者说。

108 《文学与人的形象》(*Literature and the Image of Man*, p. 198)。

109 同上（Ibid., p. 202）。

110 采用化名的阿多诺在一个脚注中补充说，在杨·西贝柳斯的音乐中也可以找到它们。(《社会研究期刊》上的原文第338页，在英文版《文学与人的形象》中被略去了。)

111 同上（Ibid., p. 218）。

第五章　社会研究所对纳粹的分析

1 1969年5月在纽约对艾丽斯·迈尔的访谈。

2 《贝希摩斯》(Franz Neumann, *Behemoth: The Structure and Practice of National Socialism, 1933–1944* [rev. ed.; New York, 1944])。

3 《文化迁徙：美国的欧洲学者》(Neumann et al., *The Cultural Migration: The European Scholar in America* [Philadelphia, 1953], p. 18)。

4 《民主与威权主义国家：政治与法律理论的论文集》(Herbert Marcuse, Preface to *The Democratic and the Authoritarian State: Essays in Political and Legal Theory*, by Franz Neumann [New York, 1957], p. vii)。同见《马克思主义与自由民主之间的弗朗茨·诺伊曼》(See also H. Stuart Hughes, "Franz Neumann between Marxism and Liberal Democracy," in *The Intellectual Migration: Europe and America, 1930–1960*, ed. Donald Fleming and Bernard Bailyn [Cambridge, Mass., 1969])。

5 他的文章最频繁地刊载于《工作与社会》(Die Arbeit and Die Gesellschaft)上。

6 《市民社会法律中法规职能的职能变化》(Franz Neumann, "Der Funktionswandel des Gesetzes im Recht der bürgerlichen Gesellschaft," ZfS VI, 3 [1937]),英文版重印的标题是《现代社会的法律职能变化》("The Change in the Function of Law in Modern Society," in The Democratic and the Authoritarian State),下文中的引述将出自英文版。

7 同上(Ibid., p. 39)。

8 同上(Ibid, p. 42)。

9 同上(Ibid, p. 52)。

10 同上(Ibid., p. 65)。

11 诺伊曼在《贝希摩斯》(Behemoth, p. 451)中有同样观点。

12 《民主与威权主义国家:政治与法律理论的论文集》(The Democratic and the Authoritarian State, p. 66)。

13 《对抗极权主义国家观中自由主义的斗争》(Herbert Marcuse, "The Struggle against Liberalism in the Totalitarian State," Negations: Essays in Critical Theory, trans. Jeremy J. Shapiro [Boston, 1968] [originally in ZfS III, 1 [1934]])。

14 《自然法的各类型》(Neumann, "Types of Natural Law," SPSS VIII, 3 [1939])。《哲学和社会科学研究》是《社会研究期刊》的延续。这是第一期。诺伊曼的文章后来在《民主与威权主义国家:政治与法律理论的论文集》(The Democratic and the Authoritarian State)重印,下文将从中引述。

15 同上(Ibid., p. 72)。

16 同上(Ibid., p. 75)。诺伊曼后来整体上改变他对卢梭和积极自由的观点。

17 同上(Ibid., p. 79)。

18 即使在他后来更加自由主义的时期,诺伊曼也会写"我不能认同国家总是自由的敌人"("Intellectual and Political Freedom," The Democratic and the Authoritarian State, p. 201)。

19 基希海默的生平小传请参见《奥托·基希海默:生平与作品》(John H. Herz and Erich Hula, "Otto Kirchheimer: An Introduction to His Life and Work," in Otto Kirchheimer, Politics, Law, and Social Change, ed. Frederic S. Burin and Kurt L. Shell [New York, 1969])。

20 《社会主义和布尔什维克的国家理论》(Otto Kirchheimer, "The Socialist and Bolshevik Theory of the State," reprinted in Politics, Law, and Social Change, p. 15)。后来基希海默放弃了施密特的紧急状态观念。见《追问主权》("In

Quest of Sovereignty," reprinted in *Politics, Law, and Social Change*, p. 191）。

21　《魏玛，接下来呢？》（Kirchheimer, Weimar—und Was Dann? [Berlin, 1930], reprinted in *Politics, Law, and Social Change*）。

22　《1932年的宪法反应》（Kirchheimer, "Constitutional Reaction in 1932," originally in *Die Gesellschaft* IX [1932], reprinted in *Politics, Law, and Social Change*, p. 79）。

23　生平小传的作者们在他们的介绍中说，"在这方面，基希海默显然低估了与接下来的纳粹极权主义相比，即使是公务员和军队的权威主义所能带来的好处。（*Politics, Law, and Social Change*, p. xvi）。虽然不想对这一点展开全面的讨论，但基希海默的立场比他们所允许的更有价值。我曾在一篇《魏玛德国的左翼知识分子》（*Weimar Germany's Left-Wing Intellectuals* by Istvan Deak）的书评中试图阐述其中的问题（*Commentary* XLIV, 4 [October, 1969]）。

24　基希海默还在《法兰西第三共和国时期的法令权力和宪法》（"Decree Powers and Constitutional Law in France under the Third Republic," originally in *American Political Science Review* XXXIV [1940], and reprinted in *Politics, Law, and Social Change*）中分析了法国试图建立一个凌驾于政治之上的权威主义政府。他在文中写道："法国的例子在布吕宁和帕彭担任德国总统的八年后成为现实，这表明一个宪政政府的无限法令统治及其可疑的民众基础或议会基础，只能是通往完全威权主义的中间站。"（p. 130）。

25　基希海默的文章刊载于1934年的《法律哲学和法律社会学文库》（*Archives de Philosophie du droit et de Sociologie juridique* IV）和1936年的《刑事科学和比较刑事法杂志》（*Revue de Science criminelle et de Droit penal comparé* I）。

26　《第三帝国的国家结构与法律》（*Staatsgefüge und Recht des Dritten Reiches* [Hamburg, 1935]）出版作者采用化名（Dr. Hermann Seitz），被当作为地下作品偷渡入德国。

27　《惩罚与社会结构》（Kirchheimer and George Rusche, *Punishment and Social Structure* [New York, 1939]）。

28　同上（Ibid., p. 5）。

29　《民族社会主义的法律秩序》（Kirchheimer, "The Legal Order of National Socialism," *SPSS* IX, 2 [1941]）。

30　《惩罚与社会结构》（*Punishment and Social Structure*, p. 179）。

31　《生产方式——国家——阶级专政》（A. R. L. Gurland, *Produktionsweise-Staat-Klassendiktatur* [Leipzig, 1929]）。这篇论文的导师是哲学系的汉斯·弗雷尔（Hans

Freyer）。

32　《卡尔·考茨基的历史辩证法与历史观》（Gurland, "Die Dialektik der Geschichte und die Geschichtsauffassung Karl Kautskys," *Klassenkampf* [Berlin, Sept. 1, 1929] ）。

33　《德国共产党与右翼的危险》（ Gurland, "Die K.P.D. und die rechte Gefahr," *Klassenkampf* [Berlin, Dec. 1, 1928] ）。古尔兰还写了一篇文章讨论社会民主党的境况，强调需要实践，标题为《无产阶级行动的今天》（ *Das Heute der proletarischen Aktion* [Berlin, 1931] ）。

34　有关格罗斯曼的职业生涯，见《作为国民经济学家的亨利希·格罗斯曼》（ Walter Braeuer, "Henryk Grossmann als Nationalökonom," *Arbeit und Wissenschaft*, vol. VIII [1954] ）。

35　布劳尔提到一份题为《马克思的李嘉图起源？》的手稿，波洛克觉得这可能是同一部作品的另一个标题，不过据布劳尔说，这份手稿有三百多页，而不是像波洛克手中的那份一样有 113 页（1970 年 4 月 16 日波洛克致本书作者的信）。这部作品最终于 1969 年在法兰克福出版，并由保罗·马蒂克作了后记。

36　《进化论者对古典经济学的反叛》（ Henryk Grossmann, "The Evolutionist Revolt against Classical Economics," *Journal of Political Economy* LI, 5 [1943] ）；《威廉·普莱菲：资本主义发展的最早理论家》（ "W. Play fair, the Earliest Theorist of Capitalist Development," *Economic History Review* XVIII, 1 [1948] ）。

37　在访谈中，洛文塔尔、波洛克和马尔库塞都提到了格罗斯曼在 40 年代期间对社会研究所成员日益不信任。洛文塔尔与霍克海默之间的多封通信证实了这一点。

38　社会研究所的另一位老熟人恩斯特·布洛赫也是一样的，他出于政治原因拒绝了社会研究所的财政资助（1968 年 8 月在加利福尼亚的伯克利对列奥·洛文塔尔的访谈）。

39　1969 年 5 月纽约的访谈。

40　《危机政策和计划经济》（ Gerhard Meyer, "Krisenpolitik und Planwirtschaft," *ZfS* IV, 3 [1935] ）；迈耶还写了几篇文献梳理，包括《关于计划经济的最新文献》（ "Neuere Literatur über Planwirtschaft," *ZfS* I, 3 [1932] ）与《关于计划经济的新英国文献》（ "Neue englische Literatur zur Planwirtschaft," *ZfS* II, 2 [1933]. With Kurt Mandelbaum, he wrote "Zur Theorie der Planwirtschaft," *ZfS* III, 2 [1934] ）。

41　曼德尔鲍姆化名库尔特·鲍曼（ Kurt Baumann ）写了《自治与计划经济》

("Autarkie und Planwirtschaft," *ZfS* II, 1 [1933])。他还以本名写了《计划经济最新文献》("Neuere Literatur zur Planwirtschaft," *ZfS* IV, 3 [1935])和《讨论技术失业的最新文献》("Neuere Literatur über technologische Arbeitslosigkeit," *ZfS* V, 1 [1936])。

42　曼德尔鲍姆也使用"艾里希·鲍曼"这个笔名。以这个名字刊载的文章有《凯恩斯对自由主义国民经济学的修正》("Keynes' Revision der liberalistischen Nationalökonomie," *ZfS* V, 3 [1936])。"保罗·塞林"的文章标题则是《论马歇尔的新古典主义经济学》("Sering's" piece was entitled "Zu Marshalls neuklassischer Ökonomie," *ZfS* VI, 3 [1937])。

43　《论"新政"的最新文献》(Felix Weil, "Neuere Literatur zum 'New Deal,'" *ZfS* V, 3 [1936]);《论德国军事经济的最新文献》("Neuere Literatur zur deutschen Wehrwirtschaft," *ZfS* VII, 1/2 [1938])。

44　《现代技术的一些社会含义》(Marcuse, "Some Social Implications of Modern Technology," *SPSS* IX, 3 [1941]);文中马尔库塞第一次表达了后来《单向度的人》中发展的一些观念。《民族社会主义的技术趋势与经济结构》(Gurland, "Technological Trends and Economic Structure under National Socialism," *SPSS* IX, 2 [1941])。

45　1971年6月21日在纽约与魏复古的对话。

46　1971年7月19日在新罕布什尔州梅勒迪斯(Meredith, N.H.)与格哈德·迈耶的对话。

47　《苏联的计划经济尝试试验》(Friedrich Pollock, *Die planwirtschaftlichen Versuche in der Sowjetunion* [1917–1927], [Leipzig, 1929])。

48　《资本主义的现状和计划经济重组的前景》(Pollock, "Die gegenwärtige Lage des Kapitalismus und die Aussichten einer planwirtschaftlichen Neuordnung," *ZfS* I, 1/2 [1932])。后一年,他在《评经济危机》("Bemerkungen zur Wirtschaftskrise," *ZfS* II, 3 [1933])继续讨论大萧条。

49　《国家资本主义:其可能与局限》(Pollock, "State Capitalism: Its Possibilities and Limitations," *SPSS* IX, 2 [1941])。

50　同上(Ibid., p. 207)。

51　伯纳姆最初是托洛茨基主义者。虽然托洛茨基本人拒绝国家资本主义的概念,至少拒绝这个概念适用于苏联,但他的一些追随者并没有如此。然而,没有证据表明波洛克是从伯纳姆那得到这个想法的。

52　《民族社会主义是一种新秩序吗?》(Pollock, "Is National Socialism a New Order?," *SPSS* IX, 3 [1941], p. 447）。

53　同上（Ibid., p. 449）。

54　同上（Ibid., p. 450）。诺伊曼《贝希摩斯》里用了同一个词；威利·纽林在《当今经济中的竞争、垄断和命令》（"Wettbewerb, Monopol und Befehl in der heutigen Wirtschaft," *Zeitschrift für die gesamte Staatswissenschaft*, LXXXXIX [1939]）造就了这个词。

55　关于同一问题的最新讨论，见《政治的首要地位：民族社会主义德国的政治和经济》（T. W. Mason, "The Primacy of Politics: Politics and Economics in National Socialist Germany," in *The Nature of Fascism*, ed. S. J. Woolf [New York, 1968]）。

56　《哲学与批判理论》（Max Horkheimer, "Philosophie und Kritische Theorie" *ZfS* VI, 3 [1937], p. 629）。

57　《民族社会主义》（Pollock, "State Capitalism," p. 207）。

58　对这一点的讨论见《作为一位政治理论家的马克思》（Robert C. Tucker, "Marx As a Political Theorist," in *Marx and the Western World*, ed. Nicholas Lobkowicz [Notre Dame, Ind., 1967]）。

59　《理性和革命》Marcuse, *Reason and Revolution*, rev. ed. [Boston, 1960], p. 410）。之前在他的《对抗极权主义国家观中自由主义的斗争》（"Der Kampf gegen den Liberalismus in der totalitären Staatsauffassung," *ZfS* III, i [1934]）中，马尔库塞也单独讨论了"垄断资本主义"。然而，在这个早期阶段，社会研究所的其他成员持赞成态度。

60　《威权主义国家》（Horkheimer, "Autoritärer Staat," in "Walter Benjamin zum Gedächtnis" [unpub., 1942], pp. 124–125），波洛克私人收藏。

61　《〈哲学和社会科学研究〉前言》（Horkheimer, Preface to *SPSS* IX, 2 [1941], p. 195）。

62　《理性与自我保护》（Horkheimer, "Vernunft und Selbsterhaltung," in "Walter Benjamin zum Gedächtnis," p. 466）。

63　文中，基希海默将勒索与现代社会的技术风气联系起来："勒索似乎符合社会的一个阶段，在这个阶段，成功取决于组织和获得适当的技术设备，而不是特殊技能。"（p. 179）

64　《〈哲学和社会科学研究〉前言》（Horkheimer, Preface to *SPSS* IX, 2 [1941], p. 198）。

65　这篇文章是霍克海默最后写的以马克思主义为主的文章之一。值得注意的是，这篇文章被排除在他的作品集《批判理论》（*Kritische Theorie*, 2 vols., ed.

66 《威权主义国家》("Autoritärer Staat," p. 151)。

67 《启迪》(Walter Benjamin, *Illuminations*, ed. Hannah Arendt, trans. Harry Zohn [New York, 1968], p. 263)。

68 《威权主义国家》("Autoritärer Staat," p. 143)。

69 同上(Ibid., pp. 148–149)。

70 关于社会研究所成员对恐怖和胁迫只功能的更严肃讨论,见《恐怖的人的原子化》(Leo Lowenthal, "Terror's Atomization of Man," *Commentary* I, 3 [January, 1946])。在后来的一篇《法西斯主义的教训》("The Lessons of Fascism," in *Tensions That Cause Wars*, ed. Hadley Can tril [Urbana, III., 1950])中,霍克海默认为在纳粹开始使用恐怖和大规模宣传来原子化人口之前,威权型人格并没有如此普遍(p. 223)。

71 《犹太人与欧洲》("Die Juden und Europa," p. 125)。

72 《威权主义国家》("Autoritärer Staat," p. 138)。

73 《理性与自我保护》("Vernunft und Selbsterhaltung," p. 59)。

74 《威权主义国家》("Autoritärer Staat," p. 160)。

75 1968年8月在伯克利的访谈中,洛文塔尔是这么告诉我的。

76 《民族社会主义德国的刑法》(Kirchheimer, "Criminal Law in National Socialist Germany," *SPSS* VIII, 3 [1939])。基希海默还发表了另一篇关于德国刑事实践的文章,题为《德国处理青少年犯罪的最新趋势》("Recent Trends in German Treatment of Juvenile Delinquency," *Journal of Criminal Law and Criminology* XXIX [1938])。

77 将基希海默对现象学法律的批判与马尔库塞的文章《本质的概念》和阿多诺在《论认识论的元批判》中对胡塞尔的更广泛的攻击相比较。基尔学派现象学的来源更多是舍勒的唯物主义本质(eidetics),而不是胡塞尔的观念论变种。

78 《民族社会主义的法律秩序》(Kirchheimer, "The Legal Order of National Socialism," *SPSS* IX, 3 [1941], reprinted in *Politics, Law, and Social Change*),下文中引述均引自重印本(p. 93)。

79 同上(Ibid., p. 99)。

80 同上(Ibid., p. 108)。

81 《政治妥协的结构中的变化》(Kirchheimer, "Changes in the Structure of Political Compromise," *SPSS* IX, 2 [1941], also reprinted in *Politics, Law, and Social*

Change*），下文中引述均引自重印本。

82　同上（Ibid., p. 131）。

83　同上（Ibid., p. 155）。

84　同上（Ibid., pp. 158–159）。

85　《民族社会主义之下的技术趋势与经济结构》（Gurland, "Technological Trends and Economic Structure under National Socialism," *SPSS* IX, 2 [1941]）。

86　同上（Ibid., p. 248）。

87　同上（Ibid., p. 261）。

88　与马尔库塞和洛文塔尔的对话是这一观察的主要来源。当《贝希摩斯》在德国出版时，没有被纳入"法兰克福社会学汇编"（Frankfurter Beiträge zur Soziologie）。

89　在讨论埃米尔·莱德勒（Emil Lederer）的《大众的国家：无阶级社会的威胁》（*State of the Masses: The Threat of the Classless Society* [New York, 1940]）时写道："如果莱德勒的分析是正确的，我们之前的讨论就完全错误了……种族主义将不仅仅是小团体的问题，而是深深地扎根于大众之中。"（*Behemoth*, p. 366）。

90　《贝希摩斯》（*Behemoth*, p. 121）。

91　《哲学和社会科学研究》（*SPSS* IX, 1 [1941], p. 141）。规划书署的时间是1939年。

92　《贝希摩斯》（*Behemoth*, p. 465）。

93　同上（Ibid., p. 476）。

94　在《贝希摩斯》中，科尔被提及多次，而且说他"极其有天赋"（p. 203）。科尔对精神分析的评价可以在他的文章中找到他的文章《新德国历史书写》（"Neuere deutsehe Geschichtsschreibung," *Der Primat der Innenpolitik*, ed. Hans-Ulrich Wehler [Berlin, 1965]）。

95　《贝希摩斯》（*Behemoth*, pp. 403–413）。

96　同上（Ibid., p. 224）。

97　同上（Ibid., p. 227）。

98　同上（Ibid., pp. 228–234）。

99　同上（Ibid., p. 260）。

100　引自《法西斯的共产主义理论》（John M. Cammett, "Communist Theories of Fascism, 1920–1935," *Science and Society* XXXI, 2 [Spring, 1967]）。

101　《贝希摩斯》（*Behemoth*, p. 261）。

102　同上（Ibid., p. 298）。

103 同上（Ibid., p. 305）。

104 同上（Ibid., p. 185）。

105 同上（Ibid., p. 354）。

106 同上（Ibid., p. 366）。

107 同上（Ibid., p. 449）。因此，大卫·肖恩鲍姆（David Schoenbaum）在《希特勒的社会革命》(*Hitler's Social Revolution*, [Garden City, N.Y., 1966]) 中对诺伊曼的"修订"是以纳粹地位革命的重要性为基础，这在一定程度上是诺伊曼本人所预期的。

108 《贝希摩斯》(*Behemoth*, p. 278)。

109 同上（Ibid., p. 472）。

110 同上（Ibid., p. xii）。

111 同上（Ibid., p. 471）。

112 《〈哲学和社会科学研究〉第八期前言》(Horkheimer, Foreword to *SPSS* VIII, 3 [1939], p. 321)。出版于 1940 年 7 月。

113 在社会研究协会的董事会中，有查尔斯·比尔德、罗伯特·麦基弗、罗伯特·林德、莫里斯·科恩（Morris Cohen）和保罗·蒂利希，他们都是研究所的老朋友。["Supplementary Memorandum on the Activities of the Institute from 1939 to 1941," mimeographed; Friedrich Pollock's collection in Montagnola）。

114 在新的研究助手中，卡尔森对《社会研究期刊》的贡献最大，他写了两篇文献梳理，《社会与教育相关的新文献》("Neue Literatur über Gesellschaft und Erziehung," *ZfS* III, 1 [1934]）和《社会与教育相关的新美国文献》("Neue amerikanische Literatur über Gesellschaft und Erziehung," *ZfS* VIII, 1 [1939]）。

115 1968 年 5 月在马萨诸塞州剑桥对马尔库塞的访谈和 1968 年 8 月对洛文塔尔的访谈。我们不应过分渲染诺伊曼与研究所其他成员的摩擦。波洛克与他在理论问题上的分歧最为明显，而 1954 年 12 月他于诺依曼在瑞士的葬礼上发表了悼词。

116 《德国小企业的命运》(Gurland, Neumann, and Kirchheimer, *The Fate of Small Business in Germany* [Washington, D.C., 1943]）。这是部分是由卡内基基金会的拨款资助的。设立佩珀的小组委员会是为了研究美国小企业的问题。该书的结论是，魏玛和纳粹德国的小企业陷入了大企业和劳工之间的倾轧，这与小组委员会的目标非常吻合。

117 《民族社会主义的文化方面》("Cultural Aspects of National Socialism," in Lowenthal's collection in Berkeley）。研究所试图获得赞助的另一个流产项目是

对战后德国社会重建的研究。

118 同上（Ibid., p. 51）。

119 学位论文是对第一次世界大战后法国的农业状况的研究。马辛在索邦大学做了很多研究，并在1929年论文完成后在莫斯科的农业研究所呆了十八个月。（此处及接下来的生平信息来自1970年11月25日对马辛博士的访谈）。

120 《保护性拘留880》（Massing [pseud: Karl Billinger], *Schutzhäfiling* 880 [Paris, 1955]）；《国家集中营7》（Wittfogel [pseud: Klaus Hinrichs], *Staatliches Konzentrationslager* VII [London, 1936]）。化名相关信息来自在纽约对马辛的访谈。

121 见魏复古于1951年8月7日的证词（Wittfogel's testimony on August 7, 1951, Internal Security Subcommittee of the Senate Judiciary Committee, 82nd Congress, 1951–1952, vol. III, p. 276）。

122 对这段旅程的描述，见马辛夫人的《欺骗》（Hede Massing, *This Deception* [New York, 1951], pp. 244f.）。

123 1971年6月21日在纽约本书作者与魏复古的对话中透露。

124 这是马尔库塞在访谈中提到的理由。

125 《晨边高地的十年》未刊稿（"Ten Years on Morningside Heights," [unpub., 1944], in Lowenthal's collection）。

126 《利己主义与自由运动》（Horkheimer, "Egoismus und Freiheitsbewegung," *ZfS* V, 1 [1936], p. 219）。马尔库塞还有一篇《论文化中的肯定性格》（"Uber den affirmativen Charakter der Kultur," *ZfS* VI, 1 [1937]），我们将在下一章考察这篇文章。

第六章 美学理论与大众文化批判

1 《马克思主义与文学批评者》（George Steiner, "Marxism and the Literary Critic," *Language and Silence* [New York, 1967]）。

2 《历史小说》（Georg Lukács, *The Historical Novel*, trans. Hannah and Stanley Mitchell [Boston, 1963], pp. 30–63）。

3 在斯大林死后，卢卡奇的《反对被误解的现实主义》（*Wider den missverstandenen Realismus* [Hamburg, 1958]）多少减轻了他的敌意。见《格奥尔格·卢卡奇：其人其作其观念》（*Georg Lukács: The Man, His Work, and His Ideas*, ed. G. H. R. Parkinson [New York, 1970]）。

4 见他在《理性的毁灭》（Lukács, *Die Zerstörung der Vernunft* [Berlin, 1954]）中

对"非理性主义的长篇论战。

5　赫伯特·马尔库塞对社会主义现实主义的批判见他的《苏联马克思主义：批判分析》(*Soviet Marxism: A Critical Analysis* [New York, 1958])强调这一缺陷。

6　《本雅明书信集》(Walter Benjamin, *Briefe*, ed. Gershom Scholem and Theodor W. Adorno [Frankfurt, 1966], vol. I, pp. 350, 355)。

7　《受勒索的和解》(Theodor Adorno, "Erpresste Versöhnung," *Noten zur Literatur* II [Frankfurt, 1961], p. 152)。

8　见《1891年至1906年间格奥尔格与霍夫曼斯塔尔通信》(Adorno, "The George-Hofmannsthal Correspondence, 1891–1906," *Prisms*, trans. Samuel and Shierry Weber [Lohdon, 1967], p. 217)。

9　关于科内利乌斯的艺术背景的描述，见他的文章《生平与学说》("Leben und Lehre," in *Die Philosophie der Gegenwart in Selbstdarstellungen*, ed. Raymund Schmidt [Leipzig, 1923], vol. II)。他在美学方面的作品有：《造型艺术的基本原则：实用美学的基础》(*Elementargesetze der bildenden Kunst: Grundlagen einer praktischen Ästhetik* [Leipzig and Berlin, 1911])和《艺术教学法》(*Kunstpädagogik* [Erlenbach-Zurich, 1920])。

10　在1942年10月27日致霍克海默的信中，洛文塔尔提到霍克海默开始写一本小说（洛文塔尔私人收藏）。

11　萨缪尔和希瑞·韦伯(Samuel and Shierry Weber)在《棱镜》的开头有一篇有趣的文章讨论阿多诺的难点。

12　《棱镜》(Adorno, *Prisms*, p. 225)。

13　同上(Ibid., p. 150)。

14　同上(Ibid., p. 246)。

15　同上(Ibid., p. 229)。

16　这与诺曼·布朗在《爱的身体》(*Love's Body* [New York, 1966])中为自己设定的任务相似，该书的大部分内容由引文组成。

17　见他给马克斯·莱希纳(Max Rychner)的信，载于《本雅明书信集》(in Benjamin, *Briefe*, vol. II, p. 524)。

18　引自《棱镜》(Adorno, *Prisms*, p. 232)。

19　《本雅明书信集》(Benjamin, *Briefe*, vol. II, pp. 726, 727)。

20　《晨边高地十年：1934年至1944年间社会研究所历史报告》未刊稿("Ten Years on Morningside Heights: A Report on the Institute's History, 1934–1944" [unpub., 1944] [Lowenthal collection])。

21　《棱镜》(*Prisms*, p. 71)。

22　《启迪》(Benjamin, *Illuminations*, ed. with an intro, by Hannah Arendt, trans. Harry Zohn [New York, 1968], p. 258)。

23　《艺术与大众文化》(Max Horkheimer, "Art and Mass Culture," *SPSS* IX, 2 [1941], p. 291)。

24　这也是青年卢卡奇经历过的转变。见《格奥尔格·卢卡奇早期作品》(Lucien Goldmann, "The Early Writings of Georg Lukács," *Tri-Quarterly* IX [Spring, 1967])。

25　《棱镜》(*Prisms*, p. 184)。我们回忆一下,"力场"(Kraftfeld)这个词是阿多诺也在批判胡塞尔时用过。

26　同上(Ibid., p. 262)。

27　同上(Ibid., p. 262)。

28　《"某些否定的助力"》(Ilse Müller-Strömsdörfer in "Die 'helfende Kraft bestimmter Negation,'" *Philosophische Rundschau* VIII, 2/3 [Jan. 1961], p. 98)也论证了这一点。

29　《论音乐的拜物教特征与听觉的倒退》(Adorno, "Über den Fetischcharakter in der Musik und die Regression des Hörens," *ZfS* VII, 3 [1938], p. 321);《文学、流行文化与社会》(Leo Lowenthal, *Literature, Popular Culture, and Society* [Englewood Cliffs, N.J., 1961], p. 12)。

30　《棱镜》(*Prisms*, p. 30)。

31　《本雅明书信集》(Benjamin, *Briefe*, vol. II, p. 785);《棱镜》(Adorno, *Prisms*, p. 236)。

32　《艺术与大众文化》(Horkheimer, "Art and Mass Culture," p. 292)。关于扩大宗教与艺术的联系,见《今日艺术与宗教的诸论题》(Adorno's "Theses upon Art and Religion Today," *Kenyon Review* VII, 4 [Autumn, 1945])。

33　尼采是第一个使用这个短语的人,并用来反对康德关于美是无私欲望的对象这个定义。马尔库塞在《文化的肯定特性》(*Negations: Essays in Critical Theory*, trans. Jeremy J. Shapiro [Boston, 1968], p. 115)首次用了这个词。

34　霍克海默在化名出版的《黎明/黄昏》(*Dämmerung* [Zurich, 1934], p. 60)和阿多诺在《棱镜》(*Prisms*, p. 32)中也是这么主张的。

35　《棱镜》(*Prisms*, p. 32)。

36　同上(Ibid., p. 171)。

37　同上(Ibid., p. 32)。

38 《今日艺术与宗教的诸论题》(Adorno, "Theses on Art and Religion Today," p. 678)。

39 《文化的肯定特性》(Marcuse, "The Affirmative Character of Culture," p. 117)。这曾是他在《爱欲与文明》(*Eros and Civilization* [Boston, 1955]) 的一个主题。

40 《棱镜》(*Prisms*, p. 87)。

41 同上 (Ibid., p. 230)。

42 《论享乐主义》(Marcuse "On Hedonism," *Negations*, p. 198)。

43 在他写的最后几篇文章中,阿多诺回到了中介对于真正的美学理论的中心地位。在批评音乐社会学家阿尔芬斯·西尔伯曼 (Alphons Silbermann) 作品中的传播概念时,阿多诺写道:"中介是……在对象本身,而不是对象和带来对象之物之间的东西。然而,传播中包含的只是生产者和消费者之间的关系。" ("Thesen zur Kunstsoziologie," *Kölner Zeitschrift für Soziologie und Sozialpsychologie* XIX, 1 [March, 1967], p. 92])。

44 《棱镜》(*Prisms*, p. 33)。

45 《本雅明书信集》(Benjamin, *Briefe*, vol. II, pp. 672, 676) 阿多诺致本雅明的几封信也被收录其中。

46 《棱镜》(*Prisms*, p. 85)。

47 同上 (Ibid., p. 84)。

48 "音乐并不'代表'自身之外的任何东西;它位于祈祷和游戏的秩序上,而不是在绘画和写作的秩序上。音乐的这种现实之衰落往往通过成为自身的形象而打破魔咒。" (Adorno, "Currents of Music: Elements of a Radio Theory" [unpub. prospectus for the Princeton Radio Research Project, 1939], p. 72)。我很感谢拉扎斯菲尔德教授为我提供了这个资料。

49 他早期的几篇文章出现在他编辑的《开端》(*Anbruch*) 和《音乐、舞台和指挥棒、聚光灯》(*Musik, Pult und Taktstock, Scheinwerfer*)、《23》等期刊上。

50 其中几篇文章在《音乐时刻》(Adorno, *Moments Musicaux* [Frankfurt, 1964]) 中重印。

51 《论音乐的社会状况》(Adorno, "Zur gesellschaftlichen Lage der Musik," *ZfS* I, 1/2, and I, 3 [1932])。

52 同上 (Ibid., 1/2, p. 106)。

53 《新音乐哲学》(Adorno, *Philosophie der neuen Musik* [Frankfurt, 1949])。

54 《论音乐的社会状况》(Adorno, "Zur gesellschaftlichen Lage der Musik," 1/2, p. 112)。

55 《棱镜》(*Prisms*, p. 166)。

56 《论音乐的社会状况》(Adorno, "Zur gesellschaftlichen Lage der Musik," 1/2, p. 116)。新古典的客观主义和法西斯主义之间的关系并不牵强。斯蒂芬·斯彭德(Stephen Spender)在休姆(T. E. Hulme)的作品提出了类似的联系;见《现代的斗争》(*The Struggle of the Modern* [Berkeley and Los Angeles, 1963], p. 49)。

57 《论音乐的社会状况》(Adorno, "Zur gesellschaftlichen Lage der Musik," 1/2, p. 119)。

58 同上(Ibid., 3, p. 359)。

59 同上(Ibid., p. 365)。

60 同上(Ibid., p. 368)。

61 《论爵士》(Adorno [Hektor Rottweiler], "Über Jazz," *ZfS* V, 2 [1936])。

62 《音乐时刻》(Adorno, *Moments Musicaux*, p. 9)。

63 在他的《论解放的文章》(*An Essay on Liberation* [Boston, 1969])中,马尔库塞要把蓝调和爵士乐列入"新感性"的工艺品之一,他认为这些艺术对普遍的肯定性文化是批判的(p.38)。

64 《牛津附录》(Adorno, "Oxford Nachträge," *Dissonanzen: Musik in der verwalteten Welt* [Frankfurt, 1956], p. 117)。本文原来写于1937年,当时阿多诺留在牛津大学的墨顿学院。

65 《论爵士》(Adorno [Rottweiler], "Über Jazz," p. 238)。

66 同上(Ibid., p. 242)。

67 《常年时尚:爵士乐》("Perennial Fashion—Jazz," *Prisms*, p. 122)。

68 《代表与殉道者》(Hans Mayer, *Der Repräsentant und der Märtyrer* [Frankfurt, 1971], pp. 156–157)。

69 对霍布森(Wilder Hobson)的《美国爵士乐》(*American Jazz Music*)和温斯罗普·萨金特(Winthrop Sargeant)的 *Jazz Hot and Hybrid* 的评论,由尤妮斯·库珀(Eunice Cooper)协助撰写,载于《哲学与社会科学研究》(*SPSS* IX, 1 [1941], p. 169)。阿多诺热衷于萨金特对爵士乐的解释,他认为这是对他自己想法的本土确认。另一方面,他批评霍布森试图将音乐从其商品特性中抽象出来。

70 同上(Ibid., p. 177)。

71 《牛津附录》("Oxford Nachträge," p. 119)。

72 同上(Ibid., p. 123)。

73 同上（Ibid, p. 123）。

74 《棱镜》（*Prisms*, pp. I99f.）。

75 《一位欧洲学者在美国的科学经历》（Adorno, "Scientific Experiences of a European Scholar in America," in *The Intellectual Migration: Europe and America, 1930-1960*, ed. Donald Fleming and Bernard Bailyn [Cambridge, Mass., 1969], p. 341）。奇怪的是，阿多诺写道："我实际上仍然认为爵士乐是一种自发的表达形式。"这似乎和事实相去甚远。

76 然而，马尔库塞在60年代中期对"反文化"的热情在70年代已经开始减退；例如，见他对查尔斯·赖希的《美国的绿化》（*Charles Reich's The Greening of America*）的评论（*The New York Times*, Nov. 6, 1970, p. 41），以及他的《反革命与反抗》（*Counterrevolution and Revolt* [Boston, 1972]）。

77 《一位欧洲学者在美国的科学经历》（Adorno, "Scientific Experiences of a European Scholar in America," p. 340）。

78 同上（Ibid., p. 341），和《社会研究史上的一段插曲：回忆录》（Paul Lazarsfeld, "An Episode in the History of Social Research: A Memoir," in *The Intellectual Migration*, pp. 322f.）。

79 《社会研究史上的一段插曲：回忆录》（Lazarsfeld, "An Episode in the History of Social Research," p. 301）。

80 《论音乐中的拜物教特征与听觉的倒退》（"Über den Fetischcharakter in der Musik und die Regression des Hörens," *ZfS* VII, 3 [1938]）。

81 《技术复制时代的艺术作品》（Benjamin, "L'Oeuvre de l'art à l'époque de sa reproduction mécanisée," *ZfS* V, 1 [1936]）。

82 《论音乐中的拜物教特征与听觉的倒退》（Adorno, "Über den Fetischcharakter," p. 327）。

83 同上（Ibid., p. 330）。

84 更加正统的马克思主义批评家总是迅速指出这是阿多诺作品的不足之处。例如见《阿多诺、音乐、社会》（Konrad Boehmer, "Adorno, Musik, Gesellschaft" in *Die neue Linke nach Adorno*, ed. Wilfried F. Schoeller [Munich, 1969], p. 123）。

85 《论音乐中的拜物教特征与听觉的倒退》（"Über den Fetischcharakter," p. 355）。

86 阿多诺在《一位欧洲学者在美国的科学经验》一文中，承认了辛普森帮助的重要性（"Scientific Experiences," in *The Intellectual Migration*, pp. 350-351）。辛普森曾是罗伯特·麦基弗的学生。他的主要工作是翻译和批评涂尔干的社会学。

87 《无线电音乐的社会批评》(Adorno, "A Social Critique of Radio Music," *Kenyon Review* VII, 2 [Spring, 1945])。

88 《评无线电音乐》(Ernst Krěnek, "Bemerkungen zur Rundfunkmusik," *ZfS* VII, 1/2 [1938])。阿多诺后来在《音乐瞬间》中写了一篇向克雷内克致敬的文章，题为《论克雷内克的相面术》(*Zur Physiognomik Krěneks*)。

89 《无线电音乐的社会批判》(Adorno, "A Social Critique of Radio Music," pp. 210–211)。

90 见他在《知识迁移》中对他们起源的讨论(*The Intellectual Migration*, p. 351)。

91 《论流行音乐》(Adorno, "On Popular Music," *SPSS* IX, 1 [1941])。

92 同上(Ibid., p. 48)。

93 拉扎斯菲尔德教授慷慨地让我使用原稿。这篇文章题为《音乐之流：一种无线电理论的要素》(*Currents of Music: Elements of a Radio Theory*)。缩略的版本以《无线电交响乐》为题发表("The Radio Symphony," in *Radio Research 1941*, ed. Paul Lazarsfeld and Frank Stanton [New York, 1941])。

94 同上(Ibid., p. 14)。

95 《历史哲学论纲》(Benjamin, "Theses on the Philosophy of History," *Illuminations*, p. 262)。

96 《音乐之流》(Adorno, "Currents of Music," p. 26)。

97 同上(Ibid., p. 79)。

98 《一位欧洲学者在美国的科学经历》("Scientific Experiences," p. 352)。

99 《论瓦格纳的片段》(Adorno, "Fragmente über Wagner," *ZfS* VIII, 1/2 [1939])。

100 在1941年6月致洛文塔尔的信中，霍克海默热情地提到他与这位德国文坛诸贤的新友谊。

101 《绝对集中的哲学》(Horkheimer, "Die philosophie der absoluten Konzentration," *ZfS* VII, 3 [1938])。

102 1969年3月在蒙塔诺拉对波洛克的访谈。这项研究的结果表明，保守派和天主教徒比社会上的其他群体为犹太人做得更多，但从未公布。

103 《一部小说的故事：〈浮士德博士〉的缘起》(Thomas Mann, *The Story of a Novel: The Genesis of Doctor Faustus*, trans. Richard and Clara Winston [New York, 1961], pp. 94–95)。

104 同上(Ibid., p. 103)。

105 同上(Ibid., p. 46)。

106 同上（Ibid., p. 48）。
107 同上（Ibid., p. 150）。
108 同上（Ibid., p. 222）。
109 见《1889 年至 1955 年间托马斯·曼书信集》(*Letters of Thomas Mann, 1889-1955*, selected and trans. Richard and Clara Winston, intro. Richard Winston [New York, 1971], pp. 546–547, 587–588）。
110 《电影作曲》(Hanns Eisler, *Composition for the Film* [New York, 1947]）。关于阿多诺在成文中的作用，见《西奥多·阿多诺与汉斯·艾斯勒合作的注脚》(Helmut Lück, "Anmerkungen zu Theodor W. Adornos Zusammenarbeit mit Hanns Eisler," in *Die neue Linke nach Adorno*）。艾斯勒的兄弟格哈特当时因参与共产主义活动而受到严重攻击，而阿多诺不想参与该书可能暗示的关联。
111 《羁縻音乐》(Adorno, "Gegängelte Musik," in *Dissonanzen*）。
112 《最低限度的道德》(Adorno, *Minima Moralia* [Frankfurt, 1951]）；和《启蒙辩证法》(Adorno and Horkheimer, *Dialektik der Aufklärung* [Amsterdam, 1947]）。
113 《威权型人格》(Adorno et al., *The Authoritarian Personality* [New York, 1950]）。阿多诺讨论马丁·路德·托马斯的文章从未发表。
114 《如何看电视》(Adorno and Bernice T. Eiduson, "How to Look at Television" [paper read at the Hacker Foundation in Los Angeles, April 13, 1953] [Lowenthal collection]）。
115 《星辰殒落：〈洛杉矶时报〉占星术专栏：次要迷信研究》(Adorno, "The Stars Down to Earth: The Los Angeles Times Astrology Column: A Study in Secondary Superstition," *Jahrbuch für Amerikastudien*, vol. II [Heidelberg, 1957]）。
116 《反神秘学论纲》(Adorno, "Thesen gegen den Okkultismus," *Minima Moralia*, pp. 462f.）。
117 阿多诺在他大约同时写的一篇文章《弗洛伊德理论和法西斯宣传的模式》("Freudian Theory and the Pattern of Fascist Propaganda," in *Psychoanalysis and the Social Sciences*, ed. Geza Roheim [New York, 1951]）中使用了这项工作作为讨论的基础。
118 《星辰殒落》(Adorno, "The Stars Down to Earth," p. 82）。
119 《棱镜》(*Prisms*, p. 98）。
120 比如见他在 1934 年秋天致霍克海默的信（Benjamin, *Briefe*, vol. II, p. 625f.）。本雅明也拒绝了搬往丹麦、巴勒斯坦和苏联的邀请。
121 《临时决定》(Adorno, "Interimbescheid," *Über Walter Benjamin* [Frankfurt, 1970],

p. 95）。

122 《本雅明书信集》（Benjamin, *Briefe*, vol. II, p. 834）。关于本雅明生活的其他历史，来自汉娜·阿伦特的《启迪》导言和弗里德里希·波洛克写的生平概览（Benjamin's *Schriften*, ed. Theodor W. Adorno and Gershom Scholem, vol. II [Frankfurt, 1955]）。

123 《隐形写作》（Arthur Koestier, *The Invisible Writing* [London, 1954], p. 512）。

124 同上（Ibid., p. 513）。

125 《追忆本雅明特刊》（"Walter Benjamin zum Gedächtnis" [unpub., 1942]）刊载的文章包括霍克海默的《威权主义国家》（Horkheimer, "Autoritärer Staat"）与《理性与自保》（"Vernunft und Selbsterhaltung"）、阿多诺的《格奥尔格与霍夫曼斯塔尔》（Adorno, "George und Hofmannsthal"）与本雅明的《历史哲学论纲》（Benjamin, "Thesen zur Geschichtsphilosophie"）（弗里德里希·波洛克在蒙塔诺拉的私人藏品）。

126 《瓦尔特·本雅明哲学研究》（Rolf Tiedemann, *Studien zur Philosophie Walter Benjamins* [Frankfurt, 1965]）。

127 特别见《选择》的两期（*Alternative*, 56/7 [Oct.–Dec., 1967] and 59/60 [April–June, 1968]）与汉娜·阿伦特的《启迪》导言。参与这场讨论的文章还有《对瓦尔特·本雅明版本的批判》（Siegfried Unseld, "Zur Kritik an den Editionen Walter Benjamins," *Frankfurter Rundschau* [January 24, 1968]）、《论"扣押"瓦尔特·本雅明，或如何用语文学来搭雪橇》（Rolf Tiedemann, "Zur 'Beschlagnahme' Walter Benjamins, oder Wie Man mit der Philologie Schlitten fahrt," *Das Argument* X, 1/2 [March, 1968]）、《论汉娜·阿伦特关于瓦尔特·本雅明的文章》（Friedrich Pollock, "Zu dem Aufsatz von Hannah Arendt über Walter Benjamin," *Merkur*, XXII, 6 [1968]）、《再论瓦尔特·本雅明与社会研究所》（Hannah Arendt, "Walter Benjamin und das Institut für Sozialforschung—noch einmal," *Merkur*, XXII, 10 [1968]）与《作为本雅明作品保管人的西奥多·阿多诺》（Hildegaard Brenner, "Theodor W. Adorno als Sachwalter des Benjaminschen Werkes," in *Die neue Linke nach Adorno*）。阿多诺本人的回复是《临时决定》（"Interimbescheid"）刊载在他自己的《论瓦尔特·本雅明》上。对这场讨论的总结见《马克思拉比》（"Marxistisch Rabbi," *Der Spiegel*, XXII, 16 [April 15, 1968]）。

128 见《打开我的图书馆》（Benjamin's article, "Unpacking My Library," *Illuminations*）。

129 《世纪之交的柏林童年》(Benjamin, *Berliner Kindheit um Neunzehnhundert* [Frankfurt, 1950] passim.)。在 1940 年本雅明给阿多诺写道:"我在一段童年记忆里找到了我'经验理论'的根源,我为何要向你隐瞒这一点?"(*Briefe*, vol. II, p. 848)。

130 格尔肖姆·肖勒姆在《瓦尔特·本雅明》里是这么说的 ("Walter Benjamin," *Leo Baeck Institute Yearbook* [New York, 1965])。

131 《论瓦尔特·本雅明》(Adorno, Über Walter Benjamin, p. 97)。

132 《本雅明书信集》(Benjamin, *Briefe*, vol. II, p. 655)。

133 格蕾特·阿多诺否认本雅明的婚姻失败对他远离犹太复国主义有影响(1970 年 11 月 4 日写给我的信),但汉娜·阿伦特在《〈启迪〉导言》(Introduction to *Illuminations*, p. 36)中观点正好相反。

134 《追忆瓦尔特·本雅明》(Max Rychner, "Erinnerungen an Walter Benjamin," *Der Monat*, XVIII, 216 [September, 1966], p. 42)。《德意志悲苦剧起源》于 1928 年在柏林出版。

135 《本雅明书信集》(*Briefe*, vol. II, p. 524)。

136 《瓦尔特·本雅明肖像》(Adorno, "A Portrait of Walter Benjamin," *Prisms*, p. 234)。

137 见《译者的任务》(Benjamin, "The Task of the Translator," *Illuminations*)、《作为解释的哲学》(Hans Heinz Holz, "Philosophie als Interpretation," *Alternative*, 56/57 [October–December, 1967])和《瓦尔特·本雅明:向着一种语言哲学》("Walter Benjamin: Towards a Philosophy of Language," *The Times Literary Supplement* [London, August 22, 1968])。最后一篇文章虽然匿名发表,但几乎可以确定是乔治·斯坦纳的手笔。

138 《启迪》(*Illuminations*, p. 263)。阿伦特小姐在英文译本中添加勒一个脚注,她认为本雅明指的是神秘的当下 (nunc stans) 而不是更乏味的现在 (Gegenwart)。而在他的《回忆瓦尔特·本雅明》("Erinnerungen an Walter Benjamin," *Der Monat*, XVIII, 216 [September, 1966]),恩斯特·布洛赫认为当下意味着对时间流的打破,过去就立刻成为当下 (p. 40)。

139 《历史哲学论纲》("Theses on the Philosophy of History." *Illuminations*, p. 255)。

140 1942 年 6 月 18 日洛文塔尔致霍克海默的信。

141 《本雅明书信集》(Benjamin, *Briefe*, vol. II, p. 786)。这似乎与希尔德嘉德·布伦纳的断言相矛盾,她认为阿多诺试图鼓励本雅明作品中的神学元素;见她的文章《意象的可读性:拱廊街计划的轮廓》("Die Lesbarkeit der Bilder:

Skizzen zum Passagenentwurf," *Alternative*, 59/60 [April-June, 1968], p. 56)。

142 战后本雅明与马克思主义保持距离的一个可能原因是，马克思主义往往与他非常不喜欢的表现主义美学联系在一起。关于激进主义和表现主义的融合，见《行动主义运动：1914年至1933年德国左翼的文化政治》(Lewis D. Wurgaft, "The Activist Movement: Cultural Politics on the German Left, 1914–1933" [Ph.D. diss., Harvard University, 1970])。关于本雅明对表现主义的敌意，见《论瓦尔特·本雅明》(Adorno, Über Walter Benjamin, pp. 96–97)。

143 《回忆瓦尔特·本雅明》(Bloch, "Erinnerungen an Walter Benjamin," p. 38)。据阿多诺所说，本雅明的社会意识也在通货膨胀的童年被唤起了。(Über Walter Benjamin, p. 57)。

144 本雅明在他讨论尼古拉·列斯科夫（Nikolai Leskov）的文章《说故事的人》("The Storyteller," *Illuminations*, p. 99.) 引用了《小说理论》(*The Theory of the Novel* [Berlin, 1920])。

145 肖勒姆在他关于瓦尔特·本雅明的文章中（p. 18）中称布莱希特的影响是"有害的，而且在某些方面是灾难性的"。阿多诺经常警告本雅明要注意布莱希特；例如，见他在《本雅明书信集》中的信（Benjamin *Briefe*, vol. II, p. 676)。

146 《本雅明哲学研究》(Tiedemann, *Studien zur Philosophie Walter Benjamins*, p. 89)。

147 见《贝托尔特·布莱希特与美国》(Iring Fetscher, "Bertolt Brecht and America," in *The Legacy of the German Refugee Intellectuals* [Salmagundi, 10/11 [Fall, 1969-Winter, 1970]]) 中的摘录。例如，1942年5月12日，布莱希特在他的日记中写道："与艾斯勒在霍克海默家共进午餐。之后，艾斯勒提议把法兰克福社会研究所的故事写进有关Tui的小说。一个富有的老人去世了，他对世上的苦难忧虑不已，在遗嘱中留下了一大笔钱，建立一所研究所，寻找苦难的根源——当然这就是他自己。"（p. 264）

148 《本雅明书信集》(*Briefe*, vol. II, p. 594)。

149 《〈启迪〉导言》(Introduction to *Illuminations*, p. 15)。"笨拙的思想"（das plumpe Denken）这个修辞是布莱希特对自己思想风格的描述。本雅明在讨论布莱希特的《三便士小说》(*Dreigroschenroman*) 时也提到过（Benjamin, *Versuche über Brecht*, ed. Rolf Tiedemann [Frankfurt, 1966], p. 90)。

150 《〈启迪〉导言》(Introduction to *Illuminations*, p. 15)。

151 比如见《阿多诺之后的新左派》(*Die neue Linke nach Adorno*, passim.) 里希尔德嘉德·布伦纳的文章。

152 《试论布莱希特》(Benjamin, *Versuche über Brecht*)。

153 《本雅明书信集》(*Briefe*, vol. II, p. 657)。本雅明拒绝离开永久巴黎前往斯文德堡的一个借口是巴黎的国家图书馆。

154 《纪念在逃离希特勒时自杀的瓦尔特·本雅明》(Bertolt Brecht, "An Walter Benjamin, der sich auf der Flucht vor Hitler Entleibte") 与《论难民瓦尔特·本雅明的自尽》("Zum Freitod der Flüchtlings W.B.," *Gedichte* VI [Frankfurt, 1964])。

155 《德国浪漫主义中的艺术批评概念》(Benjamin, *Der Begriff der Kunstkritik in der deutschen Romantik* [Bern, 1920])。

156 《本雅明书信集》(*Briefe*, vol. II, p. 857)。

157 《未来哲学论纲》(Benjamin, "Über das Programm der kommenden Philosophie," *Zur Kritik der Gewalt und andere Aufsätze* [Frankfurt, 1965], pp. 15–16)。

158 引自《棱镜》(Adorno, *Prisms*, p. 232)。

159 《本雅明书信集》(*Briefe*, vol. II, pp. 726, 727)。

160 《贝尔格：最小过渡的大师》(Adorno, *Alban Berg: Der Meister des kleinsten Übergangs* [Vienna, 1968], p. 32)。

161 《作为生产者的作者》(Benjamin, "The Author as Producer," *New Left Review*, 62 [July–August, 1970])。

162 《启迪》(*Illuminations*, p. 265)。在 1970 年 1 月 27 日给本书作者写的信中，格蕾特·阿多诺否认她逝去丈夫阿多诺的思想中有类比的环节。

163 引自《棱镜》(Adorno, *Prisms*, p. 234)。

164 同上 (Ibid., p. 240)。

165 这发表在霍夫曼斯塔尔的《新德国论丛》(*Neue Deutsche Beiträge*, II, 1 [April, 1924])。

166 见汉娜·阿伦特在她的《〈启迪〉导言》(introduction to *Illuminations*, pp. 8–9) 中的讨论。

167 《本雅明书信集》(*Briefe*, vol. I, p. 379)。

168 本雅明在 20 年代与弗朗茨·黑塞尔 (Franz Hessel) 一起翻译了《在少女的花影下》(À l'ombre des jeunes filles en fleurs) 与《去盖尔芒特家那边》(*Le Côté de Guermantes*) 的两卷。

169 1970 年 11 月 4 日格蕾特·阿多诺给本书作者写的信。

170 《世纪之交的柏林童年》(Benjamin, *Berliner Kindheit um Neunzehnhundert* [Frankfurt, 1950])。

171 本雅明曾经写过的关于卡夫卡的文章，其中有些描述可能也适用于他自

注释

己:"卡夫卡的作品是一个椭圆,与其焦点相距甚远,一方面是由神秘的经验(特别是传统的经验)决定的,另一方面是由现代大城市居民的经验决定的。"(*Illuminations*, pp. 144–145)。

172 《德国人:一系列书信》(Benjamin [Detlef Holz], *Deutsche Menschen: Eine Folge von Briefen* [Lucerne, 1936])。

173 据阿多诺回忆,他们是通过齐格弗里德·克拉考尔或在戈特弗里德·萨洛蒙-德拉图尔(Gottfried Salomon-Delatour)在法兰克福举办的社会学研讨会上认识的。见《回忆瓦尔特·本雅明》("Erinnerungen an Walter Benjamin," *Der Monat*, XVIII, 216 [September, 1966])。本雅明还与后来阿多诺的妻子(Marguerite [Gretel] Karplus)是好朋友,两人于1928年相识。《本雅明书信集》中的许多信件都是写给菲利兹塔斯(Felizitas:拉丁语 felicitas 的德语变体,意为"好运"或"财富"。——译注)的,本雅明是这样称呼她。1928年,阿多诺写到本雅明成为社会研究所圈子的一员(*Über Walter Benjamin*, p. 98)。如果是这样,他肯定不是非常亲密的一员。事实上,他直到1938年才真正见到霍克海默本人。

174 《论法国作家的当代社会位置》(Benjamin, "Zum gegenwärtigen gesellschaftlichen Standort des französischen Schriftstellers," *ZfS* III, 1 [1934])。在讨论从巴雷斯到纪德的法国作家时,本雅明表明他与马克思主义美学中的列宁主义倾向之间有距离。例如,他认为超现实主义虽然从阿波利奈尔开始是非政治性的,但在布勒东和阿拉贡的作品中,正在走向与政治实践的和解(p. 73)。

175 《本雅明书信集》(*Briefe*, vol. II, p. 652)。

176 同上(Ibid., p. 689)。

177 海尔嘉·加拉斯(Helga Gallas)指出了包括不止这些变化,见《本雅明文本中的干预是如何产生的或关于理解的可生产性》("Wie es zu den Eingriffen in Benjamins Texte kam oder über die Herstellbarkeit von Einständnis," *Alternative*, 59/60, p. 80)。

178 《黎明/黄昏》(Horkheimer [Regius], *Dämmerung*, p. 178)。

179 《爱德华·福克斯,收藏家与历史学家》(Benjamin, "Eduard Fuchs, der Sammler und der Historiker," *ZfS* VI, 2 [1937])与《机械复制时代的艺术,》("L'Oeuvre de l'art à l'epoque de sa reproduction mécanisée," *ZfS* V, 1 [1936])。

180 希尔德嘉德·布伦纳认为,根据东德波茨坦中央档案馆的原始副本,这些改动是很大的;见她在《阿多诺之后新左派》中的文章(*Die neue Linke nach Adorno*, p. 162)。

181 《本雅明书信集》(*Briefe*, vol. II, p. 742)。

182 这至少是作品的一个可能计划，见《本雅明书信集》(*Briefe*, vol. II, p. 774)。

183 《本雅明书信集》(*Briefe*, vol. II, pp. 671–683)。

184 同上（Ibid., p. 678）。

185 同上（Ibid., pp. 681–682）。本雅明对主观个体缺乏的兴趣总是被提及。他有一次向阿多诺承认："我对人没兴趣，只对事物有兴趣。"(Adorno, Introduction to Benjamin's *Schriften*, vol. I, p. 17)。

186 《本雅明书信集》(*Briefe*, vol. II, pp. 782–790)。

187 同上（Ibid., p. 786）。

188 同上（Ibid., p. 788）。

189 同上（Ibid., pp. 790–799）。

190 同上（Ibid., pp. 794–795）。

191 英文翻译已经以《巴黎：十九世纪的首都》为题出版（*Dissent*, XVII, 5 [September–October, 1970]）。一个更完整的版本终于在1969年以德文出现，名为《查尔斯·波德莱尔：发达资本主义时代的诗人》(*Charles Baudelaire: Ein Lyriker im Zeitalter des Hochkapitalismus* [Frankfurt, 1969])。

192 《论波德莱尔的某些主题》("Über einige Motive bei Baudelaire," *ZfS* VIII, 1/2 [1939], trans. in *Illuminations*, p. 159)。

193 本雅明认为，对波德莱尔来说，创作过程就像与震惊的创伤进行决斗，艺术家试图用尽全力抵抗（*Illuminations*, p. 165）。

194 同上（Ibid., p. 174）。

195 比如阿伦特女士写给《启迪》的导言就建立在这种对本雅明的观点上。

196 《启迪》(*Illuminations*, p. 184)。

197 见《德意志悲苦剧的起源》(Benjamin, *Ursprung des deutschen Trauerspiels*)。蒂德曼在他的《瓦尔特·本雅明哲学研究》(*Studien zur Philosophie Walter Benjamins*, p. 59f.) 中广泛评论了本雅明对歌德的元现象的功能转换（Umfunktionierung）。

198 《论柏格森的时间形而上学》(Horkheimer, "Zu Bergsons Metaphysik der Zeit," *ZfS* III, 3 [1934])。

199 《启迪》(*Illuminations*, p. 187)。

200 《瓦尔特·本雅明哲学研究》(*Studien zur Philosophie Walter Benjamins*, p. 69)。

201 《启迪》(*Illuminations*, p. 263)。

202 关于克劳斯对起源的关注，见《代表与殉道者》(Hans Mayer, *Der Repräsent-*

ant und der Märtyrer, pp. 51–52）。

203 弗雷德里克·詹明信在《德国难民知识分子的遗产》（*The Legacy of the German Refugee Intellectuals* [Salmagundi, 10/11 [Fall, 1969–Winter, 1970]]）中的文章题为"瓦尔特·本雅明，或怀旧"，彼得·斯松迪在《佐证：阿多诺七十岁生日》（*Zeugnisse: Theodor W. Adorno zum Sechzigsten Geburtstag* [Frankfurt, 1963]）中写了一篇名为《过去的希望》（"Hoffnung im Vergangenen"）的文章，文中认为本雅明在过去寻求他的乌托邦。

204 《论波德莱尔的某些主题》（"On Certain Motifs in Baudelaire," *Illuminations*, p. 189）。

205 同上（Ibid., p. 224）。

206 同上（Ibid., p. 223）。

207 同上（Ibid., p. 225）。

208 同上（Ibid., p. 226）。

209 1931 年，布莱希特对电影版的《三便士歌剧》感到失望。根据这一经历，他认为知识分子本身已经被无产阶级化了，本雅明在 1934 年写的《作者作为生产者》中提到了这一主题，并发表在他的《试论布莱希特》中。库尔特·希勒和活动家们提出了独立的知识分子之语言的统治（Logokratie）这个概念，被本雅明在文中视为反动并加以攻击。通过暗示，本雅明也质疑阿多诺美学中把前卫艺术与工人阶级的流行文化对立起来的倾向。他在文章结尾写道："革命斗争不是发生在资本主义和精神（这是活动家的关键词）之间，而是发生在资本主义和无产阶级之间"（*Versuche über Brecht*, p. 116）。

210 《启迪》（*Illuminations*, p. 236）。

211 同上（Ibid., p. 242）。

212 同上（Ibid., p. 244）。

213 《本雅明书信集》（*Briefe*, vol. II, p. 798）。阿多诺仍然对本雅明立场的有效性持怀疑态度，他在《书信集》导言中称其为"对侵略者的认同"（Briefe, vol. I, p. 16）。"对侵略者的认同"是经典的精神分析防御机制之一。见《自我和防御机制》（Anna Freud, *The Ego and the Mechanisms of Defense*, rev. ed. [New York, 1966], pp. 109f.）。

214 这句话是在本雅明研究歌德的《选择亲和力》时说的，载于《新德国论丛》（*Neue Deutsche Beiträge*, II, 1 [April, 1924]），并被《单向度的人》（*One-Dimensional Man* [Boston, 1964], p. 257）所引用。

215 《论借来的经验：分析聆听日间小品》（Herta Herzog, "On Borrowed Experi-

ence: An Analysis of Listening to Daytime Sketches"）、《无线电作为一种减少个人不安全的装置》（Harold Lasswell, "Radio as an Instrument of Reducing Personal Insecurity"）、《无线电与教育》（Charles A. Siepmann, "Radio and Education"）与《论流行音乐》（Adorno, with the assistance of George Simpson, "On Popular Music," all in *SPSS*, IX, 1 [1941]）。

216 《艺术与大众文化》（Horkheimer, "Art and Mass Culture," *SPSS*, IX, 1 [1941]）。

217 《德国流行传记：文化的野蛮反面》（Leo Lowenthal, "German Popular Biographies: Culture's Bargain Counter," in *The Critical Spirit: Essays in Honor of Herbert Marcuse*, ed. Kurt H. Wolff and Barrington Moore, Jr. [Boston, 1967]）。

218 《流行杂志中的传记》（Lowenthal, "Biographies in Popular Magazines," in *Radio Research: 1942–1943*, ed. Paul F. Lazarsfeld and Frank Stanton [New York, 1944]），该文后来又以《大众偶像的胜利》（"The Triumph of Mass Idols"）为题在《文学、流行文化与社会》中重印。

219 《棱镜》（Adorno, *Prisms*, pp. 103–104）。这与艾德瓦德·希尔斯等批评家的分析相矛盾（"Daydreams and Nightmares: Reflections on the Criticism of Mass Culture," *Sewanee Review* LXV, 4 [Autumn, 1957]），他们称社会研究所是清教徒，因为研究所攻击避世主义。

220 引自《棱镜》（*Prisms*, p. 109）。

221 见本书第三章（p. 102）。

222 《爱欲与文明》（Marcuse, *Eros and Civilization*, p. ix）。

223 《文化工业概述》（Adorno, "Resumé über Kulturindustrie," *Ohne Leitbild* [Frankfurt, 1967], p. 60）。

224 这个术语来自尼采。引自阿多诺与霍克海默的《启蒙辩证法》（*Dialektik der Aufklärung* [Amsterdam, 1947], p. 153）。

225 同上（Ibid., p. 187）。

226 同上（Ibid., pp. 166–167）。

227 同上（Ibid., p. 170）。马尔库塞在他讨论肯定文化的文章中用了同一个例子（*Negations*, p. 116），他说道："人在遭到最极端的物化时战胜了物化。"他在萨特那里也发现了相同的观念，参见他对萨特的评论（"Existentialism: Remarks on Jean-Paul Sartre's L' Être et le néant," *Philosophy and Phenomenological Research* VIII, 3 [March, 1948]）。

228 对这一点的延伸讨论，可以参见拙文《流亡中的法兰克福学派》（"The Frankfurt School in Exile," *Perspectives in American History*, vol. VI [Cambridge,

1972]）。

229 关于大众文化批判的历史，可以参见《社会学的政治语境》（Leon Bramson, *The Political Context of Sociology* [Princeton, 1961]）、《大众社会的政治》（William Kornhauser, *The Politics of Mass Society* [Glencoe, III., 1959]）、《大众文化：美国的流行艺术》（Bernard Rosenberg and David Manning White, *Mass Culture: The Popular Arts in America* [London, 1957]）和《大众、流行文化和社会》里洛文塔尔自己的文章。

230 比如见《孤独的人群》（David Riesman, *The Lonely Crowd*, written in collaboration with Reuel Denny and Nathan Glazer [New Haven, 1950]）。作者特别鸣谢了洛文塔尔对流行传记研究的影响（p. 239）。

231 《识字的用途》（Richard Hoggart, *The Uses of Literacy* [London, 1957]）里德怀特·麦克唐纳几篇关于大众文化的文章被收录在他的《反对美国粮食》（*Against the American Grain* [New York, 1962]）。

232 阿多诺在《最低限度的道德》的副标题中将他自己的生活称为"受损的（beschädigten）"存在。

第七章 四十年代的经验性工作

1 他写道，在纽约的这些年绝不是完全消极的，但这段经历迫使社会研究所成为一个研究企业（Betrieb），并伴有各种问题（1941年5月3日霍克海默致洛文塔尔的信，洛文塔尔私人收藏）。

2 关于其创建的讨论，见《社会研究史的一段插曲：备忘录》（Paul F. Lazarsfeld, "An Episode in the History of Social Research: A Memoir," in *The Intellectual Migration: Europe and America, 1930–1960*, ed. Donald Fleming and Bernard Bailyn [Cambridge, Mass., 1969]）。

3 在《哲学和社会科学研究》研究大众沟通的专刊中（IX, 1, 1941），拉扎斯菲尔德对两种研究风格的未来交叉融合作出了非常乐观的评价。

4 内容分析的结果包括社会研究所的所有出版物，已在随附的备忘录中报告，值得在此重复：

书籍	16
文章和专著	91
作为讲座和研讨课底本的手稿	38
研究报告	2
总计	147

兴趣领域的出版物	出版的数量	占总数的百分比
权威研究	76	40
哲学	43	22
文学、音乐与艺术研究	38	18
社会偏见	17	9
其他	22	11
总计	196	100

5 1946年6月10日霍克海默致拉扎斯菲尔德的信(洛文塔尔私人收藏)。

6 1942年10月31日霍克海默致洛文塔尔的信(洛文塔尔私人)。

7 《哲学和社会科学研究》(SPSS IX, 1 [1941])。计划书写于两年之前。

8 《一位欧洲学者在美国的科学经历》(Theodor W. Adorno, "Scientific Experiences of a European Scholar in America," in *The Intellectual Migration*, p. 343)。

9 同上(Ibid., p. 347)。

10 拉扎斯菲尔德致阿多诺的信,未署时间(拉扎斯菲尔德私人收藏)。拉扎斯菲尔德回忆说该信写于1939年夏季某时。后文的引述来自这封信。

11 《社会研究历史的一段插曲:回忆录》(Lazarsfeld, "An Episode in the History of Social Research: A Memoir," p. 325)。

12 同上(Ibid.)。

13 1970年11月25日在纽约对马辛的访谈。

14 1953年5月31日保罗·马辛致列奥·洛文塔尔的信(洛文塔尔私人收藏)。

15 1944年12月的备忘录。在此感谢保罗·拉扎斯菲尔德向我开放这份备忘录和其他与劳工计划有关的备忘录。

16 1969年3月28日在瑞士蒙塔诺拉对弗里德里希·波洛克的访谈。

17 1944年7月26日霍克海默致洛文塔尔的信(洛文塔尔私人收藏)。

18 1970年11月25日在纽约对马辛的访谈。

19 1953年5月31日马辛致洛文塔尔的信。

20 马辛信件所附的备忘录,署名是爱丽丝·迈尔。

21 《权威主义人格》(Adorno et al., *The Authoritarian Personality*, vol. II, p. 605)。

22 见《布莱希特与美国》(Iring Fetscher, "Bertolt Brecht and America," *The Legacy of the German Refugee Intellectuals*, Salmagundi, 10/11 [Fall, 1969–Winter, 1970])。

注释   449

23 《威权型人格》(The Authoritarian Personality, vol. I, p. vii)。这段话应该与阿多诺对法西斯主义量表中某些高分者特有的"教育而非社会变革"症候群的讨论相比较（vol. II, pp. 700f.）。

24 同上（Ibid., vol. I, p. vii）。

25 《〈威权型人格〉的方法论批判》(Herbert H. Hyman and Paul B. Sheatsley, "The Authoritarian Personality ── a Methodological Critique," in Studies in the Scope and Method of "The Authoritarian Personality," ed. Richard Christie and Marie Jahoda [Glencoe, Ill., 1954], p. 109)。

26 阿多诺在后来的一篇文章中提出，自我心理学的传播是社会的反射，其中个人像自动机一样反映客观趋势；《社会学和心理学》(Adorno, "Sociology and Psychology," pt. 2, New Left Review, 47 [January–February, 1968], p. 95)。

27 对于这个批判见本书第三章（pp. 103ff.）。

28 《威权型人格》(The Authoritarian Personality, vol. II, p. 747)。

29 《精神分析方法的社会学背景》(Horkheimer, "Sociological Background of the Psychoanalytic Approach," Anti-Semitism: A Social Disease, ed. E. Simmel [New York, 1946], p. 3)。

30 1946年10月2日洛文塔尔致洛文塔尔的信。

31 《威权型人格》(The Authoritarian Personality, vol. II, p. 671)。

32 阿多诺写于1944年11月3日关于劳工计划的备忘录（Memorandum from Adorno on the Labor Project, November 3, 1944, pp. 43–44）(拉扎斯菲尔德私人收藏)。

33 《论犹太人问题》(Marx, "On the Jewish Question," Karl Marx: Early Writings, trans. and ed. T. B. Bottomore, foreword by Erich Fromm [New York, 1964])。

34 《启蒙辩证法》(Horkheimer and Adorno, Dialektik der Aufklärung [Amsterdam, 1947], p. 204)。

35 同上（Ibid, p. 228）。

36 同上（Ibid, p. 230）。

37 同上（Ibid, p. 233）。

38 洛文塔尔私人收藏的《反犹主义笔记》(Adorno, "Note on Anti-Semitism," September 30, 1940)。

39 同上（Ibid, p. 1）。此处听起来好像阿多诺把犹太人在大流散后的状况投射到一个更早的时期。他没有提供具体的证据来证明这是一个历史现实。

40 同上（Ibid, p. 1）。

41　1944年7月24日霍克海默致洛文塔尔的信（洛文塔尔私人收藏）。

42　《启蒙辩证法》（Horkheimer and Adorno, *Dialektik der Aufklärung*, p. 234）。

43　同上（Ibid, p. 199）。

44　1946年霍克海默致洛文塔尔（洛文塔尔私人收藏）。

45　在英语中，"赎罪"一词抓住了其中的一些含义，这个词可以被理解为"合一"（at-one-ment）。当然，赎罪日（Yom Kippur）被称为"赎罪日"。

46　在1945年11月17日致洛文塔尔的信中，霍克海默支持建立以色列的替代方案，"以防止整个犹太教为犹太复国主义的谬误承担道德责任"。

47　《启蒙辩证法》（*Dialektik der Aufklärung*, p. 236）。

48　《一位欧洲学者在美国的科学经历》（Adorno, "Scientific Experiences of a European Scholar in America," p. 356）。

49　《偏见的动力：退伍老兵的心理学与社会学研究》（Bruno Bettelheim and Morris Janowitz, *Dynamics of Prejudice: A Psychological and Sociological Study of Veterans* [New York, 1950]）。

50　《反犹主义与情感失序：精神分析阐释》（Nathan W. Ackerman and Marie Jahoda, *Anti-Semitism and Emotional Disorder: A Psychoanalytic Interpretation* [New York, 1950]）。

51　《欺骗的先知》（Leo Lowenthal and Norbert Guterman, *Prophets of Deceit* [New York, 1949]）。

52　《毁灭的排练》（Paul Massing, *Rehearsal for Destruction* [New York, 1949]）。

53　《马里恩塔尔的失业者》（*Die Arbeitslosen von Marienthal* [Leipzig, 1932]）。

54　最出名的有《爱还不够》（*Love Is Not Enough* [Glencoe, III., 1950]）、《象征性伤口》（*Symbolic Wounds* [Glencoe, III., 1954]）、《空要塞》（*The Empty Fortress* [New York, 1967]）、《知情的心灵》（*The Informed Heart* [Glencoe, III., 1968]）、《梦的儿童》（*The Children of the Dream* [New York, 1969]）。

55　《偏见的动力》（Bettelheim and Janowitz, *Dynamics of Prejudice*, p. 171）。

56　《社会变革与偏见》（Bruno Bettelheim and Morris Janowitz, *Social Change and Prejudice* [New York, 1964], pp. 74f.）。这是《偏见的动力》的再版，增加了大量新材料。

57　《〈威权型人格〉简介：关于种族仇恨的重要研究报告》（Nathan Glazer, "The Authoritarian Personality in Profile: Report on a Major Study of Race Hatred," *Commentary*, IV, 6 [June, 1950]）。

58　《欺骗的先知》（Lowenthal and Guterman, *Prophets of Deceit*, p. xvi）。《《利己

主义与解放运动》(Horkheimer, "Egoismus und Freiheitsbewegung," *ZfS*, V, 2 [1936])。

59 同上（Ibid., p. xii）。
60 同上（Ibid., p. 140）。
61 《弗洛伊德理论与法西斯宣传的模式》(Adorno "Freudian Theory and the Pattern of Fascist Propaganda," in *Psychoanalysis and the Social Sciences*, ed. Geza Roheim [New York, 1951])。阿多诺用来立论的弗洛伊德文本是《群体心理学与自我分析》。他还引用了埃里克森研究法西斯主义的作品。
62 《希特勒的意象与德国青年》(Erik Erikson, "Hitler's Imagery and German Youth," *Psychiatry* V, 4 [November 1942])；重印于《童年与社会》(*Childhood and Society* [New York, 1950])，下文将从中引用。
63 同上（Ibid., pp. 332-333）。
64 《社会学的政治语境》(Leon Bramson, *The Political Context of Sociology* [Princeton, 1961])。
65 阿多诺在《一位欧洲学者在美国的科学经历》("Scientific Experiences of a European Scholar in America," p. 358）是这么报告的。
66 弗伦克尔-布伦斯维克夫人本人是来自维也纳的难民，是杰出的心理学家埃贡·布伦斯维克的妻子。关于他们对美国心理学的贡献的进一步信息，见《实验主义心理学的大流散：格式塔派和其他人》(Jean Matter Mandler and George Mandler, "The Diaspora of Experimentalist Psychology: The Gestaltists and Others," in *The Intellectual Migration*, pp. 411-413)。莱文森后来成为耶鲁大学医学院的心理学教授，桑福德则去了斯坦福大学担任心理学和教育学教授。
67 《士气的一些人格相关因素》(R. Nevitt Sanford and H. S. Conrad, "Some Personality Correlates of Morale," *Journal of Abnormal and Social Psychology* XXXVIII, 1 [January, 1943])。
68 《威权型人格》(*The Authoritarian Personality*, p. xii)。
69 同上（Ibid., p. ix）。
70 罗杰·布朗在《社会心理学》(Roger Brown, *Social Psychology* [New York and London, 1965])指出了类似之处。
71 《反犹主义和犹太人》的部分内容在1946年的《党派评论》(*The Partisan Review*）上出现过，但到1948年才全文译出。
72 《法西斯主义的大众心理学》(Wilhelm Reich, *The Mass Psychology of Fascism* [New York, 1946])与《结构的威权特点》(Abraham H. Maslow, "The Authori-

tarian Character Structure," *Journal of Social Psychology* 18 [1943])。

73 《法西斯主义的教训》(Horkheimer, "The Lessons of Fascism," *Tensions That Cause War* [Urbana, Ill., 1950], p. 230)。

74 《一位欧洲学者在美国的科学经验》(Adorno, "Scientific Experiences of a European Scholar in America," p. 363)。

75 《社会研究所活动笔记》(Horkheimer, "Notes on Institute Activities," *SPSS* IX, 1 [1941], p. 123)。

76 我们记得,恩斯特·沙赫特尔曾因类似原因在《社会研究期刊》上批评过人格测试 ("Zum Begriff und zur Diagnose der Persönlichkeit in den 'Personality Tests,'" *ZfS* VI, 3, 1937)。

77 《威权型人格》(*The Authoritarian Personality*, p. 15)。

78 同上 (Ibid., p. 18)。

79 对这两个量表的讨论,见《社会关系的研究方法》(Marie Jahoda, Morton Deutsch, and Stuart W. Cook, *Research Methods in Social Relations*, vol. I [New York, 1951], pp. 190–197)。

80 同上 (Ibid., p. 196)。

81 《威权型人格》(*The Authoritarian Personality*, vol. I, chap. 7)。

82 同上 (Ibid., p. 228)。

83 《〈威权型人格〉的方法论批判》(Herbert H. Hyman and Paul B. Sheatsley, "The Authoritarian Personality—a Methodological Critique")。

84 《方法论问题》(Lazarsfeld, "Problems in Methodology," in *Sociology Today*, ed. Robert K. Merton, Leonard Broom, Leonard S. Cottrell, Jr. [New York, 1959], p. 50)。

85 《社会心理学》(Brown, *Social Psychology*, p. 523)。

86 同上 (Ibid., p. 515)。

87 同上 (Ibid., p. 506)。

88 《〈威权型人格〉的方法论批判》(Hyman and Sheatsley, "The Authoritarian Personality," p. 65)。

89 《人的研究:灾难视角中的偏见》(Paul Kecskemeti, "The Study of Man: Prejudice in the Catastrophic Perspective," *Commentary* II, 3 [March, 1951])。

90 其中部分内容发表在《对儿童偏见的研究》(Else Frenkel-Brunswik, "A Study of Prejudice in Children," *Human Relations* I, 3 [1948])。正如阿多诺在《一位欧洲学者在美国的科学经历》("Scientific Experiences of a European Scholar in

America," p. 364）中所承认的那样，这个项目的结论之一修改了《威权型人格》的结论。他写道，弗伦克尔-布伦斯维克夫人的工作成果"完善了对传统和威权气质之间区别的概念。出现的情况是，恰恰是'好的'也就是传统的儿童更容易摆脱攻击性，从而摆脱威权型人格的一个基本方面，反之亦然"。这似乎在经验上更佐证了贝特尔海姆和雅诺维茨的论点而非伯克利小组的论点，至少如果可以用理解儿童行为模式的方式来理解成人行为模式的话。

91 《威权型人格》（*The Authoritarian Personality*, p. 359）。
92 《社会学的政治语境》（Bramson, *The Political Context of Sociology*, p. 137）。
93 《威权型人格》（*The Authoritarian Personality*, pp. 759f.）。
94 弗洛姆本人放弃了对施虐受虐性格的性阐释，而他在《权威与家庭研究》中以一种更"存在"的方式使用了性阐释。见本书第三章（p. 99）。
95 《威权型人格》（*The Authoritarian Personality*, p. 759）。
96 同上（Ibid., p. 760）。
97 《今天的威权主义与家庭》（Horkheimer, "Authoritarianism and the Family Today," *The Family: Its Function and Destiny*, ed. Ruth Nanda Anshen [New York, 1949]）。
98 同上（Ibid., p. 367）。
99 《威权型人格》（*The Authoritarian Personality*, p. 371）。
100 《德国的社会与民主》（Ralf Dahrendorf, *Society and Democracy in Germany* [London, 1968], p. 371）；《过去与未来之间》（Hannah Arendt, *Between Past and Future* [Cleveland, 1963], p. 97）。
101 《威权主义："右"与"左"》（Edward Shils, "Authoritarianism: 'Right' and 'Left,'" in *Studies in the Scope and Method of the "The Authoritarian Personality."*）。布拉姆森在《社会学的政治语境》（*The Political Context of Sociology*, pp. 122f.）中重复了这一批判。
102 《人的研究：灾难视角中的偏见》（Kecskemeti, "The Study of Man: Prejudice in the Catastrophic Perspective," p. 290）。
103 《社会变革与偏见》（Bettelheim and Janowitz, *Social Change and Prejudice*, p. 75）。
104 《威权型人格》（*The Authoritarian Personality*, p. 676）。
105 同上（Ibid., p. 976）。
106 同上（Ibid., p. 182）。1950 年代，"伪保守主义"的概念被其他学者所接受。例如见《伪保守主义反叛》（Richard Hofstadter, "Hie Pseudo-Conservative Re-

volt," in *The Radical Right*,ed. Daniel Bell [New York, 1963])。

107 《威权型人格》(*The Authoritarian Personality*, p. 176)。

108 同上（Ibid., p. 771)。

109 1969 年 3 月 7 日在法兰克福本书作者对阿多诺的访谈。

110 《开放意识和封闭意识》(M. Rokeach, *The Open and Closed Mind* [New York, 1960])。作者试图开发一个"教条主义量表"（量表 D）来衡量左派威权主义。在这一研究和其他研究的基础上，利普塞特认为，在工人阶级中，威权主义和神经症很可能呈负相关（Lipset, *Political Man* [New York, 1960], p. 96)。

111 《一位欧洲学者在美国的科学经历》(Adorno, "Scientific Experiences of a European Scholar in America," p. 361)。

112 《评〈偏见研究〉》(J. F. Brown's review of the Studies in Prejudice in *Annals of the American Academy of Political and Social Science*, CCVXX [July, 1950], p. 178)。

113 关于对早期努力的总结，见《重审权威主义》(Richard Christie, "Authoritarianism Reexamined," in *Studies in the Scope and Method of "The Authoritarian Personality"*)。关于后来的补充，见罗杰·布朗在《社会心理学》中的书目。

114 《群体实验：研究报告》(Friedrich Pollock, ed., *Gruppenexperiment: Ein Studienbericht* [Frankfurt, 1955])。本文发表于社会研究所的《法兰克福社会学论丛》(*Frankfurter Beiträge zur Soziologie*, ed. T. W. Adorno and Walter Dirks) 的第二卷。

115 《论德国经验社会研究的当下状况》(Adorno, "Zur gegenwärtigen Stellung der empirischen Sozialforschung in Deutschland," *Empirische Sozialforschung* [Frankfurt, 1952], p. 31)。

116 比如见阿多诺的文章《当代德国社会学》("Contemporary German Sociology," *Transactions of the Fourth World Congress of Sociology*, vol. I [London, 1959])。

117 关于对辩论参与者所表达观点的纵览，见《社会学科的逻辑》(Ernst Topitsch, ed., *Logik der Sozialwissenschaften* [Cologne and Berlin, 1965]] 。阿多诺的贡献在他去世后背收录在《社会理论与方法论文集》(*Aufsätze zur Gesellschaftstheorie und Methodologie* [Frankfurt, 1970])。对近期文献的英文摘要出现在《辩证方法论：马克思或韦伯》("Dialectical Methodology: Marx or Weber," *The Times Literary Supplement* [London, March 12, 1970]) 中，该文以匿名方式出版，但实际上是由乔治·里希海姆撰写的。

第八章　走向历史哲学：启蒙的批判

1　1939 年 11 月 10 日在给本雅明的信中阿多诺是这么报道的。收录于《论瓦尔特·本雅明》(Theodor W. Adorno, Über Walter Benjamin [Frankfurt, 1970], p. 143)。

2　《启蒙辩证法》(Max Horkheimer and Theodor W. Adorno, *Dialektik der Aufklärung* [Amsterdam: Querido, 1947])。

3　本书作者在专业期刊上找到了两篇评论，其中一篇(J. D. Mabbott in *Philosophy*, XXIII, 87 [October, 1948])总体认可，另一篇(John R. Everett in *Journal of Philosophy*, XLV, 22 [October 21, 1948])不太热情。洛文塔尔在一次采访中告诉我，这本书的销售情况令人失望。

4　《工具理性批判》(Horkheimer, *Kritik der instrumentellen Vernunft*, trans. Alfred Schmidt [Frankfurt, 1967])。

5　在本书作者看来，戈兰·瑟伯恩(Göran Therborn)的相反论断显然是错误的。见他的《法兰克福马克思主义：批判》("Frankfurt Marxism: A Critique," *New Left Review*, 63 [September–October, 1970], p. 76)，文中他写道，自然的非主宰性"从一开始就不存在于法兰克福思想中。此外，他们的死敌海德格尔也有这种想法。"

6　《克尔凯郭尔：审美对象的建构》(Adorno, *Kierkegaard: Konstruktion des Aesthetischen*, rev. ed. [Frankfurt, 1966], P. 91)。

7　在讨论《自由射手》(Der Freischütz)的早期文章中，阿多诺说救赎(Rettung)只能在调和的自然中找到；见他的《音乐时刻》(*Moments Musicaux* [Frankfurt, 1964], p. 46)。

8　霍克海默在《黎明/黄昏》中讨论动物(pp.185f.)和工作伦理(p. 181)。霍克海默和阿多诺在《启蒙辩证法》中收录了一则讨论"人和动物"的格言(pp. 295f.)。

9　《文学与人的形象》(Leo Lowenthal, *Literature and the Image of Man* [Boston, 1957], p. 197)。

10　《母权理论的社会心理学意义》(Erich Fromm, "Die sozialpsychologische Bedeutung der Mutterrechtstheorie," *ZfS* III, 2 [1934], p. 206)。文中弗洛姆引用巴霍芬的话说，父权制社会的胜利对应于精神和自然之间的决裂，即罗马对东方的胜利。

11　《市民历史哲学的开端》(Horkheimer, *Die Anfänge der bürgerlichen Geschicht-*

sphilosophie [Stuttgart, 1930]）。

12 弗里德里希·波洛克在蒙塔诺拉的私人收藏中的《理性与自我保护》未刊稿（Horkheimer, "Vernunft und Selbsterhaltung," in "Walter Benjamin zum Gedächtnis" [unpub., 1942], p. 43）。

13 只有在极少数情况下，社会研究所才试图将一位思想家的作品与他的生活联系起来。其中一个例子是阿多诺在《克尔凯郭尔：审美建构》（*Kierkegaard: Konstruktion des Aesthetischen*）第88页讨论了克尔凯郭尔作为食利者的角色。

14 1942年5月23日霍克海默致洛文塔尔的信（洛文塔尔私人收藏）。

15 《理性之蚀》（Horkheimer, *Eclipse of Reason* [New York, 1947], p. 104）。

16 瑟伯恩敏锐地观察到，卢卡奇强调物化是资本主义的本质意义，而早期马尔库塞强调异化（弗洛姆也是同理），霍克海默和阿多诺则认为交换原则是其本质。见他的《法兰克福马克思主义》（"Frankfurt Marxism: A Critique," p. 79）。

17 《道德的谱系》（Friedrich Nietzsche, *Genealogy of Morals*, trans. Francis Golffing [New York, 1956], p. 202）。

18 多年后，第二代法兰克福学派的一位年轻成员可观地扩展了这个论证；见《社会批判理论》（Albrecht Wellmer, *Critical Theory of Society* [New York, 1971]）。

19 这个措辞是汉娜·阿伦特在《人的境况》（*The Human Condition* [Chicago, 1958]）中批判马克思时使用。她区别了作为劳动者动物（animal laborans）的人和作为创造者的人（homo faber），而法兰克福学派并没有做出这种区别。

20 这是1969年3月15日在法兰克福本书作者对阿多诺访谈时他的措辞。

21 1913年至1914年卢卡奇是在海德堡的韦伯圈子的一员。有关他和韦伯的关系，请参见《格奥尔格·卢卡奇》（George Lichtheim, *George Lukács* [New York, 1970]）。

22 《理性与自我保护》（Horkheimer, "Vernunft und Selbsterhaltung," p. 33）。

23 同上（Ibid., p. 34）。

24 《理性之蚀》（Horkheimer, *Eclipse of Reason*, p. 174）。

25 《启蒙辩证法》（Horkheimer and Adorno, *Dialektik der Aufklärung*, p. 41）。

26 同上（Ibid., p. 35）。

27 《否定》（Marcuse, *Negations*, trans. Jeremy J. Shapiro [Boston, 1968]）。

28 见他的文章《论普遍语言与人类语言》（"Über Sprache überhaupt und über die Sprache des Menschen," in Walter Benjamin, *Schriften*, ed. Theodor W. Adorno and

Gershom Scholem, vol. II [Frankfurt, 1955]）。对他语言理论的讨论可以见《作为解释的哲学》（Hans Heinz Holz, "Philosophie als Interpretation," *Alternative*, 56/57 [October–December, 1967]）与《瓦尔特·本雅明：向着一种语言哲学》（Anon., "Walter Benjamin: Towards a Philosophy of Language," *The Times Literary Supplement* [London, August 23, 1968]）。

29 《译者的任务》（Benjamin, "The Task of the Translator," *Illuminations*, ed. with an introduction by Hannah Arendt, trans. Harry Zohn [New York, 1968], p. 80）。

30 同上（Ibid., p. 77）。

31 1969 年 3 月 7 日在法兰克福的一次访谈中尤尔根·哈贝马斯向本书作者提及的一点。

32 《瓦尔特·本雅明：向着一种语言哲学》（Anon., "Walter Benjamin: Towards a Philosophy of Language,"）是这么描述本雅明的。在《论译者的任务》中，本雅明写到存粹语言的最重要的是，通过对句法的直译，证明词而不是句子是译者的主要元素。纯语言的透明可以"首先通过对句法的直译来接近，这证明词而不是句子是译者的主要元素"（p. 79）。

33 见本书上文第七章第 233 页（英文本）引用的霍克海默致洛文塔尔的信。

34 《理性之蚀》（*Eclipse of Reason*, p. 179）。

35 同上（Ibid., p. 180）。

36 同上（Ibid., p. 183）。

37 《本雅明书信集》（Walter Benjamin, *Briefe*, ed. Theodor W. Adorno and Gershom Scholem [Frankfurt, 1966], vol. II, p. 786）。

38 《启蒙辩证法》（*Dialektik der Aufklärung*, p. 195）。

39 赫伯特·马尔库塞在《单向度的人》（*One-Dimensional Man* [Boston, 1964], pp. 85f.）对"话语领域的封闭"进行了广泛的讨论。

40 《启蒙辩证法》（*Dialektik der Aufklärung*, p. 71）。在《爱欲与文明》中，马尔库塞写道："主流的文化英雄是欺骗者和（痛苦的）反叛者，他以永久的痛苦为代价创造文化"（p. 146）。他把普罗米修斯而不是奥德修斯作为原型。

41 《启蒙辩证法》（*Dialektik der Aufklärung*, pp. 76f.）。

42 同上（Ibid., pp. 117–118）。

43 题为"人与动物"的格言中发展了这个观点（Ibid., pp. 297f.）。

44 《启蒙辩证法》（*Dialektik der Aufklärung*, p. 218）。霍克海默在《理性之蚀》（*Eclipse of Reason*, pp. 121 f.）中用更长的篇幅讨论了这一点。

45 阿尔弗雷德·施密特曾试图将阿多诺作为"真正的人道主义者"与其他传统

人文主义者区分开来。"真正的人道主义者"一词最早出现在马克思 1845 年的《神圣家族》中，与费尔巴哈的抽象的、非历史的人道主义相对立。根据施密特的引用，阿多诺他不喜欢任何关于人性的静态定义的积极内涵。阿多诺本人喜欢被称为"反人道主义者"，这不仅是因为施密特所引用的原因，而且还因为他担心人类中心主义将伴随着对自然的诋毁。关于施密特的论述，见他的《阿多诺——真正的人道主义哲学家》（"Adorno—ein Philosoph des realen Humanismus," *Neue Rundschau*, LXXX, 4 [1969]）。另见本书作者的文章《法兰克福学派对马克思主义人道主义的批判》（"The Frankfurt School's Critique of Marxist Humanism," *Social Research* XXXIX, 2 [Summer, 1972]）。

46　《启蒙辩证法》（*Dialektik der Aufklärung*, p. 267）。

47　《理性之蚀》（*Eclipse of Reason*, p. 184）。

48　关于布洛赫，有相当多的批评文献强调了这一点。一个例子是，见《恩斯特·布洛赫：一位马克思主义的浪漫主义者》（Jürgen Habermas, "Emst Bloch—A Marxist Romantic," in *The Legacy of the German Refugee Intellectuals*, Salmagundi, 10/11 [Fall, 1969–Winter, 1970]）。

49　《启蒙辩证法》（*Dialektik der Aufklärung*, p. 223）。

50　同上（Ibid., p. 305）。

51　马尔库塞在《爱欲与文明》中写道："作为解放的载体，恢复记忆的权利是思想的最崇高的任务之一。在这个功能中，记忆（Erinnerung）出现在黑格尔的《精神现象学》的结论中，在这个功能中，它出现在弗洛伊德的理论中"（p. 212）。在马尔库塞的作品中，"记忆"这个词被分割成"再次想起"（re-membering），其中重要性与他从未完全放弃的同一性理论密切相关。哈贝马斯在《认识与兴趣》中关于精神分析的精彩章节（*Erkenntnis und Interesse* [Frankfurt, 1968], pp. 262f.）也强调了记忆的解放功能。

52　《启蒙辩证法》（*Dialektik der Aufklärung*, p. 274）。

53　《柏林童年》（Benjamin, *Berliner Kindheit um Neunzehnhundert* [Frankfurt, 1950]）。

54　1940 年 2 月 29 日阿多诺致本雅明的信，收录于《论瓦尔特·本雅明》（Adorno, *Über Walter Benjamin*, p. 159）。

55　阿多诺曾为某种物化是所有文化的一个必要元素辩护，出现在他关于赫胥黎的文章中。见本书第六章，英文原版第 178 页。在另一个语境下，霍克海默曾批评狄尔泰和他的追随者将历史还原为过去事件的存续（Nacherleben）。他的理由与此类似：作为主体历史学家和作为客体的历史事件之间的完全同一性是无法实现的。见本书第二章，英文原版第 49 页。

注释

56 1945 年 4 月 17 日在哥伦比亚大学的讲座。在接下来的几周里，还有另外三个讲座。这些讲座与 1944 年的讲座相似，但不完全一样，《理性之蚀》就是依托于 1944 年的讲座（洛文塔尔收藏）。

57 《马克思早期作品》（*Karl Marx: Early Writings*, trans. and ed. T. B. Bottomore [New York, 1963], p. 155）。

58 马克思本人曾希望有一门科学："自然科学有一天会纳入人的科学，正如人的科学会纳入自然科学一样；会有一种单一的科学。"（*Early Writings*, p. 164）。他的追随者们忘记了他这句话的第二句，也忽略了马克思说过"有一天"会有一门统一的自然和人的科学这个事实。

59 《论辩证法的问题》(Marcuse, "Zum Problem der Dialektik," *Die Gesellschaft* VII, 1 [January, 1930], p. 26）。

60 比如见《保卫马克思》(Louis Althusser, *For Marx*, trans. Ben Brewster [New York, 1969]）。前文提到过戈兰·瑟伯恩讨论法兰克福学派的文章，他就是一位阿尔杜塞主义者。

61 《自杀论》（Emile Durkheim, *Suicide*, trans. John A. Spaulding and George Simpson [New York, 1951], pp. 123–142）。塔尔德的主要作品是《模仿律》(*Les Lois de l'imitation* [Paris, 1890]）。

62 《群体心理学与自我的分析》（Sigmund Freud, *Group Psychology and the Analysis of the Ego*, trans. James Strachey [New York, 1960], p. 27）。

63 《反犹主义研究计划》（"Research Project on Anti-Semitism," *SPSS* IX, 1 [1941], p. 139）。

64 《理性之蚀》（Horkheimer, *Eclipse of Reason*, p. 115）。

65 同上（Ibid., p. 116）。

66 《欺骗的先知》（Leo Lowenthal and Norbert Guterman, in *Prophets of Deceit* [New York, 1949]）提到反犹太主义煽动者模仿犹太人的频率。

67 1945 年 4 月 24 日的信（洛文塔尔私人收藏）。

68 《理性之蚀》（*Eclipse of Reason*, p. 179）。

69 同上（Ibid., pp. 105–107）。

70 同上（Ibid., p. 122）。

71 比如见马尔库塞的《否定：批判理论文集》（Marcuse, *Negations: Essays in Critical Theory*, trans. Jeremy J. Shapiro [Boston, 1968], pp. 32, 47]）。

72 1969 年 3 月在法兰克福对哈贝马斯的访谈。

73 《德国士大夫的衰落》（Fritz Ringer, *The Decline of the German Mandarins* [Cam-

bridge, Mass., 1969]）。

74 《科学形式与社会》(Max Scheler, *Die Wissensformen und die Gesellschaft* [Leipzig, 1926], pp. 234–235)。

75 最近对这一立场最广泛的辩护可见《技术是内在压抑吗？》(Rolf Ahlers, "Is Technology Intrinsically Repressive?," *Continuum* VIII, 1/2 [Spring–Summer, 1970]）与《马尔库塞的海德格尔式马克思主义》(Paul Piccone and Alexander Delfini, "Marcuse's Heideggerian Marxism," *Telos* 6 [Fall, 1970])。

76 这篇文章转载于迈克尔·奥克肖特《政治中的理性主义及其他论文》(*Rationalism in Politics and Other Essays* [London, 1962])。奥克肖特将理性主义等同于其工具性的变体，因此才会写出"这种将政治同化为工程的做法，确实可以称为理性主义政治的神话"（ p. 4)。

77 《理性之蚀》(*Eclipse of Reason*, pp. 122–123)。

78 同上（Ibid., p. 125)。

79 同上（Ibid., p. 123)。书中包含了对悉尼·胡克和约翰·杜威作品的广泛批评。

80 《爱德华·福克斯，收藏者与历史学家》(Benjamin, "Eduard Fuchs, der Sammler und der Historiker," *ZfS* VI, 2 [1937], p. 364)。

81 《理性之蚀》(*Eclipse of Reason*, p. 127)。

82 同上（Ibid., p. 87)。

83 同上（Ibid., p. 90)。

84 《评雅斯贝尔斯的〈尼采〉》(Horkheimer, "Bemerkungen zu Jaspers'Nietzsche,'" *ZfS* VI, 2 [1987])。在他 1946 年 5 月 2 日写给洛文塔尔的信中，他再次对雅斯贝尔斯做了负面评价（洛文塔尔私人收藏）。

85 《否定》(Marcuse, *Negations*, p. 41)。

86 同上（Ibid., pp. 31–42)。

87 1946 年 8 月 19 日霍克海默致洛文塔尔的信（洛文塔尔的私人收藏）。

88 《存在主义：评让-保罗·萨特的〈存在与虚无〉》(Marcuse, "Existentialism: Remarks on Jean-Paul Sartre's L'Être et le Néant" *Philosophy and Phenomenological Research* VIII, 3 [March, 1948])。

89 萨特在他的《辩证法批判》(*Critique de la raison dialectique* [Paris, 1960]）中否定了《存在与虚无》的大部分内容。马尔库塞对这部作品的评价要好得多；见他在《文化与社会》(*Kultur und Gesellschaft*, vol. II [Frankfurt, 1965], pp. 83–84）中对他评价《存在与虚无》一文的德文版的补充段落。

90 《存在主义：评让-保罗·萨特的〈存在与虚无〉》(Marcuse, "Existentialism,"

91　同上（Ibid., p. 323）。
92　之后对存在主义者从自然中异化的讨论，见《自然的概念》(Albert William Levi, "The Concept of Nature," in *The Origins of Modern Consciousness*, ed. John Weiss [Detroit, 1965], pp. 57f.）。
93　《弗洛伊德左翼》(Paul Robinson, *The Freudian Left* [New York, 1969], pp. 192f.）。
94　《文化的肯定特点》(Marcuse, "The Affirmative Character of Culture," *Negations*, p. 116）。
95　同上（Ibid.）。
96　这没有出现在《存在与虚无》，但是出现一篇单独的文章中，题为《唯物主义与革命》("Materialisme et revolution," *Les Temps modernes* I, 1 and I, 2 [1946]）。文中，萨特试图拒斥马克思主义的唯物主义前提，但仍然当一名革命者。
97　《爱欲与文明》(Marcuse, *Eros and Civilization*, pp. 40f.）。
98　《启蒙辩证法》(*Dialektik der Aufklärung*, pp. 280–281）。
99　《本雅明书信集》(Benjamin, *Briefe*, vol. II, pp. 681–682）。
100　法兰克福学派更正统的马克思主义批评家总是指出资本主义下矛盾的继续存在。例如，见《融合的限度》(Paul Mattick, "The Limits of Integration," in *The Critical Spirit: Essays in Honor of Herbert Marcuse*, ed. Kurt H. Wolffand Barrington Moore, Jr. [Boston, 1967]）。
101　《理性之蚀》(*Eclipse of Reason*, p. 186）。
102　《最低限度的道德》(Adorno, *Minima Moralia*, p. 10）。
103　同上（Ibid., p. 13）。
104　同上（Ibid., p. 80）。本着同样的精神，他写道："今天艺术的人物是为秩序带来混乱（p. 428）。
105　《反思》(Adorno, "Reflexionen," *Aufklärung* IV, 1 [June, 1951], p. 86）。
106　《最低限度的道德》(*Minima Moralia*, p. 7）。
107　同上（Ibid., p. 80）。
108　同上（Ibid., p. 480）。
109　同上（Ibid., p. 481）。
110　《启明》(Benjamin, *Illuminations*, p. 256）。
111　《否定辩证法》(Adorno, *Negative Dialektik* [Frankfurt, 1966]）。
112　《今日叔本华》(Horkheimer, "Schopenhauer Today," in *The Critical Spirit*, p. 70）。
113　1943年12月2日霍克海默给洛文塔尔的信（洛文塔尔私人收藏）。

114 一位最近研究乌托邦和卢梭的学者朱迪丝·N·施克莱（Judith N. Shklar）在《人与公民：卢梭社会理论》（*Men and Citizens: A Study of Rousseau's Social Theory* [Cambridge, 1969], p. 2）中也论述了这一点。

115 引自《南德意志报》（*Die Süddeutsche Zeitung* [April 26–27, 1969], p. 10）。

116 《否定辩证法》（Adorno, *Negative Dialektik*, p. 13）。

117 阿多诺最近的批评者详尽讨论了这个问题。比如参见《理论作为实践？》（Manfred Clemenz, "Theorie als Praxis?," *Neue politische Literatur* XIII, 2 [1968]）。

后记

1 1946年5月12日列奥·洛文塔尔致马克斯·霍克海默德信（洛文塔尔的私人收藏）。

2 首次接触时候在致费利克斯·韦尔和弗里德里希·波洛克的信，至少洛文塔尔于1946年10月19日致霍克海默的信里是这么报告的。

3 1947年4月12日霍克海默致洛文塔尔的信（洛文塔尔的私人收藏）。

4 在1947年8月4日致保罗·拉扎斯菲尔德的信（洛文塔尔的私人收藏）中，霍克海默提到了加州大学洛杉矶分校、南加州大学和西方学院的可能性。

5 1969年3月12日在瑞士蒙塔诺拉与霍克海默的访谈。

6 1950年2月18日霍克海默致洛文塔尔的信（洛文塔尔的私人收藏）。

7 1950年4月霍克海默致洛文塔尔的信（洛文塔尔的私人收藏）。

8 1971年7月21日于马萨诸塞州剑桥与埃弗里特·休斯的对话。

9 在1968年11月22日给本书作者的第一封信中，霍克海默写到巴特勒的"慷慨大方和理解"时补充说："我在抵达纽约几周后第一次见到他，我永远不会忘记我们欠他多大人情。"

10 这是1969年3月在卢加诺交谈时波洛克使用的措辞。

11 这也适用于维尔纳·里希特。霍克海默的私人剪贴簿里存有对账单的描述，在我逗留瑞士蒙塔诺拉期间他很大方地让作者看了。

12 《论问题：德语是什么》（Theodor W. Adorno, "Auf die Frage: Was ist deutsch," *Stichworte: Kritische Modelle* 2 [Frankfurt, 1969], p. 110）。阿多诺还在该文别处写道："我在流亡期间从未放弃过回归的希望。"（p. 107）

13 见《苏联马克思主义》（Herbert Marcuse, *Soviet Marxism* [New York, 1958]）。

14 1951年至1952年第82届国会参议院司法委员会的纪要的第三卷。

15 1971年6月21日于纽约和魏复古的对话。

16　这份请愿收录于洛文塔尔的私人收藏。

17　1971 年 3 月 30 日韦尔给本书作者的信。

18　对社会研究所回归的表述出自于霍克海默私人剪贴簿里剪辑收藏。

19　《社会 1》(*Sociologica* I [Frankfurt, 1955])。

20　他讨论学术事务的演讲题为《大学的当下问题》(Horkheimer, "Gegenwärtige Probleme der Universität," *Frankfurt Universitätsreden* VIII [Frankfurt, 1953])。

21　霍克海默的校长就职演说题为《论理性德概念》("Zum Begriff der Vernunft," *Frankfurt Universitätsreden* VII [Frankfurt, 1952])。

22　《西德社会科学调查》(Horkheimer, *Survey of the Social Sciences in Western Germany* [Washington, D.C., 1952])。

23　这封信也是发表于德国媒体的公开信,收录于《批判理论》(Horkheimer, *Kritische Theorie*, ed. Alfred Schmidt [Frankfurt, 1968], vol. II)。

24　苏尔坎普出版社正在规划十二卷本的阿多诺作品集。写作本书时第七卷遗稿片段《美学理论》(*Ästhetische Theorie*, Frankfurt, 1970)和第五卷《论认识论的元批判》(*Zur Metakritik der Erkenntnistheorie*, Frankfurt, 1971)已经问世。

25　关于这个问题的一个处理方法,见《马尔库塞与美国新左派》(Paul Breines, "Marcuse and the New Left in America," *Antworten auf Herbert Marcuse*, ed. Jürgen Habermas [Frankfurt, 1968])。我曾在《流亡中的法兰克福学派》("The Frankfurt School in Exile," *Perspectives in American History*, vol. VI [Cambridge, 1972])中试图对 1950 年后社会研究所在美国的影响进行更广泛的分析。

26　霍克海默的私人剪贴簿包含了一些文章关于他在大众媒体上的亮相。

27　1943 年 2 月 2 日霍克海默致洛文塔尔的信(洛文塔尔的私人收藏)。

28　《棱镜》(Adorno, *Prisms*, trans. Samuel and Shierry Weber [London, 1967], p. 166)。

29　比如参见《法兰克福的终结》(Claus Grossner, "Frankfurter Schule am Ende," *Die Zeit* [Hamburg, May 12, 1970], p. 5)。

30　1966 年,霍克海默对中国共产党的威胁表示震惊,复述了德皇威廉二世的警告"如今应该非常认真地对待黄种人的威胁"("On the Concept of Freedom," *Diogenes*, 53 [Paris, 1966])。此年,他出现在法兰克福罗马广场的德美友谊周庆祝活动上,导致反越战的学生高呼"霍克海默滚蛋",试图说服他与美国政策脱钩。但他们失败了。

31　《社会学史上的传统、生态和制度》(Edward Shils, "Tradition, Ecology, and Institution in the History of Sociology," *Daedalus* LXXXXIX, 4 [Fall, 1970])。

32　1968 年 6 月 18 日在马萨诸塞州剑桥对马尔库塞的访谈。

33 这是拉扎斯菲尔德的原话。参见他的《社会研究历史的一段插曲：回忆录》（"An Episode in the History of Social Research: A Memoir," in *The Intellectual Migration: Europe and America, 1930-1960*, ed. Donald Fleming and Bernard Bailyn [Cambridge, Mass., 1969], p. 286）。

34 1971 年 1 月 3 日于纽约和拉扎斯菲尔德的对话。

35 1969 年 3 月 14 日在蒙塔诺拉对波洛克的访谈。

36 1970 年 11 月 25 日在纽约对马辛的访谈。

37 1943 年 11 月 12 日，洛文塔尔写信给霍克海默说："如果你在《社会科学百科全书》中查一下，你会发现这个（乔治·赫伯特·）米德显然是一个有真正问题的哲学家和社会学家。"然而，这是我能找到的社会研究所的作品中唯一提到米德的地方。收录于洛文塔尔的私人收藏。

38 1946 年 7 月 17 日霍克海默致洛文塔尔的信（洛文塔尔的私人收藏）。部分引用在《理性之蚀》中再次出现（Horkheimer, *Eclipse of Reason* [New York, 1970], p. 160）。

39 《过渡中的历史学术：德国联邦共和国的情况》（Hans Mommsen, "Historical Scholarship in Transition: The Situation in the Federal Republic of Germany," *Daedalus*, C, 2 [Spring, 1971], p. 498）。

40 《棱镜》（Adorno, *Prisms*, p. 48）。

41 《传统理论与批判理论》（Horkheimer, "Traditionelle und kritische Theorie," *ZfS* VI, 2 [1937], p. 269）。

42 《社会研究期刊》（Walter Benjamin, "Zeitschrift fur Sozialforschung," *Mass und Wert* I, 5 [May–June, 1938], p. 820）。

43 阿多诺在他的《论瓦尔特·本雅明》中指出了这一点："精神的主导地位极度异化了他的心理甚至是精神存在……他认为动物性的温暖是禁忌；朋友几乎不敢把手放在他的肩膀上。"（*Über Walter Benjamin* [Frankfurt, 1970], p. 50）

44 《德国士大夫的衰落》（Fritz Ringer, *The Decline of the German Mandarins* [Cambridge, Mass., 1969]）。

45 《1924 年 6 月 22 日法兰克福大学社会研究所开幕致辞》（Carl Grünberg, "Festrede gehalten zur Einweihung des Instituts für Sozialforschung an der Universität Frankfurt a.M. am 22 Juni 1924," *Frankfurter Universitätsreden*, XX [Frankfurt, 1924], p. 4）。

46 见《德国士大夫的衰落》（Ringer, *Decline of the German Mandarins*, p. 5）。

47 同上（Ibid, p. 106）。

48 同上（Ibid p. 90）。

49 林格写道："在这一时期的学术文献中，我只遇到过一个有利于弗洛伊德作品的评论，那是由激进的批评家恩斯特·冯·阿斯特（Ernst von Aster）所写的。"（Ibid., p. 383）。

50 见《棱镜》（Adorno, *Prisms*, p. 22）。

51 这并不是说法兰克福学派完全否定了阶级斗争的继续存在。阿多诺后来写道："社会仍然是阶级斗争，今天一如当年概念源起时一样。"（"Society," *The Legacy of the German Refugee Intellectuals*, Salmagundi 10/11 [Fall, 1969–Winter, 1970], p. 149）然而，这不再是他们分析的焦点。

52 比如参见《乌托邦与无政府主义：论赫伯特·马尔库塞批判理论的批判》（Hans Heinz Holz, *Utopie und Anarchismus: Zur Kritik der kritischen Theorie Herberts Marcuses* [Cologne, 1968], pp. 60f.）。

53 这个评价在霍克海默的私人剪贴簿里的一张剪切中有所提及。

54 引自1971年1月31日韦尔给本书作者的信。

55 《库尔特·图霍尔斯基与德国的考验》（Harold Poor, *Kurt Tucholsky and the Ordeal of Germany, 1914–1955* [New York, 1968] p. 137）。

56 这个数字是1969年3月在瑞士蒙塔诺拉的对话中波洛克提及的。

57 《最低限度的道德》（Adorno, *Minima Moralia* [Frankfurt, 1951], p. 98）。

58 戈兰·瑟伯恩曾写道："可以理解，法西斯主义成为法兰克福学派的美杜莎之首。其结果是，最初的反感态度被冻结，而不是发展为科学分析和参与革命的政治实践。"（"Frankfurt Marxism: A Critique," *New Left Review*, 63 [September–October, 1970], p. 94）。他的批评是从左翼提出的，但自由主义者也指出了社会研究所对法西斯主义的迷恋。比如见《社会学的政治语境》（Leon Bramson, *The Political Context of Sociology* [Princeton, 1961], p. 129）和《重思个体主义及其他》（David Riesman, *Individualism Reconsidered and Other Essays* [Glencoe, III. 1954], p. 477）。

59 见《〈知识分子移民〉书评》（Martin Jay, review of *The Intellectual Migration*, ed. Donald Fleming and Bernard Bailyn, and *The Bauhaus*, by Hans Wingler, in Commentary, XXXXIX, 3 [March, 1970]）。

60 见《黎明/黄昏》（Horkheimer [Heinrich Regius], *Dämmerung* [Zurich, 1934], p. 216）。

61 1968年6月18日在马塞诸塞州剑桥的访谈中马尔库塞表达了这一点。

62 见《棱镜》（Adorno, *Prisms*, p. 34）。

参考文献

目录中出现的缩写及其含义：

Grünbergs Archiv: *Archiv für die Geschichte des Sozialismus und der Arbeiterbewegung*
SPSS: *Studies in Philosophy and Social Sciences*
ZfS: *Zeitschrift für Sozialforschung*

社会研究所出版物

下列出版物由研究所出版或与之相关：

Archiv für die Geschichte des Sozialismus und der Arbeiterbewegung, vols. I-XV (1910-1930).

Zeitschrift für Sozialforschung, vols. I-VIII, 2 (1932-1939).

Studies in Philosophy and Social Science, vol. VIII, 3-IX, 3 (1939-1941).

《格林贝格文库》的补编将列在每位作者的名下

研究所的集体作品：

Studien über Autorität und Familie (Paris, 1936).

"Anti-Semitism within American Labor: A Report to the Jewish Labor Committee." 4 vols. Unpublished, 1945; in Pollock's collection.

研究所自行编纂的历史记录：

Institut für Sozialforschung an der Universität Frankfurt am Main (Frankfurt, 1925).

International Institute of Social Research: A Short Description of Its History and Aims (New York, 1935).

International Institute of Social Research: A Report on Its History and Activities, 1933–1938 (New York, 1938).

"Institute of Social Research (Columbia University), Supplementary Memorandum on the Activities of the Institute from 1939 to 1941." Unpublished, 1941; in Pollock's collection.

"Supplement to the History of the Institute of Social Research." Unpublished, 1942; in Pollock's collection.

"Ten Years on Morningside Heights: A Report on the Institute's History, 1934 to 1944," Unpublished, 1944; in Lowenthal's collection and in Pollock's collection.

Institut für Sozialforschung an der Johann Wolfgang Goethe-Universität Frankfurt am Main; Ein Bericht über die Feier seiner Wiederöffnung, seiner Geschichte, und seine Arbeiten (Frankfurt, 1952).

本书作者还参考了列奥·洛文塔尔、弗里德里希·波洛克和保罗·拉扎斯菲尔德收藏的文件、信件、未刊稿、备忘录和讲稿。此外我还参考了马克斯·霍克海默剪贴簿上的各种剪辑，这些剪辑主要收集于1950年后。在我参考了这些资料之后，洛文塔尔便将他收藏的信件交付哈佛大学霍顿图书馆保管了。

社会研究所历史上各个人物的作品

内森·W. 阿克曼和玛丽·亚霍达

Anti-Semitism and Emotional Disorder: A Psychoanalytic Interpretation (New York, 1950).

西奥多·W. 阿多诺

在我写作本书时,苏尔坎普出版社正在编纂《阿多诺作品集》(*Gesammelte Schriften*)。其中第七卷 *Ästhetische Theorie*, (Frankfurt, 1970) 和第五卷《论认识论的元批判》*Zur Metakritik der Erkenntnistheorie* (Frankfurt, 1971) 已经问世(本书引用的是更早一个版本的《论认识论的元批判》[Stuttgart, 1956])。我在写作中参考过的具体作品如下:

Alban Berg: Der Meister des kleinsten Übergangs (Vienna, 1968).

"Auf die Frage: Was ist deutsch," *Stichworte: Kritische Modelle 2* (Frankfurt, 1969).

Aufsätze zur Gesellschaftstheorie und Methodologie (Frankfurt, 1970).

The Authoritarian Personality, with Else Frenkel-Brunswik, Daniel J. Levinson, and R. Nevitt Sanford (New York, 1950).

"Der Begriff der Unbewussten in der Transzendentalen Seelenlehre." Unpublished, 1927; in University of Frankfurt library.

"Contemporary German Sociology," *Transactions of the Fourth World Congress of Sociology*, vol. I (London, 1959).

"Currents of Music: Elements of a Radio Theory." Unpublished, 1939; in Lazarsfeld's collection.

Dialektik der Aufklärung, with Max Horkheimer (Amsterdam, 1947).

Dissonanzen: Musik in der verwalteten Welt (Frankfurt, 1956).

"Erpresste Versöhnung," *Noten zur Literatur II* (Frankfurt, 1961).

"Fragmente über Wagner," *ZfS* VIII, 1/2 (1939).

"Freudian Theory and the Pattern of Fascist Propaganda," in *Psychoanalysis and the Social Sciences*, ed. Geza Roheim (New York, 1951).

Der getreue Korrepetitor (Frankfurt, 1963).

"How to Look at Television," with Bernice T. Eiduson. Paper read at Hacker Foundation, Los Angeles, April 13, 1953; in Lowenthal's collection.

"Husserl and the Problem of Idealism," *Journal of Philosophy* XXVII, 1 (January 4, 1940).

Kierkegaard: Konstruktion des Aesthetischen (Tübingen, 1933), rev. ed. (Frankfurt, 1966).

Minima Moralia: Reflexionen aus dem beschädigten Leben (Frankfurt, 1951).

Moments Musicaux (Frankfurt, 1964).

Negative Dialektik (Frankfurt, 1966).

Ohne Leitbild (Frankfurt, 1967).

"On Kierkegaard's Doctrine of Love," *SPSS* VIII, 3 (1939).

"On Popular Music," with the assistance of George Simpson, *SPSS* IX, 1 (1941).

Philosophie der neuen Musik (Frankfurt, 1949).

Prismen (Frankfurt, 1955); in English as *Prisms*, trans. Samuel and Shierry Weber (London, 1967).

"Reflexionen," *Aufklärung* IV, i (June, 1951).

"Scientific Experiences of a European Scholar in America," in *The Intel-*

lectual Migration: Europe and America, 1930-1960, ed. Donald Fleming and Bernard Bailyn (Cambridge, Mass., 1969).

"A Social Critique of Radio Music," *Kenyon Review* VII, 2 (Spring, 1945).

"Social Science and Sociological Tendencies in Psychoanalysis." Unpublished, Los Angeles, April 27, 1946; in Lowenthal's collection.

"Sociology and Psychology," *New Left Review*, 46 (November-December, 1967) and 47 (January-February, 1968).

"The Stars Down to Earth: *The Los Angeles Times* Astrology Column: A Study in Secondary Superstition," *Jahrbuch für Amerikastudien*, vol. II (Heidelberg, 1957).

"*Thesen zur Kunstsoziologie*" Kölner Zeitschrift für Soziologie und Sozialpsychologie, XIX, 1 (March, 1967).

"Theses upon Art and Religion Today," *Kenyon Review* VII, 4 (Autumn, 1945).

"Über den Fetischcharakter in der Musik und die Regression des Hörens," *ZfS* VII, 3 (1938).

(Under the pseudonym Hektor Rottweiler), "Über Jazz," *ZfS* V, 2 (1936).

Über Walter Benjamin (Frankfurt, 1970).

"Veblen's Attack on Culture," *SPSS* IX, 3 (1941).

Versuch über Wagner (Frankfurt, 1952).

"Wagner, Hitler, and Nietzsche," *Kenyon Review* IX, 1 (1947).

"Zur gegenwärtigen Stellung der empirischen Sozialforschung in Deutschland," in *Empirische Sozialforschung, Schriftenreihe des Instituts zur Förderung Öffentlichen Angelegenheiten e.v.*, vol. XIV (Frankfurt, 1952).

瓦尔特·本雅明

Berliner Kindheit um Neunzehnhundert (Frankfurt, 1950).

Briefe, ed. Gershom Scholem and Theodor W. Adorno. 2 vols. (Frankfurt, 1966).

Charles Baudelaire: Ein Lyriker im Zeitalter des Hochkapitalismus (Frankfurt, 1969).

Deutsche Menschen: Eine Folge von Briefe, under the pseudonym "Detlef Holz," (Lucerne, 1936).

"Eduard Fuchs, der Sammler und der Historiker," *ZfS* VI, 2 (1937).

Illuminations: Essays and Reflections, ed. with introduction by Hannah Arendt, trans. Harry Zohn (New York, 1968).

"L'Oeuvre d'art à l'époque de sa reproduction mécanisée," *ZfS* V, 1 (1936).

"Paris, Capital of the Nineteenth Century," *Dissent* XVII, 5 (September–October, 1970).

"Probleme der Sprachsoziologie," *ZfS* IV, 3 (1935).

Schriften, ed. Theodor W. Adorno and Gershom Scholem. 2 vols. (Frankfurt, 1955).

Versuche über Brecht, ed. Rolf Tiedemann (Frankfurt, 1966).

"Zeitschrift für Sozialforschung," *Mass und Wert* I, 5 (May–June, 1938).

"Zum gegenwärtigen gesellschaftlichen Standort des fransözischen Schriftstellers," *ZfS* III, 1 (1934).

Zur Kritik der Gewalt und andere Aufsätze (Frankfurt, 1965).

布鲁诺·贝特尔海姆和莫里斯·雅诺维茨

Dynamics of Prejudice: A Psychological and Sociological Study of Veterans (New York, 1950).

Social Change and Prejudice (New York, 1964).

弗兰茨·博克瑙

Der Übergang vom feudalen zum bürgerlichen Weltbild (Paris, 1934).

"Zur Soziologie des mechanistischen Weltbildes," *ZfS* I, 3 (1932).

埃里希·弗洛姆

Beyond the Chains of Illusion: My Encounter with Marx and Freud (New York, 1962).

"A Counter-Rebuttal," *Dissent* III, 1 (Winter, 1956).

The Crisis of Psychoanalysis (New York, 1970).

The Dogma of Christ, and Other Essays on Religion, Psychology, and Culture (New York, 1963).

Fear of Freedom (London, 1942). (English version of *Escape from Freedom*.)

"Die gesellschaftliche Bedingtheit der psychoanalytischen Therapie," *ZfS* IV, 3 (1935).

The Heart of Man (New York, 1964).

"The Human Implications of Instinctive 'Radicalism,' " *Dissent* II, 4 (Autumn, 1955).

Man for Himself (New York, 1947).

Marx's Concept of Man (New York, 1961).

"Die psychoanalytische Charakterologie und ihre Bedeutung für die Sozialpsychologie," *ZfS* I, 3 (1932).

"Der Sabbath," *Imago* XIII, 2, 3, 4 (1927).

The Sane Society (New York, 1955).

Sigmund Freud's Mission (New York, 1963).

Social Character in a Mexican Village, with Michael Maccoby (Englewood Cliffs, N.J., 1970).

"Die sozialpsychologische Bedeutung der Mutterrechtstheorie," *ZfS* III, 2 (1934).

"Sozialpsychologischer Teil," in *Studien über Autorität und Familie* (Paris, 1936).

"Über Methode und Aufgabe einer analytischen Sozialpsychologie," *ZfS* I, 1/2 (1932).

Zen Buddhism and Psychoanalysis with D. T. Suzuki and R. de Martino (New York, 1960).

"Zum Gefühl der Ohnmacht," *ZfS* VI, 1 (1937).

亨里克·格罗斯曼

Das Akkumulations-und Zusummenbruchsgesetz des kapitalistischen Systems (Leipzig, 1929).

"Die gesellschaftlichen Grundlagen der mechanistischen Philosophie und die Manufaktur," *ZfS* IV, 2 (1935).

Marx, die klassische Nationalökonomie und das Problem der Dynamik, afterword by Paul Mattick (Frankfurt, 1969).

"Die Wert-Preis-Transformation bei Marx und das Krisisproblem," *ZfS* I, 1/2 (1932).

卡尔·格林贝格

"Festrede gehalten zur Einweihung des Instituts für Sozialforschung an der Universität Frankfurt a.M. am 22 Juni 1924," *Frankfurter Universitätsreden*, vol. XX (Frankfurt, 1924).

尤利安·贡珀茨

"Zur Soziologie des amerikanischen Parteiensystems," *ZfS* I, 3 (1932).

"Recent Social Trends," *ZfS* II, 1 (1933).

阿尔卡迪·R. 古尔兰

"Die Dialektik der Geschichte und die Geschichtsauffassung Karl Kautskys," *Klassenkampf* (Berlin, September 1, 1929).

The Fate of Small Business in Nazi Germany, with Franz Neumann and Otto Kirchheimer (Washington, D.C., 1943).

"Die K.P.D. und die rechte Gefahr," *Klassenkampf* (Berlin, December 1, 1928).

"Technological Trends and Economic Structure under National Socialism," *SPSS* IX, 2 (1941).

马克斯·霍克海默

Most of Horkheimer's essays in the *ZfS* are collected in *Kritische Theorie*, 2 vol., ed. Alfred Schmidt (Frankfurt, 1968). Other works and individual *Zeitschrift* essays:

"Allgemeiner Teil," *Studien über Autorität und Familie* (Paris, 1936).

Anfänge der bürgerlichen Geschichtsphilosophie (Stuttgart, 1930).

"Art and Mass Culture," *SPSS* IX, 2 (1941).

"Auf das Andere Hoffen," Interview in *Der Spiegel* (January 5, 1970).

"Authoritarianism and the Family Today," in *The Family: Its Function and Destiny*, ed. Ruth Nanda Anshen (New York, 1949).

"Autoritärer Staat," in "Walter Benjamin zum Gedächtnis." Unpublished 1942; in Pollock's collection.

"Bemerkungen über Wissenschaft und Krise," *ZfS* I, 1/2 (1932).

"Bemerkungen zu Jaspers 'Nietzsche,' " *ZfS* VI, 2 (1937).

"Bemerkungen zur philosophischen Anthropologie," *ZfS* IV, 1 (1935).

Dämmerung, written under the pseudonym "Heinrich Regius," (Zurich, 1934).

Dialektik der Aufklärung, with Theodor W. Adorno (Amsterdam, 1947).

Eclipse of Reason (New York, 1947).

"Egoismus und Freiheitsbewegung," *ZfS* V, 2 (1936).

"Die Gegenwärtige Lage der Sozialphilosophie und die Aufgaben eines Instituts für Sozialforschung," *Frankfurter Universitätsreden*, vol. XXVII (Frankfurt, 1931).

"Geschichte und Psychologie," *ZfS* I, 1/2 (1932).

"Hegel und die Metaphysik," *Festschrift fur Carl Grünberg: zum 70. Geburtstag* (Leipzig, 1932).

"Die Juden und Europa," *ZfS* VIII, 1/2 (1939).

Kants Kritik der Urteilskraft als Bindeglied zwischen theoretischer und praktischer Philosophie (Stuttgart, 1925).

"The Lessons of Fascism," in *Tensions That Cause Wars*, ed. Hadley Cantril (Urbana, Ill., 1950).

"Materialismus und Metaphysik," *ZfS* II, 1 (1933).

"Materialismus und Moral," *ZfS* II, 2 (1933).

"Montaigne und die Funktion der Skepsis," *ZfS* VII, 1 (1938).

"Ein neuer Ideologiebegriff?," *Grünbergs Archiv* XV, 1 (1930).

"Der neueste Angriff auf die Metaphysik," *ZfS* VI, 1 (1937).

"Notes on Institute Activities," *SPSS* IX, 1(1941).

"On the Concept of Freedom," *Diogenes* 53 (Paris, 1966).

"Die Philosophie der absoluten Konzentration," *ZfS* VII, 3 (1938).

"Philosophie und kritische Theorie," *ZfS* VI, 3 (1937).

Preface, *SPSS* IX, 2 (1941).

"The Relation between Psychology and Sociology in the Work of Wilhelm Dilthey," *SPSS* IX, 3 (1939).

"Schopenhauer Today," *The Critical Spirit; Essays in Honor of Herbert Marcuse*, ed. Kurt H. Wolff and Barrington Moore, Jr. (Boston, 1967).

"The Social Function of Philosophy," *SPSS* VIII, 3 (1939).

"Sociological Background of the Psychoanalytic Approach," in *Anti-Semitism: A Social Disease*, ed. Ernst Simmel (New York, 1946).

Survey of the Social Sciences in Western Germany (Washington, D.C., 1952). "Traditionelle und kritische Theorie," *ZfS* VI, 2 (1937).

"Vernunft und Selbsterhaltung," in "Walter Benjamin zum Gedächtnis." Unpublished, 1942; in Pollock's Collection.

"Zu Bergsons Metaphysik der Zeit," *ZfS* III, 3 (1934).

"Zum Begriff der Vernunft," *Frankfurter Universitätsreden*, vol. VII (Frankfurt, 1952).

"Zum Problem der Voraussage in den Sozialwissenschaften," *ZfS* II, 3 (1933).

"Zum Problem der Wahrheit," *ZfS* IV, 3 (1935).

"Zum Rationalismusstreit in der gegenwärtigen Philosophie," *ZfS* III, 1 (1934).

Zur Kritik der instrumentellen Vernunft (Frankfurt, 1967).

奥托·基希海默

"Criminal Law in National Socialist Germany," *SPSS* VIII, 3 (1939).

The Fate of Small Business in Nazi Germany, with Arcadius R. L. Gurland and Franz Neumann (Washington, D.C., 1943).

"Franz Neumann: An Appreciation," *Dissent* IV, 4 (Autumn, 1957).

Political Justice: The Use of Legal Procedure for Political Ends (Princeton, 1961).

Politics, Law, and Social Change: Selected Essays of Otto Kirchheimer, ed. Frederic S. Burin and Kurt L. Shell (New York and London, 1969). Contains a selected bibliography.

Punishment and Social Structure, with George Rusche (New York, 1939).

米拉·科马罗夫斯基

The Unemployed Man and His Family (New York, 1940).

恩斯特·克雷内克

"Bemerkungen zur Rundfunkmusik," *ZfS* VII, 1/2 (1938).

奥尔加·朗

Chinese Family and Society (New Haven, 1946).

保罗·拉扎斯菲尔德

"An Episode in the History of Social Research: A Memoir," in *The Intellectual Migration: Europe and America, 1930–1960*, ed. Donald Fleming and Bernard Bailyn (Cambridge, Mass., 1969).

"Problems in Methodology," in *Sociology Today*, ed. Robert K. Merton, Leonard Broom, and Leonard S. Cottrell, Jr. (New York, 1959).

"Remarks on Administrative and Critical Communications Research," *SPSS* IX, 1 (1941).

"Some Remarks on the Typological Procedures in Social Research," *ZfS* VI, 1 (1937).

列奥·洛文塔尔

"Die Auffassung Dostojewskis in Vorkriegsdeutschland," *ZfS* III, 3 (1934); an English version can be found in *The Arts in Society*, ed. Robert N. Wilson (Englewood Cliffs, N.J., 1964).

"Conrad Ferdinand Meyers heroische Geschichtsauffassung," *ZfS* II, 1 (1933).

"Das Dämonische," in *Gabe Herrn Rabbiner Dr. Nobel zum 50. Geburtstag* (Frankfurt, 1921).

Erzählkunst und Gesellschaft: Die Gesellschaftsproblematik in der deutschen Literatur des 19. Jahrhunderts, with an intro, by Frederic C. Tubach (Neuwied and Berlin, (1971)

"German Popular Biographies: Culture's Bargain Counter," in *The Critical Spirit: Essays in Honor of Herbert Marcuse*, ed. Kurt H. Wolff and Barrington Moore, Jr. (Boston, 1967).

"Historical Perspectives of Popular Culture," in *Mass Culture: The Popular Arts in America*, ed. Bernard Rosenberg and David Manning White (Glencoe, Ill. and London, 1957).

Literature and the Image of Man (Boston, 1957).

Literature, Popular Culture, and Society (Englewood Cliffs, N.J., 1961).

Prophets of Deceit, with Norbert Guterman (New York, 1949).

"Terror's Atomization of Man," *Commentary*, I, 3 (January, 1946).

"Zugtier und Sklaverei," *ZfS* II, 1 (1933).

"Zur gesellschaftlichen Lage der Literatur," *ZfS* I, 1/2 (1932).

里夏德·洛文塔尔(保罗·泽林)

"Zu Marshals neuklassischer Ökonomie," *ZfS* VI, 3 (1937).

库尔特·曼德尔鲍姆

(Under the pseudonym Kurt Baumann), "Autarkie und Planwirtschaft," *ZfS* II, 1 (1933).

(Under the pseudonym Erich Baumann), "Keynes Revision der liberalistischen Nationalökonomie," *ZfS* V, 3 (1936).

"Neucrc Literatur über technologische Arbeitslosigkeit," *ZfS* V, 1 (1936).

"Zur Theorie der Planwirtschaft," with Gerhard Meyer, *ZfS* III, 2 (1934).

赫伯特·马尔库塞

For a complete bibliography of Marcuse's works until 1967, see *The Critical Spirit: Essays in Honor of Herbert Marcuse*, ed. Kurt H. Wolff and Barrington Moore, Jr. (Boston, 1967) p. 427–433. Works consulted in this study:

"Beiträge zu einer Phänomenologie des historischen Materialismus," *Philosophische Hefte* I, 1 (1928).

"Der Einfluss der deutschen Emigranten auf das amerikanische Geistesleben: Philosophie und Soziologie," *Jahrbuch für Amerikastu-*

dien, vol. X (Heidelberg, 1965).

Eros and Civilization (Boston, 1955).

An Essay on Liberation (Boston, 1969).

"Existentialism: Remarks on Jean-Paul Sartre's *L'Être et le néant*," *Philosophy and Phenomenological Research* VIII, 3 (March, 1949).

Five Lectures, trans, Jeremy J. Shapiro and Shierry M. Weber (Boston, 1970).

Hegels Ontologie und die Grundlegung einer Theorie der Geschichtlichkeit (Frankfurt, 1932).

"Ideengeschichtlicher Teil," in *Studien über Autorität und Familie* (Paris, 1936).

"An Introduction to Hegel's Philosophy," *SPSS* VIII, 3 (1939).

"Der Kampf gegen den Liberalismus in der totalitären Staatsauffassung," *ZfS* III, 1 (1934).

Kultur und Gesellschaft, 2 vols. (Frankfurt, 1965).

Negations: Essays in Critical Theory, trans. Jeremy J. Shapiro (Boston, 1968).

"Neue Quellen zur Grundlegung des historischen Materialismus," *Die Gesellschaft* IX, 8 (August, 1932).

"The Obsolescence of Marxism," in *Marx and the Western World*, ed. Nicholas Lob-kowicz (Notre Dame, Indiana, 1967).

One-Dimensional Man: Studies in the Ideology of Advanced Industrial Society (Boston, 1964).

"Philosophie und kritische Theorie," *ZfS* VI, 3 (1937).

"Das Problem der geschichtlichen Wirklichkeit," *Die Gesellschaft* VII, 4 (April, 1931).

Psychoanalyse und Politik (Frankfurt, 1968).

Reason and Revolution: Hegel and the Rise of Social Theory, rev. ed. (Boston, 1960). "A Reply to Erich Fromm," *Dissent* III, 1 (Winter, 1956).

"Repressive Tolerance," *A Critique of Pure Tolerance*, with Robert Paul Wolff and Barrington Moore, Jr. (Boston, 1965).

"Some Social Implications of Modern Technology," *SPSS* IX, 3 (1941).

Soviet Marxism: A Critical Analysis (New York, 1958).

"Über den affirmativen Charakter der Kultur," *ZfS* VI, 1 (1937).

"Über die philosophischen Grundlagen des wirtschaftswissenschaftlichen Arbeitsbegriff," *Archiv für Sozialwissenschaft und Sozialpolitik*, LXIX, 3 (June, 1933).

"Zum Begriff des Wesens," *ZfS* V, 1 (1936).

"Zum Problem der Dialektik," *Die Gesellschaft* VII, 1 (January, 1930).

"Zur Kritik des Hedonismus," *ZfS* VII, 1 (1938).

"Zur Wahrheitsproblematik der soziologischen Methode," *Die Gesellschaft* VI, 10 (October, 1929).

保罗·马西诺

Rehearsal for Destruction (New Vork, 1949).

(Under the pseudonym Karl Billinger), *Schutzhaftling 880: Aus einem deutschen Konzentrationslager* (Paris, 1935); trans. as *Fatherland*, intro, by Lincoln Steffens (New York, 1935).

格哈德·迈耶

"Krisenpolitik und Planwirtschaft," *ZfS* IY, 3 (1935).

"Neue englische Literatur zur Planwirtschaft," *ZfS* II, 2 (1933).

"Neuere Literatur über Planwirtschaft," *ZfS* I, 3 (1932).

"Zur Theorie der Planwirtschaft" (with Kurt Mandelbaum), *ZfS*, III, 2 (1934).

弗朗茨·诺伊曼

Behemoth: The Structure and Practice of National Socialism, 1933–1944, rev. ed. (New York, 1944).

The Democratic and the Authoritarian State: Essays in Political and Legal Theory, ed. with a preface by Herbert Marcuse (New York, 1957). Contains a selected bibliography.

The Fate of Small Business in Nazi Germany, with Arcadius R. L. Gurland and Otto Kirchheimer. (Washington, 1943).

"The Social Sciences," *The Cultural Migration: The European Scholar in America*, with Henri Peyre, Erwin Panofsky, Wolfgang Köhler, and Paul Tillich, intro. by W. Rexford Crawford (Philadelphia, 1953).

弗里德里希·波洛克

The Economic and Social Consequences of Automation, trans. W. O. Henderson and W. H. Chalmer (Oxford, 1957).

"Die gegenwärtige Lage des Kapitalismus und die Aussichten einer planwirtschaftlichen Neuordnung," *ZfS* I, 1/2 (1933).

Ed., *Gruppenexperiment: Ein Studienbericht; Frankfurter Beiträge zur Soziologie,* vol. II (Frankfurt, 1955).

"Is National Socialism a New Order?," *SPSS* IX, 3 (1941).

Die planwirtschaftlichen Versuche in der Sowjetunion, 1917–1927 (Leipzig, 1929).

Sombarts "Widerlegung" des Marxismus (Leipzig, 1926).

"Sozialismus und Landwirtschaft," in *Festschrift für Carl Grünberg: zum 70. Geburtstag* (Leipzig, 1932).

"State Capitalism: Its Possibilities and Limitations," *SPSS* IX, 2 (1941).

"Zu dem Aufsatz von Hannah Arendt über Walter Benjamin," *Merkur* XXII, 6 (1968).

恩斯特·沙赫特尔

"Zum Begriff und zur Diagnose der Persönlichkeit in den 'Personality Tests,' " *ZfS* VI, 3 (1937).

安德里斯·施特恩海姆

"Zum Problem der Freizeitgestaltung," *ZfS* I, 3 (1932).

费利克斯·J. 韦尔

The Argentine Riddle (New York, 1944).

"Neuere Literatur zum 'New Deal,' " *ZfS* V, 3 (1936).

"Neuere Literatur zur deutschen Wehrwirtschaft," *ZfS* VII, 1/2 (1938).

Sozialisierung: Versuch einer begrifflichen Grundlegung (Nebst einer Kritik der Sozialisierungspläne). (Berlin-Fichtenau, 1921).

魏复古

Das Erwachende China (Vienna, 1926).

"The Foundations and Stages of Chinese Economic History," *ZfS* IV, 1 (1935). *Geschichte der bürgerlichen Gesellschaft* (Vienna, 1924).

Oriental Despotism: A Comparative Study of Total Power (New Haven, London, and New York, 1957).

Testimony in front of the Internal Security Subcommittee of the Senate Judiciary Committee (August 7, 1951), 82nd Congress, 1951–1952, vol. III.

"Die Theorie der orientalischen Gesellschaft," *ZfS* VII, 1 (1938).

Wirtschaft und Gesellschaft Chinas (Leipzig, 1931).

Die Wissenschaft der bürgerlichen Gesellschaft (Berlin, 1922).

与社会研究所或其成员直接相关的作品

Arendt, Hannah, Introduction to *Illuminations: Essays and Reflections* (New York, 1968); reprinted in Hannah Arendt, *Men in Dark Times* as "Walter Benjamin: 1892–1940" (New York, 1968).

Axelos, Kostas, "Adorno et l'école de Francfort," *Arguments*, III, 14 (1959).

Bernsdorf, Wilhelm, *Internationalen Soziologen Lexikon* (Stuttgart, 1965).

Bloch, Ernst, "Erinnerungen an Walter Benjamin," *Der Monat* XVIII, 216 (September, 1966).

Boehmer, Konrad, "Adorno, Musik, Gesellschaft," in *Die neue Linke nach Adorno*, ed. Wilfried F. Schoeller (Munich, 1969).

Braeuer, Walter, "Henryk Grossman als Nationalökonom," *Arbeit und Wissenschaft*, VIII (1954).

Bramson, Leon, *The Political Context of Sociology* (Princeton, 1961).

Braunthal, Alfred, "Der Zusammenbruch der Zusammenbruchstheorie," *Die Gesellschaft* VI, 10 (October, 1929).

Brecht, Bertolt, *Gedichte VI* (Frankfurt, 1964).

Breines, Paul, ed., *Critical Interruptions: New Left Perspectives on Herbert*

Marcuse (New York, 1970).

Brenner, Hildegaard, "Die Lesbarkeit der Bilder: Skizzen zum Passagenentwurf," *Alternative* 59/60 (April–June, 1968).

———, "Theodor W. Adorno als Sachwalter des Benjaminschen Werkes," in *Die neue Linke nach Adorno*, ed. Wilfried F. Schoeller (Munich, 1969).

Brown, Roger, *Social Psychology* (New York, 1965).

Christie, Richard, and Marie Jahoda, *Studies in the Scope and Method of "The Authoritarian Personality"* (Glencoe, Ill., 1954).

Claussen, Detlev, "Zum emanzipativen Gehalt der materialistischen Dialektik in Horkheimers Konzeption der kritischen Theorie," *Neue Kritik* 55/56 (1970).

Clemenz, Manfred, "Theorie als Praxis?," *Neue Politische Literatur* XIII, 2 (1968).

Cohen, Jerry, "The Philosophy of Marcuse," *New Left Review*, 57 (September–October, 1969).

Colletti, Lucio, "Von Hegel zu Marcuse," *Alternative*, 72/73 (June–August, 1970). *Continuum* Vili, 1/2 (Spring–Summer, 1970).

Dahrendorf, Ralf, *Society and Democracy in Germany* (London, 1968).

Deakin, F. W., and G. R. Stony, *The Case of Richard Sorge* (London, 1966).

"Dialectical Methodology; Marx or Weber; the New *Methodenstreit* in Postwar German Philosophy," *The Times Literary Supplement* (London, March 12, 1970).

Fermi, Laura, *Illustrious Immigrants* (Chicago, 1968).

Fetscher, Iring, "Asien im Lichte des Marxismus: Zu Karl Wittfogels Forschungen über die orientalischen Despotie," *Merkur* XX, 3

(March, 1966).

———, "Ein Kämpfer ohne Illusion," *Die Zeit* (Hamburg, August 19, 1969).

———, "Bertolt Brecht and America," in *The Legacy of the German Refugee Intellectuals, Salmagundi*, 10/11 (Fall, 1969–Winter, 1970).

Fingarette, Herbert, "Eros and Utopia," *The Review of Metaphysics* X, 4 (June, 1957).

Fleming, Donald, and Bernard Bailyn, eds., *The Intellectual Migration: Europe and America, 1930–1960* (Cambridge, Mass., 1969).

Friedenberg, Edgar, "Neo-Freudianism and Erich Fromm," *Commentary* XXXIV, 4 (October, 1962).

"From Historicism to Marxist Humanism," *The Times Literary Supplement* (London, June 5, 1969).

Gay, Peter, *Weimar Culture: The Outsider as Insider* (New York, 1968).

Giltay, H., "Psychoanalyse und sozial-kulturelle Erneuerung," *Psychoanalytische Bewegung* IV, 5 (September–October, 1932).

Glazer, Nathan, "*The Authoritarian Personality* in Profile: Report on a Major Study of Race Hatred," *Commentary* IV, 6 (June, 1950).

Goldmann, Lucien, "La Pensée de Herbert Marcuse," *La Nef* 36 (January–March, 1969).

Graubard, Allen, "One-dimensional Pessimism," *Dissent*, XV, 3 (May–June, 1968).

Grossner, Claus, "Frankfurter Schule am Ende," *Die Zeit* (Hamburg, May 12, 1970).

Gruchot, Piet, "Konstruktive Sabotage: Walter Benjamin und der bürgerlichen Intellektuelle," *Alternative* 56/57 (October–December, 1967).

Habermas, Jürgen, ed., *Antworten auf Herbert Marcuse* (Frankfurt, 1968).

——, *Philosophisch-politische Profile* (Frankfurt, 1971).

Hammond, Guy ton B., *Man in Estrangement* (Nashville, 1965).

Heise, Rosemarie, "Der Benjamin-Nachlass in Potsdam," interview with Hildegaard Brenner, *Alternative* 56/57 (October–December, 1967).

——, "Nachbemerkungen zu einer Polemik oder Widerlegbare Behauptungen der frankfurter Benjamin-Herausgeber," *Alternative* 59/60 (April–June, 1968).

Herz, John H., and Erich Hula, "Otto Kirchheimer: An Introduction to his Life and Work," in *Politics, Law, and Social Change: Selected Essays by Otto Kirchheimer*, ed. Frederic S. Burin and Kurt L. Shell (New York and London, 1969).

——, "Otto Kirchheimer," *The Legacy of the German Refugee Intellectuals, Salmagundi* io/ii (Fall, 1969–Winter, 1970).

Holz, Hans Heinz, "Philosophie als Interpretation," *Alternative* 56/57 (October–December, 1967).

——, *Utopie und Anarchismus: Zur Kritik der Kritischen Theorie Herbert Marcuses* (Cologne, 1968).

Howard, Dick, and Karl Klare, ed. *The Unknown Dimension: European Marxism Since Lenin* (New York and London, 1972).

Hughes, H. Stuart, "Franz Neumann between Marxism and Liberal Democracy," in *The Intellectual Migration: Europe and America, 1930–1960*, ed. Donald Fleming and Bernard Bailyn (Cambridge, Mass., 1969).

Jameson, Frederic, "T. W. Adorno, or Historical Tropes," *Salmagundi* II, 1 (Spring, 1967).

———, "Walter Benjamin, or Nostalgia," *The Legacy of the German Refugee Intellectuals, Salmagundi*, 10/11 (Fall, 1969–Winter, 1970).

Jay, Martin, "The Frankfurt School in Exile," *Perspectives in American History*, vol. VI (Cambridge, 1972).

———, "The Frankfurt School's Critique of Marxist Humanism," *Social Research* XXXIX, 2 (Summer, 1972).

———, "The Metapolitics of Utopianism," *Dissent* XVII, 4 (July–August, 1970) reprinted in *The Revival of American Socialism*, ed. George Fischer et al. (New York, 1971).

———, "The Permanent Exile of Theodor W. Adorno," *Midstream* XV, 10 (December, 1969).

Kecskemeti, Paul, "The Study of Man: Prejudice in the Catastrophic Perspective," *Commentary* XI, 3 (March, 1951).

Kettler, David, "Dilemmas of Radicalism," *Dissent* IV, 4 (Autumn, 1957).

Kittsteiner, Heinz-Dieter, "Die 'geschichtsphilosophischen' Thesen," *Alternative* 56/57 (October–December, 1967).

Koestler, Arthur, *Arrow in the Blue* (New York, 1952).

———, *The Invisible Writing* (London, 1954).

König, René, "Soziologie der Familie," in *Handbuch der empirischen Sozialforschung*, vol. II (Stuttgart, 1969).

———, "On Some Recent Developments in the Relation Between Theory and Research," in *Transactions of the 4th World Congress of Sociology*, vol. II (London, 1959).

Laplanche, Jean, "Notes sur Marcuse et le Psychoanalyse," *La Nef* 36 (January–March, 1969).

Lefebvre, Henri, "Eros et Logos," *La Nef* 36 (January–March, 1969).

Leibowitz, René, "Der Komponist Theodor W. Adorno," *Zeugnisse: Theodor W. Adorno zum sechzigsten Geburtstag* (Frankfurt, 1963).

Lethen, Helmut, "Zur materialistischen Kunsttheorie Benjamins," *Alternative* 56/57 (October–December, 1967).

Libera, Alain de, "Le Critique de Hegel," *La Nef* 36 (January–March, 1969).

Lichtheim, George, "From Marx to Hegel: Reflections on Georg Lukács, T. W. Adorno, and Herbert Marcuse," *Tri-Quarterly*, 12 (Spring, 1968).

Lipshires, Sidney S., "Herbert Marcuse: From Marx to Freud and Beyond," Ph.D. diss., University of Connecticut, 1971.

Lück, Helmut, "Anmerkungen zu Theodor W. Adornos Zusammenarbeit mit Hanns Eisler," *Die neue Linke nach Adorno*, ed. Wilfried F. Schoeller (Munich, 1969).

MacIntyre, Alasdair, *Herbert Marcuse: An Exposition and a Polemic* (New York, 1970).

——, "Herbert Marcuse," *Survey* 62 (January, 1967).

——, "Modern Society: An End to Revolt?," *Dissent* XII, 2 (Spring, 1965).

Mann, Thomas, *The Story of a Novel: The Genesis of Doctor Faustus*, trans. Richard and Clara Winston (New York, 1961).

——, *Letters of Thomas Mann, 1889–1955*, selected and trans. Richard and Clara Winston, intro, by Richard Winston (New York, 1971).

Marks, Robert W., *The Meaning of Marcuse* (New York, 1970).

Massing, Hede, *This Deception* (New York, 1951).

Mayer, Gustav, *Erinnerungen* (Zurich and Vienna, 1949).

Mayer, Hans, *Der Repräsentant und der Märtyrer: Konstellationen der Lit-*

eratur (Frankfurt, 1971).

Müller-Strömsdörfer, Ilse, "Die 'helfende Kraft bestimmter Negation,'" *Philosophische Rundschau* VIII, 2/3 (January, 1961).

Oppens, Kurt, et al., *Über Theodor W. Adorno* (Frankfurt, 1968).

Piccone, Paul, and Alexander Delfini, "Marcusen's Heideggerian Marxism," *Telos* VI (Fall, 1970).

Picht, Georg, "Atonale Philosophie. Theodor W. Adorno zum Gedächtnis," *Merkur* X, 13 (October, 1969).

Pross, Helge, *Die deutsche akademische Emigration nach den Vereinigten Staaten, 1933–1941*. (Berlin, 1955).

Radkau, Joachim, *Die deutsche Emigration in den USA: Ihr Einfluss auf die amerikanische Europapolitik, 1933–1945* (Düsseldorf, 1971).

Riesman, David, and Nathan Glazer, *Faces in the Crowd* (New Haven, 1952).

——, *Individualism Reconsidered and Other Essays* (Glencoe, Ill., 1954).

——, and Reuel Denney and Nathan Glazer, *The Lonely Crowd* (New Haven, 1950).

Robinson, Paul, *The Freudian Left* (New York, 1969).

Rosenberg, Bernard, and David Manning White, eds., *Mass Culture: The Popular Arts in America* (London, 1957).

Rusconi, Gian Enrico, *La Teoria Critica della Societa* (Bologna, 1968).

Rychner, Max, "Erinnerungen an Walter Benjamin," *Der Monat* XVIII, 216 (September, 1966).

Schaar, John H., *Escape from Authority: The Perspectives of Erich Fromm* (New York, 1961).

Schmidt, Alfred, "Adorno—ein Philosoph des realen Humanismus,"

Neue Rundschau LXXX, 4 (1969).

——, "Nachwort des Herausgebers: Zur Idee der kritischen Theorie," in *Kritische Theorie*, vol. II (Frankfurt, 1968).

——, *Die "Zeitschrift fur Sozialforschung": Geschichte und gegenwärtige Bedeutung* (Munich, 1970).

Scholem, Gershom, "Erinnerungen an Walter Benjamin," *Der Monat* XVIII 216 (September, 1966).

——, "Walter Benjamin," *The Leo Baeck Institute Yearbook* (New York, 1965).

Sedgwick, Peter, "Natural Science and Human Theory," *The Socialist Register* (London, 1966).

Shils, Edward, "Daydreams and Nightmares: Reflections on the Criticism of Mass Culture," *Sewanee Review*, LXV, 4 (Autumn, 1957).

——, "Tradition, Ecology, and Institution in the History of Sociology," *Daedalus* LXXXIX, 4 (Fall, 1970).

Silbermann, Alphons, "Anmerkungen zur Musiksoziologie," *Kölner Zeitschrift für Soziologie und Sozialpsychologie* XIX, 3 (September, 1967).

Stourzh, Gerald, "Die deutschsprachige Emigration in den Vereinigten Staaten: Geschichtswissenschaft und Politische Wissenschaft," *Jahrbuch für Amerikastudien* X (Heidelberg, 1965).

Sweezy, Paul, "Paul Alexander Baran: A Personal Memoir," *Monthly Review* XVI, 11 (March, 1965).

Szondi, Peter, "Hoffnung im Vergangenen," in *Zeugnisse: Theodor W. Adorno zum sechzigsten Geburtstag* (Frankfurt, 1963).

——, "Nachwort," *Städtebilder*, by Walter Benjamin (Frankfurt, 1963).

Therborn, Göran, "Frankfurt Marxism: A Critique," *New Left Review*, 63 (September–October, 1970).

"Theodor Adorno," *The Times Literary Supplement* (London, September 28, 1967).

Tiedemann, Rolf, *Studien zur Philosophie Walter Benjamins* (Frankfurt, 1965).

——, "Zur 'Beschlagnahme' Walter Benjamins, oder Wie Man mit der Philologie Schlitten fährt," *Das Argument* X, 1/2 (March, 1968).

Trottman, Martin, *Zur Interpretation und Kritik der Zusammenbruchstheorie von Henryk Grossmann* (Zurich, 1956).

Unseld, Siegfried, "Zur Kritik an den Editionen Walter Benjamins," *Frankfurter Rundschau* (January, 1968).

"Walter Benjamin: Towards a Philosophy of Language," *The Times Literary Supplement* (London, January 8, 1971).

Wellmer, Albrecht, *Critical Theory of Society* (New York, 1971).

Werckmeister, O. K., "Das Kunstwerk als Negation; Zur Kunsttheorie Theodor W. Adornos," *Die Neue Rundschau* LXXIII, 1 (1962).

"When Dogma Bites Dogma, or The Difficult Marriage of Marx and Freud," *The Times Literary Supplement* (London, January 8, 1971).

Wilden, Anthony, "Marcuse and the Freudian Model: Energy, Information, and *Phantasie*," *The Legacy of the German Refugee Intellectuals*, *Salmagundi*, 10/11 (Fall, 1969–Winter, 1970).

Wolff, Kurt H., and Barrington Moore, Jr., eds., *The Critical Spirit: Essays in Honor of Herbert Marcuse* (Boston, 1967).

其他作品

Althusser, Louis, *For Marx*, trans. Ben Brewster (New York, 1969).

Arendt, Hannah, *Between Past and Future* (Cleveland and New York, 1961).

——, *The Human Condition* (Chicago, 1958).

——, *The Origins of Totalitarianism* (Cleveland, 1958).

Aron, Raymond, *German Sociology* (Glencoe, III., 1964).

Avineri, Shlomo, *The Social and Political Thought of Karl Marx* (Cambridge, 1968).

Berlin, Isaiah, *Four Essays on Liberty* (Oxford, 1969).

Bottomore, T. B., trans. and ed., *Karl Marx: Early Writings* (New York, 1963).

Brown, Norman O., *Life Against Death* (New York, 1959).

Butler, E. M., *The Tyranny of Greece over Germany* (Cambridge, 1935).

Cornelius, Hans, "Leben und Lehre," in *Die Philosophie der Gegenwart in Selbstdarstellungen*, ed. Raymund Schmidt, vol. II (Leipzig, 1923).

Deak, Istvan, *Weimar Germany's Left-Wing Intellectuals: A Political History of the Weltbühne and Its Circle* (Berkeley and Los Angeles, 1968).

Dodge, Peter, *Beyond Marxism: The Faith and Works of Hendrik de Man* (The Hague, 1966).

Duggan, Stephen, and Betty Drury, *The Rescue of Science and Learning* (New York, 1948).

Erikson, Erik, *Childhood and Society* (New York, 1950).

Findlay, J. N., *Hegel: A Reexamination* (New York, 1958).

Friedemann, Adolf, "Heinrich Meng, Psychoanalysis and Mental Hygiene," *Psychoanalytic Pioneers*, ed. Franz Alexander, Samuel Eisenstein, and Martin Grotjahn (New York and London, 1966).

Goldmann, Lucien, "The Early Writings of George Lukács," *Tri-Quarterly*, 9 (Spring, 1967).

Grossman, Carl M., and Sylvia Grossman, *The Wild Analyst: The Life and Work of Georg Groddeck* (New York, 1965).

Hoggart, Richard, *The Uses of Literacy* (London, 1957).

Jahoda, Marie, Paul F. Lazarsfeld, and Hans Zeisel, *Die Arbeitslosen von Marienthal* (Leipzig, 1932).

Jahoda, Marie, Morton Deutsch, and Stuart W. Cook, *Research Methods in Social Relations*, vol. I (New York, 1951).

Habermas, Jürgen, *Knowledge and Human Interests*, trans. Jeremy J. Shapiro (Boston, 1971).

——, *Technik und Wissenschaft als "Ideologie"* (Frankfurt, 1968).

——, *Theorie und Praxis* (Neuwied, 1963).

——, *Toward a Rational Society*, trans. Jeremy J. Shapiro (Boston, 1970).

Honigsheim, Paul, "Reminiscences of the Durkheim School," *Emile Durkheim, 1858–1917*, ed. Kurt H. Wolff (Columbus, Ohio, 1960).

Hughes, H. Stuart, *Consciousness and Society* (New York, 1958).

Kockelmans, Joseph J., ed., *Phenomenology* (New York, 1967).

Kolnhauser, William, *The Politics of Mass Society* (Glencoe, Ill., 1959).

Korsch, Karl, *Marxismus und Philosophie*, ed. and intro, by Erich Gerlach (Frankfurt, 1966).

Kracauer, Siegfried, *From Caligari to Hitler* (Princeton, 1947).

Leser, Norbert, *Zwischen Reformismus und Bolschewismus: Der Austromarxismus als Theorie und Praxis* (Vienna, Frankfurt, and Zurich, 1968).

Lichtheim, George, *The Concept of Ideology* (New York, 1967).

———, *George Lukács* (New York, 1970).

———, *Marxism: An Historical and Critical Study* (New York and London, 1961).

———, *The Origins of Socialism* (New York, 1969).

Lipset, Seymour M., *Political Man* (New York, 1960).

Lobkowicz, Nicholas, ed., *Marx and the Western World* (Notre Dame, Ind., 1967).

———, *Theory and Practice: History of a Concept From Aristotle to Marx* (Notre Dame, Ind., 1967).

Lorei, Madlen, and Richard Kirn, *Frankfurt und die goldenen zwanziger Jahre* (Frankfurt, 1966).

Löwith, Karl, *From Hegel to Nietzsche* (New York, 1964).

Lukács, Georg, *Essays on Thomas Mann*, trans. Stanley Mitchell (New York, 1964).

———, *History and Class Consciousness*, trans. Rodney Livingston (Cambridge, Mass., 1971).

———, *The Historical Novel*, trans. Hannah and Stanley Mitchell (Boston, 1963).

———, Die Zerstörung der Vernunft, *in* Werke, *vol. IX (Neuwied, 1961).*

Macdonald, Dwight, *Against the American Grain* (New York, 1962).

MacIver, Robert M. *As a Tale That Is Told* (Chicago, 1968).

Marcuse, Ludwig, *Mein zwanzigstes Jahrhundert* (Munich, 1960).

Maslow, Abraham H., "The Authoritarian Character Structure," *The Journal of Social Psychology* XVIII, 2 (November, 1943).

Mason, T. W., "The Primacy of Politics: Politics and Economics in National Socialist Germany," *The Nature of Fascism*, ed. S. J. Woolf (New York, 1968).

Maus, Heinz, "Bericht über die Soziologie in Deutschland 1933 bis 1945," *Kölner Zeitschrift für Soziologie und Sozialpsychologie* II, 1 (1959).

Merton, Robert, *Social Theory and Social Structure*, rev. ed. (Glencoe, Ill., 1957).

Meyer, Gladys, *The Magic Circle* (New York, 1944).

Mitscherlich, Alexander, *Society without the Father*, trans. Eric Mosbacher (New York, 1970).

Negt, Oskar, ed. *Aktualität und Folgen der Philosophie Hegels* (Frankfurt, 1970).

Oakeshott, Michael, *Rationalism in Politics and Other Essays* (London, 1962).

Oberschall, Anthony, *Empirical Social Research in Germany* (Paris and The Hague, 1965).

Parkinson, G. H. R., ed., *Georg Lukács: The Man, His Work, and His Ideas* (New York, 1970).

Popper, Karl, *The Poverty of Historicism* (London, 1957).

Reich, Wilhelm, *The Mass Psychology of Fascism* (New York, 1946).

Rieff, Philip, *Freud: The Mind of the Moralist* (New York, 1959).

———, ed., *On Intellectuals* (New York, 1970).

Riemer, Svend, "Die Emigration der deutschen Soziologen nach den Vereinigten Staaten," *Kölner Zeitschrift fur Soziologie und Sozialpsychologie* II, 1 (1959).

Ringer, Fritz, *The Decline of the German Mandarins* (Cambridge, Mass.,

1969).

Rokeach, M., *The Open and Closed Mind* (New York, 1960).

Sanford, Nevitt, and H. S. Conrad, "Some Personality Correlates of Morale," *Journal of Abnormal and Social Psychology* XXXVIII, 1 (January, 1943).

Scheler, Max, *Die Wissensformen und die Gesellschaft* (Leipzig, 1926).

Schmidt, Alfred, *Der Begriff der Natur in der Lehre von Marx* (Frankfurt, 1962).

Schoenbaum, David, *Hitler's Social Revolution* (Garden City, N.Y., 1966).

Shklar, Judith N., *Men and Citizens: A Study of Rousseau's Social Theory* (Cambridge, 1969).

Speier, Hans, "The Social Condition of the Intellectual Exile," *Social Order and the Risks of War: Papers in Political Sociology* (New York, 1952).

Steiner, George, *Language and Silence: Essays on Language, Literature, and the Inhuman* (New York, 1967).

Werk und Wirken Paul Tillichs: Ein Gedenkbuch (Stuttgart, 1967).

Topitsch, Ernst, *Logik der Sozialwissenschaften* (Cologne and Berlin, 1965).

Turel, Adrien, *Bachofen-Freud: Zur Emanzipation des Mannes vom Reich der Mutter* (Bern, 1939).

Weber, Max, *The Theory of Social and Economic Organization*, trans. A. M. Henderson and Talcott Parsons (New York, 1947).

Wolin, Sheldon, *Politics and Vision* (Boston, 1960).

Wurgaft, Lewis D., "The Activist Movement: Cultural Politics on the German Left, 1914–1933." Ph.D. diss., Harvard University, 1970.

索引

Abel, Theodore 西奥多·阿贝尔 220
Abraham, Karl 卡尔·亚伯拉罕 93
Ackerman, Nathan W. 内森·W. 阿克曼 235-236
Adenauer, Konrad 康拉德·阿登纳 287
Adler, Max 马克斯·阿德勒 22, 28
Adler, Mortimer 莫蒂默·阿德勒 212
Adorno, Gretel 格蕾特尔·阿多诺 305n, 334n, 335n
Adorno, Theodor Wiesengrund 西奥多·魏森格隆德·阿多诺 16, 20-24, 27, 29, 31, 34, 40-41, 52, 54, 56-57, 61, 65-66, 71, 75, 78-79, 82, 86, 89, 101, 109, 113, 119, 124, 129, 135, 140, 143, 145, 152, 155, 169, 172-175, 197-198, 201, 204, 214, 227, 235, 238-239, 246, 249-250, 256, 276, 283, 285-287, 290, 298, 345n, 350n; 个人背景 21-23, 188, 196-197; 关于艺术 177-179, 187-188, 190, 196, 215, 295, 308n, 330n; 对本雅明的批评 71, 180-181, 199, 201-203, 207-208, 210-211, 262, 337n;《启蒙辩证法》105, 140, 156-157, 196, 212-213, 215-217, 221, 230-232, 234, 248, 253-266, 272, 275; 早年接受的音乐教育 22, 182; 关于经验研究 222-225, 228-230, 234, 239, 251;《论音乐的拜物教特性和听觉的倒退》189-190, 211; 关于弗洛伊德和心理学 87, 103-108, 227, 229-230, 340n; 与哈克基金会 196, 286; 与霍克海默的关系 23, 65-66, 172, 188, 196; 关于胡塞尔 24, 56, 68-69, 74, 327n; 关于爵士乐 185-188, 190, 192, 215, 270, 331-332n; on Kafka 176-177, 196;《克尔凯郭尔：审美的建构》24, 66-68, 175, 177, 207, 257, 273, 344n; 与克拉考尔的关系 21-22, 66; 语言和风格 175, 207, 263, 266, 277, 283; 关于逻辑 68-70; 关于马尔库塞的《黑格尔的本体论和历史性理论的基础》28-29; 关于马克思 57; 与拉察斯费尔德的来往 168, 190-193, 220, 222-223, 251-252; 与托马斯·曼 194-195;《最低限度的道德》52, 105,

196, 221, 254-256, 276-279, 291, 315n; 本体论批评 70, 181, 278; 分析音乐 56, 182-188, 190-195, 210, 331n;《新音乐的哲学》182, 183, 195-196;《棱镜》196, 308n, 310n, 329n; 广播批评 191-193, 210; 关于勋伯格与斯特拉文斯基 175, 182-185, 187, 195-196, 208, 215;《星辰陨落》196-197; 关于凡勃伦 180-181; 关于瓦格纳 135, 188, 193-195, 308n

alienation 异化 75, 89, 120, 124, 128, 186, 189, 209, 229, 266, 268, 314n

Allport, Gordon 戈登·奥尔波特 285

Althusser, Louis 路易·阿尔都塞 269, 346n

American Jewish Committee 美国犹太人委员会 170, 221, 224, 234-236, 239, 248, 289

anarchism 无政府主义 125, 147

Anderson, Eugene N. 尤金·N. 安德森 169

Antigone 安提戈涅 126

Apollinaire, Guillaume 纪尧姆·阿波利奈尔 336n

Aragon, Louis 路易·阿拉贡 336n

Arendt, Hannah 汉娜·阿伦特 35, 65, 116, 157, 202, 334n, 344n

Aristotle 亚里士多德 4, 146

Aron, Betty 贝蒂·阿隆 239

Aron, Raymond 雷蒙·阿隆 37, 167, 285

Aster, Ernst von 恩斯特·冯·阿斯特 353n

Aufbau《建设报》194, 224

Avenarius, Richard 里夏德·阿芬那留斯 45

Baader, Franz von 弗朗茨·冯·巴德尔 20

Bachofen, Johann Jacob 约翰·雅各布·巴霍芬 94-95, 101, 124, 126, 316n, 344n

Bakunin, Michael 米哈伊尔·巴枯宁 125

Balzac, Honoré de 奥诺雷·德·巴尔扎克 55, 137, 174

Baran, Paul 保罗·巴兰 31, 296, 304n

Barrès, Maurice 莫里斯·巴雷斯 336n

Barton, Allen 艾伦·巴顿 225

Baudelaire, Charles 夏尔·波德莱尔 206-209, 267, 337n

Bauer, Otto 奥托·鲍尔 18, 22

Bäumler, Alfred 阿尔弗雷德·博伊姆勒 94-95

Beard, Charles 查尔斯·比尔德 39, 114

Bebel, August 奥古斯特·倍倍尔 94, 96

Beck, Maximilian 马克希米利安·贝克 28, 168

Beer, Max 马克斯·比尔 28

Beethoven, Ludwig 路德维希·贝多芬 179, 188, 192, 195

Benjamin, Walter 瓦尔特·本雅明 16, 33, 35, 57, 66, 70-71, 82, 101, 105, 114-115, 135, 156, 167-168, 172-175, 178, 180, 89-190, 197, 216-218, 267-268, 276, 278, 290, 292, 311n, 316n, 336n, 350n; 个人背景 197-199, 201, 204; on art, 177, 208-211;"灵晕"概念 191, 210, 215;《作为生产者的作者》203; 关于波德莱尔 206, 208-210, 267, 337n;《世纪之交的柏林童年》204, 267; 与布莱希特 201-203, 211, 335n, 337n; 关于"绵延"209, 215;《爱德

华·福克斯——收藏家和历史学家》206, 273; 选择性亲和 203-204;《启迪》205; 犹太思想的影响 176, 200-201, 262; 有关语言和风格 175-176, 200, 208, 261-262, 345n;《德国悲苦剧的起源》200, 204;《拱廊街计划》204, 206, 209; 与社会研究所的关系 176, 197-199, 201-211, 217, 336n;《历史哲学论纲》220, 209; "The Work of Art in the Era of Mechanical Reproduction," 205-206, 210; Zionist phase, 199, 334n

Bentham, Jeremy 杰里米·边沁 57

Berg, Alban 阿尔班·贝尔格 22-23, 183

Bergson, Henri 亨利·柏格森 12, 30, 43, 48, 50-51, 53, 67, 208-209

Berkeley Public Opinion Study Group 伯克利舆论研究小组 239, 245, 248, 251, 296

Bernfeld, Siegfried 齐格弗里德·贝恩菲尔德 86, 88

Bernstein, Eduard 爱德华·伯恩斯坦 18, 79, 92, 273

Bettelheim, Bruno 布鲁诺·贝特尔海姆 235-237, 248, 344n

Beveridge, Sir William 威廉·贝弗里奇爵士 37

Blanqui, Auguste 奥古斯特·布朗基 206

Bloch, Ernst 恩斯特·布洛赫 44, 114, 185, 201, 268, 328n

Blumer, Herbert 赫伯特·布卢默 217

Borkenau, Franz 弗朗茨·博克瑙 13, 16-17, 19-20, 38, 91, 290, 306n;《从封建世界观到市民世界观的过渡》, 16, 151

Bouglé, Celestin 塞莱斯坦·布格莱 30, 38, 115, 167

Bouglé, Jeanne 让娜·布格莱 132

Bourgeois culture 资产阶级文化 见阿多诺、本雅明、批判理论、霍克海默、马尔库塞等条目

Bramson, Leon 利昂·布拉姆森 245, 247

Brandes, Georg 格奥尔格·布兰德斯 136

Brecht, Bertolt 贝托尔特·布莱希特 157, 194, 201-203, 211, 227, 337n; 批评"知识戏子", 201-202, 335n

Breton, André, 安德烈·布勒东 339n

Briffault, Robert 罗伯特·布里福 95

Brill, Hans Klaus 汉斯·克劳斯·布里尔 113

Brinton, Crane 克莱恩·布林顿 169

Brown, C. F. 布朗 239

Brown, Norman O. 诺曼·O. 布朗 169, 317n, 321n, 333n

Brown, Roger 罗杰·布朗 244

Buber, Martin 马丁·布伯 21, 33, 89, 200

Burckhardt, Jacob 雅各布·布克哈特 137

Burke, Edmund 埃德蒙·伯克 130, 279

Burnham, James 詹姆斯·伯纳姆 153, 329n

Butler, E. M. 巴特勒 94

Butler, Nicholas Murray 尼古拉斯·默里·巴特勒 39, 113, 282, 352n

Calvin 加尔文 259

Cantril, Hadley 哈德利·坎特里尔 189

Cassirer, Ernst 恩斯特·卡西尔 116

Chaplin, Charlie 查理·卓别林 157, 211

Cole, G. D. H. 科勒 285

索引　501

Cologne Quarterly of Sociology《科隆社会学季刊》27
Cologne Research Institute of Social Sciences 科隆社会科学研究所 11
Comintern 共产国际 163
Communist Party of Germany (KPD) 德国共产党 4, 36, 296
Communist Party and Psychoanalysis 共产党与精神分析 86
Comte, Auguste 奥古斯特·孔德 78
Cornelius, Hans 汉斯·科内利乌斯 6-8, 20, 23-24, 44-45, 87, 175, 204; 对霍克海默和波洛克的影响 6-7, 20, 23, 44-45, 83
Creedon, Carol 卡罗尔·克里登 239
Croce, Benedetto 贝奈戴托·克罗齐 42
Critical Theory 批判理论 也请见阿多诺、法兰克福学派、霍克海默、社会研究所、洛文塔尔、马尔库塞等条目 5-6, 10-12, 20-21, 34-36, 40-41, 43-44, 46, 49, 51, 56, 61, 63-66, 71, 76-77, 82, 84, 87, 103, 106, 108, no, 112, 116, 118, 130, 132, 134, 143, 147, 150, 152, 158, 162, 175, 178-180, 182, 198, 200-203, 205, 212, 215, 218, 220, 226-227, 229, 234, 237, 240, 244, 251, 253-254, 268, 277-278, 291, 307n; 起源 41, 43-44, 77; "肯定文化" 172, 180, 186, 192, 215, 264, 294; 意识与存在 54, 59, 84, 268, 271; 文化与社会 57, 172, 175-179, 197, 213-216, 218, 229, 276, 295; 对辩证法的理解 54- 55, 63, 67, 79, 82-83, 117, 128, 157, 181, 207, 218, 278, 294; 关于统治 155-157, 165-166, 246, 248, 256, 260-261, 263, 266-267, 271-272, 275-276, 279; 经验 (Erfahrung) 70, 104, 208-210, 215, 267-268; 对拜物教的批判 55, 57, 155-156, 177, 181, 189, 248; 关于幸福 57-60, 180, 276, 278, 294; 关于犹太人问题 32-34, 133, 162, 225, 228, 230-234, 305n, 343n; 唯物主义社会理论 53-57, 80-81, 118, 137, 180-181, 294; 对形而上学的批判 47, 61, 67, 70, 77, 80, 257, 258, 268; 模仿 269- 270; 否定的人类学 56, 65, 147, 266; 对本体论唯物主义的批判 53, 65; 与"正统马克思主义"的差异 48-49, 53-54, 57, 65, 77, 79, 81, 84, 118, 152, 156, 180-181, 254, 256, 259, 295-296; 幻想 82; 政治研究 118, 238; 对实证主义的批判 47, 54, 57, 62, 70, 78, 83, 108, 146, 231, 265, 273, 294; 关于无产阶级作为革命力量 43-44, 84, 116, 148, 166, 295, 351n; 对定量方法的批判 222, 224; 理性 60-61, 63, 65, 102, 119, 254, 259-262, 264, 271-273, 279; 关于主观主义 51, 67, 71, 81, 177-178, 184, 268; 技术理性 80, 156, 159, 161, 165-166, 259, 261, 264-265, 271-272; 从自由主义到极权主义 57, 84, 122-123, 137, 141, 145-146, 163-167, 185, 216, 218, 234, 248, 256-257, 261, 265, 276, 297
Crouzet, Michel 米歇尔·克鲁泽特 173
Cunow, Heinrich 海因里希·库诺 18
Darwinism 达尔文主义 272-273
Deak, Istvan 伊斯特万·迪克 33
Deakin, F. W. 迪金 9, 13

Debussy, Claude 克洛德·德彪西 187
Delius 戴留斯 187
de Maistre, Joseph 约瑟夫·德·迈斯特 130
de Man, Hendrik 亨德里利克·德·曼 31, 87, 92, 313n
Demangeon, A. 阿尔伯特·德芒容 167
de Sade, Marquis 萨德侯爵 58, 265, 272
Descartes, René 勒内·笛卡尔 17, 61, 122, 257-258, 269, 271, 321n
Dewey, John 约翰·杜威 89
Dialectics 辩证法 也请见阿多诺、批判理论、霍克海默、马尔库塞等条目
Die Gesellschaft《社会》28, 74, 148
Dieterle, William 威廉·迪特勒 194, 212
Dilthey, Wilhelm 威廉·狄尔泰 42-43, 48-49, 50, 53, 73, 77, 101, 122, 136, 268, 346n
Dimitrov, George 格奥尔基·季米特洛夫 163
Döblin, Alfred 阿尔弗雷德·多布林 194
Dostoyevsky, Fyodor 费奥多尔·陀思妥耶夫斯基 137-139, 174, 178
Dünner, Josef 约瑟夫·杜纳 31
Duprat, Jeanné 让娜·迪普拉 167
Durkheim, Émile 埃米尔·涂尔干 30, 269
Eastman, Max 马克斯·伊斯门 12
Eckert, Christian 克里斯蒂安·艾克哈特 11
Eiduson, Bernice T. 伯尼斯·T. 埃杜森 196
Eisler, Gerhart 格哈特·埃斯勒 5
Eisler, Hanns 汉斯·艾斯勒 184, 196,
203, 333n, 335n
empirical studies 经验研究 见社会研究所、社会研究所项目等条目
empiricism (critique of) 经验主义（对其的批评）见阿多诺、霍克海默、社会研究所等条目
Engels, Friedrich 弗里德里希·恩格斯 9-10, 13, 17, 55, 73, 79, 84, 96, 156, 173-175, 267-268;《家庭、私有制和国家的起源》94
Enlightenment, the 启蒙 58, 62, 66, 95, 155, 215, 232-233, 253-254, 257-267, 269, 273, 275-276, 279, 294
Epicurus 伊壁鸠鲁 147
Erikson, Erik 埃里克·埃里克森 238, 245
Existentialism 存在主义 122, 128, 274, 275
Fabians 费边主义者 9
Farquharson, Alexander 亚历山大·法夸尔森 30, 38
Fascism 法西斯主义 见霍克海默、社会研究所项目、弗朗茨·诺伊曼等条目
Favez, Juliette 朱丽叶·法韦兹 113
Federn, Paul 保罗·费德恩 86, 88
Fenichel, Otto 奥托·费尼谢尔 86
Ferenczi, Sandor 尚多尔·费伦齐 97-98, 108, 128
Feuerbach, Ludwig 路德维希·费尔巴哈 53, 56, 345n
Fichtean Idealism 费希特观念论 53
Findlay, J. N. 芬德利 323n
Finkelstein, Moses I., (M. I. Finley) 摩西·芬克尔斯坦（后来改姓芬利）

149, 284-285, 289, 306n
Finkelstein, Sidney 悉尼·芬克尔斯坦 173
Fischer, Ruth 露特·菲舍尔 171
Fiske, Marjorie 玛乔丽·菲斯克 283
Flowerman, Samuel 塞缪尔·弗劳尔曼 227, 234
Fogarasi, Bela 贝洛·福加拉西 5
Ford, Franklin 富兰克林·福特 169
Fourier, Charles 查尔斯·傅立叶 57
Fraenkel, Ernst 恩斯特·弗伦克尔 144
Frankfurt, University of 法兰克福大学 6-8, 28, 204, 321n
Frankfurt Psychoanalytic Institute 法兰克福精神分析研究所 88
Frankfurt School 法兰克福学派 也请见阿多诺、批判理论、霍克海默、社会研究所、洛文塔尔、马尔库塞等条目 5, 8, 11-12, 16, 22, 30-31, 33-34, 36, 42-44, 52-53, 60-61, 64, 70-71, 76, 79-80, 89, 101, 103, 118, 121, 123, 129, 135, 137, 144, 155, 158, 166, 171-181, 189, 201, 215- 216, 221, 248, 252-260, 262, 266- 267, 269, 271, 275-276, 278- 279, 281, 287-289, 291-293, 297-298, 344n; 犹太背景 29, 31-35, 56, 61, 133, 200, 262, 290, 305n; 上层资产阶级生活方式 31, 36, 292, 293; 移民美国的影响 39-40, 114, 131, 167, 172, 189, 205, 255, 282-283, 289-290; 霍克海默的主导地位 11, 239, 288-289; 失去批判锋芒 227, 248, 288, 3500; 文化分析 176-179, 197, 209-218, 224, 264- 265, 276, 295, 330n; 与布莱希特的关系

201-202, 335n; 与苏联 17, 19-20, 36, 38, 43-44, 107, 118-119, 153, 156, 196, 228- 229, 248, 256, 295; 与韦伯的作品 120-121, 259-260
Frazer, Sir James 詹姆斯·弗雷泽爵士 94
Freies Jüdisches Lehrhaus 自由犹太学府 21, 23, 89, 200
Freisler, Roland 罗兰·弗赖斯勒 158
Frenkel-Brunswik, Else 埃尔泽·弗伦克尔-布伦斯维克 235, 239, 242, 244-245, 341-342n
Freud, Anna 安娜·弗洛伊德 88
Freud Sigmund 西格蒙德·弗洛伊德 35, 78, 85-111, 127-129, 133, 197, 208, 215, 227, 229, 235-236, 238, 267, 269-270, 275, 295, 315n, 317n, 346n, 351n
Freytag, Gustav 古斯塔夫·弗赖塔格 136
Friedeburg, Ludwig von 路德维希·冯·弗里德堡 xii, 287
Fried, Hans 汉斯·弗里德 168
Friedmann, Georges 乔治·弗里德曼 37
Fromm, Erich 埃里希·弗洛姆 21, 27, 31, 33, 39, 88, 102-103, 106-108, 110, 116-117, 119, 145, 168-169, 190, 200, 217, 222, 229-230, 245, 289-290, 293, 298, 31511, 31911, 342n; 个人背景 33, 88; 与犹太教 33, 88- 89, 3150; 与社会研究所的关系 89, 98, 100-101, 104-105; 哲学人类学 89, 92; 对弗洛伊德的批评 89-90, 92, 95-99, 105, 111, 127-128; 对马克斯与弗洛伊德的融合 90-92;《为自己的人》89, 99, 100; 对性

格类型的分析 93-94, 99-ico, 104, 117, 128-129, 132, 162, 193, 227, 240, 316n;《基督教教条的发展》91, 99;《政治与精神分析》91;《逃避自由》93-94, 98-99, 101, 104, 112, 117, 119, 128, 31411; 母权与父权 93-97, 129, 139, 247, 344n; 关于包容 97, 227;《爱的艺术》100; 对权威和家庭的研究 98, 125, 127-129, 131-132, 141, 238, 245; 对马尔库塞的批判 111-112;《人心》112;《无力感》190;《幻觉之链以外》314n

Fromm-Reichmann, Frieda 弗里达·弗洛姆－赖希曼 87-88, 315n

Geifer, Alois 阿洛伊斯·盖费尔 286

Gelb, Adhemar 阿德马尔·盖尔布 6, 23

George, Stefan 斯特凡·格奥尔格 9, 23, 94, 178, 204

Gerlach, Kurt Albert 库尔特·阿尔伯特·格拉赫 9-10, 13, 15, 27, 168

German idealism 德国观念论 25, 34, 43, 47, 53, 56, 262

Gerth, Hans 汉斯·格特 31, 296

Gesellschaft für Sozialforschung 社会研究学会 9, 285

Gide, André 安德烈·纪德 339n

Ginsberg, Morris 莫里斯·金斯贝格 30, 115, 167, 285

Glazer, Nathan 内森·格莱泽 237

Godard, Jean-Luc 让－吕克·戈达尔 175

Goethe 歌德 41, 105, 136, 174, 179, 201, 203, 209

Goldfrank, Esther 埃丝特·戈德弗兰克 134, 171

Goldmann, Lucien 吕西安·戈尔德曼 16, 173

Gooch, G. P. 乔治·皮博迪·古奇 285

Graebner, I. 格雷布纳 168

Gramsci, Antonio 安东尼奥·葛兰西 36, 44

Greenberg, Clement 克莱门特·格林伯格 217

Groddeck, Georg 格奥尔格·格罗德克 88, 97-98, 108, 315n

Groethuysen, Bernard 伯纳德·格勒图森 167

Grossmann, Henryk 亨里克·格罗斯曼 16-21, 27-29, 37, 44, 55, 84, 87, 113, 124, 145, 151 152-155, 169, 284; 个人背景 16, 151; 与社会研究所的差异 18-19, 55, 151, 325n; 对博克瑙的批判 17, 151; 对马克思的理解 17-18, 55, 151

Grünberg, Carl 卡尔·格林贝格 9, 11-12, 14, 16-17, 20, 22, 24-28, 30, 36, 87, 151, 170, 175; 马克思主义的概念 10-12

Grünbergs Archiv《格林贝格文库》12, 19, 21, 24, 26, 42

Gumperz, Hede 赫德·贡珀茨 5

Gumperz, Julian 尤利安·贡珀茨 5, 13, 37-38, 168, 285, 301n

Gunzert, Rudolf 鲁道夫·贡策特 287

Gurland, Arkadij R. L. 阿尔卡迪·古尔兰 115, 143, 148, 150, 152, 154, 158, 160-161, 164, 166, 172, 225, 284

Guterman, Norbert 诺伯特·古特曼 235, 237-238

Gutzkow, Karl 卡尔·古茨科夫 136-137

Habermas, Jurgen 尤尔根·哈贝马斯 34, 56, 71, 75, 83, 251, 271, 298, 317n, 346n
Hacker, Frederick 弗里德里克·哈克 197
Hacker Foundation 哈克基金会 196, 286
Haeckel, Ernst 恩斯特·海克尔 53
Halbwachs, Maurice 莫里斯·哈布瓦赫 30, 38, 197
Hamsun, Knut 克努特·汉姆生 140-141, 265
Harnack, Adolf von 阿道夫·冯·哈纳克 91
Hartmann, Heinz 海因茨·哈特曼 227
Hartmann, Nicolai 尼古拉·哈特曼 25
Hartock, Anna 安娜·哈托克 116
Hegel, G. W. F. 黑格尔 7, 12, 15, 25, 27, 34, 41-49, 52, 54, 58, 60-61, 64-67, 69, 73-75, 77-80, 82, 96, 107-108, 115, 120, 123-124, 126, 130, 145, 150, 155, 181, 203, 258, 260, 266, 268, 274, 277-278, 298, 307n, 312n, 314n, 320n, 321n, 346n
Heidegger, Martin 马丁·海德格尔 25, 28, 71-74, 76-79, 91, 122-123, 272-273
Held, Adolf 阿道夫·赫尔德 224
Heller, Hermann 赫尔曼·海勒 148
Helvétius, Charles 爱尔维修 58
Herzog, Herta 赫塔·赫尔佐格 116, 212, 225
Hess, Moses 摩西·赫斯 10
Hilferding, Rudolf 鲁道夫·希法亭 18, 22, 28, 74, 163
Hiller, Kurt 库尔特·希勒 36, 337n
Hindemith, Paul 保罗·欣德米特 184
Hirschfeld, C. L. 赫希菲尔德 30

Hiss, Alger 阿尔杰·希斯 304n
historicity 历史性 72, 91, 269
Hobbes, Thomas 托马斯·霍布斯 25, 53, 105, 130, 147, 165, 257-258, 32in
Hofmannsthal, Hugo von 胡戈·冯·霍夫曼斯塔尔 178, 204
Hoggart, Richard 理查德·霍加特 217
Holborn, Hajo 哈约·霍尔博恩 169
Homer 荷马 263-264
Honigsheim, Paul 保罗·霍尼希斯海姆 38, 113, 167, 294
Hook, Sidney 悉尼·胡克 83
Hooker, Richard 理查德·胡克 147
Horkheimer-Lowenthal correspondence 霍克海默与洛文塔尔的往来信件 83, 103, 116, 188, 206, 212-214, 219, 221, 232-234, 255, 258, 273, 278, 281-283, 287, 290, 340n
Horkheimer, Maidon 霍克海默夫人 35, 305n
Horkheimer, Max 马克斯·霍克海默 6-7, 11-12, 16-17, 19-24, 26, 28-32, 37, 39-41, 44-45, 61, 65, 67-68, 75-80, 89, 91, 93, 100, 106, 109, 112-113, 115, 117-120, 122-123, 125, 129-130, 135, 141, 143, 145, 150-152, 155, 158, 164, 169, 173, 175-176, 179, 193, 198, 201, 203, 205, 212, 218-219, 223-224, 253, 280-281, 285-287, 294-295, 298; 个人背景 6-7, 35, 172, 220, 234, 255, 281-282, 286; 对绝对与永恒本质的批判 46-47, 52, 55-56, 63, 101, 260-261, 278; 艺术倾向 22, 175; 笔名"海因里希·里格斯" 35, 40, 302n; 与阿多

诺的关系 23, 65-66, 188, 254; 获得社会研究所的领导身份 24-25; 批评禁欲主义 57-58, 276; 关于权威和家庭 124-127, 156, 240, 246-247, 270;《威权主义国家》156, 158, 215, 256, 259; 关于柏格森 50-51, 53, 102, 209;《市民历史哲学的开端》25, 257; 关于传统与批判理论 25, 80-81, 102;《黎明/黄昏》14, 19, 32, 36, 43, 46, 55-57, 66, 84, 162, 205-206, 257, 259;《启蒙辩证法》105, 140, 156- 157, 196, 212-213, 215-217, 221, 230-232, 234, 248, 253-266, 272, 275; 经济分析 152, 155; 关于认识论 25, 27, 46, 52-54, 56, 62-63, 82-83, 240-241; 关于狄尔泰 49-50, 53, 81, 346n;《利己主义与解放运动》57, 101, 237, 263; 对经验主义的批判 62, 80; 关于法西斯主义 58, 121, 156-157, 166, 278; 关于弗洛伊德和精神分析 27, 87, 100-103, 107, 116, 215, 271, 315n; 对新弗洛伊德主义者的批判 102-103; 关于黑格尔 7, 46-47, 52, 55; 对同一性理论的批判 47, 64, 260;《犹太人与欧洲》133, 156, 233, 329n; 关于康德 7, 44-46, 51-52, 57, 177, 304n, 310n; 知识和社会间的关系 25, 27, 48, 52, 54, 81-82, 103, 231, 240-241, 276;《批判理论》287; 关于劳工 27, 259; 关于生命哲学 48-53, 60; 对形式逻辑的批判 55, 61; 关于曼海姆 12, 63-64, 313n; 早年的政治倾向 14, 19; 关于马克思 46, 53-55, 57, 84, 156, 259;《唯物主义和形而上学》53; 关于自然 53-54, 140, 157, 257, 267, 271, 273; 关于尼采 49-51, 53; 与波洛克的关系 6-7, 14, 169, 287, 3050; 对实用主义的批判 62, 83, 273; 对宗教的态度 56, 266; 关于萨特 273-274; 与叔本华 44, 278;《西德社会科学调查》286; 关于新托马斯主义 273; 关于维柯 25, 49, 81, 257-258, 269; 关于 Verstand（理解）和 Vernuft（理性）60-61, 63, 255, 259-260, 271, 287;《理性之蚀》102, 221, 254-256, 258, 262, 266, 269, 271- 274, 279, 287; 与韦伯 259-260

Horney, Karen 卡伦·霍尔奈 99-100, 102-103, 110

Hughes, Everett 埃弗里特·休斯 282

Hughes, H. Stuart 斯图尔特·休斯 169

Humboldt, Wilhelm von 威廉·冯·洪堡 11

Hume, David 大卫·休谟 62, 130, 258, 314n

Husserl, Edmund 埃德蒙·胡塞尔 24, 28, 43, 51, 56, 68-71, 74, 77, 80, 122, 188, 255, 271, 327n

Huxley, Aldous 阿道司·赫胥黎 111, 178, 196-197, 215, 346n

Hyman, Herbert H. 赫伯特·H. 海曼 227, 244

Ibsen, Henrik 亨利克·易卜生 126, 139

Imago《相》90

Institute of Social Research 社会研究所 也请见阿多诺、批判理论、法兰克福学派、霍克海默、社会研究所项目、社会研究所出版物、洛文塔尔、马尔库塞; 起源 5-6, 8-10; 搬往日内瓦 29-30, 37, 113, 欧洲各分部 26, 30,

113, 115, 131-132, 167; 与哥伦比亚大学的关系 39-40, 44, 114-115. 134, 151, 169, 172, 219-220, 289; 内部圈子，见法兰克福学派条目；资金支持 8, 31, 37-39, 114, 167-170, 188, 198, 220, 285, 289; 经验研究方法论 130-132, 134-135, 221-222, 225-227, 234, 239-242, 250-251, 276; 对法西斯主义的研究 141, 143, 145, 150, 152, 158, 160-166; 对移民的支援 39, 114-115, 168, 296, 318n; 回到德国 105, 250-251, 255, 281-283, 285-286, 291, 298

Institute Projects 社会研究所项目：《魏玛共和国治下的德国工人》117;《民族社会主义的文化方面》169;《权威与家庭研究》xxv, 38, 98, 115, 117, 124-127, 129-135, 139, 141. 143, 147, 167, 172, 194, 222, 227, 237, 240-241, 243, 246, 321-322n;《偏见研究》133, 170, 172, 218, 221, 225- 226, 228-229, 234-238, 248, 250- 251, 253, 270, 281;《美国劳工中的反犹主义》206, 224-226, 229;《威权型人格》86, 105, 117, 131, 196-197, 224, 226- 227, 234-253, 342n

Institute publications 社会研究所出版物 339n;《社会研究期刊》16, 21, 26-27, 30-31, 37, 40, 44, 91, 113-114, 134, 136, 151-152, 167, 172, 182, 206, 220, 281, 286;《哲学和社会科学研究》150, 154, 156-158, 160, 167, 169, 180, 191, 212, 220, 224, 240;《法兰克福社会学论丛》106, 286, 317n

International Labor Organization 国际劳工组织 26

Jaeckh, Ernst 恩斯特·耶克 144

Jaensch, E. R. 埃里克·杨施 240

Jahn, Father 弗里德里希·路德维希·雅恩，体操之父 115

Jahoda, Marie 玛丽·亚霍达 235-236

Janowitz, Morris 莫里斯·雅诺维茨 235-237, 248, 342n

Jaspers, Karl 卡尔·雅斯贝尔斯 50, 273

Jewish Labor Committee 犹太劳工委员会 224-225

Johnson, Alvin 阿尔文·约翰逊 39

Jones, Ernest 恩斯特·琼斯 93, 98

Joyce, James 乔伊斯 174

Jung, Carl 卡尔·荣格 107, 207

Kafka, Franz 卡夫卡 174, 176-177, 196, 336n

Kant, Immanuel 康德 6, 21, 43-46, 51-52, 57, 60-61, 66, 97, 129-130, 140, 177, 179, 187, 202, 216, 258, 265, 294, 301n, 307n, 321n

Kapp, Karl Wilhelm 卡尔·威廉·卡普 168

Karsen, Fritz 弗里茨·卡尔森 114, 168

Kautsky, Karl 卡尔·考茨基 10, 17, 79, 92, 150, 268

Kecskemeti, Paul 保罗·凯奇凯梅蒂 244, 248

Kehr, Eckhart 埃卡特·科尔 162

Keller, Gottfried 戈特弗里德·凯勒 136

Kellner, Dora 朵拉·克尔纳 201

Kellner, Leon 莱昂·克尔纳 199

Kiel School, 159 基尔学派 327n

Kierkegaard, Soren 索伦·克尔凯郭尔

24, 66-68, 115, 139, 174, 177, 207, 257, 273, 344n

Kirchheimer, Otto 奥托·基希海默 37, 113, 118, 143, 148, 150, 156, 158, 165-166, 169, 172, 290; 个人背景 148-149, 284;《惩罚与社会结构》149, 158, 172; Political Justice, 284; 关于纳粹主义 156, 158-160, 324n, 326n, 327n

Klages, Ludwig 路德维希·克拉格斯 94-95

Kline, George 乔治·克莱恩 82

Koestler, Arthur 阿瑟·克斯特勒 23, 98

Kogon, Eugen 欧根·科贡 285

Komarovsky, Mirra 米拉·科马罗夫斯基 132, 134-135, 222, 322n

König, René 勒内·柯尼希 286

Korsch, Hedda 黑达·科尔施 5

Korsch, Karl 卡尔·科尔施 5, 10, 13, 27, 42, 302n, 306n

Koyré, Alexander 亚历山大·柯瓦雷 27, 167

Kracauer, Siegfried 西格弗里德·克拉考尔 21, 66; 与阿多诺的关系 21-22, 66

Kraus, Karl 卡尔·克劳斯 23, 183, 209

Křenek, Ernst 恩斯特·克雷内克 191-192, 208, 210

Krieger, Leonard 伦纳德·克里格 169

Kris, Ernst 恩斯特·克里斯 102, 116, 227

Lacis, Asja 阿西娅·拉西斯 201

Lamprecht, Karl 卡尔·兰普雷希特 15

Landauer, Karl 卡尔·兰道尔 27, 87-88, 131, 168, 290

Landsberg, Paul Ludwig 保罗·路德维希·兰茨贝格 37, 290

Lang, Olga 奥尔加·朗 29, 168, 32211

Lasalle, Ferdinand 拉萨尔 156

Laski, Harold 哈罗德·拉斯基 30, 115, 144

Lasswell, Harold 哈罗德·拉斯韦尔 114, 212

Lazarsfeld, Paul 保罗·拉扎斯菲尔德 114, 116, 132, 134, 168, 189-193, 212, 220, 222, 225, 235, 244, 252, 285, 288, 297; 无线电研究项目 168, 188, 191-193, 212, 220, 222-223; 应用社会研究局 116, 220, 225; 对阿多诺的批评 222-223

Le Bon, Gustav 古斯塔夫·勒庞 269

Lebensphilosophie 生命哲学 48-53, 64, 71, 122, 123, 141

Lederer, Emil 埃米尔·莱雷尔 164, 327n

Left Hegelians 黑格尔左派 41-43, 64, 115, 294

Leibnitz 莱布尼茨 82, 268

Leichter, Kathe 卡特·莱希特 131

Leninism 列宁主义 53, 79, 130, 148, 158, 174, 179, 193, 336n

Leonardo da Vinci 达芬奇 17

Le Play, Frederic 弗雷德里克·勒普莱 124

Leroy, Maxime 马克西姆·勒鲁瓦 167

Levenstein, Adolf 阿道夫·莱文施泰因 116, 319n

Levinson, Daniel J. 丹尼尔·莱文森 235, 239, 341n

Levinson, Maria Hertz 玛利亚·赫兹·莱文森 239

Lewin, Kurt 库尔特·莱温 27
Librairie Felix Alcan 菲利克斯·阿尔肯出版社 30, 40, 113, 167
Lichtheim, George 格奥尔格·里希海姆 302n
Likert, Rensis 伦西斯·李克特 242
Lindemann, Hugo 雨果·林德曼 11
Lipset, S. M. 李普塞特 346n
Locke, John 洛克 62, 130, 147, 321n
Logical Positivists 逻辑实证主义者 62, 297
Löwe, Adolf 阿道夫·洛韦 24-25, 305n
Lowenthal Leo 列奥·洛文塔尔 16, 20-21, 24, 26-27, 29-31, 33, 39, 44, 65-66, 83, 87-88, 101-103, 125, 132, 135, 155, 162, 168-169, 172-173, 175, 178, 188, 194, 206, 208, 215, 219-221, 225-226, 228, 232-234, 239, 255-258, 273, 278, 281-283, 287, 290, 293, 322n, 327n, 350n; 个人背景 20-21, 33, 283; 社会研究所编辑 21, 132, 136; 与弗洛姆 27, 33, 88; 文学社会学的研究方法 135-137; 早期作品 136-137; 关于德国对陀思妥耶夫斯基的接受 137-139, 141, 178, 212; 关于康拉德·费迪南德·迈耶 137-138, 212; 关于易卜生 139-140, 212; 关于汉姆生 140-141, 265, 267;《文学与人的形象》141; 与诺伊曼 144;《欺骗的先知》105, 235, 237, 238;《文学、通俗文化和社会》212; 关于大众文化 212-214
Lowenthal, Richard 理查德·洛文塔尔 152
Lukács, Georg 格奥尔格·卢卡奇 4-5, 10, 15, 36, 43-44, 47, 49, 54, 84, 173-175, 179, 181, 201, 268, 296, 306n, 344n;《历史与阶级意识》4, 42, 47, 54, 73-74, 174, 201, 259;《历史小说》174;《小说理论》136, 201
Luxemburg, Rosa 罗莎·卢森堡 4, 14, 18, 158

Lynd, Robert 罗伯特·林德 39, 116, 125, 219, 285, 319n
Maccoby, Michael 迈克尔·麦科比 117
MacDonald, Dwight 德怀特·麦克唐纳 217
Mach, Ernst 恩斯特·马赫 45
Machiavelli, Nicolo 马基雅维利 25, 257
MacIver, Robert 罗伯特·麦基弗 39, 116, 219, 285, 319n
Mackauer, Wilhelm 威廉·麦克考尔 168
Maier, Alice 爱丽丝·迈尔 143, 151, 168, 286
Maier, Joseph 约瑟夫·迈尔, 168, 281, 284
Maine, Sir Henry 亨利·梅因爵士 164
Malik Verlag 马利克出版社 24
Malinowski, Bronislaw 布罗尼斯拉夫·马林诺夫斯基 94, 96
Mallarmé, Stéphane 马拉美 262
Man, Henrik de 亨德里克·德·曼 31
Mandarins 士大夫 11, 36, 293-295
Mandelbaum, Kurt 库尔特·曼德尔鲍姆 26, 37, 152, 284, 290, 325n
Mandeville, Bernard de 伯纳德·德·曼德维尔 57
Mann, Heinrich 海因里希·曼 194

Mann, Thomas 托马斯·曼 116, 194, 224; 和社会研究所的关系 194; 和勋伯格的关系 195;《布登勃洛克一家》292;《浮士德博士》194-195

Mannheim, Karl 卡尔·曼海姆 12, 24, 29, 63-64, 81, 288,291-292, 310n

Marburg School 马堡学派 25

Marcuse, Herbert 赫伯特·马尔库塞 5, 7, 28-29, 31, 39-41, 56, 58-59, 65, 68, 71, 89, 93, 118, 122, 125, 144-145, 152, 155, 166, 169, 172, 175, 179-180, 188, 194, 203, 212, 215, 219-220, 268, 287, 296, 298, 309n, 321n; 个人背景 28, 71, 80, 284; 关于肯定文化 180, 215, 338n; 关于权威与家庭 125, 129-130, 317n; 关于狄尔泰 73-74, 77, 122; 对经验研究的态度 76, 129; 本质概念 77;《爱欲与文明》86, 103, 106-107, 109-111, 245, 256, 271, 284, 314-315n, 346n; 对弗洛伊德的阐释 106-112, 271, 275, 312n, 317n, 318n; 对新弗洛伊德主义的批评 98, 103, 107-109, 111-112, 129; 关于黑格尔 28, 73-80, 123, 312n, 318;《黑格尔的本体论与历史性理论的基础》28, 73-74; 与海德格尔的关系 28, 71-74, 76-79, 91, 122-123, 272-273, 311n; 与霍克海默的关系 76, 78-79; 与阿多诺和霍克海默的差异 60-61, 71, 76, 79-80, 109, 111, 119, 288;《论享乐主义》58-59, 106-107, 181, 263, 276; 关于劳工 75-76, 78-79, 311n; 关于马克思 71, 75, 78-79; 关于自然 73, 75, 122, 276, 315n;《否定》180;《单向度的人》59, 166, 180, 212, 216-217, 256, 263, 276, 284, 318n;《哲学与批判理论》77-78; 对政治上的存在主义的批判 122-123, 146, 273; 关于理性 60, 71, 74;《理性和革命》64, 73-75, 78-80, 108, 123, 155, 169, 312n; 压抑性去升华 216; 关于萨特 274-275, 317n; 对知识社会学的批判 63-64, 310n;《对抗极权主义国家观中自由主义的斗争》121-123, 137, 261, 326n;《苏联的马克思主义》284; 关于理论和实践 64, 77-80, 84, 310n; 关于技术 157; 关于包容 97, 227

Marcuse, Ludwig 路德维希·马尔库塞 7, 115

Marx, Karl 卡尔·马克思 3-4, 6, 13, 15, 18, 32, 42, 44-45, 53-57, 64-65, 72, 74-75, 77-79, 84, 86-92, 99-100, 106-107, 109, 118-119, 124, 126, 130, 133, 148, 152-153, 155, 166, 181, 189, 201, 230-231, 258-259, 261-262, 268, 278, 295-296, 314n, 345n;《1844年经济学哲学手稿》13, 42, 57, 74-75, 89

Marxism 马克思主义 3, 5, 8, 9, n, 12, 15, 17-18, 20, 25, 27-29, 36, 40, 42-44, 54, 71, 83, 85, 92, 107, 116, 118, 124, 144-145, 150, 171, 174, 193, 200, 209, 215, 227-228, 248, 258, 269, 273; 正统马克思主义 10, 12, 17, 20-21, 42, 44, 46, 49, 53-55, 57, 59, 65, 73, 81, 84, 87, 134, 136, 150-152, 155-156, 163-164, 166, 175, 178-181, 202, 227, 253, 256, 292, 295-296, 306n, 348n; 奥地利马克思主义 10, 26

Marx-Engels Institute 马克思恩格斯研

究所 12, 19
Maslow, Abraham 亚伯拉罕·马斯洛 240
Massing, Hede 赫德·马辛 12, 285, 301n
Massing, Paul 保罗·马辛 5, 34, 143, 170-172, 220, 224-226, 235, 238, 284, 289-290, 301n, 319n, 328n, 329n; 个人背景 170-171;《祖国》170;《希特勒不是傻瓜》171;《毁灭的排练》235
Materialism 唯物主义 见霍克海默、正统马克思主义、批判理论等条目
Mattick, Paul 保罗·马蒂克 17, 37
Mayakovsky, Vladimir 弗拉基米尔·马雅可夫斯基 201
Mayer, Gustav 古斯塔夫·迈尔 9
Mayer, Hans 汉斯·迈尔 113-114, 187
McCarran, Pat 帕特·麦卡伦 284-285
McCloy, John J. 约翰·J. 麦克劳伊 282-283, 285
McLuhan, Marshall 马歇尔·麦克卢汉 81
McDougall, W. 威廉·麦独孤 128
McWilliams, Joseph E. 约瑟夫·麦克威廉斯 238
Mead, George Herbert 乔治·赫伯特·米德 289, 350n
Mead, Margaret 玛格丽特·米德 114
Mehring, Franz 弗朗茨·梅林 136
Meng, Heinrich 海因里希·孟 17, 88
Mennicke, Karl 卡尔·曼尼克 24
Merleau-Ponty, Maurice 梅洛－庞蒂 44, 71
Merton, Robert 罗伯特·默顿 220
Meyer, Conrad Ferdinand 康拉德·费迪南德·迈耶 136-138
Meyer, Gerhard 格哈德·迈耶 37, 113-114, 152, 284
Meyer, Gladys 格拉迪丝·迈耶 31, 316n
Mill, John Stuart 约翰·斯图尔特·密尔 59, 80
Mitchell, Wesley 韦斯利·米切尔 39
Mitscherlich, Alexander 亚历山大·米切尔利希 127, 321n
Moeller van den Brack, Arthur 阿瑟·莫勒·凡·登·布鲁克 138
Moore, G. E. 摩尔 314n
Morgan, Lewis 刘易斯·摩根 94
Morgenthau, Hans 汉斯·摩根索 144
Mörike, Eduard 爱德华·莫里克 136
Morrow, William R. 威廉·R. 莫罗 239
Nazism 纳粹 见霍克海默、社会研究所项目、基希海默、马尔库塞、诺伊曼、波洛克等条目
Negt, Oskar 奥斯卡·内格特 298
Nelson, Benjamin 本杰明·纳尔逊 289
Neo-Freudians 新弗洛伊德主义 见阿多诺、弗洛姆、霍克海默、马尔库塞等条目
Neo-Kantians 新康德主义 15, 120, 202, 260
Neuling, Willi 维利·诺伊林 154
Neumann, Franz 弗朗茨·诺伊曼 32, 87, 118, 121, 143, 144, 148-150, 154-155, 158, 160, 161, 164, 166, 168-169, 220, 284, 289, 298, 324n; 个人背景 144-145;《贝希摩斯》32, 121, 144, 147-148, 150, 152, 157, 161-162, 165, 169, 327n; 与法兰克福学派的理论差异 145, 147,

161-163, 165, 168, 328n;《纳粹德国小企业的命运》169, 328n; 法学研究 145-147; 关于波洛克的国家资本主义理论 163-165; 关于精神分析 87, 145, 162

New Left 新左派 5, 284, 296

New Objectivity (Neue Sachlichkeit) 新客观主义 10, 184, 286, 297

New School for Social Research 社会研究新学院 39, 133, 164, 306n

Niebuhr, Reinhold 莱因霍尔德·尼布尔 39

Nietzsche, Friedrich 弗里德里希·尼采 41, 43, 48-51, 53, 58, 69, 104, 115, 122, 174, 192, 215, 259, 265, 277, 308n

Nobel, Nehemiah A. 内赫米亚斯·安东·诺贝尔 21, 33, 88

Novalis 诺瓦利斯 264

Oakeshott, Michael 迈克尔·奥克肖特 272, 279, 347n

Office of Strategic Services 战略情报局 168-169

Ortega y Gassett, Jose 奥尔特加·加塞特 148, 215

Ossietzky, Carl von 卡尔·冯·奥西茨基 36

Pachter, Henry 亨利·帕希特 115-116

Pareto, Vilfredo 帕累托 130

Park, Robert 罗伯特·帕克 217

Parsons, Talcott 塔尔科特·帕森斯 285

Patti, Adelina 阿德琳娜·帕蒂 22

Pavlovian Behaviorism 巴甫洛夫行为主义 86

Pepper, Claude 克劳德·佩珀 169

Phelps, George Allison 乔治·艾利森·菲尔普斯 238

Phenomenology 现象学 24, 45, 56, 68, 70-71, 77, 87, 203

Philosophische Hefte《哲学簿记》28

Picasso, Pablo 毕加索 211

Pinthus, Kurt 库尔特·平图斯 168

Piscator Theater 皮斯卡托剧院 15, 24

Plato 柏拉图 65, 177, 209

Plekhanov, George 普列汉诺夫 79

Poe, Edgar Allen 爱伦·坡 290

Polgar, Alfred 阿尔弗雷德·波尔加 194

Pollock, Friedrich 弗里德里希·波洛克 5-9, 12, 14, 18-20, 24-28, 30, 31, 33-35, 37-39, 44-45, 65, 84, 113, 115, 117, 125, 133, 152, 157-158, 166, 169, 172, 198, 220, 225, 239, 248, 250, 255-256, 288, 313n; 个人背景 6-7, 与霍克海默的关系 6-7, 14, 44, 283, 287, 305n; 与苏联 19, 20, 152-153, 248; 关于剩余价值 18; 关于国家资本主义 118, 152-155, 162-163, 165; 关于纳粹 154, 159; 与诺伊曼和古尔兰的差异 154, 161-165, 169

Popper, Karl 卡尔·波普尔 48

Positivism (critique of) 实证主义（对它的批判）见阿多诺、批判理论、霍克海默、逻辑实证主义、马尔库塞等条目

Pragmatism 实用主义 62, 83, 108, 146, 289, 312n

praxis 实践 4, 13, 18, 42, 46, 53, 59, 63-65, 70, 72, 77-84, 108, 141, 150, 158, 162, 176, 187, 211, 222, 227, 240, 253, 254,

256, 258, 266-267, 279-280, 292, 294, 296, 336n
Proust, Marcel 马塞尔·普鲁斯特 174, 177-178, 208, 268
Psychoanalysis 精神分析 见阿多诺、本雅明、弗洛伊德、弗洛姆、霍克海默、社会研究所项目、洛文塔尔等条目
Rathenau, Walter 瓦尔特·拉特瑙 32
rationality 合理性 见阿多诺、批判理论、霍克海默、马尔库塞、韦伯等条目
Reich, Wilhelm 德意志第二帝国 27, 86, 92-93, 95, 107, 110, 240, 315n
reification 物化 53, 58, 70, 81, 125, 155, 174, 178, 181, 207, 216-217, 228, 251, 259, 267-268, 275, 338n, 346n
Reik, Theodor 特奥多尔·赖克 90-91
Renner, Karl 卡尔·伦纳 22
Richter, Werner 维尔纳·里希特 286
Rickert, Heinrich 海因里希·李凯尔特 202
Rieff, Philip 菲利普·里夫 86
Rienzi, Cola di 科拉·迪·里恩齐 58, 237
Riesman, David 大卫·理斯曼 217
Rigaudias-Weiss, Hilde 希尔德·里戈迪亚-魏斯 305n
Riezler, Kurt 库尔特·里茨勒 24, 28
Ringer, Fritz 弗里茨·林格 272, 293-294
Robespierre 罗伯斯庇尔 58, 237
Robinson, Paul 保罗·罗宾逊 106, 275, 317n
Rockefeller Foundation 洛克菲勒基金会 134, 223

Röckle, Franz 弗朗茨·罗克勒 10, 286
Rokeach, Milton 米尔顿·罗季亚奇 343n
Romantics 浪漫主义 115, 136, 183
Rosenberg, Alfred 阿尔弗雷德·罗森贝格 141
Rosenzweig, Franz 弗朗茨·罗森茨威格 21, 89
Rousseau 卢梭 65, 120, 130, 140, 147, 321n
Rumney, Jay 杰·拉姆尼 113, 131-132
Rusche, George 格奥尔格·鲁舍 37, 149
Russell, Bertrand 伯特兰·罗素 92
Ryazanov, David 大卫·梁赞诺夫 13, 19
Rychner, Max 马克斯·里希纳 200
Sachs, Hanns 汉斯·萨克斯 88, 90
Saint-Simonians 圣西门主义者 94
Salomon-Delatour, Gottfried 戈特弗里德·萨洛蒙-德拉图尔 336n
Salzberger, Georg 格奥尔格·萨尔茨贝格尔 89
Sanford, R. Nevitt 内维特·桑福德 235, 239, 241, 341n
Sartre, Jean-Paul 让-保罗·萨特 44, 71, 173;《关于犹太人问题的思考》240;《存在与虚无》273-275, 338n, 348n
Savonarola 萨沃纳罗拉 58, 237
Scelle, Georges 乔治·塞勒 30, 197
Schaar, John 约翰·沙尔 119, 314n
Schachtel, Ernst 恩斯特·沙赫特尔 116, 131-132, 342n
Schardt, Alois 阿洛伊斯·沙尔特 168
Scheler, Max 马克斯·舍勒 11, 24-25, 51, 55-56, 77, 148, 272, 327n
Schiller 席勒 179, 289
Schlesinger, Rose (Mrs. K. A. Wittfogel)

罗丝·施莱辛格（魏复古的夫人）5, 25

Schlesinger, Rudolf 鲁道夫·施莱辛格 15, 20

Schmidt, Alfred 阿尔弗雷德·施密特 287, 298, 311n, 345n

Schmitt, Carl 卡尔·施米特 118, 122-123, 148, 273

Schmückle, Karl 卡尔·施米克勒 5

Schoen, Ernst 恩斯特·舍恩 204

Scholem, Gershom 格肖姆·肖勒姆 198-202

Schönberg, Arnold 勋伯格 23, 71, 176, 182-184, 187, 191, 195-196, 215

Schopenhauer, Arthur 叔本华 43-44, 48, 105, 115, 194

Schopenhauer Gesellschaft 叔本华协会 44

Schorske, Carl 卡尔·休斯克 4, 169

Schücking, Levin 莱温·许金 136

Schultz, Franz 弗朗茨·舒尔茨 204

Scott, Walter 沃尔特·司各特 174

Second International 第二国际 42, 73, 79, 268

Seiber, Mátyás 马加什·塞贝尔 186

Sekles, Bernhard 伯恩哈德·塞克勒斯 22

Sheatsley, Paul B. 保罗·B. 希茨利 227, 244

Shils, Edward 爱德华·希尔斯 247-250, 288

Shotwell, James T. 詹姆斯·T. 肖特韦尔 285

Siepmann, Charles A. 查尔斯·A. 西普曼 212

Simon, Ernst 恩斯特·西蒙 21

Simon, Hans 汉斯·西蒙 144

Simpson, George 乔治·辛普森 191

Sinzheimer, Hugo 胡戈·辛茨海默 29, 144

Slawson, John 约翰·斯劳森 221, 235, 282

Smend, Rudolf 鲁道夫·斯门德 148

Social Democratic Party of Germany 德国社会民主党 4, 14. 28, 36, 50, 144, 148, 150

Socialist Realism 社会主义现实主义 173, 174, 184, 196, 296

sociology of knowledge 知识社会学 63

Sombart, Werner 维尔纳·桑巴特 12

Sorel, Georges 乔治·索雷尔 42, 130

Sorge, Christiane 克里斯蒂亚娜·佐尔格 5, 13

Sorge, Richard 理查德·佐尔格 5, 9, 13, 20, 30in

Soudek, Joseph 约瑟夫·绍德克 152, 168

Soziologische Verlagsanstalt 社会学出版公司 24

Spann, Othmar 奥特马尔·施潘 25

Speier, Hans 汉斯·施拜尔 133

Spengler, Oswald 斯宾格勒 177

Spielhagen, Friedrich 弗里德里希·施皮尔哈根 136

Spinoza 斯宾诺莎 89, 147

Stahl, Friedrich Julius 格奥尔格·恩斯特·斯塔尔 78, 130

Stanton, Frank 弗兰克·斯坦顿 189

Steffens, Lincoln 林肯·斯特芬斯 170

Steiner, George 乔治·斯坦纳 173

Stendhal 司汤达 137, 179

索引　515

Sternberg, Fritz 弗里茨·施特恩贝格 18, 114

Sternheim, Andries 安德里斯·斯特恩海姆 30, 37, 113 125, 131, 168, 290, 305n

Steuermann, Eduard 爱德华·施托尔曼 23

Stirner, Max 马克斯·斯蒂纳 115, 275

Storfer, A. J. 斯托费尔 90

Storry, G. R. 斯托里 9, 13

Strauss, Richard 理查德·施特劳斯 185

Stravinsky, Igor 伊戈尔·斯特拉文斯基 182-185

Strinberg, August 奥古斯特·斯特林堡 126

Sullivan, Harry Stack 哈里·斯塔克·沙利文 99

Swabian Pietism 施瓦本虔敬主义 262

Swede, Oscar H. 奥斯卡·H. 斯韦德 12

Sweezy, Paul 保罗·斯威齐 307n

Szabo, Ervin 埃尔文·萨博 309n

Tarde, Gabriel 加布里埃尔·塔德 269

Tawney, R. H. 陶尼 29, 30

Theory and Practice 理论与实践 见实践条目

Therborn, Goran 戈兰·瑟伯恩 344n, 351n

Thomas, Albert 阿尔伯特·托马斯 26, 37

Thomas, Martin Luther 马丁·路德·托马斯 238

Thomism 托马斯主义 147, 273

Thurstone, L. L. 路易斯·利昂·瑟斯顿 242

Tiedemann, Rolf 罗尔夫·蒂德曼 199, 201, 209

Tillich, Paul 保罗·蒂利希 24, 25, 29, 31, 66, 285, 304n, 310n

Tocqueville, Alexis de 托克维尔 217

Toller, Ernst 恩斯特·托勒尔 293

Tönnies, Ferdinand 费迪南德·滕尼斯 114, 318n

Toscanini, Arturo 托斯卡尼尼 190

Treves, Paolo 保罗·特雷韦斯 141

Trotsky, Leon 托尔斯泰 86, 326n

Tucholsky, Kurt 库尔特·图霍尔斯基 293

Tugan-Baranovski, M. J. 图甘-巴拉诺夫斯基 18

Utilitarianism 功利主义 57, 59

Valéry, Paul 瓦莱里 177, 178, 295

Veblen, Thorstein 托斯丹·凡勃伦 180, 181

Vico, Giambattista 维柯 25, 49, 81, 257, 258, 269

Vienna Circle 维也纳圈子 见逻辑实证主义

Vierkandt, Alfred 阿尔弗雷德·菲尔坎特 128

Vogt, Karl 卡尔·福格特 53

Von Stein, Lorenz 洛伦茨·冯·施泰因 78

Wagner, Richard 瓦格纳 188, 193-195, 308n

Webb, Sidney 西德尼·韦伯 30

Weber, Alfred 阿尔弗雷德·韦伯 81

Weber, Max 马克斯·韦伯 43, 54, 81, 120, 121, 241, 259, 260, 293, 344n, 345n

Webern, Anton von 安东·冯·韦伯恩 183

Weil, Anne 安妮·韦尔 132

Weil, Felix J. 费利克斯·J. 韦尔 5, 6, 8-10, 15, 20, 24, 25, 31, 32, 124, 134, 152, 172, 225, 285, 286, 296, 301o

Weil, Hermann 赫尔曼·韦尔 5, 8, 24, 31, 35, 133, 168, 301n

Weil, Kate 卡特·韦尔 5

Weill, Kurt 库尔特·魏尔 184

Weimar Germany 魏玛共和国 3, 4, 10, 31, 33, 34, 116, 144, 145, 148, 162, 163, 194, 287, 293, 297, 298

Wellmer, Albrecht 阿尔布雷希特·维尔默 298

Weltbühne, Die《世界大舞台》33

Wertheimer, Max 马克斯·韦特海默 133

Wiese, Leopold von 利奥波德·冯·维斯 11, 27, 286

Wilson, Edmund 埃德蒙·威尔逊 173

Wittfogel, Karl August 魏复古 5, 13, 15-17, 19, 20, 26, 28, 29, 32, 38, 134, 145, 150, 168, 169-171, 290, 298, 301n; 个人背景 15; 与共产主义 13, 19, 170, 171, 284, 285; 关于美学 15, 16, 175; 中国研究 15,16, 134, 322n

Wolfers, Arnold 阿诺德·沃尔弗斯 144

Wyneken, Gustav 古斯塔夫·维内肯 199

Young Germany 青年德意志 136

Zetkin, Klara 克拉拉·蔡特金 5

Zetkin, Konstantin 康斯坦丁·蔡特金 5

Zhdanov, Andrei 安德烈·日丹诺夫 173, 174

Zilsel, Edgar 埃德加·齐尔塞尔 115, 168

Zimmerman, Charles 查尔斯·齐默尔曼 225

Zionism 犹太复国主义 32, 233, 305n, 340n

Zola, Emile 左拉 137,174

图书在版编目（CIP）数据

辩证的想象：法兰克福学派与社会研究所的历史：1923—1950 /（美）马丁·杰伊著；孙一洲译. -- 上海：上海文艺出版社，2025. --（艺文志）. -- ISBN 978-7-5321-9057-7

Ⅰ. B089.1

中国国家版本馆CIP数据核字第2024LC5395号

Copyright © 1973, 1996 by Martin Jay
著作权合同登记图字：09-2020-1009号

出版统筹：肖海鸥
责任编辑：魏钊凌
装帧设计：左　旋
内文制作：常　亭

书　　名：辩证的想象：法兰克福学派与社会研究所的历史：1923—1950
作　　者：[美]马丁·杰伊
译　　者：孙一洲
出　　版：上海世纪出版集团　上海文艺出版社
地　　址：上海市闵行区号景路159弄A座2楼 201101
发　　行：上海文艺出版社发行中心
　　　　　上海市闵行区号景路159弄A座2楼206室 201101 www.ewen.co
印　　刷：启东市人民印刷有限公司
开　　本：1240×890　1/32
印　　张：18.5
插　　页：2
字　　数：480,000
印　　次：2025年4月第1版　2025年4月第1次印刷
ＩＳＢＮ：978-7-5321-9057-7/B.108
定　　价：118.00元
告 读 者：如发现本书有质量问题请与印刷厂质量科联系　T:0513-83349365